М.М.БАХТИН

巴赫金文集

漫画像

EX-LIBRIS

М.М.БАХТИН

巴赫金文集

〔苏〕米哈伊尔·巴赫金 著

钱中文 主编

第六卷

万海松 周启超 王景生
杨 可 卢小合 夏忠宪
王焕生 译

陕西师范大学出版总社 西安

图书代号　　WX24N1113

图书在版编目（CIP）数据

巴赫金文集．第六卷/（苏）米哈伊尔·巴赫金著；钱中文主编．—西安：陕西师范大学出版总社有限公司，2024.8
　　ISBN 978-7-5695-4090-1

Ⅰ.①巴… Ⅱ.①米… ②钱… Ⅲ.①巴赫金（Bakhtin, Mikhail Mikhailovich 1895-1975）—文集 Ⅳ.①C52

中国国家版本馆CIP数据核字（2024）第018667号

巴赫金文集　第六卷
BAHEJIN WENJI　DI-LIU JUAN

〔苏〕米哈伊尔·巴赫金　著

钱中文　主编

出 版 人	刘东风
出版统筹	杨　沁
特约编辑	李江华　黄　勇
责任编辑	刘田菁
责任校对	王　越
封面设计	高　洁
版式设计	李宝新
出版发行	陕西师范大学出版总社
	（西安市长安南路199号　邮编 710062）
网　　址	http://www.snupg.com
印　　刷	三河市宏达印刷有限公司
开　　本	710 mm×1000 mm　1/16
印　　张	39.25
字　　数	525千
版　　次	2024年8月第1版
印　　次	2024年8月第1次印刷
书　　号	ISBN 978-7-5695-4090-1
定　　价	178.00元

读者购书、书店添货或发现印装质量问题，请与本社联系、调换。
电话：（029）85308697

巴赫金的最后一张照片（1975年）

《巴赫金文集》编辑委员会

主　编　钱中文
副主编　白春仁　卢小合
委　员　钱中文　白春仁　卢小合　周启超
　　　　张　杰　夏忠宪　万海松

目 录

俄国文学史讲座笔记 ········· 1
屠格涅夫 ········· 1
冈察洛夫 ········· 15
六十年代派 ········· 22
涅克拉索夫 ········· 28
波米亚洛夫斯基 ········· 31
民粹派 ········· 32
列夫·托尔斯泰 ········· 43
陀思妥耶夫斯基 ········· 78
80年代时期 ········· 108
"帕尔纳斯派",颓废派,象征主义 ········· 109
瓦列里·勃留索夫 ········· 116
巴尔蒙特 ········· 124
索洛古勃 ········· 128
维亚切斯拉夫·伊万诺夫 ········· 147
别雷 ········· 160
安年斯基 ········· 177
弗拉基米尔·索洛维约夫 ········· 181
勃洛克 ········· 183

阿克梅主义 ………………………………… 198
　　阿赫玛托娃 ………………………………… 199
　　古米廖夫 …………………………………… 202
　　库兹明 ……………………………………… 204
　　未来主义 …………………………………… 209
　　谢维里亚宁 ………………………………… 212
　　赫列勃尼科夫 ……………………………… 213
　　马雅可夫斯基 ……………………………… 217
　　列夫派 ……………………………………… 222
　　叶赛宁 ……………………………………… 227
　　列米佐夫 …………………………………… 235
　　扎米亚京 …………………………………… 238
　　列昂诺夫 …………………………………… 242
　　谢尔盖耶夫-岑斯基 ………………………… 247
　　谢伊芙琳娜 ………………………………… 250
　　弗谢沃洛德·伊万诺夫 ……………………… 251
　　爱伦堡 ……………………………………… 253
　　费定《城与年》 …………………………… 256
　　阿列克谢·托尔斯泰 ………………………… 260
　　高尔基《阿尔塔莫诺夫家的事业》 ……… 270
　　蒂尼亚诺夫《丘赫里亚》 ………………… 272
　　左琴科 ……………………………………… 273

补遗 ……………………………………………… 276
　　卡拉姆津 …………………………………… 276
　　克雷洛夫 …………………………………… 278
　　希什柯夫 …………………………………… 279
　　格里鲍耶陀夫 ……………………………… 280

普希金 282
果戈理 287
斯拉夫派与西欧派 293

附录
外国文学史讲座笔记 295
前言 295
第一部分 古希腊罗马文学（片段） 300
 第一章 荷马创作的特点 300
 第二章 赫西奥德的创作 308
 第三章 古希腊抒情诗 312
 复习提要 335
第二部分 中世纪文学（片段） 336
 阅读书目 336
 中世纪分期和文学分类 338
 第一章 中世纪拉丁文学 344
 第二章 中世纪民间英雄史诗 358
 第三章 宫廷骑士文学 420

题注 459

附录
古希腊罗马文学题注 510

附：
《外国文学史讲座笔记》专名索引 517
人名索引 517

作品索引 …………………………………………… 528
　　地名索引 …………………………………………… 535

术语俄汉对照表 ………………………………………… 540
人名俄汉对照表 ………………………………………… 584

编后记 …………………………………………………… 615

俄国文学史讲座笔记[1]

（1922—1927年，维捷布斯克—列宁格勒，米尔金娜记录）

屠格涅夫

评论界较少阐述屠格涅夫早期的生活和创作。但是，这一问题又非常重要，因为在屠格涅夫很少有变化这一意义上看，他是一个保守主义者。屠格涅夫在整整十六年的时间内才写完一部戏剧形式的作品——《斯泰诺》。不过，从他给尼基坚科的信[2]中，我们可以知道，该作品并非是他的处女作，他还创作有一系列作品：《我们的时代》《梦》《海上风平浪静》《月夜幻象》。他还翻译过拜伦和莎士比亚的作品。然而，这些作品究竟翻译得如何，我们尚不得而知。

《斯泰诺》

《斯泰诺》是我们所能见到的唯一一部屠格涅夫早期的作品。它的主人公是一个典型的一生都很失意的人。屠格涅夫塑造他时是以曼弗

---

[1] 《俄国文学史讲座笔记》以附录形式收入俄文版《巴赫金文集》第2卷，莫斯科出版社，2000年。——译者
[2] 参见伊·谢·屠格涅夫的《作品和书信全集（28卷本）》，《书信》第1卷，莫斯科，科学出版社，1961—1968年，第163、164页。——原编者

雷德为范例的。他不但像拜伦的其他主人公,而且也像莱蒙托夫的一些主人公。不过,在斯泰诺的形象上体现出了屠格涅夫的独特风格和观点。在《曼弗雷德》中,占据主导地位的是生活的激情,历史的伟大堪与自然相媲美;它里面的反思是次要的。在斯泰诺身上曼弗雷德的特征很少,只剩下了反思。但刚开始反思自己的情感后,他就一下子把它们又都毁灭掉了,因为反思的生活就是僵死的生活。不过,屠格涅夫把反思英雄化了,因为假如他来称呼自己的主人公的话,他是不会称之为多余人的。斯泰诺与对生活(主要是对朱莉娅的生活)采取行动的本性格格不入。朱莉娅在爱情中倒是最充分地展现了自我。

屠格涅夫从外部冷冷地看待男主人公;他熟悉女主人公,用她的眼光来看世界。这一特点对他以后的全部创作来说,都是很有代表性的。

40 年代时期

屠格涅夫 40 年代的很多作品,我们都是熟悉的。在这一时期,他是一个典型的浪漫主义者。这一时期显示出不少稚嫩性和女人气,它们带有些许病态的特点。这种女人气跟浪漫主义的奔放相融合。屠格涅夫想在所有的竞技场上较量,感受世上所有的喜悦与痛苦。但是,由于追求太广泛,一个下意识的、冷酷的、清醒的屠格涅夫就凸现出来。这种独特的结合也明显地反映在他的创作中。浪漫主义的追求逐渐退居次要地位,不过他又在自己的主人公身上发现了这种追求。

《帕拉莎》

《帕拉莎》的主人公是失望之人,但他并没有被英雄化。这是一个没有被英雄化的斯泰诺,抽取了斯泰诺身上的一切弱点。他很冷静、精打细算,但在单调乏味地反思的同时,他并没有体会到世界的丰富性。帕拉莎是一个中心人物。她身上有屠格涅夫笔下未来女性的中枢神经。对屠格涅夫来说,较为典型的就是对自己女主人公的色情之爱。这种独特的时时想念的爱,在《帕拉莎》中体现得尤为明显。对作者而言,小说从对女主人公的爱恋开始,以激情[结束]。

这里也触及一个社会—政治理念。它的意思是:在俄国社会中,妇女注定要死亡,即使她身上具有英雄气概,她也无法逃脱死亡。这里用不着回答那些在当时让所有人都感到不安的问题。这些问题并非先天形成的,它们是被强加的,与作品并无多大关系。

《安德烈》

这首长诗是屠格涅夫创作中向前迈进的一大步。《帕拉莎》的主题在这里得到了深入,但是也看得出要创作一部现实主义的、能详尽地反映日常生活的作品的尝试。

主人公是一个深受反思折磨的人,但与此同时,他又不同寻常地软弱。他身上没有一丝有力的冲动,他的心灵无法在一瞬间燃烧起来。总之,安德烈是屠格涅夫笔下众多的多余人的原型。女主人公则与他相反,她对自己的爱情追求十分大胆。她对丑闻在社会上传播有所准备,而他却给自己想出一个虚假的处境,因而步步后退、溜之大吉。女主人公对他的回应很像娜塔莉娅对罗亭的回应。安德烈缺乏一种力量将爱情进行到底。在这里,男主人公第一次彻底蒙受羞辱,被一个完整的女性打败。

《安德烈·科洛索夫》

这是屠格涅夫的第一部小说[①]。它里面第一次出现了新型的主人公:完整的、非反思的男性。在这里,屠格涅夫爱上的不是女性,而是

---

① 原文为"проза",又译"散文"。指的是除韵文(如诗歌)之外的一切非韵文(以小说为主)。为避免歧义,本译文一律译作"小说"。——译者

自己的男主人公。安德烈是完整的、直接的。他丝毫没有考虑被他遗弃的瓦莲卡会有多痛苦。安德烈身上的这一气质吸引着作者。他将自己与自己的主人公对照起来，因为每当处于同样的境地之后，他也像小偷那样卑鄙地抛弃女性。

屠格涅夫在《安德烈·科洛索夫》里第一次塑造出斯坦凯维奇的形象。此人后来在《罗亭》里是以波科尔斯基的面目展现出来的。但是，这里对斯坦凯维奇的态度比较有趣，就某种隐秘的原因而言比较具体。

《猎人笔记》

《猎人笔记》是屠格涅夫向现实主义小说过渡的第一次尝试。不过，抒情风格的元素仍然活跃在他的创作中，在他晚年的时候不但没有消逝，相反，却吞噬了一切。

在创作的起始阶段，屠格涅夫用诗歌形式表现抒情风格。可是，当诗歌形式开始束缚他，诗歌的界限被打破时，小说获得了资格。他似乎感受到了形式上的悲剧：两种形式之间的斗争，对诗的追求和对小说的追求。一方面，他觉得自己是一位抒情诗人，另一方面，又觉得自己是现实主义小说家。这些形式中的任何一个，都无法让他满足。他强烈地经受着这种斗争，直到他生命终结，这种斗争也没有停止过。

在小说取得进展的情况下，渴望摆脱诗化是通常的做法。按照普希金的观点，小说应该是枯燥乏味的[1]。他总是从讲笑话开始，俯身迁就别尔金，并且深入到他内心。我们在屠格涅夫那里也看到了同样的情况。他创作的一些特写，里面有一幅简单的画面，有生活中的一个艺术片段，这个片段没有悲剧和冲突，也没有情节和性格。《猎人笔

---

[1] 参见亚·谢·普希金的《论小说》，载《作品全集（10卷本）》（第3版）第7卷，莫斯科，科学出版社，第14—16页。——原编者

记》就是这样的一些特写。

屠格涅夫在给波琳娜·维亚尔多的一封信里明确指出,在《猎人笔记》中什么东西对他来说是重要的:这就是对细节的偏爱①。那个时代的特点是剧烈的历史变化,屠格涅夫偏爱描写细节,作为对这种变化的反动。在他看来,没有什么重要的和不重要的东西,任何东西都被他拿来做细节,连人们的生活都被他赋予了这些细节的意义。由此可见,他的主题是鲜明的,这就是对自然界的现实主义描绘。主人公并非与自然界格格不入,也没有脱离开风景。屠格涅夫创作的时候,他并不认为他们是社会—政治方面的代表,因为他们是与自然融为一体的。主人公们和自然背景的这种融合性,就是整部《猎人笔记》的特色。它描绘了一个没有历史、没有社会—政治悲剧、没有最迫切的社会问题的世界。这个世界里只有完整的自然。屠格涅夫摆脱了所有这一切,进入了自然,走进了自然中的人们。甚至在《希格罗夫县的哈姆莱特》里,他也没有放弃自己的主题,尽管哈姆莱特被引入了僵死的、完整的世界。

由于渴望成为公民的致命的诱惑,屠格涅夫未能摆脱种种评论,但是,这些评论最终却是表面性的,像豆荚壳一样掉落了。《猎人笔记》的主要激情指向与统一的自然生活相融的独立自在的细节。屠格涅夫的乡村也没有在我们心中引起揭露的激情。吸引我们的是我们热爱乡村,全部意义就在于此。

《一个多余人的日记》

这部中篇小说是屠格涅夫掌握小说创作一个最成功的尝试。在这里,我们指出形式上全新的特色:情节的构造,尽管这一任务只完成了一半。

在《一个多余人的日记》中,自传因素表现得敏锐又明显,即屠格

---

① 参见伊·谢·屠格涅夫的《作品索引,书信》第1卷,第401、402页。——原编者

涅夫和波琳娜·维亚尔多的关系。展现多余人的状态，抒情性很浓，但与此同时，日常生活的细节也得到了现实主义的描写。

《寂　静》

《寂静》还不算长篇小说①，它里面的一切都带有太多的偶然性，但各种偶然事件却构造得非常详细。在这里，屠格涅夫试图塑造一些和自然一起蠕动、稍微高出自然的人，他非常出色地完成了对他们的塑造。

阿斯塔霍夫是一个被反思所吞噬的人，虚弱无力、干瘦、冷漠，不善于严肃的生活斗争。这个彼得堡的夸夸其谈者在自然的反衬下，愈发显得虚假。在这部作品里，探索罗亭主题的尝试已经初露端倪。

阿斯塔霍夫的对立面是韦列季耶夫——一个一以贯之的人，过着加快了速度的紧张生活。为了不让他的形象具有一丝诗意，屠格涅夫把他塑造成一个无家可归者。不过，韦列季耶夫不会死，屠格涅夫珍爱他。作者也喜爱玛丽娅·帕夫洛芙娜和韦列季耶夫。

《木　木》

《木木》是屠格涅夫最优秀的小说之一。又聋又哑的格拉西姆，他的内心世界，对小狗的爱，以及他自己变成杀害小狗的刽子手这件事——所有这些，统统是典型的俄国式的。只有俄国人才能创作出《木木》来，因为，只有对于俄国人来说，与狗的关系才可能是悲剧性的。[看来]这是一个新的主题，但实际上，屠格涅夫在这里仍然是他自己。例外只在于有感伤主义的趋向，因为无法用别的方式写出发生

---

① 原文为"роман"，作为一种文学样式，可译作"传奇""小说"和"长篇小说"。本译文的译法根据上下文而定。——译者

在人和狗之间的悲剧①。然而,这一趋向表现得相当薄弱。格拉西姆是韦列季耶夫、英萨罗夫、巴扎罗夫的雏形。他即便是个聋哑人,他也是完整的人,浑然一体,能够爱得深沉。在他的形象中显示出了屠格涅夫对有力的、坚强的和完整的人的爱。

长篇小说

现实主义问题总是和长篇小说摆在一起。在屠格涅夫之前,俄国已经有长篇小说家了:马尔林斯基和布尔加林。不管是这个小说家,还是那个小说家,他们的长篇小说总是具有一个共同的特点:它们都是惊险小说。除了惊险经历之外,它们的主人公给人的印象就像是一些特定思想的代言人,而这些思想又是外在的,附丽于其上,带有混杂的性质。一句话,在屠格涅夫之前的长篇小说里,情节方面是基本的。但是,俄国长篇小说却在《上尉的女儿》和《当代英雄》中得到了长足的发展。普希金认为长篇小说是家庭的编年史,跟历史紧密地交错在一起。《上尉的女儿》实质上就是这类长篇小说,尽管普希金称它为中篇小说。这不是家庭感伤主义小说,在家庭感伤主义小说里面没有年代,一切都局限在四堵墙之内。在《上尉的女儿》中,普希金是家庭—历史小说的创始人。而《当代英雄》则是一部心理小说,它的重心集中在对主人公个性的揭示上。这两类小说对屠格涅夫影响巨大。在他那里,家庭—历史小说和心理小说交叉在了一起。

---

① 这句话能够部分说明《1970—1971 年笔记》(《话语创作美学》,第 345 页)中提及的一段话。这段话的开头是这样的:"文学中的语调问题(笑声和眼泪及其衍生物)",中间是:"感伤主义的田园诗。果戈理与感伤主义。屠格涅夫。格里戈罗维奇。"不能排除巴赫金在提起屠格涅夫的时候,指的就是中篇小说《木木》或者包括《木木》在内。毫无疑问,直接的评价引发了兴趣,关于《木木》的讲座就是从直接的评价开始的。可以参见《关于福楼拜》这篇文章(《巴赫金文集》第 5 卷,第 131—133 页),里面也提及了《木木》这篇小说。——原编者

《罗 亭》

在创作的第一阶段,屠格涅夫借助于摆脱主人公和情节,成功地接近了现实。在这些作品里,所有的细节,其作用都是相同的;如果我们将它们区别开来,就会破坏作者孜孜以求的那种艺术统一性。他描绘了一幅统一的风景,而在风景里每一处细节都很重要。但是,在小说中无法完全实现这种布局,因为实际上他只能像构建情节和主人公那样设定这种布局,屠格涅夫对小说的驾驭是独特的:他十分怀疑和小心翼翼地将主人公和环境分开。因此,主人公不会失去自己的确定性和突出性,但是,缺少了环境又无法理解他。罗亭不会被理解成,比如,卡利内奇,不会被理解成一个细节,但他只是一个浅浮雕而已,必须结合他为我们提供的其他一些独特的细节才能理解他。就这一意义而言,我们能够将屠格涅夫和一个雕刻家加以对比。雕刻家在塑造雕像的时候,看着雕像是没有背景的,是在真空中的;除了雕像之外,别无其他。列夫·托尔斯泰的主人公的姿态就是如此的优美。比如,我们把安德烈公爵理解为一个独立的个体,我们就可以把他归入任何时代、任何环境。他能在艺术上被独立出来,能随心所欲地在任何角度观察他[①]。罗亭却无法被理解为一种性格和一个典型。他出现在独一无二和不可重复的环境之中。一旦主人公和环境相融合,他就是历史性的,因为他浑身都浸染了那个时代的气息。屠格涅夫对所有的人物加以平等的关注,在艺术上,我们并不知道究竟谁是小说的主人公。我们没有看到罗亭是与世隔绝的,看到的是完整的、不可分解的生活整体。这些生活整体渗透着忧郁的情调、独特的抒情氛围。把罗亭与环境分开,给予评述,我们只留下了关于一个人的空空如也的思想,

---

[①] 在关于列夫·托尔斯泰的讲座笔记里,不再谈论其主人公姿态的优美;至于屠格涅夫和托尔斯泰其他方面的对比,则是不同性质的对比,可以参见本文集中发表的关于托尔斯泰的长篇小说《复活》和戏剧作品的文章。参见论《勃留索夫》主题的姿态优美的部分(《巴赫金文集》第2卷,第295页)。——原编者

在这个人身上，理智凌驾于情感之上，行动与语言不符。这样，我们就扼杀了作品的艺术内涵，提出苍白的、枯燥的思想和庸俗的想法。然而，我们却习惯于割裂主人公，因此也就捕捉不到作者的艺术构思。

在罗亭和娜塔莉娅的关系上，体现了屠格涅夫一个常见的主题。它在《安德烈》里已经出现过：一个有力的、完整的女性的对立面是一个虚弱的男性，他无力献身于她。屠格涅夫深爱着自己的女主人公，但作者和娜塔莉娅的爱情故事没有提供了解罗亭和她的真正关系的可能。我们觉得，在罗亭和她之间有一个看不见的第三者——作者；作者破坏了罗亭和娜塔莉娅的真正的关系，让他们疏远开来。屠格涅夫通常对罗亭的态度有多轻率，而当娜塔莉娅在场时，他对罗亭的态度就有多凶恶。在这里，他使罗亭处于一个不体面的、痛苦的、难堪的境地。女主人公就应该胜出。

《贵族之家》

所有的批判阵营都同样热情地接受了《贵族之家》。它的基本主题就是对有可能重新开始和再度体验自己的生活抱有幻想。拉夫列茨基，一个正在老去和行将就木的人，试图创造青春的幸福，但是，从一开始我们就感觉到，这只不过是幻想和欺骗。对这个伟大的、巨大的、行将就木的人，我们准备为他哭泣的人，我们不由心生一种独特的同情。尽管丽莎知道她命中注定要过另一种生活，但她还是支持这种幻想。但是，我们觉得，幻想最终还是破灭了：男的死了，而女的也注定要死。不过，屠格涅夫很看重拉夫列茨基。他没有嫉妒，也没有疏离男主人公，他在这里没有扮演情敌的角色。这一点是预先构思好的。我们感觉到，拉夫列茨基这个人只能靠幻想爱情和幸福过活，在他和丽莎的生活中不可能有决定性的东西。他们只活在瞬间。

拉夫列茨基和丽莎，还有他们的全部的生活，被焊在了贵族之家的统一体上，无法分解开来。

拉夫列茨基和罗亭一样，也被屠格涅夫塑造成多余人。在这里，我们看到了另外一个屠格涅夫——想成为作家型公民的屠格涅夫。然而，他没有拒绝自己的抒情主题。拉夫列茨基是屠格涅夫笔下所有主人公中最具自传性质的一个形象。拉夫列茨基的爱情反映了屠格涅夫和波琳娜·维亚尔多的关系：他的爱和不满足，虚幻性，长久的和无望的不安定性。屠格涅夫内心怀有一种无法满足和无法完成的梦想，因此，他的作品就渗入了这种哀歌式的音调。

《前 夜》

小说主要的抒情主题是人的心灵的前夜状态。在这里，整个的生活被推迟到英勇的未来，不确定的和迷茫的未来；而现在的生活却是让人大伤脑筋的事。女主人公就是前夜的心灵，而英萨罗夫却没有从前夜状态中走出来。读完这部小说，我们心里有一种苦楚，它引发了前夜状态及其虚幻性。

英萨罗夫 这是一个完整的、有力的、活跃的人。但他是有局限的，而且，这种局限性在艺术上被提到了首要地位（跟书桌有关的一些片段，在散步时，被邀请去别墅）。英萨罗夫身上有一种对小保加利亚宗教徒般狂热的忠诚，还有一种对与他事业无关的东西的完全的冷漠。在这里，严整性是付出了局限性和狭隘性的代价才得到的。不过，结果就是，英萨罗夫身处前夜：他未实现自己的事业；他在死去。

舒宾 他是英萨罗夫的对立面，是分散的、分裂的，他无法聚集起自己来。舒宾代表着俄国气质的广泛性。

别尔谢涅夫 他首先就缺乏意志坚强的目标。他过于软弱，太善于揣摩别人的心思而没有确定的生活立场。他太了解叶莲娜和英萨罗夫了,以至都不能成为情敌。但是,他能做一个情人,就这个词的美好的意义而言的情人。

乌瓦尔·伊万诺维奇 这几乎是个象征性的人物。他通晓一切,极度聪明,但对一切都漠不关心,因此他一事无成。他体内聚积有太多的自然的、大地的力量①,不过目前还在沉睡着。

斯塔霍夫 叶莲娜的父亲也附和处于前夜状态的人们。这是一个空虚的、无力的、有着卑微的自尊心的人。

叶莲娜 表里如一的不温柔的气质,使她与屠格涅夫笔下的其他女性迥然相异。但是,她当然也能够在内心深处进行情感体验。

《父与子》

我们注意到了在巴扎罗夫形象里的某种新东西:想要塑造俄国的英萨罗夫。这是一个强有力的人物,他身上有俄国式的完好无缺的力量。然而,作者如果在主人公身上看到了力量并想把他英雄化,那么他对这种主人公是无力驾驭的②。面对巴扎罗夫,所有人都甘拜下风;屠格涅夫本人也甘拜下风,迎合他,想讨好他,但与此同时,却又憎恨他。列夫·瓦西里耶维奇·篷皮扬斯基在其研究陀思妥耶夫斯基的小册子③里谈到,有一些作品,其作者并不能控制自己的主人公,因为主人公是自我行动的。原因在于作者赋予主人公的思想开始合乎逻辑地发展,作者就变成思想的奴隶。巴扎罗夫身上也发生了同样的情况。他过着自己的生活而不知道作者的存在。屠格涅夫一旦把他放

---

① 大地的力量是小说中的说法,可能要加上引号(《前夜》第八章)。——原编者
② 差不多在四十年以后,巴赫金又在《1961年笔记》(参见《巴赫金文集》第5卷;同样参见《话语创作美学》,第310页)中谈及了巴扎罗夫对作者的反抗换了一种说法。在这两本书中,对该处的注解都援引了米尔金娜记录的笔记中《父与子》中的片段,开头都是"然而,作者如果在主人公身上……",结尾都是"却又憎恨他"(《巴赫金文集》第5卷,第660页;《话语创作美学》,第405页)。——原编者
③ 参见列·瓦·篷皮扬斯基的《陀思妥耶夫斯基和古希腊罗马文化》(布拉格,1922年;1921年10月2日所作的报告)。——原编者

入尴尬的境地,那后者,即巴扎罗夫,就沿着自己的道路一如既往地走下去。那个时候,作者非常乏味地把他给整死了。那个著名的结尾听起来很荒谬。

《烟》

在这部小说里,心理方面让位于历史方面。讽刺因素占据了主要地位。对上流社会的圈子的描绘,是屠格涅夫最平淡乏味、最无艺术性、最平常的篇章。对古巴廖夫周围的世界的描绘,也是讽刺性的。在这里,俏皮话多一些,但这个世界是非常虚弱的。总之,对社会—政治的讽刺不适合屠格涅夫。对男女主人公的塑造,跟屠格涅夫所有其他的小说不同。利特维诺夫和伊琳娜好像互换了角色:他占据的是女主人公的一个平常的地位,而她却占据了男主人公的地位。

利特维诺夫 他位于罗亭和巴扎罗夫之间,占据了一个中间地位。利特维诺夫渴望做些琐碎的事情,并且按照全新的方式来做。为此他出国学习。他既不反省,也不盲目迷信。他这个形象既没有趣味,也不成功。

伊琳娜 伊琳娜是屠格涅夫唯一不会与之发生爱情的女主人公。男女主人公的角色有了彻底的变化:女主人公竟是一个哈姆莱特。在伊琳娜这个形象里,就如同在屠格涅夫此前的男主人公形象里一样,分裂因素占据首位。她太软弱,摇摆不定,无法做出选择。她身上也有许多虚荣浮华和表面性的东西。她身上占据首要地位的就是不能做出决定。此时屠格涅夫已经意识到了自己的无望,便把自己的失败归罪于别人:强迫伊琳娜为自己的那些女主人公们受到惩罚。由此开头的文字就已经是如此冷漠,其中没有一丝生动的、温暖的语调。一切如烟。

塔吉扬娜 这是一个普通的俄国姑娘,但她的形象是不确定的。

波图金 这不是一个鲜活的人物,而是一个发表议论的角色。他身上没有艺术特质,只有夸夸其谈。他试图撮合斯拉夫派和西欧派,并在他们之间占据一个正确的位置,但他无法做到这一点。在这里,当屠格涅夫本人动摇于这两个极端的时刻也如出一辙①。

《处女地》

无论从哪个角度来看,《处女地》都经不住批评。它与《烟》一样,历史的因素超出了心理的因素。基本的主题是70年代的"到民间去"运动。但是,屠格涅夫对这一运动知道得并不清楚。这里写的是思想任务,而且只是思想的任务,思想战胜了对生活的艺术洞察。屠格涅夫是在匆忙中弄出自己的画面的。

涅日丹诺夫 安排他是荒谬的,因为,一方面,他觊觎成为历史的主人公,另一方面,他又与法国惊险传奇小说中的主人公有相同之处。涅日丹诺夫是革命家和禁欲主义者,但同时他又是诗人,可他又无法容忍这一点。这种双重性就是他的悲剧。

屠格涅夫和自己的主人公没有任何关系。涅日丹诺夫不是一个普通人,因为在法国惊险小说主人公的土壤上,无法将这两种抽象的生活结合在一起。屠格涅夫赋予他以自己内心深处的思想——在诗歌和小说之间的斗争。

玛丽安娜 玛丽安娜的形象是苍白的和不成功的。这个形象里面完全缺乏作者的艺术直觉,只有一种社会思想。玛丽安娜完全丧失了激情,像对待女人那样对待她是不可能的。在屠格涅夫那里,对女性的色情立场是一切得以维持的手段,这种立场在这里却没有丧失

---

① 在米尔金娜记录的笔记手稿中,关于"屠格涅夫"的这一部分就放在"斯拉夫派和西欧派"之后。在手稿中,后者的篇幅大约是一页半(相比而言,该手稿中"屠格涅夫"的篇幅却占据了12页之多)。说这是一次单独讲座的笔记,可能性不大。也没有证据表明,它位于其他一些笔记之间。但不能排除这一部分正好就位于关于"屠格涅夫"的这一部分之前。无论如何,笔记中的最后两段(《巴赫金文集》第2卷,第427页),毫无疑问,具有"巴赫金的风格和精神";包含在这两段中的对斯拉夫派和西欧派的评价,对于了解巴赫金对屠格涅夫的态度,非常重要。——原编者

殆尽。

索洛明 他与任何政治理念都格格不入。这就是一个强壮、完整的灰色之人。

《关于哈姆莱特和堂吉诃德的讲话》

一系列的批评都认为,这个讲话是屠格涅夫全部创作的心声。屠格涅夫完全不理解哈姆莱特,也不懂得堂吉诃德。但是,对这两个形象的阐述,对于理解他本人的立场来说,是很重要的。屠格涅夫认为,哈姆莱特看见的与其说是自己的目标,不如说是自己。他的弱点就在于此。堂吉诃德义无反顾地忠诚于自己的目标,他不反思,不反观自身。他的力量就在于此。对别人来说,堂吉诃德是可笑的,可他本人过着一以贯之的生活,而且是英雄的生活。他的秘密就在于,他看不见自己,并且整个儿被自己的目标给吞噬掉了。

《爱的凯歌》

这部作品是无法令人信服的和晦涩不明的。它讲的是在生活中只能体会幻想和前夜状态,只能幻想和梦见幸福。瓦列里娅只有与穆齐在一起才能幸福,但母亲却劝她嫁给法比。瓦列里娅和穆齐只有作为梦游症患者相遇在昏睡中、在生活之外,他们才能体会到幸福。爱情只有在虚幻和梦想中,才能获得胜利。

《克拉拉·米利奇》

这部作品的基本主题是困惑。生活中的一切都是困惑,是平静而无聊的。阿拉托夫是一个与生活无关的人。不过他的孤独是有理由的,但不是社会和心理方面的理由,而是形而上学方面的理由:心灵在世界上是孤独的。屠格涅夫在这里看到的是自己的心灵的孤独。

阿拉托夫是屠格涅夫的老主人公了,但是以另外一种视角展示出来的。克拉拉同样重复着老女主人公——娜塔莉娅的历史:她也对男主人公感到失望。但不是男主人公的性格使她感到不满足,因为克拉拉梦想着某种特殊的、非人间的爱情。因而,他们互相失望,分别疏远对方,没有什么浪漫爱情可言。可同时,他们又在体会着爱情。在人间没有发生的爱情,将在彼岸发生。死神被死人的爱情所拥抱。

然而,这里依然还有一种想要拯救生命的企图,尽管已经是在九泉之下的相逢了。

冈察洛夫

能证明冈察洛夫的创作具有史诗性的观点,已经变得陈旧了。如今,一提到他的抒情性,利亚茨基就不容分说地肯定这一点①。冈察洛

---

① 参见叶甫盖尼·利亚茨基的《冈察洛夫。生平,个性,创作。评传纲要》第2版(修订和增补版),圣彼得堡,1912年。该书的第1版是叶甫盖尼·利亚茨基的《伊万·亚历山大罗维奇·冈察洛夫。批评纲要》,圣彼得堡,1904年。该书在出版之前,已有一些长文在杂志上发表(《欧洲导报》杂志,圣彼得堡,1903年第3、4、7期)。该书第3版于1920年在斯德哥尔摩出版,作者已移居国外。同样参见德·尼·奥甫相尼科-库利科夫斯基主编的《19世纪俄国文学史》第3卷(莫斯科,1911年)中由利亚茨基撰写的关于冈察洛夫的那一章。叶甫盖尼·利亚茨基为"格拉纳特兄弟"版的百科全书写了冈察洛夫的词条,还发表了一系列的论文与出版物。很难讲,巴赫金在20年代初援引利亚茨基时,到底指的是他的哪些作品。因为,巴赫金阅读利亚茨基的作品的时候也可能稍晚一些(在具有纪念意义的1912年和1916年,利亚茨基发表的东西尤其之多),可能还是中学生。在自己的著作中,利亚茨基谈到,冈察洛夫的创作中存在主观因素,个人因素,最终还有主观的"自我"。因此,他还将自己的结论与被普遍接受的论点对立起来;在他看来,普遍接受的看法就是:冈察洛夫作为一个艺术家具有客观性。在他的论文和书中,经常讲到:在冈察洛夫所有的作品中都有其个性的反映。在上述《19世纪俄国文学史》第252页中,也有这么一段大胆的结论:"奥勃洛摩夫性格和冈察洛夫性格是如此接近,如此气味相投,互为补充、互相解释,以至未必能将它们拆开来理解……"鉴于这一结论,利亚茨基

夫的所有最成功的人物,都是对"自我"这个主题的变奏,其余的都是这样塑造的:他们身上没有艺术观照,而只是诸多不同思想在理论上的组合。

在第一部小说中,冈察洛夫就已经只与自己的纯粹的抒情体验打交道了。年轻的阿杜耶夫和阿杜耶夫性格本身具有作者的自传特点。应该指出,在《奥勃洛摩夫》中亦是如此。在这里,抒情的基础是显而易见的:主人公是在内在的术语"自为之我"中塑造出来的。在《悬崖》中,对客体化的追求很明显。然而,这种客体化又有自身的界限,它们是极其狭窄的。

冈察洛夫在自己的小说中解决的一个主要问题,就是他个人的问题。

对他而言,奥勃洛摩夫性格就是"自为之我"这类的问题。这一点也在他的生平中得到了体现。冈察洛夫出身于一个不健康的家庭①。

<接上页>在分析作家的作品时,经常关注冈察洛夫生平中的具体的事实。总之(这关系到笔记中的引论部分,也就是第一个小标题之前的部分),不能排除笔记中抹掉了转述利亚茨基的立场和巴赫金陈述自己的立场的界限。这种可能性很小:已经撰写了《审美活动中的作者与主人公》中若干为人所知的章节的巴赫金,会与利亚茨基的立场完全一致(参见《话语创作美学》,第11—13页,亦可参见《文艺学中的形式方法》,第108页中关于传记方法的论述)。在为《简明文学百科全书》所写的"冈察洛夫"这一词条中,叶甫盖尼·利亚茨基被确证为"传记方法的追随者"。关于冈察洛夫的史诗性,可参看德·梅列日科夫斯基的《永恒的旅伴》,该著作既讲了冈察洛夫的想象"建立了史诗的世界",然后把这些世界合成一个和谐的世界,也讲了冈察洛夫的三部小说——"一部是史诗,一部是生活,一部是植物"(参见德·谢·梅列日科夫斯基的《全集》第8卷,1911年,第245页)。试比较英诺肯基·安年斯基在《冈察洛夫和他的奥勃洛摩夫》这篇论文里所说:"在冈察洛夫的典型人物里有史诗性和抒情性的方面,两者都很丰富,但前者占据主导地位。"(参见英诺肯基·安年斯基的《反映之书》,莫斯科,文学纪念碑出版社,第265页)——原编者

① 至于冈察洛夫出身于一个不健康的家庭,无论巴赫金具体指的是什么,大概是讲19世纪头二十年里流行于准文学和文学圈中的说法。文学圈中的这一说法,首先遭到了叶甫盖尼·利亚茨基(参见上注),后来又遭到谢·阿·温格罗夫(见下文)的"非难"。文学圈中关于冈察洛夫的这种说法,其依据极其不可靠,这主要来自亚历山大·尼古拉耶维奇·冈察洛夫(1843—1907)的回忆录;他是作家冈察洛夫的侄子,是其兄长的儿子。回忆录由辛比尔斯克的米·费·苏佩兰斯基获得并公布(参见《伊·亚·冈察洛夫及其新的传记材料》,载《欧洲导报》杂志1908年第11期)。

对他影响最大的人,同样是一个古怪的人。他原先过着恣意放纵的生活,不过,后来把自己关在自己的房间里了。这个人身上明显反映出一种独特的对生活的恐惧,这对冈察洛夫有毋庸置疑的影响①。一直以来,他不得不与自我进行斗争,与自己那奇怪的堕落和沉沦的倾向进行斗争,与自己性格中被奥勃洛摩夫习气所吸引的那一面进行斗争。沉沦的倾向和无论如何都想要将它克服的努力,成了他创作的首要问题。

<接上页>这些笔记形式的回忆录中所包含的信息,是不怀好意的,甚至也没有试图成为客观的和有根据的论述,它涉及了作家的父母、兄长(即回忆录作者的父亲)和姐姐,被众多的普通读者和文学史家未加批判地接受了,它导致了整整一系列关于冈察洛夫一家的文字的产生;这些文字更容易让人想起那些由著名喜剧《智慧的痛苦》而产生的笨拙的小说变文,而不是对多少有点严肃的传记事实的论述(参见奥甫相尼科-库利科夫斯基主编的《19世纪俄国文学史》中由利亚茨基撰写的关于冈察洛夫的那一章,第3卷,莫斯科,1911年,第252—277页;另见第137、138页及之后他的作家专论;另见谢·阿·温格罗夫的词条《冈察洛夫》,收于《新百科辞典》第14卷,圣彼得堡,布罗克豪斯-埃弗隆出版社,1913年,第163—171页)。与上述权威的(原文为拉丁语。——译者)材料放在一起一对比,包括与温格罗夫关于冈察洛夫的家庭和冈察洛夫本人的词条的片段一对比,巴赫金在非正式的家庭环境中作讲座时所说过(逐字逐句说过)的话,接受起来显得谨慎并且几乎很有分寸。说得几乎很有分寸是因为提供足够理由的原则一直遭到了破坏,而那种说法受到拥护。当然,这一切只是在巴赫金所说的话与被记录下来的话完全相符的情况下才成立。每当提起此类的结论时,我们都觉得遗憾,因为我们面对的是笔记,只是笔记而已,而且是非公开发言的笔记,是局限在非正式的家庭环境中探讨式的讲课的笔记,所以,作为发表者、出版者的我们,所做的就是把上述东西变成大家共有的两三份财产,也就是公之于众。在某种意义上说,这比公布私人通信还要糟糕,因为在发表某一封信的时候,大家绝对相信这就是这么写的,即使只是写给某一个人的。我们的情形是发表听课笔记,在这种情况下始终会有这样一个问题:所记录的是否就是所说的,有未散佚某些带保留性的话。特别是在关乎别人的声誉时,这一点尤为重要。在书面转述时,哪怕漏掉一个词,甚至是其语调不仅充满严肃的含义,而且还具有道德后果的一个词,那么发表后以及做这些注释的作者就对此负有责任。——原编者

① 这个人就是尼古拉·尼古拉耶维奇·特列古博夫,他是冈察洛夫及其兄长和姐妹们的教父。作家在他的生平特写《在祖国》里把这个人称作雅库博夫,并怀着爱意和感激描写他。在这个特写里也提到了雅库博夫的某些怪异行为。关于雅库博夫,参见英诺肯基·安年斯基的论文《冈察洛夫和他的奥勃洛摩夫》的有关注释(参见英诺肯基·安年斯基的《反映之书》,莫斯科,文学纪念碑出版社,第259页)。——原编者

冈察洛夫是想关心我们的,因为他把自己的自白留给了我们。但是,即便用这种方法,他也丝毫没有简化处理自己创作的方法,因为他是故意让自己的任务变得简单的。他害怕人们由此努力逃避做出任何结论的恐惧症在折磨着他,因此,一种想要摆脱一切判断的追求由此而生。这篇文章很出色,不过文中冈察洛夫并没有给出对自己的创作过程的分析[①]。

《平凡的故事》

小说的基本主题——两种世界观的冲突,是非常直接地展现出来的。原因只在于叔父持一类观点,而侄子持另一类观点。他们的气质——对特定的世界感受的偏好,未在这里指明。侄子充满激情,但碰到现实时,就变得可笑,陷入堂吉诃德的状态。叔父则拒绝激情,平静而讽刺性地对待世界。冈察洛夫接受了这个平静的、没有激情的生活观,但他根本不喜欢叔父,也不可能爱上他。作者是两害相权取其轻:最好是成为叔父那样的人,而不是堂吉诃德。但是,堂吉诃德却活在他本人的心中,叔父不过是用来说明那个已经建构好的合乎逻辑的结论的。冈察洛夫的任务是找到使他满意的生活,这个任务最终却没有完成。小说的标题道出了珍贵信念的破灭,这就是一则平凡的故事,听起来很痛苦。

[①] 参见冈察洛夫的文章《迟做总比不做好》。大约与此同时,或者在此前一年或一年半(做关于冈察洛夫的讲座,和做关于屠格涅夫的讲座一样,时间不是在 1923 年底,就是在 1924 年初),巴赫金提起过冈察洛夫的这篇文章,在《审美活动中的作者与主人公》的手稿中,谈到果戈理和冈察洛夫的作者自白时,确切点说,谈到果戈理和冈察洛夫是作者自白的创立者时(《话语创作美学》,第 384 页),我们不妨认为:巴赫金在这些家庭讲座中关于俄国文学所说的那些话,在某种形式上应该或可能是,也同样未指明此文标题。《话语创作美学》中巴赫金未撰写却只保存下的一章,该章标题为《俄国文学中的作者和主人公问题》,可以认为这种可能性很大(《话语创作美学》,第 384 页)。——原编者

《奥勃洛摩夫》

在《奥勃洛摩夫》中,发生冲突的不是像《平凡的故事》中的具有两种世界观的人们,而是具有两种世界感受的人们。关于奥勃洛摩夫和希托尔兹的世界观问题,没有什么可以争论的,因为他们都持同样的观点,不过,他们在气质上是不和的。奥勃洛摩夫卡以及伴随其出现的一切的那个世界,和忙乱的世界发生了冲突。对这两个世界的塑造,具有重要的悲剧意义。

对奥勃洛摩夫形象而言重要的不是肉体的沉沦,而是缺乏活动的激情。他的全部激情就存在于那个连手都不愿伸一伸的领域中。他不想出门,并不是因为他对家眷恋。全部的问题在于,他是如此了解这个家,以致他根本不再注意它。房间会从他内心生活的层面上消失,所以他百般珍惜这个房间。这里问题不在生理上的存在,也不是百无聊赖地过着生理上的生活,因为奥勃洛摩夫希望外在的生活不要妨碍内心的独立自在。他过着内在的生活,他的内心生活是深藏不露的。这颗力图防止其"自我"内在崩溃的心灵,害怕在世上有所表露。就这一意义而言,在和扎哈尔的谈话中,奥勃洛摩夫的看法已经袒露无遗。他不想成为跟别人一样的人,因为别人就是那些只过外在生活而没有内心生活的人。他甚至都不希望把对奥尔迦的爱放在外在的世界里。奥尔迦想要改造人,把他的本性改造成活跃的。她把爱情当作了一种功绩。但是,她没有拯救得了奥勃洛摩夫,而且她本人心中仍然存在一个问号。普舍尼岑娜是一个有功绩之人,但她的功绩还是找到了用处。奥尔迦无法拯救奥勃洛摩夫,因为她不能嫁给一颗独立自在的心灵。而普舍尼岑娜却懂得这一点。她所做的,就是不让外在的生活妨碍奥勃洛摩夫,不让他注意到它。谁能给奥勃洛摩夫带来一件长袍,谁就能拯救他。阿加菲娅·马特维耶芙娜把他送进了一个他内心无法舒展的环境之中。在这里完成了他外在的堕落。是希托尔兹而不是她把他送上了十字架。对她来说,生活才刚刚开始,阳光照耀着她。这阳光是那颗她所理解并加以保护的纯洁的、独立自在的心灵带给她的。就让这颗崇高的心灵走完自己的道路吧①。

---

① 《奥勃洛摩夫》的这个片段是巴赫金式的充满灵感和深刻的解读,其意义、价值首先在于,所有外在的东西都突然消失(或者说变得明晰和透彻了),而内在的、不可见的东西清晰无遗地显露出来的时候,我们面前就又有一种巴赫金对艺术文本的解读。虽然文本带有提纲挈领的、只记要点的性质,但我们还能看到一个例子,那就是对"形象(形象的内核)的第一层深意"的揭示,将这层深意与能够转变为一种装饰的第二和第三层深意分开来(参见《巴赫金文集》第5卷的"补遗"部分中对莎士比亚的解读,第85—87页)。巴赫金从肉体堕落的常见的标志中只留下长袍和拯救长袍(和下面这些东西在一起的时候,扎哈尔的形象很鲜艳:俄式暖炕,唠唠叨叨,沙发,还剩有食物的盘子,好久以前翻开但一直没有读完的一本书的发黄的纸页,没有完成的方案,等等)。巴赫金拯救的仅仅是长袍,长袍得以拯救,并把它从主人公死亡的象征物变成被拯救的象征物不是偶然的。其余的都是装饰而已(参见上述"补遗"部分)。就长袍而言最重要的是:"你穿在身上却感觉不到它"(参见伊·亚·冈察洛夫的《奥勃洛摩夫》,文学纪念碑出版社,1987年,第8页;在第1版中为"穿在身上身体感觉不到它"),换言之,不是你没注意它,而是意味着你不会把它当作一种障碍。只要不妨碍过内心生活的一切,都能施以拯救:拯救"自我"的内心界限。"谁能给奥勃洛摩夫带来长袍,谁就能拯救他。"这是拥有权力的人说的话,而且年轻的巴赫金正是这样的拥有权力的人,他是以《奥勃洛摩夫》中这个片段的作者的面目出现在我们面前的。在看了巴赫金对这个片段的解读之后,再重读冈察洛夫的小说时,"你好像在读从来没有阅读过的新作品"(别林斯基再次阅读《死魂灵》时说的话,参见维·格·别林斯基的《9卷集》第5卷,莫斯科,1976—1982年,第53页),就像这一句:"现在,在他周围的都是单纯、善良和爱他的人,他们都愿意用全副身心来扶持他的生活,帮助他不必关切和理会它"(同上,第366页)。也像另一句:"他审视着和沉思着自己的生活,越来越安于这种生活,最后认定自己再也无什么前途要向往,再也无什么东西要追求,他的生活的理想已经实现了[……]"(同上,第367页)。

或者像第三句:"他从闪着强烈的喜悦的电光,响着沉重的悲哀的迅雷的地平线上,逃避生活中的各种烦扰人的和折磨人的要求与灾难,因而暗自庆幸,而在这地平线上,活动着种种虚假的希望,活动着幸福的俏丽的幻影,在那里,一个人被自己的思想折磨和煎迫着,被自己的热情杀害着,智慧有时胜利了,有时失败了。在那里,一个人不断地鏖战厮杀,狼狈不堪地退出战场,可还是不满意,不知足"(同上)。"奥勃洛摩夫式的柏拉图"这一说法,以另一种方式被接受了(同上,第368页)。

然而,这一片段的意义和价值(即便这只是认识晚年时期的巴赫金的某个人的猜测而已),还具有深刻的个人含义,这部分奇妙的讲座的每一句话差不多都具有深意。为了稍微了解一下言之所指,我们不妨就援引巴赫金(其时已经77岁)和维克托·德米特里耶维奇·杜瓦金谈话录音中的一个片段(参见《维·德·杜瓦金与米·米·巴赫金的谈话》,莫斯科,进步出版社,1996年,第213、214页):

20

《悬崖》

对于冈察洛夫来说，奥勃洛摩夫性格已经越出了罗斯的国境。因此，奥勃洛摩夫性格的所有因素又转移到了《悬崖》之中。

祖母尽管活动能力强，却是奥勃洛摩夫性格的集合体。她这个形象的立足之基就是对生活的恐惧。

就内心生活和外在生活的明确性、完满性和直接性而言，玛芬卡就是尚未崩溃的奥勃洛摩夫。她完全符合祖母的道德准则。

就其艺术上的功能而言，薇拉的形象接近于奥尔迦。内心生活的旋涡迷惑了她，可她梦想着工作，建立功绩。作者根本无意让薇拉成为一个被解放的女性。他必须改造奥勃洛摩夫卡村，而不是将

<接上页>杜：您没张罗取消"遣送的处理"吗？或者……

巴：没有，一点没张罗。当时这么做是绝对没用的。一般来说，我反对进行任何活动……

杜：积极些……

巴：……积极些，特别是笔墨官司。我连平反都没有得到。我没有申请过平反。

杜：不，您还是应该争取……

巴：何必呢？我想，我个人既没有受到审判，也没有被侦查，因为当时所做的，既不能叫作审判，也不能叫作侦查。如此而已。当时，一切就是如此……

杜：不，无论如何，您都应该要求撤销这个处理……

巴：不——不，我为什么要——这么做呢？为什么呢？和我一起被逮捕的、同一案子的人，差不多全都恢复了名誉，而我没有提出申请。我完全不需要这个。绝对不需要。有什么用呢？

我们大胆说一句：在《奥勃洛摩夫》这个片段里，开头是"他不想出门……"，结尾是"……这是过着外在生活而不是内心生活的人"（这一段中间有一句："奥勃洛摩夫希望外在的生活不要妨碍内心的独立自在"）——这些话充满了真实的暗示，暗示巴赫金自己的心路历程中某些非常重要的方面。

在米尔金娜所记录的讲座笔记中，在分析《战争与和平》中的皮埃尔的形象时，巴赫金提到过奥勃洛摩夫（《巴赫金文集》第2卷，第242页）；在《索洛古勃》这个主题中，巴赫金也谈到了奥勃洛摩夫、普拉东拉塔耶夫以及索洛古勃的主人公们的童稚气（《巴赫金文集》第2卷，第315页）。——原编者

它摧毁①。薇拉本来应该用像马尔克那样的性格使奥勃洛摩夫卡村充实起来,但是,她当然无法接受马尔克的作风。她连自己的问题都解决不了,确切点说,是不想去解决。奥勃洛摩夫卡村依然是那个有着祖母的道德的奥勃洛摩夫卡村,而女主人公没有解决如何拯救男主人公的这一特殊问题。

莱斯基虽然不像奥勃洛摩夫,但总体上看,他面临着相同的内心问题:在外部世界找到位置,克服自我反省的世界、奥勃洛摩夫性格的世界,要借助于热情,而不是毁灭。只有奥勃洛摩夫卡村得到改造,它才能够从杂乱无章的生活中获得拯救②。

六十年代派

六十年代派一个显著的特点就是将社会—政治的问题与批评—

---

① 我们援引讲座笔记中关于茹科夫斯基的一段加以比较:"席勒以其内在的激情、通过改造内心来改造世界的信念吸引着他(指茹科夫斯基。——引者)。对待世界的内在态度是最重要的;这是当时席勒的主要倾向。使心灵平静——这就是一切,因为需要安排的不是世界,而是自己的心灵"(米尔金娜笔记手稿第22页);亦可参见《与友人书简选》的片段。改造的主题也出现在《陀思妥耶夫斯基》一讲里。有意思的是,果戈理片段中的"应该改造的不是世界,而是自己的心灵"这句话,几乎原封不动地重复了"需要安排的不是世界,而是自己的心灵"这句话。所以这两处话可以看成是作讲座者本人的信条。无论是对20世纪20年代的俄国来说,还是对20世纪末的俄国来说,此类论断并不抽象,而且这既不能完全归之于令人称奇的话:"他(指奥勃洛摩夫。——引者)必须改造奥勃洛摩夫卡村,而不是将它摧毁",也不能归之于更令人称奇的话:"只有改造后的奥勃洛摩夫卡才能将生活从混乱中拯救出来。"如果说米尔金娜所记录的讲座笔记中的大部分或明显断裂,或在多少值得商榷的地方终结,那么冈察洛夫主题的总共三个有小标题的片段,尽管具有任何笔记所有的自然而然的省略、遗漏和空白,给人的印象仍是:无论内在和外在,可以相信是完成了的,可以相信是巴赫金的。为比较起见,参见《1970—1971年笔记》:"乌托邦的信念,认为可以通过纯粹内部的途径把生活变成天堂"(《话语创作美学》,第355页)。——原编者

② 同上注①。

文学的问题结合在一起。与西欧的研究者相反,他们不知道将社会问题作为一个独立的领域来讨论,而试图将这些问题和文学材料联系起来。六十年代派的这一特点,也是整个俄国批评界的特点,其原因很多,既有外部的,也有内部的。首先,书报检查对这一特点起了推波助澜的作用,由于书报检查很严格,文学被用作遮蔽社会—政治思想的遮羞布。此外,真正的社会科学在俄国还未出现,因为它甚至都没有自己的术语,也没有相应的机构。社会—政治思想尚不能独立发展,为了不成为无本之木,它就应该附属于其他领域。然而,还有更加深刻的原因。俄国文学从开始之时就没有自己的准则。在彼得大帝之前的时代里,人们把文学看作是宗教思想的代言者。彼得大帝是用功利主义的观点来看待文学的。所以批评也就失去了传统,要是有这种传统的话,批评就会获得独立的地位。由于批评丧失了自己的根基,它就不得不把自己的命运和社会—政治领域紧紧地交织在一起。这样就产生了一种独特的文类,来自不同领域的问题混杂在一起的文类①。

杜勃罗留波夫

杜勃罗留波夫不知道审美判断。他看重艺术性,但他却不想也不

---

① "六十年代派"这一主题,特别是其中包含的小段落,还有"波米亚洛夫斯基""民粹派""格列布·乌斯宾斯基"和"米哈伊洛夫斯基"这些部分(参见下文),就其内容看,都接近于"80年代时期"这一主题(《巴赫金文集》第2卷,第288页)。它们给我们的印象是,在1918至1919学年里,年轻的巴赫金在涅维尔的中学里教过社会学方面的课程(能证明巴赫金在这段时间里教过社会学和历史的档案,保存在大卢基市的国立档案馆的私人档案部里;好心的尼·阿·潘科夫让我们见识了这些档案的抄件)。我们只能将这部分讲座笔记(讲座大约在1924年初举办)与为托尔斯泰作品写的论文式前言中的几段对比一下,正是在用作前言的论文中,提到了50至60年代的平民知识分子的代表——"车尔尼雪夫斯基,涅克拉索夫等"(《巴赫金文集》第2卷,第186页),提及了民粹派和民粹派的思想体系,还提及了格列布·乌斯宾斯基(《巴赫金文集》第2卷,第181页)和米哈伊洛夫斯基(《巴赫金文集》第2卷,第182页)。——原编者

善于独立地讨论艺术性。他并非对作品的艺术方面一窍不通,相反,他具有丰富的艺术辨别力,他的很多观察非常细腻,但他却没有赋予艺术性以独立的意义。读着他的文章,可能会忘掉他谈论的是艺术作品,而是会觉得,他谈的是整个的现实。西欧批评家们在艺术作品中界定主人公的功能。杜勃罗留波夫却把主人公看作是社会—政治现实的现象。所以,他总是比较各种美学层面上的主人公,把主人公与作者相提并论。杜勃罗留波夫似乎经常忘掉作品,把主人公拉进社会现实之中,在社会现实中考察主人公及其周围的环境。这样做,主人公总是消极的,环境是积极的。批评的任务在于解释环境是如何创造出人物来的,解释环境是如何使性格形成的。杜勃罗留波夫这样做得心应手。在他的文章中,有许多非常有价值的、极其成功的社会观察。他的意识形态也反映在这里面。首先杜勃罗留波夫跟所有的六十年代派一样,对前一代的意识形态进行了批判。对于40年代的人来说,较典型的是:有意识地脱离实际的生活,喜爱艺术,喜爱外在的表达形式。所有的六十年代派都把这称作唯美主义,并加以排斥。他们自由地说出自己的全部判断,对肉欲感官、感性的、粗俗的欲望不遮遮掩掩,实际上,这些欲望都是所有时代所有民族与生俱来的固有特征。此外,六十年代派还指责前一代人墨守成规,指责他们因为传统的久远而承认其价值[现象];六十年代派认为,墨守成规和唯美主义都具有不良的影响。他们还指责他们的父辈在对待人民的态度上犯了两大罪过:美化人民和忽视人民。美化人民就为摆脱人民提供了可能。

六十年代派心目中的正面人物,是头脑清醒的、甚至厚颜无耻的人。他应该积极活跃,精力充沛。至于思想体系,它的基础应该是功利主义和摆脱一切权威与传统的彻底自由。不过,父辈们的一个传统他们倒是继承下来了,这就是人道主义。六十年代派跟西欧的自由主义者恰恰相反,他们把共同的幸福、大众的幸福放在第一位。这不是对个人生活的关心,而是对所有人的关心,对逝者的宽容①;这使他们与40年代的人接近起来。总之,人道主义像一根红线贯穿着整个俄国思想。有一些例外像一阵不易察觉的波浪一样逝去了。但是,必须指出,六十年代派对何为共同的幸福没有一个稳定的概念。对他们来说,人民是没有差别的,各个社会团体之间的界限是变化无常的。他们认为,意识形态就能铲除社会团体之间的纠纷。社会机制的统一体是存在的,但也不能忘掉社会纠纷。寻求共同幸福的六十年代派还不知道要依靠什么。这一切对杜勃罗留波夫来说也是很有代表性的。但是,他的本性过于温和、符合道德的要求,甚至过于严谨。跟他的战友相比,他的脸皮太薄。在某一点上,杜勃罗留波夫比较接近于民粹派,主要是在禁欲主义方面。他知道,有一些文化财富只有享受特权的人才能得到。由此产生一种倾向——抛弃所有不是为了大众的东西。这一点使他和米哈伊洛夫斯基相接近。使他们接近的还有道德上的禁欲主义,道德上的纯洁,过度的严肃性。总而言之,杜勃罗留波夫是六十年代派人中最温和的、最聪明的、最崇高的人②。

车尔尼雪夫斯基

车尔尼雪夫斯基继承了杜勃罗留波夫的理论,但是,他的道德激

---

① "对逝者的宽容"这一句,出自亚·谢·普希金的诗《"我为自己建起非人工的纪念碑……"》。——原编者
② 巴赫金说到杜勃罗留波夫时,带着明显的同情,这种同情值得注意,它高度集中在最后一句话里。在巴赫金的著作中,杜勃罗留波夫只被提及一次,显得有点重要,因为在《弗朗索瓦·拉伯雷的创作与中世纪和文艺复兴时期的民间文化》第三章的最后一页,巴赫金在援引杜勃罗留波夫时仍充满毋庸置疑的同情。如果我们认为,巴赫金援引杜勃罗留波夫的主要目的是为了通过答辩和有助于出版这本书,那么,我们在看完讲座笔记中"杜勃罗留波夫"这一段后,依然有理由认为,对杜勃罗留波夫的态度缓解了巴赫金为这本书寻求帮助的压力。我们同样可以假设,巴赫金在对《陀思妥耶夫斯基创作问题》一书的第二章作修改时,想通过援引车尔尼雪夫斯基来求得帮助,就他内心而言,这实在是太难了,尽管在米尔金娜记录的讲座笔记中,只有极其简短的一小段话论述车尔尼雪夫斯基,巴赫金这样做的原因,不仅仅是他个人的同情和不同情所能解释的。——原编者

情在实践激情面前就退居次要地位。

皮萨列夫

在六十年代派中，皮萨列夫有些特别。他主要是个现实主义者，每一个行为的现实主义依据在他那里都表现得非常明显。他甚至比车尔尼雪夫斯基和杜勃罗留波夫更向往肉欲感官，似乎总是在竭力贬低人。但皮萨列夫是个贵族，接受了贵族式的教育，尤其娇生惯养。然而，他的典型特色是明显的个人主义，虽然这个特色并不是表现在外的。首先，他想击败所有人，战胜所有人，那时杜勃罗留波夫情绪是极度地清心寡欲的。虽然皮萨列夫的思想跟六十年代派没什么两样，他的文字散发着别样的气息。他的怀疑论可能更接近于彼丘林的怀疑论，而不是杜勃罗留波夫和车尔尼雪夫斯基的。

在皮萨列夫的本性和思想体系之间存在着内在的分歧。作为一个60年代的人，他掌握了这一流派的世界观，可他的本性在很大程度上渗透着唯美主义，他处处迁就自己。他的特色是闪光的智慧，主要是闪光的智慧。因此他受到不同寻常的欢迎，尤其是在年轻人那里。

至于皮萨列夫的美学观点，他认为，文学在多大程度上用于其他目的，它就在多大程度上为人所需，因为它只是为书报检查机关而创造的，它的功能就是将思想伪装起来。这样文学是以时间的形式来得到解释的。实际上，将不能公开说出的内心生活隐蔽地说出，决定了文学的许多因素。但是，这种解释可能不是社会—政治的解释，而是心理方面的解释。

拥有许多的快乐、健康的乐观主义，也是皮萨列夫创作的特色。甚至连否定在他那里都是很乐观地表达出来的。他似乎是个精力过剩的怀疑论者和破坏者。但是，如果我们将他的这些创作特点抛开不谈的话，那我们就只看到六十年代派学说中的极端结论。因此，我们不能说，皮萨列夫为这个学说做了新的贡献，他只是把自己的个性添加进了这个学说①。

60年代的意识形态的命运

　　60年代是改革的时代。资本主义开始发展,当时,它还与俄国格格不入;经济个人主义开始发展起来。社会领域中出现了两类人。一类是务实的人。他们信奉经济上的个人主义,利用着六十年代派的思想,培养了自由主义作风。希托尔兹就是例子②。这已经不是恰茨基③的自由主义,它带着感伤,脱离实际。他们看重靠清醒的头脑获得经济利益的自由。卢仁④就是这种人,如果他不具有陀思妥耶夫斯基赋予他的那种特色的话。另一类是与拉祖米欣⑤相似的人。而拉祖米欣也经历了六十年代派的思想洗礼,但经历的是另一条路线:民粹派分子就是从它走出来的,因此,60年代在意识形态领域中孕育出了经济上的清醒的个人主义和禁欲主义、集体主义,而民粹派则是这些主义的代言人。在文学中,民粹主义掩盖住了经济上的个人主义,因为书籍是拉祖米欣们,而不是卢仁们出版的。经济自由主义者们只是到了80年代才得以施展自己的才能。这两类人之间产生了复杂的冲突⑥。

　　这就是60年代的意识形态的命运。

---

① 米尔金娜记录的讲座笔记中关于"杜勃罗留波夫"和"皮萨列夫"的这两段,在文风方面是独一无二的,因为这些是肖像式的段落,而不是典型的分析或典型的对创作的描述。肖像很鲜艳,当然,也不会妨碍别人用另一种方式看待和评价杜勃罗留波夫和皮萨列夫。但是,只有另外一种肖像会与真正的肖像发生争论。参见格奥尔基·弗洛罗夫斯基神父在《俄国神学之路》中对杜勃罗留波夫、皮萨列夫和车尔尼雪夫斯基的论述(《俄国神学之路》,巴黎,基督教青年会出版社,1981年,第292、293页)。——原编者
② 冈察洛夫的小说《奥勃洛摩夫》中的主人公。——译者
③ 格里鲍耶陀夫的小说《智慧的痛苦》中的主人公。——译者
④ 陀思妥耶夫斯基的小说《罪与罚》中的主人公。——译者
⑤ 陀思妥耶夫斯基的小说《罪与罚》中的主人公。——译者
⑥ 在这一段里,有一种企图值得注意,它似乎想用"六十年代派"来谈论60年代,因为对"六十年代派"而言,文学中的人物和现实中的人之间并没有重要的界限,因此,接下来,在不大的篇幅里就同时提到了四个文学中的人物。——原编者

涅克拉索夫

涅克拉索夫的典型特征是努力革新普希金的经典。有人把这一历史使命比作杰尔查文的历史使命，虽然涅克拉索夫面对的不是罗蒙诺索夫的辞藻华丽的经典，而是普希金的经典。为了让诗歌重新变得感性起来，涅克拉索夫将旧诗的所有体裁和种类都混淆在一起。比如，他把文体和他所不具备的风格结合起来，造成一种独特的、出其不意的印象，对旧的风格加以讽刺性模拟。在诗歌接受变得迟钝的时代，这些方法总是需要的。当然，涅克拉索夫也不是立即就找到这些方法的。起初，他学习旧的形式，但这些形式不再能满足他。就这一意义而言，他接近于法国诗人贝朗瑞和巴比耶[①]，他们也对诗歌进行了改革。

不同故事的歌谣是贝朗瑞的主要创作形式。这种歌谣在法国很流行。我们也有这种歌谣，但我们的这些歌谣毫无才气，不常见，来自庸俗精神的角落。贝朗瑞创作的是独特的歌谣，半是民谣、半是个人的诗歌，这种歌谣化在他那里臻于完善。

巴比耶写颂诗。他的颂诗很忧郁，它们的风格是暴露性的，有点粗野。它们全都是城市诗。城市贯穿在巴比耶所有的诗作之中。

对涅克拉索夫来说城市题材也很有代表性，但在他那里，城市题材在相当程度上被削弱了。在俄国，城市不占多数，实质上还没有资本主义。不过，涅克拉索夫跟贝朗瑞和巴比耶一样，都是用打破旧有经典的方法创作自己的诗歌。普希金的诗歌不需要任何背景，它就自然而然地被人直接接受了。而对待涅克拉索夫的诗歌，我们则需要联系背景——他先前打破的那些诗歌。如果我们忘掉了或不知道这一背景的话，那我们就无法敏锐地读懂他的诗歌。但是，涅克拉索夫当

[①] 奥古斯都·巴比耶（1805—1882），法国诗人。——译者

然不只是打破旧的风格,他还建立了自己的风格。这就是民间歌谣,他把它独特地转化和创造成某种全新的东西。

艾亨鲍姆认为,涅克拉索夫在形式方面的任务决定了他诗歌的主题,这些主题在以前是未曾写过的。可情况并非如此。决定涅克拉索夫主题的特色的,并非形式上的独特性,因为他不过是自己时代的儿子,即典型的六十年代派诗人。

《谁在俄国能过好日子》

在这首长诗里,涅克拉索夫致力于极为宽泛的使命:描述俄国社会的方方面面。为此,他混用了不同的文体和风格:长诗和史诗,民间诗的诗格和神话的拟声。混合创造出独特的作品,非常和谐和成功的作品。

整部长诗比较符合庄稼汉的口吻:在这里只有庄稼汉的一系列概念、语汇。庄稼汉们在路上的谈话,是全诗的一个基本语调。为了避免千篇一律,该诗有大部分内容是由各式各样的人物讲述的,但是,所有的叙述又有一个统一的语调。尽管地主、神父、商人、士兵都在用他们自身固有的语言在说话,但他们的语言是与农民协调一致的。

这部作品没有完成,会让人感到遗憾,不过,已经完成的部分,写得非常出色①。

《萨　沙》

在涅克拉索夫的创作中,打破旧的各种传统的讽刺风格的作品,

---

① 如果把巴赫金对长诗《谁在俄国能过好日子》的看法及高度评价,和艾亨鲍姆的看法及评价(参见题解中所讲过的艾亨鲍姆的论文《涅克拉索夫》的最后几页),作一番比较,将很有趣。尽管两人的评价似乎都很高,但非常有趣的是,两人论述这部长诗并且对它做出评价的语言,却多少有点不同。巴赫金还在《长篇小说的时间形式和时空体形式》(《文学和美学问题》,第393页)中提到过这部诗,此外,在"讽刺"词条里,巴赫金用整整一段来论述涅克拉索夫的诗歌(《巴赫金文集》第5卷,第33页)。在这一段里,对长诗《谁在俄国能过好日子》的评价同样很高。——原编者

占有重要地位。《萨沙》就属于这类作品。

就构思而言,这部长诗并非原创。它非常像屠格涅夫的《帕拉莎》,不过它的独特性就在于讽刺性模拟。例外只有某些段落,比如,著名的砍伐树林的情节。即使在这里,也表现出了使隐喻粗俗化的努力[①]。

《俄罗斯妇女》

在涅克拉索夫的创作中这部作品很独特。它的风格也并不新颖,因为这是旧的长诗风格。必须指出,《俄罗斯妇女》远不是涅克拉索夫最好的作品,有些地方写得很糟糕。尤其不成功的是一些富有诗意的地方,这些地方涅克拉索夫是根本不善于写的。最好的部分是对日常生活的描绘。

作为报刊撰稿人的涅克拉索夫

涅克拉索夫在这一领域有重大的意义。他善于将伟大的诗歌天赋和巨大的实践能力综合到一起。人们经常指出,涅克拉索夫在生活中的行为是与他的创作思想完全矛盾的。但是,这种矛盾实质上没有如此之大。众所周知,在60年代与崇尚禁欲生活的民粹派并列地出现了实践能力强、头脑清醒的活动家。但是,这两派起初曾在一起无所事事,并以这种形式体现在涅克拉索夫的身上。然而,没有必要夸大他的严酷性。在实践活动中,需要吝啬,某种形式的投机倒把。反之,事业就会失败。当然,被他揪疼了的文学家们感到很不舒服,但是,如果是做事情,那就应该把事情做好[②]。

[①] 艾亨鲍姆在《涅克拉索夫》这篇论文里,把长诗《萨沙》说成是对屠格涅夫长篇小说《罗亭》的散文型改写版。——原编者
[②] 后来,关于涅克拉索夫的生活和诗歌之间的矛盾,巴赫金与艾亨鲍姆有争论。参见《文艺学中的形式方法》(第196—198页)。——原编者

波米亚洛夫斯基

波米亚洛夫斯基是平民知识分子作家。

《宗教寄宿学校特写》

这是一部经过艺术加工的自传回忆录。宗教寄宿学校在俄国文学中不是第一次得到描写。早有纳列日内描绘过宗教寄宿学校①,但他只是把宗教寄宿学校用作情节的一个方面。波米亚洛夫斯基展现了宗教寄宿学校。他的《宗教寄宿学校特写》获得了巨大的成功。引人关注的是,对一片完整的社会小天地的艺术描绘并赋予这个小天地以象征意义。

宗教寄宿学校是一个很混乱的社会集体。它把个别的人吸引进来,然后损害和摧残他们。诚然,按照宗教寄宿学校固有的传统,这里也有值得肯定的方面:宗教寄宿学校的力量,宗教寄宿学校的勇敢,宗教寄宿学校的团队精神。但是,在《宗教寄宿学校特写》中,这一方面却是无足轻重。居于首位的是描绘作为整体的这个社会世界,个人意志所听从的这个世界。而这个世界是很恶劣的。

波米亚洛夫斯基被自己的同时代人评价过高,不过应该给他一个恰如其分的评价:他巧妙地描绘了一个自发力量的集体组织。《宗教

---

① 指的是瓦·特·纳列日内的出版于1824年的长篇小说《宗教寄宿学校学生》。它的全名为《宗教寄宿学校学生,小俄罗斯中篇小说》。在《拉伯雷与果戈理》中,在不止一次发表、但没有收入《弗朗索瓦·拉伯雷的创作与中世纪和文艺复兴时期的民间文化》的那篇学位论文(即《现实主义历史中的弗朗索瓦·拉伯雷》。——译者)的片段(《文学与美学问题》,第487页)中,在《1970—1971年笔记》(《话语创作美学》,第359页)中,巴赫金都曾提到过纳列日内。——原编者

寄宿学校特写》是一幅不需任何情节和个人因素在其力量和鲜明性方面就令人震惊的社会图景，是一幅没有赤裸裸的倾向的艺术图景。

《市侩的幸福》《莫洛托夫》

　　这些作品的基础，就是努力展示和揭露市侩气。波米亚洛夫斯基把市侩习气看作是一种特定的精神生活方式，那就是庸俗，对现存的社会生活制度的容忍。市侩们没有让生活听从思想的要求，相反，他们希望听从于生活，适应生活。波米亚洛夫斯基把对理想的追求与市侩气对立起来。这是他区别于民粹派的地方，因为民粹派认为，与市侩气对立的应该是确定的、真实的、具体的东西。而波米亚洛夫斯基则把抽象思想和市侩的现实对立起来。

　　从艺术层面看，这些作品远远逊色于《宗教寄宿学校特写》。在这两部作品中赤裸裸的倾向占据了首要位置。

民 粹 派

　　民粹派就其身份而言，来源于赫尔岑，但后来与斯拉夫派联系了起来。赫尔岑在自己活动的鼎盛时期是个社会主义者。他认为，实行革命的主要力量是无产阶级。但是，后来，赫尔岑就对无产阶级失望了，用对待小市民的那种态度看待无产阶级。他观察了英国的工人运动的发展，得出了结论：工人无一例外地属于现存制度的组织之中。此外，他还指出了工人们在心理上的缺点，赫尔岑认为，既然无产阶级诞生在奢华的环境之中，那么它不可能与此环境无关，私有制的本能在它身上不能不得到发展。这些话在赫尔岑的创作中是最有分量的。

赫尔岑在得出这个关于无产阶级的否定性结论时，把自己的希望转寄到了农民身上。按照他的观点，农民是最先进的阶层，而俄国农民又是所有农民中最先进的。与斯拉夫主义者一样，赫尔岑赋予村社（община）以巨大的意义。农民没有私有地产、私有财产。他们只知道在村社的基础上发展壮大的公社（мир）[①]；在公社里一律没有私有的东西。赫尔岑的这一思想被民粹派吸收[②]。对于社会主义者来说，无产阶级只是理想赖以实现的一种力量。民粹派也认为，农民阶层里已经存在理想，并且应该向农民学习。因此，民粹派沉湎于一种特殊的唯美主义中，沉湎于对农民的欣赏中。这种多愁善感的欣赏，几乎窒息了民粹派的政治思想。

看待农民如同看某种已稳固不变的东西，这推动了民粹派文学的创作。无产阶级文学没有也不可能创立起来，因为无产阶级尚未形成。

在民粹派所提出的重要问题中，有一个是关于农民和知识分子的关系的问题。按照他们的观点，知识分子所做的一切都是为了农民，

---

① 又译"村社"，此词特指俄国的农村公社。——译者

② 参见瓦·瓦·津科夫斯基的话："赫尔岑把全部的社会希望都寄托在俄国的村社上（就这一意义而言，赫尔岑甚至比斯拉夫派更有资格当所谓的'民粹派'开山始祖……）。"（《俄国哲学史》第1卷，第2册，列宁格勒，自我出版社，1991年，第80页）在苏联时代，把赫尔岑当作民粹派的创始人这一说法，弗·伊·列宁的著作。

　　至于巴赫金论述赫尔岑的段落，这就已经是我们唯一知道的论述较详细的部分了。巴赫金在引述研究陀思妥耶夫斯基创作的研究者的著作时，不止一次提到过赫尔岑，其中包括在《陀思妥耶夫斯基诗学问题》中，晚年的巴赫金把他和恰达耶夫、格拉耶夫斯基、巴枯宁等人相提并论，也就是说，这些人的思想已经成为陀思妥耶夫斯基笔下主人公们思想的原型思想。此外，在《弗朗索瓦·拉伯雷的创作与中世纪和文艺复兴时期的民间文化》的第一章中，还有一处较大的脚注：赫尔岑关于笑的思想。赫尔岑的长篇小说《谁之罪？》在巴赫金论述长篇小说《复活》的文章中提及，同时提及的还有车尔尼雪夫斯基的《怎么办？》和乔治·桑的长篇小说（《巴赫金文集》第2卷，第190页）。

　　下面一段中的内容（"无产阶级文学没有……创立起来……"等），与对列·瓦·篷皮扬斯基的职业评论相比，不无趣味（参见《1919年在涅维尔所作的报告》，载《文学评论》杂志，1997年第2期，第6页；发表者是尼·伊·尼古拉耶夫）。——原编者

这是知识分子的过错。知识分子应该接近人民，向人民学习。这一思想对斯拉夫派也有代表性，然而，对斯拉夫派而言，这是个文化问题，而对于民粹派而言，这是对社会—经济过错的改正。

民粹派分子绝对无意成为虚无主义者，但对待文化的态度却是虚无主义的，尽管他们的动机与虚无主义者完全不同。虚无主义者说，文化很糟糕；而民粹派则说，文化不公正。在民粹派那里，政治的重要性让位于社会的重要性，退居次要地位，正是在这一点上，他们与赫尔岑有显著的区别。他们认为，任何的政治改革只为知识分子所需要，人民需要的只是社会改革。

但是，在民粹派分子中，只有少数人把农民彻底地理想化了。在他们的创作中，可以看见很多过分的冲动。他们怀有感伤主义的激情和为了扬名，执行了愚昧的路线；伴随着田园诗的却是悲剧。

民粹派的基本主题是将城市和农村对立。卡拉姆津已经深入研究过了这一主题，稍晚有格里戈罗维奇，后来有托尔斯泰。当然，托尔斯泰并不是得之于民粹派，而是得之于感伤主义者。尽管从意识形态角度看感伤主义和民粹派之间隔着一条鸿沟，但是，就文学层面而言，两派却并未受制于意识形态的承继性[①]。

格列布·乌斯宾斯基

在民粹派的创作中，思想和倾向凌驾于艺术观照之上。尽管如此，他们仍取得了很高的成就。民粹派文学最有实力的代表就是格列布·乌斯宾斯基。

对乌斯宾斯基产生重大影响的是作为土壤派作家的陀思妥耶夫斯基。他也认为，土壤是使人定型的一种东西，它创造了生活的逻辑，

[①] 关于托尔斯泰和民粹派，尤其是关于托尔斯泰和格列布·乌斯宾斯基，参见巴赫金论托尔斯泰戏剧的文章。也可参见讲座笔记中关于《苦命的丽莎》部分。——原编者

当然,他对土壤的理解是半神秘主义的。就这一意义而言,地主们的生活是一以贯之的、完整的,这让生活有理性。脱离了土壤的人,如知识分子和官僚,是不坚定的、荒谬的。他们与农民是对立的。对农民来说,他们的信念具有首要意义,因为自然本身在调节着他们的生活、思想和情感。这一点使乌斯宾斯基接近于托尔斯泰和屠格涅夫,尽管这一点是屠格涅夫的主要特色。所以,格列布·乌斯宾斯基的这一主题,有自己的历史。

在乌斯宾斯基的创作中占据显著地位的是富农主题,富农是农民日常生活中的一支力量,它追求的就是剥削。乌斯宾斯基对富农一直是持否定态度的。在对富农的否定评价上,民粹派与列宁主义——俄国的马克思主义有共同之处。但在正统的马克思主义中,对富农的评价则是肯定的。在他们看来,富农是资本主义的有机发展,是向新经济制度的必不可少的过渡。总之,他们把农村看作暂时的东西。在马克思主义者看来,农村就是纯净的土地,跟任何传统都没有关系。他们建立在无产阶级基础之上。俄国的马克思主义,来源于俄国生活的特殊环境,主要来源于民粹派的观点,依靠中农。所以说,对富农的否定性评价,来源于民粹派,是有其伦理依据的。

乌斯宾斯基的思想体系跟整个民粹派的一样,其显著的特点就是:社会因素凌驾于政治因素之上。他们把这一点理解得非常宽泛。从他们的观点看,任何自上而下的改革,都只是强加给农民的,因而,不会给他们任何好处。改革只是生产出那些脱离任何基础、任何土壤,只知道一样东西——报酬的人。报酬也是他们的思想体系的基础,它对生活提出了泯灭良心的要求。农民不需要改革,需要保护已有的东西。然而,把农民理想化似乎不在乌斯宾斯基的作品中,而是在别的地方,整个现存的现实都具有否定的特点。在这一点上,乌斯宾斯基像果戈理。他身上同样发生了悲剧:他发了疯。一直让他痛苦不堪的思想就在于,他错过了,未能仔细看一看真正的、正面的俄国①。

米哈伊洛夫斯基

米哈伊洛夫斯基是民粹派思想最纯粹的、最深刻的表达者。他是民粹派中唯一创造了一以贯之的、完整的体系的人。立场鲜明的唯心主义,像一根红线,贯穿在他全部的创作之中,与有唯物主义倾向的六十年代派完全对立。然而,他却不是旧时代的唯美主义者,因为他本人经历了六十年代派的批判。说米哈伊洛夫斯基是唯心主义者,是就这一意义而言的:对他来说,精神因素是第一位的,因此,思想的意义就上升到首位。他消除了六十年代派典型的一切极端做法,磨平了他们所有的尖锐的棱角。因此,他的理论的方法论意义是非常重大的。

为了评价文化现象,米哈伊洛夫斯基创造出一个三项式:"真实即美""真实即真理""真实即公正"。真理、美和公正的抽象概念是无法把握的。它们还应该是真实,社会的和道德的真实。米哈伊洛夫斯基把这一公式运用于文学。假若美不同"真实即真理"和"真实即公正"融合起来,那么这就不是美,这是虚假的美。这就是为米哈伊洛夫斯基世界观奠定基础的著名公式②。在哲学方面,这一公式论证得极其

---

① 参见《巴赫金文集》(第2卷,第424页)中论果戈理的《死魂灵》第2卷的部分。也可参见《话语创作美学》中倒数第一个笔记(《1970—1971年笔记》)的最后一段:"纯粹的否定态度不可能产生形象"及之后部分(《话语创作美学》,第360页)。最后,也可参见《论行为哲学》(载《哲学与科学技术社会学》,莫斯科,科学出版社,1986年,第130页)中的两段:"在这个意义上可以说,有一种客观的审美之爱,只不过要赋予它消极的心理学含义,而是作为审美观照的一个原则"及之后部分。这一处有部分内容,援引自谢·格·鲍恰罗夫的《存在之事件》一文(载《新世界》杂志,1995年第11期,第218页)。——原编者

② 这一部分笔记总会让人困惑不解,因为不作些解释就很难理解;特别是,如果不知道米哈伊洛夫斯基本人和他的同时代人的相当广泛的论述,就很难理解。对米哈伊洛夫斯基的同时代人也好,对他的最亲近的后代人也好,对他丰厚的遗产较完备的说明,是以下所引的米哈伊洛夫斯基首次发表在《可怕的梦,宽容的上帝(对斯洛尼姆斯基先生说的几句话)》中的话:

"每一次我想到'真实'这个词,我就不能不惊叹于它那令人畏惊的内在之美。

简单，但也使他摆脱了一切极端而得以广泛、全面地分析现象。我们发

<接上页>我觉得，任何一种欧洲语言里都没有这个词。我觉得，只有在俄语中，'真理'和'公正'可用同一词来称呼，它们似乎融合成一个伟大的整体了。'真实'就其伟大的意义而言，一直就是我孜孜探索的目的。'真实即真理'，一旦脱离了'真实即公正'，就是飘浮在理论天空上的'真实'，脱离了实际大地之真实的'真理'；它不仅不能让我满意，还老是让我蒙羞。相反，最崇高的生活实践，最高尚的道德理想和社会理想，我总觉得是令人不快和苍白无力的，如果它们脱离了真理和科学的话。我从来就不信，现在也不信，竟然会找不到这样一个让'真实即真理'和'真实即公正'一起出现、互相充实的观点。在任何情况下，完善这种观点是人类的智慧所能够想象出的所有使命中最崇高的一项，而且为该使命而付出多少努力都不足惜。毫无畏惧地直面现实和现实的反映——'真实即真理'，'客观的真理'，同时保护好那个'真实即公正'，'主观的真理'（斯洛尼姆斯基先生没有否定我对此的'正确的理解'），这就是我毕生的使命。这并非是轻而易举的使命。聪明的毒蛇通常缺少鸽子般的纯洁，而纯洁的鸽子也缺少毒蛇般的聪明。通常，有的人抛弃了讨厌的真理，想要拯救道德的或社会的理想，而有的人，有客观知识的人通常则相反，想把赤裸裸的事实提升到不可动摇的原则的地位。关于意志自由和必然性的问题，关于我们知识极限的问题，社会的有机理论，达尔文理论在社会问题上的运用，关于人民的利益和舆论的问题，历史哲学、伦理学、美学、经济学、政治学、文学诸方面的问题，无论在什么时候，我都绝对是从伟大的二位一体的真理的角度来思考它们的。我参加过无数次的论争，回应过许多五花八门的时髦需求，仍然是为了再一次确立这个像太阳一样的真实；这个真实应该反映在无边无际的抽象思想的海洋中，反映在此时此刻滴下来的最细小的血滴、汗珠和泪珠里。有时候我被称作'社会学家'，这种情况似乎使斯洛尼姆斯基先生感到非常难受。他说，我虽然被称作'社会学家'，却不具有这一称号应有的荣誉，甚至把所有的称号都搞错了！人们对我的叫法各种各样，但我本人对人们叫我什么从来就不感兴趣。当然，斯洛尼姆斯基先生所认可的我那些微不足道的优点，可以让我诸如写一部具有当代形式的简明的社会学教程（我们倒是期待斯洛尼姆斯基先生能把它写出来），让我在理论思维的领域安下心来。说实在的，我倒是经常想这么做；对理论创作的需求，需要有自我满足感，可结果出现的是哲学方面的概论或社会学方面的定理。可是，在那些东西里面，在这种从事理论工作的过程中，有时，我老是被当今社会实践的炫目而喧嚣的丰富性、血肉般的生动性所吸引，我于是抛弃理论的高深性，目的是想过一段时间再重新拾起，然后再次抛弃。但是，这一切的根源是同一个，这一切交织成了一个或许奇怪的和笨拙的整体，交织得如此迫切与紧密，以至于我无法实现斯洛尼姆斯基先生的宏愿：按学科分配材料，将一切多余的东西排除掉。要重新写出一本书是可能的，而不管出于什么愿望，要完成一次推荐的外科手术，我却办不到。我的漫无节制和粗心，全都是由此而生的。"（载《俄国思想》第 3 辑，莫斯科，1889 年，第 276—278 页）

这些话，是米哈伊洛夫斯基一部作品集的第 3 版前言的开头部分，只不过抹掉了与具体论敌论证的痕迹，也就是说，只稍微做了变动。这篇前言在他后来出版的集子中曾多次再版。正是在这次发表以后（在 19 世纪末 20 世纪初，米哈伊洛夫斯基

现弗拉基米尔·索洛维约夫也是这样,不过,他的立场却具有深刻的

<接上页>的集子接二连三地出版),这些话变得尤为著名,尤其受人欢迎;引这话的作者一般都要引前言。但是,"伟大的二位一体的真理"这一说法,却出现于米哈伊洛夫斯基较早的作品里,要早于写作《可怕的梦,宽容的上帝》一文时;比如,在《关于真实和非真实的书简》(载《祖国纪事》杂志,1877—1878 年初)中就有这么一处:

"但是,在俄语中,还有一个更加精彩的例子,那就是在'真实'一词里就重合了'真理'和'公正'的不同概念。因而可以说:俄国民族的精神是多么贫乏、多么可怜,没有创造出区分'真理'和'公正'概念的不同的词来!但是,或许也可以说:俄国民族的精神是多么伟大。竟懂得'真理'和'公正'的同源性,语言本身就说明,'公正'只是'真理'在现实世界中的体现,而'真理'只是'公正'在理论领域的体现;'真理'和'公正'不能够互相矛盾!"(转引自《关于真实和非真实的书简》,载《尼·康·米哈伊洛夫斯基文集》第 4 卷,《俄国财富》杂志出版社,1897 年,第 384 页)

此处还有:

"我觉得,从前把'真理'和'公正'概念紧密地衔接在'真实'一词中的那种力量,现如今正受到消耗殆尽的威胁。至少,经常能碰见这样一些人:他们不但勤勤恳恳地致力于某一半真实,而且还斜视着另一半真实。有些人说:'公正'对我来说是无所谓的,我想要的是'真理'。另一些人说:'真理'对我来说不是当饭吃的,我想要的是'公正'。"(同上,第 385 页)

最后,在同一系列里,米哈伊洛夫斯基在评论《尤里·萨马林文集》第 1 卷时写道:

"首先,那个您应该珍惜的斯拉夫主义者的东西,以及在他现在和未来的子孙中不可重复、不能重复也不会重复的东西,就是:他们从来没有打算将真理分成两半。斯拉夫主义者从来没有这样的想法:'真理'和'公正'都是各自独立的。相反,两者高度统一的思想,不止一次引发了斯拉夫主义者深思熟虑的和热情洋溢的文字。他们关于'真理'和'公正'概念的内涵本身,则是另一回事情了……"(同上,第 447 页)

米哈伊洛夫斯基的这些判断的魅力是如此巨大,以致在很多人看来,米哈伊洛夫斯基首先是"二位一体的真理"的宣告者和辩护者。而且米哈伊洛夫斯基说出的话,被自由地解释并在各种不同的语境中被引用。比如,在《19 世纪俄国文学史》(第 4 卷,莫斯科,1911 年)中,"格列布·伊万诺维奇·乌斯宾斯基"这一章就是以"二位一体的真理"开头的:

"借用米哈伊洛夫斯基的极好地体现了'真实'一词的双重意义的术语,我们认为,乌斯宾斯基的部分心灵极力追求'真实即真理',与此同时,另一部分心灵更加向往'真实即公正'。前一部分不管怎么活动,其结果是常常把另一部分伤害,给它带来沉重的打击,迫使它在寻找别的真理和其他领域的动荡不安的过程中受苦、受累。"

结尾仍是"二位一体的真理":

"'真实即真理'和'真实即公正'的斗争,在乌斯宾斯基文学生涯结束时,仍没有终止。真理和现实被确定成一种稳定的、丑陋的和可怕的东西;这种东西把乌斯宾斯基心灵世界中的'公正'因素排挤出去,这令他痛苦万分。"(同上,第 169—193 页;作者是 И.Н.伊格纳托夫)

我们觉得,在米哈伊洛夫斯基本人的论著中,他所喜爱的概念,在不同的语境中,在不同的时期,说法略有不同。但是对我们来说现在重要的是强调指出:知道米哈伊洛夫斯基,而不知道他关于"二位一体的真理"这个可贵的思想,在 19 世纪

哲学根据[①]。

<接上页>末到20世纪初的时候,实际上是不可能的。巴赫金关于米哈伊洛夫斯基的三项式("真实即美""真实即真理""真实即公正")的那句令人吃惊的话,可能比较费解。巴赫金好像在自己对米哈伊洛夫斯基的评理中做了修改,这处改动涉及对前一时代的"进步思想"何以能生存的理解,是(在米哈伊洛夫斯基还在世的时候)由马克思主义者米·涅韦多姆斯基(米·波·米克拉舍夫斯基)在《作为画家的知识分子》一文建议修改的;该文是纪念1898年6月25日逝世的画家尼·亚·雅罗申科的,但又比较宽泛地纪念了巡回展览派艺术家,它也涉及了对人民的态度问题(发表于《开端》,一份兼容文学、科学和政治的杂志,第1、2期,圣彼得堡,1899年,第198—219页)。M.涅韦多姆斯写道:

"在那个时代,所有的进步思想吸取了'二位一体的真理'的理论:'真实即真理'和'真实即公正',米哈伊洛夫斯基不止一次地论及它。当然,在这个综合体里,紧密结合了彼此之间鲜有共同之处的两个因素,只有从统一于'真实'的以双方各自让步为代价,才能达到两者的结合。在道德突变的时代,在道德复兴的时代(这种复兴我们在当时就经历过),首要的作用,主导的地位自然就应该属于真实即'公正';而真实即'真理',则应该做出点牺牲,服从于真实即'公正'的优先地位。我们认为,应该在这个'二位一体的真理'中再加进一项,称它为'三位一体的真理',因为,在我们看来,艺术、美进入了这一真理,当然,也就是服从于'公正'的首要地位。'真实即真理''真实即公正'和'真实即美'就是'三位即一体';当时的知识分子就靠它而生存,是它的载体。"(第209页)

在给米·涅韦多姆斯基的答复里,米哈伊洛夫斯基本人没有在意这种解释(参见米哈伊洛夫斯基在《最后的文集》中发表的文章《关于M.涅韦多姆斯基的一些观点》第1卷,圣彼得堡,1905年,第94页)。我们只能猜测:巴赫金的说法与米·涅韦多姆斯基的文章是否有关系。"三项式"是米哈伊洛夫斯基本人给巴赫金的提示,这种推测的可能性更大。我们的这一印象——在巴赫金自己看来,米哈伊洛夫斯基的公式中必须有'真实即美'(巴赫金认为它是第一位的)——倒是确凿无疑的。而谈论的大概是米哈伊洛夫斯基的全部论述,包括他关于文学和艺术问题的论述,特别是与他展开论争的他的同时代人,包括托尔斯泰,是如何理解这些问题的,还有与他论争的代表40年代的人,对这些问题是如何看的。显然,巴赫金既考虑到了他的看法,也考虑到了那些对具体的艺术作品所作的高度评价;这些评价尤其与巴赫金自己的评价不谋而合(参见下文中巴赫金对中篇小说《克莱采奏鸣曲》和短篇小说《主人与仆佣》的评价;《巴赫金文集》第2卷,第257、258页)。因此,最后,在我们看来,不妨提一提某种类型的错误:米哈伊洛夫斯基研究文化现象的那些方法的实质,正如巴赫金对它的把握一样,很有可能让他在这次讲座中对这些方法直至"三项式"的原则做了总结。在这种情况下,很难说这部分笔记可能有不准确的地方。——原编者

[①] 为比较起见,参见尼·亚·别尔嘉耶夫的《俄国思想》(论文集《论俄国和俄国的哲学文化》,莫斯科,科学出版社,1990年,第143页)。也可参见其在《索洛维约夫》(同上,第342页)中论米哈伊洛夫斯基和索洛维约夫的几句话。——原编者

在社会生活方面，米哈伊洛夫斯基是彻底的集体主义者。根据他的看法，个人一旦脱离了集体，就会软弱无力、堕落。不过，他把集体主义看作是某种统一的东西，因此，阶级斗争思想是与他格格不入的。米哈伊洛夫斯基与马克思主义者的对立就在于此。在马克思主义者看来，没有人民，也没有民族。他们只关心阶层的划分，关心阶级斗争。阶级斗争是他们最喜欢用的术语。在他们看来，社会发展也得借助于各种矛盾的斗争，而不是追求和谐一致据①。对米哈伊洛夫斯基来说基础不是阶级斗争，也不是一个阶级对另一阶级的奴役，而是通过宣传和社会研究途径达到的各阶级的完全自由的联合。社会辩证发展的力量与米哈伊洛夫斯基完全格格不入。他无法理解，在阶级的分化和划分中怎能包含着真理。也必须指出，所有的俄国革命党，除了布尔什维克之外，都追随了米哈伊洛夫斯基据②。在布尔什维克看来，人民由斗争着的阶级构成。在革命社会主义者和孟什维克看来，存在各阶级联合起来的现象。观点上的这一分歧，鲜明地表现在对1914年世界大战的态度上。布尔什维克认为，各阶级联合起来与德国打仗，统一的民族情感只是一种麻醉状态，而不是健康的、自然而然的状态。孟什维克和革命社会主义者认为，如果一个民族能克服各阶级的纠纷，如果事件能使万事万物联合起来，如果能找到与所有人都有关的公共点，那么人民社会结成统一体，为了这个统一体就会取得胜利。于是他们将无产阶级专政、红色恐怖，与为了人民统一体的民主对立起来。这里就有米哈伊洛夫斯基的影响，他的影响至今仍然发挥着巨

---

① 值得注意的是，"他们""他们的"和"在他们看来"接连出现了三次，这样的情况可看作是强调巴赫金本人与那些马克思主义者的区别。——原编者
② 参见由 Л.马尔托夫撰写的《70年代的社会界和知识界流派》一章（《19世纪俄国文学史》第4卷，莫斯科，1911年，第29页）中的一段："拉甫罗夫，尤其是巴枯宁，他们都不会像米哈伊洛夫斯基那样说：'需要预先防止无产阶级的溃疡在欧洲的猖獗和在未来俄国的威胁。我总是觉得，医治这一溃疡是一项如此重要的任务，至少，凭我的头脑还力不胜任（变体为马尔托夫所加。——引者）。但同时我坚信，预先发出警告还是可能的，只要及时采取措施的话。'"——原编者

大的作用①。当然,提及人民统一体的概念,就必须限定一句:他认可斗争,甚至革命行动,但统一须凌驾于分化之上。

马克思主义者不止一次地指出,民粹派注定要走向非历史性、静止性,因为对民粹派来说,重要的不是发展、运动,而是统一。应该说,这种指责是公正的。对民粹派来说,人民是从天而降的,是上帝赐予的。他们把农民的公社看作是理想,自然演化的看法使他们觉得受辱,因为解释现象的起源使民粹派不再具有权威性了。马克思主义者也力图揭示农民的公社的产生源流。其实,公社是在农奴被固定在土地上的情况下出现的,而且只有在政权的促进下出现的,而对政权来

---

① 在米尔金娜所记录的巴赫金讲座笔记中,这些如此要紧的思想在这儿是第一次出现。然后在讲座涉及20世纪文学,特别是十月革命后的文学时,这些思想出现得较多。巴赫金在这里提到布尔什维克时,好像布尔什维克已经不复存在或离他很遥远。在某种意义上说,他们确实很遥远,如果考虑到关于米哈伊洛夫斯基的讲座是在维捷布斯克作的话(约在1924年春)。

如果把这一处与弗·加·柯罗连科在1908年9月8日给费·德·巴丘什科夫的一封信的内容加以比较,将很有趣。巴丘什科夫同意为亚·伊·埃特尔的集子《最后一个民粹派分子》写一篇序言。柯罗连科在信中写道:

"我认为,对这样的序言来说,它太具有'论战性'了。最后一个民粹派分子。这是什么意思?就是说,在90年代初就封笔的埃特尔之后,民粹派就不存在了。那关于发生在90年代中后期的米哈伊洛夫斯基及其同志们与马克思主义的激烈争论,还能说些什么呢?要知道许多人至今仍认为,这就是民粹派的斗争,马克思主义者们也是这样描述这场斗争的。[……]他(米哈伊洛夫斯基)并没有'死掉',现在和将来很长时间都不会死去,因为他的大部头的珍贵的著作,现在出版得比他身前还要多,并正在年轻人中流传。[……]反对派认为,和米哈伊洛夫斯基做斗争就是和民粹派做斗争。米哈伊洛夫斯基没有反驳,因为这话在一定程度上点出了争论的实质:作为全体劳动阶级的'人民',其利益是一个方面;而单独一个工业无产阶级的利益则是另一方面。[……]难道可以说:'这个'民粹派已经死了、消散了,从舞台上消失了?"(参见《弗·加·柯罗连科1880—1921年书信》,布拉格,1922年,第303、304页)

在1908年这样写马克思主义者是很自然的,然而,实践表明,并非是远见卓识。关于米哈伊洛夫斯基和现今的马克思主义者,可参见《尼·康·米哈伊洛夫斯基。文学批评与回忆录》(莫斯科,"文物和档案中的美学史"丛书,1995年第15、19、27[!]页等)一书中М.Г.彼得罗娃和В.Г.霍罗斯两人对话式的序言。1917年之后,关于米哈伊洛夫斯基极少有人写,这段时间米哈伊洛夫斯基的专著也极少出版。——原编者

说这样做是非常有利的。所以,对民粹派不讲科学、害怕科学的指责是公正的。这就是米哈伊洛夫斯基研究社会生活现象的方法。

在对待文化上,米哈伊洛夫斯基绝不是虚无主义者,但他跟杜勃罗留波夫差不多,有禁欲主义倾向。为了"真实即公正",他已经打算忘掉自己那个公式中的其他部分。为了"真实即公正",他把"真实即美"和"真实即真理"放到了次要地位。"真实即公正"就是对自我负责,这个我是独立的,超越历史环境的。马克思主义者认为,把粗糙的、难以为人接受的"没有责任、只有斗争"的公式,与这种"普遍管辖"对立了起来①。

由于把"真实即公正"放在了首位,米哈伊洛夫斯基就否定了任何抒情。对一切抒情的东西抱有敌意,也是民粹派的典型特点,的确,对农民的描写素来有些抒情,但抒情在描写中只是起到次要作用。民粹派看待内心生活的描写如同看待某种多余的东西,并高呼行动和社会运动的重要性。

米哈伊洛夫斯基的观点反映在他的文学论文里。最有代表性的是论陀思妥耶夫斯基的文章。他不喜欢关注任何抒情和任何的内心生活,因此对拉斯柯尔尼科夫及其内心的复杂性未作评价,而在他之前,文学中没写过这种复杂性。他不喜欢没有出路的矛盾,而陀思妥耶夫斯基那里展现的却是斗争、不可调和性、完全的对立,它们没有结合成一个高级的统一体。因此,他把陀思妥耶夫斯基称作"残酷的天才",对他的评价是否定的。

米哈伊洛夫斯基的一些主要观点就是这样的,它们在俄国思想史中起到了重大的作用。

万海松 译

---

① 在最后一句的"普遍"里,尤其能感觉到《论行为哲学》的作者,并且"猜出"他对米哈伊洛夫斯基感兴趣和对他抱有明显好感的原因。——原编者

列夫·托尔斯泰[1]

《童年》·《少年》·《青年》

三部曲的基本主题乃是整一的天性与内省的精神之对立。一开始,小尼古连卡所体现的就是这种内省:"我"这一声音与所有同这个"我"相对立的一切。小尼古连卡那份绝对的单纯与孩童的天真提供着一种可能,将这两种"我"清楚地察觉出来:"为自身的我"与"为他人的我"。他忽儿为自身而活着,忽儿按照那已然外在地表现出来的道路构筑自己的理想。他必须使这两种"我"即"为自身的我"与"为他人的我"吻合起来,可是它们一开始就并不吻合。由此而产生出他心理上的困窘、尴尬。小尼古连卡与聂赫留朵夫的友谊,乃是这样一种尝试,即试图从失谐的心态中走出来,而且即便是在与一个人的交际之中也要守持住自身,而以自己的深层的"我"去与他交朋友。但是悲哀正在于,以他人的看法来定位就破坏着"为自身的我",破坏着天性的整一。

托尔斯泰在整个创作生涯中都将根据这两个范畴来安排,来把握世界,直到"为他人的我"成为整个文化,而"为自身的我",则孑然一身。

《哥萨克》

《哥萨克》中,天性与文化的对立表现得特别明晰。不可剥夺的天

---

[1] 原载《普罗米修斯·名人文丛》第12辑,莫斯科,1980年。手稿发表者:瓦·柯日诺夫。——译者

性,这是叶罗希卡大叔;精神,则是奥列宁。但奥列宁乃是已然复杂起来的文化因素的负载者:他这人一面静观哥萨克们的顺乎天性的生活,一面在自身体验着这一观照。

奥列宁在其自身感觉到的精神究竟是什么呢?这乃是一种在他人的意识中去看见自己的能力,乃是既在自己的意识中又在他人的意识中去接受自己的情感、自己的行为。两种评价,双重内省,便引发冲突,托尔斯泰将这些冲突与文化及其目标联系起来。依他之见,人拥有自我审视这一心理禀性可是一件挺糟糕的事。不应当去倾听良心,良心的提示也就是内省:它破坏着人的天性的整一。内省并未迫使奥列宁去拒绝玛丽娅卡,而只是把他置于一个虚伪的尴尬的情境之中。对善与恶的意识本身带来犹豫不决、心态失谐与虚伪。内省着的奥列宁总是被置于与哥萨克们形成对照的境地。哥萨克天真无邪无罪无辜,因为他们都过着顺乎天性的生活。

《战争故事》

就形式而言,这些战争故事乃是特写。任何特写都有一个倾向即没有故事情节;特写中描写的是各类人物的脸谱或日常生活的画面。然而,这些战争故事的重心既不在于对俄罗斯士兵脸谱的勾勒,也不在于日常生活的速写。在这些作品里拥有凝聚作用的艺术中心,乃是战争题材。战争这一题材把所有故事组织起来,这些故事中的一切均环绕着对战争题材的处理。

最先引人注目的是英雄主义思想。战时的英雄主义乃是一种清醒的、单纯的、有节制的、非英雄化的英雄主义。托尔斯泰在这里对战争几乎是接受的。

第二个思想在后来的塞瓦斯托波尔故事中被置于首位:这就是对战争的不接受。卢梭对这一思想的发展有过强烈的影响。战争的参加者彼此之间互相厮杀,却并不怀有敌对情绪。相反,参战者一个个都满怀善意与爱心,他们并不是敌人。心理上的那份厮杀情绪,军人在战场上的那股昂扬斗志,决战关头的那种残酷,这一切在参战者那儿并不曾有。战争,是一种并不取决于正在格斗着的战士们的外在力量;它是不需要的,也不拥有可为之辩护的真正的理由。对战争题材作这样的处理,这是托尔斯泰所特有的。

周启超　译

《三　死》

小说以死亡的主题为其结构原则。叙述是以对比的方式展开的,而构成对比的理由又多少是外部的:贵妇人面临死亡、车夫面临死亡和白桦树面临死亡。贵妇人惧怕死亡。她像一只被追逐的猎物,惶恐不安,她的精神状态十分糟糕。她的性情自有其真实自然的一面,但每当这种本性流露出来,往往便遭遇到其他人的欺瞒;他们都在撒谎,在最关键的地方对她撒谎。在贵妇人的"我为自己"和"我为他人"之间,竖立着一道不可穿越的墙壁——这便是她的悲剧所在。

车夫面临着死亡,但他接受了死亡。既然死亡不可避免,那么欺骗自己,或者欺骗他人,就是多余的了。他周围的人同他一样懂得死亡。于是他的死便成了一件名副其实的事情,因为他和他周围的人心意相通,用不着相互欺瞒。

白桦树面临着死亡。这里则是一片安详,着意强调的是死亡的美。死亡的痛苦和恐惧引起大自然的反抗。谁最亲近自然,谁最顺从自然,那么谁就最不怕死亡。

自然与文化的对称,愈发变得深刻起来——这始终是托尔斯泰创作的主旨。

《霍尔斯托梅尔》

小说中的一切,都是从一匹马的视角展开的。在马的认知里,缺乏许多所谓文化层次上的东西,其中就包括反省。一切都被归结为生存的基本功能。而马和它主人的所属关系,原来并未建立在现实的基础之上。

霍尔斯托梅尔的死亡不存在反省的成分,所以也就不存在对死亡的恐惧。谢尔普霍夫斯基的死亡,以及与死亡有关的令他陷入不体面状态的种种感受,则是由其反省所引起的。反省所建立的往往是人与人之间的相互关系。而对马来说,有的仅仅是天性;至于那些高于天性的东西,则仅仅是假象。所以,马是不懂得死亡的恐惧的:那不过是一种远离、安静和类似于欢快的东西罢了。对谢尔普霍夫斯基之安葬的描写稍嫌无礼。说一个人的死,就像说一只曾经吃过、喝过、睡过的动物一样,那是不够的。

《家庭幸福》

主人公结婚的时候,双方在年龄和生活阅历上是不相般配的。他们的关系中存有的罗曼蒂克和热恋激情逐渐退却。他们正在经历的这种状态,对托尔斯泰来说,是家庭生活中的唯一的正常现象。他们的婚姻变得清醒冷静和现实起来。而纯粹的实用关系:相互之间的义务和责任感,则占据了主要的位置。婚姻中的精神一致是不可能存在的,双方对此应当持以容忍的态度。这种婚姻观,预先注定了托尔斯泰后期作品中家庭生活题材的基调。

王景生 译

《战争与和平》

托尔斯泰在《战争与和平》的创作上花了四年。起初,他构想的是写一部关于十二月党人的长篇小说。可是,这一题材激发了对拿破仑时代的兴趣,十二月党人的观点正形成于那个时代。托尔斯泰在写出几个有关十二月党人的篇幅不长的片段之后,便着手去写他称之为《1805年》的长篇小说。在写作过程中,他将与拿破仑交战这一题材扩展开来,囊括1812年,后来以《战争与和平》为书名出版了整部长篇小说。

被改变的不仅仅是主题,还有长篇小说的性质。纪实的准确性,在历史场景中来描写人物,这在起初是被置于首位的。但在后来离开了全部具体的基础,心理描写任务占据了主要地位。这部史诗就是这样孕育与构成的。

《战争与和平》是一部编年史。主要人物形象的塑造,都是在其成长与变化中来展开的;彼埃尔,安德烈公爵,尼古拉·罗斯托夫,娜塔莎这些人物并不是定型不变的。因而,应当在他们生活的每一个关口对他们加以考察,且以这样的方式对其性格加以评析。

长篇小说的分析可以不同方式进行。可以按家庭线索将长篇小说肢解开来,可以逐一透视单个人物。第二种方案要简单些,方便些。最好就从彼埃尔这个人物入手,此人在一开头就出现了,且贯穿整部长篇小说。

彼埃尔　早在安娜·巴甫洛芙娜·舍列勒家的初次亮相时,彼埃尔的形象就得到了浮雕般的勾勒。这个人对一切都是那么动情、那么认真,在每一件事物中都要寻觅几分意蕴。由此而滋生出他的那份尴尬,那份笨拙。(在上流社会中可是需要把一切都加水稀释才行的)彼埃尔在上流社会中之所以不善自持,还由于他那极端的自尊与无所不在的内省。不过,大家对他都有好感,因为他这人非常温厚善良。

在安德烈公爵的家中,彼埃尔这个人物的又一特点得到了展示,这就是有意识地拒绝有所作为,不情愿主动采取什么举动。彼埃尔不愿在生活中占据起着作用的位置;他只做别人嘱咐他的事儿。一切听其自然,要怎样就怎样。但彼埃尔这人可没有奥勃洛莫夫那份对生活的恐惧。相反,他这人所以相信命运并且听从命运的召唤,倒并不是由于他想成为一个与世无争的人。这可是一种健康的听天由命。彼埃尔的无所作为,把人生奋斗抛在一边,还可从他那极易动情的严肃认真的性情得到解释。他这人在把自己的激情全部贯注于整个世界的利益之际,并不分心于自己个人生活的安排。

在彼埃尔身上,就在那极易动情的严肃认真、腼腆羞涩、听天由命的性情之中,还可见出一个爱过快乐生活的人所总有的那份好色。他在与狂饮纵欲的生活告别之前,一心想在库拉金那儿最后一次享受这种快乐。(这是意志软弱者的辩证的发展过程)他的肉欲,他那笨重的身体总要显示其能量,在醉酒状态中,他整个儿都听命于冲动;他这人可没有内在地节制自己的那根"神经"。

在别祖霍夫伯爵死去的那个场景中,彼埃尔这人的无所作为,在濒死的父亲面前不会自持,这一切都表现得十分明显。他只去做别人嘱咐他的事儿。

在瓦西里公爵家的舞会上,再一次可见出彼埃尔完完全全地俯首听命于他人。彼埃尔整个儿服从别人的主宰,甚至去领会别人的看法而把它们化成了自己的观点。别人的看法不仅决定他的实际事务,也主宰着他的心灵生活。这份无所作为使他走到这种地步,连像婚姻这么重大的举动也是根据别人的倡议而完成的。这是怎么发生的呢?彼埃尔觉得,大家全都有心要他去与爱伦并肩而坐,于是他便与她并肩而坐。起初,他觉得她粗俗,可是,在别人的看法影响下,他便开始对她感兴趣了。舆论假设起作用了:彼埃尔服从别人的看法,而开始就像大家全都有心要让他去认定的那样去认定了。他的那份好色也促成了他对爱伦的新态度。

婚后，彼埃尔对爱伦失望了。他这人不能在任何一个目标上驻足不动。他要求对自己的每一个行为与整个生活获得绝对的理由，可是他没有找到这种理由。彼埃尔身处内心生活的十字路口。在这种状态中，在与一个共济会会员交谈之后，彼埃尔加入了共济会的分会。但他很快对共济会也失望了。托尔斯泰本人对共济会是没有什么好感的。共济会的思想是合他意的，可是他看不出共济会的目标与其外在表现之间的统一性。人们在加入共济会之后失落了其主要的意义，而仅仅去关心那些琐屑小事。托尔斯泰在一般情况下总认为，什么东西一旦被正确地但外在地体现出来，那么其原初意义也就会死去，形式会成为自足自在之物，外在的层面便遮蔽住内在的意蕴。托尔斯泰并不曾反对共济会的思想，但他对现存的共济会组织是拒斥的。结果，彼埃尔参加了一次会议，在那次会议上，他的报告由于纯然外在的考虑而未被通过，于是，便确信自己处身于一个毫无生气的机构之中，随即退出共济会分会。

在与共济会会员们断绝关系之后，彼埃尔整个人都变了。在他身上已然见不到先前的那种易于兴奋时常尴尬的状态。他不那么看重别人的看法了，更为内向，更为专心致志，而将全部心力都投入于内在道路的寻觅。

1812年降临了，与拿破仑的战争开始了。彼埃尔对这场战争是怀着几分热情的，于是就奔向战场了。但是，在这里主要的并不是战争事件对彼埃尔的影响，而是对他自己与自己相搏斗的叙述。

彼埃尔重又出现在莫斯科。尽管他已与共济会断绝关系，某种神秘主义在他身上还是残留下来了，他把自己的名字与拿破仑的名字都译成数字，而要去确定：在他俩名字之间有着某种神秘的联系。由此彼埃尔得出一个结论：他得去杀死拿破仑。彼埃尔的神秘主义，他那对一切不寻常之物、一切非凡现象都倾心不已的年轻人的迷信，在这里突现了出来，那种认定自己拥有一条特别的人生之旅的信念，在这里突现了出来。从心理描写角度来看，这种突现不完全逼真，但在艺术上却是站得住脚的:凝聚的复杂性,更加鲜明地衬托着彼埃尔不久就要进入那种单纯与温顺的状态。

在莫斯科,彼埃尔被指控犯有纵火罪,而被带到执行枪决的练兵场。在这里,他与达卫相识。起初,这两人都觉得自己还像个人,但在上尉出现时,他俩之间非人的关系重又开始了。在执行枪决那会儿,彼埃尔也感受到了这种非人的关系,某种粗暴的、外在的力量统摄住人的身心,而迫使他去杀戮别人,尽管他内心对凶杀是不赞成的。人身上神圣的东西就是他活着而且他一心想活着。在人的本质的观念上的这种单纯,把人的本质归结为生物主义,这是托尔斯泰所特有的。国家、科学、美,所有这一切,在人的顺乎天性的生活面前均是不足挂齿的。在所承受的诸多印象的影响之下,彼埃尔的身心发生了震动:几天之前他还觉得非同小可的东西,譬如,他的数学推算,如今在他心目中已然成了无稽之谈了。

不久,彼埃尔成了法军的俘虏,认识了卡拉塔耶夫。卡拉塔耶夫成了彼埃尔的一个发现:卡拉塔耶夫为彼埃尔概括了他所体验到的一切。卡拉塔耶夫,这就是单纯。单纯这一主题自此而成为托尔斯泰创作中一个具有推动力的东西。

托尔斯泰并不把单纯理解为整一,而是把单纯看成是对不必要的复杂化的揭露。因而,卡拉塔耶夫被塑造成一个傻瓜。这个人物身上凸现的乃是一种节制了的单纯,即那种作为日渐匮乏日渐贫瘠的单纯,将一切不单纯加以消除的单纯。从这样的单纯之中便滋生出卡拉塔耶夫的听天由命。他这人笃信天意,可是这一信仰却远非是乐观主义的:上帝不会把我给抛弃的。基督教徒,譬如说,茹科夫斯基,乃是把天意理解为善良、幸福、理性之力,那种在彼岸世界里总会获得辩护的力量。托尔斯泰在对天意的理解上则几乎是一个多神教徒。他的上帝更像是多神教的"潘"或"佛",而不像是基督教的神:那并不是由我生发的东西,在其中见不着"我"的东西,才是好的。什么是好,什么是坏,这样的问题,对于卡拉塔耶夫来说是不存在的。他这人并不期待什么好事,也不会遇到什么好事。但他对一切并非由他本身生发的东西却一律予以接受。这样一来,在托尔斯泰笔下,听天由命,也就像单纯一样,带有一种否定的性质。卡拉塔耶夫没有什么个人观点,也没有什么个人意志的。对待每一个事由,他这人都是用民间智慧之普通的格言——谚语来呼应,甚至他的外貌也是无棱无角的:他这人整个儿圆乎乎的,相貌上并不拥有自己的特征。卡拉塔耶夫的单纯,对外来的一切均予以接受,对自我的摈弃,这种性情直使彼埃尔感到震惊。在彼埃尔的梦中,这种性情获得了最明晰的表现,这是托尔斯泰笔下典型的梦境。那个梦里,自身完全消融到大自然之中,甚至对理性也予以拒弃。

彼埃尔的真性情化,正是在他当了法国人的俘虏经历了上述事件之后,尤其是在与卡拉塔耶夫相遇之后,而开始的。他得出的结论是:幸福与舒适的思想乃是相对的——一个赤脚的人,并不比那穿着一双上了漆的、狭窄的皮鞋的人更不幸。幸福、富有在客观上并不存在。重要的只是人的内在的、主观的状态。

在奥廖尔,彼埃尔彻底真性情化了。他已经清楚,什么是好,什么是坏,而成为一个自信的人。他身上那些自尊心很强的、纯属一己之见的、错误的念头均消失了。因而他已经不再屈从于别人的看法,而自有主见。正是这样,他拒绝了给法国人钱的动议,而把那笔钱给了意大利人。

彼埃尔身上发生了一场精神激变,此后不久,他就与娜塔莎结婚了。这部长篇小说的最后场景是写家庭问题的。大凡涉及婚姻之浪漫蒂克的一切,在这里都是"缺席的"。彼埃尔与娜塔莎的爱情乃是一种已然"朴素化"的爱情。托尔斯泰对爱情的理解也是"朴素的(理解)"。

应当指出彼埃尔这一形象的自传性。托尔斯泰在其青春早年也是这样腼腆,没有条理,在交际中不善自持,在功名上不善钻营。后期的彼埃尔所获得的结论,也具有作家的自传性。

安德烈公爵 他是以一个冷峻的、清醒的、具有怀疑主义情绪的人物形象出现在我们面前的。可是后来让人愈发清楚的是，这个冷峻、清醒的人乃是颇具幻想气质的。安德烈公爵在其幻想状态中比彼埃尔走得还要远。他这个人对一切都需要：他幻想着拯救俄国，他幻想着要成为拿破仑，等等。这份奇特的自负在他心中播种下一种自信：他这个人注定要去完成一种崇高的人生之旅。他对每一件事情都很看重，视之为有可能博取众望而君临众人的举动。他的人生之旅，就是从这种一心要博取外在的荣誉的热望而开始的。

正是在那些颇为自负的念头的驱动下，安德烈公爵走上了战场。起初，一切就像他在幻想中所设想的那样运作。可是，他受伤了，以伤员的身份躺在两军厮杀的战场上，他看见了天空。在那片天空的背景下，他先前所有的幻想甚至拿破仑本人在他心目中都显得渺小而卑微了。天空对于托尔斯泰来说远非神的意旨，远非崇高、正义与真理，而是纯粹天然的、绝对的寂静，它对映出尘世的庸碌。天空，这是天然的空无，这是那些对什么也不需要、对什么都无所追求的云朵的空无。

受伤之后，安德烈公爵栖居乡村。在这里，他继续对一切持怀疑态度。可是，在经历了与彼埃尔和尼古拉·罗斯托夫的那场谈话之后，他重又感觉到，他还是可以活下去的。复生，这就意味着回到那些自负的念头上去。他离开了乡村，回返彼得堡。

在彼得堡，安德烈公爵遇上娜塔莎并且爱上了她。可是，经历了娜塔莎的拒绝之后，埋在他心中的厌世情绪便日渐增强。在把他已经无心顾及的社会生活，与有心和娜塔莎建立家庭生活这两者加以对立之后，安德烈公爵断定，即便在这儿一切也没有多大意义。他把自己的不成功的人生经历概括为普遍的命运。这样一种对概括的倾心，也是托尔斯泰本人所擅长的。要是屠格涅夫，他就会说："我一人不幸，其他人则是幸福的"，于是，那种对单身独处的生存状态的追求肯定是个性化的。托尔斯泰则要把自己个人的人生经历概括为整个世界的命运。

1812年降临了,安德烈公爵离开首都奔赴战场。在鲍罗金诺战役中,他受伤了,那发端于奥斯特里茨城堡下的心态转折,这一回在他身上重又发生了。他直面那吞噬一切的空无,那统摄万象的天然,他对所有的人都不再有爱心了,他把一切都给忘却了。他饶恕了阿纳托里·库拉金,这倒并不是由于他喜欢这个人,而是由于他把一切屈辱都给忘却了。在他心目中只有一个想活下去但正在痛苦着的人。托尔斯泰的整个哲学建立于否定之中:对于那高于简朴生活之上的一切,他一律贴上封条。重要的仅仅是:活下去,以赤裸裸的生命进程而活下去。至于个人的人生关系所拥有的全部复杂性,文化激情,爱国主义,与法兰西的战争,那推动历史的所有价值,对这一切,托尔斯泰均把它们与简陋的病房与栖身其中的赤裸裸的、痛苦着的那个人相对立。要是这一切对于历史是必需的,那么历史本身也是不需要的,也不拥有存在的理由,也是毫无价值的。只有一种东西是重要的:天然。其余的一切不过是海市蜃楼。天然总要使历史丧失价值,总要否定历史。

在与娜塔莎相逢时,安德烈公爵体验到的还是他与阿纳托里相逢时所有的那些情感:宽恕感与贴近感。在这里,像在那儿一样,否定的因素占据第一位。这种贴近远非新生活的开端,而是终结之开始。那份对个人幸福的希冀,在安德烈公爵的心目中正在剥落。他与所有人都握手言和,这仅仅是由于他们一个个都是可怜人,他们需要宽恕。安德烈公爵以一种新眼光看世界,看人们,那些人不懂得正在他身心发生的事情的全部重要性,而作为不懂事的人,他们乃是卑微的。要成为解释福音书的布道者,他这人是难以胜任的,因为他感到,他的福音书并不是为活人(他们是不可能明白什么的)而备的,而是为死人而备的。一直到死去时,安德烈公爵都处于这种愈来愈膨胀的异化状态。

尼古拉·罗斯托夫 他在安德烈公爵、彼埃尔与卡拉塔耶夫这三个人物之间占据着一种"中间者"的姿态。尼古拉远不是像彼埃尔,或者安德烈公爵那么聪明而卓越的人物,但天然的根基也植根于他的身心。凭借着他这人禀赋中固有的那份天然的、有机的智慧,他本能地行进在正确的道路上。这不是一个依靠大脑的智力,而是以天然的、感觉的辨别力为凭借的聪明人,引导着他的正是那天然的、感觉的辨别力。正是这样,在与索尼娅的关系中,尼古拉完全被动地屈服于环境。起初,他是爱索尼娅的,而且爱得十分真诚;可是,后来,那天然的、感觉的辨别力提示他:他与她这一对并不般配,于是他就娶了公爵小姐玛丽娅。

不是相信你自己,而是相信那引导着你的天然,这种能力,也是托尔斯泰本人的禀赋中所固有的。在这一层面上,尼古拉乃是一个带有自传性的人物。托尔斯泰的生活是异常崇尚本性的,从那些印度智者的观点来看,可以说是经典性的。青春年少时,他埋头治学。后来的岁月里则沉湎于花天酒地纵情玩乐。三十五岁那年,结了婚,尔后便积聚财富与博取荣誉。在古稀之年,弃绝尘世的庸碌而全身心地服役于上帝。

娜塔莎 在构思创意上,她与尼古拉相像。她这人也天生地赋有那股爽直坦率劲儿,也有善于走上正确的人生道路的能力。

还在与鲍里斯的关系中,娜塔莎那顺乎自然的天性就表现出来了。她爱他,而且爱得真诚、天真、爽直。可是,一旦需要,她也能爽直利落而顺乎天然地离他而去。

在与库拉金的恋爱中,在欲与他私奔的决定中,娜塔莎那热烈奔放的天性被表现出来了。但是,离开库拉金这一举动恐怕要破坏她的生活那顺乎天然的合理性。不过即便在这种情形下,她也很成功并守持在正确的道路上。

与库拉金的那段插曲,与安德烈公爵的相遇(订婚,破裂,言和与他的死去)这一切都促成娜塔莎这个人物的最终定型。她嫁给了彼埃尔。她早先对彼埃尔就有好感。可是她对安德烈公爵库拉金的那份弥漫于情感中的诗意,在这里从一开始就不复存在了。彼埃尔及至此时也成了另外一个人了。他俩的爱情是在另一种情调中展开的。

在小说结尾时,我们将认不出先前的那个娜塔莎。这远不是那位全身洋溢着诗意的,身段优美的娜塔莎。先前我们看到的可正是那样的。她已经做母亲了,她那为人之母的义务已成了她心目中的一切。托尔斯泰以大师的眼光,挑选出一个场景,在这个中,为人之母的女性天地中无诗意的那一面得到了特别突出的展示。批评界通常总是指出,娜塔莎这个人物的变化在心理上不够逼真。可是,我们总觉得,那种心理上的逼真在这里恰恰是站得脚的。娜塔莎的道路,这几乎是所有女性都共通的经典之路。但艺术分寸感的不足,在这里也分明可见:娜塔莎的身心所发生的变化没有铺垫。小说结尾时,她的形象过分剧烈地不同于我们在此之前所了解的那个娜塔莎。形象的发展中必要的连续性被破坏了,但在心理上托尔斯泰还是把自己的构思完成了。他认为,恋爱中的浪漫蒂克在婚姻中总要消失;一对夫妇应当携手并进走向那贤明智慧的、了无诗意的简朴。世上的一切皆是迷惑,唯有天然才是明智的。

战争 在战争的事实中,人们的感受与发生的事件这两者之间的那种独特的不等值,使托尔斯泰深为震惊。他看到,历史乃是作为一种人们所不可思议的力量在创造着它自身,它对人们的愿望是不予顾及的。某种东西在完成它自身的运行,而统摄着人们;不论是意志,还是理性,抑或是有意识的活动,与那种东西均无什么相通之处,在它面前均是无能为力的,人们不过是命运手中随意支使的小卒、任意驱使的傀儡、恣意捉弄的玩物而已。安德烈公爵、彼埃尔、法国人均意识到,他们正在干的是并不需要干的事,他们均被某种异己的、不可思议的、偶然窜出的力量而统摄住了。决定战役命运的不是统帅的才干,不是人们的意志,而是那种不可捉摸的、原生自发的力量。战役参加者对这战役在整体上并不理解,每个人都各行其是,首先感觉到的是惊慌失措。同心协力的全面厮杀,乃是谎言、杜撰与幻影。可是,后来,参战者一边故意歪曲事实,一边用浪漫主义的精神去阐释事件。

正是这样,尼古拉·罗斯托夫并不想撒谎,但他却无意识地附和于那种虚构的但却流行开来的战争观。在士兵心目中,战争简直是没有任何意思的,他们并不需要军人的激情:引导着他们的是简朴的、天然的智慧。历史事件与普通士兵并不相干,要是它们并不触犯人们的个人生活的话。人的真实生活与被称为战争的那种假象之间并不等值,这一主题像一根红线贯穿整部长篇小说。这样的描写战争,是不完全逼真的,但其艺术价值却是非常伟大的。所有行为、事实与事件都是托尔斯泰以不平凡的大师的眼光挑选出来的,其目的都是为了对自己的历史观加以辩护。对于艺术描写而言,逼真则并不一定非有不可。

库图佐夫 他这人清楚,什么也不取决于他,一切都会自有结果,于是,他就并不采取什么举措。因而,他也没有那份对法国人的凶狠劲儿。库图佐夫——宿命论者:他看出,与正导引着战争的那种粗鲁的、自发的力量相抗衡,是没有什么结果的,于是他便全身心地听从那种力量的导引。

和平 不仅仅是战争,就连国内的不参战者的政治,在托尔斯泰看来,也属于某种虚幻的、并不触及人们的真正的生活的领域。唯一让他在其中看出那鲜活的生活,看出那与天然相等值而尚未受到内省蛀蚀之活力的天地,就是家庭。不过,嗣后,在他后来写的作品中,历史的运动也渗入家庭。即便是在家庭中,外在之力也开始席卷人们的内心生活了。

《安娜·卡列尼娜》

这部长篇小说与《战争与和平》有着强烈的、本质的区别。历史及其与之相关联的任务(对时代与那个时代的人们之色彩明快的描写)均已消失。在人物性格塑造中,哲理性被突出到第一位。每一个出场人物都代表着一种对于人世间普遍问题如善、恶等等的一定的取向。

某些批评家关注《安娜·卡列尼娜》与古典悲剧的相似。的确,它们之间是有几分相似。叙事的口吻与手法上都预示着故事的结局：主人公们的被毁灭是注定了的。安娜，不论她怎样竭力安慰自己，都感觉到，就要发生某种命中注定的不祥的事儿，她这个人是注定要被毁灭的。但与古典悲剧的相似也就到此为止：古典悲剧的"过失观"与托尔斯泰的长篇小说的"过失观"是迥然有别的。古代的悲剧中，过失乃是遗传性的，但是得为它而付出代价。在托尔斯泰笔下，对过失的理解则是基督教式的：人的意志是自由的，他可以去犯下过失，也可以不去犯下过失。过失，这是一种罪孽，已犯下过失者就应当对罪孽负责。

安娜 不应当把她看成一种性格（她是什么样的人），而应当把她视为一种状态（她遭遇了什么，她做了什么）。她以一位有夫之妇的身份而爱上了沃伦斯基，这就是她主要的过失之所在。

安娜对沃伦斯基是一见钟情的。她的入迷的主要动因乃是她在他身上所产生的印象：她在他的眼神中看出那狗一般的忠实，看出他是被征服了，这情形便把她吸引到他身边。

在舞会上，安娜觉得，与沃伦斯基的相遇只不过是一个小插曲，它是不会有什么下文的。她明天就离去，而一切也就自会终结。在返回彼得堡的一路上，她还是这么一个劲儿地思量着，可是她的意识已然开始分裂。她在体味着所阅读的一部长篇小说的女主人公的境遇，而准备从那种迄今为止她一直认定是正常的、美好的状态中走出来。

在车站上看到沃伦斯基之后，安娜更强烈地感觉到，这远不是终结，但她以一回到彼得堡一切都自会忘掉这一点来安慰自己。心灵的暗孔愈发使她的意志薄弱；她更深地沉入罪孽之潭，陷身于劫运的摆布之中。

在与丈夫相逢时，安娜在他身上觉察出她先前不曾留意到的一些特征。她的身心被另一种生活统摄住了，可是她还安慰自己：什么事儿也没发生，没什么可担心的，也不需要去采取什么措施。于是，这一心灵的暗孔就愈发猛烈地把安娜诱入那新的生活。

显而易见，这里写的不是个性那来龙去脉的成长，而是危机，是那从一开端就有的灾变。托尔斯泰展示的是,一种状态怎么掌握住心灵,并不去丰富它,而是预示命中注定,成为恣意支配它的劫运。那个幽深的、模糊的意识总在对安娜说,新生活是无法建设起来的,幸福乃是不可能的。这一意识,首先是在与儿子的关系上得到了具体化。谢廖沙在沃伦斯基在场时总体验着窘迫与困惑,他不知道,应该如何对待这位新人的出现。安娜也感觉到,她与沃伦斯基的关系是不正常的,早晚他会把她给抛弃的。但是,现在这两人已经不自由了。他俩彼此都把对方给束缚住了,他俩已然无法分手了,出路是没有的,唯有死亡方能解开这一已然缠成一团的死结。

然而,安娜的分娩给他俩的生活提供了新的方向:安娜在形式上并未与丈夫断绝关系,而随沃伦斯基出国去了。在国外,他俩幸福地同居起来,可是不久他俩的关系就变得复杂而节外生枝了。安娜感觉到,她把沃伦斯基给束缚住了,让他有负重感,她自个儿呢,则是过分地委身于这个人。这层感觉迫使她忧心忡忡地对待他的每一举动。她疑虑重重地对待每一位新相识,闹不清楚:他俩的处境将被人家怎么议论。

沃伦斯基指望着,一到彼得堡,他俩与上流社会的关系会自然而然地理顺的,可是,此乃难圆之梦。安娜在她那方面则是无所顾忌,而一味地展示自己的挑衅姿态。这一切都导致出丑。生活在彼得堡显得太沉重了,于是他俩离开都市上乡村去了。

在乡村,安娜与沃伦斯基的处境并没有得到改善。沃伦斯基这人不可能满足于封闭的生活。他开始迷恋社会活动,在普选中被推举为代表,而希冀成为首席贵族。安娜看出沃伦斯基有心在生活中找到一个她不可能参与进去的天地,便开始对他的社会兴趣持不赞成态度。可是,沃伦斯基并不想把自己的全身心都投放在安娜身上,而安娜对理顺调谐自己的家庭生活又不关心。她不单单在家务上而且在育儿室都是一个"外人"。做卡列宁的妻子时,她曾是一位好主妇与好母亲。现如今,在感觉不出自己拥有立足点的情形下,她不可能构筑一个虚幻的家庭。她一个劲儿地试图走出这种不正常的处境,她为离婚而四处奔波,可就是没能如愿。

安娜的生活具有一种绝对无望的不正常的性质。出路不可能有。对她来说,只剩下一条道儿,这就是中止罪孽,熄灭蜡烛。

安娜的堕落,她与沃伦斯基的关系乃是一种不可避免地走向毁灭的罪孽。这部长篇小说的卷首题词:"申冤在我,我必报应",其意义正在这里。这可是上帝的话,法庭裁断的资格仅仅属于他,他总要对罪孽给予报答。安娜感觉到这种力量并不取决于她,但它却一直植根于她身心之中。在这里,托尔斯泰将上流社会的长篇小说中对"过失"的理解,譬如说,萨里阿斯伯爵笔下的,将莱蒙托夫与丘特切夫的诗中对"过失"的理解,均予以摈弃了。在上流社会的长篇小说的作者们那通常的解释中,在莱蒙托夫与丘特切夫那较为深化的解释中,男女主人公乃是毁灭于社会的惩罚。社会与内在情感的自由之神圣相对立。在托尔斯泰笔下呢,整个事情的关键并不在于上流社会的裁断,而是在于那审视自身的内在的裁断。对法则的任何一种破坏都要遭到内在的惩罚。人一旦偏离本真的道路,毁灭便不可避免,一切旨在拯救的试图均属徒劳无益。这是与人的本性内在地相应着的法则。卷首题词所指的上帝,乃是天然的、犹太人的上帝,这是威严无比、严惩不贷、就活在人的身心之中的上帝。安娜梦境中的小老头儿,就是会复仇的、会报应的天然。否定的方面诚如托尔斯泰笔下总有的那样,在这里大获全胜。

列文 这是一个日渐成长着的、其发展演化轨迹分明可见的形象。在这个形象中,糅合着彼埃尔、尼古拉·罗斯托夫、聂赫留道夫(《青年》与《一个地主的早晨》中的主人公)这些人物身上所带有的全部自传性特征。

每每那种对生活的意义对上帝的意义的寻觅一旦开始,与彼埃尔的接近处就被尤其强烈地表现出来。而且,不论是寻觅的方式,抑或是他们所达到的结果,均是毫无二致的。他们俩都达到了士兵们、农民们才赋有的对生活的意义和对上帝的意义那样一种理解。他们的上帝单纯、爽直,自发自在地活着。列文在心理气质上也与彼埃尔颇有相通之处。这两人均致力于从理论上去概括一切,去分析每一种生活现象。而使他俩相近的,还有那份腼腆性情。这类业已成年的、年岁不小的、智力健全的大人,犹如孩童一般性情腼腆,乃是由于经常不断的内省,没完没了地琢磨:人家对自己的看法是怎样的,人家在怎么思量自己呢。

使列文与尼古拉相近的则是天然的本能。虽说他经常不断地争论,但在他那儿,解决争论的并不是思想与信念,而是那本能的天然的力量,那力量总给他指出正确的道路。他俩都倾心于实践活动,这也是他们共通之处。他俩都是务实的当家人,田庄产业经营问题都处于他俩关注的中心。田庄产业经营问题也让托尔斯泰毕生操心。起初,他是作为一个地主而对此操劳,后来,这份操心则是以个人劳动的计划形态体现出来的。在婚姻观上,列文也以自己的平淡乏味而与尼古拉相近。对他们来说,在这里占据首位的乃是纯天然的义务。在列文对家庭生活的幻想中,特别突出了他们的平淡乏味。他幻想的乃是如何与妻子一道去看护好那群纯种的母牛。

吉提 她以自己的天性、那种善于洞察出在这种或那种场合下必须如何行动的本领,而与娜塔莎相像。可是,她的形象显得苍白。

阿历克谢·阿历克山德罗维奇 这是一个循规蹈矩的人:对于每一种情况他那儿都备有现成的规章。可是,在他面前呈现的那样一种生活,却是无法纳入通常的标准与规矩之中的,这最让他发窘了。起初,他试图把他的家庭生活中正在发生的一切纳入这样一些陈规俗套之中:决斗呀,离婚呀(安娜不忠贞,而坏妻子就应当受苦),抑或遁入宗教自慰之中(她的内心状态与我毫不相干;这属于她的良心与宗教信仰;丈夫的事情则是保持住内心的镇静)。阿历克谢·阿历克山德罗维奇这一形象,乃是在人物对陈规俗套的刻板守持之中构建起来的。他无心去认可个人的私生活,却突然成为这种生活的主人公。安娜显得神秘莫测,捉摸不透了,她的身心已萌发某种私生活的念头,这使他震惊,让他恐惧起来了。可是,当安娜生病了,他也温和起来:那宽恕一切的、基督教的上帝在他身上苏醒了。可就在这时,在安娜心中,占据主宰地位的却是那有威慑力的、犹太人的上帝。不过,阿历克谢·阿历克山德罗维奇这人也就苏醒过这么一回,之后,他并不能长久地守持住个性化的立场。陈规俗套重又在他身心取得了胜利,于是,他竭力把宽恕一切握手言和的情感纳入那基督教的神秘主义的流脉,伯爵夫人莉吉娅的影响,正部分地促成了这一点。诚如先前在国务活动中那样,如今在宗教事务中,阿历克谢·阿历克山德罗维奇也寻得由宗教提供给他的通行的准则、陈规俗套,而这样一来,他也就把曾在他身心苏醒过来的、个性化的情感给扼杀了。陈规俗套在他身上被推至极端,甚至都带有几分漫画的性质,而托尔斯泰一向可是那么稀少地动用这一手法的。

沃伦斯基 这是个上流社会的人物,起初他跟大家没什么两样地生活着,但他身上拥有个性化的力量,正是这种力量使他成为悲剧主人公。沃伦斯基与安德烈公爵有几分相像,在沃伦斯基那儿,那种自信,镇静,对人们的鄙视,都是立足于虚荣心,可是他比安德烈公爵要更加外在更为清醒。他并不幻想去当拿破仑,而一心向往的只是去占据要位,在每一个场合中出出风头。外在的虚荣心是这个人生活的基本驱动力。但与安娜相识之后,沃伦斯基就变样儿了。起初,他认为,他俩的事儿乃是上流社会司空见惯的逢场作戏,但后来他便明白,这份情欲要实在得多,要深刻得多,他明白了它那致命的性质。情欲与自尊心之间的分裂,在他身心展开了。他并不想让自己融化于这份情欲之中,并不想仅仅做一个情夫。在这一基点上出现了灾变。沃伦斯基坚持不懈地试图还去成为另外的一个人,可是他感觉到,他是不可能再去成为另外的一个人了。他像安娜一样,被他俩那份情欲的致命的力量给战胜了。军队机关里那种可资炫耀的仕途在等着他,可是他却用这样一种力量把自个儿束缚起来,这种力量要求他全身心地投入其中,并且在渐渐地摧毁他最初的人生志向。致命的力量引诱着他,在安娜死去之后,他除了去寻死便再也无路可走。

61

斯捷潘·阿尔卡基耶维奇　他这个人与列文和沃伦斯基都形成了对照。这种对照，最鲜明地体现于他们对爱情的态度上。斯捷潘·阿尔卡基耶维奇与沃伦斯基所经历的那份情欲，是没有什么相同点的。他距列文在婚姻中所体验的那种天性的幸福，就更为遥远。他的操行一如安娜，但报应并未降临到他头上。托尔斯泰让他从过失中解脱了。这是有悖于道德的，但并不违反艺术构思。问题在于，斯蒂瓦是以那令人可怕的轻松姿态来接纳一切生活现象的。轻松，乃是他这个人物形象所赖以构建起来的一个基调。对他这人来说，没有什么情欲可言，对爱情他是持玩笑的态度，因而，即便是像沃伦斯基所经历的那种外在的危机，在他这儿乃是不可能有的。斯捷潘·阿尔卡基耶维奇拥有这样一种本领，他能那样切入生活现象，使之成为轻松的，无关紧要的，使之变成笑谈。正是这样，他这个留里克王朝之正宗的子嗣，竟然上高利贷商人那儿借贷而不感到荒唐，不感到自己的地位受到屈辱，还编出一则笑话："在犹太人那儿等了两小时。"他的文雅与轻松营造着这样一种氛围，在那种氛围里一切生活现象均被轻松化了，甚至劫运也变得无害了。因而，对他这样的人来说，是既无过失而言，也无报应可论的。

托尔斯泰创作的第二个时期

及至即将结束《安娜·卡列尼娜》之际，托尔斯泰的创作中开始出现了所谓的"危机"。但是，对他身上曾发生的变化，用"危机"来称之是不行的，要是还取"危机"这个词的原本意义的话：要用一条不间断的线去贯穿他早期与后期的作品，乃是非常容易的事儿。那些在托尔斯泰创作的第二个时期开始占据主导地位的主题与思想取向，还在其创作道路的开端就有了。诚然，他的创作面貌发生了变化，但他并没有经历严格意义上的"危机"。

周启超　译

《忏悔录》

托尔斯泰在人生各个阶段对生活意义的探寻,对生活道路的评价,以及他所找到的那种新东西,以忏悔录的形式得到了表达。

托尔斯泰童年时期信仰上帝,而后来这种信仰消失了,于是他把自己对上帝的信仰改换成对进步的信仰。世界上的一切事物都在走向进步,因而也在走向完善。人群中的大部分人生活在宗教信仰之外,也就将自己的生活安排在信仰进步这一基础之上。不过,托尔斯泰不久对信仰进步也感到失望。认定我们在走向美好的那一信仰,并未得到确证。无论是进步,还是倒退,都无法在哲学上得到证实,而恰恰相反的是,人类每个世纪都在迈向堕落。

既然无法找到信仰进步的依据,托尔斯泰试图从科学中寻求生活之理由的确证,但在那里得到的也同样是失望。科学所触及的仅仅是实有的东西,而非应当要有的东西,科学谈论的仅仅是生存,而非应分,至于从生存中提升出应分,却是不可能的。托尔斯泰的结论是正确的:进步论无法解释生活,科学解释的是生存世界,而无法解释应分世界。

托尔斯泰由此得出结论,只有信仰才能诠释生活的意义。人们在生活,那便意味着生活是被某种东西所推动的,而这种东西便是信仰。托尔斯泰阅读福音书,沉浸在宗教问题当中,他研究基督教的起源,探寻基督其人及其训诫,以及教会究竟把基督教变成了什么。托尔斯泰确信,基督最为纯粹的学说便在"四式福音"(第四部经教会审定的福音书)里面。他想把基督的学说与教会分离开,教会背负了太多的历史局限性的包袱。对托尔斯泰来说,信仰便是福音书中最为纯粹的那部分精华。不过,照托尔斯泰看来,即便是福音书,其中也有许多东西需要剔除。于是,他从狭隘的唯理论出发,剔除许多所谓神灵显圣的现象,或者给予其别有寓意的解释。应当指出,这是一种极其简单化的方法,根本经受不住严肃的批评。

托尔斯泰对福音书的见解,其实并没有多少独创的东西:基督教的新教早就做到了这点,而且做得更深,也更广。托尔斯泰没有掌握科学的研究方法,他的研究全靠直觉,众所周知,仅凭直觉,在科学的道路上是走不远的。托尔斯泰所有的宗教论著是在以幼稚的方式重复新教的东西。

《我的信仰是什么?》

托尔斯泰在《我的信仰是什么?》一文中阐释了什么是福音书中最真实和最有价值的东西。尽管他的宗教观同16至17世纪的自然神论颇有几分相似,但他却是独立地得出自己的见解,没有借鉴任何人的观点。托尔斯泰相信上帝是掌管一切的最高存在。基督则被他理解为一个人,但是一个完美化身。这样的教义自然毫无新意,不过,当托尔斯泰转向对人的心灵的具体描写时,他便俨然成了天才的艺术家。有关伊万·伊利奇或主人醒悟的那两三页描写,完全抵得上他所有的哲学论述。即便是那些抽象的论述,托尔斯泰也总是伴之以自己的心灵状态之具体的描写。这几页,是他的哲学著作中最具价值的地方。作为哲学家的托尔斯泰,试图用抽象的论述表达自己的思想时,往往显得软弱无力;而当对自己和他人的体验感受加以描写时,则显示出他是世界上最伟大的艺术家之一。

王景生　译

《什么是艺术?》

与宗教观的变化相平行,托尔斯泰的艺术观也在变化着。他否定艺术创作的独立价值,而仅仅是在艺术能解决道德的、宗教的问题这一层面上,才对艺术加以认可。

在《什么是艺术?》这篇论文中,托尔斯泰先是对侈谈美的美学加以抨击,接着便转入对他自己的美学的陈述。在他看来,艺术只有在它以合乎道德的、善良的情感感染我们时,方才有价值。第二个命题,真正的艺术乃是人人皆懂的。只有那种人人都能理解的艺术,才是好的;要是能理解它的人为数不多,它就是杜撰出来的。这样,莎士比亚便被宣布为是一个微不足道的艺术家,贝多芬与巴赫也被摈弃了,就因为他们的音乐并不是为大众而写的。凡是托尔斯泰竭力要论证自己的观点之正确性的地方,他都是无力的,对被他否定的艺术家,他以成见加以歪曲,而不愿意去理解他们。可是,一旦转入"移情论",他就能非常深刻地发展这一理论,尽管这是对在他之前就由李普斯①所发现的东西的再度发现。

托尔斯泰从他自己对艺术的新观点出发,对他自己的作品持否定态度,而为民间百姓写童话。那些童话,都堪称典范的艺术作品,它们在民间百姓当中得到了广泛的传播。

《伊凡·伊里奇之死》

在这部作品中,"本事"作为艺术上颇为重要的因素,是缺少情节的。一个人活着,病倒了,尔后就死去了。发生的是最寻常的、抑或最可怕的事儿。托尔斯泰尖锐地强调:最寻常的也就是最可怕的与最无意义的。

作品是从死亡这一事实而开场的。这就创造出一种独具一格,一种难以磨灭的艺术印象。死亡从一开场就被突现出来。在我们与躺在棺材中的主人公认识之后,托尔斯泰把我们带入这个人的生涯之中,然后便去封闭这一圆圈,重又将我们带回他的死亡场面。

托尔斯泰对人们遭遇死亡时所拥有的那份寻常的意识,作了离奇反常的描写,可是,倘若看得深入一些,这种描写乃是非常正确的。在伊

---

① 吉奥多·李普斯(1851—1914),德国哲学家、心理学家、美学家。——译者

凡·伊里奇周围的那些人的意识中,死亡这一事实并未占有其应有的、适当的地位。像死亡这样并非无关紧要的现象,在那些纯属偶然的事故与不足挂齿的事情之中,在那成堆的琐屑小事之中,淹没了。他们全都知道,人都会有一死,但对这一点知道得很肤浅,一个个都是带着一种对自己能长生不老这一心照不宣的默认而活着。在这一层面,施瓦尔茨这一形象特别典型,此人颇像斯蒂瓦·奥勃隆斯基。一刹那间,他觉得可怕起来,可是他会安慰自己:死去的乃是那个伊凡·伊里奇,而不是他。人们之寻常的意识并不接受死亡这一事实,这种意识定位于这样一种认定:即对他们自身来说,死亡乃是一件不可能有的事。

伊凡·伊里奇以要活得轻松而愉快这一愿望为生活的指针。与此同时,他这人生性墨守成规,只把他圈子中那些身踞高位的人平常所通行的举动,认定是他自己操行的准绳。在做出那些不好的、但却是大家凭天性都会做出的行为时,他倒是心安理得的,他的良心并不感到痛苦。他这人善于把自己的生活营造得仿佛是美好的、道德的,尽管它并不曾是合乎道德的。

在上班供职时,伊凡·伊里奇努力去感觉自己是轻松而愉快的,他这人对待结婚也是轻松的。他并不是出于算计而结婚,因而便认为自己的这一步在道德上乃是无可指责的。这里既没有什么罪孽,也没有什么痛苦,一切运作得轻松而愉快。而当那种欲破坏这一愉快生活的威胁在家庭生活中已然出现时,当家庭生活中的冲突已然开场时,他又善于以上班供职来把自己圈护起来。于是,一切运行得挺顺利、平稳、合乎道德,直到一个重大的事件发生了:他生病了。

起初,伊凡·伊里奇努力以这样的方式去接受自己生病这一事件:看看它在别人的意识中是得到如何反映的,但这并无任何结果。他不再盲从了,最主要的是,他明白了,生命在离他而去。在他满以为他的生命是永恒不朽的时候,他可以自己那外在的"映像"而活着。但是,一旦这一信念被剥夺,他便明白,他的生活乃是一个谎言。如今,他的情感已经不再同他人的欺骗与虚伪相等值了。周围所有的人对他的痛苦的理解，并不像他自己所体验的那样：那件对于他乃是最紧要的事，须知他就要死去，而对于别人只是一件偶然事故。唯有格拉西姆这一人不仅在外表上而且在内心上对伊凡·伊里奇的情感不感到生疏。格拉西姆理解，他也得死去，因而在对伊凡·伊里奇的病情的估价上，他要比所有其他的人都更为正确一些。格拉西姆身上那份天然的因子还很鲜活，它在指引着他；因而，他的形象映衬出所有其他人的虚伪，但他身上并没有那种性灵的澄明。

伊凡·伊里奇明白了，活着的乃是孤零零的人，最本质的东西发生于孤身独处之际。那种在他人的意识被反映出来的生活，乃是一种虚构，一种幻影，一种骗局。除了他心中的上帝，任何人跟他都无干系。他重新检视了自己整个一生，在其中并未找到任何明亮的光点。这轻松而愉快的生活原来乃是沉重而不快的。在死亡面前，它乃是多余而无用的。

在对往日生活的徒劳与卑微展开一番揭露之后，死亡之幕便拉开了。随着伊凡·伊里奇的健康越来越糟，他的省悟便愈发清晰了。在对自己的整个过去都加以否定之际，他在上帝身上确认自己。而一旦他彻底地摈弃了自己往日的生活，那最后的省悟便降临了，澄明之光闪现出来了。这一束白光是什么也不拥有，是对什么都要摈弃的。这并不是善，而是从这种生活中解脱出来的收场。否定的因子总要取胜的。

《主人与仆佣》

这里的主人公，并不是一个软弱的人，并不是一个像伊凡·伊里奇那样的，完全迷失于外在的映像所构建的谎言之中的老爷。勃涅胡诺夫是一个出身于农民的商人，一个讲究务实的、头脑清醒的人，一个能从各方面榨取好处的富农。他那种根深蒂固的对需求的渴望，他那种健全的思维，是托尔斯泰并不生疏的。然而，勃涅胡诺夫的生活终究还是由于这些东西而被抛弃了，因为此公觉得自己毕竟是一个心满意足的主人,一个与仆佣不能打成一片的老板。真实的、真正的一对则是:主人——上帝,世人——仆佣。

面对死亡,一切寻常的东西都移位了,灵魂也要在新的价值世界中确立化身。勃涅胡诺夫的那种对生活的普遍满意,那种富农总有的投机倒把,他那份自私,这一切在最后关头均一一消逝,于是,他走上了本真的人生道路。

批评家认为,勃涅胡诺夫心灵中发生的转变没有铺垫好。我们则认为,它还是有铺垫的,但这铺垫不是在心理上而是在象征的层面上展开的。暴风雪,这就是那充满偶然事故与放浪迷失的生活本身的一个象征。只是直面死亡时,那省悟与澄明才降临到勃涅胡诺夫的头上:他感觉到自己是一个仆佣。

《克莱采奏鸣曲》

这部作品的基本主题是家庭生活,对家庭生活的抨击。婚姻,乃是一桩艰难而可怕的事儿,可是谁也不愿去明白这一层。在托尔斯泰先前的那些作品中,婚姻是一种正面现象,且以颇为令人同情的结局而展示出来。没有本事成婚的人们的生活最终是不完整的。在婚姻中,那种"为自身"的生活得以实现。在那里,作为别人的妻子并不存在:如果要怪罪她什么,那就是意味着怪罪自己。

《克莱采奏鸣曲》中,托尔斯泰则试图来证实,生活的最高价值在于克制自己不去结婚:人的道德完善并不与生儿育女相关联,他使索菲娅·安德烈耶芙娜失落"理想的母亲"的光环,他认定,在儿孙身上来延续自己的生命——这纯属偶然的事儿,它并不能有助于寻找到自身。托尔斯泰在总体上认为,性欲范围被人们推重到过分重大的地位。寻常生活的一切现象,实质上均被人们用那种粗俗的滥情、淫欲为动因而加以说明。在这个意义上,他甚至指控艺术。他憎恶雕塑、雕刻等立体艺术,视之为一种能激起滥情的特别的诱发者,而认为它是一种犯罪。在这个意义上,托尔斯泰与奥托·维尼格勒的观点颇为相近,后者在其《性与性格》一书中努力证实,淫欲乃是文化的基本驱动力。这本书写得相当尖刻俏皮,很有才气,但它经不住科学的批评。

在《克莱采奏鸣曲》中,在对性的问题加以议说的同时,人的生活也得到描写。如果说波兹内舍夫的那番议论是片面的、难以令人信服的、毫无诗意的,那么,他与妻子的关系、他对她的憎恶情绪的滋长这些情节于其中展开的那些篇章,则是拥有惊人的艺术品位,其笔法是天才的。

在《克莱采奏鸣曲》中,标题被赋予很大作用。首先,它点出了本事因素:波兹内舍夫认为,奏鸣曲的演奏使他的妻子与小提琴手亲近了。其二,它展示着故事的内在意蕴:音乐将人置于一个虚伪的状态,因而它是有害的。在贝多芬的心灵语境中的《克莱采奏鸣曲》是一回事,对于所有其余的人则是另外一回事。接受音乐影响的人们,其身心被异己的、他们本身并不具备的意识统摄着,从那寻常的、对他们来说是正常的生活中越轨了,而去犯下双重罪行:通奸与凶杀。

《克莱采奏鸣曲》乃是贝多芬的最动人心弦、最富于激情的作品之一。而就在人们期待着从这部也是以这一曲名为书名的小说里,寻觅那诗意的深度的地方,见到的则是罪行。

《复　活》

《复活》的主人公聂赫留道夫是一个具有自传色彩的人物形象,并不是第一次出现。但是,在这里,在对聂赫留道夫这一形象的塑造上,也显示着那种客观观察的结果:他以迥然不同的道路而达到了托尔斯泰所获得的结论。聂赫留道夫经历了个人的悲剧:他把自己与卡秋莎·玛丝洛娃紧紧捆在一起了。托尔斯泰要是处身于类似的情境之中的话,想必他是会极少想着卡秋莎的。在他果真明白自己的生活是不公正的那一瞬间,他大概也不会为着卡秋莎去做一切,而是为着真理,为着上帝。聂赫留道夫则把一切都建立在自己与卡秋莎的关系上，他思虑的仅仅是怎样去矫正他让她蒙受的恶。也仅仅是出于对聂赫留道夫的爱，卡秋莎解脱了也对她应尽的责任。在聂赫留道夫感觉出自己是被解脱者的那一瞬间，他明白了，他的所有际遇帮了他去找到本真的道路。他看出，全部事情的关键并不在于卡秋莎，而在于他以自己生活中的每一步促成了恶。人有一种使命也有一种过失：面对自己，面对上帝，而不是面对现实的卡秋莎。

这部长篇小说的"振幅"是异常广阔的。这里有上流社会，有监狱，有法庭，有教会，等等。文明生活的所有方面均受到否定性的观照。

《黑暗的势力》

这部剧作的结构手法是独具一格的：所有的出场人物均以不同方式来体现"黑暗的势力"这一思想。与这一思想无关的一切均被抛开，因而所有人物都是非现实的，几乎都是象征。在中世纪的寓意剧中，所塑造的人物总体现着道德观念，因而也是象征性的；可是，渐渐地，它们蜕变为寓言、标签。在托尔斯泰笔下，由于他的艺术天才，情欲与罪孽的象征形象均成为活生生的人。《黑暗的势力》中从开头到结尾的一切，均在一定的思想的统摄下而被象征化，但这部剧作的艺术品位并没有因此而降格。

尼基塔 他这个人没有什么道德的自省，那种在善与恶之间做出抉择的道德意志，也是他所缺少的。他的一举一动均听命于别人对他的指令，因而他的罪行带有一种被动的性质。他的罪过就在于，他屈从于坏的影响。尼基塔知道，正在准备对彼特罗的谋杀，可是他没有制止这一罪行，进而，虽说是无意识地，但他也鼓励了这一犯罪行为。他的罪过在于，他向黑暗提供权力，让它来支使自己。

当尼基塔占据彼特罗的位置而成为主人时，他就开始怜惜所发生的一切。但是，一旦犯下一回罪孽，他便容易屈从新的罪孽的召唤。第一个罪孽已使他衰弱无力，于是他重又屈从于恶的支使，虽说他本性上并不凶恶:他参与了新的一桩犯罪行为,杀死一个婴孩。但是,杀害婴孩这事也置他于死地,他的良心苏醒过来了。当一个人还相信自己的良心的时候,他还是在正确的道路上,还是纯洁的、善良的。可是,一旦他允许别人来支使自己,那最为可怕的事情便也就开始了。当尼基塔摆脱了别人权力的支使时,他便明白了:他胜利了。

阿吉姆　根据托尔斯泰的构思,这个形象代表着人的良心,对于良心而言,外在世界是不存在的。他认定,必须按照上帝的意旨来生活。而上帝在他心目中,诚如在托尔斯泰心目中那样,这乃是良心的统治。什么宗教呀,教会呀,教堂仪式呀,这一切对他没有什么意义。为了去按照上帝的意旨生活,去听从自己的良心的召唤,就必须学会不去考虑那些其他人的看法。但是,倘若我感觉到,我的行为甚好,我遇到的是他人的称赞,那么,这种感觉便会把我毁掉。因此,必须去做一个怪人,做一个傻老头。在那种情形中,他人的意识便不可能搅混良心,因为善在那样一些他人所不可接受的外在的形态中得到展示。阿吉姆人很贫穷,他的面孔也并不引人注目,谋生糊口的手艺几乎是令人屈辱的(他干的活儿是清扫一切可能出现的脏泥坑),满口说的净是感叹词。这样一来,纯粹良心的胜利竟以一个与之并不等值的形象而体现出来了。而且,这样一位善良的代表,不仅仅在外在的生活中善辨方向,而且还成了一个活动家:他教会尼基塔不要害怕人。黑暗并不藏匿于通奸这一行径之中,而是潜身于惧怕他人的议论之中。在这种情形下,不能以会怎样,在最终目标上会发生什么这一点来作为取向:对行为的评价,应当在完全不计最终结果的情形下来进行。

玛特廖娜　对于她来说,什么道德准则是不存在的,在她心目中一切都是允许的。她的语言表现出她的性格的本质:这是凝结着民间智慧的、出色的、丰富的语言。她这人就像卡拉塔耶夫一样,一出口便是谚语、俗语、俏皮话与民间格言。然而,如今托尔斯泰对于语言中的这种因素是予以否定性的评价的。只有那种致力于日常生活安排的尝试,才表达着对事物的普遍的、集体的观点,而良心则总是个体性的。在玛特廖娜这一形象身上,那种对事物之寻常的、日常生活的观点得到了体现,那种观点仅仅知道一种价值,即实用效果。普遍的观点也就是黑暗之中心的负载者。恶总栖身于什么地方,客观地存在着,而玛特廖娜则是恶之最合适的媒介物,是恶的传播者。

彼特罗 这一人物的主要意义是其"情节本事性",不过,他也肩负着一个不大的思想任务。彼特罗在两个世界,阿基姆的世界与玛特廖娜的世界之间占据着一种中介地位。一方面,他很看重外在地位,以自己的财富而自豪;但与此同时,在面对死亡之际,他则开始感觉到被另一种因素所吸引。他这人直到咽气也忘不了金钱,但他宽恕了所有的人,且壮丽而宁静地与生命诀别。死亡带来了省悟。死亡主题在托尔斯泰后期的创作中占有很大的位置。死,此乃人的整个生活的试金石:活得挺糟尚且可以,然而死得挺糟则是根本不合格的。

米特利奇 他是个醉鬼,他这人是没有什么道德意志的。因而,去安排好自己的生活,去扮演好一定的角色,这都是他不可能做到的。虽说他能理解所犯下的罪孽,能正确地评判一切,但是,去参与正在发生的事情,甚至去做出追根究底的评判,他都是无能为力的。

阿妮西娅 她像玛特廖娜。她的身心也被人间烟火之力统摄住了,她也善于给自己谋取好处。但阿妮西娅缺乏玛特廖娜的那种会出点子的能力与聪明劲儿。

阿库里娜 她的处境要比阿妮西娅的处境更有趣更复杂一些。起初,她参与尼基塔的那些勾当,尤其是后来的那桩犯罪行为:杀害婴孩。最后,她承认自己是主要的凶手。在这一认罪的举动中,引导着她的并不是那种要去拯救自己良心的愿望,那愿望对于尼基塔乃是主要的,而是情愿去拯救他的那一热望。引导着阿库里娜的并不是良心,而是女性的爱情所拥有的英雄主义。

玛琳卡 这是一位孤苦无助的、但心地善良的农村姑娘。她的形象主要地具有"情节本事的"意义。

《教育的果实》

这里展示的是一直相互交织着的两个世界:老爷的世界与农民的世界。侍女与家仆这两个人物形象则赋予这部剧作在情节上的整一性。

这部剧作之思想创意,是对教育加以揭露与抨击。脱离生活的教育,脱离道德根基的教育,会变成为一种恶,变成为空虚无聊的上流社会的娱乐。这种教育总营造出一个空虚无聊的、虚幻伪善的世界,那些老爷们就生活在这样的世界里。使他们所有的人聚在一起的,是什么关于招魂之类的玩意儿,那种活动被他们视为科学的最高成就。实际上,与现实土壤与现实目标相隔绝的科学,并不能提供那可资判断"有用还是无用"的标准。对科学的这样一种理解,带有明显的漫画性质:科学之无用被过分地突出了,对科学的兴趣被视为一种游手好闲。

同生活于虚幻伪善的世界之中的老爷们相对立的,则是农民们的现实世界,农民们一个个都清楚,他们想要什么,他们在做什么。农民们在自己的操行中是以迫切的生活必需为指针的。他们被置于那样的条件之中,以至于他们不得不从事最必需的事情;否则,他们便要饿死。由此在他们的生活中就没有任何虚幻与多余的东西;这种生活是严肃而有意义的。

在城里老爷家干活的仆人的世界,在老爷世界与农民世界之间占据着一种中介的地位。一方面,这些仆人与农民们的疾苦世界尚未完全隔绝,另一方面,他们已经跻身于城市那虚幻伪善的世界。

周启超 译

《光在黑暗中发亮》

这个剧本的男主人公是以托尔斯泰本人的世界观行事的。他看到，是他的信念给人带来不幸并造成痛苦，尽管如此，他却声称，对信念正确与否的判断，不应当依据它给人们带来的是幸福或者不幸，而应当依据他本人的良心。

面对自己的信念和对家庭的眷恋，主人公的精神状态日益变得复杂。他感觉到，他应当离家出走，可是他却做不到这一点。这一冲突，反映的恰恰也是托尔斯泰本人的悲剧。他正因自己的话语与行动的不一致而遭到指责。不过，这种一眼看上去的不对应，却可以从他对妥协的态度上得到解释。他无视他人的意见，以被他人视为不体面的行动来逃避对自己的行为是否正确的认知，他装疯卖傻，故作癫狂。

剧本并未最后完稿，其艺术价值难以评判，但其主题思想的构思则异常强大。

《活　尸》

剧本创作的起因，是契诃夫的《万尼亚舅舅》。托尔斯泰极少去剧院，但有一天恰巧看到了《万尼亚舅舅》的演出；尽管他不喜欢《万尼亚舅舅》，这部剧作还是给他留下了深刻的印象。普罗塔索夫的处境和万尼亚有许多共同之处。普罗塔索夫不仅是外在的活尸，还是内在的活尸。而万尼亚在某种程度上也同样是一具活尸，他同样没有安排好自己的人生，活得浑浑噩噩。他建立了功绩，并做出牺牲，但他建立的功绩毫无意义，毫无价值，也毫无用处。他的自我牺牲一无是处。可是，在契诃夫笔下，主人公的失败纯粹归咎于社会方面的原因。在俄罗斯现实社会的条件下，他的功绩变成了喜剧，因为并不存在可以建立功绩的土壤。显而易见，《万尼亚舅舅》的主题，无论托尔斯泰如何指责，这部剧作，还是刺激了他。不过，托尔斯泰却不是从社会的角度，而是从道德、哲学甚至形而上学的角度来处理这一主题的。人没有权利为他人做出牺牲。人只有在自己和上帝面前才是有罪的，因此为了自己的灵魂，是可以做出一切的。如果你可以使自己变得更好，那么你同样也可以使世界变得更好。为他人做出牺牲,既不合理,也无必要。普罗塔索夫最终做出自我牺牲,其目的是让他人违背教规而犯罪,他自己则使私通得以成功。托尔斯泰甚至谴责为人民而牺牲的行为。费佳·普罗塔索夫将自己仅仅对他人承担义务,视作一种破坏自己内心规则的行为;他为了解放自己的妻子,便结束了自己的生命,不再活下去了。他并未故作癫狂:故作癫狂只有在为自己的情况下才可发生。普罗塔索夫看不起外在的自我,于是便放弃自己的灵魂,成为一具活尸。

在欧洲,对于此剧的评论文章甚多。有些研究者认为,只是从社会的角度看,费佳才是尸首,而实际上他是活着的。不过,这种观点未免牵强。

需要指出的是,《活尸》是托尔斯泰死后刊行的作品,生前并未准备发表,因而留有一些未曾溶解的成分。有的时候,一部作品的主题思想往往不太容易将其具体化,而有的时候则正好相反,作品的主题思想根本无处寻觅。因此,对一部作品的理解是很容易打上个人的主观印迹的。

《谢尔盖神父》

卡萨茨基公爵无论做任何事情,都追求完美。不过,这种完美并不取决于上帝,而是取决于其他人的态度。

公爵功名心重,他要走的也是一条寻常的上流社会的仕途。可是,危机偏偏出现在眼前:他发现自己的未婚妻是尼古拉一世的情妇,于是他明白了,世界上的一切并不像他想象的那么美好,他出家当了修士。影响他做出此举的,不仅是对世界之空虚的意识,也有他那份受到伤害的自尊。

谢尔盖神父在修道院里不断地抑制自己心灵和肉体的躁动。不过,当他开始仅仅为自己生活、为上帝生活的时候,他又受到了另一种诱惑,一种比肉欲更为微妙的诱惑,即一种对自己的正义性的意识。

"我从自己的内心深处也无法了解自己。赞美自己,这不是我的意识:这种意识是从他人那里传来的。因此,这样的反省是很危险的。"一方面,对善的渴求即是"我为自己"。于是,谢尔盖神父真诚地一心向善。而另一方面,他又自我陶醉。这不免令他的良心蒙垢。而救赎谢尔盖神父的则是他自身的罪愆。格里戈里·拉斯普京曾对此类状态做过极为深刻的阐述,因此他便享有如此之广的知名度。在拉斯普京看来,应当破坏自身的纯洁,把自己从高处扔下去。只有意识到自己的罪想,才会使忏悔趋于完善。没有作孽,便没有忏悔。这个时候,谢尔盖神父所经受的最为可怕的诱惑是对自己的正义性的意识,遭到彻底扼杀。于是,他生命中的崭新阶段开始了:他成了疯修士、云游四方的漂泊者。

现在,谢尔盖神父对他人的看法完全不屑一顾:谁也不会再说他这人是圣徒。别人的意识已经无法令他的心灵蒙垢,因为善已具备那样一些外在的形式,那些形式在他人的眼里是不可接受的。

《伪造的证券》

这部作品之基本的艺术构思是,展示恶如何以纯粹内在的形式产生和发展,展示善与崇高又如何从恶中内在地生长起来。

王景生　译

《哈吉·穆拉特》

这是托尔斯泰去世后问世的最完整的作品之一[①]。主人公的性格非常成功地体现于那朵小花的形象之中。这一执着地反抗着生活的形象,乃是对整个作品主题充满情感色彩的凝聚。其基点是两个世界的对立:一是哈吉·穆拉特本人所隶属的山民世界,一是文明世界,主

---

① 《哈吉·穆拉特》首次发表的时间是1912年。——原编者

要是俄罗斯人的政治世界。这一主题,在相当程度上与托尔斯泰的早期创作,与他的高加索故事和塞瓦斯托波尔的故事,颇为相近。哈吉·穆拉特与爱罗什柯大叔颇为相像。他也是那样威风凛凛,残酷无情,目标坚定,智慧聪明,犹如大自然一般。文明世界与山民们那富于天性的、自然的生活相比,便显得无谓庸碌而荒诞无稽了。

可见,在这部作品中,新东西乃是对旧主题的更为深切的复活。

周启超　译

《一个疯子的日记》

这一作品带有自传性。主人公被人当作疯子。他之发疯就在于,他意识到了生活的偶然无序而不接受生活。起初,他和大家一样机械地生活。"我为自己"这一信条使他浑然不觉。可是,突然间他一下明白了生活之可怕的荒谬无理,生活的无聊空虚,于是便开始寻找生活的理据。他本来找到了正统的基督教,却发现这里面的一切也是偶然无序。

有一天,他在森林中打猎时迷了路,并且感受到了一种极度的恐惧。迷路成了由全部生活而产生的一种象征性的印象。他感觉到,他是一个迷失了道路的人,周围的一切都不可理喻,也偶然无序。只有"我为自己"这一信条,才是唯一可信的。

王景生　译

《破罐子阿廖沙》

就艺术的完美程度而言,这是托尔斯泰最优秀的作品。小男孩阿廖沙的一生:他是怎样降生,怎样长大,怎样做了一个扫院子的人,怎样死去的。这一切,在短短的几页中都被描写出来了。这个人物的形象在外表上并没有什么亮点,也没有什么魅力:他这人身体孱弱,可怜巴巴的,在精神上则几乎是一个白痴。阿廖沙傻头傻脑的,但他并不是有意识地装疯卖傻;这简直是一个精神低劣的人。可是,他以其内在的、务实的人生取向而为托尔斯泰珍视:阿廖沙清楚,他应当去做什么。而那份活儿乃集中地体现为听人家使唤,为大家服务。他在死去时也毫无恐惧,因为他清楚,就像他在"此间"干的是主人吩咐的活儿,他在"那边"也将去做人家吩咐他的事儿。对于阿廖沙来说,并没有什么死亡,有的只是从一个主人家转移到另一位主人家。

周启超　译

陀思妥耶夫斯基

当我们思考自己的时候,我们的梦想的世界是独特的。因为我们既扮演作者又扮演主人公的角色,而且一个监督着另一个①。在陀思妥耶夫斯基的创作中就有类似的状况。我们一直伴随着主人公,他的内心感受吸引着我们。我们不是在观察主人公,而是与他一起切身感受。陀思妥耶夫斯基把我们吸引到主人公的世界里,我们从外部却看不到这个世界。

陀思妥耶夫斯基的主要人物的独特性就在于此,情感和意志方面让位于思想的能力,退居次要位置。他们都是好发表议论的角色。但是,他们的思想、理论和判断却各有千秋,因为他们都是在同一个时期

---

① 至于这一主题和《审美活动中的作者与主人公》中对"梦想世界"的描写的关系,以及关于在1929年出版的《陀思妥耶夫斯基创作问题》中对陀思妥耶夫斯基艺术世界的类似描写的修改,均参见《陀思妥耶夫斯基》的注释(《巴赫金文集》第2卷,第459页)。——原编者

被塑造出来的。在其他的作家那里,主人公带给我们的是其现成的、有着完成性形式的思想的结果。而在陀思妥耶夫斯基那里,主人公的思想还处在形成的过程中。决定这一点的原因是,他不掌握具有完成性的世界观,他的思想还不知道自己要走向哪里。陀思妥耶夫斯基个人的悲剧正在于此,他观望着两个深渊,在"是"与"不是"之间摇摆不定。没有一个作家不如此维护信仰,也没有一个作家不提出如此多的反对信仰的理由。在主人公进行思考的每一刻,作者都不知道将发生什么。当我们看到一个现成的思考结果时,我们就会观察它。思想的形成是不能加以观察的,因为我们无可依托。我们不会满足于把小说一律看成是一个客观的统一体,主人公在吸引着我们。我们不是观察他,而是与他一起感同身受①。

要想描绘思考过程,就需要各种语言的特殊性。为了观察主人公,我们可以进入作者的语言,而在陀思妥耶夫斯基的作品中却没有这样的作者语言。他有很多主人公,而且每一个都有自己的语言,他们把作者的语言瓜分完了。描绘是以这一或那一主人公的风格来描绘的,都模仿成了主人公的风格。因此,在陀思妥耶夫斯基的作品里,没有我们存身的地方。我们要么进入主人公内心,要么合上书本。由此,对陀思妥耶夫斯基的创作产生了病态的、杂乱无章的、不稳定的印象,但同时这一印象又展示了他的深度。陀思妥耶夫斯基甚至在做新闻时评家时,也没有自己的语言,因为他研究出了杂志的某种令人不快兼好斗的音调②。

---

① 在这里,对陀思妥耶夫斯基的世界的评说,特别接近于巴赫金在其他文本(如《审美活动中的作者与主人公》和这一讲座笔记的其他部分)中对浪漫主义世界的描述,比如拜伦的世界,还用了同样的话:"因此,主人公能使我们着迷,而对于其他的人物,我们只是可以看见。"(《巴赫金文集》第2卷,第418页)——原编者

② 关于陀思妥耶夫斯基作为艺术家和新闻时评家,在巴赫金的《1970—1971年笔记》中有这样一段论述:"我们一踏入陀思妥耶夫斯基的报章时评领域,就看到视野急剧地缩小,他那长篇小说的全球性不见了,虽说主人公的个人生活问题在这里仍为社会的政治的问题所取代。"还有:"复调和演说体。作为现代演说体的新闻报刊及其体裁。"(《话语创作美学》,第354、356、357页)——原编者

陀思妥耶夫斯基将其主人公的外表都描绘得各有特点。他们的外表经常简直是无法展示的。也有主人公的外表常常与他的内在气质相矛盾的情形出现。比如，不能将佐西马的外表和他的内在气质联系起来。他展现给我们的是米乌索夫看到的一面。格鲁申卡的客观形象也是不存在的。她是以德米特里·卡拉马佐夫的语调展现给我们的，她让我们感到愉快，就像她让德米特里感到愉快一样。因此，陀思妥耶夫斯基的主人公在舞台上给人产生的印象，与在阅读时的印象大相径庭。原则上说，在舞台上无法表现出陀思妥耶夫斯基的世界的特殊性，因为我们总和主人公在一起，我们只看见他们看到的东西。陀思妥耶夫斯基跟随一个主人公，然后又把他抛弃掉而去跟随另一个。我们也是一会儿跟随一个主人公，一会儿又去跟随另一个主人公；和这个溜达溜达，然后又和那个溜达溜达。对我们来说，不存在独立的中立立场，不可能有对主人公的客观观照。因此，舞台演出会破坏对作品的正确理解。作品的戏剧效果就是：只有各种声音在漆黑的舞台上，别无其他。

陀思妥耶夫斯基描写事件的方法是独特的，用闲谈瞎扯、流言蜚语的语调进行描写。作者不是客观地接受事件，而是纠缠着好拨弄是非者，而我们和他一起在流言中看到世界①。就这一点而言，《卡拉马

---

① 巴赫金在作关于安德烈·别雷的讲座时说，讲故事者，即好多嘴多舌者和好拨弄是非者，"可能把主人公抛在一边而自个儿去尽兴地说三道四"，在果戈理和陀思妥耶夫斯基笔下，讲故事者并不比主人公站得高（有别于托尔斯泰笔下的作者的立场），而在安德烈·别雷笔下，讲故事者"亦是如此，直至文体上最细小的特征"（《巴赫金文集》第 2 卷，第 338 页）。巴赫金还认为，陀思妥耶夫斯基笔下没有作者自己的语言这个论点，也是和讲故事者具有这样的性质有关系的；在关于安德烈·别雷的讲座中也重复了这个论点。这一论点是在写作《陀思妥耶夫斯基创作问题》之前提出的，巴赫金在该书中提出，在陀思妥耶夫斯基的世界里没有"作者的声音"（《巴赫金文集》第 2 卷，第 175 页），但该书对此的论证要复杂得多。至于巴赫金对拨弄是非现象的兴趣，据米尔金娜回忆，在身处维捷布斯克的年代里，有一出戏剧在"文学法院"流行一时，巴赫金在其中扮演过薇拉·米尔采娃的保护人的角色："我（指米尔金娜。——译者）记得，保护人将检察官（涅拉多夫斯基扮演）的话'整个城中都在说'换了个说法：'是的，整个城市都在说——整个城市都在拨弄是非，薇拉扣动了扳机，枪决了谣言是非。'"（《新文学评论》，1993 年第 2 期，第 66 页）——原编者

佐夫兄弟》中的章节的标题是很有代表性的:"一个家庭的历史""打发长子""打发次子"①。陀思妥耶夫斯基的情节,奇怪地混合了柏拉图和庸俗趣味的小说②。这并不是偶然的。

他的情节有助于揭示问题,同时也造成生活的混乱;这种混乱又强调所提出的问题是不可完成的。作者没有给我们任何完成了的东西,我们跟他一样心里也没有底。陀思妥耶夫斯基把我们带进了迷宫,我们在里面转悠,却无法出去。由此可见,小说对读者的魔力有多大。

陀思妥耶夫斯基的基本主题就是在两极之间的动摇。〔主人公〕不知道什么是善什么是恶,因而总处于导致犯罪的动摇状态。但是,〔在陀思妥耶夫斯基那里〕犯罪却具有特殊的性质:犯罪是在恶行和英雄功绩这两个边界上展现出来的。当主人公应该做出某种决定时,小说也就结束了。找不到摆脱摇摆状态的出路。

至于对物体的描绘,那么陀思妥耶夫斯基可以被称为印象主义者:他描写对物体的印象。这里的独特性在于,对同一个物体写出各种不同的印象。我们从一颗心灵跳到另一颗心灵,因而物体开始让人眼花缭乱,变得虚幻,失去了稳定性。给人造成这样的印象:物体很快消散了,它什么也没有剩下来。

---

① 对章节目录的考察进入了书中,何也是有更加复杂的结论的:"《卡拉马佐夫兄弟》的目录就像显微镜一样,涵纳了小说中所有的各各不同的语调和风格。"(《巴赫金文集》第2卷,第153页)——原编者
  《卡拉马佐夫兄弟》的最终版本中,并无《打发次子》这一章。——译者
② 这里基本上引自列·彼·格罗斯曼,《陀思妥耶夫斯基创作问题》中就援引了他的"对陀思托耶夫斯基小说创作的出色的描述性评定"(《巴赫金文集》第2卷,第21页)。但那里的引文有重要的修改,而且变动后出现在论述复调小说的思想的上下文中,据此,"奇怪的混搭"(这正是格罗斯曼的说法)得到如下说明:在陀思妥耶夫斯基那里,"最不能混合的材料因素"被分置在各个意识—视野即各个主人公世界之中,"而且不是材料直接地"被结合起来,而是这些世界—视野被结合成为"一个高级的统一体,可以说,接下来就成为复调小说的统一体了"(《巴赫金文集》第2卷,第23页)。该书中的这一主要思想,在1925年的讲座里还未形成。——原编者

《穷　人》

　　这部作品的精神和风格是果戈理确立的，它来自《外套》。然而，陀思妥耶夫斯基对阿卡基·阿卡基耶维奇的理解是独特的。在像阿卡基·阿卡基耶维奇这样一个平庸无奇的人的生活中，发生了悲剧性的事件。在马卡尔·杰符什金那里，平庸无奇的生活境况与英雄主义的情感、浪漫的爱情融合在一起，阿卡基·阿卡基耶维奇的语言是带着深为不安的抒情话语的语言。

　　果戈理的主人公到了陀思妥耶夫斯基的笔下，就获得了新的意义。阿卡基·阿卡基耶维奇不反思，他没有自我意识，他独自过着隔绝的生活。陀思妥耶夫斯基让自己的主人公反思。马卡·杰符什金非常深刻地感受到自己的屈辱和自惭形秽，他不愿自己是这个样子。意识到自己的屈辱，赋予他的心理以深刻性、细腻性和紧张性。他一直感到自己的外在表现的丑陋，并且害怕这种表现，因为他知道，这种表现会让他显得可笑。他"没有文才"，也容易激动。他装出别的面孔，并开始干蠢事，因为他无法内外一致地表现自我。内心对自己的个性深怀羞耻感是整部小说的主旨①。

《同貌人》(又译《化身》)

　　雅科夫·彼得罗维奇·戈利亚德金是一个有些抱负的人：他想成为一个人物，可他却到处碰壁。与杰符什金相反，他是积极的，但他脱离了生活的轨道。他处处被人拒绝：无论在工作中，还是在克拉拉·奥尔苏菲耶芙娜那里。尽管自己地位低下，可戈利亚德金还是想证明自己。耳光和挫折迫使他在对"自我"的自我满足意识中寻求慰藉。

---

① 参见《审美活动中的作者与主人公》："通过自惭形秽组织起来的散文抒情，可在陀思妥耶夫斯基作品中找到例子"（《话语创作美学》，第150页）。——原编者

自我就是雅科夫·彼得罗维奇·戈利亚德金,另一个雅科夫·彼得罗维奇·戈利亚德金永远不会有,我是独立自在的,我不是阴谋家。可是,当他这个被侮辱与被损害的人身上还剩下一丝慰藉——对自己个性的肯定时,他看见了另一个雅科夫·彼得罗维奇·戈利亚德金。唯一的支点被破坏了。结果,他不是独立自在的,有跟他一样的另一个人,他在任何地方都没有自己的位置。对戈利亚德金的这种精神病理学状态的描写是令人震撼的。

接下来的描写是同貌人的逐渐侵入,它们已经在文学中出现过了,它们并不那么令人信服。同貌人与戈利亚德金作对:他就是戈利亚德金想成为却又不可能成为的那个人。他们开始斗争起来。老戈利亚德金对彻底的失败忍气吞声:小戈利亚德金在工作上一帆风顺,并获得克拉拉·奥尔苏菲耶芙娜的好感。一旦他唯一的依靠即对自己的信赖被破坏后,他作为一个个体也就消失了,生活中再也没有他的位置,他彻底失去了自己。这里开始出现他的彻底的妄自菲薄和自惭形秽感[①]。对戈利亚德金的这种状态的描写同样非常有说服力。所以,《同貌人》中的个别篇章是充满才气的,但许多地方写得较薄弱,没有消化掉果戈理的影响。

《普罗哈尔钦先生》

普罗哈尔钦是另一类型的戈利亚德金,丧失了肯定自己的最起码的努力。他知道,生活中没有他的位置,所以他不相信生活,害怕生活。他的一切尝试都是在预防自己的崩溃,他在克服对生活的恐惧,因此他正在死去。

[①] 参见《审美活动中的作者与主人公》:"通过自惭形秽组织起来的散文抒情,可在陀思妥耶夫斯基作品中找到例子"(《话语创作美学》,第150页)。——原编者

《脆弱的心》

这部中篇小说中所描绘的世界,也是果戈理式的。但与波普利欣相反,在这里主人公的发疯起因于他深深的道德责任感。他不能证明上级对他的信任。

《女房东》

在这部中篇小说中,果戈理的影响和民间传说的影响一样明显。出现了一个新的因素——成熟的惊险小说的情节:奇怪的环境,只在结尾时才揭示出来的秘密。惊险因素会在陀思妥耶夫斯基今后的创作里占据主要地位。《女房东》的基本主题是爱—怜悯,在他以后的作品里也将不止出现一次。这种爱总是与病态为伴,而且不能达到一种正常的关系。

《小英雄》

在这里,对一个十一岁的少年的心理的揭示很有趣;他表现出了双重的英雄气概——肉体的和精神的。他在很多方面接近于科利亚·克拉索特金。这似乎是他的初稿。但小英雄身上没有克拉索特金那少有的自尊心和特别的做作。

《白 夜》

这部中篇小说的主人公,是一个只生活在幻想中的浪漫主义者。浪漫主义发展了这样一个体系,按照这个体系,幻想比现实的生活更有力量。主人公的幻想具有最平常的性质,符合那个时代的典型的精神。但是,他却跟其他的浪漫主义主人公有区别,他身上有不可遏制的想入非非的激情——对生活的强烈的想念,同时他又意识到:他无法在生活中占据一席之地。他对所有的生活现象都出乎寻常地敏感,他甚至会和房子结下友谊,他对街上碰见的每一个路人都感兴趣。和娜斯坚卡在一起的时候,主人公的双重性得到了解决。他最终走进生活之中,但是,只要一参与生活,生活就烟消云散。这是陀思妥耶夫斯基笔下第一个来自地下室的主人公。他在试着走进生活,可还是不能进入,仍然停留在自己的幻想之中。

《涅朵奇卡·涅兹万诺娃》

这部中篇小说的第一部分写得很好,但随后就引进了惊险的因素,作品就此猝然中断。

第一部分中的主人公叶菲莫夫接近于《白夜》的男主人公。他的生活就是幻想成为著名的音乐家,但他遭受的是失败。他给自己树立了一个非常崇高的目标———项技术工作,却轻视在接近目标的途中的每一阶段。在俄国,叶菲莫夫看不到一个他能拿来与自己相比的音乐家。但是 Б.却让他看到了艺术的全部力量,而他了解了自己在音乐方面的无能之后死了。

小说的第二部分的女主人公涅朵奇卡,也是个好幻想的女孩。她的性格在与公爵的女儿卡嘉的关系中得到了揭示,但她们的爱却很奇怪,跟陀思妥耶夫斯基笔下通常的爱一样。

后来,作品中引入了惊人眩晕的惊险情节。我们一下子就从这样的艺术高处,如叶菲莫夫的形象、涅朵奇卡和卡嘉的爱,跌落到符合欧仁·苏精神的浅薄的惊险小说中。把这两个因素结合起来,在艺术上是不可能的,因此,这部中篇小说并未完成。

《斯捷潘奇科沃村及其居民》

在这部中篇小说里，可以看到莫里哀的《达尔杜弗》的影响，还有果戈理的影响，不过都加以了讽刺性模拟。

福马·福米奇·奥皮斯金出现在上校家之前，已经是个供人逗乐的小丑，因此，现在他身上有一种强烈的想扮演统治者的欲望。这种受压迫的、被压抑的和遭压制的自尊心，现在变态地爆发出来了。福马·福米奇的状态和他的性格，与达尔杜弗有许多共同之处。他们两个都是伪君子，但奥皮斯金不是一个简单的戴着面具的伪君子。他是赫列斯达科夫加上《与友人书简选》中表现出来的赫列斯达科夫①。福马·福米奇和赫列斯达科夫一样，不仅仅是个撒谎者，而且还是一个失去了现实和非现实之间的界限的人。在他的形象里，果戈理的影响虽仍非常之大，但是，已经在瓦解了，确切点说，陀思妥耶夫斯基是在讽刺性地模拟果戈理，想摆脱果戈理②。

《舅舅的梦》

在对充满流言蜚语和讽刺挖苦的女士世界的描绘里，仍有果戈理的巨大的影响。至于公爵，这不是果戈理式的人物了。尽管他处在一个不利的状态，但作者对他的描绘却带着非常多的好感。公爵比他周围的所有人都要崇高和优秀。这种在描写白痴时不同寻常的热烈气氛，使公爵与狄更斯的主人公们接近起来。

---

① 参见巴赫金讲座中论赫列斯达科夫，论果戈理和赫列斯达科夫的部分（《巴赫金文集》第2卷，第422页）。——原编者
② 关于陀思妥耶夫斯基讽刺性地模拟果戈理、想摆脱果戈理的问题，在特尼亚诺夫发表于1921年的小册子《陀思妥耶夫斯基与果戈理：论讽拟理论》中有很详细的论述。——编者

《被欺凌与被侮辱的》

就形式而言,这是一部典型的惊险小说,符合苏和仲马①的精神。情节建立在一个秘密之上,这个秘密直到最后才揭露出来。一切都在偶然事件的交错缠绕中进行。主要的人物代表了所有的阶层,因此从家庭—日常小说的严格标准来看,无法理解这部小说。小说中有彼得堡的贫民窟、贼窝、上流社会的沙龙、居无定所的名士以及怪人——密探马斯洛鲍耶夫,还有仿佛来自于霍夫曼的小说中的史密斯。但是,在这部惊险小说的内容中,有大量的巴尔扎克式的哲学—心理学方面的深度描写。

伊万·彼得罗维奇 他连接了小说的所有线索,同时又是主要角色和叙述者。他有趣,不仅因为他是推动情节的人物,还因为他具有作者的自传性质。他是作家,反映出陀思妥耶夫斯基的事业的开端。不过他身上虽然有很多的自传特点,但这些特点没有形成统一的整体。伊万·彼得罗维奇没有个性,没有面目。这是一种没有具体面目的美德。

瓦尔科夫斯基 他对恶的力量深信不疑,相信没有什么可以与恶相抗衡,挽救善的人们不是太愚蠢就是戴着面具。他不单单是个恶人,还是恶的预言家、恶的无耻之徒、恶的色情狂。他观察恶的深渊,欣赏恶,懂得恶的全部的微妙之处和细微差别。瓦尔科夫斯基知道爱情的内幕和反面:女人是折磨人的。他折磨别人并不是因为他冷漠,而是因为他在折磨人的行为中体会到满足和快感。这种甚至不加掩饰的厚颜无耻的恶,是陀思妥耶夫斯基许多的主人公所具有的一个显著特点。

娜塔莎 她和阿廖沙的关系是她的主要角色。对功绩的渴望,相

---

① 作者应该是大仲马。——译者

信男主人公得救的信念驱使着她。

涅莉 她的特色不仅表现在她对伊万·彼得罗维奇的爱,还在于她不同寻常的对给她造成伤害的恶的不宽容、不原谅。在陀思妥耶夫斯基的创作中,这一主题始终存在的,总是联想到孩子的形象。

伊赫缅涅夫夫妇 在老头身上,占据首要地位的是对娜塔莎的热烈的爱,同时也有不原谅她的固执,被伤害了的自尊心。母亲的形象是不确定的;明确表现的只有她对女儿的爱。

阿廖沙 这是个轻浮的人,很容易屈从于每一个人的影响。他的形象没有说服力。

《地下室手记》

就形式而言,这部作品是分为两章的日记。第一章是纯理论的,第二章似乎是对理论的说明。

一个普通人得过且过,马马虎虎地活着。但是,当他想要对自己和自己的状况作一番解释的时候,他就陷入了沉思,出现在地下室。地下室就是一系列的心灵尝试。为了行动,为了肯定生活,必须依靠一种理论——社会的、哲学的或宗教的理论。它们提出人必须接受的一系列规定,因为它们是合理的。然而,地下室里的主人公却希望他的意志是自由的:意识不受约束,它一直是无拘无束的和不受限制的。就这一意义而言,他对傅立叶主义提出了批评。傅立叶主义认为,一切都以能否确定人的意识为基础,而在地下室人看来,自由的权利是主要的。没有什么外在的东西能使人满足:既不是合情合理的原则,也不是合情合理的规定。他能蔑视整个一项决定好的计划,却没有什么能决定他的随意的意愿。世上的社会制度原则上说是不可接受的。只有超越理智的东西才是活生生的现实。

《永远的丈夫》

这篇短篇小说的主人公觉得，他的境况不仅悲惨，而且还极其愚蠢，他因此陷入了疯癫状态。他既希望制造他的不幸的罪魁祸首也体会一下他的境况，又想向这个人报仇。这一点有自传色彩。陀思妥耶夫斯基自己就经历过巴维尔·巴甫洛维奇的处境。

《罪与罚》

这部作品就形式来说具有惊险小说的基础，但其中心理方面却占据了第一位。《罪与罚》是纯粹形式的哲学—心理学长篇小说。

在这部小说里，陀思妥耶夫斯基重又回到他年轻时期思考的那个问题即犯罪的问题。

浪漫主义者把罪犯分为两类：一类是普通的罪犯，一类是曼弗雷德、卡尔洛夫·莫罗夫。后一类人虽然也破坏了法律，却不能称之为罪犯。陀思妥耶夫斯基站在正义的罪犯一边。

在创作《罪与罚》之前，他重新审视了自己的观点。拉斯柯尔尼科夫连同陀思妥耶夫斯基都赞同浪漫主义者：法律，任何一部由其他人引入的法律，并不是某种公正的、应该服从的东西。但是，有一种内心的、宗教的法律，那就是良心，人们没有权利去跨越它，而这样的法律是既被浪漫主义者否定，又被虚无主义者否定的。陀思妥耶夫斯基想一石二鸟：既否定浪漫主义者，也否定虚无主义者。无论是前者，还是后者，都没有最高的宗教权威，因此都扼杀了生活的真正的意义。

拉斯柯尔尼科夫 犯罪的问题决定了拉斯柯尔尼科夫的状况和他性格中的某些特点。他也是一个地下室人。在踏入生活之前，他应该解决自己的问题，并且如何解决问题左右着他做出这样的或那样的行为。拉斯柯尔尼科夫认定，任何历史行为，在创造新事物的同时，都在破坏旧事物。只有创造新事物的人,才有权利进行破坏。群氓不会创造,因此就没有权利破坏。历史被践踏法律的人支配着。拉斯柯尔尼科夫在一篇论文中所说出的所有这些观点并不新鲜;陀思妥耶夫斯基只是用了不顾情面的、厚颜无耻的形式。现在,拉斯柯尔尼科夫必须解决以下问题:他的信念是不是绝对的,他能否从世俗成规的海洋中得出某种不可动摇的东西?出于这一目的他决定尝试一下,杀死放债的老太婆。但是,他一直没有摆脱尝试的状态。如果一切都能从外部环境、法律、逻辑的角度来看的话,那么他的理论也就会是正确的,也就可以杀人了。可是,拉斯柯尔尼科夫一开始就感觉到自己内心的障碍,经历了内心的抗争。拉斯柯尔尼科夫认为,他的人性的弱点、人的渺小在妨碍着他去杀人。和马尔美拉多夫的见面,母亲的来信,在御林骑兵团林荫道发生的一幕,越来越使拉斯柯尔尼科夫坚信他的理论的正确性。他亲眼看到,恶在世界上取得了胜利,世界上存在受害者,既然他们是不可避免的,那就应该有意识地和合情合理地挑选出他们来。挑选的权利给了自己。

犯下了罪,没有罪证。但在拉斯柯尔尼科夫的内心,内在的障碍持续增长。越过内心的法律、良心的声音是不可能的。他为自己所做的事,他再也无法隐瞒,他开始出卖自己。他还没有否定自己的观点。不是良心,而是本性的力量在迫使他供出自己,因为他患了热病,热血在体内激荡,这是反抗的本性。然而,他又不能超越这一本性。他深切地体会到反抗罪行的本性。拉斯柯尔尼科夫为波尔菲里所吸引,尽管他感觉到后者猜度罪犯的事。他跑到放债的老太婆住过的房间,按响门铃。总之,罪行使他彻底变成了另一个人:他再也不能像原先那样开诚布公地对待亲人。但是,意识却没有听命于本能的感觉。拉斯柯尔尼科夫为一名女罪人①所吸引,因为她在破坏法律的同时又具有某种神圣性。是索尼娅帮助他将本能的感觉与意识结合起来。本性的力量变成有理性的力量;他开始懂得,他破坏的是上帝的法律。在

---

① 指索尼娅。——译者

索尼娅的影响下,拉斯柯尔尼科夫决定向人们承认犯了罪。虽然他比所有这些人都要高尚,在道德上都比他们优秀,比他们重要,但陀思妥耶夫斯基并没有满足于他私下的忏悔,而让他在公众场合悔过。在公众场合的忏悔制服着骄傲感。

在结尾部分,我们得知,在西伯利亚拉斯柯尔尼科夫变成了另外一个人。他的思想在关于世界症结的梦中得到了理论上的、而不是艺术上的体现。做这种梦的人,心中充满着美好的愿望,但他们与生俱来都只相信自己是正确的,所以愿望和信念无法统一在一起。假若个人能让自己的意见服从于比他自己的判断更高的集体的话,那么才会出现井井有条的社会形式。外部的世俗判断的尺度是必不可少的,不管这尺度有多么的不完美。个人在集体中得以实现。拉斯柯尔尼科夫想到这一启示并不枉然。他原先认为,自己的良心审判自己要比别人的审判好;在忏悔这件事上,他是个人主义者。只是到现在他才明白,不管是在犯罪中,还是在忏悔中,人终究不可能是孤独的①。

索尼娅　她也是个罪人,但她在人们面前没有过错,只在她自己和上帝面前有过错。她的形象里的主要东西是自我牺牲。她靠纯粹的怜悯完成了功绩。索尼娅一直想蜷缩起来,缩成一团,以便让别人活下去。在她看来,别人的个性是神圣的东西。任何人没有权利决定谁该活着谁不该活着。对索尼娅来说,一切理论、一切思想,与生命相比都是微不足道的,而拉斯柯尔尼科夫在寻找思想的绝对原则时抹杀了生命的绝对原则。

斯维德里盖洛夫　他是对拉斯柯尔尼科夫的独特的补充。他们两个都了解对方的相似之处,同时也知道与对方的差别所在。两者都是个人主义者。对他们来说,除了自己的意志,没有准则,没有衡量善与恶的尺度。两人都犯了罪。但是,在拉斯柯尔尼科夫那里,这是思想的迷失,本性不是犯罪的。在斯维德里盖洛夫那里,问题已经不是

---

① 参见巴赫金的1961年的笔记:陀思妥耶夫斯基"认定孤独是不可能的,孤独是虚幻的"(《巴赫金文集》第5卷,第344页)。——原编者

犯错了，因为拉斯柯尔尼科夫有善的激情，而他没有。他是一个豪放的人，但没有什么能与恶对抗。因此，他知道的只有自己的一个愿望。斯维德里盖洛夫的自杀，荒谬和偶然是主要的原因。他梦中的这个七岁的小姑娘，他对她疼爱有加，她却开始用妓女的嫣红的和淫荡的双唇朝他微笑。这个姑娘说明，在他那里对生活现象、善与恶的评价都丧失殆尽了。斯维德里盖洛夫的死首先是形而上的死，经验上的死则是结果。

波尔菲里·彼得罗维奇　这个人具有非凡的深刻意识，但他身上却没有被称作激情的东西。他的深邃和聪明没有用武之地，他无处可去。因此，他自己都认为自己是个废人。拉斯柯尔尼科夫有激情，可他犯了错，波尔菲里·彼得罗维奇永远不会犯错，但他永远也做不出一件有意义的事。

《白　痴》

就形式而言，《白痴》是一部惊险小说，哲学—心理学方面的课题使它变得复杂。小说的基本主题是：男主人公没有能力在生活中占据一个特定的位置却对实现自我有着强烈的渴望。公爵身上体现的是心灵完美的最高阶段，但他却不知道还有做出决定、做出选择的可能。他只对所有人和所有事物的感受做出敏锐的反应。在彼得堡的逗留，这似乎是实现自我的幻想。他虽然进入了生活，可他却无法在生活中找到一席之地：他未能及时防止犯罪，没有为自己选择妻子，也没有想出什么结论。这是在生活中没有一席之地的圣物。

按照场景来分析《白痴》较为方便。

梅什金公爵和罗戈仁在火车车厢中相逢的场景，开启了整部小说的主要的布局要点。这里广泛地表现出公爵和罗戈仁之间的对照，公爵的温顺、谦让、顺从和光明磊落，罗戈仁的阴暗、暴戾、狂热和肆无忌惮。

公爵的性格观点在叶潘钦家的三个场景里逐渐展开。他被卷入了生活之中,尽管没有表现出积极性。他没有确定任何联系,但这些联系是自己确立起来的。在走入生活后,公爵不可避免地服从跟别人打交道、建立联系的生活法则。他以前在瑞士过的是完全消极旁观的生活,在那里他就像个隐士沉浸在内心的直观之中,在俄国,公爵立刻就碰上了轰轰烈烈的事件和冲突。他不由自主地立刻开始扮演起角色来:干涉了别人的生活,干涉了纳斯塔西娅·菲利波芙娜和罗戈仁的生活。人一进入生活,必然要承担生活之过的重责。看到纳斯塔西娅·菲利波芙娜的照片,公爵明白了,从内心来讲他似乎认识她,他们注定是知己。在这里就有心爱之人的相识和不相识的浪漫主题,这个主题得到了精细的加工。

公爵对死刑的评论反映出他的内心状态。陀思妥耶夫斯基虽然指责死刑,但这里的核心并不是社会问题,而是人在死刑面前的状态。面对死亡,每一秒都是重要的。犯人会觉得最后的几秒钟就是整个永恒。临死之前特别能感觉到每一瞬间的重要性。在托尔斯泰看来,死亡使所有的生活现象贬值。陀思妥耶夫斯基则认为,死亡不应该唤起禁欲精神。正是在死亡面前,生命才特别重要和有意义。这一主题在这里出现不是偶然的:梅什金公爵最终没有能够实现自己,他像被判处死刑的人那样,特别敏锐地感受到了生命的价值。

在伊沃尔金家的一幕里,公爵继续被卷入生活之中,但他的面貌没有变化。在这里他依然想宽容所有的人,为所有的人祝福,甘愿为所有的人而粉身碎骨。见到纳斯塔西娅·菲利波芙娜后,他就消极地听命于她:一见她就犯傻。公爵明白,纳斯塔西施·菲利波芙娜不是表面所看上去的那种女人。他告诉了她这一点,使她大吃一惊。生活的法则开始运行,公爵成了悲剧性的主人公。

在纳斯塔西娅·菲利波芙娜家的命名日聚会上,公爵一下子掉进了一个盘根错节的关系网。托茨基千方百计想摆脱纳斯塔西娅·菲利波芙娜;加尼亚想娶她为妻,好安排自己的前程;深爱着她的罗戈仁也往这里插一杠。在道义上,纳斯塔西娅·菲利波芙娜现在要高出她以前不知不觉陷进去的那个境况,但她又无法摆脱这一境况。梅什金公爵就是她的出路,可她又不同意和他结婚,怕毁了他。她既不想保持现在的状况,也不想接受这一出路。公爵积极参与了这场冲突。生活吸引了他,但他的确没有完全对生活俯首帖耳。斗争,捍卫自己的权利,屈身于斗争,做不公正的事情(既然已经干了,那就不要打退堂鼓),这些都是公爵不擅长的。

当阿格拉娅和纳斯塔西娅·菲利波芙娜开始发生冲突时,公爵没有做出选择。他对阿格拉娅的爱和对纳斯塔西娅·菲利波芙娜的爱,是作为一种对照被展现出来的。一种爱是愉快的和光明的,另一种爱却是忧郁的和怜悯的。对阿格拉娅的爱,这是完满、快乐、幸福,(这种爱)能使公爵借助于较为平常的途径进入生活,能提供给他做上流社会的人的前途。对纳斯塔西娅·菲利波芙娜的爱,是功绩、天命。他追随她是把她当作了精神病人。怪不得在真实地遇见她之前他就梦到过她;他们两人都注定要受苦受难。公爵像一个贫穷的骑士,执着地忠诚于"初识的幻影"纳斯塔西娅·菲利波芙娜。假如骑士会永远爱她,那么公爵虽然会忠于纳斯塔西娅·菲利波芙娜,但他还是会爱上阿格拉娅的。

公爵和这些女人的关系具有作者的自传因素:陀思妥耶夫斯基和自己的第一个妻子以及和波琳娜·苏斯洛娃的关系。

对天主教的议论是从外部引入小说的,与它的基本的主题没有任何关系。按照陀思妥耶夫斯基的见解,天主教用国家偷换了教会,用顺从偷换了良心自由、个人的责任,用物质偷换了精神。但是这一问题是零零碎碎地提出来的。它在《卡拉马佐夫兄弟》中才得到了明确的体现。

伊波利特的形象是有机地进入小说中的。伊波利特就像梅什金公爵,是个渴望生活的人,他渴望参与生活的节庆日。但跟公爵不同,他是个愤世嫉俗的新教徒,自己不幸又不善于融入生活,就想把气撒在别人身上。他的所有行为都建立在反抗和对世界的敌意之上："假如我的情况还是这样糟糕,假如我就要死的话,那世上的一切我一概不接受。"他念自己的忏悔,是为了吓唬所有的人。他觉得,是人们在紧紧地抓住了他,不让他死。伊波利特仍然在死乞白赖地跻身于生活之中,他不会很快就死去。

在阿格拉娅和纳斯塔西娅·菲利波芙娜相见的一幕里,彻底地表明公爵无力做出选择和实现自己。在关键时刻,他下不了决心,一会儿投入这个人的怀抱,一会儿投入那个人的怀抱,希望成为既掌握这个,又支配那个的神灵。两个女人都忠于自己的个性,阿格拉娅离去了,纳斯塔西娅·菲利波芙娜留下了。尽管公爵一心想拯救纳斯塔西娅·菲利波芙娜,可他还是救不了她。

公爵的生活立场的最高尚的表现展示在罗戈仁家的一幕里,因为他竟然安慰自己的情敌和杀害自己心爱女人的凶手。公爵猜到了这次凶杀,但他无力预防。他虽是圣洁的、完美的神灵,但这种神圣性却是不成功的,不会实现的。公爵在走进生活,千方百计试图实现自我,结果别人都会如此这般成功,可他却还差得很远,因为他不接受生活的法则。一旦确定了他无法在生活中占据一席之地以后,作者又让他返回瑞士的虚无之境。实际上,小说就是在这里结束的。

《群 魔》

涅恰耶夫案件是创作《群魔》的直接缘由,陀思妥耶夫斯基对该事件有点反感。参与这一事件的是些幻想家,同时也是擅长搅浑水的实践活动家。就是他们成了陀思妥耶夫斯基深入研究"群魔"问题的素材和生活事件。

群魔就是没有任何土壤、毫无根基的人,甚至是六亲不认的那些人。他们什么人也不是,所以能够制造轰动和变革。按照陀思妥耶夫斯基的看法,革命思想就是破坏。东正教把没有根基的人看成是恶魔。用作小说题献的是福音书中关于魔鬼的说法,魔鬼附于人身上,后来被耶稣从人身上驱赶走之后,附在了猪体内,并冲下悬崖,掉进了湖里。〔病人〕化身为俄国,魔鬼则化身为生活中没有位置、毫无根基的迷惘徘徊的冒名者①。小说写的就是没有面目的魔鬼活动。

《群魔》中的人物都是历史人物。斯塔夫罗金部分是涅恰耶夫②,老韦尔霍文斯基就是格拉诺夫斯基,卡尔马津诺夫就是屠格涅夫。

就形式来说,《群魔》是时事新闻。时事新闻员就是不确定的叙述人,像好拨弄是非者那样的叙述人。作者没有对主人公做出自己的阐释。

斯塔夫罗金 斯塔夫罗金是个美男子,可他的脸会像面具,因此他没有自己的面目。他外表所具有的这一象征也与他的性格始终相符。斯塔夫罗金就是一具面具,对所有的人来说是不同的面具。对赫罗莫诺日卡来说,他起先是个光明正大的公爵,后来变成个冒名者;对彼得·韦尔霍文斯基来说,他是伊万王子;他对沙托夫提出了"人民是载神者'上帝的代表',也即俄国基督"的思想;给基里洛夫以反抗上帝的思想;对母亲来说,他是个有爱心的、高尚的儿子。除了这些假面目,压根就没有他自己。可每一个面具,他又没有认真地戴到最后,因为斯塔夫罗金不可能真的化身为这些面具,不可能相信它们。因此,他戴着两层、三层、四层,甚至还要厚的面具。

---

① 冒名者主题,和同貌人主题("同貌人—冒名顶替者")相关联,是巴赫金一贯的主题,起始于《论行为哲学》(载《哲学与科学技术社会学》,莫斯科,科学出版社,1986年,第95页;亦可参见《话语创作美学》,第30—32、133页)。在文学史讲座里,巴赫金在论述《鲍里斯·戈都诺夫》时又郑重提及了这一主题,认为它建立在"历史的基础"之上(《巴赫金文集》第2卷,第419页)。——原编者
② 讲座笔记或许记录有误,这应该是指小韦尔霍文斯基,即彼得·斯捷潘诺维奇。从初稿开始,小说的提纲中就把他称为涅恰耶夫,把他的父亲称为格拉诺夫斯基。斯塔夫罗金则没有如此直接的人物原型;关于他的原型的争论,可参见列·彼·格罗斯曼和维·帕·波隆斯基于1923至1925年间发表的论著。前者认为斯塔夫罗金的原型就是米·亚·巴枯宁本人,而后者则认为是尼·亚·斯佩什涅夫,后者的看法得到了瓦·列·科马罗维奇的支持。参见《关于巴枯宁和陀思妥耶夫斯基的争论》,列宁格勒,1926年。——原编者

和吉洪交谈之后,斯塔夫罗金试图完成一项功绩——发表他的忏悔录,但他又下不了决心。在吉洪登门拜访之前,他想相信善行的存在,当他被扇了耳光的时候,他提出了决斗,但在最后一刻还是放弃了。既然在斯塔夫罗金看来,生活中的一切都是相对的,他能做的只有胡作非为。得不到正面的原则,又不能择善而从,于是他便像附身于猪的魔鬼,以自杀结束了生命。

因此,斯塔夫罗金的形象包含了一系列的面具。这些随心所欲的面具开始行动起来了。

彼得·韦尔霍文斯基 他的形象是斯塔夫罗金的一个面具的客观体现。这是一个在生活中没有位置、没有任何根基的人;父亲心里没有他,民族之中没有他,朋友心里也没有他。因此,他像赫洛斯特拉特①一样,需要成就世界上的一件大事,哪怕付出被谩骂或犯罪的代价。彼得千方百计想引起社会的混乱、杀戮、暴动和破坏。陀思妥耶夫斯基认为,涅恰耶夫分子的计划是不切实际的和荒谬的,就像巴枯宁的计划;巴枯宁在革命的第一阶段鼓吹为了破坏而破坏。巴枯宁在很多事情上都很真诚坦率,他热爱人民,希望无产者幸福,可韦尔霍文斯基却不具备这种激情,总之,他没有任何的敬畏之心。所以,他认为,只有罪行才能使人团结起来。这种赤裸裸的无耻,对万事万物的否定,在他心里并不像在斯塔夫罗金心里那样坚强有力;他精神萎靡不振,道德低下。他的行为造就了小城市里的破坏者,他的追随者甚至连小魔鬼也不是。利普金是个凶狠的倒霉蛋,利亚姆申有一颗微不足道的受过侮辱的自尊心,维尔金斯基不是个坏人,渴望赶时髦的潮流,埃尔凯尔完全是个好人,由于想有所作为,偶然受到韦尔霍文斯基的影响。韦尔霍文斯基才是个一意破坏的否定者,变成了刻意效仿斯塔夫罗金的猴子。甚至在苦役犯费季卡眼里,他也是不可信的。费季

---

① 古代的一个希腊人,他为了出名,于公元前356年焚烧了古代艺术的优秀作品——阿泰密斯神庙。后来,此人被专指那些不能流芳百世也要遗臭万年的爱虚荣的人。——译者

卡虽然是自发性的、完完全全的、大地上的恶,却具有象征色彩。他根本不尊敬韦尔霍文斯基这个不择手段的沽名钓誉者。韦尔霍文斯基想做个大人物,结果却什么也不是。对于这个自封为王的冒名者来说,只有斯塔夫罗金才能成为沙皇,因为斯塔夫罗金在生活中没有位置,能够做出任何事情来。

沙托夫 他是被否定的韦尔霍文斯基的对立面。沙托夫力图做一个正派人。他知道,为了生活必须有信仰。的确,他不相信上帝,他没有让上帝降临人世,但是妻子回到他身边并生下一个孩子,这不是偶然的。他在家庭和民族思想中站稳了脚跟。再过一分钟,沙托夫就要彻底实现自己了,可他被杀死了。当然,他的死也不是偶然的。形象地说,他的精神之父是斯塔夫罗金,或者更确切点说,是无法得出某种确定的结论的陀思妥耶夫斯基。

基里洛夫 他在沙托夫和彼得·韦尔霍文斯基之间占据中间位置。他以自己的严肃性、对绝对真理的渴望而接近于沙托夫。但他不从正面理解上帝,在这一点上他接近于韦尔霍文斯基。没有最高的原则,没有上帝,没有绝对真理,没有权威,人不可能活下去。假如他不相信上帝的客观存在,他就会从自身出发造出个上帝来,把自己的"自我"神化。断定"如果没有上帝,那我就是上帝",这使基里洛夫成了冒名者。冒名行为的实质是攫取不受法律约束的地位、权威。基里洛夫宣称,假如没有上帝的位置,那么就不存在上帝,那么人自己将成为上帝。但是,当他决定确定自己的绝对性的时候,他就遭遇了不由他决定的死亡的事实。生命中最不能承受的就是对死亡的恐惧。战胜这种恐惧感就是意志的最大成就。因此,想要成为上帝,人就必须克服恐惧,克服最痛苦的恐惧——对死亡的恐惧。所以,基里洛夫决定用自杀来战胜死亡。(战胜死亡即让死亡加倍,这多好!)但是,他没有将自己的行为进行到底,因为他并没有像他所希望的那样自杀。他发生了危机,但是他本来是应该早点自杀的;他杀死了自己,却对自己的思想的绝对性半信半疑。他的自杀是荒谬的。

列比亚德金 他身上折射出了所有恶魔的世界,并让这个世界达到怪诞的程度。

斯捷潘·特罗菲莫维奇·韦尔霍文斯基 在他身上旧俄国与涅恰耶夫主义形成了对照。他身上体现出某些老爷习气:装腔作势、洁癖、多愁善感、肤浅的浪漫主义、唯美。他没有体会过在善与恶两个阵营之间斗争的个人悲剧。斯捷潘·韦尔霍文斯基只是与社会没有协调一致。这个装模作样的人,脱离了人民,生活在知识分子虚幻的世界里,生活在表面上的虚伪的虔敬的世界里。尽管他同样没有根基,但他十分喜欢极端的理想主义。实际上,他像孩童般纯洁。与幼稚的理想主义的同时,与缺乏根基的同时,他心里活跃着某种骑士情结,虽然也具有幼稚的、堂吉诃德式的情调。陀思妥耶夫斯基被这些人所吸引。他并未和斯捷潘·韦尔霍文斯基结成一体,但他仍然认为此君是所有人中最优秀的。斯捷潘·韦尔霍文斯基正确地认了恶魔们,因此陀思妥耶夫斯基让此君说出了关于群魔的最终话语。

丽莎 她身上占据首要位置的是对拯救的渴望。但这是生活中的而非化身为上帝的女主人公。斯塔夫罗金明白,丽莎能成就他一生的快乐,但无法做出改造别人的功绩。

赫罗莫诺日卡 她与所有的人物相对立,是有根基的。赫罗莫诺日卡是东正教徒(东正教在她身上得到了异常深刻的体现),并且具有深刻的人民性。这就是大地—母亲本身,具有神话中的圣愚行为和疯狂举止:关于禳灾祛祸的未婚夫的神话和关于教会把人结为一体的神话。她是可以接近的,而获得拯救或者越过她就意味着是杀死她。在赫罗莫诺日卡面前,就如同在真理面前,他们所有的人全都是冒名者。

《少 年》

实现自我——这就好像是在一代代人的某种链条上延续、占据一个位置。韦尔西洛夫没有根基。孩子,不是他的孩子;妻子,不是他的妻子。诚然,他对马卡尔长老发了誓,对上帝发了誓:要减轻自己的罪孽。《少年》的主题,就是父身份、子身份和圣餐仪式的主题。但是,这个主题不是在传记层面,而是要在圣徒行传和精神生活的层面得到理解的。

韦尔西洛夫 他是在少年的讲述中被描绘出来的,但少年最终没有理解他。所以,他的形象不明确。

韦尔西洛夫的原型是恰茨基和恰达耶夫①。首先,他最初是以恰茨基的角色出现在少年面前,当时格里鲍耶陀夫的主人公的孤独感得到了最明显的表现。韦尔西洛夫在客厅里所发表的一席禁欲主义的说教,让人想起了恰达耶夫。这位穿着上流社会的燕尾服的上流社会的人,却戴着枷锁,想把枷锁和燕尾服、禁欲和客厅结合在一起。但是,上流社会的圣徒的问题,在他心中并没有得以解决。想成为圣徒的企图泡汤了,它看起来很荒谬。

韦尔西洛夫是理想主义者,在他和阿赫马科娃的关系中,他的理想主义表现得最为充分。他认为,美是负有义务的,因为美既能成为撒旦的美,又能成为天使的美。因此,他要求阿赫马科娃成为他希望看到的那种女人:要么是完美的,要么是有一切缺点的。他一点儿不想接受真实的她,不想懂得这是一个素朴、善良、快乐、很平凡的女人。这种理想主义的要求和极端性,在韦尔西洛夫对待其他人的态度上,也是很有代表性的。比如,对老公爵——一个轻浮之人,他竟也提出了极高的要求。

韦尔西洛夫具有人身上总是吸引陀思妥耶夫斯基的那种特性:这就是上流社会的风度。他是优雅的,至死都优雅。他十分漂亮,是个令人惊叹的上流社会的健谈者②,审美观深刻而坚定。少年正处于看上去笨头笨脑的年纪。因此,韦尔西洛夫那理想的上流社会的成熟吸引了他。

韦尔西洛夫的主要使命就是实现自己。和索菲娅·安德烈耶芙

---

① 恰达耶夫(亦译作恰阿达耶夫)—恰茨基—韦尔西洛夫,这是贯穿巴赫金文学史讲座某些部分的一条线索。参见《巴赫金文集》第2卷,第416页(即论格里鲍耶陀夫的《智慧的痛苦》的那一部分。——译者)。——原编者

② 原文为"козёр",词典中无该词,疑是"козел"(公山羊)之误。——译者

娜结婚并且抚养子女——这就是使命的实现。障碍是对阿赫马科娃的爱和上流社会生活的诱惑。虽然他最终克服了障碍,但并未完全实现自我。内心的斗争不是在精神层面,而是在灾难中结束的:他差不多发了疯。在灾难发生以后,韦尔西洛夫做了应该做的事情,但有点无精打采了。原先的韦尔西洛夫,尚未完成改造,就消失不见了。

马卡尔 这是一个圣徒形象,他塑造得非常成功。但这一点并不是陀思妥耶夫斯基所追求的。他应该找个扎根于世俗生活的人,而马卡尔是个根深蒂固的教徒。

阿尔卡基 他靠服务于统一的真理、唯一的原理这个思想活着。生活应该不仅仅是生活,还是得以实现的生活。但是,这一明确的方向具有被曲解了的甚至浪漫主义的形式,这与他的年龄是般配的。阿尔卡基不是普通传记的人,而是圣徒传的人①。激进主义彻底地献身于一个思想,这决定了他的性格。

至于对韦尔西洛夫的态度,阿尔卡基是爱他的,并知道自己现在和将来都宠爱他,但他为了自己而让自己的感情披上了仇恨和敌对的外衣。诚然,他认为韦尔西洛夫做了不体面的事:扇了谢廖沙公爵一记耳光。但是,这里的问题不在于为父亲的羞耻——这是次要的理由,而是在于他爱父亲,尽管父亲不理他。两人都爱上了阿赫马科娃,这使他们的关系复杂化了,但这并不起主要的作用:阿尔卡基不相信父亲的爱,而韦尔西洛夫也照例不是认真地看待儿子的爱。

在阿尔卡基的忏悔中表现出他对自己感到羞愧,表现出粗鲁甚至还有点恬不知耻。整部小说就是用这种破碎的风格写就的。

阿赫马科娃 她只出现在和韦尔西洛夫与阿尔卡基的关系中。

---

① 普通传记和圣徒传,也是巴赫金的一贯的主题。参见讲座接下来论述安德烈·别雷的部分:"在托尔斯泰时代快要终结之际",人物传记型长篇小说的形式已经能量耗尽,在陀思妥耶夫斯基和后来的别雷那里,就反映了这一主题。这里只是提纲挈领地记录了一个宏大的概念。这一初步论述的概念贯穿了巴赫金20年代的诸多作品:《审美活动中的作者与主人公》(在"主人公的含义整体"一章中,对传记、自传和圣徒传作了区分),《陀思妥耶夫斯基创作问题》以及这里的这部分讲座。但是,此概念跟巴赫金的许多概念一样,仍处于草拟阶段。——原编者

她没有自己的问题,这一点使她与其他女主人公迥然有别。这是个聪明、美丽、稳重的女人,但同时她也是个一无所长、最平凡的女人。

丽莎 与阿赫马科娃相反,她必须解决生活问题。她对谢廖沙公爵既恨又爱。这些感情是如此纠缠在她的心中,以至于她要解决爱不爱他这个问题。其实,丽莎是忠实于义务的,因此她也忠实于公爵。

索菲娅·安德烈耶芙娜 陀思妥耶夫斯基想用她的形象来展示一个扎根扎得很好的女性。陀思妥耶夫斯基认为,只有来自人民的人才能完全地实现自我。索菲娅·安德烈耶芙娜就是来自民间的心灵。她非常细腻,也非常大度:她深深地理解像韦尔西洛夫这种最高层次上的文化人,同时她也非常懂得纯粹的俄国人马卡尔。索菲娅·安德烈耶芙娜的典型特点就是人格不分裂,虽然这可能在相当大程度上具有传记的性质。她总是知道自己该干什么。她对韦尔西洛夫是忠诚,对马卡尔则是敬仰。她虽然吃阿赫马科娃的醋,但还没有达到人格分裂的程度。她内心根本不存在人格分裂和复杂化。

《卡拉马佐夫兄弟》

在《卡拉马佐夫兄弟》中,传记因素是非常明显的。

陀思妥耶夫斯基用费奥多尔·巴甫洛维奇塑造了自己的父亲。与费奥多尔·巴甫洛维奇相反的是,陀思妥耶夫斯基的父亲是一个从事真正的、严肃的事业的传统的人——医生。但他们的共同之处是:不受拘束,既信教又亵教,极端的淫荡。陀思妥耶夫斯基的父亲也死于暴力[1]。

在德米特里身上,陀思妥耶夫斯基部分地塑造了自己。他们的共

---

[1] 这是20年代被普遍接受的说法,支持这一说法的有当时流行的弗洛伊德的俄狄浦斯情结(见于西·弗洛伊德著名的作品《陀思妥耶夫斯基和弑父行为》)和阶级论。阶级论观点上的农奴杀掉残酷的地主,是陀思妥耶夫斯基悲剧作品的开端。在1975年之前,这一说法一直是坚定不移的;是年,格·阿·费奥多罗夫发表了他所发现的可信的文献性资料,这些资料表明,陀思妥耶夫斯基的父亲死于正常的猝死(参见《文学报》,1975年7月18日;也可参见格·阿·费奥多罗夫发表在《新世界》1988年第10期的文章)。——原编者

同之处就是喜欢席勒并对该诗人有独到的见解。共同之处还有他们都在军队里服过役。陀思妥耶夫斯基当过一段时间的军官,虽然过着军官生活,但收入尚不能与军官相提并论。因钱而引发的争吵和激烈的冲突,同样具有传记性。

陀思妥耶夫斯基的内心状态,在两个深渊之间摇摆不定,会让人想起伊万。

一个好拨弄是非的讲述者展开了叙述,而这在很大程度上决定了小说的结构。标题类型不但指明了章节的内容,还指明了章节的基本格调:"打发长子""一个家庭的历史""空气清新的室外",诸如此类。

小说的事件发生地是果戈理式的小城市。故事围绕两个中心展开:市里和修道院里。世界和修道院的对比表现得很明显。这一点在小说的开头部分就特别清楚,接着,作为真实空间的这些中心就不再一成不变;但是牢固的、现成的普通人传记和罪人的圣徒传却一直并列而行。

佐西马 凡是真实的东西,都不会与他作对,他不像奥普塔修道院的任何一个长老。佐西马的见解和观念,他的有些自由的思想,对阴间生活的几近生物学方面的理解,都不适合奥普塔修道院。不能认为修道院的精神在这里是可以被复制和理解的,就像列昂季耶夫所做的那样。因为修道院是陀思妥耶夫斯基虚构出来的①。

佐西马的童年,这是孩童心灵的完全的纯洁性和神圣性。他今后的道路似乎把他和马克尔②区别了开来。这里体现了圣徒传的学说:心灵主要还是纯洁的,要是屈从于罪孽,那也只是暂时的迷惘。马克尔屈从了罪孽,但他病了,可他的心灵重新获得了一度失去的光芒。这里深刻地反映了一个乐观主义思想:生活就是天堂,世上的一切都

---

① 据康·尼·列昂季耶夫本人(在 1891 年 5 月 8 日给瓦·瓦·罗扎诺夫的一封信中)见证:"人们不承认《卡拉马佐夫兄弟》中的奥普塔修道院是的的确确的东正教方面的虚构,但是,佐西马长老无论在学说上还是在性格上都不像安姆弗罗西神父"(康斯坦丁·列昂季耶夫:《书信选》,圣彼得堡,1993 年,第 568 页)。——原编者
② 佐西马的哥哥。——译者

是美好的，只是我们看不见罢了。随着青少年时期的印象的逐渐淡薄，佐西马变成了一个平凡的、庸俗的人。但是，他豁然省悟了。他今后的道路完全是平坦而光明的。他与勤务兵的见面是很有代表性的。这次见面表明，在东正教里，社会的、阶级的纠纷可以在精神的交往中加以克服。最后两章①似乎对开头几章中的具体事件在理论上做了总结。佐西马把一切都建立在爱和信任的基础上，相信道德因素必胜。在这一点上，他将天主教和东正教对立了起来。东正教更直接地提出和上帝进行更紧密的、非正式的交往。而天主教则相反，一切非正式的都被宣布为异端。陀思妥耶夫斯基的看法不符合真相。他对东正教的理解具有新教的倾向。东正教更注重教会，也更严格，认为魔鬼控制着天主教教会的看法，也是不符合事实的。虽然东正教教会看到天主教具有某些倾向，但还是认为天主教是属于基督教的。

费奥多尔·巴甫洛维奇 他的直接的前辈就是瓦尔科夫斯基公爵和斯维德里盖洛夫。他的形象的基础是伦理极端主义。他并不完全听从于自己的肉体，而是认为，应该像他那样行事，因为最终都不能以另外的方式行事。费奥多尔·巴甫洛维奇不是那种不能加以评判的本性：本性不是善的，也不是恶的，比如，就像斯季瓦·奥布隆斯基那样。费奥多尔·巴甫洛维奇并未沉湎于本性的力量，一切都被提升到精神的层面。他心灵和肉体的每一个举动，都被引入了精神思想的领域。他对自己的论断总是坚持到底。费奥多尔·巴甫洛维奇的基本原则就是：百事可为。他不知道何为动摇不定，他是一以贯之的，他总是清楚自己必须做什么，总是忠实于自己。他把自己的"自我"放在第一位，这个"自我"不是属于动物的和生物学的，而是属于人的。女人就是女人，小孩就是小孩，这对他来说是不存在的。小孩子们限制着他，因此，他只把他们当敌人看待。而他害怕的东西确实发生了。在他看来，女人之所以存在，是因为她们能为他所利用。除此之外，她们就跟小孩子们一样，都是被他否定的。费奥多尔·巴甫洛维奇不想

---

① 指《卡拉马佐夫兄弟》第2部第3卷的最后两章。——译者

表现得比他的实际本色要好些,甚至相反:他的个人主义不属于本能类型的,而是属于精神类型的。

爱情在费奥多尔·巴甫洛维奇的生活中占据着中心地位。但是,他害怕通过正常的途径——家庭来满足过旺的色欲,因为这会让他自己受煎熬。他只知道在心理上直接经受旺盛的色欲。总之,在陀思妥耶夫斯基笔下主人公们的一生中,色欲是占据首要地位的。但是,在伊万、斯塔夫罗金、拉斯柯尔尼科夫身上,色欲的能量转移到对思想价值的创造上。他们竭力通过升华来创造超越色欲的某种东西。

以上这些特点,使费奥多尔·巴甫洛维奇成了自己孩子们的父亲。

德米特里 他洞悉两个深渊,却是个更加注重本能和更加直接的人。他身上散发着18世纪末"狂飙突进"时期的气息。

德米特里尊敬卡捷琳娜·伊万诺芙娜,是因为她有舍己忘身的行为,但并不爱她,他是被迫接受她的。他们的关系是凭空虚构的,是因误解而形成的,完全没有触及他的心灵深处。卡捷琳娜·伊万诺芙娜只是在情节上占据了他生活中的一席之地。他们的关系仅仅是虚构而已,这种关系像喜剧,而绝非悲剧。德米特里以自己全部的、健康的爱爱着格鲁申卡:他感受到对她的激情和敬意。

德米特里与父亲的关系是悲剧性的。他们之间因为钱而产生了真正的敌对状态,为了格鲁申卡而再次产生了真正的斗争。尽管在法律上讲,他对父亲的死是有过错的,他没有杀父亲,因为他的内心深处是不同意这样做的。在他内心的最深处,并没有像伊万或斯梅尔嘉科夫那样的对父亲的仇恨。伊万事实上在保护父亲,精神上却在杀害他。斯梅尔嘉科夫在精神和肉体上都把父亲杀死了。他杀死父亲只需要一样东西,仅仅一样东西,那就是伊万的祝福,伊万在精神上的允准,而他完全得到了。德米特里痛打了父亲,也能杀掉他,这只不过是举手之劳。但他没有杀他,因为精神上的"不行"控制了肉体上的、行动上的"行"。德米特里是所有主人公中思想最为守旧的人,最善于在平常的、真实的生活层面上活动。

伊万 在所有的兄弟中,他最像自己的父亲。他和父亲的共同点是:生活的精神层面,爱财,好色,爱"自我"。伊万完全是个精神之人,倘若费奥多尔·巴甫洛维奇的因素在他身上获胜的话,那就会一直占统治地位。但跟父亲不同的是,一旦他看到两个深渊,就动摇不定。关于教会的文章中的观点,与"宗教大法官"完全相反。伊万在文章中表明这样一种思想:国家是强制性的组织,而教会能按照自由的方式把所有的人组织起来。在"叛逆"一幕里,伊万声称自己不接受世界。这一思想是由伏尔泰引起的。然而在伏尔泰那里,乐观主义是愚蠢可笑的,但伊万说乐观主义却是不公正的。众所周知,伏尔泰并不是个道德学究,因为在他看来,不道德的只是可笑的东西。对伊万来说,乐观主义不是可笑,而是不公正。伊万的长诗"宗教大法官"中的宗教大法官断定,借助于自由和爱还无法建立起人类社会。因此,他提出自己的建立在奇迹、神秘和权威基础之上的组织。这种组织的实质就是对人的不信任,而且在这一意义上,它与社会主义并无二致。宗教大法官与代表对人的爱的基督是对立的。伊万想以基督吻宗教大法官后就离开来结束长诗。但是值得一提的是,长诗并未完成。他想这样完成它,可没有完成,因为他没有做出最终的决定。

和魔鬼的关系中,同样的那些冲突被转移到了同一个人的内心生活的层面。这个魔鬼就是宗教大法官,他脱掉了自己那充满诗意的衣服。他跟任何一个魔鬼一样,虽是怀疑论者,却是极其低下的。他身上居于首位的是不善于做出某种决定。伊万一直都感觉到这一点,所以称他为食客,也就是没有自己位置的人。魔鬼是软弱、可笑和无力的,而伊万在自己身上有时会认出他来,有时却认不出来。

在和自己周围人的所有冲突中,伊万都表现出双重性。他恨费奥多尔·巴甫洛维奇,因为他在父亲身上看到了自己,还因为无耻的私利在驱使着他;但是,不管内心有什么意愿,在外部他是保全父亲的。德米特里是他的情敌,可与此同时,他也在帮他。伊万也是这样对待阿廖沙的:他对自己的弟弟是既爱又恨。在斯梅尔嘉科夫身上,除了否定和鄙视之外,他还看到了部分的自己,觉得这是他精神的产儿。因此,他面临一个问题:斯梅尔嘉科夫真的是他的精神之子吗?还是他无法摆脱掉他?伊万最终也没能克服双重性。所以他在法庭上认罪时采取了如此乖露丑的发热病和说胡话的形式。一旦他康复,他又将面对原先的问题。

阿廖沙 在他身上,第二极还是潜在的,只有他懂得万事万物:懂丽莎,也懂伊万。这一主题非常深刻:对恶的理解就是恶,哪怕恶根本不体现在意愿和追求之中。

斯梅尔嘉科夫 卡拉马佐夫一家人的特点,在他身上极少体现,很微弱,因为他需要有个指引人。此外,他是个私生子。他不懂那些发生在伊万身上的冲突。这是个唯教条和逻辑是从、只下结论的人。但是他明白,伊万没有下定决心,因此对伊万失望了。他的悲惨境地由此产生。斯梅尔嘉科夫软弱无力,需要有个权威,可权威原来也是软弱无力的。所以他赖以支撑的最后一个支柱也轰然倒塌了,他便以自杀而告终。

孩子们 孩子们经历的事也是大多数人所经历过的。陀思妥耶夫斯基出色地塑造了科利亚·克拉索特金,没有破坏作品的比例,就表现出了其主人公的特性。伊留莎对父亲的态度,跟卡拉马佐夫家两个兄长对他们父亲的态度相类似:都为父亲而感到羞耻。斯涅吉廖夫是个酒鬼,做着跟再婚之前的费奥多尔·巴甫洛维奇差不多的事情。但是,在相同履历基础上建立的关系,却完全不同。斯涅吉廖夫尽管有罪孽,但爱着家庭。伊留莎同样爱着父亲。这种比例得到了继续和深化。在伊留莎的坟墓上建起一座小小的儿童教堂。这里仿佛是给伊万一个回答。陀思妥耶夫斯基展示出,在别人不幸的基础上不是不能,而是应该创造幸福。只有建立在真实苦难上的那种和谐才具有真实的心灵。围绕着受折磨孩子的苦难和死亡,形成了一种联盟。这就是基督教的学说。教会的使命是使人们团结起来和拯救人们,基督那无辜的和最终将证明是无辜的血,就建立在教会的基础之上。所以,这一男孩的情节鸟瞰式地概括了整部小说。然而,这一情节并没有结束小说，而只是出色地决定了小说。

80年代时期

80年代，在俄国的政治和社会生活中，反动倾向占据统治地位。这一倾向为首的是波别多诺斯采夫。但是，波别多诺斯采夫不是个愚蠢无知的反动分子和保守分子，他不像不知道干什么的阿拉克切耶夫。这一时代的典型特色不是粗暴的军事的反动，而是刻薄的、做得很内行的精神的反动。不仅从政府中，而且还在社会上开始出现反动。这种情况有一系列的原因。60年代产生的新的经济力量、经济个人主义，没有在俄国文学中发出声音，而民粹派则自断后路。由解放〔斯拉夫人〕的战争所提出的立国激情，民粹派未能加以把握，也未能使之融入自己的生活。他们创造了最理想的、一成不变的世界，几乎和童话里的世界一样：从前有个民族生活在某个王国、某个国度里。应该说，整个俄国思想界，除了斯拉夫派之外（但在他们那里这也具有乌托邦色彩），都没有触及那个巨大的领域，在这个领域国家是具有历史性的①。因此，俄国所有的普通人都对政治不感兴趣，对政治领悟很少，理解很浅。这样一来，全部的社会—经济思潮，在意识形态方面都不是稳定有序的，而且本来是应该产生各种新流派的。新的流派都是从西欧传到我们这里的，并且还继续活跃在我们今天。但是，它们的引进并不是准确意义上的引进，因为任何巨大而有意义的东西是不可能被全部引进的；产生的只是影响，因为已经为它们准备好了土壤。

万海松　译

---

① 参见《巴赫金文集》(第2卷，第426页) 关于"斯拉夫派与西欧派"这一部分的讲座笔记。——原编者

"帕尔纳斯派"，颓废派，象征主义[①]

80年代的俄罗斯文学的典型特征，是以法国为方向。

"帕尔纳斯派"

在法国，以维克多·雨果为主要代表的后期浪漫主义，吸收了古典主义的某些特点。这种将浪漫主义与古典主义相结合的思潮，孕生"帕尔纳斯"（一译"高蹈派"）这一诗派。

帕尔纳斯派诗人们致力于体现浪漫主义高昂的情感性，同时保留古典主义的优美与和谐。他们创制出自己的思想纲领：宣扬审美至上。生活中唯一有价值的东西、唯一令人信服的东西——此乃形式美，此乃和谐地结合在一起的思想之美。帕尔纳斯派诗人们将唯美主义与怀疑主义结合在一起。一般来说，怀疑主义乃是法国所典型的特征，并不需要为真理而斗争。形式美，平静而雅致的交谈——此乃值得人推崇的东西。唯美主义与怀疑主义导致帕尔纳斯派诗人们走向个人主义。"帕尔纳斯"这一诗派的主要代表人物：泰奥菲尔·戈蒂耶、勒孔特·德·李勒、何塞·埃雷迪亚。他们的功绩——创造出相当重要的与完全独创的形式。

颓废派

在帕尔纳斯派，有一股新生而年轻的力量，开始离开这一诗派，而创建新的流派，波德莱尔、魏尔伦与马拉梅被推出来了。马拉梅主要

[①] 这一组讲座，大约是在1925年底或1926年3月上旬所讲。——原编者

是个理论家。这些人自称为被诅咒的诗人,因为他们激烈地反抗已形成的传统。爱闹出丑闻,存心冒犯资产阶级社会体统,张扬社会中孤独的人是他们身上的典型特征。诚然,他们也是唯美主义者、怀疑主义者和个人主义者。因而,颓废主义者接受了帕尔纳斯派的思想,但将它们推向极端。

颓废主义者那儿的新东西乃是退化论。根据在法国出生率未超过死亡率这一点,他们就得出文化正在毁灭的结论。我们清楚,我们会死去,但死亡也可能是美丽的。他们开始讴歌衰老之美、颓败之美与死亡之美。他们甚至讴歌化妆之美:人工美高于自然美,所有自然的东西都是粗陋的与庸俗的。

在颓废主义者那儿,比颓唐论与衰败论更为重要的则是非道德主义论。法国典型的那种虚伪的法利赛人①式的道德,在某种程度上促成了这一点。除了最高层社会,与极为放荡的风俗习气一起,是极端的法利赛主义的盛行:想干什么,就干什么吧,只是要干得十分隐蔽就行②。帕尔纳斯派就已以其怀疑主义美学而同道德主义格格不入;他们对道德激情实在不大喜欢。颓废主义者则走得更远。他们开始断言:真正的美外在于善与恶,甚至宁可说是恶。恶可以孕育最美丽的花朵——恶之花。行为不端、恶之美、恶之美学,在颓废主义者那儿被突出到第一位。他们将那些先前让人羞耻的情感引入诗中,并以那些情感丰富了诗。他们声称,那些让我们被束缚住的标准与规范,使我们的心灵扭曲、变丑,不让心灵深处的隐秘与丰富得到表现。我们毫不怀疑,同外在世界与外在生活之可穷尽的有限性相比,心灵中隐藏着何等丰富的无限性。需要让人的心灵中所有的一切都表现出来。

美国诗人埃德加·爱伦·坡就可以列入这类诗人。坡是一位浪

---

① 法利赛人,原指公元前2世纪至公元2世纪犹太教上层人物中的一派,该派标榜保守犹太教传统对希腊文化影响,但在实际上却把希腊人关于灵魂不死的观念引入犹太教。后泛指伪君子。——译者

② 这句话,可视为对阿·尼·奥斯特洛夫斯基的剧作《大雷雨》中的人物瓦尔瓦拉在第2幕第2场的尾白。——原编者

漫主义者,他的时代——那是浪漫主义的时代。他的一生过得非常凄惨,沉湎于各种各样的麻醉,四十九岁时死于震颤性谵妄。坡在世时并不知名;最初发现了他的好像是颓废主义者。

象征主义

在颓废派诗内部开始形成了一个新的流派——象征主义。象征主义者高扬内心感受是丰厚无垠、深不可测的。诗,凭借外在世界的形象表情达意,是无法等值地表现出人的内心感受的。语言深深地滞后于内在的概念:语言只是以那些属于外在世界的形象去表达内心世界。(例子:深深的忧郁)因而,在诗中词语应当是象征。可是后来,象征主义者深化了象征这个概念,将它从语言移植到整个世界。由狭义的美学象征主义转向哲学世界观。象征主义以此而与早期的德国浪漫派相接近。但是后来,象征主义好像走回头路了:放弃了象征主义的世界观而仅仅成为审美的方法。象征主义所走过的这一独特的回头路,在俄国尤为典型。

象征主义的代表们将该流派的美学方面与唯心主义哲学相结合。但他们的哲学论证乃是相当原始的。一方面,他们接近于叔本华哲学之相当原始的领域,在那里一切仅仅被看成是表象,另一方面,在象征主义的沿革中,尼采起了很大的作用。

尼采学说的基础是个人主义。个人主义导致个性之最完满的发展。历史运动的目标并不是人类,而是个性。众生的使命乃在于创造个性。历史上的一切都是服务于个性的手段与材料。

在高扬个人主义之同时,尼采宣扬非道德主义。从他的观点来看,只是在没有力量的地方,只是在力量衰退下去之时,才竭力追求道德之巩固。道德乃软弱之产物,乃弱者抵御强者的自我护卫。基督教乃是弱势的犹太教对强势的罗马的一种反应。而罗马接受了基督教也是罗马在其解体时的一种自我护卫。在文艺复兴时代,当人们变得富裕了,当人们变得幸福与满意了,基督教便衰退下去了。

尼采将非道德主义与对意志的崇拜结合在一起,在这一点上他同叔本华相接近。叔本华最看中的是人身上的意志——那种同理性、情感一并存在于人身上、金属般坚不可摧的东西。

个人主义、非道德主义、唯意志主义产生出对生命的崇拜。尼采谴责他那个时代的文化惧怕生命,而吁请人们热爱生命,不论它是怎样的。生命是有价值的,其价值就是它的本原,而不是那种超验性,由宗教所虚构的超验性。这就是象征主义所接受的尼采哲学的这些方面。应当指出的是,尼采学说本身具有大得多的深刻性,因它所包含的那些矛盾而深刻。

象征主义席卷了整个欧洲,但它在法国、德国、俄国获得了最为鲜明的表现。

法国象征主义

在法国,象征主义并未经历剧烈的危机。象征主义在那里是渐渐消散的,还在1914年大战爆发之前,它就融入其他的一些流派中去了。

起初,法国象征主义只是一种美学学说。诗歌语言的词语被理解成一种象形文字,一种涵纳着秘密的象形文字。将诗歌语言与散文语言对立起来,这种激情还在浪漫派那儿就有了。浪漫派认为,如果说在生活中词语是等值地表现概念,那么,在诗中词语则由一些间接的可能性所丰富。诗性词语一般说来都是象征性的。可是,要是果真如此,那也就不会出现一个独特的、制订出自己的一些诗歌创作方法的象征主义者所组成的流派了。

在象征主义者看来,词语只是那种创造出联想的暗示。但那些联想任何时候也无法被彻底揭示。它们像云彩那样,引导我们奔向某个不可言说的太阳,我们只能去预感的太阳。在这里,"应和"超出了现实的融合之范围。所以,象征主义的诗乃是暗示之诗。这是象征主义第一阶段。

接着而来的是第二阶段:诗人成为魔法师。他已不再去暗示现象的本质,而是直接对之加以道说。

最初的、联想性的象征主义是到处寻找象征,时刻准备把象征用作日常生活的各种细节。诗人一心渴望去做出暗示,可他并不清楚对那些暗示加以选择:任何一个象征都是好的。在第二阶段诗歌被宣布为神秘主义的。它有权利只去选择特殊的、为数不多的诗性象征。

至于说象征主义的那些间接性成就,那么它们可说是非常之大的。在法语诗歌中,唯美主义倾向被接纳了。一丝一毫的瑕疵,在他们看来,都是对词语的侮辱。(这既有正面效果,也有负面效应)象征主义者立即恢复了词语的自由,使词语成为自由的。他们也把这自由移植到节律上、音步上、体裁上,移植到全部形式上。一些短小的形式出现了。擅长短小形式的高手之一,就是梅特林克。他创作了一些微型剧,那些剧作与其说是建构于冲突之上,不如说是建构于各层面间的象征关系及其对立、对比上①。这一点在小说中也是显著的。诚然,谈到象征主义的间接性成就,应当说一句,颓废派在这方面已做出了许多。可是,在颓废派那里,一切创新都被导向对效果的刻意追求,对耸人听闻的闹剧效应的刻意追求;那是为了创新而创新,那是任何时候也不会嫁接成功的;在象征派这里,创新乃是有深厚根基的;他们清楚,他们在做什么。法国的象征主义及其美学方面的情形,就是这样的。

德国象征主义

在德国,象征主义有稍不同于在法国的象征主义的另一种形式。

---

① 参看在《列米佐夫》那一讲中对《青鸟》的作者梅特林克所作的简短而精彩的评点;梅特林克的"微型剧"——《不速之客》(1890)、《群盲》(1890)、《室内》(1894)、《丁泰琪之死》(1894)、《阿里亚娜与蓝胡子》(1896)、《贝雅特丽斯的妹妹》(1900)。这些象征剧,在20世纪初的俄罗斯戏院里均有演出。——原编者

德国象征主义的主要代表人物有斯蒂芬·格奥尔格①、勒内·马里亚·里尔克②、里哈德·戴默尔③与胡戈·冯·霍夫曼斯塔尔④。

斯蒂芬·格奥尔格——这是当代德国最为著名的文化人物之一。在其创作中他是一个典型的德国人:将唯美主义与世界观搅和在一起。他的世界观是很模糊的,可是在任何情形下他都是第二类型的象征主义者:他要求象征在生活、思想与创作的所有领域都得以实现。

在体裁与语言领域,格奥尔格也颇多建树。在德语中名词的开头字母总是要大写,这造成某种程度上的呆板。格奥尔格则认为,物与物之间是不应当有界限的,物与物应当互相渗透。因而他决定摈弃名词的书写规则以及其他的一些语法规则。格奥尔格才华横溢,才气过人,他的那些创新,是以深思熟虑的形式而展示出来的,因而也就得以扎下深根。当代的表现主义者就是从格奥尔格那儿走出来的。

里尔克身上一个突出的特征,是对那种祭司般的象征主义的追求。因而,他向中世纪回归,向但丁回归。他比格奥尔格要更为节制一些,但是诗歌创作方法、世界观、祭司性使他成为象征主义的代表。

里哈德·戴默尔——这是德国象征主义的另一种变体。这已是

---

① 斯蒂芬·格奥尔格(1868—1933),德国诗人,著有诗集《颂歌》(1890)、《朝圣》(1891)、《心灵之年》(1897)、《第七枚戒指》(1907)等;他反对1890年前后在德国兴起的自然主义,把法国的象征主义奉为创作的榜样。在他周围曾形成一个文学集团,文学史上称之为"格奥尔格派",其宗旨是通过创造严格的诗的美来振兴德国的文明。巴赫金在《维亚切斯拉夫·伊万诺夫》《别雷》《安年斯基》那几讲中一再提及格奥尔格。——译者

② 勒内·马里亚·里尔克(1875—1926),奥地利诗人、作家。深受法国象征主义影响,其代表作主要有短诗《豹》(1907)、《杜伊诺哀歌》10首(1923)、《献给奥尔甫斯的十四行诗》53首(1923),长篇日记体小说《马尔特·劳里茨·布里格记事》(1910);其思想探索与艺术创新对现代主义文艺进程有重大影响。——译者

③ 里哈德·戴默尔(1863—1920),德国诗人,主要作品有诗集《拯救》(1891)、《不是爱情》(1893)、《女人和世界》(1896)和诗体小说《两人》(1903)。其抒情诗富于象征意味。——译者

④ 胡戈·冯·霍夫曼斯塔尔(1874—1929),奥地利诗人,德语文学象征主义的重要代表。其诗歌大多写在1893至1900年之间,名作有《生命之歌》《早春》《三行串韵诗节咏消逝》等;其早期重要的诗体短剧有《傻子与死亡》(1900)。其诗歌语言优美而富音乐性,剧本中的对话都用典雅的诗句,情节与人物形象都带寓意性和象征性。——译者

一个尼采式的诗人。

霍夫曼斯塔尔革新了一些旧形式,创造出一些新形式。

这就是几位最为著名的德国象征主义者。

应当指出,在德国,尼采所起的作用,乃是远远小于他在法国与在俄罗斯所起的作用。在俄罗斯,象征主义是立即将自己与尼采连接在一起的。尼采对格奥尔格的影响则是很微弱的。尼采仅仅对维亚切斯拉夫·伊万诺夫有某些影响。也仅仅是在最近一段,德国的影响重又复苏起来了。

俄国象征主义

在俄罗斯,新潮流、新风尚最初出现的时代是80年代后半期。涌现出两种新思潮:象征主义与马克思主义。在马克思主义中,占据首位的乃是对文化现象的广泛接纳,甚至对香水、浆得硬挺挺的衬衫、小酒馆等等也广泛接纳。后来,马克思主义被同化了,与民粹主义相混合,而在一开始马克思主义对民粹主义整个儿是否定的。在这些年月,马克思主义身上特别令人惊讶的是它那深厚的乐观主义,马克思主义将那乐观主义主要地带进了经济机制。马克思主义者的乐观主义击溃了民粹主义者的禁欲主义。如今,这样的马克思主义者的代表是他们最年轻的同时代人卢那察尔斯基。他与当代马克思主义者相距甚远,因而政府当局也完全有理由对他不信任。

第一批象征主义诗人是勃留索夫、巴尔蒙特、索洛古勃、维亚切斯拉夫·伊万诺夫与安德烈·别雷[①]。

周启超　译

[①] 接下来,巴赫金以五个专题讲座分别对俄国象征派这五位名将一一作了评述;加上这里对象征主义的总体概述,对安年斯基、弗·索洛维约夫、勃洛克的评述,巴赫金一共是用九讲来评点象征主义。这几讲如此连贯,这在其整个讲座中是唯一的;而这几讲篇幅之大,几乎与他对整个19世纪古典文学的评点相当,也是耐人寻味的。——译者

瓦列里·勃留索夫

勃留索夫是俄国象征派中第一位追求与旧诗歌彻底决裂的人①。

诗歌集

《俄国象征主义者》(又译《俄国象征派》) 在最初的这几本诗集中,勃留索夫首要目的是引起社会争论,他也确实引起了社会的一阵强烈反响。这些诗集尽管艺术价值不大,但它们终究唤醒了俄罗斯思想界对西欧诗歌的关注。人们漫骂勃留索夫,但同时又说:"我们倒是要看看,这位傻瓜说的波德莱尔是何许人",于是翻阅他的书。

《杰作》(*Chefs d Oeuvre*) 这本在《俄国象征主义者》之后问世的诗集同样期望炒作一番。当然,这部"杰作"很平淡,但它达到了自己的目的:它再一次引起哗然,并使读者关注西欧的思想。该诗集问世之后,所有杂志的大门对勃留索夫都关闭了,他不得不自己出版自己的书。后来勃留索夫认为这种状况对他是有利的:这使他避免了一些必需的妥协。巴尔蒙特所制造的炒作比勃留索夫的更为强烈,但那已是在象征主义站稳脚跟之时,而且他知道,人们期待着炒作,炒作会博得掌声。

《这就是我》(*Me eum esse*——恺撒语) 这本诗集蓄意同样炒作,不过也同样平淡无奇。但在其中已开始明显地表现出勃留索夫创作的基本特征。如果说从前勃留索夫在情感—抒情的魏尔伦和在更大

---

① 看样子,这里是讲勃留索夫生前未出版的诗集《第十位卡墨奈》中的诗歌,该诗集中收录了 1915 至 1917 年的诗,以及 1918 年莫斯科出版的诗集《经验》。——原编者

程度上属于高蹈派的可塑的波德莱尔之间摇摆不定的话,那么现在感觉告诉他,他更接近古典主义,他将成为高蹈派的弟子。《这就是我》出版后,杂志上开始发表勃留索夫的作品。他的新风格不是那么尖锐,因此符合评论家们的口味。

《第三警卫队》(*Tertia Vigilia*),《致城市与世界》(*Urbi et Orbi*),《荆冠》(*Stepha nos*,又译《花环》),《影镜》,《七色彩虹》 在这些诗集中,作品具有深刻的艺术性和诗学意义。在这些作品中勃留索夫熟练地掌握了自己的富于表现力的风格。但阐明18世纪的表现力与19世纪上半期以及高蹈派的表现力的区别是很重要的。显然,在高蹈派的表现力与形象性之间,更何况在富于表现力的象征主义和普希金的表现力之间差别很大。一般指出,勃留索夫是普希金的复兴者,但是,事实并非如此。勃留索夫与老一类型的古典主义作家的主要区别就在于他对矛盾修饰法的偏爱。他的形象本身是富有表现力的,但它们不是一个完整的统一体,而是处于两个层面。同时明显的表现力界线相互磨损,相互渗透,以一种不易觉察的细微形式从一种界线转向另一种界线。每一层面独有其表现力,然而我们要以过渡性的跳跃,从一个层面转向另一个层面。在普希金笔下,一切都容纳在统一的现实中,一切都聚拢到一个统一的层面。在作品最终,建立起一种容纳在统一的空间,用统一的视野支配的完整统一的画面。勃留索夫笔下最后的综合是情感的统一,而在他的一些写得较差的诗歌中(早期的,以及很奇怪的是,最晚期的诗歌中)逻辑意义将不同的方面连接起来。

富有表现力形象的综合向情感方面的转移对于高蹈派也是十分典型的。在《恶之花》中,波德莱尔富于表现力地描述了清澈的大海,但在诗歌最后才明白,原来指的是音乐,这样一来,大海就失去了表现力。在另一首诗中,一系列空间巨大的富有表现力的画面变成一团浓密蓬松的头发。它们的富有表现力的洞察可能会导致荒谬,导致空间上的不对称,因为浓密蓬松的头发可能容得下广阔的空间。被表现力修饰过的空间破碎了,因为它们被包容在浓密蓬松的头发中。由此可见,充分的现实主义图画原来不是别的什么,而只不过是内心状态的表达,古典形象只不过是转向心灵和情感领域的形象。这就是波德莱尔与勃留索夫的共同之处。

最后一个诗段具有特别的意义,这也是勃留索夫诗歌的特点。当然,每个诗段都具有艺术价值,但如果去掉末尾的诗段,损失会太大?由此诗歌具有了一种特殊的神经质的意味,需要快速的朗读。勃留索夫诗歌中很典型的从诗歌的一个层面向另一个层面的过渡也需要快速的朗读。

对感性形象的偏爱也是勃留索夫固有的特点。这一特点在古典主义者身上也有,但他们的这一特点没有超越界线。而勃留索夫对极为粗野形象的追求表现得非常鲜明。它们的激动的情感同样破坏了诗歌的表现力。

这些就是勃留索夫诗歌形式上的基本特点。

勃留索夫诗歌的基本主题:

接受一切的主题,生活的快乐主题。没有善与恶:快乐既在耻辱中,又在死亡中。一切皆应接受。

情欲主题。其中有两个极端:粗俗狂野的激情和柔情似水的爱恋。勃留索夫不知道任何过渡性环节。

自愿分离的主题,埃涅阿斯①和狄多②的主题。天堂为了创作而被舍弃,背叛为了创造而被舍弃。

麻醉的主题,酒醉状态的主题。

在勃留索夫诗歌中占有很大位置的劳动的主题。

十月革命前夕完成的诗集 根据这些诗集可以判断,勃留索夫在这些诗集中提出的纯粹是技术方面的任务。对于这些诗歌而言,典型的

---

① 埃涅阿斯是古希腊罗马神话中特洛伊战争中特洛伊的三个保护者之一。——译者
② 狄多是古希腊罗马神话中的女神,卡耳塔革城的创建人。——译者

特点并非尝试建立新的形式,而是只在旧原则内部尝试创建一些新的组合①。

勃留索夫十月革命后的诗歌　在这一时期的勃留索夫的创作中,能发现一种巨大的突变。艾米里·维尔哈伦②和未来派开始对他产生巨大的影响。

维尔哈伦不仅力求打破旧的形式,而且竭力想消灭诗歌与小说之间的界线,建立一种支离破碎的诗句。他的诗歌中没有音响材料的正确分布,诗句中没有一定的长短和韵律。从体裁上说,是一种类型不确定的半史诗、半抒情诗的风格。他喜欢有意地用粗俗的修饰语和隐喻。维尔哈伦的主题是城市和城市与乡村的对立,尽管后者在他的诗歌中处于次要的位置。就意识形态而言他是一位社会主义者。

勃留索夫一直是维尔哈伦的热烈崇拜者,但在勃留索夫早期创作中,维尔哈伦并未给他很大的影响。十月革命以后,勃留索夫想到了维尔哈伦,所以这时维尔哈伦的影响非常大。

在这一时期,勃留索夫与未来派,主要是与马雅可夫斯基十分接近。未来派最初出现是在意大利。马里内蒂是未来派之父。马里内蒂将自己的理论建立在使诗歌抛开现代生活的基础上。诗歌缠绕在尾巴上,不能适应现实,因此要甩掉它。马里内蒂只在主题中注入了新的东西。法国和俄国的未来派提炼出新的形式:拒绝一定的完整性。生活中没有完整性,因此诗歌中也不应该有,现代生活不能纳入统一的主题。生活的统一建立在某种其他的基础之上。既然生活中无固定情节,那么以固定性为基础的诗歌情节就不应该遭到批评。未来派将同样的原则挪用到主人公的安排上。在旧诗歌中性格只有一

---

① 有关其他诗人的一些短小的"增补故事"是关于象征派诗人讲座中的典型特点。参见下面的讲座中这样的"故事":在关于未来派的历史和关于马雅可夫斯基的讲座中,实质性地补充了"未来主义"(《巴赫金文集》第2卷,第363页)和"马雅可夫斯基"(《巴赫金文集》第2卷,第369页)这两个话题。——原编者
② 艾米里·维尔哈伦(1855—1916),用法语写作的比利时诗人,人们通常将之纳入法国象征派诗人之列。——译者

个，主人公将这种性格维持到最终，但无论在主题中，还是在性格中，寻找统一性是不对的。作品的统一，正如现实的统一一样，应该在其他什么地方。但当未来派从这一观点出发去接近文学作品时，他们无法用新的统一去代替旧的统一。因此他们所提供的仅仅是否定工作。这是中期的未来派。以马雅可夫斯基为首的后期未来派找到了某种肯定的东西。他们认为，文学作品内部不应该像人们从前所做的那样是统一的，但文学作品因为是经济生活的一部分而统一。因此，马雅可夫斯基走向宣传标语的形式。宣传标语的统一在它所表达的事件中。当然，马雅可夫斯基并不想说，诗歌永远成了宣传标语。诗歌现在应该在宣传标语中学习，然后再走向其他的创作形式。

勃留索夫借鉴了未来派的成就，但做得极有分寸。总体而言，勃留索夫从未来派身上吸取的主要不是形式，而仅仅是主题。勃留索夫最后的一些诗歌表明，他站在某条新道路的边缘，但由于英年早逝[①]，他未来得及走到新的道路上。他只不过是开始将自己老的风格与各种新的影响组合起来。这样就形成了由他的创作的旧有成分，未来派加苏维埃-布尔什维克主题的结合。也许，勃留索夫是能够走到创作的新形式上去的，但这没有发生。

长　诗

《白马》　长诗建立在矛盾修饰法基础上。一方面是大城市非常现实的气氛，另一方面则是圣经启示——白马，死亡象征的出现。恐惧和惊慌失措是白马出现所产生的印象。它只在两个堕落的人：疯子和妓女身上引起了愉悦。

《过路人》　这里的基础又是两个层面的对立。在女主人公——

[①] 如果说勃洛克和古米廖夫在1921年，即在这个讲座开始之前就离开了人世，那么勃留索夫（1924年逝世）和叶赛宁（1925年逝世）之死正是其时。关于巴尔蒙特、索洛古勃、维亚切斯拉夫·伊万诺夫和安德烈·别雷的讲座是关于活着的人的讲座。——原编者

磨坊主之女的身上,首要的是现实与她向过路人倾诉的理想之间的隔绝。由此可见,对立的主题在长诗中仍然还是那一个①。

《履行诺言》 这部长诗是献给茹科夫斯基的,也模仿了他的诗歌。尽管这里有一种对立性,但正如茹科夫斯基的诗歌一样,没有两个层面上的象征的对立,没有不可调和的东西。一切都包容在同一个现实中。

话 剧

《胜利之祭坛》 在此描写的是罗马帝国的衰败时代。对瓦解和衰落时代表现出极大兴趣是晚期浪漫主义和颓废派的特点。所以就这点而论,勃留索夫在此顺应历史的潮流。

位于历史事件中心的是个性。整个历史成为个别人的个别事件。英雄主义不在为历史服务之中,不在个性服从于历史任务之中,而恰恰相反,历史中一切的一切都成为个别人手中的玩物。历史阶段成为个人传记性阶段。由个人的狂热追求构成的一个个历史时代总是吸引着勃留索夫。他在这些历史时代中看到了生活的快乐、创作的快乐。

小 说

《燃烧着的天使》(又译《热情的天使》) 这里描述了改革的时代。主人公一方面与中世纪有着内在的联系,另一方面又站在新生活的门槛边缘。因此他没有识别真理、区分善恶的标准。在中世纪,他很难明白,何处被神灵所控制,何处被恶魔所控制。在上帝与恶魔之间他的立场动摇不定。在文艺复兴时期,他不知道对自然的科学认识与魔法之间的区别。上帝与恶魔之间的界线是如何消失的,科学与魔法之间的区别便会如何消失。

---

① 勃留索夫本人这样确定《同路人》的体裁:"一幕心理话剧"。——原编者

勃留索夫精心地研究了他所描述的时代,因此作品产生了强烈的印象。它很有艺术性,同时能引起极大的历史—文化兴趣。在创作这部作品时,勃留索夫完全迷恋于招魂术中,因此他本人不想、也无法从魔法和科学的角度去区分自然。所以将《燃烧着的天使》称为模仿之作是完全不可以的。

《地球的轴心》 该小说集的基本主题是相互闯入对方的两个世界。勃留索夫试图赋予相互纵横交织的生活的两个层面之间模糊不定的界线以一种心理的色彩。但尽管如此,现实世界与理想世界的相互关系获得了荒诞不经的意义。

每一篇小说都构建成只到末尾才能猜出结果的样子。结尾解开独立的、自身并未完结的部分。

至于说到语言,那么勃留索夫在这方面不是一位创新者。古典主义者不敢用的词他一个都不敢用。这种语言上的谨慎、保守使评论家颇为吃惊,但在小说方面勃留索夫始终是一位坚定的保守主义者。

在独特性方面勃留索夫表现得是雷尼埃[①]的一位出色的、有才华的学生,以及在某种程度上也是爱伦·坡的学生。

《黑夜与白昼》 这里显露出勃留索夫向现实主义的过渡。这本小说集的基本主题是一些人尽管做了一切尝试,仍不能控制现实[②]。

小说集的中心由名为《无实花》的妇人日记构成。在《无实花》中,主题在现实与理想这两条线上发展。在应遭谴责的和该做的事情之间没有明显的界线,因为现实与理想之间没有界线。显然,这里与《地球的轴心》有联系。但在那里勃留索夫感兴趣的只是艺术效果,而在此处是获得真实性的尝试。

现在勃留索夫已不是一位象征主义小说家:他转向屠格涅夫和托尔斯泰的路子直至走到危机。在法国,福楼拜和莫泊桑之路已经过

---

① 雷尼埃(1864—1936),20世纪初法国最重要的诗人。——译者
② 关于不善于……与现实相适应参见"索洛古勃"话题(《巴赫金文集》第2卷,第306页)。那儿也是讲小说,但是讲索洛古勃的小说。——原编者

时,已经完全彻底地转向象征主义小说。但在俄罗斯这条道路没有走完,因此勃留索夫在《黑夜与白昼》中回到了已中断的现实主义传统上。这种对旧方式的回归使评论界为之震惊。

书中第二个不完全是艺术的方面,即一些冷静的训诫,也使评论界感到惊讶。对于勃留索夫而言,一切都披上了新的清醒的社会外衣。

勃留索夫的社会主义

勃留索夫创作的最后阶段有一种回归现实主义和清醒的社会揭露性标志。这使评论家们大为震惊,但这不应该使我们感到惊奇。这些特征在给予了勃留索夫巨大影响的维尔哈伦身上也有。由此看来,这些社会取向早已贴近勃留索夫,对它们的突破过去也存在。但是如果说起初象征主义占了上风,那么后来勃留索夫一直尊重的维尔哈伦流派则占领先地位。因此这里没什么值得特别惊奇的。

应该说,在身世方面勃留索夫也有相似的情形。他是商人之子,他本身对一切现实的东西有一种非常准确的感觉。尽管按别雷的说法,勃留索夫造成了那样一种印象,似乎刚从巫婆狂欢宴会回来又准备再赴巫婆狂欢宴①,但他还是出色地从事自己纯粹的现实主义创作。勃留索夫本来就固有的这些特点,一开始被时代精神所排挤,然而当时代的精神变化后,他也变了。他同时代的人感到自己完全与周围的现实格格不入。只有勃留索夫一人感到如鱼得水。而这不是偶然的:无论是从身世上,还是从艺术上说他都具备走近新事物并接受它的可能。

---

① 参见文集《绿草地》中安德烈·别雷的文章《勃留索夫》(《安德烈·别雷评论、美学、象征主义理论》,两卷本,第1卷,莫斯科,艺术出版社,1994年,第361、364、365页)。文集《绿草地》在《访谈录》中被提到。——原编者

巴尔蒙特

巴尔蒙特是勃留索夫在新诗传播上的志同道合者。

文学影响

从影响的角度讲,对于巴尔蒙特具有代表性的是英国方向,尽管他也熟悉法国诗歌。法国诗坛对他影响最大的是魏尔伦。最早被英国影响的不是巴尔蒙特同时代的人,而是早期的浪漫主义诗人。其中雪莱排在第一位。当时俄国文学界无人问津雪莱。他未得到关注,而且完全不被理解。唯有巴尔蒙特第一个发现了他,这样雪莱便成了他的第一位老师。

对巴尔蒙特产生了影响的还有另一个时代,即以马洛[①]为首的莎士比亚时代。马洛的主要作品是《浮士德》。马洛以中世纪传说为基础,但对这一主题进行了崭新而独特的加工提炼。巴尔蒙特的非道德主义应该在十分独特而又有几分掩饰的马洛的非道德主义中寻找。

晚些时候的诗人中对巴尔蒙特产生了影响的是济慈和现在几乎不为人知的丁尼生[②]。最后,前拉斐尔学派给予了他巨大的影响。罗塞蒂[③]是该学派最伟大的诗人和画家。

美国诗人爱伦·坡对巴尔蒙特也产生了一些影响。

至于讲到俄国诗人的影响,那么巴尔蒙特在他们中间没有前人。只能指出一些主题上与在各个意义上都十分糟糕的纳德松[④]的共同之

[①] 马洛(1564—1593),英国剧作家,曾著有剧本《浮士德博士的悲剧故事》。——译者
[②] 丁尼生(1809—1892),英国维多利亚时代最杰出的诗人。——译者
[③] 罗塞蒂(1828—1882),英国画家、诗人、前拉斐尔协会的创始人。——译者
[④] 纳德松(1862—1887),俄国抒情诗人。——译者

处。与茹科夫斯基也有一些间接的联系。

《在北方的天空下》 这个诗集很忧郁。实质上诗集中的主题只有一个：说得俗气点，就是绝望。巴尔蒙特将对美妙女人的幻想与现实对立起来。这种对立被置于一种很原始的结构中。但这本诗集中对形式的轻松独特的驾驭令人惊叹不已。诗人并没有创立自己的形式，但他所掌握的那种形式却掌握得非常理想，词语不畏惧他。的确，巴尔蒙特还没有自己的方法，但打破旧准则的愿望已明显可见。在这方面他贴近勃留索夫。起初巴尔蒙特是勃留索夫温和而聪明的志同道合者，但后来他们的角色发生了变化。

《我们将像太阳》《燃烧着的大厦》 就形式而言，在这两本诗集中巴尔蒙特不是雕塑家，而是音乐抒情诗人。他将自己置于很高的位置，他也的确在形式上将某种新的东西带入到诗歌中。对他最好的评价还是他自己的诗句：《我就是俄罗斯慢条斯理言语的奇巧精致》。他不是指主题的雅致，而仅仅指言语的雅致。

巴尔蒙特诗歌引人注目的特点首先在于崭新的音响构成，崭新的内部和环形诗韵。在此又可以引用诗人用来说自己的那些词：雅致，新颖，声音的丰富。他喜欢将奇异典雅的词，典雅的名字来押韵，将它们堆积在句末，而古典诗人在严肃精密的诗歌中避免这样做。他的内部韵律同样非常雅致。大量的内部韵律使诗歌非常费解。

大量使用同音法①是巴尔蒙特诗歌的典型特点。古典主义诗人的诗歌中也有同音法，但他们笔下主要是仿音同音法，它起辅助作用，帮助阐明事物的性质或者只是起调整作用。巴尔蒙特构建同音法旨在造成情感印象。如果说在古典主义诗歌中同音法营造一种轻松、华丽的感觉，那么在巴尔蒙特的诗中则相反，它使诗歌费解。这使一些评论家有可能认为他的风格是崭新的。但问题在于，从前掩饰起来的东西，他将之暴露于外。

---

① 同音法，或辅音重复法，同一辅音字母法，是修辞法的一种，在一句或一行中重复使用相同的辅音。——译者

诗歌的声音方面也是如此。巴尔蒙特将音步和节奏带进诗歌中。在这一点上他更接近茹科夫斯基。节奏在巴尔蒙特的诗歌中扮演最重要的角色,而音步则非常模糊不定。

诗节异乎寻常的丰富是巴尔蒙特诗歌的典型特点。在这方面他借鉴了在他之前人所不熟悉的英语修辞。巴尔蒙特最先将英语诗节结构的全部独特性引入到俄罗斯诗歌中。

这样一来,巴尔蒙特诗歌中词语的加工非常成熟。当然,词语的外部方面越是成熟,其逻辑意义方面就越是薄弱。词语的实物意义最不模糊,最明了的时候是当声音只具有辅助意义时。当我们感觉到,所有的注意力都投放到词语的外部方面时,其意义就变得苍白,但这时情感方面却非常强烈。古典主义诗人也不逃避声音的组合,但在对音进行组合时,使我们在对其进行文学接受时发现不了它们的结构。在普希金那儿退到意识后面的东西,在巴尔蒙特的诗中一下子就引人注目,摆在第一位。众所周知的明智的谨慎是古典主义诗人所特有的。而在巴尔蒙特诗句的铿锵声之后可以穿越一切东西,因为纯粹形式上的主题没有划分出来,留下的只有某种浓烈的香味,芬芳的香味,主题的反映,但不是意义。主题似乎深陷于声音之中,因而感觉不到。只有在像读散文一样地阅读时,我们才能理解巴尔蒙特的诗句。在诗歌的接受方面,它们的主题仅仅不过是一种佐料罢了。因此巴尔蒙特的诗歌建立了一种音响的印象,如此而已。

从这种声音中究竟能分出哪些主题呢?

(1)作为太阳化身的接受一切的主题。在普希金的诗中我们也能找到太阳的象征。但普希金笔下的太阳向往光明,向往理智。在那儿,它首先是高尚。在巴尔蒙特的诗中太阳是力量,如果涉及物理方面,那么它就是温暖的力量,炎热的力量。对他此言,太阳不会像对于普希金一样,能够了解世界,而恰恰相反,这更有可能是温暖的,自然的力量,是维持主观幻想的梦。太阳几乎为虚幻的。

(2)对一切文化价值鲜明、有力的破坏的主题。诗集的标题就说明了这一点:《燃烧着的大厦》。这是焚烧、破坏、毁灭的狂喜。但这些极端冒险的表白压根儿就没有冒犯读者,因为它们消失在铿锵声中,消失在情感中,仅仅像浓烈的气味,像声音的佐料一样不为人所察觉。

(3)背叛的主题。背叛作为对永恒变化,对永恒漂泊和出走的追求。这一主题在勃留索夫的创作中也占有一席之地。但勃留索夫为了创作、创造放弃了天堂。变化是需要的,但是为了继续前进,要走向新的、更好的东西。巴尔蒙特的变化仅仅为了高兴,为变化而变化。

(4)内心漂泊的主题,与外部世界比照,内心世界的无限性主题。开启心灵之地的热情像一条红线贯穿整个颓废主义。但巴尔蒙特的诗中只有开启本身的空洞的热情。他的每一首诗都包含了开启新东西的主题,但没有一首诗是完结的。因此要回答他歌颂什么这个问题,只能从一些最为共同的地方,只能根据标题去揣摩。

《唯有爱》 前几本诗集中的形式特点便是该诗集中所具有的特点,但少了一份雅致,少了一份巴尔蒙特情调。总体上,这是巴尔蒙特最平和、最温柔的诗集。

这一诗集的基本主题正如标题中所指,是改变外部世界整个构成的爱情。对外部世界的狂热追求简直就是盲目的,钟情蒙蔽了他,爱情改变了他。对于巴尔蒙特而言,爱情不确定爱的对象,他根本就没有尝试也不想去创造情人的形象。对他而言,重要的是当他爱的时候,他感觉得到。视爱情为对世界的特别接受这种对爱情的态度是有别于德国、法国、意大利诗歌的英国诗歌的特点。在英国诗歌的影响下,茹科夫斯基的爱情诗句中摆在第一位的也是被感伤地修饰的风景。但茹科夫斯基笔下的风景是忧郁的,充满了深刻、崇高的思想,而巴尔蒙特笔下的只是风景的爱情之歌。

《空中的鸟》《神奇仙女》 巴尔蒙特认为,词被赋予了魔力。但词的魔力不存在于它逻辑化的意义中,不存在于现代文化的语境中,而是存在于形式、声音方面。这种判断无论从哪个方面都是不科学的,但它绝妙地表达了巴尔蒙特诗歌的实质。

巴尔蒙特确信，为了更新古典主义诗歌的词，需要面对的恰恰是它的声音方面。正因为如此，他彻底地走向仪式的形式，走向神话。神话不是世界的反映，而是它的重塑。神话创作不是理解、认识世界的尝试，不是某种似乎不完善的科学。神话给自己提出的完全是另外的任务：改变世界。对于巴尔蒙特而言，词的魔力、神话性在于其情感—声音方面。

巴尔蒙特在他的最后几本诗集中，偏离了魔法性，但从文学的角度看，他经受了巨大的衰落。这是因为，词的声音方面是有限的，在这个意义上，很容易文思枯竭。这也发生在巴尔蒙特身上。不再能感觉得到他诗歌中的巴尔蒙特气质，但他最后几本诗集中很典型的对创新的追求没能产生任何结果。

至于主题，那么早先的主题开始在虔诚的主题面前退居次要地位，但是，当然，这一点也未能将巴尔蒙特的诗歌从衰落中拯救出来。

杨 可 译

索洛古勃

故事体小说

索洛古勃的故事体小说是典型的象征主义的，但它们又是非常独具一格的。在勃留索夫笔下，那些在他之前就有的故事体小说的特点几乎全然被磨蚀掉了，勃留索夫似乎是向老路回归。索洛古勃笔下则没有发生这种回归。

索洛古勃的故事体小说的一个基本特色，在两个层面上展开叙述。在旧的故事体小说中，所有事件均容纳于单一的、完整的、紧凑的情节之中。首尾真的相照应，前后真的相一致，只是有时留下那生发于其他层面的抒情印象,譬如在契诃夫的《黑衣修士》中所见到的那样。甚至连勃留索夫也总是为现实主义的"言之有据"而留下一条后路。在索洛古勃笔下,双重性则随处被袒露出来,单一的层面无法建构成形,但第二层面并不是作为那令人感到突兀的牵强附会而生硬地套进情节之中,而是以琐屑的、微小的细节被展示出来。在平淡无奇的细节之中涵纳着那种不寻常。索洛古勃的故事体小说以这一特质而与果戈理的《彼得堡故事》相接近,这种接近不仅仅在于其形式特征,而且还在于其精神气韵,虽然它们乃是在象征主义的语境中被展示出来的。

索洛古勃的语言很有特色。勃留索夫的语言成分单一:那是一种平淡无奇的、已然被现代化的文明语言。索洛古勃的语言则与之不同。从一方面看,这是地道的已然被现代化的语言;从另一方面看,则是民间童话中,甚至是神话中才有的语言。他这人对这两种语言成分均十分谙熟。众所周知,索洛古勃出身于庶民家庭:他本是看门人与厨娘的儿子,可是他在后来经受了现代化的洗礼。他以语言上的混合而强化了自己创作中主题取向上的基本定位:写出存在的双重层面。正是在这儿,他得以成功地获得很强的力度。

就篇幅而言,索洛古勃的故事体小说并不很长。其故事情节并不清晰。故事形态的整一并不是建立在"情节本事"上,而是建构于某种枝蔓、某个细节上,那种从"情节本事"来看只占有微不足道的地位的细枝末节上。有赖于"情节本事"的不确定性,索洛古勃十分经常地将主人公的整个一生容纳于一个很小的篇幅之中。在这儿,诚然,他是接近法国象征派的。譬如说,在昂利·德·李尼笔下,"情节本事"就退居到第二线;叙述重心移位到那些从"情节本事"来看可称枝蔓性的因素上。

索洛古勃的故事体小说的又一特色是其抒情性。这并非是心理描写,而是纯粹的抒情,并且这抒情因素在那些小说中还是非常强烈的。

故事体小说中的讲述机制让位于倾诉而退居到后台。仿佛是谁也不去讲述这些故事,而它们则好像是以另一种方式被创作出来的。

这就是索洛古勃的故事体小说之基本的形式特征。

故事体小说之基本主题,是对现实的无能为力以及由此而生的对现实之代用品的寻觅。索洛古勃在自己后期的作品中有时试图去突出幻想之建设性的那一面,但在自己早期的故事体小说中,幻想乃带有否定的性质。

《卑劣的小魔鬼》

《卑劣的小魔鬼》就形式而言乃是一部长篇小说。任何一部长篇小说的必不可少的属性,就是主人公在社会现实中的生活要得到详尽透彻的展示而终告完结。长篇小说家可以抽取的仅仅是社会生活的某些层面,但可以这样来展示它们,好让读者根据它们去确定整个社会的特征。在这个意义上来说,《卑劣的小魔鬼》,乃是一部地道的长篇小说。

《卑劣的小魔鬼》的一个出色的特点,是在形式上、在构架上、在文体上与果戈理作品相像。总体看来,果戈理与陀思妥耶夫斯基决定了现代全部长篇小说的创作方向。

《卑劣的小魔鬼》的主人公性格塑造重心落在生活中的琐屑小事与细枝末节上。这样一种对事物对琐碎细节的不同寻常的关注,乃是纯粹的果戈理式的笔法。不论是索洛古勃还是果戈理均不是在恶的重大表现之中而是在其琐屑细节之中去寻找恶。什么"萤火鬼"呀,小妖精呀,小恶鬼呀,这是一些与那头脑不清、不干正事、四处游荡的鬼魂类似得极为准确极为贴切的形象。应当指出的是,那些在果戈理笔下尚是潜意识的东西,到了索洛古勃笔下则成为完全明显的神话形象。把庸俗神话化,致力于表现那甚至是庸俗、粗俗的本性,把庸俗当成某种纯天然的东西来加以理解,这一主题在索洛古勃的笔下已经被推至首位①。

《卑劣的小魔鬼》就像《死魂灵》一样,是没有什么故事情节的。这部长篇小说是以彼列东诺夫谋求督学这一官位而开篇的。提高官位这一渴望滋生出重重疑虑,由此便生发出种种流言蜚语是是非非,以及流言的传播与是非的纠结。在极其卑微的基点上产生出那种担心被从生活中挤出去的惧怕。所有这一切又与那个半神话般的公爵夫人的形象,与那种是否娶瓦尔瓦拉为妻的疑虑纠缠在一起。这部长篇小说的故事就建构于彼列东诺夫对未婚妻的寻觅这一举动上。但是,事件之有头有尾秩序井然的发展,事件之增生,在这里是没有的,它就像在《死魂灵》中所见到的一样。增生的只是彼列东诺夫的那股疯魔劲儿。

彼列东诺夫 彼列东诺夫这一形象的基础乃是他与自身的理想的一致,在他心目中,整个世界是封闭于自身的。精神分析把这样的自恋称为"那耳喀索斯情结"②。那耳喀索斯是神话中的一个美少年,他看见了自己在池塘水面上的影像,就爱上了自己。但要使自己对自个儿的这份爱恋得到满足是不可能的事儿,于是,这位美少年就为寻觅自己在水中的影像投水而去。彼列东诺夫这一形象便是对"那耳喀索斯情结"的这样一种艺术的活现。

彼列东诺夫心目中的"我",这首先是他那肉体之"我":他这人生性好吃、淫荡。赫列斯塔科夫也是生性好吃,不过在他那儿,肉体的自恋情结让位于精神的自恋情结而退居后台了,精神的自恋情结表现为

---

① 有学者把《卑劣的小魔鬼》看成"神话小说"。请参看扎娜·敏茨的《论俄国象征派创作中的某些"新神话"文本》,载《勃洛克研究论文集》第3辑,塔尔图,1979年。——原编者
② 米·巴赫金对索洛古勃创作所持的精神分析视角,我们在下文还会看到。在这里有两个层面值得我们注意:其一,这种视角迄今为止未见有先例,而索洛古勃曾对"力比多"、对性欲能量之升华与破坏的问题的确颇有研究;其二,这一视角仅仅引入索洛古勃的创作,表明巴赫金对弗洛伊德的思想是相当熟悉的。巴赫金对弗洛伊德的思想之批判性消化,可见沃洛希诺夫的著作《弗洛伊德主义》(列宁格勒,1927年)中得到了系统表述。——原编者

贪慕虚荣,沽名钓誉。在彼列东诺夫身上则是连那份对沽名钓誉的意图之兴趣也没有了:他这人并不向往着让世界对他感到惊讶。这是这样的一种自恋,它孜孜以求的乃是要把心灵降格,使之与肉体等量齐观。

当整个生活的兴趣均被引向自身,那么整个世界就会被忘却,人们有本事活着而对周围的一切视而不见。但由于周围的现实毕竟不可能消失,它不可能不让人看出其存在,于是它便开始施加压力而让人不得安宁。由此而生发出重重疑虑,生发出那种担心被排挤掉的惧怕心态。那落入彼列东诺夫接受视野中的一切,对他一律抱着一种敌意;他甚至开始对什物也惧怕起来。要是什物对肉体没有什么直接关系,要是它对于粗俗的消费是没有什么用处的,就得把它给弄坏,给损毁掉。整个世界变成为彼列东诺夫所不需要的、对他直接抱有敌意的存在。譬如说,日落所拥有的全部辉煌壮丽的华美景象,在他心目中则是毫无益处的、仓促出现转眼即逝的。他一心要把这个为他所不需要的世界整个儿都给毁灭掉,与此同时,他又惧怕这个对他抱有敌意的世界。

彼列东诺夫之极端的自满自足导致对现实的感觉上的机能萎缩。这样,猫变成为鬼,教师则变成公山羊①。到末了,彼列东诺夫就把那教师当成公山羊而给宰杀了:公山羊是应当被宰杀的。由于其"我行我素"式的自满自足,他彼列东诺夫也惧怕他被替换掉。彼列东诺夫的肉体上的自恋情结,使得索洛古勃可以把他这一形象当成某种天然的东西来接受,在他身上寻找出那耳喀索斯情结之天性的、肉体的根源,而把他这一形象变成神话性的。彼列东诺夫的视野中所有梦呓般

---

① 这是一个笔误。索洛古勃笔下,被彼列东诺夫杀死的教师沃洛津这一形象使人联想到的不是公山羊,而是公绵羊(有时则是小山羊),这一区分在《卑劣的小魔鬼》的象征体系中非同小可。虽说公山羊与公绵羊在不同的民族的宗教仪式中可以互相取代,但将它们当成"牺牲"的语义之差异要大于其相似:一是作为承荷罪孽而用的"牺牲",一是作为承担义务而用的"牺牲"。索洛古勃笔下的沃洛津与之相关的象征功能主要的是公绵羊。——原编者

的形象全都与自然相纠结。"萤火鬼"呀,小妖精呀,小恶鬼呀,并非臆造,它们均取自民间文学。彼列东诺夫的狂舞,是大自然的,酒神节才有的狂舞。此乃没有心灵没有思想的狂舞,赤身裸体的狂舞。彼列东诺夫并不是渺小的人:这是那拥有原生的自发力的、自足自在的大自然本身。它也是庸俗的、粗鄙的。

沃洛津 他这人性格上的一个突出的特征也是那种生理层面上的自满自足:什么东西是有用的,我就使用它,什么东西是无用的,我就把它给毁坏掉。不过,他身上的这份自满自足由于其对现实之较好的辨识能力而有所弱化。沃洛津是一个道地的利己主义者,可他对自己的义务看得很神圣。索洛古勃想要说的是,所有人身上都有彼列东诺夫的影子,但彼列东诺夫走进了死胡同,而所有其他人则失落了那份纯粹的自然性,失落了神话性。他们是被修剪了的自然,是被修剪了的被洗刷了的彼列东诺夫。

赫里帕奇 这也是一位被"磨合"而已然适应生活的彼列东诺夫。对于他这个人来说也不存在什么现实性,但他通过妥协而适应了生活。赫里帕奇能够以与现实相妥协这一途径,得以实现现实的活动。

瓦尔瓦拉 她的相貌出色地象征着她的人品:美丽的肉身上长着一个丑陋的脑袋,即没有灵魂的肉身。没有灵魂的肉身,此乃彼列东诺夫习气之共通的特征。瓦尔瓦拉也是不爱他人的,不过与此同时她这人身上还有狡黠与阴险。在沃洛津与赫里帕奇那儿,那种适应生活环境而见风使舵,走的还是社会通行的那条儿,她瓦尔瓦拉则是以狡猾的计谋来虚与委蛇地应付种种变化。瓦尔瓦拉,一个女裁缝,一个蹩脚的女裁缝;她一心想嫁给彼列东诺夫而安顿下来。这可是对现实的一种凶恶的适应。彼列东诺夫不凶恶也不善良;不过是顺其自然。瓦尔瓦拉则是凶恶而狡黠的。

鲁季洛夫家的小姐们 她们身上最引人注目的,乃是无论如何也要出嫁这一完全务实的愿望。在这种状态中,她们一个个竟然把爱情这样严肃正经的人生大事给忽视了。

柳德米拉 她也有"那耳喀索斯情结",她这人心目中并没有什么道德屏障。但"那耳喀索斯情结"在她那儿被升华了。她这人过着的是一种被现代化了的生活,但这是对"彼列东诺夫习气"之文学的一种审美的升华。柳德米拉的幻想,是在那种对自己的与他人的肉身的欣赏之中来构建自己的整个生活。索洛古勃天生地具有色情描写的嗜好,在这一点上他有别于果戈理。索洛古勃笔下的庸俗总是有色情意味的,因而对"那耳喀索斯情结"的任何一种升华,在他笔下都要导致色情描写。

社会画面 在城市生活画面中最引人注目的是社会活动的缺席。私人关系之是是非非吞没了社会。人人都在执行着的仅仅是机械的通令,是外在的通令所规范的秩序主宰着每一个人。他们一个个也是那样的愚钝,也是那样地对社会利益格格不入,就像彼列东诺夫那样,可是他们均善于见风使舵而适应现实。他们的脑海里与血液中都融化着彼列东诺夫的影子,但是"那耳喀索斯情结"在彼列东诺夫那儿被推至极端之际,他们一个个却能握有那份明智的谨慎。所有的人都从事告密这一勾当,告密被视为社会生活之重要功能。但是,彼列东诺夫即便在这方面也比他人有过之而无不及。在父母与子女、教师与学生之间的关系上,也是可以这么说的。可以把该城的全部生活都用"彼列东诺夫习气"一言概括。这一基调在这部长篇小说的结尾表现得特别明显的强调:彼列东诺夫与整个社会是如此亲近,以至于他应当成为一个重要人物。然而,一旦彼列东诺夫走进死胡同,他们一个个便离开了那种纯粹的天性,离开了神话。城市乃是被修剪了的自然,被修剪了的神话。把城市之庸俗神话化,把庸俗理解为一种天然的品性,这就是城市的社会画面。

自然 通常在文学中,自然乃是让人心旷神怡精神焕发的因素,抑或更是令人心平气和、与世无争、神秘莫测的因素。它也承荷着抒情伴奏的功能。索洛古勃笔下的自然,则是人的生活之聚焦点,自然被神话化了。并且这神话远非是令人高兴的,而是极为沉重的,乃至是令人恐惧的。

《创造出来的传说》

　　索洛古勃并不知道真实的现实中有何物可以与彼列东诺夫习气相抗衡,与外在的令人性灵麻木的通告通令及报章杂志上的流言蜚语相抗衡。现实世界对于他来说也就是彼列东诺夫的世界,就是那灰蒙蒙的"萤火鬼"。摆脱出去的力量乃是幻想。在对幻想的理解上,索洛古勃是个浪漫派,但他对浪漫派笔下的幻想观作了一番重新审视而与之有所偏离。

　　不论是索洛古勃,还是浪漫派,他们均赋予幻想一种奇特的力量,一种魔法般的妖术力。但在他们之间也有分野。与浪漫派形成对照的是,索洛古勃笔下的幻想在性欲层面上获得了论证,而性欲与现实乃是不可调和的。性欲总是与现实相敌对的,只有混沌才是性欲的天地。拯救的办法只能是妥协。

　　促使索洛古勃与浪漫派接近的,还有其幻想的社会政治乌托邦色彩。不过浪漫派为乌托邦寻找到了现实的出路:这条路就是遁入教堂走向教会,浪漫派是把教会与宗法制的、以反动观点来理解的国家联系在一起的。索洛古勃笔下的幻想则并没有找到其现实的对等物。寻常的道路对于他来说已经被堵死,他与它们没有任何共通之处。故而,他便去幻想某种神秘的王国,遥远的乐土。

　　索洛古勃如今也还在继续构筑他的乌托邦,一心想创建某个宇宙。对十月革命,他抱着如此不赞成的态度,那是因为他在其中看出某种卑微。他这人心目中只有星际规模的、天文学意义上的道路。通常,人们总是把冷漠的苍天与温暖的现实对立起来。在索洛古勃笔下则是相反的。所有的爱均与天文学意义上的苍天相关联。他以此仿佛是在重建中世纪的观念,甚至在深化它们。不过,在这里也可见出情感好恶之不寻常的移位。他这人接受的并不是阳光,并不是太阳,而只是那些并不发光的星球。太阳拥有过分的进攻性：此乃蛟龙，此乃毒蛇。太阳与星星同那些自身并不发光的星球是相对立的。

索洛古勃的幻想是与儿童们联系在一起的，他的这种幻想的一个典型的特征乃是其非英雄化。通常，总会给幻想层面注入英雄性。在一定的时刻，一个人，一个已然身着那领子浆得硬挺挺的衬衫与西服上装的现代人——他只能在其幻想中去体验祖先们所积淀的那份雄赳赳的军人气度，那是祖先们在野蛮状态中天生地拥有的。在索洛古勃笔下，通常的富有进攻性的幻想世界，却变成"彼列东诺夫习气"。"彼列东诺夫习气"拥有进攻性，幻想则与之相反，它是宁静的，它在儿童身上寻找自身的体现。《创造出来的传说》是一部叙说女性之爱与儿童之爱的传说，这是一部描写一群宁静的、半神话般的、一半是活着另一半则已死了的小男孩们的生活的传说。

从文体的角度来看，这部长篇小说没有完结，也不可能完结。事情的关键在于，有些主人公乃是无法完成的，因为作者就活在那些主人公身上。作者死去，那时主人公的生命才会完结。在浪漫派笔下，也有一群并未完形的主人公，这种情形可以这样来解释：缺少那些允许作者以别人的眼光去看世界、允许作者置身于主人公之外的条件。彼列东诺夫与索洛古勃相距甚远，因而作者可以与主人公分离开来而几乎使小说完结了。可是，一旦他使主人公升华，他便不可能使主人公得以完形。

这种情形也影响到了故事情节。完结的故事情节在长篇小说中并不存在，有的只是许多层面的互相嵌入、突兀的交叠与松散的串接。甚至在单个的层面之内，也有陡然的过渡，显然的未完结①。应当指出，这里是有许多缺陷、有不少败笔的，尤其是那些讽刺篇章。讽刺乃是致力于对事物的基本品质加以嘲笑。一旦这种嘲笑反倒让事物变

---

① 西方学者对索洛古勃的这部长篇小说的多层面的修辞功能负荷有过详细的研究。参见鲁道夫·霍尔斯胡森的《费·索洛古勃的长篇小说三部曲》(1960)，格·谢列根的《极狡黠的拼接》(1968)。——原编者

得轻松了,那时便有漫画出现了。长篇小说的一些篇章时常就是这样的漫画。它们仅仅迫使人发笑。要是对材料做一番选择提炼浓缩,作品肯定是只会增色而赢得更多的读者的。某些篇章,主要是第一部,颇见才气,但小说的意蕴浓度在总体上还是被冲淡了。扭结打上了,于是扭结就留下来了。不过,这些缺陷毕竟没有减少小说整体之良好的品质。

《创造出来的传说》第一部

就结构而言,《创造出来的传说》第一部是那些在情节上彼此并无关联的镜头系列。这里并没有什么有机的骨骼,也没有什么中心的事件,那种事件通常会把所有其他事件视为情节展开的一个个的阶段而加以定位。因而,什么故事情节在这里乃是无从谈起的。主人公之间的关系均是含糊暧昧的,并没有得到彻底的明确。这种含糊暧昧、半吞半吐,乃是有意而为:它们强化着双重层面的总体印象。

特里罗多夫 主人公的姓氏总是在某种程度上表现出他的内在本质。在"特里罗多夫""彼列东诺夫"这些姓氏中,索洛古勃看到某种共通的、艺术性的、音乐性的身影。这样,彼列东诺夫与特里罗多夫均是具有自传色彩的人物形象。不过,彼列东诺夫身上的自传色彩较为淡薄一些,特里罗多夫身上的自传色彩则相当浓厚了。

特里罗多夫,是诗人又是思想家。象征派通常就是以科学与诗歌、艺术与认识在一个人身上之如此贴近,来与那种清醒的但却乏味的学究形象相对照。在特里罗多夫身上,最引人注目的是那种自满自足以及与此相关联的对现实的疏远。自满自足,由此而生的对世界的怀疑姿态,对现实的漠视,这些品质,使特里罗多夫与彼列东诺夫同属"一族"。然而,这两人的自满自足的动机是不一样的,并且还形成这样一种印象:特里罗多夫这人的言行是对的,虽然在本质上这两人是相近的。彼列东诺夫的自满自足是肉体上的:他是孤独的,但这是孤独的身体,孤独的肉身。在《创造出来的传说》中,所有的主人公均是孤独的,但孤独的乃是他们的心灵。"那耳喀索斯情结"从肉身层面向心灵—精神层面之质的推进与飞跃,在这里得到了展示。不过,肉身性在这些主人公身上也并未消失,因而,神话性也并未消失,性欲化也并未消失。肉身的、性欲的因素到处渗透,然而它仅仅加固着心灵、精神的孤独。在这里,对世界的这种态度也是站得住脚的。

一心要把所有的物象、所有的相遇都加工成富有传记意味的细节这一追求,确定了特里罗多夫的全部工作。他在物象中分离出它的物品性、现实性而将它们一一抛弃。然而,物象的另一面在他心目中却获得特别的含义,因为它能渗入到他的心灵、精神履历的层面。这样一种对"那耳喀索斯情结"的升华,是众所周知的"自恋",但所爱恋的并不是自己的肉身,而是自己的心灵,这样一种仅仅向事物索取那些专为你而提供的东西之追求,从精神分析的角度来看,乃是任何一个艺术家所不可或缺的素质。彼列东诺夫在损毁东西,艺术家也在损坏东西,但其方式是扬弃其现实的、客观的方面而将它们给"吞吃"下去,消化了。那种要求诗人对每一偶然物象、每一偶然相遇一律予以拒斥,而并不将之吸纳于自己的内心世界,乃是行不通的。一心要把每一物象都吸纳于自身,按自己的方式去加以理解,使之与自身相贴近,这种能力,乃是特里罗多夫这一人物形象的基础。

特里罗多夫对儿童的倾心,是与他的幻想之不具敌意的特点相联系的。索洛古勃明白,要以现实的途径来实现其主人公的幻想,那是不可能的,而为了在某种程度上将那幻想在艺术上具体化,他就推出了一群不平凡的小男孩的形象。那些小男孩的生活,是天堂的神话。有关天堂的神话,在人类的意识中占据着非常突出的地位。神话与传说均是无法杜撰的。每个人的体验中都曾有过天堂般的状态:此乃在娘肚子里的那段生活;降生于世,被逐出天堂。意识把这些时刻给忘却了,但它们无意识地活在我们的心灵里。在娘肚子里的滞留,与母亲身体的分离,这状态总要被直觉地回忆起来且被体现为传说与神话①。神话乃创生于那样一些时代,在那时人身上最强烈的还是直觉,还是那深沉而模糊的肉身、心灵的摸索,而意识尚被压抑着。由此便有了关于天堂的传说,便有了这一传说的生命活力。在现代社会主义学说中也存在神话。在科学性与当下迫切的政治纲领的面具之下,对天堂的幻想还存身于现代社会主义之中。正是在这样一种对神话之根源、神话之降生的直觉的猜测之中,可以见出索洛古勃的天才。在对这样一些小男孩形象的塑造之中,他的直觉走上了正确的道路。他并不把这种对天堂的幻想理解为向前的运动;理解为斗争与较量,而是相反,使这种幻想向后退去,回归到那童稚状态。无怪乎,那些宁静的小男孩一个个均被置于生与死之间的那种情境之中:降生之前的婴孩是活着的又不是活着的。这就是那种"朦胧状态"。在那里,需求并不非得凭借斗争的方式而得到满足,在那里,欲望与欲望的满足这两者之间并没有什么界限。那些小男孩的生活,乃是天堂所拥有的那蔚蓝色的景象,乃是那种绝对清纯与宁静的状态,那状态是人曾经知晓曾经体验过的。遁入那宁静的花园,那里栖息着一些不能说是活着的也不能说是死了、尚未降生的小男孩,这对特里罗多夫来说是甚为合意的。

叶莉莎维塔 在她身上可以看出与瓦尔瓦拉在外形上的相像:美丽的身体上长着一只丑陋的脑袋,也就是没有心灵的肉身。然而,就像特里罗多夫并不是彼列东诺夫那样,叶莉莎维塔也不是瓦尔瓦拉。在叶莉莎维塔身上,也就像在特里罗多夫身上一样,有着一种内在地改造现实的追求,一种将现实吸收进自身的追求。不过,在女人的心灵中这种追求得到了更为现实的反映。在索洛古勃笔下,与传统的情形相悖的是,女主人公与男主人公的秉性气质完全是一样的,但是,在

---

① 安德烈·别雷在《柯吉克·列塔耶夫》中对这一题材作了艺术的、故事体小说式的阐发,那里描写了婴孩对他在娘肚子里那段生活感觉的追忆,描写了孩童的"神话创作"活动。——原编者

他笔下女主人公毕竟还是占了点上风:在她身上可以见出向更为现实的那一面的拓进。叶莉莎维塔这一形象塑造得更为丰满,那种走上现实的道路的可能性,对于她毕竟还是有的。

《创造出来的传说》第二部

这里并没有与小说第一部之真实的联系。故事情节更为清晰一些,但也是被猝然中断了。要使这一部完结是不可能的,因为故事是在两个层面上展开的。

女王奥尔特鲁达 她这人也是有"那耳喀索斯情结"的。离开现实世界而遁入幻想世界,乃是她这一形象的最引人注目的特征。

王子丹克列德 他是个唐璜式的人物。他这人在其爱恋的每一个对象身上寻觅的只是爱情的代用品,因而,他是不可能满足的。在索洛古勃心目中,唐璜式的玩弄女色乃是一种妥协。从精神分析的观点来看,最初的情爱乃是对母亲的情爱。婴儿是以感官,是以整个身体去爱母亲的。后来,这份情爱受到意识的排挤。往后所有的情爱迷恋就已经与母亲毫不相干了;因而,它们也就永远得不到满足。对心上人的情爱仅仅掩饰着对母亲的情爱。以这一点便可使爱情生活中对变心的渴望得解释。但坚贞的人永远是坚贞的。母亲是独一无二的,心上人也应当是独一无二的。唐璜不论拥有多少情爱对象,他也不可能用她们去取代母亲。故而,他去寻欢作乐,但这并没有给他带来满足。对于索洛古勃这样一位对童稚形象倍感亲切的作家来说,那种对情爱的浅表的分割尤其让他感到受辱。爱是整一的,诚如母亲是唯一的。

社会画面 在这里,一如《卑劣的小魔鬼》中所展示的那样,基点仍是那善于随机应变地适应现实的、妥协性的自满自足。在索洛古勃看来,适应总是否定性的。对于自己笔下那些尘世间的人物,他用尘世的客人来与之对照,这些人对其灵魂曾经栖居于其中的那个世界仍不能忘怀。把社会生活当作假面舞会来理解,这一点使索洛古勃与歌德有相近之处①。但是,歌德清楚,与可恶的东西相邻而居的还有那将某种本真某种现实加以实现的可能。索洛古勃则只是用幻想来与社会现实相抗衡。这两种世界之间的现实联系,对于他来说是不存在的。他认为,在现实的道路上,不可能有什么正面的东西:可能存在的只是妥协抑或幻象。故而,索洛古勃总是为某种奇迹的出现而制造可能。正是这样,对政治生活、社会生活,他也用幻想世界,用那种对昔日天堂的回忆来与之抗衡。从精神分析的角度来看,对幻想世界的信赖乃是拥有深厚的根基的。在娘肚子里,欲望与欲望的体现这两者之间的分野是不存在的。不存在欲望与欲望的满足之间的分裂,这种不存在,保存在记忆之中,而会在直觉的创作之中寻觅其自身的体现,在直觉的创作中,古老的心灵的情绪是完全站在幻想那一边的。内心神往的世界之力,比寻常平凡的世界之力总要显得更好一些。这种对幻想之无往而不胜的能量的信仰,在索洛古勃笔下获得了异常鲜明而深切的表现。他把我们带入一个在我们身心真实地活着、但我们意识却未予接纳的世界。

《创造出来的传说》第三部

小说的第三部使前两部之间的裂缝得以修复。没有这第三部,前两部恐怕就会显得是断裂的。

社会问题　在第三部里,社会生活图景得到了扩展:索洛古勃试图将它扩展成世界规模。

有一个事件决定着全部情节的推进,这就是推选特里罗多夫为神秘的群岛上的国王。推选他本是没有任何根由的,民主派的自尊心受

---

① 应当补充一点:"假面舞会—火灾—女妖五朔节(五月一日之前夜,据中世纪民间传说,在德国的勃罗肯山上,女妖们举行狂欢集会)。"这些主题之密集的纠葛,是索洛古勃主要的长篇小说成为从《群魔》(陀思妥耶夫斯基)到《彼得堡》(别雷)再到《大师与玛格丽特》(布尔加科夫)这一系列上的一个链环。——原编者

到了刺伤,就因为他是个诗人。其他党派对彼此推出的国王候选人都抱有敌对的情绪。特里罗多夫疏远各家各派,而且同它们都是格格不入的,因而也就没有招致来自任何一方的攻击。他特里罗多夫对那些党派来说算不上什么人物,因而他也就在所有的候选人当中成了最可接受的一位。在索洛古勃看来,这种党派斗争也就是全部社会生活。任何一个党派纲领的追随者不可避免地卷入这种游戏。索洛古勃则用特里罗多夫的观点来与这些形形色色的党派纲领的追随者们相对照。

特里罗多夫一心想在自己的岛屿上使天堂的神话变成现实。在神话中,事物的根源总是被隐藏起来的,因为意识惧怕面对根源,因它们而羞愧。神话致力于隐藏不可能被接受的东西,而把它变成可接受的。文明要求取代,遮蔽性对它更有益,可是特里罗多夫的思想、幻想均非常接近于根源而显得十分袒露。故而,像特里罗多夫这样的人是任何时候也不会成为一个活动家,最终不过是纸上谈兵,即使他是一个有天才的人。特里罗多夫当上了国王,但这仅仅是在索洛古勃的小说里。我们看到的是,"那耳喀索斯情结"从另一个视角上被展示出来,彼列东诺夫显得是反社会的,可是特里罗多夫与他有相近之处。索洛古勃的社会观尽管拥有其全部的深度,可是没有成效。它不谈论社会进步与政治进步的可能性,这一点自然并未减弱其艺术的意义与哲学的意义。在索洛古勃心目中唯一的现实是"那耳喀索斯情结"。他开掘出它的深层且挖掘到最底部。

这样,索洛古勃把一切都从社会的层面移植到那个自满自足的人,自满自足的肉身的人。特里罗多夫这人没有能力去随机应变,他比"随机应变"要站得高一些,且以这种姿态与社会相抗衡。在这里,索洛古勃对自己的思想作了总结:他是不明白实现其幻想的现实途径何在,故而他总要为某种奇迹的出现而创造机遇。在这方面,索洛古勃并非没有同道:我们在果戈理与陀思妥耶夫斯基的笔下看到的便是这同样的情形。果戈理将自己笔下的那些自满自足的主人公——降格,并没有接受他们。他们对于果戈理并不是最高的、现实的力量。变革俄罗斯的希望落在奇迹的出现上。索洛古勃与陀思妥耶夫斯基的创作中,相近的是儿童主题,是韦尔西洛夫的梦境中的黄金时代。的确,差异也是不应当被忽视的,但相似是存在的,存在着象征手法的相近,这种相近是无法用偶然来解释的。索洛古勃内心感到亲近的,还有《地下室手记》中的那些傅立叶主义者的天堂。在这些主题中,他实现了对整个俄罗斯文学之紧密的传承。俄罗斯式天堂的主题,俄罗斯式爱情的主题,俄罗斯式乌托邦的主题,从西欧的观点来看,总是童稚的。童稚的,这就是对整个俄罗斯的一个通常的定义。不论是奥勃洛莫夫,还是卡拉塔耶夫,正是在他们身上的那种童稚性上,可以见出他们与索洛古勃的主人公们的共通之处,一般而言,童稚性乃是贯穿整个俄罗斯文学的一个具有普遍性的主题因素。只是在普希金笔下没有这些主题,也无法预感到它们的出现。因而,普希金乃是一个最典型的欧洲人,虽说与此同时他也是一个最典型的俄罗斯人。

诗　作

索洛古勃是抒情诗人,而且是一个纯抒情诗人,诚如所有的象征主义者那样。就艺术手法而言,他既不与巴尔蒙特相近,也不与勃留索夫相近,而仿佛站在两个极点之间:形象的一极与情绪的一极。

索洛古勃笔下的象征之圈是有限的。最早的象征主义者竭力把每一个词语都变成象征,并使之广泛地入诗。索洛古勃并不是使所有的词语都入诗,而只是采用那些他所心爱的、适当的词语,在这方面,他与古典主义者们相接近。但是,语言把索洛古勃与古典主义者鲜明地区分开来。在他笔下,语言并不滞留在单一的层面上:他把那些在现代诗歌语境中孕生的词语与来自民间深处的词语联成一体。与此同时,他还使最崇高的象征与最低级的象征相邻而居。在这种使大相径庭的极点相互并存之中,在这种使最精致化的沙龙语言与故意世俗化的民间语言的混合中,索洛古勃与亚历山大·杜勃罗留波夫是相近的。杜勃罗留波夫起初是个极端的颓废派,可是后来又那么极端地沉入宗教之中,潜入民间而在那儿销声匿迹了。建立在狭窄的、有限的语汇范围之中的多极并存,造成了那种为索洛古勃与杜勃罗留波夫所共有的语言特色。

索洛古勃诗作的音韵方面非常复杂,不过,与巴尔蒙特相比,要稍逊一筹;主要的一点是词的所有方面的机制均被发动起来了。他的诗作的节律并不丰富,诗格也并不繁杂。一切均在修饰着主题。节奏也悄悄地受到抑制;否则,主题的独具一格恐怕就不能表现出来了。这样,什么节奏上的丰富性在这里也就可以不必论及。

索洛古勃的诗节也是简约而柔和的。在索洛古勃的诗节中,勃留索夫那样的立体主义与雕塑性是没有的。索洛古勃的诗节乃是从容不迫的、连绵不断的词语之流,它仿佛是用棉花铺成的,这使得从一个界面向另一个界面的过渡难以为人察觉。

这是一些纯粹的索洛古勃式的特色。与之并列的,还可觉察到他要把其他时代的各种诗歌形式引入自己诗歌之中的那种追求;诸如回环体诗①,八行两韵诗。显然,可以用欲使自己诗歌形式变得鲜活一些这一愿望来解释,然而,融化它们,同化它们,走出自己的领地,是索洛古勃无法做到的②。

使索洛古勃的诗歌拥有特色的还有一点根由:他的诗乃是以修饰语见长的诗。索洛古勃一心要贴近物象;在他心目中,技巧的中心就是寻觅修饰语。在他的修饰语中,被提到首位的是情绪感受方面,但这又不是巴尔蒙特那样的放荡不羁的情绪。巴尔蒙特的修饰语不是在斥骂就是在夸奖;在索洛古勃笔下看到的修饰语则是柔和而谨慎的温存。他的

---

① 回环体诗,法国的一种古诗,其中某些词句有规律地重现。——译者
② 参见安年斯基的评点:索洛古勃此人生性不善于抑或不情愿从自己的诗中走出来,而勃留索夫则是不愿沉入自己的诗中,维亚切斯拉夫·伊万诺夫却是以善于随心所欲地与自己的作品保持或近或远的距离而沾沾自喜。(《阿波罗》杂志,1907年第1期)——原编者

修饰语非常亲切地切入主体,对被定义的主体更确切一些。

这就是索洛古勃诗歌的一些基本形式特征。

索洛古勃抒情诗的主题注释着他的散文的主题。他的抒情诗的一个基调是开掘新的心灵幽区,最主要的是那些精细的、蜕变了的、非道德的幽区。索洛古勃对罪孽并不偏爱,相反,他这人生性非常宁静,耽于幻想。然而,对天堂的回忆,此乃自苍天而来的、经由真实的现实折射出来的一束光华,故而它是有罪孽的,并非纯洁无染的。不道德的东西出色地保留着对天堂的回忆。人们常常指出索洛古勃与陀思妥耶夫斯基有相近之处,人们常举的例证是索尼娅这一形象,她是有罪孽的而又接近天堂的。诚然,陀思妥耶夫斯基也认为,罪孽比冷漠要更接近天堂的,但在他那儿这已成了一个宗教哲学话题。在索洛古勃这儿,被推崇的乃是情绪感受方面;在罪孽中他探索着有关天堂的信息。其他的道路对于他是不存在的。通向天堂的唯一途径在于穿越人的生活的那些过渡性层面而向童稚世界回归。那些赞美"奥伊列"①的诗篇,专门描写了对经历过的天堂的回忆。

神话主题在索洛古勃的诗中得到了最强有力的、最富独创性的表现。巴尔蒙特对神话的态度是外在的而并不感染我们。我们觉得,那宁可说是对民间文学题材的试验,而不是诗。在索洛古勃这儿,我们在重新感受着神话,他在感染着我们。对于一些神话形象,如灰色的"萤火鬼"、蛟龙似的太阳,他并没有进行风格化的模拟,而是将它们引人日常现实之中,而且在这种引入中既不改变其形态,也不改变其语言。相形之下,维亚切斯拉夫·伊万诺夫只有通过强化了的风格才得以成功地营造出神话的印象②。

---

① "奥伊列",费·索洛古勃杜撰的一个名称,诚如"马伊尔星球",他用它来指称幻想世界,那"充满着无声无语的梦幻的夜之国"。也许这个词弥漫着安徒生童话《奥伊列-卢科伊耶兄弟》中的主人公名字之气息,他们是梦与死的化身。——原编者
② 这里,巴赫金注意到了索洛古勃艺术独具特色的核心之所在:一种就在最平凡的日常生活层面来显露神话范式,而把古老的神话情节融化在当代意识的民间仪式之中的能力。正是这种能力使索洛古勃的创作有别于象征派之中其他诗人的神话创作试验。——原编者

索洛古勃所有的诗作中,面对神话衍生物,都透出一种恐怖不安、恐惧紧张的氛围;更有甚者,还弥漫着一种毫无用处、发育不足、半途而废的气息。那种一个劲儿指控一切的音调,乃是无聊乏味的音调。这样,神话世界被移植于某种完全异样的、异乎寻常的领域。这并不是崇高的、很有意义的世界,而宁可说是道道地地的日常现实。而幻想世界就与这种天然的神话世界对峙着。

索洛古勃笔下也有描写酒神狄奥尼索斯的诗篇,在那些诗作中占主导的是生活的丰盈,不过,那些诗篇对于他的创作并不典型①。

在艳情题材上,索洛古勃与莱蒙托夫有相近之处。在索洛古勃笔下,心上人的形象也是朦胧的,她留下的仅仅是印迹、迷惑。在普希金、勃留索夫的笔下,心上人的形象总是那么具体,在爱情中并没有任何神秘的东西。在索洛古勃笔下,爱恋的对象不可企及:心上人是不会被遇见的,心上人是不会回来的,只有在死后方才被认出来。得意扬扬的爱情在索洛古勃笔下是看不到的。

能列入哲理诗的只有篇幅非常小的一组诗,这些诗作又失之于散文化,其中只有一些抽象的主题,它们并未获得诗的形式。这样,总体上具有哲理性的索洛古勃的诗歌中,几乎看不到纯粹的哲理诗。

专写儿童,写儿童感受的诗作占有相当突出的席位。对儿童的倾心,一般说来,是索洛古勃的一个典型特征:在儿童题材的诗作中,与童稚的色情之联系是明显的。

以当下迫切问题为题材的诗作写得不成功。它们当中最成功的乃是以贝瑞斯案为由而写下的那首诗②。索洛古勃这人不能成功地驾驭社会生活题材。

---

① 这类诗作中首推组诗《痛苦着的狄奥尼索斯之颂》(1904),它直接地预示了维亚切斯拉夫·伊万诺夫关于狄奥尼索斯的系列研究论文(1904—1923),后者对俄罗斯的狄奥尼索斯学说,对狂欢意识理论产生了绝对的影响。——原编者
② 即《令人心悸的摇篮曲》(1913年10月12日)。这首诗是在于1913年9至10月间发生的一桩法庭审判的印象下写成的。犹太人米·贝瑞斯被指控杀害俄罗斯小男孩。索洛古勃当时与安德烈耶夫、勃洛克、高尔基等名作家在柯罗连科撰写的呼吁书(抗议沙皇当局对犹太人的诽谤)上签字。——原编者

以平庸为题材,以日常生活中的恐惧不安的氛围为题材的诗作,均是写得很出色的。

索洛古勃在其优秀的诗作中达到了题材与形式之间的契合。它们构成一种拥有自己韵味拥有自己芬香的整体。

索洛古勃在俄罗斯文学中的地位与意义

索洛古勃这个作家是特别有意思的,但他并未创建什么学派。他太倾心于内在,太执着于隐秘,太独具一格了。可以很容易地对他进行讽拟,并且任何一种对他的模仿也都是要被视为讽拟的。索洛古勃终将是孑然一身而无同道的①。

周启超　译

维亚切斯拉夫·伊万诺夫

讲到作为诗人的维亚切斯拉夫·伊万诺夫,马上需作说明:他是个独行者,法国的、德国的、英国的象征主义造就了巴尔蒙特、勃留索夫;而维亚切斯拉夫·伊万诺夫则同所有这些流派擦肩而过。

他的诗歌源于古希腊罗马文化,中世纪和文艺复兴时代。他的确掌握了它们,而它们也给了他巨大的影响,决定了他的创作的基本走向。在勃留索夫身上古希腊罗马文化也占有重要地位,但是通过法国

---

① 叶·扎米亚京于1924年对索洛古勃有过一则评点:"……在当代俄罗斯小说文体风格探索中,在其同自然主义传统的斗争中,在其试图架设某种与西方相沟通的桥梁的努力中,在所有这一切方面,倘若仔细地检视一番,我们便会看见索洛古勃的身影。俄罗斯小说的新篇章乃是自索洛古勃而开始的。"(原文载叶·扎米亚京的《人物面孔》,1967年,第36页)——原编者

和英语诗歌的三棱镜折射出来的。他接受文艺复兴时代,也是通过前拉斐尔派①的特殊表现。而在维亚切斯拉夫·伊万诺夫的作品里,这些影响是直接的;它们确立了他的特殊的地位。他较少地受到现代化影响,当代的回声也比较少,所以人们对他研究得不多,对他了解得不多,理解也不多。

维亚切斯拉夫·伊万诺夫作为一个思想家、作为一个人具有重大的意义。象征主义理论是在他的影响下形成的。他的所有的同时代人,只要是诗人,他便是他们的一位老师。如果没有他这位思想家,俄国象征主义也许会走另一条道路。

维亚切斯拉夫·伊万诺夫研究了象征主义中的两种途径:理想主义的途径与现实主义的途径②。第一种肇始于古希腊罗马文化,这里力求给一切生活现象都打上自己个人的印记。第二种现实主义途径,则来自中世纪,这里人们要摆脱自我,让事物本身来说话。勃留索夫、巴尔蒙特走上了第一条道路。对他们来说,象征只不过是词语而已;至于词语背后是否还隐藏着什么东西,这与他们无关。对他们来说,象征不超出语言层面。而外部世界事物的新颖性,仅仅依赖于艺术家的内心状态。走第二条道路的是安德烈·别雷、索洛古勃,以及维亚切斯拉夫·伊万诺夫本人。他们力求理解存在的隐秘生活。象征对他们而言,不仅是描述事物给人印象的词语,不是艺术家心灵的客体,不是其偶然命运的客体,因为象征代表着事物的现实本质。诚然,艺术家的心灵也是现实的,就像他的生活一样,不管这心灵是多么的变幻莫测,但艺术家还是希望理解事物的真正本质。所以,这样的艺术

---

① 即"先拉斐尔兄弟会"。这是19世纪下半叶一个英国画家和作家团体,主要成员有D.G.罗塞蒂(1828—1882),W.莫里斯(1834—1896)等人。这些浪漫主义追随者和象征主义先驱,对但丁和卜蒂切利十分崇拜,使他们在唯美主义鉴赏家中间时髦起来,而且在早期启蒙主义的意大利的前拉斐尔世界中,在模拟装饰风格后也流行开来。——原编者

② 首先指的是伊万诺夫的论文《当代象征主义中的两股潮流》。术语"理想主义"沿袭传统,用于"主观主义"的含义,而"现实主义"则用于中世纪时的含义,作为对超情感者的本体论现实的肯定。——原编者

家所走的道路,是一条克服自己身上一切偶然性的道路,是一条禁欲主义的道路。

维亚切斯拉夫·伊万诺夫的审美观就是这样。显而易见,这些审美原则,对他来说已成为存在本身的形式。维亚切斯拉夫·伊万诺夫在这里指出了三种取向:高扬、低徊、无序——即狄奥尼索斯酒神精神①。他力图证明,根据作者对待事物的态度,可以把他归于这三者中的一种;所有的艺术现象都可归于这三种情形。

高扬就是高傲严酷,不仅对别人,对自己亦是如此。既然它是严酷的,因而也是痛苦的。这是通向上天的悲剧之路,是脱离大地,是毁灭。如果高扬不能带来低徊,它就是徒劳无益的,因为它是凌驾世界之上的。

低徊则象征着彩虹、微笑、热爱大地而又保留着对上天的回忆。

维亚切斯拉夫·伊万诺夫把自己的高扬和低徊理论应用于艺术创作的过程。为了记录自己在高扬中的成就,必须降落到地面上。对艺术家来说,低徊是寻找话语,寻找表现手段。文艺复兴时代的画家们,高度评价低徊的因素;他们掌握着自己的化学调色秘方,珍视色彩不下于自己的创作冲动。艺术家要向下低求,而首先是向着那些没有高扬而处在意识低级阶段的人们。当诗人寻找词语时,他要用词语把自己的领悟译成人人都明白的语言。这是对别人的人性弱点的俯就,是对从未高扬者的俯就。所以,低徊总是富于人性和民主的。

第三个因素是无序,或称狄奥尼索斯酒神因素。这是个性的分裂,是一分为二、一分为三、一分为四等等。在高扬和低徊之时,个性也遭到破坏。但通过这一破坏,个性反倒更加巩固了。用歌德的话说,如果你想要巩固自己的个性,那你就要消灭个性。审美性质的任何感受,都使精神越出了个性的范围。高扬的惊喜,能肯定超个性的东西;低徊能使精神面向个性外的东西;无序是在狂乱这一心理范畴中揭示的,它是无个性的。在无序中个性的消失并没有什么目的,因

---

① 参看伊万诺夫的文章《论低徊》,后改题为《审美因素之象征意义》。——原编者

为它分解成了不同的面目。因此无序总是多种面孔的。无序、酒精因素,正好是艺术的基石。例如,演员的表演,就是想把自己分解成许多独立的面孔。这一点亚里士多德就已指出过。他说,人追求完整性,而在戏剧中则相反,人要分解自己和自己的统一体,追求成为多个个性,多种生活。所有这三种因素(无序、高扬、低徊),是相互联系在一起的。为了进行创造,需要出世降生,需要身体,而身体则产生于无序中。这是临盆时的无序,是最早的发端,它意味着许多东西,想得到一切。为使这许多东西能产生某种结果,就需要高扬。这是悲剧英雄的道路,他离开了合唱(即无序),终于死亡。他的死亡是一种完成、一种结晶化。最后,艺术的创造是低徊的行为。总之,无序是物质,高扬是理解的惊喜,低徊是使该物体在别人意识中实现的才能,是才华的象征。所有这三种审美的因素,热切地融合在生于大海浪花中的阿佛罗狄忒的形象中:"女神——阿佛洛盖尼亚、阿娜迪奥梅娜,从无序的浪花中出现,像伸向天空的一枝美丽的花朵。乌拉尼亚,阿斯忒里亚从大海波浪中诞生,长大,遮盖了整个天空。她如同金色王权的象征,向大地露出慈祥的面孔;脸泛笑容,迈着轻盈的步子,走近普通的人们……而爱慕的世人,跪拜在地,唱着赞歌,赞美万民之神的莅临。"[①]

维亚切斯拉夫·伊万诺夫诗歌的形式特征

维亚切斯拉夫·伊万诺夫诗歌的基本特征是极其难懂。原因在于他的象征形象,不是取自生活而是取自旧时文化的语境,主要是古希腊罗马的世界,中世纪和文艺复兴时代。但一些基本象征有着深刻的相互联系,又有着统一的崇高的风格,这些克服了手段的纷杂所引起的弊端,使得取自不同文化语境的话语,多种不同的词汇世界融合成为一个统一体。

[①] 这是《论低徊》的结束语。——原编者

维亚切斯拉夫·伊万诺夫的创作不可能走新的道路。他没有创造出任何新形式。他的全部诗作是把在他之前已然存在的所有形式作了天才的复现。他的这一招致人们责难的特点，其实是从他诗歌本质中有机地引申出来的。只有内心的言语才孕育出新的形式，因为内心言语是很蹩脚的。而伊万诺夫的一切全都是按逻辑组织的。他所写象征的各个环节之间，可以画一条线连接起来，其逻辑关系之强足见于此。如果说一般诗人们所表现的，是心理上、生平经历上的统一，那么维亚切斯拉夫·伊万诺夫表现出来的统一，纯粹是理念上的统一。他的诗作的全部主题构成一个十分复杂的统一的体系。他的主题世界的统一，他的一些题材因素的相互制约，一如哲学论述。由于他具有强大的思想力量、洞察力、渊博的学识，要模仿他是不可能的。

主题的特点制约着维亚切斯拉夫·伊万诺夫诗歌的形式特征。

话语的血肉，话语的躯体连同其个性与韵味，在他的诗歌中是感觉不到的。逻辑的思想吞噬了这一切。从这一点上说，不能称他是隐约派诗人。他在我们看来是属另一派的诗人。

维亚切斯拉夫·伊万诺夫的音律技巧是很高超的，尽管如此，它不是审美印象中的独立因素。声音在他的诗里既非杂乱喧闹，也非朗朗动听，因为它隐而不显，不进入我们接受的范围。从这一点上说，他的诗歌是非音乐性的。在维亚切斯拉夫·伊万诺夫的诗作中，没有任何一个偶然迸发的话语。如同一切重要的诗人一样，他的诗充溢着含义和逻辑的巨大力量，而且极端地细节化了。含义的每一细节都经过了推敲，所以没有巴尔蒙特诗里那样显而易见的思想粉饰。当含义十分充实丰富时，诉诸声音听起来容易理解为是一种讽刺。

对维亚切斯拉夫·伊万诺夫来说，隐喻的丰富是一个特点。他的隐喻与勃洛克的大相径庭。勃洛克的隐喻亲近隐秘，只在这个唯一的生活情境中才获得内涵和意义，它不是以事物为基础，而是以事物给人的印象为基础的。伊万诺夫的隐喻所表现的,却不是对人生经验的瞬间感知,而是事物的性质,所以它的主观性要少得多。也像任何隐喻一样,它具有情感性,但这仅仅是情感的一种泛音,因为这里的隐喻倾向于神话,有时又近于箴言。空想的隐喻不可能成为神话,因为它是主观的。神话力求成为教条,力求获得不可与之争辩的地位。维亚切斯拉夫·伊万诺夫笔下的隐喻形象,能发展为最高的真理,诗人可在任何的语境中以实物论证它、捍卫它。这样一来,在他的诗作里已不是人们通常所说的寓意用法,而是隐喻(寓意是失去了诗意滋润的隐喻)。不错,他的隐喻比起勃洛克的要冷静得多,但要知道,冷静也是一种审美属性,如同温情、亲热一样。

维亚切斯拉夫·伊万诺夫的诗歌语言,始终是单一层面的。而索洛古勃、巴尔蒙特、勃留索夫的语言,则是双层面、多层面的;这一点对象征主义者来说是十分典型的。维亚切斯拉夫·伊万诺夫的语言和崇高的风格,在其整个创作过程中一直延续下来,从未间断。在他那里没有互不攀配的现象,没有崇高与鄙俗的结合,一切都高雅之至。

总之,既然形象的直观方面起着首要的作用,既然声音不进入感知的范围,那么维亚切斯拉夫·伊万诺夫诗歌中主题就具有了主导的、决定性的意义。

维亚切斯拉夫·伊万诺夫诗歌还有一个特点,是他的几本诗集都仿佛分成若干个章,而各章又按照顺序排列,一章接着一章。当然,单首诗篇也并非只是原子,而是作为独立的作品而存在,但它们在整本诗集中却大大的胜于整体。很能说明问题的是,维亚切斯拉夫·伊万诺夫发表诗作,向来是以完整的组诗形式出现。这种综合的特点使他十分接近格奥尔格和里尔克,特别是后者。里尔克的诗集是叙事,仿佛也分成若干个章。在这一点上,维亚切斯拉夫·伊万诺夫的诗歌又与魏尔伦的《谦虚贤明》①很接近;不过这种接近不是由于相互直接的影响,而是来自共同的渊源。

《透明》② 这里的基本象征,是遮盖着现象本质的面具。但面具并非玛伊的盖布,因为面具是透明的。所以整部诗集题叫作《透明》。这部诗集是对神话的完全准确的再现。几乎所有的神话,在这里都可以找到相对应的诗句。维亚切斯拉夫·伊万诺夫在不停地引用神话。

《我在形成——还没有我》③ 此诗的基础是关于成长的象征。

---

① 魏尔伦的《谦虚圣明》是 *Sagesse* 诗集(1881)中的一篇。诗人追求天主教信仰的主题,诗中三个部分也就是根据这一目的循序安排的。——原编者
② 《透明》是维亚切斯拉夫·伊万诺夫第二本诗集(1904)。它是本集的开篇之作,亦是主要的一首(表现出"精神诗人"的抒情立场)。下面是此诗中的一节:
　　透明!似大气般的轻盈甜美,
　　你在娇科达的炉前酣睡。
　　娇羞的床单在气息中跳动,
　　你把默默无言紧贴在嘴边,
　　还有那飞舞着永恒的偶然。
　　微笑像涟漪般荡漾,
　　如带翅的摇篮在四处飞翔,
　　这是不朽的心灵,分外的神秘!
　　透明!你那神圣的面具,
　　在娇科达的微笑中轻扬。
　　　　　　　　　　　　——原编者
③ 《我在形成——还没有我》(拉丁语是:"Fio, ergo non sum"——《我在形成,所以,不是我》),是《透明》诗集中一首诗的标题。我们引其结尾一节:
　　让死者复活,
　　是谁在大声怒吼?
　　是谁掌控着话语权力?
　　我在哪里?
　　我在哪里?
　　我孑然无助,
　　一身孤寂!
　　我藏身镜子背后,
　　一个个双面人起舞,
　　一朵朵月前彩云在飞奔,
　　我又在巫师前挺立!
　　　　　　　　　　　　——原编者

成长意味着还没有长成,所以是痛苦的;因为这个过程会偏离、停顿、夭折。形成过程是生和死的必不可少的因素。形成与痛苦的象征,是维亚切斯拉夫·伊万诺夫取自中世纪。

《恶十字架》 有三个十字架:基督的十字架和两个强盗的十字架。如何理解罪恶象征与十字架的结合呢?这意味着,十字架是任何生命、任何成长过程的本源。在勃洛克诗中我们也能发现十字架和耶稣受难的象征,不过在他那里表现的是通常的基督受难和赎罪的意识。而维亚切斯拉夫·伊万诺夫的这一象征,内涵十分宽泛。十字架对他来说,是一切生命的源泉。正在生成的一切,而一切有生命的东西都处在生成之中,无不与十字架联系在一起。而与十字架相联系的,不仅有善,而且有恶,更多的是恶,所以十字架与恶枝蔓相连。这一象征是维亚切斯拉夫·伊万诺夫从福音书中借用的。不过在那里,象征退居次要地位,而在这里象征十分明显,并与狄奥尼索斯节日联系在一起。挂柳条的十字架——这象征着醉酒的生活钉在十字架上。但这里不存在突变,因为这是神圣的醉态,是上帝要求酒后的醉态,不痛饮个酩酊反倒大有罪过。正是在这种语境中出现了十字架与柳条的象征。

《火热的心》[①] 在维亚切斯拉夫·伊万诺夫早期创作中,象征是抽象的,而且先于特定的语境出现。这犹如从神话中引用的典故在后来的作品中才发生融合。其中一篇最重要的诗作就是《火热的心》。

《酒神女祭司》 《酒神女祭司》是维亚切斯拉夫·伊万诺夫优秀诗作之一。作品的主旨是把自己完全奉献给狄奥尼索斯;而这一主旨又与基督的参与交织在一起。女祭司不纯是热情的狄奥尼索斯酒神的女侍,而且还与基督有关系。

《太阳——心》 这里基本的象征是太阳,它把自己与心联系在一

---

① 拉丁语是 Cor Ardens,是维亚切斯拉夫·伊万诺夫两卷本诗集(1911)的标题。——原编者

起。不过这里没有曲折离奇。这不是诗人爱恋吉卜赛女郎的那颗爱心,而是取自中世纪的心。在天主教的寺院里,有对心的象征性描绘。这是一颗刺着七把剑的圣母之心、基督之心和信徒之心。这一形象从中世纪传到波伦亚画派①。维亚切斯拉夫·伊万诺夫正是把它取来为己所用。所以同一个词在他那里的意味,就与安年斯基和勃洛克诗中的截然不同;因为在他那里这不是实际的心,而是完全在文化语境中培育出来的心。

如果说心的象征是维亚切斯拉夫·伊万诺夫从圣像中借用来的话,那么太阳的象征则取自古希腊的神话。这个取自埃拉多斯②的太阳,后来成为以马忤斯③的太阳;不过在这里,它出现于多神教语境之中,因为太阳就是狄奥尼索斯。没有哪一个神能全部体现自然界现象,像教科书里通常说的那样。希腊人仅仅体现了现象中的一个侧面。对维亚切·伊万诺夫来说,太阳也不是世界光明之源的阿波罗神,它是炎热、正午、欲火的太阳。因而它成为痛苦和受难、痛苦和爱情、痛苦和死亡的象征。太阳是完成了的,因而只能奉献,而不会索取;它所奉献的又只能是自身。太阳从一开始便是孑然一身,命运注定了孤独,它因此与狄奥尼索斯联系在一起。狄奥尼索斯也献身给酒神女祭司的痛苦。这里是礼物的奉献,而不是礼物的接受。对心来

---

① 波伦亚画派是16至17世纪末意大利绘画中的学院派(卡拉奇兄弟、列尼、多曼尼基诺、格佛奇诺等人)。——原编者
② 埃拉多斯,是古希腊人对自己国家的称呼。——译者
③ 以马忤斯是犹太人居住的一个村镇,位于耶路撒冷北方,徒步需走三小时。根据《新约·路加福音》第24章记载:两个门徒在去以马忤斯的路上遇到复活之后的基督。"但他们的眼睛迷糊了,不认识他。"他们对先师之死十分悲痛。对此他是这么说的:"无知的人哪,先知所说的一切话,你们的心信得太迟钝了。基督这样受害,又进入他的荣耀,岂不是应当的吗?"他们请求这位陌生人留下一起过夜,因为太阳就要下山了(夕照,对伊万诺夫来说,意味着神和它的荣耀等于死亡的一个象征)。他乐意同他们一起进餐(一个宗教神秘剧的主题)。吃饭时才认出他来,这时他忽然不见了。于是他们说:"在路上,他和我们说话,给我们讲解《圣经》的时候,我们的心岂不是火热的吗?"这颗"火热的"心,是以自身的热情对太阳下山时的热炎、对上帝自我牺牲的荣耀的一种应答。这种形象是伊万诺夫诗歌的中心主题。——原编者

说，既有接受礼物也有奉献礼物，其极限便是痛苦和喜悦的混合。它以自己的牺牲精神而酷似太阳。这样，太阳主题与心的主题交织在一起并与基督和赫拉克勒斯①联系起来。后两者的共同之处是受苦的命运。总之《太阳——心》的基本主题是赐予和对赐予的接受。在有赐予的地方，就有虔敬，权衡和评价因素不复存在，一切作为礼物来极受。赐予的主题引出另一主题——对赐予的接受。

《埃马乌斯的太阳》 这是取自福音书的故事。基督钉在十字架后，他的信徒们面临着一个问题：这痛苦和死亡如何与上帝相容。在他们看来，上帝无往而不胜，上帝是犹太的王。《埃马乌斯的太阳》所写的，就是建立起神祇、磨难和死亡之间的联系。

神本身无所谓胜利，因为它是赐予，而自己从不接受礼物"赐予之人不会得到赐予"。神只有奉献自身的时候才是胜利者。所以，神的磨难、死亡、胜利全是一回事。当深化宗教思想，神成为整个存在的绝对起源时，神也必然成为痛苦和死亡的象征。当希腊文化接受了狄奥尼索斯神的观念时，这一文化便达到了自己的顶峰。

根据维亚切斯拉夫·伊万诺夫的见解，对神的这种看法已成为悲剧和史诗的基石。悲剧的主人公，就是狄奥尼索斯的化身，是他的面具。谁经受狄奥尼索斯的痛苦，即在自己命运中体验到他的痛苦，谁就成为悲剧的主人公。在《伊利亚特》中也是这样。史诗最初的核心内容是讲述苦命的阿喀琉斯的痛苦与死亡。而现在我们所见的《伊利亚特》中，这一点几乎为其他因素所遮掩，但核心仍然是注定死亡的主人公的悲剧命运。这样，维亚切斯拉夫·伊万诺夫通过古希腊罗马典故表现了自己关于苦难上帝的思想，并建立了不同象征之间、不同文化层面之间的联系。教科书中惯常说中世纪结束了古希腊罗马文化，而文艺复兴结束了中世纪文化；与这种观点相反，维亚切斯拉夫·伊万诺夫想证实同一个思想可以贯穿存在的所有层面。诗人的任务是把不同文化以及它们的象征联系起来。

---

① 赫拉克勒斯是古希腊民间英雄。——译者

力求把各个不同文化联系起来,组合成一个象征,这也是人智说的一个特点。不过这种努力在人智说里,带有折中主义的、扭曲的性质。维亚切斯拉夫·伊万诺夫所完成的则是审美的任务,只是部分地具有哲学含义;这个任务完成得很理想。他保留了每一时代的特点,与此同时又把它们融合在一起。

《迷宫之歌》 维亚切斯拉夫·伊万诺夫把生和死的象征等同起来。在《迷宫之歌》中,他把婴孩生活的世界与死亡联系起来,把摇篮与棺材联系起来。生与死相通的思想,诗人是从巴霍芬[1]那里汲取来的;摩尔根[2]也著书论述了这一理论。后者的书有较高的科学性,但巴霍芬的书对艺术家来说更有价值[3]。他们研究断定,死亡在原始人的心目中,向来被作为生来对待的。在安葬仪式中,入土犹如投入母亲怀抱,因为被葬者蜷缩而卧。还流行在船上举行埋葬仪式的做法,因为婴儿在母腹中四周环绕着羊水。维亚切斯拉夫·伊万诺夫把生死与深刻的记忆象征联系在一起:人只知其生,却无法体验其死。在人的心灵中不可能存在未体验过的恐惧:死之恐惧就是我们对所感之生的恐惧。这样,躯体有着连续的存在:从母亲的怀抱起,经过妻子的怀抱,到大地母亲的怀抱。从一个怀里,经过另一个怀里,再到一个怀里。但在躯体这个不间断的运动中,悄悄地出现了一种新因素:在美好的一天,意识诞生了,并且成了独立自主的东西。不过在《迷宫之歌》中没有提到意识。

《爱与死》 爱导致死,爱恋者说话不吉而引起死亡。盼在爱中死亡的主题,在抒情诗,主要是长诗《费奥菲尔和玛丽娅》中,得到了鲜明的表现。

---

[1] 巴霍芬(1815—1887),瑞士法学家、民俗学家。——译者
[2] 摩尔根(1818—1881),美国民族学家、原始社会史学家。这里指的是他写于1877年的《古代社会》一书。——译者
[3] "巴霍芬的书"指他的《母权论》(1861)。继承了浪漫主义传统的巴霍芬,当时被学院派视为无据的幻想艺术家而受到排斥;他研究了阶级产生前古代社会的世界,对"神祇"和"母亲"情结的因素给予了特别的注意。——原编者

《商籁诗束》① 商籁诗是最困难的诗歌形式。十四行诗中的韵脚相互交错,这就要求一切意象和主题也相互交错。商籁诗中不可能有轻快感,不靠暗示的手法;它应是凝重的,似乎用一块巨料铸成的。

是杰利维格②把十四行诗引进了俄罗斯文学。我们在普希金作品里看到三首十四行诗。A.托尔斯泰是十四行诗的大师,但他的十四行诗形式不够严格。维亚切斯拉夫·伊万诺夫是用十四行诗的古典形式创作的,且不止一首,而是一束。在俄国文学中只有他这么做了。《商籁诗束》共收十四首商籁诗和一首自述商籁诗。这本诗集包容了维亚切斯拉夫·伊万诺夫诗歌的全部主题,但这些主题是在诗人同季诺维耶娃·安尼巴尔的关系上通过亲身经历来表现的。在诗人自述诗中写了他俩的命运,其中每一行都在随后的一首诗中得到了展开。无论在形式上还是在内容上,《商籁诗束》都是始终一贯的,但由于全部因素保持着连续不断的联系,诗中的形象有些冗赘。

《玫瑰》(*Rosarium*) 玫瑰的象征是流传很广的。在天主教里,玫瑰是圣母的象征,也是教堂的象征。在文学中,玫瑰的象征最早出现在但丁的作品中③。在他那里,玫瑰是一个联结所有信徒心灵的神秘形象。在上苍的最高层,即在天堂里,诗人看到一朵火红的巨大玫瑰花,每一花瓣都是信徒的心,而最高处的花瓣是圣母。但丁描写的玫瑰象征,从此永远与最高统一体的象征联系到了一起。玫瑰也见于浪漫主义诗歌中。在布伦坦诺④的诗中玫瑰有三种象征 Rosa Blanca——白色的、纯洁的玫瑰;Rosa Rosa——火红而热情的玫瑰,它的热情预示

---

① 商籁诗,又称十四行诗。这里的原文是 Венок сонетов,指十四行回文诗,由十四首十四行诗组成,每一首之末行即为下一首之首行;末一首之末行又为第一首之首行,是诗歌形式中要求最严的一种格律诗。——译者
② 杰利维格(1798—1831),俄国诗人。——译者
③ 见《天堂》第30章。"最早"一词不准确,玫瑰在但丁前很长时间里,在中世纪文学和艺术、日常生活中,已广泛用为象征。——原编者
④ 布伦坦诺(1778—1842),德国诗人。——译者

着自身的痛苦和毁灭;Rosa Dolorosa——受苦的玫瑰①。在维亚切斯拉夫·伊万诺夫诗中,玫瑰把无数个象征联结在一起。不管我们看命运的哪一个方面,不管我们取什么样的象征,它们在他的诗里都同玫瑰相关。玫瑰在运用中把一切结合了起来并渗入到一切之中。在《费奥菲尔和玛丽娅》中,以玫瑰开始,也以玫瑰结束;即使从情节角度上看,这里也是以玫瑰为基础的。玫瑰在维亚切斯拉夫·伊万诺夫诗里表示的象征,要比但丁诗里广阔得多。在但丁诗里,对象征有一种虔敬态度,用得不是地方,看成是一种罪过。在维亚切斯拉夫·伊万诺夫诗里,一切象征(摇篮、洞房、死亡)都由玫瑰交织组合起来。玫瑰无处不在:它仿佛把整个世界浓缩在袖珍品中。

《嘎泽拉的玫瑰》 嘎泽拉是古代东方诗人所创造的一种诗歌形式。诗的每一节由两句组成,其中每两句中有一个词语是应重复的。在维亚切斯拉夫·伊万诺夫的嘎泽拉中,诗人把引入的东方因素与其他文化环境相结合了起来。他做得成功。在对维亚切斯拉夫·伊万诺夫产生过影响的后期浪漫主义者、歌德与柳凯尔特的诗作中,使用得非常广泛。

《费奥菲尔和玛丽娅》 长诗用三韵句法写成。在俄罗斯文学中,也像其他各国文学一样,三韵句法的诗十分罕见。我们只在普希金的作品中(《我记得生活开始时的学校》以及《仿效但丁》),还有 A.托尔斯泰②的作品里(长诗《龙》),可以看到古典的三韵句诗。维亚切斯拉夫·伊万诺夫成功地用三韵句法写出了整部的长诗。

《费奥菲尔和玛丽娅》是以中世纪和文艺复兴早期的格调写成的。长诗的基本主题(爱与死的结合)把这部作品同但丁、彼特拉克和诺瓦

---

① 指《玫瑰园抒情曲》(*Romanen vom Rosenkranz*),写于1803至1812年,1852年出版。这是德国浪漫主义诗人布伦塔诺的一部未完成的史诗。书中三个女主人公分别是:Rosa Rosa(红玫瑰),Rosa Dolorosa(金玫瑰)和 Rosa Blanca(白玫瑰)。主人公们由于不了解情况及受古老诅咒的束缚,在婚配上发生了乱伦,因此而受到惩罚。——原编者

② A.托尔斯泰(1817—1875),俄国著名抒情诗人。——译者

利斯联系了起来。爱情总是提出这样的问题：要把情人据为己有，要分享情人的爱情。精神的结合，主要是肉体的结合，会产生一种愿望：彻底地结合和融合为一体。然而肉体又妨碍这一愿望的实现。爱情的欣悦引起悲伤，并产生愿望要打破个人拥有的界限，而能破坏个人拥有的只有死亡。所以爱情能导致死亡。维亚切斯拉夫·伊万诺夫就是这样在爱情与死亡之间建立起象征的联系，同时也在文化的基本象征之间建立起联系。

《悲剧》 维亚切斯拉夫·伊万诺夫在创作中试图写出悲剧。他看悲剧，犹如伪古典主义者看长诗一样，因为民族文化在悲剧中达到了自身的完成。他认为，俄罗斯几乎已创造出了悲剧，这就是陀思妥耶夫斯基的小说；他视这些小说为悲剧。他没有创作出自己的悲剧。这只是外在地联结起来的一些组诗。倘若他能摆脱干扰他的形式，那么作品可能会更好。

卢小合　译

别　雷

别雷把一种完全特殊的文体引进了文学：一种节奏分明的散文，他就是用这种节奏分明的散文来撰写所有的东西，甚至是学术论文。

从语言的角度来看，别雷丰富了俄罗斯散文。他引入了新的词汇、术语。他的语言对学术语境的散文化的术语毫无顾忌。对于他来说，但凡可以言说的一切，真是所有的一切，均可以被写进长篇小说。在这方面，别雷的视界是非常开阔的。但是，他笔下的方言新词却不多，在这一点上他与列斯科夫是相对立的。

至于别雷的句法,那么,可以这样来界定它:繁复驳杂。这是通过各单句之间的交织来达到的,那种交织是前辈作家笔下所没有的。譬如说,列夫·托尔斯泰笔下的每个句子均是独立的,那种独立是通过代词与事物的名称之交替而达到的。在别雷笔下,句子乃是建构在代词之上的。句子结构上的那种枝叶蔓生繁复斑杂之实现,还凭借着一系列其他手法:插入圆周句,并列从句,多个谓语同时隶属一个主语,同等成分句,修饰语的堆砌(这最后一种情况,一般来说,堪称新派文体的一个典型特征)。这样一来,别雷笔下的句子在语境中总是融为一体的;因而,阅读这种句子得非常之快才是,应当是一口气接一口气地读下去。别雷本人阅读他自己的作品时,简直就像炒爆豆子似的①

总体上看,我们应当承认别雷文体上的这些特质乃是具有建树性的,它们丰富着散文。未来主义者们也谈论句法革新,然而,那只不过是一番空谈而已。别雷则是这样地改造了自己作品的文体,以致快速地阅读这些作品已成为十分必要的。

这就是别雷的独特性之所在,这些独特性部分地是与其同时代人的创作共通的,但被他推进到明晰可见的境地,最主要的,推进到胆识

---

① 安德烈·别雷本人则有与此相左的观点:"……我并不是为那些用眼睛去阅读的人们而写作,而是为了那些能够内在地识读出我的文本的读者;因而,我有意识地不仅用色彩,如对色彩的一系列递次变化,我在描写任何一个微小的物象时都要加以推敲的,而且用声音去灌注那意蕴负载,使语义抽象饱和起来……我这人,犹如罗蒙诺索夫那样,崇拜的是修辞学、声音、语调、手势;我身为作者,并不是逐字逐句的'书写型'的,而是音调铿锵、手势不断的'讲述型'的作者;我有意识地使自己的声音浸润于所有的表现手段:词语的音响与句子成分的排列次序……谁要是不考虑我的句子的音响与语调的抑扬顿挫,而是以闪电般的速度一日十行地飞掠过去,那么,作者整个活生生的讲述(面对面),对他来说就是一个挺懊恼的屏障,一种足以造成不理解的障碍……"(《面具》,莫斯科,1932年版,第9、10页)"……我的作品的一个最主要的特征就是语调、节奏,那种传达着表述者手势的呼吸之停顿;我这人要么在自己诗行的田园里放声吟诵,要么就把这些诗句抛给无形的听众;抛入风中;所有这一切不可能不影响我的语言的特征;这种语言是难以移译的;这种语言唤起的并不是用眼睛去阅读的冲动,而是那种缓慢的、内在的识读;我这人更像是一个用语言来谱曲的作曲家,一个在探索着亲自演奏自己的作品的作曲家,而不是那通常意义上的写小说写故事的作家……"(《谈谈自己作为一名作家》,载《诗歌节》,莫斯科,1972年,第270页)——原编者

过人的境地。他这人，可是无所顾忌的。

《银白色的鸽子》

在这里，叙事是由讲故事人来进行的。这位讲故事人并没有真正的地位，他不可能占据一定的立场，不可能成为比出场人物更有智慧的人。在他那儿，对正在发生的一切，对各种断裂与失衡失态的观照视角，是紊乱无序的；他这人错综复杂，不会找到准确的音调。不错，有些地方他还得以成功地摸索到那真正的音调，但他这人基本上是头绪不清，常是无头无尾。他用从陀思妥耶夫斯基那儿借用来的文绉绉的语言，来进行自己的叙述。有时，他成了一个诙谐的人，一个好说三道四的人，但这并不是那种怀有恶意的、好散布流言的好事之徒，而是一位内心迷惑的知识分子。这位头绪紊乱的讲故事人便决定了这部长篇小说的文体[①]。

至于说到故事情节，那么，《银白色的鸽子》乃是一部有故事情节的长篇小说：每一件事均是总体事件发展的一个阶段。一开场介绍给我们的就是主人公们，但与之平行，也展示出有故事情节意义的开头。我们感觉到，彼得不顺心，一场较量就要开场。我们也立刻就清楚：故事将一步一步地展示开来。这样，《银白色的鸽子》乃是以故事情节来结构的，虽说诚如20世纪的任何一部长篇小说那样，这部作品也显得有几分散乱。

这部长篇小说的情节基础是两种自发的力量之间的较量：一方是俄罗斯民族的，另一方是欧洲的。况且，别雷还认为，这两种力量乃是我们全部生活的基础。这一矛盾在主要人物形象上得到了鲜明的体

[①] 巴赫金这一评点不同凡响，它与那种把《银白色的鸽子》的文体归结为果戈理式的普遍倾向有所偏离。巴赫金的这一见解，还同一个重要思想即"权威——非权威叙事"对位说有着有机的联系。"对位说"乃是几年后他在《陀思妥耶夫斯基创作问题》一书中使之成形的、"独白型——对话型（复调型）"长篇小说理论的基础。——原编者

现。彼得，农民的儿子，身着俄罗斯大褂，一次能喝下十五碗茶，同时他这人又是一位古典学家、语文学者，一个已被现代派同化了的诗人。农民的儿子成了男爵小姐卡佳的未婚夫。不过，她感到满意的仅仅是自己的未婚夫那种情愿与现代派打成一片的志向。而彼得对人民土壤的神往，则让玛特廖娜与木工库捷雅罗夫感到满意。整部长篇小说的情节就构筑于这两种自发的力量之间的较量，它们的展开是以外省的社会生活画面为背景的。

彼得这一形象的"土"的一面，在鞭笞派的分支"鸽派"的宗教活动中得到了体现。鞭笞派，此乃民间的一个相当强劲的宗教运动，这一运动即便在现今也非常发达。许多重大的精神现象均是由它衍生的。最有才气的、最具独创精神的，首推斯克沃罗德；他的后继者弗·索洛维约夫；如今则是克留耶夫①。使民粹派感兴趣的仅仅是农民这一群体的社会政治力量，可在后来，作为一种反拨，他们转而对其教派宗教追求如多神教与萨满教有了兴趣。对民间生活的教派宗教方面的这样一种兴趣，是亚历山大·杜勃罗留波夫所十分突出的，此人在精神性灵上可以说是与彼得相像的②。

在鞭笞派这一教派的思想基础中，诚如最近一个时期到处都可见到的那样，占据主导地位的是圣灵与君临圣父与圣子之上的圣母。圣灵使万物面目一新，这种面目更新不仅仅是精神上的，而且也有肉体上的，情感上的，性生活上的。宗教上的顿悟仅仅出现于发生肉体顿悟的那个关头：在狂热的娱神活动之中，那时圣灵便会孕生。因而，鞭笞派教徒们有自己的圣母，她是作为最具有情感激发力的女性而被推选出来的。玛特廖娜便是这样的圣母。她对彼得拥有不寻常的说服力；他感觉到与她的关系不仅仅是肉体上的，而且还有精神上的。与

---

① 诗人尼·克留耶夫(1884—1937)，曾与教派活动有过密切的联系；哲学家格·斯克沃罗德(1722—1794)与哲学家弗·索洛维约夫(1853—1900)，两人宗教哲学思想观点虽有分野，但关于世界之女性本质的思想实际上使他俩接近。——原编者

② 安德烈·别雷在其回忆录中讲述了他与亚·杜勃罗留波夫的相遇（参见安德烈·别雷的《世纪之初》，莫斯科—列宁格勒，1933年）。——原编者

玛特廖娜相亲近的还有库捷雅罗夫。库捷雅罗夫这人浑身散发着精神性，不过他的精神性并深入抽象的领域，就像托特拉宾-格拉阿宾男爵那样。在男爵那儿，是生理性的害怕，是肉体上的害怕；他遁入文化的抽象天地。他这个形象是那个抽象的、机械的官僚阿波罗·阿波罗诺维奇（《彼得堡》）的雏形。库捷雅罗夫的精神性则并不害怕肉体性。此乃不干净的精神性，有着重负的精神性。这种精神性可以发亮，可以放光（不论是库捷雅罗夫，还是玛特廖娜，都是以大师手笔，以不同凡响的艺术手法而塑造出来的）。彼得既要明白男爵的人生之道，也要明白木工库捷雅罗夫的人生之道[1]。

　　彼得形象的第二个侧面，这就是卡佳的世界，这里也有他的魅力。此乃完整的、美好的，甚至还保存着那往昔现实的芬香的世界，但现今，它已然凝固而成了传统的形式。此乃唯美主义，此乃对古典文化的陶醉；别雷认为，过分的形式主义乃是整个文明世界的基石。

　　卡佳在这个世界占有特殊的地位。她这个形象并不是上流社会之体面的一个流行的模特儿；在她这个形象上，生动地体现出来的是一个生气勃勃的、有活力的少女，她渴望温存，但她却不能把本有的天性率直地表现出来。卡佳心地很高尚，但她首先是一个高傲的女子，况且，那份高傲并不是天然的，不是农家女子素有的，而是贵族的。别雷对这一层并没有持否定的态度，但他一心想要说出来的是：活力在这里已然失效。卡佳本是一位小姐，虽然她生机勃勃，但她远不是那拥有原生力的玛特廖娜的对手。文明人不再拥有原生力，而彼得则是对原生力神往不已的。

　　所有的知识分子乃是介于物质世界与文化模式之间的一种中间性的构成。这是一些低能儿，废物：一方面，他们的本领就是寻章摘句，如源自马克思的片言只语，那些非常模式化的统计数字；另一方

---

[1] 安德烈·别雷本人曾以他在库捷雅罗夫这一人物形象上捕捉到了拉斯普京这一现实人物的特征，而深为自豪，且不止一次地强调这一点（参见《谈谈自己作为一名作家》，载《诗歌节》，第272页）。——原编者

面,则是在酒馆里最肆无忌惮地放纵,那种放纵是不可能纳入任何模式的。天性在这里已然被可怕地阉割了。

这样,《银白色的鸽子》的情节基础乃是两种自发力量的较量,这两种力以彼此割裂的方式生存于彼得身上。

当作者不能应付自己的任务时,最简单的办法,便是把主人公送上西天而给一切画上句号。然而别雷却试图把所有情节线索融汇于彼得之死,他也的确成功地找到了这一综合。因而,讲故事人在死亡那一场景中已经找到一定的风格,即作者的风格。别雷认为,彼此割裂地生存于彼得身上的自然之力与精神之力是可以凝聚为一体的。这一层面与那一层面应当是不可分割的,因为若是单独地存在着,一个层面将会被过分地物质化,另一层面则会被过分地抽象化。别雷觉得,这两种因子的聚合可以凭借对宇宙因素的接近,可以通过对人智说①的掌握而得以实现。

人智说是一种世界性思潮。其主要代表鲁道夫·施泰因勒博士,乃是别雷的导师。施泰因勒认为,人的命运远非由其尘世的生命所穷尽。我们的灵魂经历的仅仅是那些时代之中的一个,那些时代不论是出生前还是出生后均是很多的。灵魂应当燃尽自身,熬过劫难,只是在那时,它的归宿才算开始。对彼得之死那一幕,别雷就是这样来描写的。彼得在此间的生涯中未得以成就的,他将在日后去完成它。在死去那一瞬间,人才会成为纯粹的、完整的,因为他会回忆起自己所走过的全部的路,但只是在一刹那间把它们回忆起来。诚然,这种归宿是以并不完全现实的形态展示出来的,可是,彼得,这个农民的儿子与颓废派,毕竟活到头了。

---

① 人智说是神智说的一个变种,此说认为人可以直接与灵魂世界相交往。人智说对于新型小说的创作十分重要;在那里,主人公生活中的每一时刻都被视为宇宙生命的因素,主人公的生平将被宇宙运行而取代。——原编者

《彼得堡》

在《彼得堡》中,《银白色的鸽子》的文体保留下来了,可是故事讲述者更像是一个好搬弄是非的人,其视角更加紊乱。因而,这部长篇小说的头绪更为纷乱,其故事情节模糊不清,主人公们的活动时常被中断,次要的人物则更有活力:维系着方方面面的整一的机制并不存在。但这并不损害作品,恰恰相反,它却强化着事件得以浸润其中的那个氛围。

这部长篇小说是以序幕开场的,彼得堡在这里是作为一个随意出现的城市之模式,作为对生活的官僚主义之公式化的管理之象征,而得到了描写,思维的模式化乃是整个长篇小说的主旨。

阿波罗·阿波罗诺维奇·阿勃列乌霍夫 在阿波罗·阿波罗诺维奇这一形象上,最为鲜明的模式化得到了出色的贯彻。阿波罗·阿波罗诺维奇,这人整个儿就是一个模式,就是沙皇的号令之化身。有人说过,他这个形象是在卡列宁的强大影响下而出现的。的确,这两人之间甚至在外貌上也有共同点:耳朵,乃是他俩肉体形象的主旨之表征。但是,阿勃列乌霍夫是以新的形态被展示出来的:在他心目中,一切均要承受模式化的程序的支配,一切均要形成抽象的模式化的图形——方形,正方形,立方体,这在他心目中乃是一切的基础。所有不能置于方形之中的东西,他是不接受的;那个未能成功地纳入彼得堡的直线型格局之中的瓦西里耶夫岛上的世界,就是他这人无法理解的,格格不入的。方形,对于阿波罗·阿波罗诺维奇,乃是一个中心象征。

尼古拉·阿波罗诺维奇·阿勃列乌霍夫 尼古拉·阿波罗诺维奇这一形象的基础,是他父亲的那个模式,但采取了更为细腻的形态。

这是一位年轻学者,柯亨的信徒,他用柯亨的模式①来衡量一切。他的道路是从抽象的模式走向根基的生成,但这一因素在长篇小说中并未得到发展。尼古拉·阿波罗诺维奇竭力以对另一模式的爆破来走出一种模式。那个被置于沙丁鱼罐头盒之中的彼得堡地下党的模式,一心欲爆破掉另一种立方体模式;一种地下罗斯模式企图爆破掉另一种阿波罗·阿波罗诺维奇模式。这样一来,革命也是模式的产物。革命,这并不是混沌,也不是原生的自发力,而是有爆破力的炸弹,它被置于沙丁鱼罐头盒之中而承受定时器的控制。

在尼古拉·阿波罗诺维奇对索菲娅的关系中,我们看到的正是那种模式性。索菲娅并不是一个宗教形象:这是一个玛特廖娜,不过她已被非常淡化了。她也看出,他并不是那一位男主人公。起初,索菲娅还以为,尼古拉·阿波罗诺维奇,这就是阿波罗,精微的灵性,日神精神,严峻的化身。但是,别雷笔下的阿波罗是模式化的文明之象征②。尼古拉·阿波罗诺维奇并不是那种曾将原生的自发力给驯服住的力量,并不是农民之子彼得,而是一个从高加索的汗国闯入彼得堡的外地人③。这一"籍贯"绝非偶然:它展示着,在他身上可没有什么根基,或者,准确地说,是有根基,但那是另样的、汗国的、进而是专制的根基。因而,即便在尼古拉·阿波罗诺维奇的爱情生活中也得发生灾变。他这人原来是一个糟糕的情人,他屈服着,承受着挫折:女人离

---

① 尼古拉·阿勃列乌霍夫的"柯亨主义"客观地体现了安德烈·别雷对格·柯亨(1848—1918)哲学的双重态度。格·柯亨是新康德主义马堡学派的领袖,著有《康德的认识论》等。别雷对柯亨的学说有过浓厚的兴趣,对《康德的认识论》有过深入的研究。别雷试图在康德的先验论的基础上创建纯粹的认识论哲学,与此同时,别雷对逻辑演绎上的那套花招持嘲讽态度。别雷在其系列论文《哲学的忧郁》与《环形运动》中表达了这种态度。——原编者
② 安德烈·别雷对"阿波罗主义"作如是观:将"阿波罗主义"与"狄奥尼索斯主义"即日神与酒神对立起来的立场,乃出之于经由维亚切斯拉夫·伊万诺夫论狄奥尼索斯的著作中所折射的尼采的《悲剧的诞生》中所阐发的学说。——原编者
③ 看来这是笔误。阿勃乌列霍夫乃出身于吉尔吉斯—凯萨茨汗国,长篇小说中曾不止一次地提及其图兰血统。作者之所以多次提及主人公的"血统",乃是为了更尖锐地提出:东方与西方的论争;为了指出俄罗斯文化中东方因素与西方因素之相悖相逆的关系。——原编者

他而去。另一些人则得心应手享受着成功，因为他们身上还保留着一小块物质性，而尼古拉·阿波罗诺维奇保留的不过是一小块模式。方形也是他的中心象征，不过要更为精致一些：这就是那些委员会书画。由于遭受挫折，他一心欲向孕育他的这个世界复仇，可是他无法复仇。于是，他就用一种模式去报复另一种模式。

红色多米诺 这是在空虚无聊中滋生开来的流言之化身。果戈理的影响在这里显而易见。但除此之外，红色多米诺还体现着整个俄罗斯革命性，体现着它那假面舞会式的象征。革命，犹如教唆，滋生于街头行人口中所出的片言只语。革命乃是一种机械的循环。这样一来，就连地下活动也是彼得堡本身的产物。

杜德金 地下活动的代表就是杜德金。他这个人物身上也没有什么内在的现实性、内在的力量，由此便有了他的梦魇：仿佛他这人把整个地狱的机器给吞下去了。但在这里一种模式并没有吞没另一种模式。杜德金没有遭遇这等事，因为他这人所致力的并不是外在地，而是本真地实现自身。他这人借此而与陀思妥耶夫斯基笔下的许多主人公颇为相像，尤其是与斯麦尔德科夫、伊凡·卡拉马佐夫。杜德金是通过殉身受难这一途径而走向自身之实现的。他喜爱被钉在墙上；这从一方面看，是对被钉在十字架上这一圣事的讽拟，从另一方面看，也有某种严肃性。殉身受难，此乃走向神的化身的唯一途径。存在着好几种力量的受难，但受难是需要的，而且也远非悲观的：在这里便寓有一种宇宙式的必要性。在受难之中，模式化的力量完成着十字架上的赎罪之旅。在受难之中，一切都证实自己无罪。

在人世间，那天性的力量是存在着的，斯克沃罗德过去活过，现在还在，斯拉夫派的穆尔莫耳卡[①]今日也还有，长篇小说结束时，尼古拉·阿波罗诺维奇戴的就是这种帽子。但是，为了透视它们，企及它们，必需穿行痛苦的赎罪之旅。

[①] 穆尔莫耳卡，18世纪前俄国男子所戴的平顶卷檐皮帽。——译者

《柯吉克·列塔耶夫》

《柯吉克·列塔耶夫》并未设定什么故事情节：事件发生的前后顺序在这里是没有的。但是，故事情节之内在的作用还是具备的。别雷本人就说过，《柯吉克·列塔耶夫》中的事件是螺旋式发展的：发生着的是一种象征的渐渐深化，它的谜底直至小说结尾才得到解答[①]。可是，要对这一层加以逻辑上的肢解，却是困难的事。

作品的基础是对一个小男孩的生活的描写。在列夫·托尔斯泰笔下，小孩的生活是在纯传记的语境中展示出来的。一切均发生于古老的贵族习居的庄园现实之中。陀思妥耶夫斯基就已经致力于把主人公的生活变成圣徒言行录。这一点，尤其明显地见之于《卡拉马佐夫兄弟》中对那些小男孩的描写。伊留沙被钉在十字架上：在一个生命之缩微的形态上建构了一座教堂式的宏伟建筑。这里可见出那种把生命的每一脉动置于宇宙层面而加以理解的尝试，即置于殉身受难之中。阿廖沙·卡拉马佐夫与梅什金公爵的生活中的那些事件，也是以这样的方式展示出来的。无怪乎公爵这人在小说中是"来无影去无踪"，毫无什么"来龙去脉"可言，他消失不见了，但并没有死去。不过，在陀思妥耶夫斯基那儿，这种把一切均置于宇宙层面而加以理解的尝试，仅仅还是"摸索着进行"，而且一切均被纳入所承传下来的文学传统的框架之中。安德烈·别雷则径直地把生命的每一脉动都提升到宇宙的规格，宇宙的每一脉动在柯吉克·列塔耶夫的生命中都得到反映。一切在这里都以一种祭司的形式而得到展示。正是这样，柯吉克觉得，在"格拉阿尔"之杯，神赐的幸运之杯中，颅骨会裂开。凭借着这样的一些形象，这样的一些象征，别雷试图把所有生活现象均提升为宇宙生活。这样一来，在《柯吉克·列塔耶夫》中，我们见到的乃是对人

[①] 这一象征的中心作用，在该小说的匈牙利语译本中得到了相当成功的突出；匈语将该小说译成《钉在十字架上》。——原编者

物传记的放弃：生命的每一脉动都拥有意义，其意义不仅仅在氏族的、民族的层面上，而且在宇宙的层面上。诚然，人智说是没有什么前途的，但在特殊的层面上对人物传记的建构，在文学中还是保留下来了。

在德国，表现主义者也试图超越人物传记的范围而建构生活。这一流派的主要代表作家韦尔弗（《从镜中走出的人》）①。与奥地利作家梅林克（《戈莱姆》)②。但别雷先于他们而作了这一开拓，此外，他们的作品在艺术上也不是很有价值，而就其精神而言则还是落后的。

这样，《柯吉克·列塔耶夫》的基础，处在习常所见的人物记的框架之外，这是在另一种层面上被理解的传记。这部作品的其他特色乃是由这一特质所决定的。出场人物得到了这样的描写，就像他们进入柯吉克的生活那样，而且他们一个个均与宇宙有关联。这一关联是由以下手法达到的：从细节，生活的细微情节出发，别雷凭借联想而生的关联，一步一步地把我们引入另个世界。这一手法也是《交响曲》的典型手法，不过在那些作品中风格尚未定型，"脚手架"尚未拆除，因而一切均是非常裸露的。

柯吉克对一切都能非常细腻地理解，不过他的理解力滞留于儿童水平。正是这样，那个在大学留校的年轻人的立场，他对那位身为他的保护人的教授及其妻子即他的女保护人的态度等方面，都写得异常浓缩，透出作者对心理学与精神分析学很有知识。与此同时，这一切都还停留在儿童的理解力水平上。柯吉克，这是一个不同寻常的形象：它是童稚的，同时又是洞察一切的，聪慧过人的，无所不知的。对

---

① 弗兰茨·韦尔弗（1890—1945），奥地利作家，表现主义创始人之一，与弗朗茨·卡夫卡、米·勃罗德的友情甚笃，在20年代里，韦尔弗曾被许多俄罗斯小说家视为知己。尤·奥列沙对这位表现主义创始人十分推崇，认为其"表现主义的幻想"有别于浪漫主义（如霍夫曼），而更像陀思妥耶夫斯基。"它生成于光与影的游移……"——原编者

② 古斯塔夫·梅林克（1868—1932），奥地利作家，曾沉湎于通灵说、神智学，于1927年转而信佛。主要因长篇小说《戈莱姆》（1915年；俄译本，1922年）而在俄罗斯获得一定的知名度。这部小说塑造了一个幻想型双重人格戈莱姆，这个形象引证于一个相当流行的犹太民间传说。——原编者

于儿童作如此这般的描写,可以说这种追求,在当代英国作家笔下也可见到。但他们当中没有一个人达到了别雷这样的深度。他成功地把感知的异常深度移译成了小孩的语言。

《交响曲》

《交响曲》在体裁上是独具一格的,在这些作品中,别雷试图把音乐移译为诗歌语言。《交响曲》的基础,是相谐相应的和音。《交响曲》中,旋律安排着音响的一定的延续。各个不同声部,各组乐器汇合为高度的统一。别雷在自己的《交响曲》中所追求的正是这种相谐相应的和音。诚然,什么乐器学方面的任务呀,什么对位问题呀,在这里是根本谈不上的,但一切正是建构于好几个阶面上的相谐相应的和音这一基础之上。在狄更斯笔下,出身于不同阶层的主人公们彼此相遇而进入生活中的交往关系,他们彼此是以现实的情节纠葛而被联系在一起的。最终,所有线索都汇入旋律所生的那条单一的线索。在托尔斯泰的《三个生命之死》中,也有几分《交响曲》的意味,但除了用单一的思想把三个题旨联系起来,在三个题旨之间也还有现实的纠葛。在别雷笔下,则只有情绪感染这一种手段,只有好几个层面上的情绪感受的处理。那几个层面彼此之间从不交织,从不纠葛。因而,他的《交响曲》让人初看上去仿佛只是某种片段,散裂开来的碎块,疯人的呓语。但是,别雷一心向往的是,以它们来展示那些不论在逻辑上还是在情节上都无关联可言的诸阶面的相谐相应。这种类型的作品,囊括两重世界,且仅仅突出它们在情绪上的相谐相应,一般而言,是浪漫派诗歌所特有的。故而某种程度上的对《交响曲》的倾心,是先前也有之的,但在别雷笔下,它获得了鲜明的表现。

这样,就基本诗学品性而言,别雷的《交响曲》,乃是抒情性叙事作品,它整个建成于各主题之间的情绪互生。为了把细节引入交响曲,应当设法以特别的方式把它们叙述出来。只有那些被预先加工处理的细节才能产生效果。别雷从完全偶然的那一面来提供细节。要是一个物象在本质上是具有特点的,那么该物象是肯定会被引入整个作品的语境之中的;别雷则是从语境中硬行抽出细节,而仅仅展示这一细节所产生的情绪上的、音乐般的印象。比如,他笔下的讲演者的姓氏与其演讲的主题就是相谐相应的。别雷在点出阅读者与被阅读物之间的共通之处之后,便断然改变对这种吻合一致的习以为常的态度;而且,这并不是作为俏皮的双关语而被接受的。这样一来,别雷就把通常整个儿被淹没、而不为我们所感知的那些细节的意蕴给阐发开来。而这就得以让他把细节导入那音乐般的情绪的整一之中。

《交响曲》的基本主题是那种意欲领悟完整的、巨大的、原生态的整一的热望。人是从那种整一之中脱落下来了,但人还在追寻那种整一。就像一向几乎总有的那样,女性乃是整一与完整的负载者。在彼得心目中,原生的自发力的体现者,不仅仅是库捷雅罗夫,也还有那麻脸村妇玛特廖娜,而文明因素的负载者并不是托特拉贝-格拉阿宾,而是卡佳。故而,是不能把别雷笔下的女性仅仅视为色情因素的载体的。

《交响曲》的一个明晰的特征乃是那些思索,那种哲学思想猛然进入作品的总体肌质。在后写的那几部《交响曲》中,那些思想尤其占据主导地位。《交响曲》对于别雷的创作是非常典型的,不过,就其做法的人为性而论,这些作品则是没有多少艺术性的。这乃是孤立单一的体裁,它未必能衍生开来。

诗 作

独具一格的句法乃是别雷的抒情诗的一个出色的特征。平常,我们听到的是句子,而不是词。别雷则把句子分解成一些最基本的成分,让一个词独占一行,且让这个词不是以完整的形态出现,这样,就获得一种分解与离散的艺术印象。被过多的标点符号断开的话语,不要求囊括整个句子,而是被切分成一段一段的;因此,这种话语就成为更具分析性的了,其语速便加快了。某些批评家认为,分析性手法会导致文体琐屑与细碎。但这一观点不完全正确。分析性手法本身在句子不再成为结构紧密的话语之际,并不说明什么衰微。斯蒂芬·格奥尔格也肯定,词序的颠倒可以达到许多目标。但他与别雷相反,他是致力于句子的综合性建构:他要把一个个停顿与句逗号之间的明显的特征均予以磨灭,用小写字母写名词,由此词便无以凸现。格奥尔格以这些手法去达到话语结构的紧密性。不难看出,在当代诗歌句法中存在有两种流派:分析性的与综合性的①。但不能断言一种是衰退,而另一种则是建树。别雷的分析性方法使他的诗句更加令人神经不安,更为紧张,更为灵快。

别雷的修饰语热衷于传达富有感情色彩的情绪。它们位于被修饰词的前面,这就使诗句向古典传统回归,不过在古典文学中这一层属于语言风格,而用语言风格是不能说明别雷的创作的。

在别雷诗中语音是非常讲究的;这一点也掩饰不住。古希腊罗马诗歌中,也有凭借对一组音的有次序的重复来创造印象的,不过在那里它们是被掩饰起来的;别雷笔下,这种重复则惹人注目。而且,这不是音响模拟式的重复,也不是那能创造出某种印象的一定的主导声音,就像在古希腊罗马诗歌中那样。别雷笔下的重复乃是这样形成的:它要让声音能被感觉出来,要让声音之独特的色调能惹人注目,况且,它还并不服从于现实化,而是要产生出那富有情感色彩的印象。巴尔蒙特说过,在这样的音响中就涵纳着词语的魔力。的确,这里是有某种魔力的。

至于说主题,那么在别雷那里可说是一以贯之的。他的散文的主题也就是他的诗歌的主题。不过,那些主题得到了独具一格的展示:

---

① 从巴赫金评论维亚切斯拉夫·伊万诺夫的讲座中可以看出,被巴赫金列入"综合派"的作家与诗人有斯蒂芬·格奥尔格(1868—1933)与里尔克(1875—1926)。——原编者

一首诗中常有好几种主题交叠在一起。

对生活的每个细节之自觉的宇宙意识是一个主题。此间尘世的每一细节，均与那彼岸与宇宙形态上的某种事物相联系。

纯然的色情主题在别雷笔下是没有的。每一首单篇的诗作中，性爱情节不仅仅以其自身枝蔓丛生纠结成团，而且与其他情节错综复杂地交错在一起。

别雷抒情诗的主导主题乃是孤独，不过，这里不是以其诗作的整体而言，而是以其单个的基调来看，但它受到了非常独特的理解与处理：孤独并不是在社会的背景上，而是在自然的背景上被展示出来。此乃宇宙式的孤独，而且这孤独甚至在那外层空间也得到了表现：在那巨大空间——苍天的背景上，展示出渺小的人之孤独。别雷诗歌的这一主旋律，是在与其抒情诗的其他旋律的交织中被体现出来的。

《基督复活了》与《公主的骑士》，对于别雷的风格可说是典型的，但对于他的主题就不典型了。第一首长诗弥漫着革命气息，第二首长诗中，浪漫主义诸主题得到了实现。

别雷在俄罗斯文学中的地位与意义

安德烈·别雷尤其是《彼得堡》对后来的文学的影响，绝对巨大。他成了所有俄罗斯小说家的导师。何以解释这一影响呢？在托尔斯泰与陀思妥耶夫斯基之后，史诗的园地荒芜了。索洛古勃的那些描写男女私情的、抒情性的长篇小说揭示的乃是心理深层的隐秘搏动，因而是无法向他学习的。上流社会爱看的长篇恋爱小说有人在写，但它们一个个均是非常低劣的。要是作者不能进入时代，那么，他的构思将只是某些曾经有过的文学形式的风格模拟。别雷第一个使新型史诗成为现实，创作出新型的俄罗斯长篇小说。自然，他与旧文学有联系，与其好的一面有联系，但他这人毕竟拥有完全新颖的独创性品格。他有新的形式，新的文体，新的语言。可是，尽管有独创性品格，别雷又何以被人们一眼就认出来了呢？这个问题可以这样来解释,他这人承传了陀思托耶夫斯基、果戈理与托尔斯泰等人的那些旧小说的传统。

别雷与陀思妥耶夫斯基那种既是主题性又是文体性的联系,是非常明显的。对神的"化身"的倾心,俄罗斯知识分子对神的"化身"的怅惘,这是别雷与陀思妥耶夫斯基共通的基本主题。对神的"化身"的怅惘,与那种"根基"是相对立的。在"根基"那里,首先被推重的乃是那份狂热的娱神因素,那种对大地的发狂发痴的亲吻,那种肉欲的、情感的亢奋。在陀思妥耶夫斯基与别雷这两位作家的笔下,可以被加以比较的还有俄罗斯革命这一主题。别雷不仅仅继续了、并且在文学创作上穷尽了陀思妥耶夫斯基的全部的基本主题,而且还在现实中找到了它们。一个是开了个头,另一个则是将之继续下去。

别雷的文体也是有机地孕育于陀思妥耶夫斯基的文体,而陀思妥耶夫斯基的文体呢,自然,则又是由果戈理而不是由普希金所定位的。一般而言,在散文中,普希金的传统并不存在。果戈理与陀思妥耶夫斯基笔下的讲故事者,均是思路头绪不清晰、言语前后不连贯、没有什么自信的人;是个好多嘴多舌、好拨弄是非的家伙,他可能把主人公抛在一边而自个儿去尽兴地说三道四。这样的讲故事者,并不比自己的主人公站得高,正是在这一点上他有别于托尔斯泰笔下的作者的立场。但所有的俄罗斯小说家追随的乃是果戈理与陀思妥耶夫斯基。

鉴于讲故事者总是位于自己的主人公的水平上,陀思妥耶夫斯基就并不具有自己的语言:作者的语言成为一种与他所叙述的主人公的语言相似的语言。在这里,作者当然没有故作姿态;正是因为他是严肃的,他才引入这样的讲故事者。陀思妥耶夫斯基心目中几乎不曾拥有另一种样子的视界,作为一个真正的艺术家他明白,凭空杜撰是不行的,我们在别雷笔下见到的正是这种视界,这种形态,直至文体上最细小的特征。但这已不是借用,而是他们生活于其中的世界的影响。

安德烈·别雷与托尔斯泰的联系也是明显的。天然与文明的对立,走出文明世界而进入某个另一种样子的世界,那儿没有乱七八糟的混乱,那儿充盈着勃勃生机,乃是别雷与托尔斯泰这两位作家所共通的主题。成为其共通点的也还有对事物的细节化,事物的具体性,对事物及其细节的钟爱,对事物的芳香的钟爱。普希金推崇的是事物的可塑性品格:事物之所以重要是因为它对理解行为是必要的。托尔斯泰则是有心对事物加以品味,对事物加以欣赏。故而,即便在这里也可见出,那种把托尔斯泰与别雷的创作隔离开来的文体风格层面的深渊,是不存在的。

别雷与果戈理的联系也是深厚的。这既体现为那种在空洞的氛围中主题的衍生(红色多米诺的出现),也体现为手持西班牙弓箭的楚霍尔卡(此乃独特的果戈理式的形象)。在这里,别雷甚至比陀思妥耶夫斯基还要更为贴近地向果戈理回归。

决定别雷创作的意义的不单单是这种与旧传统的联系,而且还有史诗之恢弘与开阔。在果戈理那儿,仅仅是史诗之天才的开端;果戈理在俄罗斯文学中所开创的东西,别雷直接把它完成了。

及至托尔斯泰时代快要终结之际,可以觉察出一种对狄更斯式的那样人物传记性长篇小说的摈弃,在那类小说里有坚实的土壤,在那里可以从开头到结局都过着一种好日子,也存在着专为此而备的诸种叙事形式。还在陀思妥耶夫斯基那儿,我们就已经看出要创作出圣徒传的叙事形式的那样一种追求,可是最终它仅仅是一种自白,一种忏悔。别雷明白,人物传记性长篇小说如今是不行了,便转而着眼于圣徒传,那可是陀思妥耶夫斯基恐怕也会投入其中的。在别雷的那些长篇小说中,事情的关键已经不在主人公的生平:他所致力的不是像英国的长篇小说那样把生命所有搏动与社会相联系,而是将之与宇宙相联系,他要用宇宙形态来取代历史的、日常生活的与宗教意义上的正统的形态。正是这样,在《柯吉克·列塔耶夫》中,别雷试图将小男孩的心灵里的宇宙力量的游戏给揭示出来。努力把生命之所有微小的搏动均提升到宇宙的阶面上,此乃人智说的基础。在这里,我们从广阔的世界进入人智说之狭小的世界,但与此同时我们会意识到一种要以新的形态来处理人物传记的创作计划。

这就是别雷带入俄罗斯文学之中且决定着他的意义的那些因素。要避开他的影响乃是不可能的。甚至那些聚会在《红色近卫军》周围的无产阶级作家之最前沿的阵线,没有别雷也是不能道说出任何东西的。别雷影响着所有的人,他犹如劫数一般悬置在所有人的头顶之上,欲从这一劫数那儿走开,乃是谁也不可能的。

周启超　译

安年斯基

就风格而论,安年斯基是一位印象派诗人。他不是根据在外部世界的观察,而是根据作者心灵中所产生的印象使事物相互接近。个人内心经验范围内的变幻莫测的联想引起事物之间的联系,于是它们成为诗歌中占主导地位的东西。

安年斯基联合的不是像维·伊万诺夫联合的那种非常现实的象征,而是连接情感因素占第一位的一些情节和偶然的事物。且这不是像巴尔蒙特诗中那样的属于情感的主要部分,而仅仅是一些半音和音调的细微区别。安年斯基在塑造自己的形象时,只使用一些次要的特征。他的和音不是建立在基本的音调上,因为他听不到这种音调,而是建立在诗歌中往往被忽视的音调中。比方说,利用一些次要的情感特征,他将春天与死亡联系在一起。这纯粹是以生活的、几乎是现实主义的细节为基础:春天有许多痨病患者死去,按情感的联想春天成为冰雪消融,冬天逝去的季节。其结果是,春天的形象从欢快的变成痛苦的,从再生变成死亡①。

在许多诗歌中,主要形象是物。但在这些诗歌中重要的不是事物所引起的情绪,而是对事物本身的深入领会、体验。诗人不是在自身获取感受,而是在事物中获取感受。这种印象不是源自事物,而是源自事物本身的印象。

安年斯基的隐喻不是很宽泛,几乎是现实主义的,有时是追求一种明显的现实主义的。

声音的方面被掩饰起来了,不成其为独立的美学因素。

音调异乎寻常的平静,带有一种几乎无法用节律传达的非常细腻的音调变化。

句法特点表现为词的排列上的一种有意的不规范:将代词置于名词之前,不合理的格的用法等等。比方说,在"蜡黄色的手将在坟墓中被遗忘"一句中,用第五格突出对诗人非常重要的一词②。在许多现代诗人身上能发现追求特别的句法形式的趋势。比如,安德烈·别雷就把一个个的字独立开来,斯蒂芬·格奥尔格将一个个的词合并起来,他们借助于独特的句法结构来达到各自的目的。而安年斯基的句子结构普普通通,但词在这种结构中的位置却别具一格。

这就是安年斯基诗歌形式的主要特点。

就诗歌的性质而言,安年斯基与表达得最地道的法国颓废派很接近,但不是与它的重要代表人物,而是与一些鲜为人知的人物接近。首先安年斯基与拉弗格③很相近。拉弗格也是投身到事物中,他的诗中也是一些次要的音调占主导地位,在这些次要的音调上建立起情感

---

① 参见《冻僵的三叶草》和《春天的三叶草》中的诗歌《黑色春天》(诗集《柏树木制的小匣子》)。——原编者
② 诗歌《我的忧伤》(《让杂草在激动的神坛上更替……》选自诗集《四处散落的树叶》)。参见《冻僵的三叶草》和《春天的三叶草》中的诗歌《黑色春天》(诗集《柏树木制成的小匣子》)。——原编者
③ 拉弗格(1860—1887),法国印象派诗人,抒情讽刺大师,"自由诗体"的创始人之一。——译者

联想。安年斯基与黎施潘①也很接近。黎施潘笔下的主要形象是一些乞丐和残废。他不是从社会的角度去接近他们,而是深刻领会他们的状态。而安年斯基选择的是残废,但他笔下的残废不是人,而是一些事物。安年斯基的诗歌与魏尔伦的个别的组诗有许多共同之处。

安年斯基诗歌的主题是一种折射、影子般的生活。曾有过生活中的意义,但剩下的却只有回想时的忧伤。他的诗歌表达了失去的意义已无法恢复:缺乏理解句子所需的最重要的词的句子,满是墨汁的纸,不懂事的孩童的哭泣②。在(抒情叙事诗)中的《包裹》一诗中,安年斯基深入到战士的军号中,他整个的诗歌在他看来就像是一种从远方的军号中传来的歌声一样莫名其妙③。

爱情的主题同样有一种莫名其妙的性质。就像在缺少了重要的词的句子中一样,在爱情中缺乏最主要的,甚至可以将为小说的东西。

死亡是一种令人不快的困惑。残废的象征是红桃牌,而象征推动了一切平常的音调 belle dame sans merci④。

莫名其妙的主题情节也转移到风景上。安年斯基诗中没有绚丽的风景,他的风景用一种忧郁的调子写成。性质上风景与事物相近:风景中没有人,情绪就包含在其中。

这样一来,安年斯基诗歌的主题就是不可企及性,不可捉摸性,关

---

① 黎施潘(1849—1926),法国作家和戏剧家。——译者
② 《忧伤的三叶草》中的诗歌《回忆的忧伤》(诗集《柏树木制成的小匣子》)。——原编者
③ 《凄凉的三叶草》中的("叙事抒情诗")诗作(诗集《柏树木制成的小匣子》)。——原编者
④ 根据上下文判断,巴赫金将死亡作为 belle dame sans merci(直译为:毫不怜惜的美妙妇人)谈论在此已不是第一次。勃留索夫 1907 年有诗歌 La belle Dame sans merci,约翰·济慈有这样标题的抒情叙事诗(第一次译成俄语于 1911 年出版)。看来,巴赫金也熟悉法国老诗人和散文家阿列仑·舍尔吉的创作,在《简明文学百科全书》(作者:米哈依洛夫)关于他的条目中写道:《舍尔吉的长诗〈残酷的美人〉》(La Belle Dame sans mery, 1424)特别受欢迎,(……)长诗引起了大量的反响和模仿。——原编者

闭或通往空虚的敞开的大门的象征①。在此不可能有任何明确的形象、韵律和和音,因为一切皆在联想之中。联想的诗歌既要求声音形象的,又要求逻辑形象的模糊性、不完结性。安年斯基的诗歌可能使人觉得单调,但实际上在他的诗歌中蕴含了极为丰富的精致和细腻。

悲 剧

安年斯基属于发展了第三次文艺复兴——斯拉夫文艺复兴思想的人②。因此他饶有兴趣地研究了古希腊罗马文学,并在这一领域做了大量工作。除了出色地翻译了欧里庇得斯③的作品外,安年斯基还写了一些奇特的悲剧。但他的悲剧只不过是对古希腊罗马悲剧的模仿,因此令人非常不满意。

《反映之书》

这个集子中最有意思的两篇文章是《果戈理幽默问题》和《灰色纸上的小花饰》④。它们是用果戈理和陀思妥耶夫斯基的风格写成的。安年斯基所认为的这两位作家最重要的东西放在这两篇文章的首位。这就是典型的印象主义批评,这种批评非常有意思。

安年斯基在俄罗斯文学中的地位与意义

安年斯基对古米廖夫,以及总体上对阿克梅派诗人,对用安年斯基的名字写作的自己的儿子克里维奇也产生了影响。但他儿子的诗

---

① 诗歌《在墓旁》(诗集《静歌》)。——原编者
② 参见后面"勃洛克创作中的第一阶段"中有关泽林斯基的注释。——原编者
③ 欧里庇得斯(约前485—前406),古希腊著名的剧作家。——译者
④ 小花饰,指书籍卷首,章、篇的首尾等处的小花饰。——译者

歌内容非常空泛,而且很平淡。安年斯基的诗是那样的独特,只可能像克里维奇所做的那样模仿他的诗,而在他那儿学到什么是不可能的。因此他没有创立什么流派。

弗拉基米尔·索洛维约夫

弗拉基米尔·索洛维约夫是一位诗人,更是一位哲学家。他写了许多哲学—神学文章,一些关于伦理、美学和批评的文章。

索洛维约夫的第一部作品是《抽象起源批评》。抽象起源指的是脱离统一体,追求独立的那一部分。可见,这里有一种与米哈依洛夫斯基的联系,但与后者不同的是,他把这种统一视为形而上学的起源。

索洛维约夫的主要美学文章是《关于陀思妥耶夫斯基的讲话》。在该文中,关于陀思妥耶夫斯基讲得很少,但文章中表达索洛维约夫本人的美学观点。这些美学观点对勃留索夫、索洛古勃、勃洛克产生了很大的影响。索洛维约夫的批评文章非常有意思,论述莱蒙托夫、丘特切夫、阿·托尔斯泰的文章尤为精彩[①]。

诗 歌

弗·索洛维约夫虽然也写了一些优秀的诗歌,但实际上是略识门径者。在诗歌上他没花太多的时间。他是一位哲学—神学家,作为诗人,他只是一位爱好者。作为爱好者的特征暴露在他诗歌的形式手法上,他的这些手法相当弱。总之,在索洛维约夫的诗歌中,初入门径者的特征,不完整的特征非常明显。但在他的诗歌中有一种谢林[②]式哲

[①] 参见弗拉基米尔·索洛维约夫在"米哈依洛夫斯基"一节中的评语。——原编者
[②] 谢林(1775—1854),德国哲学家。——译者

学类型的不寻常的深度。他在哲学—直觉主义思想上比丘特切夫更深刻。但在形式方面他没有引入任何新东西。

索洛维约夫诗歌的基本主题是一种神秘、美妙的情人主题,一种永恒的女性主题。他因此被称为索菲娅—哲学家,即上帝智慧的哲学家。

根据索洛维约夫的思想,在生活的基础上有两种起源。一种男性的——逻各斯;这是运动的力量,事业的力量,精力的力量。逻各斯应该拥有它可以作用的对象。这个对象就是索菲娅——女性的,消极—直觉的起源,世界的灵魂。耶稣是男性的起源化身,而圣母更为深刻地体现了女性的起源。但是他们也可以转化为其他的形象。逻各斯有可能要么完全善良,要么完全凶恶。而索菲娅则与世无争,她身上包含了所有本质上具有双重性的种子。善良的逻各斯控制她,她便善良,凶恶的逻各斯控制她,她便凶恶。因此,世界历史的任务就在于塑造一个善良的索菲娅。索菲娅总是摇摆不定:她一会儿是光明、纯洁的,一会儿又是凶恶的,而且凶恶的甚至占多数。因此在勃洛克笔下的法伊娜、瓦莲金娜、卡门身上,凶恶的一面占主导地位。由此可见,弗·索洛维约夫诗歌的主题就是索菲娅化身的形象,她的双重性。

索洛维约夫的历史地位

弗·索洛维约夫的诗歌是典型的浪漫主义诗歌。但是,尽管他是一位浪漫主义诗人,在他诗歌中却有许多浪漫主义者所没有的新的特征。因此人们一般视他为新浪漫主义者。丘特切夫和费特是给索洛维约夫诗歌以巨大影响的前辈。但同时他与象征派人物联系十分密切,尽管他对象征派代表们的看法颇为激烈而且不正确。因此弗·索洛维约夫的诗歌在文学上不仅从时间排列上,而且从内容上,都具有承上启下的环节作用。

勃洛克

亚历山大·勃洛克属于象征派的年轻一代。

文学影响

对勃洛克产生过巨大影响的人是弗拉基米尔·索洛维约夫。勃洛克掌握了索洛维约夫的基本主题:世界灵魂的主题——索菲娅。但索洛维约夫的诗歌中占主导地位的是哲学—神秘主义,而勃洛克诗歌中更多的则是情感神秘主义。在这道情感的彩虹中,我们也可以加上莱蒙托夫的名字。勃洛克的创作如同莱蒙托夫的创作,情爱主题中处在第一位的是爱情对象的不可接近,神秘莫测,不可企及,但在弗·索洛维约夫的创作中,这一点由于索菲娅的消极性和本质双重性而退居次要位置。在勃洛克创作道路之初,索洛维约夫的影响占上风,莱蒙托夫只是一种泛音。但后来莱蒙托夫的因素占优势。除情人的主题思想外,莱蒙托夫还作为讽刺诗人对勃洛克产生了影响。勃洛可的诗歌中能发现一种明显的讽刺倾向,而在这方面他与海涅很接近。他们的共同特征就是将严肃的、热情奔放的抒情与讽刺结合在一起。我们在索洛维约夫的《三次约会》中也看到了这种高昂的热情与幽默,甚至喜剧因素的结合。但这里是索洛维约夫与莱蒙托夫和海涅的相似,不是受他们的影响。这些诗人对勃洛克的影响都十分强烈,特别是在他创作的第二和第三阶段。因此许多人称勃洛克为俄罗斯的海涅,但这是不正确的,尽管海涅确实对他产生了影响。

在形式方面索洛维约夫已不可能影响勃洛克,索洛维约夫诗歌的这个方面很薄弱,而且这时老一辈象征派已经开始了创作。所以,勃洛克当然是在他们的诗歌背景下成长的。他已经了解了自己老一辈同人诗歌形式的一切锐利和勇敢。索洛维约夫不是普通意义上的,而是广泛意义上的象征主义者:他在表达方式的理由方面十分谨慎。勃洛克从一开始就把词作为象征来运用,这一时期作为诗人已经成形的同时代人的影响是十分强烈的。勃洛克一开始便从现代派起步,但将之带进新的接受层面。

对勃洛克有影响的西方诗人,除了海涅外,还有早期和晚期的德国浪漫派。他也体现了具有永恒的女性崇拜、神秘性,接近但丁的前拉斐尔派英国诗歌的音调,他们的影响也显露在勃洛克的风景描绘中。勃洛克与巴尔蒙特的某些相似之处便由此而来,这是受共同的影响所致。

勃洛克非常熟悉和高度评价的莎士比亚对他的影响尤为特殊。的确,这种影响十分独特:它不是莎氏整个创作,而只是一些形象的影响。这就是哈姆莱特的形象。哈姆莱特式的主题他写了很多诗;李尔王和他女儿们的形象,科尔杰利的主题——他不了解真相,赶走了忠于他的女人;侍从丑角的主题,推选出的国王的主题。如果不考虑这一影响,就无法理解勃洛克创作的整整一个方面。莎士比亚式的深刻性,莎士比亚式的力量,甚至几乎是莎士比亚式的典型的愚蠢对勃洛克而言也颇具代表性。甚至在形式上莎士比亚也影响了他。他晚期的诗歌是一些独白,是演员的情绪激昂的朗诵。

应该说,在勃洛克早期的创作中所有这些影响都占有一席之地,但在早期创作中它们相互之间没有区别,而在后来的创作中,这些线索表现得非常强烈。在第一阶段,弗·索洛维约夫的影响占上风,而后来他成为一种泛音;莱蒙托夫,海涅,莎士比亚,前拉斐尔派的影响占主导地位。但这不意味着勃洛克身上的一切都归功于他们,他当然是非常有个性的。

勃洛克诗歌的形式特征

勃洛克善于博得读者特别的爱戴。这是因为他诗歌中没有故意的矫揉造作。对于维亚切斯拉夫·伊万诺夫而言,诗歌的语言是一种应该越来越脱离口语之路的神圣的语言。索洛古勃有意地、刻意地将厨房的语言、洗衣妇的语言与典雅精致的沙龙现代化语言混合在一起,而勃洛克的语言是生活的语言,他毫不费力地面对这一任务。他的语言是城市中等知识分子的语言:小学教师用这种语言向县城小姐表白爱情,同朋友谈论上帝和永恒。而这从一开始就构建了勃洛克的力量。人们珍视一些人,尊敬另一些人,期待一些人的与众不同。人们喜爱勃洛克,因为他的语言是全俄罗斯阅读的人们所讲的语言[1]。

勃洛克的语言不仅具有接近直接的日常生活说法的特点,而且也具有接近内部言语的特点[2]。我们总是通过一些语汇来思考,但这些语汇未分等级,所以当我们想说出这些语汇时,就感到这些语汇对于外部表达是不够的,但内部言语的语言总是与我们很接近。外部言语表现外部文化,文化修养程度,教育条件。内部言语中的区别要小一些,因此对所有人而言它更好理解一些。当讲到语言时,总是要从它是接近还是远离内部言语这一方面来视察。维亚切斯拉夫·伊万诺夫语言的每一个细节都是设计好了的,这是对内部言语的极端偏离。索洛古勃,巴尔蒙特处于中间状态。勃洛克的语言与内部言语异常接

---

[1] 勃洛克语言的这些特点可以看成粗俗的特点。但是,第一,自由的,而且有些地方似乎是随意的粗俗的叙述("一切闲暇时间都徘徊于各小酒馆的诗人",可以接纳到职业协会的《夜莺花园》的主人|公)很显然是巴赫金在这些讲座中的观点。但是后来,在对勃洛克语言的详尽描述中,这种主要的东西,看来用一种很尖刻的形式说出了关于勃洛克诗歌心理和言语领域的实质性真实情况。他诗歌中这种领域宽广的特点树立了他成为唯一受广大"阅读的俄罗斯"圈子欢迎的诗人的特殊地位。讲到勃洛克宽广的意义时,另一位诗人用另一种写道,"勃洛克——这是俄罗斯生活的各个方面:北方城市生活和最新的文学中,星空下现代生活和本世纪客厅中点燃的丛树旁复活的现象(《日瓦戈医生》)"。——原编者

[2] 在此,以及后面,巴赫金涉及自己20世纪语文学的一些理论话题(内部言语、语调)作为哲学问题的言语内部问题在《马克思主义与语言哲学》中被提出。内部言语的这些单位,似乎是所说的东西"总体印象"的相互联系,而且不按语言规则或逻辑,而是按对生活连贯性的整体符合等规律相互变换。以及:"外部现实化的表达法是从内部言语的一望无际的海洋中突出的岛屿,这个岛屿的大小和形式是由表达法和该情景的听众在关于内部言语中决定的。"——原编者

近，这似乎是将内部言语转移到外部语言的一种尝试。由于接近内部言语，勃洛克使读者与自己接近，读者在他身上看到了自己。这也是他成功的原因之一。只有别雷和勃洛克能够这样去靠近读者，尽管各自以不同的方式①。

勃洛克的隐喻活跃于它所浸润的统一的语境中。因此他的用词非常个性化。在古典诗歌中，同样的词语我们在不同的语境中才能看到。而在勃洛克的语言中隐喻高度统一；它只有在该作品范围内才有艺术说服力，才有意义。在这种隐喻与独一无二的作品语境的独特融合中，勃洛克最大限度地达到可及的一切。他的隐喻的巨大幅度以及极大程度的独特性和大胆性便由此而来。在这一点上他超过了他所有的同时代的人。但这种惊人的大胆，而且在此意义上最现代派式的隐喻并未被视为一种挑衅。如果不对它加以分析，我们就发现不了它的大胆之处，因为它追求的是仅仅在该独特的体验中才成为真实的。勃洛克的语言与以隐喻性为其总体特色的内部言语的接近也促进了这一点。(见：市长/？/②《关于内部思维过程》)。假如每一个人都能记录下自己的内部言语，他一定会为自己大胆的隐喻感到震惊。勃洛克的隐喻非常大胆③。

对世界的曲折描绘，对它的拔高和贬低也是勃洛克诗歌的特点。但他作品中的曲折性不是体现在词汇中，而是体现在遵循一种语言观点的形象及其情感构造中。比如"小酒馆"和"教会"这两个词不走出同一词汇语言的范围，但同时，两者之间的距离相差却很大。勃洛克诗歌的曲折性就在于这种并非词本身，而是形象及其情感泛音的不同价值中，这也促进了广大读者对他诗歌的接受。"小酒馆"和"教会"

---

① 参见关于安德烈·别雷讲稿的结尾部分。——原编者
② 原文为"Мер/？/"。——译者
③ 勃洛克式的隐喻特点——就是情感性和神秘性——在关于象征派圈内其他诗人的讲稿中有对比。关于维亚切斯拉夫·伊万诺夫的隐喻，可参见维亚切斯拉夫·伊万诺夫一节；关于安年斯基的隐喻，可参见安年斯基一节；在关于叶赛宁的讲稿中，将他的隐喻与勃洛克隐喻予以比较(与关于勃洛克诗中对各种世界的"拔高与降低"的有关理论)。——原编者

这两个词能被任何一种意识接受得益于它们周围已确定的一定的泛音。俄罗斯文学绕过了曲折性,唯有现代派将之引进。但在现代派那儿,与勃洛克不同的是,曲折性被作为一种责怪来接受,因为他的语言处于一个词方面。因此他成功地完成了《夜莺花园》的任务,在这个作品中充满激情的思想与驴子的形象联系在一起,而且驴子所营造的并非喜剧的而是悲剧的印象,但话说回来,如果在勃留索夫身上,这种结果一定会被视为挑衅。

勃洛克诗歌的声音方面很复杂。这一方面不像巴尔蒙特的那样显得强烈,尽管如此,它还是一种独立的因素。况且,在一些诗歌中甚至可以发现一种惹人生厌的东西。声音的复杂性与勃洛克诗歌的性质是一致的:它的情感性和隐秘性要求声音的隐秘性和情感性。

勃洛克的诗韵非常柔和,他走向自由体诗不是偶然的。这不是贫乏的,而是非常复杂、丰富的诗韵,但与他诗歌的总体风格相符合,这种韵律是很克制的,不划分出来,且受制于诗歌的其他成分。

节奏是每一行诗句个性化的因素,勃洛克的节奏丰富多彩。如今谈论语调成了一种十分流行和时髦的事。语调是指那些不能被准确分类的声音上的细微差别的总和。这里问题不在于词的意义方面,也不在于词的声音方面,而在于声音赋予词的情感、个性色彩方面。那种处于一定语境,通过我们声音振荡传达的词的情感和个性就是词的语调。总之,由声音传播的无穷无尽的细微差别构成词的语调。声调的组合可能是无穷尽的、非常有弹性的和个性化的。这种组合通过表情、手势和环境等方式得以加强。构成独特诗韵的主要不是节拍,而是音调。在古希腊罗马只允许粗犷的音调,近乎动物式的喊叫。这种音调无法扩展,因为台词是从大舞台上通过扩音器播送出来的。现在对于将占有重要地位、而且所有的人都应考虑的广播而言,复杂的语调是不合适的。它听起来会过于狭窄,就像现在的那种拨弦古钢琴的声音一样。维亚切斯拉夫·伊万诺夫认为,复杂音调的细微差别是很繁杂的,而且似乎要把自己的诗从变调中解脱出来。但是在勃洛克的诗中，同一节拍范围内存在着非常多的音调变体。因此他的声音在增音器中消失①。音调是通过声音传达出来的词的个性化的情感状态，它破坏学者们的一切估计和推测。它在何处，它如何达到，不论我们怎样从语义角度分析词的质量和数量方面都无法回答。总是留下些什么没有被研究。比方说，什么是勃洛克诗歌中最重要的东西。在这个方面语言学是无能为力的，因此它应该放弃。最近人们在作努力，将诗人们朗读自己诗歌的声音和一些舞台语调变化的、影响诗歌的声音转到唱片上。这十分有益，但不可能总是有帮助，这仅仅为关于音调的科学奠定了一些基础，但在此还谈不上这种学科②。如果不能赋予"音调"这个词一定的意义，总体上最好是避免这个词，比方说，就像在讲到勃洛克时。

勃洛克创作中的第一阶段

勃洛克创作的第一阶段在内容方面也是单调的，因为全是抒情诗。基本主题是对变化的追求，但只是在诗人个性范围内，在他的内心，而非在现实生活中的变化。宇宙的变化在内心的变化面前退居至次要地位。在勃洛克后来的创作中，能发现从圣母转向基督，从抒情诗转向叙事文学和戏剧，从抒情的变化转向宇宙变化的追求。但在第一阶段是一种纯粹的、无止境的抒情不愿意，不会，也不可能创造叙事

---

① 参见 С.И.伯伦斯坦的文章《勃洛克的声音》(1921)，载于《勃洛克选集》，塔尔图，1972年，第454—525页。——原编者
② 巴赫金在20世纪的一系列文章中奠定了语调独特理论的基础。富于表现力语调被作为表达的最为重要的结构性特征：语调总是处于文学与非文学、言说与难言说的边界上。在语调中话语直接与生活相关。首先正是语调中说话人与听众关联：语调就其本质来说是社会性的 (В.Н.沃洛希诺夫：《生活话语与艺术话语》，载《星》，1926年第6期，第253页)。也比较："就是这种'声调（语调）'做成所有表述的'音乐'（总的含义，总的意义）。……情景和相应的读者决定的是语调和已经通过它来实现词的选择和词的顺序，通过它来理解整个表述"(В.Н.沃洛希诺夫：《表述的结构》，载《文学学习》，1930年第3期，第77、78页)。在《审美活动中的作者与主人公》的第一章中对诗韵和语调进行了理论划分。——原编者

作品。在古典主义诗歌中,每一个形象都是外部世界的形象。勃洛克的形象只有在心灵的统一中,在个人的圈子中才有其形式。由此便产生了他的温柔和处于完全被动、本能中的变化。这是一种无法猜测,意想不到的偶然的喜悦,勃洛克像弗·索洛维约夫一样从中世纪基督教神秘主义中获得这些形象。但索洛维约夫除此之外,还从古希腊罗马文化和东方世界中汲取象征,在形象的丰富性方面,他与维·伊万诺夫很接近。勃洛克在这个意义上,命中注定如此,他从未接近过古希腊罗马文化。当时,曾经谈到过第三次文艺复兴的到来。第一次文艺复兴是意大利的文艺复兴;第二次文艺复兴在德国(歌德、温克尔曼①、沃尔夫②。他们身上能发现对古希腊罗马文化非同一般的热爱和复兴古希腊罗马文化的尝试);第三次文艺复兴将是斯拉夫的文艺复兴。世界上最优秀的古希腊罗马文化专家泽林斯基如是说③。人们

---

① 温克尔曼(1717—1768),德国艺术史学家,古典主义美学奠基人。——译者
② 沃尔夫(1679—1754),德国唯心主义哲学家,唯理论的代表人物。——译者
③ 参见 Ф.Ф.泽林斯基的文章《回忆 И.Ф.安年斯基》(1909):"我们不止一次地与故去的人谈论这一主题,不止一次给自己描绘,与伟大的文艺复兴一起,在16世纪罗马文艺复兴和18世纪德国的文艺复兴之后的第三次文艺复兴,即未来的'斯拉夫文艺复兴',它何时到来呢?"(Ф.Ф.泽林斯基:《来自思想的生活》第2卷,《古代世界与我们》第3版,圣彼得堡,1911年,第377页)巴赫金哥哥尼古拉·巴赫金(1894—1950)回忆说,关于在1917年革命前的几年,以及在十月革命事件的岁月里,在泽林斯基领导下的哲学家、古典语文学家和诗人聚会的小组(巴赫金两兄弟都在彼得堡大学泽林斯基身边学习)里,参加者将自己的社团称为"第三次文艺复兴协会"。"这是十七年前的红色十月——共产主义转变时期的彼得堡。在瓦西里耶夫岛上狭小而寒冷的房子里,在烛光下,(因为,很自然在那些日子里没有电)我们十二人与我们的老教师泽林斯基教授聚集在一起,我们所有的人都是希腊语专家、哲学家和诗人,照例聚集在一起讨论古典主义的论题与现代的关系。我们自信地称它为'第三次文艺复兴协会'。因为我们相信,新的文艺复兴应该很快来临,新的文艺复兴已经有了第一批活动家,俄罗斯文艺复兴将是现代世界对古希腊人生活概念的最高和最终的诠释。因为,像与俄罗斯的其他事物一样,从事古典语文科学的研究不仅仅是为了教育,而且除此之外,还是为了重建生活的方式。学习希腊语就如同参与到以希腊理想的名义,来反对现代社会的根基本身那样危险的和激动人心的密谋中一样。这些期望鼓舞着我们,那时我们所面对事件,看来应当给我们幼稚的希望画上句号,俄罗斯显然处在某条通往与希腊的文艺复兴完全不同的道路上。"(尼古拉·巴赫金:《演讲与随笔》,伯明翰,1963年,第43页)——原编者

曾经期待这一次最完整的文艺复兴,也曾经期待它能改变整个世界。所有的人这样或那样地了解这些思想。由此便产生了索洛古勃,维亚切斯拉夫·伊万诺夫,勃留索夫,巴尔蒙特对神话的向往。古希腊罗马文化的影响是他们创作中十分重要的方面,如果不考虑这一点,就不可能了解他们的许多东西。勃洛克在这方面很独特:古希腊罗马的形象未进入到他的诗歌中,这些形象与他的世界格格不入。但应该说,在最后一个阶段,当勃洛克开始寻找社会—历史的变化时,他对古希腊罗马文化也产生了兴趣,但古希腊罗马文化未来得及找到在诗歌创作中的表达。到这一时期,整个世界,整个主题发生了那么多的变化,以至于可以将古希腊罗马风格也包容进来。这种可能性已经显露出来,但未能实现。

在初期,勃洛克是一位狭隘的浪漫主义者。其诗歌的主要形象是美妇人,只有那些与圣母相协调的东西才能与她协调。这是像中世纪所理解的那样的骑士偶像——美妇人。他们的关系是骑士对美妇人的关系,或者是配不上美妇人的人对美妇人的关系在中世纪,这一情节通过这样的方式打造出来,即除了做骑士,对未授予骑士称号的人,还可以有侍臣丑角可做。未被授予骑士称号的人的形象,就是相对于美妇人而言只可能是丑角的侍从丑角形象。充当侍从丑角这一情节在文学中十分普遍,一般它被加工成在阿纳托尔·法朗士[①]的作品中所占据的位置那样:一切服侍对圣母都是适宜的[②]。这种主题在勃洛克的作品中也得到了这样的表达。美妇人不可能矛盾,但是诗人已经矛盾起来,在她眼里他不过是个丑角,所以他的爱情是无望的,不可能有结果的。后来,不仅仅是他,她也变得矛盾起来。他们之间关系的道具成为假面舞会的道具,他变成了皮耶洛[③],她则成为科洛姆皮娜[④]。但是现在美妇人还未成为科洛姆皮娜。她没有在舞台上,没有在现世中,还未进入到城市的物质世界,而只是与大自然联系在一起。

[①] 阿纳托尔·法朗士(1844—1924),法国作家,1921年诺贝尔文学奖得主。——译者
[②] 小说集《珍珠贝制成的小匣子》中的小说《圣母玛利亚的流浪乐师》。——译者
[③] 皮耶洛,勃洛克剧作《草台戏》中的主角,一位失意的诗人。——译者
[④] 科洛姆皮娜,勃洛克剧作《草台戏》中主人公皮耶洛的未婚妻。——译者

勃洛克笔下的风景与中世纪的不同,它非常的隆重、紧凑,充满了多神教的、神话的物质,而且也十分抒情。美妇人还未走进现实世界,但已进入大自然中,这似乎起到了通往城市桥梁的作用。

勃洛克创作中的第二阶段

在勃洛克创作的第二阶段出现了层次化。美妇人发生裂变,成为陌生女郎。诗人的形象也集中在一定的范围。他已经是一个完全明确的现代诗人,所有的闲暇时间都在徘徊、穿梭于小酒馆中度过。较之第一阶段的骑士,诗人身上出现了新的特征:他变得高于陌生女郎——即翻转过来的美妇人。但诗人身上还是保留了一些老的东西,他既是骑士,又是侍从丑角,他们之间相互渗透,但不是很直接地,而是在道具掩盖下进行。现在抒情系列消失了,出现了城市风景,现代生活进入到这种城市风景中。这已不是一般意义上的某一个城市,它没有边际,无一定的特征,他只把自己的城市抒情情感带入其中。在这儿一切都获得了一定的特征:那就是酒馆、葡萄酒、暴风雪、赛马。但与热情豪放的复杂世界相并列的是美妇人形象的继续存在。它失去了稳定性,但终究没有全部消失。

这样,勃洛克创作中第二时期的特点便是抒情系列的消失。他诗歌的形式特点只可能在这种主题方面发展。

勃洛克创作中的第三阶段

在创作的第三阶段,勃洛克又重新追求统一。但如果说,在第一阶段占主导地位的是抒情性的统一,那么现在出现了对史诗性统一的追求,尽管还只是实现它的一种趋势。在第二阶段,从解体的抒情统一体中划分出讽刺的世界。这个世界不太被接受,它与陌生女郎对立。现在诗人试图理解这个世界史诗般的性质。如果说在那儿史诗般的因素打破了抒情的统一体,因此被认为是件坏事,那么在这儿,它则努力成为整个生活的轴心。

至于选题方面,那么这一时期没有出现新的主题。在第二阶段,与第一阶段相比,出现了一些新的主题,一些新的象征总体。关于第三阶段却不能这么讲。在这里还是同样的世界,同样的事物,但它们被重新组合,按照另外的方式安排,因此得到另外一种表达:在那儿不好的东西,在这儿是好的。勃洛克竭力从不协调的现象中走向完整性。如果用维亚切斯拉夫·伊万诺夫的术语,可以说,是从理想主义走向现实主义。

《夜莺花园》

《夜莺花园》似乎处在勃洛克创作的第二和第三阶段之间。女主人公身上既结合了美妇人的形象,又结合了卡门的形象(她们的手镯完全吻合),还有法伊娜的形象,茨岗女郎的形象。先是她萝萨·陀拉洛萨,在夜莺花园,那里有清澈的小溪,满是树叶和象征着中世纪意义的玫瑰。接着她身上突现出豪放粗犷的茨冈象征。因此在她身上概括了所有勃洛克式女主人公的风貌。篱笆①,甚至在《意大利组诗》中被诗化了的驴子都是老的形象。但对这些老的形象出现了另一种态度。在老的形象中,这个世界是正义的,神圣的,是有崇高价值的世界,那么在篱笆后而,是酒馆、柜台,诗人竭力克制,设法躲避它们,但他必然失败。在篱笆后面,这里公正的和应有的是真正的劳动。花园成为诱惑和罪恶,而主人公多石的道路便是受洗之路的等价物。它与玫瑰已不再有联系,玫瑰留在了夜莺花园。因此说老的形象的情感意义已经改变,但叙事长诗仍旧未成为史诗。在长诗中有主人公创作的准确的具体化过程:可以把他列入专业性的结合之中,但夜莺花园被留在抒情的范畴内。如果我们努力使长诗转换成为一种史诗的音调——贵妇人爱上看来外貌英俊的工人,

---

① 篱笆作为各世界之间的界线,在勃洛克抒情诗中,特别是在《意大利组诗》中与表示和装饰它的花,主要是玫瑰,不断地出现。——原编者

那一定会很荒谬。《十二个》和《报应》更具史诗性,但这两部作品中最后的时刻也是以抒情的方式结束的。

《十二个》

在《十二个》中我们看到的是勃洛克诗歌中最重要的形象和最隐秘的象征,但是,是经过另一种方式加工的。这里是旧主题的新组合。勃洛克是现代诗人中唯一的似乎由浑然一体的整体构成的。

长诗中有陌生女郎形象的痕迹,就本质而言,它没有改变,但不再神秘。整个彼得堡与卡齐卡一道回来了:彼得堡的大街小巷、赛马、小岛和已固定在车辙上的灯,暴风雪——长诗以它开头,又以它结束。皮耶洛和科洛姆皮娜的主题(道具式的、玩具式的陌生女郎就像玩具一样死去了),茨冈女人的主题(啊,同志们,亲人们,我喜欢这个姑娘……我与这姑娘度过了醉人的黑夜……),骑士和侍从丑角的主题(彼基卡和万卡)都有所反映。但所有这些老的形象转移到另一层面。

另一种阐述是怎样在长诗的形式和主题中表现出来的呢? 在此每一点都完全被限制在一定的范围,现实主义的语言,现实的人物和他们之间现实的关系,被现实主义地领会的暴风雪。

革命的主题决定了长诗的统一。但十二个的辩白是整日泡在酒馆柜台边的喝醉的灵魂的辩白,是侍从丑角的辩白。在诗歌《来自港湾的深秋》中,喝光了所有的金钱,失去了一切的水手之死就是他无罪的宣告:

> 空旷港湾的岸边,
> 降临第一场小雪……
> 在最纯洁、最温柔的白雪中
> 水手,你睡得可香甜?

在《诗人们》中也是如此。诗人在栅栏下冻僵了,但栅栏下惨死的这一时刻便是他的辩白。

> 让我像狗一样在栅栏下死去,
> 让生活将我埋葬到土中,
> 我相信,上帝会用白雪将我覆盖,
> 暴风雪会将我亲吻!

在这两首诗中,大风暴和暴风雪就是结局。因此《十二个》的主题不是突然冒出来使勃洛克投入到革命中,而是要早得多。

十二位赤卫队员身上没有任何正面的东西。这是最后一些人,败类,就像从加里莱亚来的十二位跟着耶稣的圣徒。那个时代的加里莱亚,就是我们的叶列兹,那儿通常出犯人。俗话说:"叶列兹是窃贼滋生之地。"十二位赤卫队员就像十二名圣徒一样一无所有,因此能够拥有一切。勃洛克在此是纯粹的浪漫主义者:一个钉死在某种一定的东西上的人,不寻找任何东西,一无所有的人,能拥有一切。上帝喜欢那些不依附于任何东西的、一无所有的人。没有正面的品质使他们更接近上帝,使他们成为神的代言人。只有绝对的黑才能创造绝对的白:酗酒过量的水手是白雪,无家可归的诗人是白雪。这种对立因素的光照下的结合在《十二个》中完成了:"黑色的夜,白色的雪"。如果说水手和诗人身上的善是不现实的,那么赤卫队员身上非同寻常的上帝的仁慈却是表现在现实的历史行为中:将他们放在革命的前列。这里已经是对史诗的追求,而仅仅至耶稣出现之前。耶稣的出现无法叙述,就像夜莺花园一样,因此被控制在抒情的层面上。

从伊万诺夫-拉祖姆尼克开始,人们将《十二个》的结局视为史诗般的结局,并且将勃洛克的长诗与《青铜骑士》相比[①]:他们认为,有两

[①] 与《青铜骑士》的对比在 P.B.伊万诺夫-拉祖姆尼克的《亚历山大·勃洛克、安德烈·别雷》一书中,彼得堡,人面鸟出版社,1919 年,第 131、132、138、161 页。——原编者

位最伟大的英雄般的诗人——普希金和勃洛克。然而这种比喻是不公正的。《青铜骑士》自始至终是史诗般的。要使《十二个》听起来有史诗的味道,就不应该让该长诗以耶稣结尾,而应该以,比方说,列宁收场。列宁是现实生活中的人物,因此对他的理想化不会破坏作品的史诗性。理想化是史诗的属性,但必须是对活生生的人物的理想化。勃洛克不想停留在历史的范围内。对他而言,终审法院不是历史,而是统治历史的因素。因此在《十二个》中勃洛克走出了史诗的范围。长诗中没有纯粹的史诗般的事迹,这只是勃洛克史诗的最高成就之一。

勃洛克的道路,就是从绝对非现实的贵妇人走向现实性的妥协之路,以及最终走向历史与统治历史的因素的象征统一之路。因此完成的象征已不再是圣母玛利亚,而是耶稣。圣母玛利亚所占据的地位现在由卡基卡占据。

《报 应》

就形式而言,《报应》是普希金类型的长诗,最接近《叶甫盖尼·奥涅金》。普希金将《叶甫盖尼·奥涅金》称为诗体小说:它既不是长诗,也不是小说。而勃洛克为《报应》选择了这一风格。这个体裁是史诗式的:我们在此与故事打交道。如果故事的叙述者与主人公相符合,他就融化在故事中;但如果叙述者个性化了,他就像一个活生生的人一样行事,放弃故事,讲述自己。未与所叙述的事件融汇在一起的讽刺性的叙述者,写了一些抒情插笔。然而,当作者与自己的主人公相吻合时,做到这一点要难一些。普希金诗中所有热情奔放的地方都贯穿着嘲讽。而且它非常巧妙,以至于我们不是在任何地方都能确定它。也许,在整个《叶甫盖尼·奥涅金》中存在着各种各样嘲讽的次序。当然,勃洛克的讽刺不像普希金的嘲讽。如果他贴近嘲讽,那么也是海涅式的热情奔放的嘲讽,而不是一种普希金式的轻松、洒脱的嘲讽。

《报应》中没有讽刺意味：勃洛克热爱这个世界。嘲讽使我们高于这个世界，但这个世界没有被我们弃绝。讽刺作家在事物中毁弃一定的特征，旨在消灭它们。他的确像工厂的检验员，在一切事物中只寻找其不好的方面。《报应》的体裁设想是一种对现实的直接描写和它史诗般的接受，而作为讽刺，其基础则是抒情的。为了把纯粹的现实性引入到自己的长诗中，勃洛克于是选择了这种形式。在《十二个》中这样的史诗性是不可能的，因为在那儿越坏就越好。

《报应》的主题是自传性的。其情节就像在古典悲剧和史诗中一样，在三代人的范围内完成。古典主义者认为，一切重要的事件都在需要三代人的时间范围内确定并完成。一生中不可能安排下任何严肃的东西。这一古典主义的公式被勃洛克借用，为《报应》服务。

第一时期即 70 年代是老一代的结束和新一代的曙光时期。老一代的人生活在战争和民意党人运动中，而新一代则生活在个人主义的思想中。最后一个历史事件于 1878 年完结。后来的岁月随之而来的不是一幕幕历史事件，而是日常生活。

为什么这部作品被命名为《报应》？在希腊悲剧中三代人的生活与阿拉托斯①的概念——罪过和报应联系在一起：罪过中包含了报应，从罪过中衍生出惩罚。因果报应的思想与之有关。我所作的一切恶，应该根除。因此，死后我也自我实现，以从罪恶中解脱。善于从罪过中解脱出来的万念皆空的人便是圣人。阿拉托斯的罪过与报应之环不是在一代人中，而是在三代人的范围内备受折磨。

在勃洛克创作的第一时期，抒情之环是闭合的。那儿没有父亲对儿子的关系，也没有儿子对父辈的关系，儿子们与父辈们没有联系②。

---

① 阿拉托斯，古希腊悲剧中家族复仇之恶魔，按 Ф.泽林斯基的评价，他是"罪恶的生殖力量"。——原编者
② 巴赫金还把勃洛克成双成对的主题与这种对父亲对子女的关系和子女对父辈关系的拒绝联系在一起。比较在讲座中关于诗歌《成双成对》的独立的意见："他想成为的不是两代人链环之间的一个环节，而是他自己本身，但留下的不是永远年轻的，而是渐老的少年。"——原编者

这是唯我主义,是人在世上的孤独。而在《报应》中,主人公应该根除阿拉托斯,他不是去开始,而是去完成。在他的一生中将得出结论,完成最后的报应。报应的表现者是在一切重要情形下都能听得到的马祖尔卡舞曲。马祖尔卡舞曲是一种非常热烈的军人的音乐旋律,同时又是代表波兰民族精神意志的乐曲。对波兰的态度正是该赎的那一份主要罪恶。为什么选择了波兰,不是太清楚。也许勃洛克是受到对波兰的不满情绪的影响,这种不满在战时的俄罗斯社会引起了对波兰的态度。现在我们知道,问题不在波兰,也不在俄罗斯,但当时人们认为将成为绊脚石的恰恰是波兰。更有可能的是,波兰作为罪恶的表现者完全是偶然的,不是以史诗为基础,而是以抒情为基础的。我们可以这样想,波兰是作为音乐旋律而对勃洛克意义重大。假如长诗完成了,就可以阐明得更确切一些。但甚少有一点是清楚的,即波兰是旧俄罗斯一切罪过的象征形象,波兰,这是报应。马祖尔卡舞曲从社会层面转向个人层面。出现了背叛:一方面,破坏了斯拉夫大家庭,而另一方面,破坏了独立的小家庭。俄罗斯在政治上脱离了斯拉夫民族,儿子也与父亲断绝了来往,跟爷爷住在一起,似乎充当他们之间的中介。既然历史地看,一切事情都出在波兰,那么故事情节上一切也都在波兰结束:以主人公在华沙的桥头与即将临产的波兰姑娘的约会结束。结合将会在第四代人身上发生。在儿子对父亲的关系这一点上是勃洛克长诗的最高成就。十二名赤卫队员独立存在。在儿子身上的延续对于勃洛克向阳刚方面的转变也是很典型的。《报应》与勃洛克其他作品的联系是相当清晰的:暴风雪是解决一切的和弦,以马祖尔卡舞曲的形式的结尾很抒情,波兰姑娘与梅里也与雪姑娘有联系。但一个个独立的整体不可能是共同的,因为《报应》的内涵不一样。

杨　可　译

阿克梅主义

阿克梅主义是以与物质的象征意义做斗争而著称的。在象征主义者那里很少有偶然的事物,如果有的话,那也只是作为某种崇高事物的象征。例如,维亚切斯拉夫·伊万诺夫笔下的太阳——就有蒙难的上帝的神话成分;太阳和苦难之间纯属意义上的联系。倘若安年斯基想将太阳和苦难联系起来,他就会展示太阳在三棱镜折射下的裂变。阿克梅主义者赋予物质以人的隐秘情感和生活的意义。他们指出,对于象征主义者而言,意义变得比具体的物质更珍贵。譬如,太阳的物质意义就被可怕的毒龙所遮蔽。物质成了象征,也就丧失了自身具体的物质意义,然而,应当认识物质活生生的,有血有肉的实际内容。因此,该流派的诗人称自己为阿克梅主义者(取 акме 一词的希腊词义——高峰之意)或亚当派。诗人应当像亚当那样,最先称呼物体,最先为物体命名,诗人应当以新的方式对待物质,以新的方式为之命名。

至于主题,如果说安年斯基笔下的基本主题是沮丧消沉,基本音调是低声絮语,那么,阿克梅主义者笔下首要的是生活的喧嚣、愉悦,对原始主义的向往。旧世界在他们笔下充满活力:一切都明朗、激昂、欢快、富有生活气息①。

---

① 《阿克梅主义》的题目很难称为后面三个题目(《阿赫玛托娃》《古米廖夫》《库兹明》)内容的概论;为了比较,请参阅《"帕尔纳斯派",颓废派,象征主义》和《未来主义》等题目。一个片段被米尔金娜分出来成为单个的题目,显然,只是为了使用笔记的方便。这一片段和紧跟其后的题目,在内容上与前面的题目(论象征主义、象征主义者和安年斯基)有内在的联系,在某种程度上是它们的继续。象征主义的背景仍旧存在,谈到安年斯基的同时,还提到 Вяч.伊万诺夫、勃洛克、巴尔蒙特、别雷、索洛古勃(《库兹明》等题目)。某些关于阿克梅主义本身的意见,包含在后面三个题目的文本中,使这一篇幅不大的片段中说到的内容进一步得到了补充和更明确、更具体的说明。例如,可参阅《阿赫玛托娃》一讲中关于阿克梅主义者的情感因素和视觉因素的平衡,或者关于阿克梅主义者力求使词语摆脱惹人厌烦的音响的见解。——原编者

阿赫玛托娃

阿赫玛托娃诗歌的某些特点与象征主义者的诗歌迥然不同。所有的阿克梅主义者都在安年斯基的呵护和精神影响下形成。

阿赫玛托娃诗歌的主要特点是接近口语。勃洛克的语言词汇也很普通,贴近生活,没有故意而为的结构,但其基础仍是抒情的,句法与之相应。别雷的语言也没有超出口语最基本的自然元素的范围,但他不用口语的语速。擅长口语是安年斯基的特色,但他不是在整首诗歌中,而只是在个别诗句中保持了这一特色。在阿赫玛托娃那里占优势的也是口语:尤其是充满活力,短小生动的口语句子。

阿赫玛托娃像所有的阿克梅主义者一样,与象征主义者相反,向往词语的一切因素的均衡力,无论是表达情感的因素,还是表示具体物体的因素。对于巴尔蒙特而言,只有表达物体情感的细微差别才是重要的,他把不同景色中的一块块物体堆砌起来,目的是为了唤起情感印象。既不可能也不需要将它们组成一幅世界图景。阿赫玛托娃的创作则提供了一幅完成了的具象画,毫无视觉上的荒谬离奇之感。阿克梅主义者将词语的情感因素和视觉因素的这种充分的均衡力看作他们与现实主义者的相近。

两种风格相结合,是阿赫玛托娃词汇的特色。不过,只有弄清楚什么是风格,我们才能明白它们相结合的原则。风格的崇高体现在其感染力和激昂的抒情中;风格的卑下则体现在对生活琐事的描绘中。在阿赫玛托娃的笔下隐秘抒情的深刻性与生活琐事相结合,然而,一切都在一个层面上运动。

阿赫玛托娃的诗歌词汇非常贫乏。B.B.维诺格拉多夫在其中只确定了三个语义族：爱情、歌唱、祈祷①。未必就能用这种方式来分析词汇。这过于简单化。然而，他正确地指出了一点：阿赫玛托娃的词汇极为贫乏。在普希金的每一首诗歌里，都有另一类词语。在阿赫玛托娃的每一首诗歌里，则是旧词加上几个新词，或者减去几个新词。

阿赫玛托娃诗歌中的音响相当完美，但不显露。力求使词语摆脱惹人厌烦的音响，是所有阿克梅主义者的特征，在这方面他们与古典作家相近。

口语语调是阿赫玛托娃诗歌节奏的基础。这里不乏疑问、感叹、女性的挖苦。她的语调力求成为只是在该个性化的语境中唯一的，有价值的语调。它并不生硬，所以我们经常可以用歌曲节奏来传达它。歌曲要求平衡两种因素：音乐音调的因素和含义的因素。阿赫玛托娃的诗歌尽管有接近生活的简单粗陋，但音调低沉；她的诗歌宛如从远处传来的一首小曲。所有的阿克梅主义者，由于他们向往原始主义，其诗歌都接近歌曲。古米廖夫再现了异国情调的歌曲；库兹明再现的则是西欧半粗野、半文明的歌曲，他使自己的诗歌那么接近歌曲，以至于都可以给它们配曲；阿赫玛托娃的诗歌接近民歌。因此，她的风格可以确定为口语与原始的民间语言相结合。

至于阿赫玛托娃对待物体的态度，可以说，她继承了安年斯基的风格特点，但有所弱化。在阿赫玛托娃的笔下，物体栩栩如生，每一个物体都有自己的生命，不过，还要有一个女主人公。还要有生动的景物，主要是室内景物，它与女主人公的感受和谐一致。在象征主义者

---

① 关于三个语义族：爱情、歌唱、祈祷，参见В.В.维诺格拉多夫的《论安娜·阿赫玛托娃的象征。诗歌语言的象征摘要》(《文学思想》丛刊第一辑，彼得堡，1923年，第91—138页。不同版本，1922年)。丛刊封面和《论安娜·阿赫玛托娃的诗歌》一文的文本中标着1923年，而指的是1922年(关于这一点，参见《В.В.维诺格拉多夫选集：俄罗斯文学诗学》，莫斯科，科学出版社，1976年，第501页脚注)。在《文艺学中的形式方法》(第84页)和《马克思主义与语言哲学》(1930年，第114—115页)里提到作为《论安娜·阿赫玛托娃的诗歌》(列宁格勒，1925年)一书作者的В.В.维诺格拉多夫；在《马克思主义与语言哲学》中该书被误称为《安娜·阿赫玛托娃的诗歌》。——原编者

那里，物体总是象征存在的因素，与此相反，在阿赫玛托娃的笔下，每一个物体只表示自己，只表示自身的特点①。

至于阿赫玛托娃诗歌的体裁，可以说，它很简单。大体上说，她的创作往往围绕一个形象，构筑一个篇幅不大的抒情短剧。她不受任何体裁划分的控制，你根本想象不出名称对她有何意义。应当指出，体裁贫乏并非所有阿克梅主义者的特点，仅对阿赫玛托娃而已。

未被承认的爱情的主题是阿赫玛托娃诗歌的基本主题。不过，在文艺复兴时期的诗人、在德国浪漫派、在勃洛克的创作里，都涉及爱情不可得这一原则性的问题，而在她的创作里没有关于相互的尊严的问题②。在阿赫玛托娃的笔下，未被承认的爱情是在完全现实的层面运动。因为是未被承认的爱情，她只能从本事出发，然而，她却不涉及这一事实的根据。对于阿赫玛托娃而言，一切问题在于精选相应的感受，使这些感受得到深刻的抒情加工。在她笔下我们也找不到对爱情对象的忠诚和专一。也许是因为每一首诗里都有些新面孔。在因爱情未被承认而产生的一系列情感中，又加上了离别的母题、婚姻中未被承认的爱情的母题。然而，有一个特点将所有这些母题统一起来，即她认为重要的不是爱情的伦理基础，而是一系列事实上的感受和带有逐渐变小的细微差别的感情，这些感受是与当下事情的转变有联系的。一部分批评家将之归咎于阿赫玛托娃的诗歌，认为这是不深刻的诗歌；相反，另一部分人则认为，在阿

---

① 关于阿赫玛托娃笔下的物体，在第一个10年至20年代有许多人论述过，其中包括B.B.维诺格拉多夫在《论安娜·阿赫玛托娃的诗歌》一书中的论述。关于阿赫玛托娃笔下的物体的功能曾经有过争论（关于这一争论，参阅上述书中第五章的开头以及相应的注释：《B.B.维诺格拉多夫选集：俄罗斯文学诗学》，莫斯科，科学出版社，1976年，第400、504页。注释者：Р.Д.基缅契克、А.П.达科夫）。在这一争论的背景下，《米尔金娜的笔记》中这样说：在阿赫玛托娃的笔下每一个物体只表示自己，听起来不无讽刺。〔试比较《文艺学中的形式方法》（第82页）中对表征的论述："在象征主义者那里，词语既不表现，也不表示，而是表征。"〕——原编者

② 此处的有趣在于，试图在长远的时间里来分析阿赫玛托娃的诗歌。参见接下来的论述："在她笔下我们也找不到对爱情对象的忠诚和专一。"比较《访谈录》中对作为诗人的阿赫玛托娃的论述。——原编者

赫玛托娃的诗歌里显露出爱情事实深刻的具体性。当然,这不是优点,亦非缺点,而只是特点①。然而,由于阿赫玛托娃的这一特点,使爱情题材中成功地加入了一些与众不同的特征:爱情的日常生活性;爱情感受具体而讲求实际的一面。

阿赫玛托娃的诗歌中既有祖国、俄罗斯的母题,也有一些宗教母题。在这个意义上她继承了俄罗斯女诗人巴甫洛娃、米拉洛赫维茨卡娅、吉比乌斯的传统。不过,这些题材在阿赫玛托娃那里并非以纯粹的形式表现出来,而是混杂着艳情题材。应当说,当我们将阿赫玛托娃的诗歌切分为某些题材时,这是抽象的切分。实际上,在她的每一首诗歌里,题材都是相互交织在一起的。

古米廖夫

夹杂大量欧洲文化以外的异国情调的成分,是古米廖夫诗歌的主要特点。总之,追求异国情调对阿克梅主义者来说也是很有代表性的。象征主义者认为,不应该在东方世界吸取任何力量;相反,应该回归古典性。只有阿克梅主义者重新审视这个问题。在与异国情调相结合中重返原始主义,这是古米廖夫的典型特征②。

接近口语结构,是古米廖夫的句法特点。偏离规定的句法形式,对所有的阿克梅主义者来说也是很有代表性的:在他们那里形式变得自由得多。

至于音响方面,古米廖夫是诗作大师,但在他的诗歌中音响因素并不显露。

韵律,是古米廖夫诗歌中极为重要的方面。象征主义者回避奇巧

---

① 巴赫金特有的态度和转变。参见《库兹明的诗歌》片段中最后一段。——原编者
② 试比较《文艺学中的形式方法》中的论述:"阿克梅派的异国情调本身和原始主义乃是纯粹模拟的东西,它们更加突出了诗歌主题的原则上的假定性。"——原编者

精致的新韵律。只有勃留索夫在某种程度上是个例外。例如,Вяч.伊万诺夫认为,奇巧精致的韵律只会有损于作品。古米廖夫则开始创造极为罕见、未曾运用过的韵律。应当说,他成功地完成了这项任务:他异乎寻常地丰富了韵律语汇①。

强有力的个性的母题是古米廖夫诗歌的基本旋律,不过,并不像浪漫主义者所理解的强有力的个性。他那里强有力的个性是身体强壮的个性。古米廖夫说,象征主义者笔下占优势的是思想精神因素,他们甚至偏向禁欲生活,尽管肉体要比精神智慧得多,了解得更多,理解得更多,看到得更多。原始人所能理解的那些生活方面,不是靠理智来理解,而是靠其他一些贴近身体,限于身体的本能来理解的。所以,古米廖夫的主人公是身体强壮的人,是以自己的身体来体现的智者。

身体的智慧,身体的正义,身体的力量,身体了解自己的轨迹,就像记忆一样能在心里意识到。吉米廖夫把这个记忆称作身体的记忆。如果说我们的理智只能认识祖先,那么身体则与他们联系在一起。身体可以代代相忆,然而,理智只能从理论上认识他们。在古米廖夫的诗歌里,占据显著位置的是强壮的原始祖先的记忆的母题,并试图在自己的心里倾听他们的声音②。

与强有力的个性的身体记忆的主题相应的是,艳情主题也得到了加工。古米廖夫认为,在象征主义者的诗歌里,宗教的、哲学的母题已使爱情消失,以至于从爱情中已一无所获。对他而言,爱情就是肉欲的,感性的强烈情欲,它没有超越生活语境的范围。既然爱情是肉欲的,它就应回归大地,回到真实的肉体。

漂泊不定、浪迹天涯的主题是古米廖夫诗歌中非常重要的主题。在象征主义者的笔下往往不由自主地就会被带到彼岸世界,而实际

---

① 参见《文艺学中的形式方法》中关于阿克梅派诗歌的精致性的论述,以及比象征主义对诗人这一行的利益和技巧的重要性有更明确的了解的论述。——原编者
② 试比较《访谈录》中的有关论述。——原编者

上,一切都发生在彼得堡。例如,别雷笔下的宇宙就是思想的宇宙,宇宙的统一,就是意义的统一,大地呈现的就是精神力量的等级。古米廖夫宣扬现实的、地理的拓展,这就使人耳目一新。在世间漂泊,旅行的母题与强有力的个性的母题结合在一起,强有力的个性永远充满冒险的精神。

除了异国情调的题材以外,古米廖夫还发展了欧洲题材:写小酒馆和贫穷的人群,不过,它们在他的诗歌中占据次要的地位。

库兹明

库兹明以诗人和小说家者著称。

库兹明的诗歌

库兹明是从半民间、半文明的法国式歌曲的自然元素中吸取自己的诗歌素材的。这样的歌曲是一些特殊阶层的人创作出来的:一部分是流浪汉,一部分是乞丐,但他们均是一身傲骨,坚守自身尊严的人。

库兹明诗歌的语言趣味盎然,凭语言我们一眼就能认出他来。人们都说,在这方面他与索洛古勃最为相近,然而,这种相近是非常表面,非常粗略的。两人的共同之处,也许对他们两人来说都有点儿不合时宜。库兹明风格的独特性表现在语言的两种要素的特殊混杂①中。第一种因素是城市文化的,日常生活的因素;这不是索洛古勃奇巧精致,现代化了的语言,而是一个城市人表面文明的语言。倘若库

---

① 原文是 смещение(移位),从文意看疑为 смешение(混杂)之误,可参见本段末 смешение 之使用。——译者

兹明始终滞留在这种语言范围内,那么他就会是叶戈尔·谢维里亚宁那样一个温和的未来主义者。然而,在他笔下这种语言是与民间的,确切地说,是与其隐秘抒情的方面结合在一起的。库兹明的诗歌中一切严肃的东西都来自民间抒情诗。语言的两种要素的混杂造就了他的风格的独特性。

向往口语,力求使题材变得具体和轻松,是库兹明句法的特点。

库兹明诗歌中的诗节(строфика)和节律(ритмика)是多样化的。多样性可以通过两种途径来达到:(1)发明新的诗节,这很难做到。(2)运用大量传统的诗节。譬如,在 Вяч.伊万诺夫笔下诗节异常多样化,可是他并无革新,并无自己独创的诗段,有的只是对经典诗节的广泛使用。在库兹明那里第二种类型的诗节极为丰富。在他的诗歌里占优势的是诗节丰富的组合,而这是从民间宗教诗歌中吸取而来的。

库兹明的隐喻,既非 Вяч.伊万诺夫哲理的、概括性的隐喻,亦非勃洛克体现在独特语境中富于感情的隐喻。对于他来说,重要的是恰当、浅显的俏皮,在这方面他与伊壁鸠鲁主义的伪古典主义相近。库兹明珍视的不是象征主义者所拥有的那种能够深化对象的隐喻,而是那种能够创造其轻松,然而又不是世俗的具体性的隐喻。库兹明笔下的具体性是强烈的,强烈得有些粗鲁。这使视觉的原始主义、思维的原始主义得到强调。词汇也允许这样。他吸纳宗教诗歌也是因为它们的原始主义。他的后象征主义、阿克梅主义也在于此。还有风格模拟也使他与阿克梅派接近。

库兹明诗歌的重要题材是艳情题材。不过,对他来说,爱情中没有伦理的、神秘主义的深化,没有专一的爱情对象,没有忠诚可言。诚然,在文艺复兴时期和浪漫主义时代,诗人可以爱许多人,而他们在诗歌里概括和歌颂的是唯一的女性气质。在库兹明的笔下没有任何爱情问题,而只有具体的、纯粹的生活感受。就像在阿赫玛托娃那里一样,在他笔下一切问题均归于一系列变化的心理。然而,如果说在阿赫玛托娃的创作里表现出来的是强化的感情深度和巨大的抒情性,那么在库兹明的笔下表现出来的则是淡淡的怀疑心理,趋于轻松,浮浅的色调;内心里从未想把自己和盘托出,也不想和盘托出。如同在古希腊罗马时代的诗歌中一样,在他的大多数诗歌中,爱情是献给男人的,但没有诸如柏拉图笔下所具有的那种深度。他经常从流浪手艺人帮手的日常生活中吸取这一题材;他似乎贬低风格模拟,又为其粗糙辩解。库兹明诗歌的音调并非抑郁寡欢,相反,是积极有为的,并非趋向阿赫玛托娃笔下日常生活爱情的一些重要因素,而是趋向具体轻松的感受、次要的细节。库兹明诗歌的力量和独特性就在对这些轻松惬意的描绘中表现出来。

在库兹明的诗歌中也有哲学—历史—文化的主题。在这里引起思考的并非上帝,亦非世界,而是以折中主义和怀疑主义为特征的亚历山大文化。由于对某件事情缺乏信心,就可以接受一切;接受一切是因为缺乏特别的忠诚。这种亚历山大主义的主题合乎库兹明的心意。他指出,我们是肉体上的杂种,在我们的身上流淌着各种各样的血脉。总之,现在表现出一种对种族混血的向往;没有纯粹的种族,是某种超越种族的知识分子在创造文化。而从阿克梅主义者的观点来看,血统、种族、人类学方面,如同象征主义者认为的精神一样重要,不过,精神是不重视种族的。既然我们没有同一个信仰,就像没有同一个种族一样,我们就无所限制,接受一切。我们的藏书癖、对博物馆的兴趣因此而产生①。

库兹明诗歌的主题,如同亚历山大诗歌一样,失之于深度,成之于广度。他对风格模拟的追求也因此而来。应当说,微小的艺术并不比高大的艺术低下,从历史的角度来看,对它是不应该予以否定的。对库兹明的诗歌的重要性可以提出异议,然而,应当承认,他的诗歌的成就是巨大的。

---

① 这里整段都是用阿克梅派的语言谈阿克梅派。——原编者

库兹明的小说

我国短篇小说的主要代表是屠格涅夫、列夫·托尔斯泰、契诃夫。紧接其后的代表是勃留索夫、索洛古勃。库兹明跻身于他们之间,似乎占据中等地位。我们看到,他的短篇小说是后象征主义的,但一般而论,这是对伪古典主义惊险短篇小说的风格模拟。

库兹明的笔下没有日常生活。即便有的话,那也只是作为点缀物,作为次要的细节,更不用说,这不是当代的日常生活,而是过去的生活,它已经成为风格的财富。他的短篇小说中也没有心理分析因素;一切问题并不在于心理分析。库兹明的短篇小说引起的纯是对本事的兴趣。莫泊桑笔下也有奇巧精致的本事,但它在那里有别的目的:展示在特定的情况下中心人物将如何行动。本事是表现主人公心理的很好手段。库兹明的本事的任务则是独立的;本事决定主人公。他的主人公不是性格,甚至粗略地说,我们都不了解他的性情;他被选用作本事的体现者。不是主人公的性格说明本事的理由,相反,而是本事决定主人公。这种艺术观点使主人公变得轻松。在文艺复兴时期的惊险短篇小说里,主人公只是随意支使的小卒。即便到仅有一个名字的程度,库兹明也不会去贬损自己的主人公。对他而言,没有重要不重要之分。他不重视伦理问题:纵使生活作弄我,也不应该用各种思想去妨碍轻松的生活。这样的主人公才能过有趣的生活。在主人公的安排上反映了时代的影响:作为对象征主义者深刻的主人公的反应,这种主人公的观点才可能出现。库兹明的主人公的空虚,他对本事的安排,不仅是缺乏性格的结果,而且还是一项特殊的艺术任务:空虚逐渐成为对复杂的反应。如果说,有时候会给本事增添某种思想,那么这种思想永远在于,应当是生活力所能及的,应当顺从自发因素。睿智就在于没有教条,轻松地投身于生活潮流之中。在大型中篇小说里,库兹明试图塑造性格,不与命运抗争。然而,在他那里这种情况的出现总是故意为之;对本事的兴趣是决定性的因素。

十分具体是库兹明的短篇小说的典型特征。在现实主义者笔下细节占优势,然而,其目的纯属认识性的:刻画细节是为了描述主人公的基本特征,是为了充实画面。在库兹明的笔下只有对物体的直接欣赏。在这种故意为之的欣赏中有对象征主义者的反应,对于象征主义者来说,物体是有思想意义的[①]。

至于作者的立场,可以说作者和叙述人是融为一体的。在本事为主要的艺术因素的地方,没有作为法官的作者,一切由叙述人决定。这个叙述人变得轻松,没有任何理论的、心理分析的思想;他讲述的故事轻松、优美。

库兹明的短篇小说的主要特点就是这些。他能否创作长篇小说呢?他是能够创作惊险长篇小说的,但妨碍创作的是别的东西:这样的长篇小说,在当代是不可能从艺术上被接受的。我们能够认清小型惊险形式、短篇小说的价值,但我们不会去阅读惊险长篇小说。历史及其整个时代都应该被吸引到长篇小说中来。惊险长篇小说的本事可以超时空展开。譬如,这一体裁最深刻、最著名的代表威尔斯,就超越了时间和空间[②]。尽管不是以纯粹的形式,但可以由主人公、日常生活、思想主干把时代吸引到长篇小说中来。因此,在大型形式方面,库兹明所能创作的最大形式就是中篇小说。与短篇小说不同的是,中篇小说试图反映现代性,不过,没有把时代问题加入进来,与时代的联系仍在外围。反映现实的倾向说明,其主人公直接取自于生活。例如,在《女尸》中,描绘了 Вяч.伊万诺夫和季诺维耶娃-安尼巴尔的关系史。与此有联系的是,库兹明无论在何处都

[①] 试比较《文艺学中的形式方法》里利用作者的话来论述未来主义,部分地还有阿克梅主义:"这些流派没有也不可能提供任何积极可靠的和新的东西,因为他们没有坚实的有创造力的社会基础,他们所做的纯粹是瓦解象征主义时期里形成的形式的负面工作。"——原编者

[②] 关于威尔斯,参见《阿列克谢·托尔斯泰》一讲。——原编者

不会放弃传记因素;在每一个主人公身上都表现出对男人不正常的态度。其中令人惊讶的是,力求将几段偶然的生活写进中篇小说里,不善于区分历史上重要的和偶然的东西,缺乏标准。无论是本事、物体,还是怀疑,都不可能给以标准。对本事和物体加以风格模拟,有一些未经加工的生活素材,只能够创作出中篇小说。在库兹明的作品中有某种揭示心理的东西,某种社会限制,但它们可以彻底移动,而因此什么也不会改变。

俄罗斯小说不可能从阿克梅派中产生:它仿效的是别雷,而不是库兹明。当然,库兹明还是非常孤独的①。

未来主义

未来主义产生于意大利,以马里涅蒂为首。未来主义中存在着早期和晚期两种倾向②。

在第一个阶段,未来主义是带着明确而新颖的题材世界和崭新的世界感受而到来的。

艺术和生活不分彼此,是未来主义者,还有部分象征主义者,主要是Вяч.伊万诺夫的世界观的特点。对于Вяч.伊万诺夫来说,诗歌就是巫术,就是改变世界。诗人不仅要创造新的诗歌,而且还要创造新的生活。未来主义者也认为,生硬地划分艺术,将作为人和艺术家的诗

---

① 《库兹明》整个题目从整体上来说,是最完整的题目之一:它篇幅不大,但是一部惊人的、完成了的作品,一个标准的讲座。无疑是授课人巴赫金和年轻的记录者米尔金娜共同努力所取得的成功。更何况令人惊讶的是,这里谈的既不是对库兹明的个性的特殊的好感,也不是对他的诗歌的喜爱,而是纯粹的、诚实的、几乎是完美的分析评述,与此同时并不排除惋惜和懊丧。(参见"其中令人惊讶的是,力求将几段偶然的生活写进中篇小说里,不善于区分历史上重要的和偶然的东西,缺乏标准。")这一讲最后一句话是《米尔金娜的笔记》独特的叠句(рефрен)。(参见《索洛古勃》一讲最后一句话、《Вяч.伊万诺夫》一讲第一句话)——原编者
② 参见《勃留索夫》一讲中较大一段对未来主义的论述。——原编者

人分得一清二楚是不可能的。现在继续持这种论点的是共产党人未来派①。不管怎样,诗歌与生活不分彼此,是未来主义者典型的特征。

大都市主义、城市人群、城市情感的主题,是未来主义者的基本主题。探寻新世界,对象征主义者也是很有代表性的。然而,象征主义者探寻的是理想生活中的新东西;他们追逐着新世界,并征服了新现实。未来主义者则力求捕捉到当代生活的速度。对于他们来说,未进入诗歌的城市文化,诸如:技术、交易所、世界市场、国家之间非同寻常的统一等,都是新颖的。他们认为,完全不必从精神感受方面去探寻新的东西。首要的是要在诗歌中推出表现技术成就、都市主义的主题。

个性的主题,在未来主义者笔下占据显著的位置,但他们回避对感受的详细化的描写。在他们看来,生活发展的速度那么快,以至于内在感受的各个阶段都会受其影响。因此,诗歌中的抒情性应当是别样的:即瞬间情感的抒情性。过去主义诗歌歌颂的只是特殊的、个别的主题。最大量的现实内容并未进入诗歌,即便有的话,那也只是偷偷地进入诗歌。因此,应该扩大题材的范围。鉴于这些看待诗歌的观点,未来主义者宣扬肆无忌惮。

可以认为,由于敌视情感及其过分铺叙等等,未来主义将成为非个人主义的潮流。然而,实际上,未来主义者是个人主义者。这说明,他们和一切受到轻视的革新家一样,并未试图去使读者容忍自己,而是胡闹。颓废派也胡闹,但他们的胡闹是由外在的、次要的原因所引起的,是读者引起的原因。未来主义者则宣称,诗人的表演就应该是胡闹;不能胡闹的人,就是无足轻重的人。对于他们而言,胡闹不是伴随着革新的次要现象:诗人主要的自发力量就是制造一切可能的胡闹和噱头。在未来主义的第二个阶段,这种倾向消失了,但仍在宣扬感情的真诚、大都市主义和技术。

---

① 参见马雅可夫斯基在《今天的未来主义》辩论会上的发言(1923年4月3日):"应当注意,对于我们来说,未来主义是种类名称。我们个人的称呼是комфуты(共产党人—未来派)。我们在思想意识上与意大利的未来主义并无任何共同之处。共同之处只是在对材料的形式加工上。"(弗·马雅可夫斯基:《苏联作家》第12卷,莫斯科,1959年,第261页)——原编者

在未来主义的第一个阶段,形式主义的新发明,只是在对一些诗歌因素加以破坏和移位上表现出来,而依照旧的标准它们是不应该移位的。在第二个阶段,提出了形式的问题,主要是词语问题。词语在诗歌中总是具有首要的意义。可是人们以前是从最宽泛的意义上来理解词语的,未来主义者则只与词语的语言学方面发生关系:力求更新词汇[①]。从他们的观点来看,迷恋过去的诗歌落后于生活;不能用它的手段来歌颂现实;在它那里没有用于这种目的的词语。因此应当更新词汇。为了反映当代文明,未来主义者将新的文化—技术术语引入诗歌。除此之外,他们还断言,当代人的心灵结构本身发生了改变,为了表现它也应该加入新词;然而,他们只能杜撰这种新词。不同的诗人都添加了新词汇,但他们都用口语来作为创词的根据,这是有词根或者有语言要素的口语。未来主义者完全自由地创造新词汇。他们一再强调,他们不想了解任何原则,并故意宣告:没关系,只要我喜欢,口吐泡沫也可以,即便别人谁也不懂。

半是怪人,半是圣人的赫列勃尼科夫就是在这种志向下出现的,应当说,他是一个相当有教养的人。赫列勃尼科夫断言,诗歌中重要的是音响形象。它直接创造印象,除了词语的含义之外,玄妙的语言总是存在的。的确,在宗教中有玄妙的语言。当有精神(宗教)天赋的人沉浸于祈祷之中时,他们只是感叹,而到后来别人将他们的感叹翻译为词语。当然,这是真实的事实,不过,诗歌和祈祷之间有什么心理上的联系呢?这是一个有争议的,复杂的问题。音响的部分在诗歌中具有巨大的意义,但这是众多成分之一,而不是最重要的。赫列勃尼科夫写过散文和未来派玄妙费解的作品。他的散文作品很有趣,不过,与其说它们是文学,不如说它们更像是魔术[②]。

总之,未来主义是带着明确而新颖的题材世界进入文学的。题材的新颖导致他们词汇的新颖。

---

① 《赫列勃尼科夫》整个题目,都是这一见解的发展。——原编者
② 参见《文艺学中的形式方法》和《赫列勃尼科夫》一讲。——原编者

谢维里亚宁

伊戈尔·谢维里亚宁属于老一辈未来主义者,属于所谓的自我未来主义者。

力求将新颖铿锵的音调增添到诗歌中,是谢维里亚宁诗歌的特点。对自己的诗歌,他不是朗读,而是低声吟唱,不过,那些诗歌在音乐方面很粗糙。库兹明把歌曲拿过来,对之加以风格模拟。然而,他从歌曲中吸取的是一切精华,那是一些轻松、优雅、精美的歌曲,尽管不失几分粗陋的具体性。而谢维里亚宁吸取的却是歌曲中最低劣的一些方面。归根到底,库兹明了解民间歌曲,而谢维里亚宁只是从唱机里吸取它们。一般而论,值得怀疑的是,除了俄语之外,他是否还懂得别的什么语言?是否还能干点什么事情?

谢维里亚宁诗歌的韵脚非常精致,但这种精致是偶得的。在古米廖夫的诗歌里韵脚的精致是与他的诗歌的整个风格相适应的,而谢维里亚宁诗歌的韵脚,只是就其本身而言是重要的。

谢维里亚宁的句法很轻松。然而,对口语的向往,在他的大部分诗歌中并不新颖,如果说新颖,那就是损害。打破规定的语言限制,应该具有艺术含义,而谢维里亚宁那里却没有这种艺术含义。他新添加的东西很肤浅,美学上深思熟虑不够。

谢维里亚宁的诗节很一般。他总是在破坏旧形式,但他的破坏甚至既不大胆,也无独创。

谢维里亚宁的主人公属于上层。当然,他就像一个来自上好餐厅的仆人,不过,谢维里亚宁本人并不知道这一点。

艳情的主题是谢维里亚宁诗歌的基本主题。在这方面他鲜有新颖之处;新颖的只是他不怕庸俗。在他看来,要成为一个真诚的人就不怕庸俗。在他的笔下表现的是城市歌曲唱俗了的、庸俗的、混杂着餐厅隐秘性的温柔。

在谢维里亚宁笔下还有表现自身天才的主题。这个主题在勃留索夫的创作中也有，但在那里它是在可以接受的形式中表现出来的：《这是我》(Me eum esse)。谢维里亚宁对这一题材的加工极为粗糙。在他笔下也能见到文化—哲学题材，但它们很弱。

谢维里亚宁的诗歌，甚至在技术处理上也很弱，说到他的成绩只是一种可悲的误会。这种误会可以说是缺乏有文学教养的读者来解释。诗歌可能惹人憎恶，可能令人讨厌，但在任何情况下它都应当有趣①。

关于谢维里亚宁最好的著述是古米廖夫和萨多夫斯科依的评论②。

赫列勃尼科夫

赫列勃尼科夫对他同时代的诗歌产生了巨大的影响。他在自己

---

① "诗歌可能惹人憎恶，可能令人讨厌，但在任何情况下它都应当有趣。"我们要感谢《谢维里亚宁》一讲中的警句，这一警句的内容部分地解释清楚了授课人的立场，更宽泛一些，则阐明了巴赫金对各种文化和生活现象的态度，以及这一态度在他的其他著作，包括在《访谈录》中的体现。《谢维里亚宁》一讲表现了巴赫金的评述中最大限度的尖刻。参阅《马雅可夫斯基》一讲中对谢维里亚宁的论述。《谢维里亚宁》一讲在基调方面为《爱伦堡》一讲做了准备。——原编者

② 在1913年的《未来主义与罗斯》(鲍里斯·萨多夫斯科依：《〈秋播〉，论俄罗斯诗歌》，彼得堡，1915年，第21—30页)一文中，在第9章(第28页)萨多夫斯科依这样谈到谢维里亚宁："谢维里亚宁，未来派的头目，作为一个诗人他就像陀思妥耶夫斯基的《斯捷潘奇科沃村》中的侍仆维多普利亚索夫，应当把他的诗集称为《维多普利亚索夫的哀号》。"接着萨多夫斯科依俏皮且无情地发挥了自己的比喻。萨多夫斯科依在这篇文章(第10章，第30页)的脚注中附带说明：在"汽车—餐馆—胡闹的未来主义"中，他突出了"离心机派"和部分"入迷的漂泊者"的文化探索并已把未来主义作为一个整体来描述："现在奄奄一息的未来主义提供了两个清晰的形象，他们期待着自己的萨尔蒂科夫：一个是半人半马似的，穿花衬衫的高大有力的青年—流氓，连一句话都说不清楚，手中握着的笔，像'北美印第安人的战斧'；另一个是瘦弱的未成年人，留着稀疏的分头，穿着时髦的晚礼服，衣襟褴褛上还带有小玩具，一副阉割派教徒式的嘴脸，像斯麦尔嘉科夫那样咧嘴微笑。"正因为在萨多夫斯科依的文章中有陀思妥耶夫斯基的人物，才能够博得巴赫金的喜爱。古米廖夫对谢维里亚宁的集子的评论曾经发表在《阿波罗》杂志上，后来收入《关于俄国诗歌的书简》(第18篇和第37篇)。与萨多夫斯科依相比，古米廖夫的评述更为高傲，更

的创作中所解决的基本问题是词语问题。这在字面上是可以理解的:他只与词语的语言学方面发生关系①。语言学家不选择作为有效的力量——即作为社会的、伦理的、认识的力量的词语;他们摒弃词语在

<接上页>带嘲讽意味,但不太尖刻和无情。在1911年的评论中,古米廖夫把谢维里亚宁放在所谓最敢作敢为的一类人里,他写道:"在所有最敢作敢为的人里面……最有趣的人也许就是伊戈尔·谢维里亚宁。当然,他十分之九的创作不能理解为别的,准是想胡闹或者无比可怜的天真。"(古米廖夫:《关于俄国诗歌的书简》,莫斯科,现代人出版社,1990年,第118页)在古米廖夫看来,谢维里亚宁的有趣在于新颖。

古米廖夫1914年对《沸腾的酒杯》的评论更为概念化。正是在评论(它因此闻名)中古米廖夫说道:"俄国社会早就分成读书的人和读报的人,他们彼此几乎没有任何交叉点。"(同上,第170页)谢维里亚宁被古米廖夫宣布为用报纸人的世界语(волапюк——如上述书中对这一处的注释所说,是人工的世界语,它是德国 И.М.施莱耶尔在1879年发明的)说话的诗人。古米廖夫在这一评论中继续坚持认为谢维里亚宁新颖(他的新颖在于,他在所有诗人中第一个坚持认为诗人有权成为真诚到庸俗化的程度的人)并警告说,这里谈的是"野蛮人的新侵袭,他们的才干令其强悍,他们的不挑剔令人可怕。"(同上,第172页)巴赫金可能记住了古米廖夫对读书的人和读报人的评述:"存在于数千年的形象和思想的世界里的前一种人,说得少,懂得要为每一个词语负责并经常检查自己的情感,害怕背叛思想,像但丁那样爱,像苏格拉底那样死……第二种人,机灵而忙碌,钻到现代生活的最深处,读读晚报……只用现成的句子或者某些隐秘的词语,每个外行的人听到它们都会有一定的困窘感。"

在《文艺学中的形式方法》中,古米廖夫的《关于俄国诗歌的书简》(在脚注中)被称为相当偶然的文集。——原编者

① 整个《赫列勃尼科夫》一讲谈的都是词语的新颖问题。这一论题以《文艺学中的形式方法》里"俄国的形式方法"一章的开头为结尾。在倒数第二段:"维克多·什克洛夫斯基写道,未来主义者第一次使词语复活……"接着是什克洛夫斯基语言中什克洛夫斯基的立场的实质。在《文艺学中的形式方法》上述一章里说道:"1914年问世的什克洛夫斯基的小册子《词语的复活》是这个流派的第一个历史文献";往下列举了什克洛夫斯基的其他言论,其中指出了诗歌语言研究会的文集中的《玄妙的语言和诗歌》一文;接着又写道:"文学创作的最激进的流派和与理论思想的这种创作相联系的最激进的意向决定了形式主义。在这里,起主要作用的是未来主义,首先是B.赫列勃尼科夫。未来主义对形式主义的影响非常之大,如果形式主义的活动只是出了诗歌语言研究会的几本文集而告结束的话,那么形式主义方法将作为仅仅是俄国未来派一个分支的理论纲领而成为文学科学的对象。"结果在《赫列勃尼科夫》一讲中走的是从赫列勃尼科夫到什克洛夫斯基的论点之路,在《文艺学中的形式方法》上述一章里则是从什克洛夫斯基的论点到赫列勃尼科夫。——原编者

214

文化中的功能。赫列勃尼科夫是最早使诗歌面向语言学的人之一。因此,他只有一个标准:语法标准;他的形式成就也在这一领域。象征主义者也为词语增添了新意,但对于他们而言,新意就是文化成就在词语中的反映。赫列勃尼科夫只选择了词语外在的、语言学方面的东西;他以新的方式理解词语,他将词语的音响方面和与此有关的情感提到首位。他认为,与词义相关联的情感并不具审美性质,因为它基于生活领悟。情感只有与词语的音响相联系才是审美的。诗人的任务就在于创造这样的词语,它能够自我满足,与情感相关,而不指涉含义。象征主义者也认识到这一点,但他们说,只有一系列词语在其音响和诗行中才引起独立的情感。赫列勃尼科夫则坚持认为,每一个词都能够创造情感印象。为了实现这一目的,最好在特别的音响中创造新词。他在自己的创作中试图解决这一问题。然而,他的新词并非独创,归根结底,近似旧词。赫列勃尼科夫的每一个词都像真正的词,都能引起模糊的情感,都能作为对相应含义形象的回忆。他的词语并未摆脱含义,因为有时候在某个地方它的出现不能从美学上,而是从含义上找到根据。美学中存在着一个问题:一般而言,语言的音响能否具有直接的情感意义?或者说,音响是否以某种方式带有回忆,即便是模糊的有关词义的回忆? 一般而言,这是一个有争议的问题,但无可争议的是,音响在诗歌里的作用是巨大的。赫列勃尼科夫笔下的新词,是作为对某些旧词的回忆而创造出来的。他的诗歌独具特色,才华横溢,尽管,也许不能称这种诗歌为真正的诗歌。他成功而有分寸地创造了词语回忆,在一个词里浓缩了对几个情感意义相近的词的回忆。

词语里具有不同方面和细微差别的无限潜能。每一个特定时期的语言意识,实际上只是使词语微不足道的方面得到了实现。因此,无须任何变形,就可以在一个词语里创造全新的东西。有才华的诗人是通过移动其中已经存在的因素将新词增添到自己的作品中来的,不过,业已存在的因素已从具有现实意义的因素变成了潜在的因素。象征主义者就是这样理解自己的任务的。赫列勃尼科夫走的是另一条道路:创造带有新的音响,能够引起一定的回忆的词语。例如,"O, лебедиво!""O, озари!"听起来宛如"啊,天鹅!""啊,朝霞!"遥远的回忆。通常在他那里见到的是比较粗陋的构型:新词是从普通词根创造出来的,如:достоевскиймо, пушкиноты。①这里也产生了某种回忆,但直接而粗略地提供了原型,尽管,在前一种情况中它是含蓄的。

至于句法和词法,可以说,赫列勃尼科夫在这方面并未创造出新的东西来;他变格、变位,诸如此类。他还是在那些词素的范围内创造新的音响内容。他的创作限于旧的词法和句法形式,具有新意的只有音响。② 与赫列勃尼科夫相反,象征主义者运用的还是那些词语,但在另外的句法范围内运用,并创造出新的分析和综合的形式③。

不能从严格的意义上来谈论赫列勃尼科夫的题材:话语手势(словесный жест)充任了题材。手势从实物方面来看是无意义的;它也有某种含义,但极富感情,无实物性。冯特在定义语言的起源时说,最初声音是伴随着手势的,声音只是我们的发音器官面部表情能力的结果;直到后来它才逐渐变成目的。起初词语是某种手势的产物,打手势不能用实物来确定,而只是对物体的反响;这种反响在我身上。手势在最好的意义上是无实物性的。因此,词语不是物体上的标签,

---

① O, лебедиво! O, озари! ——是《蠡斯》里的诗句。参见四行诗:
  O, достоевскиймо бегущей тучи!
  O, пушкиноты млеющего полдня!
  Ночь смотрится, как Тютчев,
  Безмерное замирным поля.
              ——原编者

② 试比较古米廖夫所说:"维克多·赫列勃尼科夫对词根深有感情,他故意轻视词尾变化,有时它们被完全抛开,有时则变得无法辨认。他相信,每一个元音字母不仅包含动作,而且还包括其倾向。……取用词根并给它加上任意的词尾变化,他也就创造了新词……"——原编者

③ 试比较《文艺学中的形式方法》里所说:"什克洛夫斯基所说的'词语的复活'——是对早期形式主义激情的最好定义。形式主义者把被俘的诗歌词语领出监狱。但是,他们并不是最早使词语复活的人。我们知道,象征主义者就曾谈过对词语的崇拜。形式主义者的直接先驱者阿克梅派和亚当派也曾经要使词语复活正是象征主义提出了诗歌中的词语的自我价值和结构性。"——原编者

而是我自身的表现。赫列勃尼科夫断言,如同手势是无实物性的,词语也应当是无实物性的。在他的诗歌里表现出来。在他的作品中有一些标题:例如,《正午》;然而,在此并非谈正午;有的只是自在(самовитость),诗人的手势。在诗歌里,正午即借题发挥,题材降到了引子的水平①。

维克多·什克洛夫斯基写道,未来主义者第一次使词语复活。在词语周围积存下来的一切非文学因素,全都被分离了出去。旧批评家选取的只是词语中的文化环境。现在词语逐渐变成为无物体性的词,并显露出来。我们开始感觉到词语词法和句法的一切方面,而这些方面从前是被含义所遮蔽的。未来主义者使人感觉到词语,并使词语复活②。

总之,在未来主义者及其主要代表赫列勃尼科夫那里所进行的是纯形式的革新。他们发展的不是词语的文化功能,而只是语言学功能。在这方面我们看到了他们的狭隘。

马雅可夫斯基

马雅可夫斯基是未来主义著名的代表。他也创造了新词语,但试图在某种程度上证明它们在现存的语言中是有效的。

马雅可夫斯基的词汇的基本结构是城市结构。他希望成为街垒

---

① 在《马克思主义与语言哲学》第二编第一章中批判地提到冯特。至于标题为《正午》的诗歌,巴赫金可能指的是《天空闷热,吹拂着灰蓝的交织的颜色……》,据我们所知,这首诗从未以这个标题发表过。也许是口头传统中那么称呼,例如普希金的《我为自己竖起一座非人工制造的纪念碑》,众所周知在口头传统中被称之为《纪念碑》。然而,与普希金的诗完全不同的是,赫列勃尼科夫的诗里没有正午一词除此之外,我们不清楚是否有别的原因这么称呼赫列勃尼科夫的诗。也许,在《米尔金娜的笔记》发表后会有对此更令人满意的解释。——编者

② 参见赫列勃尼科夫一节的注①。——原编者

217

诗人。每一种语言里都存在不同的层面。各种方言在法国特别发达,不过,方言存在于一切语言中,在俄罗斯也存在。马雅可夫斯基比他所有的战友都更多地研究了这些方言,并把它们增添到诗歌里。诚然,他的某些词语、短语、片段来自不同的机体,但它们在新的语言即流氓无产者的语言中,获得了统一。在这方面马雅可夫斯基受到了马克思主义者的指责,因为他们完全不以流氓无产者为依据。然而,在马雅可夫斯基的笔下,不仅能见到行话,同时还能见到奇巧精致,具有文化品味的词语,甚至外语。所以,他笔下城市底层的方言,并未能在一切语言中贯彻到底,而只是在他的基本方针中得以贯彻。对于经典大师来说,维护词汇的纯洁是必要的。只有自然主义者才废除散文中词汇纯洁的原则。象征主义者实际上也没有使语言混杂。例如,索洛古勃的语言,在修辞上是同类的:他只是使两个层面——现代化的和神话的层面相结合。首先破坏词汇纯洁性的是未来主义者:对于他们而言,一切词语都是好的。曾经有过词语丧失旧的词汇特征的时代,但那是为了创造一些新的特征。未来主义者一劳永逸地破坏了词汇的纯洁性:在他们的笔下,街头土话占优势。马雅可夫斯基以此为宗旨,创造了自己的新词。语言的底层使发展的巨大可能性渐渐消失,土话是一个非同寻常的活生生的领域。诚然,它并非永远都是有构词能力的:在这里诞生了很多东西,然而,也有很多东西在消亡。因为街头影响耗尽,其语言也就消亡了。

至于句法,可以说,马雅可夫斯基对句子特殊的把握,是通过各种手段——音步格律、节奏、诗节等来达到的。在这里别雷具有优先权。别雷笔下的新句法使人以另外的方式领悟言语,它改变了我们的意识。因此,许多人称他的句法是认识论意义上的句法。马雅可夫斯基的目的不在于创造新的认识:他关注的是修辞的强化[①]。

华丽的修辞辞藻(риторизм)在法国诗歌中受到尊重。民族的、街头的、讽刺的、政治的、修辞的歌谣,奠定了它的主要代表贝朗瑞的

[①] 试比较《别雷》一讲中:"未来派也谈到过句法革新,但只是谈谈而已。"——原编者

诗歌的基础。为俄罗斯诗歌增添修辞辞藻的主要有以充满哲理的修辞辞藻著称的杰尔查文,部分的还有涅克拉索夫。但在他们笔下,修辞的辞藻是潜在的,是不能表现出来的,因为缺乏合适的条件。强化了的修辞辞藻首次在未来主义者,主要是在马雅可夫斯基那里表现出来。他的修辞辞藻与古希腊罗马的修辞辞藻有共同之处。西塞罗和李维乌斯的修辞辞藻带有淫秽的性质。他们自己的骂语来自底层。值得赞扬的是,马雅可夫斯基在这方面与他们有联系①。蛊惑性是他极有代表性的特征;他不害怕蛊惑宣传,而寻求蛊惑宣传。这样一来,马雅可夫斯基在俄罗斯土壤里,在新的形式中,在另外的情形下将演说术(修辞)辞藻增添到诗歌中,而在他之前演说术(修辞)辞藻是很少呈现的。他在这方面的功劳是无可争辩的。

鉴于突出修辞的任务,在马雅可夫斯基的诗歌里,音响因素只能对题材起辅助的作用。因此,可以指责他逻辑性过强。

马雅可夫斯基的隐喻并非建立在细微差别上,而是建立在基音上。我们应当将隐喻中的基音和次要音调区别开来。同一音调音响的不同,是以音色为前提的,音色创造泛音。泛音被安年斯基把握为一层柔和精巧的掩饰。马雅可夫斯基运用最粗俗的音调,尽管在我们的生活中它们更多的是有区别的。它的隐喻逻辑性强,感情色彩粗俗。它可以作为成功的字眼,成功的街头骂语凸现。骂人的话永远都富于隐喻,但它并非建立在细微的差别上,而是建立在粗俗的相似上。它只能是要么吹捧,要么侮辱、贬低。然而,这并非隐喻的缺点;只要看隐喻服务于什么目的,就能够评价它的优点。这样的隐喻对马雅可夫斯基很合适。隐喻并非建立在细微的差别上,而是建立在情感的基音上,这是《雅歌》的典型特征。马雅可夫斯基本人发现了自己与圣经风格的

---

① H.A.潘科夫关于西塞罗和李维乌斯的长篇注释,涉及,比方说,他们的辞藻的淫秽性质。参见《对话·狂欢·时空体》杂志,1995年第2期,第120—122页。——原编者

联系，并把这种风格加入长诗《战争与世界》之中①。他能够解决自己的难题：圣经风格并未使长诗不协调。

宣扬底层鲜活的生活是马雅可夫斯基诗歌的基本题材，在底层没有任何固定的因素可言。一个人只要一开始拿薪俸，他就不再是永恒的追寻者；马雅可夫斯基歌颂流氓无产者。在这方面他受到共产党员们的责难，后来他不得不对这一题材有所改变。不过，这仍然是他诗歌中主要的题材：只有无固定位置的人才是有力量、有活力、能够创造的人。

没有必须履行的义务的尼采主题，对于马雅可夫斯基来说是有代表性的：除了生命及其永恒的成长以外，别无必须履行的义务。崇拜自由的主题，对任何未来主义者都是典型的。在谢维利亚宁笔下，这个自由的主人公属于上层。谢维利亚宁希望人们把他的主人公看作贵族，可是他却更像资本家。马雅可夫斯基明白，那里的大胆和放纵是有节制的，只有流浪汉才懂得真正的放纵。沿着社会阶梯往上爬是有限制，从属于一定的条件的。应该有不同的行为举止，才能从利戈夫卡小街走上涅瓦大街，因为行为举止不当，就会受到警察的驱赶。不过，就像谢维利亚宁一样，马雅可夫斯基的笔下没有虚伪，因此他的主人公才被人理解和接受。

马雅可夫斯基的主人公是流氓无产者。因此，革命被他的主人公理解为某种混乱、放纵、破坏。革命通常强迫接受许多现成的社会习俗(готовые условности)，现成的语句。我们这里也曾经有过这样的现象，尽管程度小一些。在马雅可夫斯基那里却没有这样；在他的笔

---

① 与别的题目相比，在《马雅可夫斯基》一讲中，能够更多地在巴赫金身上感觉到《拉伯雷》一书未来的作者的存在；在这一段中，谈的是隐喻、骂人的话和圣经风格，尤其能够使人对作者有所感觉。参见下一段关于马雅可夫斯基诗歌的基本题材。《论马雅可夫斯基》的草稿(第5卷，第50—62页)已是《拉伯雷》一书真实作者在40年代写的，拉伯雷的名字直接出现在这些草稿中。
　　至于巴赫金对长诗《战争与世界》的态度，可比较半个世纪后《访谈录》中的对话：
　　杜　《穿裤子的云彩》你知道吗？还有《战争与世界》？《人》？
　　巴　这个我知道，是的。记得我当时非常欣赏他的《战争与世界》。里面有些
　　　　精彩的片段，非常好。当然也有些做作的、杜撰的、生硬的诗句。
　　　　　　　　　　　　　　　　　　　　　　　　　　　——原编者

下表现的是旧习俗、旧思想的陈词滥调的消亡。维尔哈伦是一位坚强的社会主义者、革命家,但他并不知道这是什么。在他那里是某些社会人士在搞革命,然而,他们是些什么人,他们在搞些什么,住在何处,你无论如何是弄不明白的。他们全都是一种类型,全都被排除在社会习俗之外。马雅可夫斯基笔下亦同①。如果他的革命者是工人,那么这样的工人就是不久前才来自农村,刚学会粗暴地攻击的人。他们极左,但纪律性不强,因此不能依靠他们。在他笔下就是这样一些工人,还有像在利戈夫卡街头胡闹的人在搞革命。

一度很时兴划分诗人归属哪个流派。大多数批评家都倾向于不能称马雅可夫斯基为无产阶级诗人。不仅是因为未来主义是一个外来的现象,而且因为在未来主义那里没有什么无产者。尽管很清楚,他的主人公在破坏,但不清楚的是,他们在为什么而斗争。阿纳托尔·法朗士认为,搞革命的是一些失掉本阶级属性的知识分子,与他们结盟的还有流氓无产者和无赖②。这样一群无所顾忌的人并不反对运用外国字眼和谈论文化,另一方面,他们也不反对宣称:"我想干什么就干什么!"——这样一些人成了俄国革命的主导者。就对待俄国革命的态度而言,这是不正确的,然而,在对待马雅可夫斯基的态度方面则是有说服力的。他不能成为一定团体的声音,在他笔下革命仅仅用否定的腔调来表现。革命即起义、喧闹、轰隆声——什么都行,可什么明确的东西都没有表现出来。这样理解革命并未贬低马雅可夫斯基的诗歌:诗歌的优点是由艺术表现来衡量的。

诗人在生活中的作用,即诗歌永恒的主题,是马雅可夫斯基笔下一

---

① 关于维尔哈伦、未来主义者、马雅可夫斯基和勃留索夫,参见《瓦列里·勃留索夫》一讲中《勃留索夫十月革命后的诗歌》的片段。参见在《论马雅可夫斯基》的草稿中关于马雅可夫斯基和维尔哈伦的论述。试比较《文艺学中的形式方法》:"未来主义者是那个被抛到社会生活外围、在社会上和政治毫无作为和没有根基的社会集团的代表。"——原编者

② 在《对话·狂欢·时空体》杂志这一处的注释中,H.A.潘科夫以阿纳托尔·法朗士的《天使的抗议》为例。(《对话·狂欢·时空体》杂志,1995年第2期,第122、123页)——原编者

个非常重要的主题。在马雅可夫斯基看来,诗人不仅应当反映生活,而且还要帮助建设生活。一般而言,列夫派将艺术理解为实用艺术,这种艺术应当为生活服务,融化在生活中。为生活的艺术倾向与无目的性相结合,便是由此而来。艺术中的无目的性,通常是作为一种美学追求而出现的。在列夫派那里首次出现了无目的性与为生活服务相结合的倾向。虽然马雅可夫斯基的创作没有无目的性的特点,但他垂青这一流派,尤其是在绘画中。至于为生活服务,可以说,他当然更多的是准备去破坏,不过,并不反对建设。马雅可夫斯基没有把诗人的作用理解为预言家的作用。他应当关心的不是未来,而是现在,并把现在理解为每一天。因此,马雅可夫斯基为"罗斯塔之窗"工作,创作广告、小品,对各种事件做出回应。应当承认那些广告作品才华横溢。为了认识每一天,诗人应当出现在他的主人公常去的场合。聚集之所,街头夜生活,还有居住在此的那些人——这就是他主要的同行者。

列夫派

列夫派现在已经失去了任何意义[①]。属于这一团体的是一些过去

[①] 试比较卢那察尔斯基在1925年2月8日所说的意见:"……关于列夫派我没有特意地去讲,这是因为:第一,我过去不止一次地谈到过;第二,列夫派是已经几近衰亡的事物。我请马雅可夫斯基同志原谅,但马雅可夫斯基同志现在还是列夫派成员,他已经是一个落后的典型。当他想把一只手放在意象派那里,用另一只手来拍打时,他是对的。不过,现在列夫派老重复早已知道的东西,它没有前进,它失去了生活的速度。"(在"新文化的基石"辩论会上的发言;引自《马雅可夫斯基新论》,《文学遗产》第65卷,1958年,第31页)

然而,这在当时并不意味着列夫派的终结。譬如,两年后,1927年3月23日在《列夫派还是投机?》辩论会(Вяч.波隆斯基1927年2月底在《消息报》上发表文章《记者札记。列夫派还是投机?》之后)上,在1923和1925年马雅可夫斯基仍在坚持列夫派、列夫派刊物的立场。关于列夫派的讲座可以认为大约是在这一时期举行的:在1927年初的几个月,显然不早于2月至3月。——原编者

的未来主义者,以及一些在西伯利亚形成的文学家,他们默默无闻,后来加入到形式主义者中;一般说来,形式主义者在思想上和形式上都与未来主义者接近。所谓的列夫派这个团体,提出了非常广泛的,不只是文学方面的任务:他们试图提出全部无产阶级文化问题的依据。革命胜利的初期,人们认为,旧文化结束了,有可能产生特殊的、无产阶级的文化。带着这一目的成立了无产阶级文化派。列夫派认为,资产阶级文化和无产阶级文化之间将会产生明显的、重大的差别;因此,他们之间不可能有继承性。这一观点导致与传统的脱节,与文化的统一、文化的不间断性的脱节。列夫派充满了对继承性的敌视,这种敌视来自未来主义,而不是来自马克思主义。马克思是古典主义者,他来自古典主义哲学。他认为,每一种文化都继承了前面的文化。当代的马克思主义,要么简直不提这个问题,要么以友善地对待过去的文化的态度解决这一问题。所以,列夫派在对文化严格划界方面的过错,不在于他们是共产党员,而在于他们是未来主义者。在他们的新术语中表现出迷恋过去者和未来主义者之间斗争的旧形式。现在,当权者以另外的眼光看待此事:用不着说新的无产阶级文化,应当研究旧文化①。如果有人谈论起无产阶级文化,那就意味着,他想勒索钱财。

  新文化的根据首先表现在提出集体创作的问题。未来主义者,尤其是从马里涅蒂发展而来的那条路线,都是一些个人主义者。不过,他们喜欢一切新东西,也可以欢迎作为时髦的新事物的集体主义。无产阶级文化派也制定了集体创作的手法,但后来明白了,这不会有什么结果。严肃的马克思主义者放弃了这一思想。马克思曾经说过,创造者的个性是虚幻的:他表达的是整个团体的观点。有才之士最高的创作能力,即成为群众的领导人。然而,马克思从未做出天真的结论说,人们应该聚集在一起,一同创作,如列夫派所说的那样。集体创作

---

① 卢那察尔斯基在"新文化的基石"辩论会(参阅关于列夫派的注释)上这么回答马雅可夫斯基:"我的思想完全清楚。我说过,为了文学作品能够前进,它应当有所依靠。依靠谁呢?谁是我们最亲近,最能接受的呢?是经典大师和民粹派。可我没说过,比如说,是象征派或者颓废派,或者列夫派,或者未来派。"——原编者

是他们最天真，最荒唐的结论之一。

由于创作中的集体主义，所以产生了关于创作者和接受者之间的相互关系的问题。在资产阶级的艺术中存在着创作者和接受者之间的脱节现象：创作的是这个人，观赏的则是另一个人。列夫派宣称，创作者和接受者之间应当有统一。为此，应当反对专门化的倾向：每个人都应当会创作。所有的人都应当成为诗人和读者，如同在政治方面，用列宁的话来说，每一个厨娘都应该会管理国家。然而，为此应当以另外的方式创作，以另外的方式观赏：简化艺术的技术，唤起对它的广泛兴趣并在群众中加以推广。

关于观赏者和创造者之间的关系的问题，并不是列夫派最先提出来的。这是一个像世界一样古老的问题，不能用一个公式来表现；每一个流派都有其特殊的公式。不过，或许可以这么表示：观赏者＝创造者－技术。内行的观赏者力求创造除去技术过程的作者过程，他不必再现用于审美评价的技术过程。因此，观赏者和创造者之间的关系的一般公式为：创造者＝观赏者＋技术①。技术这个概念，有时可以较多地倾向于广义的理解，有时可以较多地倾向于狭义的理解，这要视艺术种类而定。例如，在建筑学中，技术过程重大。作为艺术家的建筑师只提供平面图，而随后他就要作为工程师来行动。在诗歌中则相反，技术几乎是微不足道的。所以，在不同的艺术中，技术假设的值是不一样的。除此以外，个别艺术的性质还取决于它所归属的那个流派的决议。在19世纪，美学多半是面向观赏者，所以我们在美学中找不到处理技术因素的手法。然而，在19世纪末20世纪初对创作对象则

---

① 关于听众（观赏者）的问题，参阅 B.H.沃洛希诺夫的《生活话语与艺术话语》（1926）第六章。试比较："现在存在着一种流行的见解：除了技术以外应该把听众看作是平等的作者，有权威性的听众的立场应是作者立场的直接再现。实际上并非如此。其实可以提出相反的结论：听众从来不等于作者。听众在艺术创作事件中具有自己不可替代的位置；同时，在此事件中他应该占据特殊的双重立场，既面向作者又面向主人公，这个立场也决定着表述的风格。"（《星》杂志，1926 年第 6 期，第 263 页）

所以不可能怀疑，这里说的是别人的观点，诚然，从下面所述也可以得出结论（参见此段的结尾）。——原编者

予以极大的关注，因此，也关注技术问题。所以，美学总是提出这些问题；列夫派在这方面并没有什么发现。一般来说，列夫派大多数人都很外行，他们对要解决的问题一窍不通。然而，当他们宣称，观赏者应当与创作者相一致时，他们自己也确信，这是不可能的。

列夫派的下一个立论是宣告无艺术作品的艺术。应当说，在开始有历史记忆的地方，我们就已经可以找到石画和燧石画。然而，对"无艺术作品的艺术是什么？"的反问，他们答道，将不会有艺术作品了，也不需要它们了。艺术将是生活，一切生活将是艺术。在此列夫派彻底地发挥了自己的理论，因为懂得少的人障碍就少。他们一边否定艺术，一边提出美化生活物品的理论。的确，也有与这一理论相适合的艺术。例如，似乎也可以把绘画中的色彩调和用于家庭日常生活用品上。然而，这是具有生活效用的用品，而不是艺术作品。更何况在文学中这一界限无论如何是跨越不过去的。诗歌仍然是需要写作的，而写在纸上的东西就不是物品。可是，列夫派却试图摆脱这一困境，他们断定，我们所说的每一个词语都将是诗意的，除此之外，诗歌将伴随着劳动过程产生。这样一来，他们成为生产艺术的鼓吹者，可是艺术并未消除创作者与接受者之间的脱节现象。约翰·罗斯金①力图消除这一脱节现象，他拒绝工业艺术。在他看来，只有通过手和眼的直接劳作，而不是靠机器，才可能达到美学上的再现。列夫派也像共产党人一样，高度评价技术。总之，列夫派宣扬了一种理论：艺术应当美化生活②。

---

① 约翰·罗斯金(1819—1900)，英国作家、艺术理论家。他将浪漫主义的抗议资产阶级的现实与号召复兴"创造性的"中世纪的技艺相结合。(《苏联百科辞典》，莫斯科，1980年)——原编者

② 在"新文化的基石"辩论会(1925年2月9日)上，卢那察尔斯基在与作为列夫派的代表的马雅可夫斯基争论时这么说："当马雅可夫斯基在自己的恶魔勃里克极恶毒的影响下声明，艺术终结了并正在走向物质生产的时候，他的确给了艺术冷不防的一击。他力求强调，这是最高的工程技术。关于最高的工程技术这种诡辩不堪一击，不过，现在没有工夫。"

关于"艺术生产"和列夫派，参见 А.И.马扎耶夫的《20年代的"艺术生产"概念》("生产"与"列夫派"一章，第88—204页)，莫斯科，科学出版社，1975年。——原编者

还有，力求将马克思主义理解的社会逻辑方法与形式主义方法结合起来，对于列夫派来说也是很有代表性的。重要的代表是勃里克、什克洛夫斯基。他们认为，马克思主义的方法研究意识形态材料，形式主义方法则研究语言、话语材料。所以他们用材料来说明两种方法的根由①。应当说，这种思想要比集体创作的思想更重要一些，但它同样是天真的。形式主义方法不是俄罗斯的流派；它出现在西方，在我们这里它只得到最狭隘、最畸形的表现。形式主义方法只能囊括艺术作品的形式，而不能对其思想意识方面加以评价。一个马克思主义者对一个题目可以随便谈论许多有充分根据或者没有充分根据的东西，但要从马克思主义的角度来进行形式分析是不可能的。因此，这两种方法只可能表面上结合在一起。通常先通过马克思主义的方法来分析主题，提出观点；然后从另一种形式主义方法的角度进行形式分析。然而，不能把这两种方法捆绑在一起，获得一个完成的、统一的方法。因此，在这里最好要进行分工，像通常所做的那样：马克思主义者谈主题，形式主义者谈形式②。

列夫派的情况就是这样，其作用并不大。它使各种流派相结合，

---

① 1927年为了驳倒阿维尔巴赫、沃隆斯基和别斯金对什克洛夫斯基的攻击，马雅可夫斯基在《列夫派还是投机？》辩论会上的结束语中这么说道："下面我们要谈一谈什克洛夫斯基同志。首先，我坚持认为，这是一个有很深文学造诣的学者。他是形式主义学派的创始人。通常都认为，形式主义学派是与马克思主义相矛盾的，形式主义学派完全包围了列夫派。形式主义学派有这样一个方面并不与马克思主义相矛盾。同志们，你们知道，譬如说，整个化学都在于其产生的来源，所有的化学过程完全由社会条件所决定。例如，另一种染料的采用，取决于纺织工业的发展。这说明，化学应基于社会学来研究。不过，化学内部存在着特殊的化合物。研究了化学元素周期表，就可以谈论化学。我们所理解的形式主义就是附设于社会学方法的统计局。下面搜集的材料（讲话被打断）……我将说我们的理解。然后需要寻找这个材料的动力。"（《马雅可夫斯基新论》。试比较《文艺学中的形式方法》中关于什克洛夫斯基已经暂时停业的形式主义的说法。）

接着，在结束语中，在俏皮地证明马克思主义文艺学家不了解事实之后，马雅可夫斯基继续说道："我们应当把什克洛夫斯基同志作为科学力量来利用，让他提供经过很好验证的材料并在社会学中运用这些材料。"——原编者

② 关于形式主义和马克思主义，可参见《文艺学中的形式方法》。——原编者

特别是将未来主义和马克思主义结合在一起,由此成为不同种类的混合体。并非希望成长和发展的内在力量,而只是非常外在的混合体使之相结合。列夫派中最有价值的是马雅可夫斯基,他无论在什么情况下都会在文学中占据一定的位置。列夫派本身并无创造。这是一个有倾向的流派,它由口号、纲领构成,但无艺术作品。列夫派的倾向是与权势和睦相处,获得最大的生活福利并广为传播。由一部分不同团体的人创建起来的列夫派,现在灾难性地垮台了,但还能发生作用。结合在列夫派身上的那些因素,会产生什么结果,尚不清楚。某些因素无可争辩地注定要灭亡,另一些因素,说不定什么时候还会钻出来。然而,作为一个统一整体的整个流派却瓦解了[1]。

叶赛宁

叶赛宁早在1915年就已经被推出。因此,并非十月革命使他受人尊崇,他开始创作生涯完全不取决于革命,早在那时他就已经获得了巨大的成就。后来,在革命以后,更多的是炒得沸沸扬扬,而不是真正的成就。

人们都说,叶赛宁直接来自科尔佐夫以及民间底层[2],然而,并非如此。科尔佐夫,这是俄国文学中的一段插曲。可能与他相近似,但说来自于他,而且是在20世纪,则是不可能的。在20世纪,文学现象

---

[1] 关于形式主义与列夫派的联系,参见《文艺学中的形式方法》(结束语之前)最后一段。——原编者
[2] 第一段和第二段无疑是争议的口气。后来音调变了,但争议直到笔记的最后仍旧存在。谈到叶赛宁和克留耶夫,就想起科尔佐夫,过去习惯这么做;谈影响,作比较和对比。这一传统仍然存在。叶赛宁本人在写于1917年的诗歌《啊,罗斯,振翅飞翔……》中称科尔佐夫为自己的兄长。——原编者

也是不可能直接来自民间深处的：它应当首先在文学本身来界定①。当然，叶赛宁并不是一颗不知从何而来，落向何方的流星。他完全是作为一个来自克留耶夫的文学现象而出现的。克留耶夫无可争议的是俄国象征主义的代表②。神话流派在俄国象征主义中得到鲜明的表现。神话即原始艺术的说法，已是老生常谈。不过，通常人们只说出了起源方面：艺术源于神话。Вяч.伊万诺夫却谈到了别的东西：诗歌离不开神话，它在自身基础上又回到了神话。因此，对他而言，神话中的话语就是话语的含义。然而，他只是从理论上为自己的观点找到了根据。在索洛古勃那里，也可以发现返回神话的倾向。随后，这种向往具有了民间的性质。如果对于Вяч.伊万诺夫来说，基础是神话，无论是什么样的神话，那么，巴尔蒙特则把神话理解为用话语念咒，他向往的是民间神话。在这方面二流诗人戈罗杰茨基和散文方面的列米佐夫与他相近③。

由于倾心于神话，作家们都对教派分化运动表现出巨大的兴趣。在教派分化运动中，不仅存在着对神话的回忆，而且还有神话的灵魂。基督教教派与正统的基督教的区别就在于，其中存在着与神话的巨大联系。一般来说，列米佐夫与鞭身派很接近，对它很了解，而要深入其中是很不容易的。别雷与鞭身派也有联系。所以几乎所有的象征主义者都与神话接近。然而，不能认为，他们都继续了神话传统：那些将他们引向神话的兴趣，是他们从自身内部培养出来的。师承过去的文

---

① 参阅艾亨鲍姆在《涅克拉索夫》（1922）一文中的论述："涅克拉索夫拯救了诗歌，他似乎是从街头钻进诗歌的，而没有考虑传统实际上，他并不来自街头，而来自文学本身。"（引自鲍·艾亨鲍姆的《论诗歌》，列宁格勒，1969年，第40页）——原编者
② 在《访谈录》中谈到克留耶夫时，巴赫金说，这是一个真正的诗人，并再次说他是真正的诗人（如同在《访谈录》中也称勃留索夫为真正的诗人）。但巴赫金在《访谈录》中没有谈作为象征主义者的克留耶夫；没有谈勃洛克对克留耶夫的影响，尽管回忆了他们的相识和通信。显然，在1973年已经感觉不到问题的尖锐了（《访谈录》）。巴赫金在讲授有关叶赛宁和克留耶夫的课程的时候，后者还活着，巴赫金与他熟悉，经常见面，交谈，还包括可能与他争论。——原编者
③ 关于Вяч.伊万诺夫和巴尔蒙特，参见С.С.阿维林采夫为Вяч.伊万诺夫《俄罗斯的面貌与假象》（莫斯科，艺术出版社，1995年）一书所写的前言。——原编者

化完全我行我素,走自己的路,只有独立地领悟了旧的因素并与之不谋而合之时,才能完成回归。当然,在这里旧的因素得到了深刻的改造,获得了另外的精神,另外的含义。在师承过去的文化和传统之间有一道深渊。如果认为象征主义走的是历史继承性的传统道路,那就犯了一个不应该犯的错误。然而,在象征主义的发展之路上师承了各种不同的文化,例如,在俄国象征主义的绘画中,在弗鲁拜尔和涅斯捷罗夫那里,出现了师承圣像画文化的现象。不过,不能推断他们来自蹩脚的圣像画匠的传统:他们来自现代绘画。所以象征主义回归神话完全是他们的功绩。

当我们着手研究克留耶夫的诗歌时,应当牢记他师承的文化。他来自象征主义,他所有的莫斯科的、俄罗斯的因素全都充满象征的任务。克留耶夫属于分裂派教徒,即属于那些存在着神话传统的教派;他也参加过鞭身派。因此他个人与传统有内在的联系。假若克留耶夫只了解传统,他就会留在乡村。然而,他来到了城市,从属于象征主义及其要求。自身的传统有助于他接受。克留耶夫在这里并非独自一人,而是众人之一。他比自己同时代的许多人都要年轻,他找到并走上了现成的道路并增添了许多新的东西[①]。

叶赛宁与克留耶夫完全相类似。叶赛宁也来到城市,他也了解俄罗斯文学传统并使它的任务变成了自己的任务,只有使之变成自己的任务以后,才能够接受。叶赛宁在形式方面完全追随克留耶夫,但他很快为诗歌增添了其他的色彩:他那里没有鞭身派的因素和神话性。如果说克留耶夫笔下的乡村具有酒神的性质,那么叶赛宁笔下占优势的则是形象生动的音调。

还有一个诗人也对叶赛宁起了决定性的作用,这就是勃洛克。他

[①] 克留耶夫一段,是巴赫金有关克留耶夫的诗歌极有潜力的论述的简短提纲。很可能,它就像《叶赛宁》中有关克留耶夫所说的一切,代替了有关克留耶夫的讲座;很可能,没有这样单个的讲座:这里讲得太多了。传统和接受的问题也许是这一讲中最有价值的问题。不过,下面还要谈到不成熟的问题,同时还有影响问题。——原编者

们之间的关系最正常、最好,是师生关系。叶赛宁来自这个流派,经历了它的磨炼并向它学会了写作。在农村他学会了唱歌,这有助于他理解农民,而勃洛克、克留耶夫,当然还有别的人教会了他写诗。克留耶夫和勃洛克的趋向开始在叶赛宁那里融汇综合,可是,后来又来了一些别的老师,别的流派,外在的,与他格格不入的,对他只有损害的流派。叶赛宁从来都不是意象主义者,在已经定型了的叶赛宁身上表现出来的是意象主义带来的那种肤浅的、偶然沾染的东西。

对叶赛宁最近的文学影响就是这些。这些影响把他和俄罗斯文学密切地联系起来。要进入文学,就应该了解文学,了解了文学,就已经加入了自己的声音。所以,叶赛宁不是文学中偶然的过客,他并非置身于文学史之外。当然,后来他有了长进,他经过学习并且接受了普希金、莱蒙托夫、费特的影响,不过,他的诗歌的主干依旧。叶赛宁的寿命不长,他没能做成很多事情,但就他的年岁而言,他的建树已不少。

民间因素和文学因素相结合是叶赛宁诗歌语言的特色[①]。这个结合很一般。在此他与勃洛克的"铁路"题材的诗歌以及祖国题材的诗歌很接近。因此,从词汇方面来说,叶赛宁接受的是现成的自发因素。他与勃洛克的不同之处在于,更多一些地方的、农民的因素。不过,我们在他那里找不到戈罗杰茨基、列米佐夫笔下特殊的外省风习,而在他们的笔下呈现出俄罗斯特定圈子的语言。在叶赛宁的笔下则是普通的语言:他没有运用细腻的民族的细微差异,他的语言比较接近中心。不过,叶赛宁吸取接近中心的词语,并使它们在得以改观的语境

[①] 有关叶赛宁的讲座笔记的特别之处在于,它没有分成经过编排的片段、小标题。很可能是克留耶夫的存在妨碍了米尔金娜。例如,正是在这个句子之前,根据与其他笔记的类推法,应该出现当前片段的标题。在这个有分量的题目里缺少小标题的划分,别的题目中有类似的划分,还有一个解释是后来由米尔金娜本人加的。题目划分为片段的情形还会出现,不过,那将是在分析同一个作家的几部大型作品的时候。看来毋庸置疑的是,阅读笔记最好是不编排成片段,同样毋庸置疑的是,教学中用笔记最好是编排成片段。——原编者

中出现。这是靠他的隐喻的性质来达到的。隐喻不能不表达感情，但所有的问题在于情感的比重。叶赛宁的隐喻与勃洛克的隐喻相近，但隐喻的情感因素并不那么强烈；它在某种程度上与Вяч.伊万诺夫的隐喻相近。一般说来，叶赛宁的隐喻不惧怕意识之光；这是物体的隐喻，力求推出物体。但与此同时，他使太阳与牛犊或者猫咪建立密切的联系，从小木屋直接过渡到宇宙；使小木屋的细节与宇宙现象——太阳、白天、黑夜、生、死联系起来。它们之间没有任何距离。是什么使叶赛宁将它们结合在一起呢？他采用的低级物体，毫无低劣意味，而在不显露其崇高的风格中采用高级物体。在比较高级的象征中表现它在物体中的折射，而低级的象征则从平淡无奇的语境中剔除，提升到高于自身普通的等级。农舍里没有使它变得低劣的一切，没有蜘蛛和蟑螂，就连太阳也不是自然而然地表现出来，而是渗透到小木屋里，或者从一洼水中反射出来。所以，在此没有勃洛克笔下的曲线。在勃洛克笔下，高级的更高级，而低级的则更低级。在叶赛宁的笔下表现的是物体的同等公正、和睦友好，而不是明显的俯身低就。当然，在他那里也有曲线，但曲线柔和，呈波浪形，令人爽心悦目；他的风格可以这样以线条示意。在音响方面叶赛宁不占优势。在巴尔蒙特那里我们不能准确地区分物体，因为他沉浸于音响之中。在Вяч.伊万诺夫笔下有完美的音响表现法，不过，外在的音响表现因素不起任何作用。在叶赛宁那里音响因素也未提到首位。

格律诗是由各种因素决定的。从音步的角度看相同的诗句，从格律方面看可能是不同的。可以用词语不同寻常的句法配置来创造节奏。例如：在安年斯基笔下，同一节律的句子里的词语，从含义的角度来看就具有不同的意义：一种情况下变得轻松，而在另一种情况下就显得沉重；一个词很轻松地掠过，另一个词则很缓慢，艰难地前行。音调因素在叶赛宁那里也起很大的作用。倘若没有音调因素，他的节律就会很贫乏①。

叶赛宁是一个尚未来得及历经磨难的年轻诗人;他那里有许多偶然的,容易被替换的因素。他尚未定型,尚未成为大师。作为大师的诗人,一旦走到极限,就彻底地完结了。然而,我们可以说,他离意象主义很遥远。意象主义的典型特征是什么,暂时还很难说。他那里有那么多的偶然因素,那么多附加的任务,严肃的、悦目的东西不多,以至于他看上去就像是一个偶然的混合体。不过,有一点可以说,意象主义典型的特征是:极端的神经过敏、故意的对比、强烈的扭曲。如果我们抽象地看待叶赛宁的诗歌,就会觉得诗歌中是有一些生硬的结合,可实际上,诗歌中的一切都很通顺,容忍一切的因素被提到首位。

叶赛宁的诗歌基本的形式特点就是这些。

叶赛宁诗歌的重要题材是乡村题材。木屋和乡村木屋的生活位于这一题材的中心;宇宙的价值在乡村木屋生活的形象中得到了体现,它们被译成了乡村木屋的语言;木屋的物品之间复杂而细腻的关系,例如,与火炉形象的关系,居高临下地控制着一切。在克留耶夫的笔下也有一个乡村木屋世界,其中心是火炉和与之有联系的一大堆关系。不过,如果说在克留耶夫的火炉形象中表现的是世界的,宇宙整体的象征,具有神话意义的乡村木屋宗教的象征,那么,在叶赛宁的笔下占优势的则是抒情音调,展开的隐秘抒情;不过,他笔下也有神话因素。在科尔佐夫的笔下缺乏作为自觉因素的神话主义。然而,既然他吸取了来自民间的题材,那么,神话主义就会意外地,似乎偷偷地潜入他笔下。叶赛宁希望保持木屋小宇宙和世界大宇宙之间的联系,但他在这方面要比克留耶夫稍逊一筹。他的诗歌不乏神话主义,但更隐

---

① 试比较在 B.H.沃洛希诺夫的《论诗学和语言学的界线》一文中,安年斯基的诗歌与叶赛宁的诗歌的对比也是从音调方面进行的。文章结尾处标的日期是:1929 年 11 月 13 日(《文学科学中捍卫马克思主义的斗争》文集,列宁格勒,激浪出版社,1930 年,第 203—240 页)。整篇文章都是与维诺格拉多夫的争论:上述对比在第 238 页。关于巴赫金对谈话中提到的文章的反应,参见鲍恰罗夫的《关于一次谈话和围绕着这次谈话》(《新文学评论》,1993 年第 2 期,第 73 页)。——原编者

秘、更具有人性。因此,克留耶夫只被小圈子里的读者所理解①。叶赛宁的诗歌是从神话的高度转到隐秘抒情的层面的,因此,所有的人都能懂。如果我们抽象地将他们的诗歌加以比较,就可以得出结论,重要的主题从克留耶夫那里转到了叶赛宁笔下,然而,受到限制并经过独到而具体的加工;这里有影响,不过,是经过了消化的影响。正因为叶赛宁的神话因素在隐秘抒情因素面前退居次要地位,他才可能受布尔什维克的影响。这是好还是坏,则是另一码事,但他毕竟还是找到了那些有可能走近布尔什维克的基础。

大自然的主题是叶赛宁诗歌中极为重要的主题。他的大自然画面追求美丽如画的直观性②。这不是独立自在的,不是哲学的,也不是道德伦理的大自然,而是与人有联系的大自然。某些大自然的画面,大自然的形象是满怀情感地与人的生活融汇和交织在一起的。在这里可以说,叶赛宁与科尔佐夫相近。然而,不能仅从相似就对他们的联系得出历史的结论:说这是不依赖于别人的共同性。戈罗杰茨基,部分的还有克留耶夫,都为这样的风景抒情奠定了基础。不过,戈罗杰茨基的神话因素强烈,克留耶夫的神话形象处于中心位置,使一切都具有认识意义。叶赛宁笔下加入的则是碎片般的神话性,这些碎片服从于别的目的。在他的一些诗歌里,大自然的形象并不追求在风景中有完成了的表现,而只是为抒情的任务服务。

---

① 在《对话·狂欢·时空体》杂志(1993 年第 2、3 期,第 137 页)上发表的有关叶赛宁的讲座笔记的前言里,鲍恰罗夫回忆,作为"生物学家和科学史学家的卡纳耶夫讲述了克留耶夫是如何在那个拥挤的小组,即我们现在称'巴赫金小组'里朗诵自己的《木屋之歌》的;也正是在皇宫滨河街 M.B.尤金娜的住宅里,巴赫金作了关于Вяч.伊万诺夫的报告(米尔金娜在自己的回忆里谈到它们)"。指的是《新文学评论杂志》(1993 年第 2 期,第 68、69 页)上发表的《我所知道的巴赫金》全文。——原编者

② 正如在《对话·狂欢·时空体》杂志上发表的那样,《米尔金娜的笔记》的手稿与此不同:他的大自然画面不追求美丽如画的直观性。从语境看,动词前面的语气词"不"就意思来说是不应该有的。在第一次发表时没有这一段。独立的共同性概念,是在一系列诗人中间分析诗人的创作时,巴赫金加入的又一个概念(试比较《勃洛克》一讲中的相应概念)。——原编者

叶赛宁创作中的第一个阶段就是这样的。

在第二个阶段，取而代之的是勃洛克的题材——小酒馆、茨冈风格的题材，不过，完全变成了另外的表现。马雅可夫斯基、意象派的影响也反映出来。叶赛宁没有摆脱最初的一些影响，但勃洛克的影响扩大了。因此，还不能谈论叶赛宁创作中的转折。早期潜在的因素，现在则达到了占统治地位的表现。

乡村，作为抒情地反映世界大宇宙的一个小宇宙是第一阶段的基本主题。现在乡村退居到次要地位，城市凸现出来，然而，能产生联想：从前依稀可见的大路，现在浮现在眼前的却是街道。如果说内容成分与马雅可夫斯基接近，那么对待它则持另外的态度。城市形象背后隐含着另外的层面——衰败和毁灭。个人的态度中反映了普遍的社会现象：旧俄罗斯的消逝，这是叶赛宁曾经爱过的旧俄罗斯。这在细节中也表现出来：事物开始瓦解、衰败。然而，在这种情况下，不能像马雅可夫斯基那样对衰败作现实主义的理解，而要用象征主义的因素使之充实，如同勃洛克笔下的茨冈风格一样。这不是马雅可夫斯基粗鲁放肆的诗歌，在他的诗歌里衰败是独立存在的①。甚至就连在《酒馆莫斯科》中，俄罗斯的衰败也是与象征联系在一起的。因此，即便这一时代成为过去，由于象征主义的深化，叶赛宁的诗歌也不会消亡。

在叶赛宁创作道路的晚期，出现了新的主题即同貌人的主题。《我和你在一起感到无聊，谢尔盖·叶赛宁……》和《黑人》，像勃洛克的诗一样极为深刻。同貌人的主题似乎是叶赛宁的创作中最后的主题②。

---

① 在巴赫金对马雅可夫斯基的任何表述中，他都没有表现得那么不客气。——原编者
② 这一段的内容可能被误解为，新的同貌人的主题，即叶赛宁创作最后的主题，与《黑人》以及《春雨飞舞，哭泣……》一诗有关系。但《春雨飞舞，哭泣……》一诗的写作不晚于1918年，在1918年发表过两次，所以只有提到了诗歌那一句与之有联系。巴赫金不一定认为这首诗是最后的诗，所以在这里，想必是在记录或者转抄时有问题（漏了字、词、句）。——原编者

总之,叶赛宁创作的第二个阶段完全可以纳入象征主义的框架之中,不过它非常独特。从形式的角度来看,这一时期他的诗歌里并未添加什么新的东西。诚然,随着主题的改变,词汇得以丰富;词汇具有了现代都市里产生的新材料的特色。然而,除了某些表面的因素,我们还不能谈论整个词汇的丰富性。只是他的诗歌变得更神经质,曲线更分明。在这里许多东西都受到意象主义,还有勃洛克的影响,勃洛克在第二个阶段也显得更突出。

叶赛宁在文学上的地位很难确定①。有人说,我们有两位伟大的诗人——普希金和叶赛宁。然而,这是夸大其词。叶赛宁的世界太小,写得也太少。就连与勃洛克相媲美都不能。勃洛克是一位革新家,叶赛宁有独创性,但未必就创造了确定的流派。即便会有人去模仿他,那么模仿的也将是克留耶夫-勃洛克流派。叶赛宁是位大诗人,但他是一个已经形成了的流派里的诗人。

叶赛宁的典型特征是尤为紧密地与十月革命时代联系在一起。不过,他只是在题材方面与我们的时代结合在一起。由于时间相近而突出了这一主题,然而,形式依然如旧。

列米佐夫

我们随列米佐夫一起进入俄国象征主义一个特殊的圈子。他与克留耶夫、勃洛克、戈罗杰茨基相近。然而,列米佐夫是位小说家;在这方面他继承了果戈理、陀思妥耶夫斯基,还有列斯科夫的传统,一般而言,是他们决定了整个俄罗斯的小说。无论是家庭、性格、甚至在外表上,列米佐夫都酷似列斯科夫。

---

① 这最后一段的第一句和整段,从整体上看来有一点非常有趣,发表的意见和预测无疑是推测,表现出巴赫金的某种不确信。——原编者

列斯科夫何许人也？列斯科夫身处俄罗斯文学的大道上，但他在这条路上很不走运。他的天才未得到与之相应的评价与研究。

外省风习是列斯科夫的词汇引人注目的特点。他描写外省神职人员、小商人的世界，乡村的上流阶级。

……①

那时候一般都对鞭身派表现出不同寻常的兴趣。斯科沃罗达被推出，他是一个学校里的哲学家，在思想深度方面很有威望，对很多人产生过影响②。这一流派的作家与斯拉夫派有很多共同之处。然而，对于斯拉夫派来说，罗斯就其基础而言是统一的：直接从今天经过彼得堡时期就到了莫斯科时期，甚至基辅时期。因此他们认为，不用到地下，就能找到真正的罗斯。新斯拉夫派则认为，只有摒弃了官方的俄罗斯，才能找到真正的罗斯。地下的、宗教的罗斯在文学中占有巨大的位置。文学中地下的罗斯的实质在狂热的娱神活动中表现出来。在狂热的娱神活动中，精神的崇高与肉体的卑下融汇在一起。每一个作家都按自己的方式对这一题材进行加工，但他们笔下的狂热的娱神活动已不再是鞭身派仪式中的狂热的娱神活动；他们非同寻常地使之复杂化，使之成为相当自由的象征。库兹明的《翼羽》是他描写狂热的娱神活动最优秀的作品之一③。列米佐夫笔下的狂热的娱神因素把人贡献给最高的创作。在他看来，有精神存在，有肉体存在的地方，任何创作都能一切顺遂。在这方面他很豁达，无所畏惧。克留耶夫笔下的狂热的娱神活动为木屋和艺术辩解，但敌视国家。鞭身派亦同。对他们来说，整个官方国家就是反基督的产物。他们甚至没有关于理想的国家的概念：吉捷日城（Китежград）是在他们的思想里，在完全不考虑国家利益的外貌中呈现出来的。在列米佐夫的笔下没有对国家的

---

① 手稿的这个位置，即在虚线前有米尔金娜手写的脚注："以下两页丢失。"（《米尔金娜的笔记》手稿，第 301 页）——原编者
② 关于斯科沃罗达，参见《别雷》一讲。——原编者
③ 在《库兹明》一讲中没有提到这部作品；在《访谈录》中巴赫金谈到艺术上极为有趣，与众不同的作品《翼羽》。——原编者

敌视，但他只承认强大的国家政权，自由主义是与他格格不入的范畴。他不承认自由，在这方面他与列斯科夫相近。

在列米佐夫的主人公中间，有两种类型的人：成功者和失败者。成功者太粗俗，而失败者太重精神，太文雅，太柔弱。如同在索洛古勃和陀思妥耶夫斯基的创作中一样，孩童在列米佐夫的创作中占据极大的地位。他笔下经常出现适应性强、会争取机会、感觉良好、单纯的少年和为自己感到羞愧的少年失败者。一种人积习太根深蒂固，因为这种人缺乏使之犯糊涂的意识，另一种人有意识，但意识没有与肉体性相结合。

列米佐夫创作的基本题材范围就是这样。这一系列的题材是怎样与风格的特点——行文含蓄相联系的呢？

最高的宗教因素就是仪式。话语只是仪式的准备。仪式在沉默中举行；在无言中达到最后的一致。这是心灵狂热得到提升的状态，这时不是说出话来，而只是发出一些声音而已。用话语来表现团结一致的仪式，就显得太理性了。列米佐夫往往省略那些说明仪式的地方。含蓄由此产生。

含蓄也在本事中得到反映，本事并不明朗。生活并非平稳的潮流，生活的重要现象都具有仪式的性质。然而，列米佐夫并不以正教的仪式，而以教派的仪式为宗旨。克留耶夫也受这种宗教仪式的制约。诚然，克留耶夫比较理性：他力求将形象融化在话语中。

含蓄使列米佐夫与梅特林克接近。梅特林克的戏剧直接建立在含蓄、暗示和最细微差别之上。他在语言方面是一个最温柔的作家。含蓄为精神、内心、极为细腻的感觉留下空地，也给音乐一个地盘①。列米佐夫笔下的含蓄是为了给粗俗的，然而并非贬义的、肉体的、性欲的仪式让位。对于梅特林克来说，话语的肉体性太强，因此它们色彩单调，相反，对于列米佐夫而言，话语的精神性又太强。所以用同一种手法可以走到极端的两极。

---

① 关于梅特林克，参见《"帕尔纳斯派"，颓废派，象征主义》一讲。——原编者

列米佐夫风格的典型特征是,他喜欢对面貌、性格的细节吹毛求疵,并根据它们来塑造作品。他笔下的细节没有细微差别,而是粗俗的、肉体性的;它没有意义,但不是因为太精细,而是因为太粗俗。这样的细节也决定了列米佐夫含蓄的风格①。在开始阶段,这样的细节也是列斯科夫素有的。列斯科夫也喜欢某些肉体性的细节,它们在整个作品里都伴随着主人公。陀思妥耶夫斯基的创作中也有这个特点,不过,要从另一方面去看。在他笔下某种非理性的和无意义的特点总是纠缠不休地重复着。

扎米亚京

扎米亚京与陀思妥耶夫斯基和列斯科夫有联系,与索洛古勃相近,与列米佐夫也有内在联系。不过,他还年轻,他的创作还面临着得到确定和发展②。

扎米亚京在自己的作品中所描绘的基本的社会阶层即俄罗斯省城。省城里主要关注的是小市民、小商人。所以在此选取的还是列米佐夫笔下描绘的那个层面,不过,态度不一样:即双重性的态度。一方面,扎米亚京将省城理解为鄙俗,另一方面,又从省城的鄙俗中发现了某些现实的力量。

在扎米亚京那里,鄙俗不再只是社会范畴,而逐渐成了神话范畴。

---

① 这一讲中没有具体指出(作品名称和提到的主人公),使《列米佐夫》题目本身言犹未尽,丢失了的两页更加重了这一点。——原编者
② 叶·扎米亚京生于1884年初,1927年春天讲到他的时候,他已不年轻,已经43岁;他几乎是阿列克谢·托尔斯泰(生于1882年)的同龄人,略微比安德烈·别雷(生于1880年)年轻一点。巴赫金本人这时32岁,巴赫金讲授的九个作家中有七个明显比扎米亚京年轻,或多或少是巴赫金的同龄人。他们中间最年轻的列昂诺夫才28岁。在最后讲到的这几个作家中,明显比巴赫金年长的只有两个人:谢尔盖耶夫-岑斯基和高尔基。重要的是,在20年代初扎米亚京就已经是谢拉皮翁兄弟公认的老师,其中也包括费定、弗谢沃洛德·伊万诺夫和左琴科。——原编者

在契诃夫,在民粹派那里,鄙俗被定义为社会的和伦理的因素;除了这些因素,在他们对鄙俗的描写中没有任何深度和力量。果戈理的笔下已经奠定了将鄙俗理解为深层力量的基础。在扎米亚京笔下没有字面意义上的神话:石女人只是一个隐喻①。然而,鄙俗已提升到最高层面,而社会地位逐渐变为表层。人以素来就有的形式呈现在我们的面前,用社会性譬喻是摆脱不开的。在扎米亚京的笔下,神话譬喻是以一些特殊的手法,也许是比较精致,与现实主义相近的手法来完成的。

省城,虽然鄙俗,但在扎米亚京的笔下却变得现实,它是在知识分子的背景下来被关注的。列斯科夫笔下的知识分子来自虚渺的空际:只能在思维范围里产生文字一类的东西。缥缈的知识分子是在现实的省城背景上被人接受的。扎米亚京的创作深刻地揭示了看待人的精神方面的悲观主义观点,粗俗作为现存力量与之相对立。所以,在这里就像形式主义者说过似的,存在着奇特化的手法。扎米亚京的笔下没有刻画省城的新特点即日常生活和心理分析的特点。然而,我们能够按新的方式去理解它,因为它是在新的背景下:在知识分子的背景下描绘出来的。例如,《灵石》中,省城是在文化生活的背景下加以描绘的。原来,我们称之为文化,我们将它与省城相对立的东西,也是错的,也是某种虚构的东西。

对主人公的态度在扎米亚京那里发生了改变。在古典主义中,主人公的命运是他的性格的结果。在现实主义中,主人公能够忍受过去②。在当代文学中出现了进展(сдвиг):其中命运和感受没有区分,没有周围环境和主人公心理的对立,而旧批评家们却乐此不疲。心理的,内在的因素与外部世界的区分丧失了,感受在外部世界得以表现。我们在别雷那里也发现了同样的现象;不过,他笔下描绘的外在因素与内在因素相近。在扎米亚京的笔下精神感受则被物化。他选择了那些最低劣的主人公;这是些半人半兽。他回避描写重要的内心生

---

① 参阅扎米亚京的中篇小说《外省小城》最后几句话。——原编者
② 试比较《苦命的丽莎》片段中所谈到的这一话题。——原编者

活,内外因素并不对立。如果说,在别雷的笔下外在因素达到了精神上的深刻,那么在扎米亚京的笔下则相反:感受是从自然的层面摄取的。无论是人、物体、树木、还是石头都来自同一个东西。在此没有性格和命运,这是一个由单一部分组成的世界。在这个世界里人和物不分。话语、手势、描绘、感受以及外部世界全都一样。心灵和世界的两分法被克服。这是从艺术上完成的。皮利尼亚克和弗谢沃洛德·伊万诺夫在这方面已表现出一种倾向:存在决定意识,因此,没有区别于肉体的灵魂。

细节占优势,是扎米亚京典型的特征。从关注重要的东西转向关注微不足道的东西,是果戈理和陀思妥耶夫斯基的典型特征。这在他们每一个人那里都具有自己的艺术功能。如同在列米佐夫那里一样,在扎米亚京的创作中这种移位并没有破坏现实主义的比例,这也是与他的艺术任务有联系的。他想展示,尽管这种生活粗俗,但现实,不能用思想的范畴去捕捉和战胜它。

扎米亚京的本事不明朗。在界定自己的本事方面,他与果戈理相近。在《死魂灵》中没有本事的因素,没有事件的发展和解决。在扎米亚京的笔下也没有统一的分层次的本事:没有生平、结尾、开头、中心。诚然,"巴雷巴"①是从描写生平开始的:从童年开始描写这个主人公的生活道路,可是后来却中断了。本事什么也没能说明:它不是事件的构架,而是承受一系列行动的构架。一般而言,在主人公和物体之间、在感受和物质世界之间如果没有区别,是不可能有本事的。这种风格也是皮利尼亚克素有的,但他试图将本事增添到自己的作品中,不过,他未能成功:本事只是在旁边,作品的大量因素均在本事之外。结果,本事就像是作为免费的附录被加进没有本事的小说里。向往写出本事,说明什克洛夫斯基及其同伴得出了答案,现在文学需要本事。

---

① 指中篇小说《外省小城》,在这里巴赫金用主人公的名字来称呼小说。——原编者

轻信的年轻人也就相信了①。扎米亚京则不依赖于编辑部,并不去迎合任何人:无论是读者,还是批评家。在一部作品里,当人是在特殊的物范畴里被看待,当人和物都来自同一个东西的时候,是不可能有本事的。然而,不能总停留在此。在关于天主教僧侣的短篇小说中已经有了本事,但这是特殊的本事,类似惊险的本事,它也是含蓄表现的②。在长篇小说《我们》中,已经试图去创造一定的本事。不过,这种本事极为独特,以至于我都不敢去谈论它③。

至于修辞的特点,可以说扎米亚京的语言是双重性的,不过,他并未将语言的一些因素对立起来,而是混合在一起。这一特点与他的作品的基本构思有关。在他笔下没有可以与肉体相对立的精神语言;只有一些能使语言变得庸俗的术语。扎米亚京用省城的语言谈论省城,在他的作品中没有作者的语言。作品的语言和风格并没有与省城生活的杂乱相对立:这就是省城生活的语言和风格。

扎米亚京的创作就是如此。从陀思妥耶夫斯基、列斯科夫到扎米亚京,这条路线的前程远大。

---

① 什克洛夫斯基(生于1893年)和皮利尼亚克(生于1894年)是同龄人;扎米亚京明显年长于他们。

试比较关于什克洛夫斯基的论述。在 Д.П.米尔斯基发表在杂志《好心肠人》,1926年第1期上的《论俄国文学现状》一文里,什克洛夫斯基得出了结论(变体为注释者所加):"几乎是'天才的',但又完全是个放荡不羁的记者,正是培养自己的放荡,但几乎又是一切思想之父,对他来说,当代美学的全部兴趣都在那些思想上……"(引自 В.А.拉弗罗夫的《"精神上胡作非为的人"。论 Д.П.米尔斯基公爵的肖像——批评家和文学史家》,参见《彼得堡文本》文集,圣彼得堡大学出版社,1996年,第141页)巴赫金关于米尔基本人的论述,参阅《访谈录》。

除了形式主义者关于当代小说的著名文章,1922年曼德尔施塔姆的文章《文学莫斯科。本事的诞生》(参阅曼德尔施塔姆文集《词语与文化》,莫斯科,1987年,第198—203页)也可以作为最后几讲内容丰富的背景。那里也包括有这样的论述:"一旦出现第一个不依赖于安德烈·别雷的小说家之时,俄国小说就会向前迈进。"(参阅 К.В.莫丘尔斯基的文章《想象的危机》,托姆斯克,1999年)——原编者

② 显然,指的是短篇小说《发生在浅灰色人们中的奇迹》。——原编者

③ 在《米尔金娜的笔记》的文字中,巴赫金论长篇小说《我们》本事的独特性的语句本身,就让人感到相当意外,相当独特。长篇小说《我们》中,本事的独特性有碍于谈论这种本事。——原编者

列昂诺夫

与扎米亚京一样,列昂诺夫也在陀思妥耶夫斯基和果戈理的影响圈内。他接受的主要是陀思妥耶夫斯基第一阶段的作品的影响。他接受的不是诸如梅斯金公爵那样一些生活在重大的哲学问题圈子内的主人公,而是一些小人物,如:杰符什金、戈里亚德金、老波科尔斯基。然而,陀思妥耶夫斯基笔下的风格与感伤主义的源头相近,在列昂诺夫那里则是20世纪的作品。同样的小人物问题在他那里却是从另外的角度提出:不是从感伤主义,而是从社会学,部分的还是从心理学的角度提出。果戈理的影响不是来自《米尔戈罗德》,甚至也不是《死魂灵》,而是《彼得堡故事》。至于别雷的影响,则是微不足道的;列昂诺夫没有当上别雷[①]。

《科维亚金的札记》

这部作品的语言和风格是由科维亚金的个性决定的[②]。在一系列作家那里,反映主人公生活的风格占据次要地位,因为在作者笔下有与自己的主人公相对立的东西。列昂诺夫的语言和风格与他所描绘的世界是相符合的。主人公的紊乱是在描写的紊乱中表现出来的,含蓄总是萦绕在风格中,如同萦绕在他们的心里一样。年轻作家笔下的本事,要么是弱点,要么是起点,由此将会创造出某种新的东西。皮利

---

① 试比较在波兰记者兹比格涅夫·波德古泽茨1971年的访谈中论陀思妥耶夫斯基对早期列昂诺夫的影响(参见《巴赫金研究文集》,圣彼得堡,1995年,第9页;另参见《巴赫金文集》第2卷,1991年,第376页)。——原编者
② 作品的全称是《安德烈·彼得罗维奇·科维亚金在戈古廖夫城所做的一些事情的札记》。——原编者

尼亚克驾驭不了本事，表现在简直就是糟糕透了的本事中。果戈理没有能力杜撰本事，可是，一旦给他提供了本事，他就能艺术地对待它。皮利尼亚克的作品结构本身就决定了，本事看起来就像是机械地加上去似的。阿列克谢·托尔斯泰在这方面也是走阻力最小的路子：他在艺术地再现材料的同时，还产生了附带的兴趣，这种兴趣机械地与基本主题结合在一起。在扎米亚京那里，没有本事的作品是刻意地创作出来的。在列昂诺夫笔下亦同。在《科维亚金的札记》中，画面的构成，不是由本事，而是由别的构架所决定，札记的手法有助于这一构架。不过，在列昂诺夫的其他作品中有创造本事的尝试，因此我们在他那里找不到不需要本事的理由。这对于所有当代作家都具有代表性。一部分人说，创作大型题材需要低级趣味的、惊险的本事，相反，另一部分人则推出没有本事的作品。应该说，陀思妥耶夫斯基在本事方面就不顺遂：在他的作品中本事凸现在那里，没有什么理由。列斯科夫的笔下亦是如此：他增添了惊险的本事，但它与作品没有什么内在的联系。所以，本事的危机早就开始了。不过，这当然与列夫·托尔斯泰无关。如果说《伊万·伊里奇之死》里没有本事，那就是因为这里有特殊类型的忏悔，这里不需要本事。艺术任务本身导致中世纪自白形式的复兴。陀思妥耶夫斯基的笔下的自白形式甚至得到了较为深刻的表现。

至于塑造主人公的问题，可以说列昂诺夫笔下的主人公夹杂在背景中，简直难以区分；主人公是在事物的包围之中塑造出来的。

在《札记》里对省城的描绘缺乏社会激情，只是在结尾处才添加了一笔。这里描绘的是特殊样式的生活、现实，而不是特定的阶级。这使列昂诺夫与列斯科夫和果戈理相似。在果戈理那里，这种生活的现实性被揭露出来，在列斯科夫那里，这种生活是真正的现实性，在列昂诺夫那里，它也是无可争议的现实性，不过，它使人希望更好。因此，在列昂诺夫的笔下没有果戈理那样的讽刺，也没有偶尔出现在列斯科夫笔下的英雄化，有的是省城世界普通的、爱情的描写。

《札记》建立在某些插曲之上，它们在科维亚金看来似乎很有说服力。缺乏重要与否的标准，对次要细节相类似的描写，是果戈理和感伤主义者典型的特征。这在斯泰恩笔下表现出幽默的效果，而果戈理的创作则追求形而上学的、宗教的深化，追求揭示存在的基础：在他那里从一些小东西中可以生出大鬼。这在列昂诺夫那里是没有的，当代作家那里一般也没有，然而，他力求展示生活特殊的现实性，在这样的生活现实里一切都不可分离，这样的生活现实也并不比别的逊色。重要与否之间缺乏区别是编年史的典型特征。列昂诺夫力图再现编年史，不过是以当代精神去再现的，力求展示重要与不重要之间并没有脱节。人们把钟挂起来，而钟掉下来砸死了人，然而，它的描写却很平静，这个细节只是一闪而过，消失在别的细节之中。

傻瓜伊万、俄罗斯真理、敌视军国主义的主题，在《札记》中也是具有代表性的。科维里亚金以及所有这些人的善良、朴素是与兵营以及一切与之有联系的悲剧相对立的。他对省长疯癫的寄语，过于华丽、故意为之的文体，酷似马尔美拉多夫和斯涅吉廖夫及其喊叫和预言，成为真理体现者的小人物。在对傻瓜伊万的描写中是很传统的，尽管并非彻底渺小的人物当然也可以成为盛装真理的工具。不过，这在列昂诺夫笔下，并不像在陀思妥耶夫斯基笔下那么好，因为它老是令人联想起当代公式化、概念化的东西。在那里启示录式的喊叫很有根据，它们与人物形象深刻地联系在一起，在这里它们则有点添加之嫌。

至于语言，可以说《科维亚金的札记》中的语言是俄罗斯省城的语言。列昂诺夫在这方面很有分寸；他保留了省城方言的一些特点，但并非故意为之，小心谨慎，始终不渝。对列昂诺夫笔下统一而纯洁的俄语，当代文学家通常是不可能说好的[1]。

---

[1] 有关纯洁俄语的话题的继续，可参见笔记中《阿列克谢·托尔斯泰》一讲。参见《苦命的丽莎》《寓言》的片段以及《希什柯夫》中有关语言的论述。——原编者

《獾》

《獾》的主人公是农民。农民主题是感伤主义者首先增添到文学中的。在俄国感伤主义流派的第一个代表人物卡拉姆津的笔下，农民主题是具有局限性的；占优势的是伪古典主义的田园诗作品的影响。在感伤主义第二阶段的作家格利戈罗维奇的笔下，这一主题表现出其他的意味，即社会的意味。列夫·托尔斯泰的创作代表了农民主题发展的下一个阶段。托尔斯泰先是在《伐林》和《哥萨克》中加入哲学因素，随即在《塞瓦斯托波尔故事》中以社会母题使这一主题复杂化；后来他从概念化的问题中摆脱出来，提出宗教伦理问题。感伤主义了解的只是感伤的—社会的俄罗斯生活，贫穷然而诚实，以及大自然中的生活。托尔斯泰对农民主题持新的态度：持完全现实主义的，甚至是自然主义的态度。城市主题酝酿成熟之时，西欧出现了现实主义，即便也描写了乡村，那也比较片面，而且是用城市写作的风格来描写的。托尔斯泰首先将乡村提到首位。在托尔斯泰之后，这一传统中断了。象征主义者对农民主题的兴趣是与神话主义联系在一起的；乡村，农舍，木屋都具有神话的性质。

布宁也在这个时代创作。他平安无事并继续写作，然而，问题不在于时间先后顺序：他继承了契诃夫、屠格涅夫的传统。他的抒情诗与迈科夫、费特相近，因此，与时代的要求相比，在我们看来它有点平淡。至于对待乡村的态度，我们在布宁笔下会发现十足的现实主义的描绘，但其中占优势的是否定因素。乡村那里有某种东西正在形成，但又尚未形成。乡村曾经很优雅，可现在一切均已不成体统。从前吃饭、睡觉都很优雅；吃饭是一种仪式，睡觉也是一种仪式。与古风优雅相对立的是不成体统、粗俗不堪，它们在布宁笔下都被提到首位。乡村不再优雅端庄，变得不成体统。然而，在不成体统中诞生了新的生活形式。不成体统作为正在诞生的和正在形成的因素是危险可怕的：

作为某种不确定的不成体统的东西，它既可以成为一切，也可以什么都不是，也可以成为随便什么东西。

我们在列昂诺夫笔下也发现了对待乡村同样的态度。社会因素即乡村的形成，新与旧的斗争，构成《獾》的基础。旧事物通过粗俗、自发势力的形式表现出来；新事物则作为某种不确定的因素表现出来。新事物加入到旧事物之中，造成混乱①。

并非列昂诺夫一人在文学中复兴乡村主题。由于城乡结合的问题，官方订货在这方面起了巨大的作用。然而，对乡村的理解相当贫乏。存在着一种刻板的论调，根据这种论调乡村被分为富农、中农和贫农；他们之间必须要有一定的关系。苏联作家是从民粹主义者那里了解富农和贫农问题的，但他们把这一问题看得过于简单并找到了马克思主义的根据。然而，对中农问题就没有刻板的论调：他们要么偏向富农，要么偏向贫农。对于这个按照大纲规定塑造的中心形象是没有色彩可言的。然而，对于乡村的未来而言，中农是个摇摆不定，一切因素正在消失的一个部分，中农问题仅仅还只是提出而已。两代人的斗争问题也提出来了：希望以新的方式举行婚礼的共青团员，或者，更粗俗、原始一些，希望把圣像收起来的共青团员女儿与父母发生冲突。所有已经进入文学的这种新与旧的斗争都是虚构的，而且虚构得相当蹩脚。如果说乡村里正在进行斗争，那么斗争是围绕着别的中心进行的。在文学中斗争是按照大纲一定的特殊案例构建的，使人觉得和最粗俗的、简单化的民粹主义者的刻板论调有相似之处。向往更加深刻地对待农村的态度也时有表现，但刻板的论调使之不能发展。所有现代的民粹主义文学都

---

① 俄罗斯文学中的农民主题以及卡拉姆津、格利戈罗维奇、列夫·托尔斯泰、象征主义者、布宁与农民主题的关系，在有关"谢尔盖耶夫-岑斯基"的笔记中对这一农民主题的继续探讨，以巴赫金又一次的预测结束笔记。这一切赋予有关"列昂诺夫"和"谢尔盖耶夫-岑斯基"的笔记以特殊的价值，因为它们极为重要地加强了《巴赫金论俄罗斯文学、诗歌和散文中的农民主题》这一课题。在这些笔记以及有关《叶赛宁》（论叶赛宁和克留耶夫）的笔记的文字中，能够理解巴赫金在1973年的《访谈录》中对农民主题当代著名的代表瓦西里·别洛夫的兴趣并非偶然。——原编者

很弱,它所提出的任务找不到解决的方法①。

从形式上来看,《獾》是一部有本事的作品。然而,在这里本事是用一些旧手法装饰新主题的一种尝试。本事中没有表现出结构的统一,因此作品解体了。

谢尔盖耶夫-岑斯基

民粹派认为,乡村世界是一个不可分割的整体。因此,在这一世界中不应该突出主人公,而应当像普希金写《戈留辛村史》那样去创作。乡村里逐渐进城的富农在构建着本事。例如,在扎多吉姆斯基、兹拉托夫拉茨基笔下的农村,这是一个世界,而与世界做斗争的主人公是富农,他也就是本事的体现者。不过,他们的作品不是艺术作品,已彻底被人遗忘。因此,不能将民粹派包括在文学史内;他们是思想史上一个重大的阶段,但他们并没有创造新的艺术范畴②。

既然民粹派不能胜任自己提出的任务,农村题材作家就应当改变自己的观点。岑斯基的典型特征是,他在自己的作品中增添了许多主人公。在他最后一部长篇小说中有两百个出场人物,他们所有的人似乎大小相等,优劣相等。有这么多的出场人物,就应当把本事分成小段;为了使本事能坚持到底,就需要采用特殊的手法。生活的普遍一致就是这些手法之一,这通常是长篇历史小说的典型特征。例如,在

---

① 整个段落是《米尔金娜的笔记》中巴赫金政论风格少有的例子(参见《民粹派·米哈伊洛夫斯基》一讲)。——原编者
② 这一段里的下文才说明,为什么在《米尔金娜的笔记》谈论民粹派文学的地方,巴赫金只突出了格列布·乌斯宾斯基。
　　П.В.扎索吉姆斯基是长篇小说《斯穆林村纪事》(1874)的作者;Н.Н.兹拉托夫拉茨基是《乡村日常生活》(1879)和《乡村情绪特写》(1881)的作者。——原编者

莫尔多夫采夫笔下有大量的出场人物，他们全都与同一个历史整体有关系①。历史事件的统一将所有的人结合在一起。在列夫·托尔斯泰的笔下部分的也可以发现同样的手法。不过，在不能借助历史事件把人物联合起来的地方，就需要一些别的手法。在岑斯基的笔下，主人公的生活以自以的活力统一起来：全村操办婚礼，全村准备葬礼。这种社会生活的性质，有可能使围绕一个主人公建立的本事得以开放。

在谢尔盖耶夫-岑斯基的创作中，乡村与神话有着不可脱离的联系。如同象征主义者的创作一样，他笔下的乡村不能脱离大自然，而在大自然中成长壮大。先描绘大自然，大自然有了神话人物，然后再描写乡村。在生活所有最重要的阶段，主人公总是遇见神话人物，他们决定一切。乡村在神话大自然的框架中呈现，处在妖魔鬼怪、沼泽的桎梏中，在大自然中成长。只要乡村不从神话沼泽中摆脱出来，它就不能从现实沼泽中摆脱出来。神话，这是乡村不能克服的底层；它们表现出来的不是诸如列米佐夫笔下兴高采烈的、狂热的跳神活动的基调，而是恐惧。乡村从大自然和神话的最初阶段得到提升时，表现出恐惧。在原始宗教中神圣和恐惧总是一致的。所以，对于乡村而言，一切崇高的和神圣的即恐惧的，权威的和强有力的东西，这就是恐惧的东西。它不了解神圣的愉悦，而只认识恐惧的东西。它或是以神话中的首领或比较现实一些，是以可怕的父亲、祖父或更粗俗真实的人——（警官）的形式出现。其余所有的细节都具有这种恐惧的色彩，都源于恐惧。在此恐惧是现实的。可以说，仿佛看到了可怕的首领，不过，这还不那么要紧：因为觉得看到的不是（警官）②。这是一幅完整的且完成了的图画，完整的和不间断的一系列认识，同一种形式的生活感受，它使人能够看到沼泽地中可怕的首领，而后来与可怕的警官发生冲突。在水藻滋生的泥潭中的首领与可怕的现实中的警官的

---

① Д.А.莫尔多夫采夫最有名的长篇小说有：*Соловецкое сидение*（1880）、《弓箭》（1882）、《伟大的分裂教派》（1880）、《保卫谁之罪？》（1890）。——原编者
② 中篇小说《林间泥塘》（第1章）和中篇小说《杰里亚宾警官》。——原编者

这种结合中,表现出谢尔盖耶夫-岑斯基独特的才华。

在谢尔盖耶夫-岑斯基的某些作品中乡村开始瓦解。然而,在恐惧消退之处,黑暗势力仍会出现。乡村中表现出的勇敢,这不是顽强的、坚定的勇敢,而是一种挑战行为。例如,乡村中不信神的人,这就是一个战斗的形象,一个积极的不信神的人。既然不信,那就是不信,结果出现了某种类似宗教的东西。

总之,谢尔盖耶夫-岑斯基笔下的乡村要比象征主义者笔下的乡村现实得多。象征主义者有自己的成就,但他们似乎将乡村用于了别的目的:使神话贴近乡村。谢尔盖耶夫-岑斯基对乡村本身持更为重要的态度,这从社会的观点来看是极为深刻的。对于感伤主义者而言,乡村的灾难在于法制的不健全。谢尔盖耶夫-岑斯基把乡村看作一种特殊的、复杂的、独立的生活形式。一旦乡村在文学中占据巨大的位置,谢尔盖耶夫-岑斯基就会在这一题材的发展中起一定的作用:增添新的观点。当代散文没有保持住原有的位置并从这条路上一下子消失了。现在大纲将特殊的刻板的论调强加于人,这种刻板的论调只会坏事。然而,尽管如此,农村题材还不可能超出岑斯基勾勒的阶段。

《巴巴耶夫》

在《巴巴耶夫》中描绘了一个特殊的世界——外省的军界。俄罗斯的军人阶层与贵族有继承性的联系,当贵族是为了荣誉,而不是为了发财。不过,早在 80 年代就开始形成了一个特殊的军人阶层,出现了基干军人。它通常来自小市民和僧侣,主要是一些没有可能学习的人来到军界:"学习吧,狗崽子,去当个大学生,不学习嘛,那就去当兵。"只有主要由贵族组成的禁卫军团直到最近还是个例外。迦尔洵和库普林首先将堕落的军人生活写入文学中。随后,扎米亚京又描写了特殊而又独特的军界。谢尔盖耶夫-岑斯基也描写了军界,其描述手法很有代表性。如同在其他作品中一样,在《巴巴耶夫》中,描写了某种纯粹完整的生活,在这种生活中主人公只是从共同的背景下稍稍显现出来。这不仅仅只是军人生活的社会画卷,而且还是深入到神话的生活:放纵成为神话般的行为。

《巴巴耶夫》在写作风格上与别雷的《彼得堡》有联系:也濒于疯癫的边缘。不过这一疯癫的特点在于,它隐藏在现实本身。这种生活枯燥庸俗得令人发疯。在此表现出与果戈理的特点的联系。应当在这些作家、作品的圈子里研究《巴巴耶夫》。库普林开创了一个新的世界,这个世界人们过去并不知晓。然而,这一世界在他笔下还停留在初级的社会学的阐述阶段。谢尔盖耶夫-岑斯基则非同寻常地将这一世界深化。

谢伊芙琳娜

谢伊芙琳娜追求客观的立场:作者总是站在她所描绘的农村的背后,然而,这一客观性并未坚持到底。谢伊芙琳娜产生了矛盾,这种摇摆不定的立场削弱了她的作品。

谢伊芙琳娜的语言模棱两可。与乡村语言相比,它较为贫乏,但与苍白蹩脚的教师语言相比,它又多了一些乡土气息。所以她尚未完全掌握乡村语言。应当说,难以习惯乡村语言:她习惯于沉默。在此有可能是风格模拟。

谢伊芙琳娜作品中的本事很简单,但她并不想消除它。因此,主人公在乡村日常生活和生活方式中脱颖而出,并在旧的心理性格方面坚持了下来。倘若她的作品没有本事,那么这就只是些描述。所以,在这里她没有找到新的途径。

至于说题材,谢伊芙琳娜笔下充斥普通刻板的论调:新与旧的斗争。与此同时,也可以看到她试图深化乡村,寻找特殊类型的乡村生活,然而,她没能解决这一问题。

弗谢沃洛德·伊万诺夫

在弗谢沃洛德·伊万诺夫的创作中,社会主题退居次要地位:他力求不偏不倚地描绘国内战争的图景。叙事文学中通常描绘历史;而主人公永远是在历史中活动,主人公不可能是中性的。我们在伊万诺夫笔下看到的根本就不是那种情况。他的主人公不是从历史层面摄取的:这首先是一些在生理的、动物心理领域活动的人。只有从这样的活动中才能产生历史;在历史事件中令人厌烦地推出生理因素。这造成了什么印象呢?生物的人在创造历史,尽管有其生物性;大自然本身担负起了历史。精神、思想创造的那个历史是危险而软弱的。皮利尼亚克笔下的历史是最高的价值、统治者和管理者。历史要求花大力气去完成自己的任务,而力量是大自然赋予的①。在伊万诺夫那里占主导地位的是虚无主义态度:对于他来说,历史就是已经形成,后来在大纲中概括的那个东西。最现实、最重要的东西就是大自然。由一系列行为构成的历史进程,是以身体为前提的。对伊万诺夫而言,历史是可以避开的因素:就是说,历史是可以去说的,虽然它实际上又存在着。只有生物的生命是重要的,只有它才能影响人们的行为,其结果是创造出历史。

伊万诺夫笔下的出场人物不是由强烈的激情和思想倾向所支配,而是按需要行动。他们的心理充满活力,其特征是表现出一些动物方面的因素。在此不能谈论人的性格:身体是主导。由此关注的是某些面部特征,外表是与人物的心理活动紧密地融合在一起的。人们指责伊万诺夫不善于描写个性化的主人公。可是,他的任务是展示大众活

---

① 在《扎米亚京》《列昂诺夫》《弗谢沃洛德·伊万诺夫》等一系列题目中都提到皮利尼亚克,巴赫金笔下的皮利尼亚克由此形成。——原编者

动,而它们是由大众的组成部分形成的。并非主人公的思想,而是他们的身体,共同的肉体需要使他们相一致。这也造就了伊万诺夫创作的独特性和特别的深刻。

伊万诺夫笔下的风景描写也很独特。在列夫·托尔斯泰笔下大自然所起的作用是与人相对照,在屠格涅夫笔下大自然服务于抒情的任务,在伊万诺夫笔下大自然与人一起卷入生活的统一结构之中。文化思想并没有丰富大自然;被提到首位的是大自然中的严峻和残酷。在卢梭主义者那里一个人所具有的严酷,只不过是国家和文化的影响;而在伊万诺夫那里,严峻正是大自然所固有的并因此而强大。没有什么比生物规律更严酷,充满活力的人就在其间活动。这里只有明确无误的严酷的需要;该发生什么,就会发生什么。

死亡,在伊万诺夫的笔下也是在同样的层面加以描写的。皮利尼亚克描写死亡受抽象思想的支配:死亡不是什么特殊的东西,因此,发生戕杀,人们完全不负责任。在伊万诺夫那里则更多艺术梦幻:在他笔下人没有得到凸现,这导致可将死亡作为大自然的行为来展示。

至于本事的问题,可以说伊万诺夫完全是在不需要本事的那条文学路线上发展起来的作家。从本事的角度来看,他的作品的每一个要素都是不同的,仅用一条灰线连接起来。这是一幅巨型画卷,其中只有某些细节得到加工。列夫·托尔斯泰笔下的每一段情节都是经过加工的,但与此同时它在某种程度上都与本事有联系。例如,在《战争与和平》中,托尔斯泰感到对待俘虏的态度问题很重要,而与彼埃尔有联系的人,原来就是俘虏。对于伊万诺夫而言,每个片段本身都很重要,他只要把这些片段连接起来。那里没有主人公,而且也不需要主人公;缺乏那种真正能够把一切都连接起来的命运。每一个人的命运都是偶然的:一切问题均在存在中。画卷是由零碎的命运创造出来的,在这些命运中没有整体的主导作用,没有统一的把握,而只有许多细节,杂乱的线条。虽然得到的画卷是完整的,但其中却没有能够决定和统一一切的计划。

伊万诺夫的语言在他的人物的风格中完整地保持了下来。作者的语言就是他的主人公的语言。不过,有的地方,在生活取胜的时刻,会添加其他的风格——抒情的、热情奔放的风格。动物生活的强大力量和胜利会采用酷似尼采的朗诵演员般的音调。

总之,弗谢沃洛德·伊万诺夫的创作具有叙事的性质。尽管对于旧的叙事文学而言,位于中心的是创建国家和扩大领土,可是,在这里叙事文学只有细节最突出。这是人在其中记起了自己的生物因素的一种叙事文学,这是想说真正的、平静而有力的叙事生活就在文化方面的一种叙事文学。小圈子里的人们试图维持自己的生活,这才是伊万诺夫的叙事文学的基础。他以极大的天赋完成了有几分虚无主义的艺术任务——摆脱叙事文学。

爱伦堡

爱伦堡在别雷的强大影响下写作。

《尼古拉·库尔勃夫》①

在这部作品里,爱伦堡试图利用别雷笔下已有的因素创作现代讽刺。《尼古拉·库尔勃夫》的风格本身就是别雷律动化的风格。在这里主人公的塑造也没有独创性。库尔勃夫在社会地位方面与彼得、尼古拉·阿波罗诺维奇、杜德金相似。他也有别雷笔下主人公那样的不协调、机械性和偶然性。长篇小说开篇导引的主题,描绘了库尔勃夫的家谱。这一家谱和姓氏本身一样偶然和荒唐。紧接着,描绘了作为某种机械现象的肃反委员会,这种现象就像定时炸弹一样侵入世界。

---

① 全称是《尼古拉·库尔勃夫的生与死》。——原编者

尼古拉·库尔勃夫和所有其他人都感到陷入机械呆板的公式,无头无尾,但也不了解与之对立的是什么。所以,在这里几乎是学徒式地模仿别雷。然而,别雷笔下的一切都具有认识论的和超验的性质,在爱伦堡笔下只是试图展示生活的杂乱无章。别雷的世界是一个完成了的完整的世界,爱伦堡的世界图景则是表面的,并未形成一个整体;他并未找到统一的平面和统一的量度。因此,他的作品看起来很粗俗。在他笔下只有一些次要的方面和细节还不错,可它们也并无独创性。

本事加重了《尼古拉·库尔勃夫》的粗俗。别雷笔下也有本事,但他既不玩弄主题的趣味性和轰动性,也不打算利用机械的兴趣。爱伦堡感兴趣的则首先是这一点。倘若他的作品丧失了趣味性和轰动性,那么他的作品中的一切都荡然无存。《尼古拉·库尔勃夫》的每一个因素并非都集中在完成总的、基本的任务上,而只是专心致志于读者表面的兴趣。这也就是爱伦堡广为普及的原因所在。

《胡里奥·胡列尼托》[①]

这部作品试图描写我们整个的时代。它是在别雷的《危机》影响下创作的。《危机》的基本任务是展示:整个欧洲文化丧失了文艺复兴时期的根基,正在遭遇危机。在这里别雷注意到两个系列的存在。一个系列是永恒的因素,他为之寻找了哲学根据;它们在危机中不会死亡,而只会净化。第二个系列是易逝的、濒临死亡的因素。整部《危机》处在科学和艺术作品的边缘;其中甚至还有本事的萌芽。如果说,别雷本人的严肃是无可指责的,他为自己写作,首先是为自己,那么爱伦堡则首先关注的是读者和发行量。因此,他的任务从一开始就丧失了其严肃性[②]。

---

① 这部长篇小说的全称要占整整一页,通常不引用;常用的简称有:《胡里奥·胡列尼托的奇遇》或《胡里奥·胡列尼托及其门徒的奇遇》。——原编者
② 这一段的有趣在于,它是对《别雷》一讲的重要补充,因为在《别雷》一讲中巴赫金没有谈到《危机》。下面巴赫金还要谈到《危机》。——原编者

在题材方面爱伦堡也没有琢磨出什么自己的东西来。一切成功的因素都是从别雷那里吸取过来的,他未能很好地吸收别雷的东西。别雷的《危机》太有批判力了;不能这么严厉地对待文化现象。不过,接受的激情,接受永恒因素的激情,毕竟还是他的基音。譬如,他批评国家,并非就其本身进行批评,而是批评国家所采取的那些形式。爱伦堡则在很多方面是一个虚无主义者,而且是一个很肤浅的虚无主义者。他自己杜撰了他所嘲讽的那些现象。别雷笔下的一切都非同寻常地得到了深化,逐渐成了象征。在爱伦堡的笔下,接受的则是蹩脚的报刊小品文的特点。爱伦堡理解生活,就像《戈比报》一样,它把一切都非同寻常地简单化①。它不懂严肃的通讯报道:它们不值一戈比,而值三戈比。活动家和采访记者都参加每一个事件。后者是在前沿了解一切事情并怀恨在心。爱伦堡的消息灵通,这是听差似的消息灵通。在听差的眼里最伟大的人总是可笑的,因为他所知道的只是伟人生活的一些日常的和可笑的方面。遗憾的是,我们在爱伦堡笔下看到的就是同样的东西:他笔下的嘲讽是听差式的。他认为,他比别雷走得远,因为他将嘲讽传播到全世界,因为他的嘲讽比较乐观愉快。从心理学的角度来看,嘲讽可能源于精力过剩。可是,爱伦堡进行批评只是因为想报复,与此同时他还想置身局外,高于一切。阿纳托尔·法朗士力求持不参与的态度并对互为中性的一些方面表示理解。然而,法国精神这种强大的潮流是数世纪培养出来的,在蒙田之前就已出现。要置身于生活之外,就应当有此举的基础。在爱伦堡的笔下,一切都是偶然的,因而他的嘲讽具有胡闹的色彩:你们搞你们的吧,而我会嘲笑的。最终这一切均未超出惊险小说的刻板模式;传奇故事一连串,一个接一个,但没有任何联系。在他那里,哲理任务和本事之间没有联系。不过,在这里无论是本事,还是哲理,都是低等的,它使这

---

① 《戈比报》于1908至1916年在彼得堡出版;大约也是在这些年代,在莫斯科出版了《戈比报》、《莫斯科戈比》(1912—1916)、《莫斯科戈比报》;别的城市也出版了类似的报纸。——原编者

种差别减弱。长篇小说中也没有主人公:他只是本事的体现者。为了不让思想变得平庸单调,通常是在主人公身上体现思想。例如,陀思妥耶夫斯基借助于主人公及其命运将思想添加到自己的作品里。爱伦堡没能做到这一点,结果他笔下的主人公轻浮且空虚。整部作品都在小品文和庸俗长篇小说这个路子上。他的小品文分为两种形式:一种是轰动一时的小品文,一种是日常生活型的小品文,后者比前者更弱,因为爱伦堡不可能切合实际地对待日常生活,而只是浅尝辄止。对别雷的联想使这一切略微受到遏制。长篇小说里只有惊险小说的优点,却不具艺术的意义①。

爱伦堡获得了巨大的成功,其原因是,他有趣味盎然的本事以及小品文式的哲学,这种哲学满足了小市民对议论的热衷。不过,还是应当了解爱伦堡,因为他有巨大的成就,对某些作家还在产生影响。

费定《城与年》

长篇小说的任务重大:要描写整个时代。这个体裁的基本因素在旧的风格中坚持了下来:历史和个人的相互关系得以揭示。既不是本事,也不是历史事件,而是主人公将长篇小说的一切因素联系起来,并起决定性的作用。当问题涉及确定主要人物和次要人物的时候,应当决定是谁卷入到谁的命运中:有别的一些人物卷入到他的命运中来的那个人就是主人公。在这个意义上,《城与年》中有两位男主人公,安德烈和库尔特,一位女主人公玛丽。所有次要人物绝大多数都是未完成的。

长篇小说的基本结构,其时间顺序主线和材料的分布是不成功

---

① 试比较《谢尔盖耶夫-岑斯基》一讲中对扎多吉姆斯基、兹拉托夫拉茨基的长篇小说的评价。——原编者

的。留下谜团,而它不是由特别的深度,相反是由弱点所造成的。开篇就谈到了结局,这是没有根据的。安德烈的独白,在别雷疯狂的风格中坚持下来,它令人不解,后来也没有继续下去。所以开头很荒谬,无论如何也没有什么根据:他对风格、题材、性格所下的定义都是不正确的。这个荒谬的手法是费定加入长篇小说中唯一的革新,而它是不成功的。

要人绝对服从的历史行为不再是目的:选取的是历史上可能遭受怀疑的时期,这是长篇历史小说《城与年》的特点。在叙事文学中历史通常是作为不应怀疑的事情来描述的。问题仅仅在于,主人公能否在历史中确立自己。然而,费定的主人公要困难得多,因为在此不能彻底接受对历史绝对服从的要求。在这个意义上,长篇小说中有悲剧性的不公正:应当在其中体现的那个环境,对于安德烈来说,是没有表现出来的,或者对于舍纳乌来说,是正在腐烂的。诚然,表现了革命重新审视一切现象的母题,但它并不成功:只投射出革命的信念。应当说,这一信念与作者的立场是不相吻合的,作者对革命持怀疑态度。

安德烈 作者塑造的他,从艺术上来说并不成功,构思很容易猜测到。安德烈的主要过错在于不善于选择某种确定的东西并体现出来。在这一层面描写了他在过去和现在的状况以及他对玛丽、丽塔、舍纳乌、王的态度。在安德烈的形象中,表现出将梅斯金公爵搬到当代现实中,并使他丧失圣愚特征的尝试。在这里展现的是对《白痴》的图解,不过是改造过的。玛丽即会爱会恨的阿格拉娅,丽塔即娜斯塔西娅·费丽帕芙娜;诚然,形象改变了,但怜悯和责任的功能依然存在。

安德烈如同梅斯金公爵一样,没有参与现实生活。战争初期他滞留在德国;逃往前线没成功。这是有理由的,但不是内心状态,而是外在情况造成的,然而,他的典型特征正是他不能够逃跑。所以在这里,如同在悲剧中一样,个人的过错与命运是密不可分的,两者是融合在一起的。在军队中安德烈参战不力,因为他不能够彻底憎恨。不过,他要高于社会民主党人,而社会民主党人会因为王子与他握手而感到骄傲。安德烈与舍纳乌会见时的行为举止,可以与梅斯金公爵与阿格拉娅和娜斯塔西娅·费丽帕芙娜见面时的行为举止相比。

为什么安德烈不十分成功呢?

安德烈来到德国,对德国的描写极为粗略肤浅,从头到尾全是虚构。费定在其中什么也没看见。这种表面倾向不可能塑造出主人公形象。

其次,安德烈不参战,因为他不接受战争。结果是,在费定看来,正在进行中的一切都很糟糕,可实际上战争唤起了巨大的激情。除此之外,从文化—历史角度来看这是不公平,从心理学角度来看则是诋毁,从艺术上来看这是不可能加以描写的。

如同不接受战争一样,费定也不接受革命,因为他视之为流血和恐怖。在长篇小说中一个革命形象都没有。在这里没有工人革命者,因为现实中就没有他们。文学中虚构的形象很多,但费定是一个严肃的作家,他没有骗人。结果是,有革命,而没有革命者,有战争,而没有英雄主义;除了德国残废人和舍纳乌别无他人①。

这样描写战争和革命使作者的构思不能实现:没有什么与主人公相对立。没有安德烈违背的法规,因此也就感觉不到他的未得施展。必须相信战争和革命的神圣性,才能够塑造出未得施展的人;然而,没有这样的人,所以,只有迷失方向的人。

在最后的某种程度的谵妄场面,安德烈的疯癫对悲剧主人公来说是很有代表性的。然而,在这里却没有这一效果。为什么疯癫?所发生的事情不是悲剧,而只是不成功。内行的读者从安德烈身上能猜测出悲剧主人公,但这一点只是说说而已,并未展示。

库尔特 他得到了施展并总是在行动。他的意图是这样的:对于他来说,如是敌人,即在一切方面都是敌人,如是朋友,即在一切方面都是朋友。起初他因个人原因仇恨男爵,但他受到命运的青睐,出于

---

① 这一段很重要,虽然紧凑,但毕竟包含巴赫金本人看待革命的观点。——原编者

政治动机他应该希望他毁灭。对安德烈的态度也同样如此。在王那里没有产生任何内在的冲突,他始终如一。然而,就连他的形象在艺术上也是不成功的。他的活动中缺乏道德原因,由此产生对一切都只是公事公办的态度。

玛丽 她总是与周围不和谐。但这是一个强有力的和有积极作用的性格,什么也不能摧毁她的生活。玛丽得到了体现,她始终如一。她爱上了一个俄罗斯人并背叛了未婚夫,这并未造成她的悲剧。

玛丽的童年描绘得极为出色。但往后的一切都没有说服力且很模糊。例如,他父亲奇特的变化——他父亲开始协助民主党人,就很荒谬。

舍纳乌 安德烈未得到施展是因为他天生不是此种人,舍纳乌则是因为与家族太多联系,太根深蒂固。这就是那种未得施展的原因。如果说安德烈没有未来,是因为他生来不是此种人。那么,舍纳乌则是因为他太老朽。在这个意义上他的马尔科伯爵(封疆伯)——边境保卫者的地位很有代表性。舍纳乌在俄罗斯很不成功:他是虚构出来的,尽管塑造这样的形象有足够的材料。

谢波夫 他丧失了自己的地位,他身上只留下一种基于生物本能的吝啬,只有一个愿望——活着。他怀疑地对待革命,但不是敌视。他什么都不喜欢,但什么也不敌视,因为一无所有,也一无所失。谢波夫没必要对抗革命;他是作为生物形象杜撰出来的。这是一个偶然的人。

列品金 他是一个爱国主义者。不过是自己县城里的爱国主义者。他没有腿,在地上爬行不无原因。如果说知识分子未得施展,那么列品金则彻底地得到了施展,但这是蜗牛似的施展。对他来说,超出生物理由的一切并不存在。战争仍然是他所不理解的;如同不理解战争一样,他也不理解革命。列品金,这是世俗因素。战争夺去了他的双腿,使他匍匐于地面,而革命又把他从地面上拉起。这是低级的施展,未能载入历史。因此,历史将他击溃:先是使他失去双腿,然后又拽上来。

描写列品金的片段是长篇小说最成功之处。费定本人看到了这一点并于1926年将它挑选出来，出版了单行本①。

阿列克谢·托尔斯泰

阿列克谢·托尔斯泰是象征主义者的同时代人。他和他们，甚至都不是和老一辈象征主义者，而是和稍稍晚一些的人一起崭露头角。不过，他的革新很少。他处于新旧流派的交界处。托尔斯泰描写的是那些老作家们所描写的社会阶层，主要是贵族，然而，是在新的环境中加以描写。同样的庄园可以从不同的方面去描绘。从法国福楼拜流派发展而来的屠格涅夫那条路线没有消亡，托尔斯泰与之关系最为密切。在这个意义上可以将他与亨利·德·雷尼埃相比较。在法国，在象征主义小说出现的同时，还产生了过渡的、混合的，将福楼拜、莫泊桑的风格与象征主义的风格有机地结合在一起的小说。然而，在雷尼埃笔下占优势的是象征主义倾向，而在托尔斯泰笔下占主要地位的是旧传统。例如，在《跛老爷》中公爵的面貌、他的神秘的民族观点、基捷日的探索都是用唯美主义描绘成现代样子的，这种唯美主义对于Вяч.伊万诺夫、丘尔科夫和Ал.杜勃罗留波夫主持的《金羊毛》和《阿波罗》杂志是很有代表性的。不过，与此同时在托尔斯泰笔下鲜明地显露出屠格涅夫因素；在这里主要指的是《父与子》。然而，有的却是别样的象征主义的情景和情节氛围。所以在阿列克谢·托尔斯泰的创作中，莫泊桑—福楼拜和象征主义这两种传统独特地结合在一起，前者占

---

① 这一形象的成功是关于长篇小说和关于费定的文献都会谈到的共同之处，但对形象令人信服的阐释则是非常巴赫金式的。从《米尔金娜的笔记》的时间顺序角度来看，最后一段很重要：《费定》也像随后几个题目的讲座一样，无疑都已经是在1927年。——原编者

优势。

《跛老爷》

这部作品里的本事是由主人公所决定的。他的命运在一切正在发生的事件上表现出来,他创造了长篇小说的统一。在这个意义上,托尔斯泰技艺精湛,能娴熟地驾驭本事;长篇小说发展平稳。

托尔斯泰的语言令人不胜惊讶。他是唯一一个没有遗忘俄语的现代作家。他的每一个词语都是地道的俄语。这种纯洁的俄语,无论是在别雷那里,还是在索洛古勃那里均是没有的①。

长篇小说的主人公克拉斯诺波尔斯基公爵追求一种体现。他表面上得到了体现;扎博特金认为公爵是体现的理想,因为吸引他的是公爵的贵族派头。但公爵感到自己并未获得体现,因为他的庄园丧失了自身的意义。而要摆脱自己的地位,失掉本阶级属性,不再成为克拉斯诺波尔斯基公爵,将世袭领地出租,他却欲罢不能。

如何使这一主题从心理上得到确定呢？公爵没有信心,之所以没有信心,是因为缺乏内在力量。然而,对于托尔斯泰来说,公爵身上有辩解的理由,即他是贵族;而基督教使军界出身的贵族变得软弱无力。克拉斯诺波尔斯基公爵不是梅斯金公爵,尽管与之相似。陀思妥耶夫斯基的主人公不善于体现,因为他过分俨如天使,而谈到阿·托尔斯泰的主人公却不能这么说。不过,他那里缺乏那种可以保持贵族性的尚武精神。他没有回应所挨的一记耳光,尽管并未忘却这一记耳光。洗刷不掉的屈辱的因素是托尔斯泰特有的。公爵明白,有一条普通的路：挑起屈辱者决斗,但不能这么做。他想成为抢走别人妻子的贵族情夫,他想杀死自己的情敌,但同时他身上又具有基督圣愚因素。这些道路中的任何一条,公爵都走不下去,他既没有成为基督教圣愚,也未成为贵族。

---

① 试比较《科维亚金的札记》(《列昂诺夫》一讲)最后一句话。——原编者

扎博特金也未完全形成，也在寻找生活方式。就其基础而言，他是商人，可他向往要么是公爵贵族，要么是城市知识分子。女主人公不那么成功。这是概括性的屠格涅夫式的女主人公形象，她并未完全形成。

《尼基塔的童年》

《童年》的形式是由感伤主义者产生的。这一类型的大多数作品都已经消亡。列夫·托尔斯泰的《童年》是其中意义最为重大的作品。这一类型的体裁不允许有本事；它只包括时间顺序、日历简图。在《尼基塔的童年》中没有事件，只是一切均以事件告终。

托尔斯泰笔下的儿童世界是用孩童的语言和概念描绘出来的，但从基本任务的角度来看，它具有独特的性质。它由副标题《关于许多好事的故事》①所决定。感伤主义推出事物并找到了许多美好的事物。它首次发现了日常生活事物的点缀物，在那里是谈不上象征主义的深度的。然而，在托尔斯泰笔下不仅有征服世界的直接的愉悦感，而且还力求将生活的其他方面与儿童的理解相对照，并认它们的意义。童年是充满许多美好事物的世界，在这个世界里生活宝贵而美好，而在与之相对立的世界里美好事物所剩无几。所以，童年的主题在托尔斯泰那里是从论争的立场提出的。

在阿克梅派那里，当然，不仅有对物质朴素的发现，而且还不乏浪漫色彩。托尔斯泰笔下也有浪漫色彩，但在他那里并不完全成功；作为浪漫主义者的托尔斯泰很蹩脚。旧的感伤主义的传统更合乎他的心意，更是他本性所固有的，然而在索洛古勃对孩童的描绘中，传统因素荡然无存。在那里，儿童的心灵就是正义精神的象征。

在《尼基塔的童年》中，所有的叙述都建立在细节之上。在列夫·托尔斯泰笔下重要的是内在的细节，他不是以平静而清晰的音调讲故

---

① 《关于许多好事的故事》是中篇小说《尼基塔的童年》最初的标题。——原编者

事,而是以卢梭歇斯底里的心理分析精神讲故事。在阿·托尔斯泰笔下则是另一种音调,另一种讲述。在他那里没有内在的心理;细节是具体的且增添了许多回忆。所有的因素都在尼基塔的概念中表现出来并在相当大的程度上得到了充分的表现,不过,都是为了将它们剥离出来并能够在没有尼基塔的情况下看到它们。

对于托尔斯泰而言,出场人物极为普通。父亲是腐化的地主,他的全副精神不是放在经营规划上,而是随心所欲耍性子。同一个主人公在充满美好和轻松事物的世界里,看起来会是另外一副模样;解体的伏尔加河边的庄园及其挥霍浪费、圣愚特点,看上去可能会是别的样子。不过,我们仅根据孩童意识中反映出来的片段,就可以构思他的形象。

教师是一个城乡因素混杂的知识分子。

尼基塔和女孩丽丽的关系,即爱情、嫉妒和屈辱,如同《跛老爷》中所描绘的一样,然而,是通过孩童的主观想法表现出来的,普通的托尔斯泰的世界从另外的角度得以阐明。

《艾丽塔》

《艾丽塔》是一部过渡性的作品。托尔斯泰试图在作品中退出自己的世界,但并未退出,而只是通过别的说明表现出来。然而,这已是与充满美好事物的世界的分离和告别。

《艾丽塔》的情节发生在火星上,从形式上看,这是一部惊险—幻想长篇小说。这个体裁最优秀的代表是威尔斯。他能将惊险—幻想的构思与思想深度结合在一起并以极大的艺术力量完成自己的任务。威尔斯是一个极为聪明的人,是我们当代人中最聪明的一个;他极为典型,没有他就不能理解我们的时代。他本人是费边型的社会主义者,加入过第二国际。威尔斯的影响首次表现出来,是由于产生了惊险长篇小说的问题①。当然,他也对托尔斯泰产生过影响。不过,在《艾丽塔》中社会问题是在非同寻常的情景中提出来的;晚期象征主义的影响使它有别于威尔斯的社会长篇小说。工程师洛西在外表上是威尔斯式的形象。就其精神气质而言,他与晚期的勃洛克相像。所以晚期象征主义的浪漫色彩在《艾丽塔》中是与社会—惊险问题联系在一起的。

　　托尔斯泰是如何将火星和地球结合起来的呢?存在着这样一个想法,即曾经有过一个共同的家园,全世界的人都可以往那里移民:这就是大西洲。大西洲沉没了,所以一切源于它的环节也就丧失了,然而,共同的传统却保持下来并继续存在。托尔斯泰将这一情景作为自己的长篇小说的基础。由此产生这样一个想法:就像古代祭司文化将地球和火星联合起来一样,十月革命也联合了一切人和事。在革命中红军战士古谢夫和知识分子洛西的合作就说明了这一点。

　　洛西和艾丽塔经受了罗曼蒂克的感情,这种感情在历史中得到反映。古谢夫使历史体现在意愿和行动中。所以托尔斯泰力求将创造历史的意愿与消极地反映历史的感情结合起来。对于洛西来说,女人就是生活的中心,对于古谢夫来说,女人就是娘儿们。

　　长篇小说形成的一个圆圈就是这样的,不过,要说衔接贯通,圆圈显得还不够有力。洛西、艾丽塔和古谢夫没能在同一层面坚持到底,而根据构思这是应该做到的。作品分解成了勃洛克式的结构,然而是感伤柔情的,而且是威尔斯式的;古谢夫仍在中间,不能将他归到任何一边。所以,勃洛克和威尔斯,历史和感情,惊险因素和社会思想原来是不能联系在一起的。在威尔斯那里,这些因素汇集为统一的结构,在托尔斯泰那里它们却发生了分解,尽管他力求深化它们,赋予它们以人智学的解释。

　　艾丽塔的形象不成功,某些地方变得几近庸俗。在读到某个被遗

---

① 参见《库兹明的小说》中关于威尔斯以及惊险长篇小说问题的论述。——原编者

忘的德国浪漫主义者,诸如施蒂格利茨或乌兰德①的时候,我们在他们那里看到的是同样的东西,不过,是以最好的形式。在托尔斯泰那里也同样是那些艺术标准,对他而言它们是不成功的。

《艾丽塔》的某些因素很成功,然而,这些因素它们不由得让人想起某个长篇小说而已。

《苦难的历程》

《苦难的历程》就其构思和完成的情况来看,是一部意义重大的长篇小说。仅仅发表了三部曲的第一部,所以下面几部不可能在我们这里出现:长篇小说的风格本身是半国外的,出版社不可能将之置于自己的招牌之下。然而,它绝不会被禁止②。一般来说,托尔斯泰与政权的关系不错。处于侨民之争以外的有三位作家:别雷、高尔基和托尔斯泰。他们与政权和侨民关系和睦。长篇小说显示出充分的,无可指责的严肃性,没有任何倾向性。

《苦难的历程》的模式是托尔斯泰式的,其中历史与个人家庭生活错综复杂地交织在一起。不过,如果说在列夫·托尔斯泰笔下重要和严肃的只是个人生活,而整个历史则是上层建筑,那么在这里两方面都同样重要。历史与爱情结合在一起是由于主人公成了历史事件的参加者。

---

① 两人的生卒年份:施蒂格利茨(1801—1849),乌兰德(1787—1862)。——原编者
② 要理解第一段的意思,重要的是要知道未来的三部曲《苦难的历程》的第一部单行本于1922年在柏林出版。后来,仍以《苦难的历程》为书名(晚些时候这一部的书名为《两姐妹》),于1925年在俄罗斯出版,不过,不是在国家出版社出版,而是由作者本人出版。因此才会说"出版社不可能将之置于自己的招牌之下"。

关于未来的三部曲随后几部的内容,巴赫金能够从1922年柏林出版的书里作者的前言中了解,当然,他也可以根据第一部对之加以评论。与此同时托尔斯泰在1925年的版本里作了某些修改,在更晚的版本里,如同对待最初的构思一样,有了非常重要的改变。结果,与巴赫金的预测相反,三部曲的第二部从1927年的7月起开始在《新世界》杂志上发表。家庭授课讲座在这时已经结束,对于我们来说这已是多余的证明了(参见"只发表了三部曲的第一部"这句话)。——原编者

长篇小说从描写彼得堡的历史开始。在这里也充斥用滥了的思想：彼得堡应该毁灭，由此一个新的俄国将发展壮大起来。

随后出现了主人公。不过，起初是鸟瞰他们——在文学晚会上，直到后来我们才一步一步转向他们。然而，无论是主人公，还是本事并非一切都顺遂。在后来的几部作品中主人公会如何，尚不能提前猜测。也许，罗欣过两天就会被打死，也许他会占据首要位置。因此，长篇小说中没有本事：作者不知道着重刻画谁。给人的印象是，他不知道谁是主要的主人公，他一会儿选择这个人，一会儿选择那个人。也许，在整个三部曲中最好要以别的方式去理解这一点。

长篇小说的基础不是一个家族的生活，而是一代人的生活，而且是在无望的、暂时的、过渡的境况中的生活。所有的主人公都未达到能够经受悲剧的年龄：其中最大的捷列金才二十八岁；按希腊人的概念他还是一个毛孩子。需要三代人和几个家庭，而且还要让他们交织在一起，就像在列夫·托尔斯泰笔下一样，才能完成叙事任务①。

历史活动的所有参加者不是人物，而是整个画卷的线条。早在列夫·托尔斯泰笔下士兵生活就已经在一定的人物身上体现出来。而在这里士兵甚至连名字都没有；它们没有成为独立的生活。而要完成历史的任务，这是不够的：需要的是哪怕只有一个人物——士兵或者水手。细节只是在小品文中才具有生命。

尽管这是一部历史长篇小说，但与此同时在这里实际上没有历史活动家。活生生的拉斯普廷只出现了一次；随后描绘的就是他的死亡。尼古拉二世也只出现了一次，而且没说一句话，只展示了他的家族豪放的俄式手势：不时地轻轻抚摸胡须。

按照托尔斯泰的观点，社会存在于历史之外。与法国结盟、与德国争吵只不过是政府酝酿的。在法国甚至就连做梦都梦见与德国打仗。在俄国则是突然宣战。谁也不知道是在与谁打仗。农民们听说

---

① 参见《勃洛克》一讲中《报应》片段和《高尔基的〈阿尔塔莫诺夫家的事业〉》。——原编者

是在与欧洲人打仗。所以,历史只由官方政府支配。不过,在一个历史关头所有的人都会参与:所有的人都在期待革命。

贝索诺夫 通过他描绘了勃洛克。他呈现出勃洛克式的怀疑主义和小酒馆习气,这对于上流知识分子是有代表性的现象。贝索诺夫不接受现存的俄罗斯,力求找到另一条路。在战争中他试图将自己的命运与俄罗斯的命运联系在一起,然而这只是外在的尝试。对于他来说,既然没有历史,也就没有家庭生活。因此,贝索诺夫纵酒作乐,早上起身就已经忘了昨晚和他同居的女人。生活陷入小酒馆和风流韵事之中。贝索诺夫整个人都属于战前时代。起初他还想到某种不确定的革命,然而,一旦革命到来,他却不能参加革命,荒谬地毁灭了。

捷列金 他是一切正在发生的事件的参加者,但暂时尚未明确起来。未来主义者在他的住宅里组织起来,可他与之无关。他也并未准备去参战、参加革命、参加布尔什维克。对于他来说只存在对达莎的爱和与达莎结婚。但同时他身上具有健康而强大的历史乐观主义。暂且他还只是在个人家庭生活中取得牢固的地位,终将牢固地载入历史;一切道路和机会都向他敞开。捷列金谱写着历史,就像在工厂里工作一样,而他在各处都干得不错。他反对革命,但是工人们热爱他。就其历史乐观主义和个人私生活的安排来看,他将成为新的俄罗斯的体现者。

尼古拉·伊万诺维奇 他是一个乐观主义者,但这是一个饱汉的乐观主义。尼古拉·伊万诺维奇历史上不稳定,他的家庭生活也完全没有安排好。他期待革命,但这是一种不确定的期待,即乐观主义的结果。当人们告诉他工厂里发生骚动的时候,他还在和妻子一起喝香槟酒。贝索诺夫知道,必定徒劳无益,尼古拉·伊万诺维奇总是有所期待,总是在搞什么事情。然而,在革命时期他是一位爱国主义者并荒谬地毁灭了。

扎多夫 和其他未来主义者一样,他只有一种能力,即在每一个冒险活动中,他总能找到办法。战争没有磨灭他,革命也没有抛弃他,

267

然而，对他而言却没有历史。这是一个生活中只有冒险的人。

叶丽柴维坦·季耶芙娜 她也属于冒险世界。有一些人一无所失，因此，他们无所不能。叶丽柴维坦·季耶芙娜斗争并非因为恐惧，而是为了良心，她身上有巨大的力量，但没有什么确定的东西，因此随便什么材料都有。她那非同一般的幻想也与此有联系。在这个意义上她对于彼得堡来说是有代表性的：在她身上反映了这个城市的幻想。像其他无政府主义者一样，叶丽柴维坦·季耶芙娜缺乏那种使她扎下深根的现实性。无政府主义的主题本身以及对它的理解，托尔斯泰是从陀思妥耶夫斯基那里获取的。托尔斯泰将无政府主义者视为恶魔的因素。

布拉文 达莎的父亲也未被吸引到历史中来。他喜欢与建筑师谈论政治，但这只是抽象的谈话。他们全部的社会生活是荒谬的。隐藏在谈话的背后，一个是空虚的家庭生活，另一个则是鄙俗的家庭生活。

基·季耶维奇 这大概是一个未来的共产党人。不过，他是从那些在瑞士代表大会上听到的，以及他所学会的流俗无味的词句的观点来对待一切社会现象的。

达莎 作者在达莎的形象上酝酿着使历史顺应个人生活的可能性。然而，在三部曲的第一部还刚刚勾勒出轮廓。在长篇小说中达莎的功能是什么？她被卷入到旧生活中，是旧彼得堡的一小部分，但她渴望从中摆脱出来。在这种渴望中她是错还是对，需要做出判决。由此产生她的犹豫不决：是坚持纯洁高傲的立场，还是被吸引到一个偶尔遇到的小酒馆习气中？在这个意义上她既很想到贝索诺夫身边，又拒斥他。所以，与旧生活的斗争就是与贝索诺夫的斗争，一方面，她感到十分向往，另一方面，她又感到厌恶。达莎经历过情感世界的波折，但不失独立性。捷列金与这一世界相对立。跟随捷列金就是摆脱贝索诺夫。贝索诺夫是对达莎最后的一击；后来她的生活发生急剧变化。克里米亚是这些犹豫的顶点。在这里描绘了两个时代的边缘。

一方面,是极端淫乱放荡的生活:婚姻解体,又开始有了一些关系。另一方面是新时代的预感。捷列金因素取胜。随着战争的来临,达莎逐渐成为战争的参加者。像捷列金一样,她没有饱含激情,而背负着战争的十字架。作为女性,她保持着自己的独立性。

卡嘉 她卷入时代的命运中,并在其中迷失。她的生活并没有扎下根来,并不成功。然而,在卡嘉身上毕竟还有别的东西:她并未彻底委身于贝索诺夫和醉心于贝索诺夫生活的偶然性。她对深入生活的向往与罗欣有联系。不过,作者大概是想说,卡嘉注定要失败①。

在书的结尾,什么问题也没有解决。捷列金在阅读有关历史乐观主义的书籍,卡嘉和罗欣在石岛堤岸,著名的女芭蕾舞演员克希辛斯卡娅的独家住宅成为布尔什维克的总司令部,还有一个塌鼻子的人在张贴标语,这一切俨然是一座连接长篇小说第二部的小桥。

《伊比库斯》②

国内战争时期对俄罗斯南方的占领构成长篇小说的情节。然而,在这里并没有社会问题,这是一部惊险长篇小说:其中主人公的冒险与白军的政治冒险交织在一起。基本主题是主人公向往施展自己,但它是在讽刺的层面上表现出来的。一切都建立在偶然的冒险因素、杂乱无章的风格上;在流言蜚语中作者本人也开始紊乱。在这里,如同在果戈理笔下一样,有其特点,但比较肤浅。长篇小说的全部运动就是混乱,人物、名字、面具的混乱。现实的出路就是红军,然而,没有说明他们这些人的特性,我们无法想象他们;他们就像果戈理笔下真正的钦差大臣。在《伊比库斯》中试图创造有现代主人公的惊险长篇小说,但总的来说,作品不够严肃,似乎急就而成。《伊比库斯》——就这

---

① 看来,在这里有遗漏:根据《米尔金娜的笔记》的手稿来看,线条又重现了,不过,在手稿中没有任何补充说明(与《列米佐夫》一讲遗失的几页一样)。——原编者
② 《伊比库斯》的全称(参阅下一片段)为《涅夫佐罗夫,或者伊比库斯的奇遇》。——原编者

样,这是带引号的文学。

历史剧本

　　托尔斯泰后来的作品,他参与创作革命剧本,走的不是艺术之路。大概,他本人没有严肃地对待它们。

高尔基《阿尔塔莫诺夫家的事业》

　　长篇小说中描绘了家族的历史。事情发生的时间是 19 世纪下半叶至 20 世纪初,几乎一直写到我们今天。根据经典的模式,需要描写一个世纪才能完成这样的任务①。只是由于出场人物的缘故才引进了故事;长篇小说中没有独立的历史画卷。
　　看院子的人伴随着整个家族史,他是父亲的同龄人,活得比孙辈们长。他没有行动,只是自我观察、回忆。具有回忆功能的人在希腊悲剧中就已存在,在那里,家族中的老者通常是家族记忆的体现者。例如,在《俄狄浦斯王》中,牧人和提瑞西阿斯无所不知,家族的成员自身承担报应,不过,没有呈现出统一的情景。只是在悲剧完成之后,意识和回忆才开始起作用。高尔基也塑造了没有认清正在发生的事情,但背负罪孽的人,背负罪孽回忆的人。既然创作长篇小说,那就完全自觉地按照经典的模式来创作,其中当然不可能有社会学的因素。为了实施类似的任务,就应当将叙事性和混合的神话因素加入作品中。社会学的态度只能提供一代人的生活图景,它只能囊括三十至四十年。在《福马·高尔杰耶夫》中展现的是原始的探索,以及社会学的、日常生活的图景;那里没有历史,一切均浮在表面,而没有深度。《童

---

　　① 参见《勃洛克》一讲《报应》片段的内容以及《苦难的历程》片段第五段。——原编者

年》中的一切也都在日常生活中，然而，已不是所有的人都淹没在日常生活中：外祖父和外祖母几乎是神话人物形象。

在《阿尔塔莫诺夫家的事业》中，老人本身就是罪孽的体现者。他植根于家庭和事业之中。工厂在发展，人们也完全被扭曲。人们希望从中挣脱出去，但事业使他们深陷其中不能自拔，最终使之毁灭。看院子的人在抽象的自我观察和抽象的回忆中获得了自由。尼基塔进了修道院，但他明白，修道院也是事业，也是同样的否定力量，就像在修道院之外的工厂一样使人毁灭。所以，长篇小说的基础是组织以及人们与之进行的斗争。在这个意义上《阿尔塔莫诺夫家的事业》与《鲍里斯·戈都诺夫》相一致。两部作品中描写的都是人及其事业；所有被它们吸引的人都会变成僭称王①。只有一条出路：这就是皮敏的出路。皮敏了解戈都诺夫的罪孽和德米特里的罪孽，但他置身世外。吉洪在外表上丝毫不像皮敏，但在他身上也有无法摆脱罪孽的记忆和意识。所以，出路是激进的，俄国式的：一切都沾染了罪孽，大地上创造的一切都造得十分糟糕。唯一的摆脱困境的手段是塑造伊利亚的形象。在他身上描写了列宁的形象：清醒、富有洞察力。高尔基赋予列宁英雄特色，但毕竟持怀疑态度，毕竟不是那种情况。总之，高尔基总是在说，十月革命不会有什么结果②。农民暂且还在沉默，然而，一旦他们确信谁也不会夺去他们的土地，他们就会行下布尔什维克的脑袋。什么是好的问题，高尔基不擅长回答，也不想回答。长篇小说中只清楚地说出了一点：任何组织都会消亡。这个思想变得深刻和严肃：遭到否定的不仅有吸工人血的资产阶级，而且还有自己也流了血的阿尔塔莫诺夫本人，他的家庭什么结果也没有。事业使人们变成奴隶，只有流浪汉身上才有自由。关于赤条条的大地上赤条条的人的理想由此产生。

长篇小说的前三部分之一写得不错，构思十分新颖。后面的三分

---

① 参见《补遗·普希金》中《鲍里斯·戈都诺夫》和《波尔塔瓦》片段。——原编者
② 讲座大约是在1927年春末夏初之际（这是最晚的）。——原编者

之二:这是《福马·高尔杰耶夫》的第二版。在第一部里再现了民间叙事文学;高尔基成功地创造了某种相类似的东西,没有任何风格模仿。婚礼是最好的时刻。高尔基首次能够将婚礼作为日常生活现象来对待。在他之前,婚礼往往是作为对民间木版画的风格模仿,或者像麦尔尼科夫-波切尔斯基那样,从异域情调角度来描写。在高尔基笔下则是对婚礼全面而严肃的描写。

阿廖沙,在第一部里好极了,简直禁不住要放声歌唱,可往后他就变得渺小起来。从放走红公鸡的叙事主人公,他变成了典型的高尔基式的主人公。彼得从一开始就比阿廖沙描写得差一些,但他毕竟是一个活生生的人,可后来则是福马·高尔杰耶夫①。双重性也在长篇小说的风格上反映出来。在第一部里,谈话和议论说明的只是主人公本身的特点。在这里没有同意与否,没有与作者的争论。主人公的面貌、事业、功绩都来自他们的实质。高尔基仅仅是欣赏他们,力求表现他们抒情的和心理的深度。在后面几部里他已经让主人公以自己的思想得到充实,而这些思想在绝大多数情况下都是不成功的。所以长篇小说的风格解体了。随着尼基塔去了修道院出现了另一个世界。高尔基似乎看到了,他已经不能用第一部的风格把长篇小说坚持到底,已经在用别的风格引入渴望已久的结尾。

蒂尼亚诺夫《丘赫里亚》

《丘赫里亚》具有与梅列日科夫斯基的三部曲同样的性质:即按照模式收集材料。不过,如果说梅列日科夫斯基收集的材料很重要,那么蒂尼亚诺夫收集的材料却很糟糕,模式也很糟糕。在熟悉有关普希金以及普希金的档案和手稿的人看来,蒂尼亚诺夫的长篇小说是微不

---

① 福马·高尔杰耶夫的词组在此是独特的委婉语,替代同义的否定评价。——原编者

足道的。如果仓促地去从事这项工作,那又能创造出什么来呢。蒂尼亚诺夫不是大师:他笔下缺乏使之成为艺术作品的风格和语言。《丘赫里亚》只不过作为二流学校的读物还有点用。能力非凡,知识渊博的列夫·托尔斯泰,暮年时期还研究了古犹太语言,他对创作《战争与和平》的材料悉心研究多年。蒂尼亚诺夫则只用了两个星期来写自己的作品。不管有多聪明,也应当研究该题材已有的全部材料,而这要有一定的期限,不应当太快。因此,《丘赫里亚》毫无价值,甚至对中小学都没有益处。对于小学它太难懂,对于中学它又太不重要。阿列克谢·托尔斯泰明白,多么难以胜任描写历史人物的重任,因此只是粗略地展现他们。他笔下的尼古拉二世不说话,只有动作。托尔斯泰本人认识沙皇,但他明白需要研究多少材料才能把历史人物写进长篇小说。蒂尼亚诺夫却仓促行事;因此他的主人公根本就不像那些人。

左琴科

左琴科的基本体裁是短小的幽默故事,在这些故事里运用了来自当代生活的逸闻趣事,但他未能看出其滑稽可笑。我们能在果戈理笔下发现逸闻趣事的风格。然而,果戈理善于在一切生活现象中看到深刻的滑稽可笑之处。左琴科只擅长对当代词汇吹毛求疵。最终,他笔下的一切都流于行话混杂,流于不成功而且不恰当的漫画。在果戈理笔下滑稽可笑的不只是俄国生活,而且还有世界的滑稽可笑;在左琴科的笔下则是荒谬的滑稽模仿。他的幽默是纯语言的且很肤浅。至于说思想,它们都取自于报刊。在这个意义上阿维尔琴科要比左琴科高超。阿维尔琴科继续了契洪特的传统,《讽刺》周刊也继承了这一传统。左琴科是这条道路上的最后一位作家。但他很弱:他较少天赋,也较少经验。

滑稽问题

我们在奥斯特洛夫斯基和契诃夫笔下都可以发现滑稽的日常生活理由。他们塑造了可笑的日常生活的典型。然而，他们那里缺乏滑稽性格，这种性格同时又与悲剧性格相符合。例如，在喜剧《自家人好算账》中有恣意妄为的商人典型。然而，就其基础而言这绝非滑稽人物，有人甚至称之为俄国的李尔王[①]。在这个形象身上我们能发现俄国悲剧性格的基础。《贫非罪》这部剧作就具有了悲剧的特点。所以，在奥斯特洛夫斯基那里，有性格出现的地方就是正剧，他的境况就滑稽可笑。我们在萨尔蒂科夫-谢德林笔下也能发现滑稽的萌芽，但不是在幽默，而是在讽刺的方面。

喜剧性格，这是除日常生活之外，除境况之外剩下的东西；这是自己的特征十分可笑的人。对喜剧性格的第一要求是性格和命运之间没有脱节现象；这个人生就了这个命运或者相反。为此需要本事，不含任何偶然因素。例如，在果戈理笔下，尽管他那里富有日常生活的色彩，但日常生活从一开始就从伦理上加以了深化。在他笔下本事与命运充分地融汇在一起。果戈理的力量就在于，他的笔下没有不幸的偶然性、偶合情况，而偶然性是情节错综复杂的喜剧中实际运用的东西。赫列斯塔科夫的一切存在都很滑稽，他的心灵的戏本身就很滑

[①] 在1850年几乎是第一个称《自家人好算账》为悲剧的是В.Ф.奥多耶夫斯基（参见А.Н.奥斯特洛夫斯基的《苏联作家》第2卷，莫斯科，艺术出版社，1973年，第510页）。勃尔绍夫与李尔王的对比包含在Н.П.涅克拉索夫对奥斯特洛夫斯基选集两卷集的评论中（参见第2部，莫斯科，1859年，第458—499页）："须知勃尔绍夫很了解波德哈留津，知道他是个骗子。他为什么那么不恰当地变得慷慨大方？奇怪！他舍不得把钱还给债主，而舍得把自己的所有的庄园给波德哈留津！……诚然，莎士比亚的李尔王几乎也做同样的事情，但他那里的理由更深刻，更重要：李尔王这位高傲、有威力而且公正的国王，没想到他在世时就会丧失自己的威力。他只想摆脱管理重担歇息……"——原编者

稽。赫列斯塔科夫的语言决定了他的命运和性格①。

当代幽默作家没有离开日常生活,因此他们作品中的滑稽表现并不成功。新的日常生活对于塑造喜剧情境很有成效,但对于塑造性格则不然。因此,我们的喜剧体裁还很零碎。不过,当代幽默作家毕竟试图继续已经中断了的传统。在这里有两条路:一条是契诃夫之路,一条是果戈理之路,它们不能相结合。契诃夫是现实主义的,日常生活的幽默在我们的时代终结了。而应该由果戈理回到理想的、象征主义的幽默,回到如德国美学家所称的结构主义的幽默。

夏忠宪　译

---

① 试比较巴赫金关于赫列斯塔科夫的扩展性意见。在《米尔金娜的笔记》最后一句话中,说的是象征主义幽默和德国美学,显然,首先说的是让·保罗的《美学预备校》。——原编者

补　遗

卡拉姆津

《苦命的丽莎》

　　《苦命的丽莎》是卡拉姆津感伤主义时期最杰出的作品。该作品基本主题是自然与文化的对立,它体现了卢梭的思想。但是如果对于卢梭而言,摆在第一位的是社会政治热情,那么在卡拉姆津的作品中则没有这种热情。农民作为一种社会类型,对卡拉姆津而言并不重要,因此他将丽莎的生活描写得很幸福。从她的生活中洋溢着农民的基本特征;她料理卖花的活儿(压根儿不是农民所干的事)。对于卡拉姆津而言,丽莎仅仅作为一种大自然的因素而有意义。与她对立的不是堕落的贵族,而是文化的体现者。因为埃拉斯特本质上并不是个坏人,但他脱离了自然,其轻浮和偶然性并由此而来。

　　农民作为自然开端的代表被理想化了,他们生活的基调是田园诗似的,忠实于自然的。在埃拉斯特没有出现之前,丽莎生活着,感到自己与自然融为一体。这里的一切都是和谐的。埃拉斯特作为丧失了所有准则的文化的代表,将罪恶带进了本质善良和光明的田园生活。自然中渗进了异样的因素,它毁坏了安闲的田园生活,酿出悲剧。

　　从形式上讲,《苦命的丽莎》与古典作品有着根本的区别。古典作品中行为受主人公性格的制约,而这里女主人公只是消极地忍受,消极地体现两种因素——自然的和精神的斗争,其结果是灭亡。古典主人公死了,丽莎也在被毁灭掉。在这个意义上感伤主义为同样将主人公被动的消极性放在第一位的现实主义作了准备。

卡拉姆津在语言方面的贡献也是巨大的。《苦命的丽莎》的语言就像他其他中篇的语言一样朴实无华,近似于口语。在卡拉姆津以前,俄语标准语就已经越来越接近口语,但其句法结构没有变。而这一时期是俄语发展中一个很不一般的时期。卡拉姆津是最先将短小精练、断断续续的语句引入到文学语言中的作家。除此之外,他还引入了许多新词语和外来词语。外来词语从前也产生过,但都未存活下来。要将一个词语按其语音方式翻译出来,需要具有特殊的语言天赋,特殊把握,需要这方面的天才。卡拉姆津创造的新词永远留存在俄语中。

《俄罗斯国家的历史》

《俄罗斯国家的历史》的主要思想鲜明地表现在给亚历山大一世的呈文《新旧俄罗斯》中。在卡拉姆津看来,每向前运动一步,都应该回头看看。在评价某一事件时,应该考虑,新的一步与已经实施的方向有多大的偏离。新俄罗斯是统一的俄罗斯的一部分,因此应该继续沿着旧的轨道前进。这样便产生了将过去英雄化的过程。不能把过去解释为错误的总和,因为这种过去应该继续下去。如果一个民族不再给自己的过去赋予英雄色彩,那就证明该民族历史的精神力量已经耗尽,证明它灭亡的前夜已经来临。由于过去能给建立现在以推动作用,所以要将过去英雄化。英雄化手法成为《历史》的主要艺术手法。

英雄化也决定了《历史》的语言。在此卡拉姆津使教会斯拉夫语得以再生。对于营造一种重大的印象,教会斯拉夫语比断断续续的口语性言语更合适。

就形式而言,《历史》是一部典型的古典主义作品。显然,在此卡拉姆津可以像审视产生出一切源头的根据一样来审视性格。

《历史》对于俄罗斯文学的意义是巨大的。它对普希金具有决定性影响。普希金创作中十分典型的对历史的兴趣便是受卡拉姆津影响的结果。

克雷洛夫

寓 言

克雷洛夫主要是作为寓言作家而享有盛誉和具有影响力。寓言是叙事文学最古老的形式之一。它起源于印度和希腊（在印度收集在《五卷书》①中）。在希腊，伊索是这种创作体裁的主要代表。寓言在以拉·封丹为首的古典主义时期得以再生。克雷洛夫主要也是模仿拉·封丹。

克雷洛夫的寓言与赫姆尼采尔②和德米特里耶夫③的寓言有很大的区别。赫氏和德氏的寓言道德热情占首要地位，因此如今他们的作品失去了一切意义。在克雷洛夫的寓言中，道德不过是一种形式上的成分。道德成分的存在仅仅因为它是寓言创作的一种必需属性，但不是目的。克雷洛夫寓言的讽喻不是抽象的，而是现实主义的。那是一座座彻底完结的现实主义舞台。在这些舞台上，历史的、社会的和道德的思想退居次要地位。

从语言角度讲，克雷洛夫的寓言是完美的。那是一种最纯粹的人民的语言，但同时又灵活多变。将口语性言语注入诗歌的形式中是一项十分艰难的任务。克雷洛夫寓言的篇幅也多种多样，而且总是与内

---

① 《五卷书》是印度最著名、流传最广的寓言童话集，已被译成世界多种文字，其中包括中译本：《五卷书》，季羡林译，人民文学出版社，2001年。——译者
② 伊·伊·赫姆尼采尔(1745—1784)，俄国寓言作家。——译者
③ 伊·伊·德米特里耶夫(1760—1837)，俄国诗人，感伤主义代表人物。——译者

容相吻合。因此,这一任务克雷洛夫也完成得很出色。

至于克雷洛夫的世界观方面,那么,他的作品中没有我们所讲意义上的世界观。这也非偶然。克雷洛夫认为,世界观是不方便的、笨重的,妨碍人们生活的东西。没有一定固定的世界观要轻松得多。人只要善于应付任何情况,并且很实际地安排自己的生活。克雷洛夫同情自己笔下的反面人物,并且完全站在聪明、机灵而可爱的、擅长打点自己事情的狐狸一边。

除了民族主义和爱国主义外,克雷洛夫也无一定的政治观点。在这方面,他是斯拉夫主义的先驱。总体而言,克雷洛夫是一个保守分子,而到晚年甚至是一个有害的保守分子。但在他的寓言中就像没有自由的思想一样,也没有守旧的思想,他只不过是能适应一些独立的生活事件。这种对世界观的独特的排斥是伏尔泰思想和怀疑主义影响的结果。

希什柯夫

在第一个十年末[①],俄国文学界出现了分裂。在此之前,文学的主流是古典主义,人们遵循这一准则,在语言方面也是一条路线。但从卡拉姆津开始,这种统一性就瓦解了。不仅出现了古典文学的拥护者,而且也有卡拉姆津的拥护者。希什柯夫就是前一阵营的代表人物。

希什柯夫就其信念来说,是个极端的反动分子和保守分子,但由于其坚定、正直、高尚的气度和个人魅力,在以他为首的反对卡拉姆津的作家中间享有很高的声誉。

这一时期作家们怀有高度的文学自尊心。一些对卡拉姆津抱有钦羡之心的作家常常又参加另一阵营。大部分作家都持有这种以个人感情为基础的非原则立场。但是某些作家在情绪上是坚决反对卡

---

① 指19世纪头十年。——译者

279

拉姆津的，其头面人物就是希什柯夫。

希什柯夫写了一些纯语文科学的著作。它们的任务在于指出，在俄罗斯文学中不存在两种语言，教会斯拉夫语与俄语是同一种语言。与卡拉姆津相反，他要证明，文学传统并未发生割裂。希什柯夫认为，古典主义只是表面上与民间创作发生分离，古典主义是可以接受民族特性的。这方面希什柯夫是对的，他的观点在普希金身上得到了印证。在普希金那里，任何东西都能被接受和加以有机地吸收。

希什柯夫的观点对同时代人，对许多聚集在他周围的作家们都产生过巨大的影响。

（这段由钱中文补译）

格里鲍耶陀夫

《智慧的痛苦》[①]

恰茨基 ……这是一个具有唯心主义气质的人：他不接受一切未被他确认的东西。他对爱情也十分严肃，要求甚高。恰茨基那副随时准备挑战整个社会，不怕成为孤立者的独来独往的姿态颇具吸引力[②]。

存在着一个公式化了的概念：恰茨基是俄罗斯文学中的第一个多余人。这是一个纯社会学的术语。多余人是指那些不会在生活中自我判断的人。恰茨基注定要迷惘徘徊。他无法在军队效力，因为那是一个宠臣的时代。要在仕途上飞黄腾达，就得损害人们的事业。在上流社会，恰茨基同样找不到大显身手的领域：上流社会具有闹事和玩弄权术的特

[①] 又译《聪明误》。——译者
[②] 试比较《分裂派教徒》最后一段；又见后面《斯拉夫派和西欧派》一文关于东正教的片段。——原编者

点。在此格里鲍耶陀夫触及的不仅仅是政界,而且还有文学界。他在这些社交界中看到的是一群需要游乐的年轻人。这样一来,一切大门对恰茨基都是关闭的:按他那个时代的条件,他是多余的。但这一情形也有一些其内部的主观原因。任何一件事情中都有领导者和普通分子。恰茨基作为领袖人物,会毫不犹豫地去面对任何危险,而需要细致和耐心的小事,他却无法完成。他到处都想当第一,甚至与人谈话时也想争第一,他也不想平等地争论,平等地交谈。恰茨基是一个不求甚解的人,一个空想家,一个不能进入到他人内心的、向所有人提出一些不可能的要求的人。他这种对人的不积极、不现实的态度使他注定陷入无望的境地。假若人们听从他,那么他们就得自取灭亡。人们感觉到,恰茨基不喜欢他们,不关心他们。他的话语中充满了冷漠,缺乏分寸,缺乏对生活的积极接受。因此谁也不听从他,谁也不理睬他。他与莫斯科上流社会的斗争只不过是徒劳无益的旷野的呼声。

　　人们似乎觉得在恰茨基的身上有恰达耶夫的影子。恰达耶夫年轻时最初的军旅仕途一片光明,但后因环境之故离开了军队。几年过后,他又出现在社会舞台,不过此时他已是作为一名世俗传教士。他出色地扮演神职人员的角色,而且对自己的宗教使命深信不疑,但他的传道完全是世俗的。在变故发生之前,恰达耶夫是一位自由主义者和厌世主义者。这是一个幻想家(他的自由主义是乌托邦式的),他深陷于自己各种各样的理想之中,同时又是个怀疑论者。按普希金的说法,恰达耶夫的特点恰恰在于将"冰与火"融为一体。格里鲍耶陀夫正是将一个自由主义的厌世者恰达耶夫描绘在恰茨基身上。陀思妥耶夫斯基将第二阶段走向衰老的恰达耶夫(这种过渡不是偶然的,其发展也很有限)描绘在长篇小说《少年》中的维尔西洛夫这一形象中。不论是恰茨基,还是维尔西洛夫,其性格特点都在于思想与现实之间的脱离。但在维尔西洛夫身上这一特点异常深刻,政治主张对他而言成了一种宗教义务,一种血肉相连的东西。比如,他把自己的理想强加于阿赫玛科娃身上,并且认为,她一定会与这一理想相符。他向她提出一些根本不可能的要求。

当他发现她不符合他的理想时,便将之视为恶魔,并且完全相信,她引诱少年。维尔西洛夫在阿赫玛科娃身上所看到的或者是完美,或者是一切罪恶的化身。他根本不想去理解某种折中的东西,即她只是一位平凡、善良、快活的,没有任何地方与众不同的女人。维尔西洛夫对一切提出道德和宗教的要求,因此周围的一切在他看来仿佛都令人感到累赘,惹人生厌。他在场时,人们觉得不自在,他使人厌恶;与他在一起,人们感到拘束,因此人们不理睬他。理想主义既使恰茨基,也使维尔西洛夫陷入悲剧性的、堂吉诃德式的境地。

由于性格的双重性,由于理想与现实之间的差距,导致了他们的无家可归,他们的世界主义和独居生活。对他们来说,何处能找到最完整地体现其理想的地方,何处便是他们的家。但是,如果说恰茨基无论在何处都流露自己的情感,那么维尔西洛夫则由于生活的经验,惧怕任何一种真情的流露,惧怕推心置腹,惧怕以诚待人。维尔西洛夫根本就是一个理想主义者,一个内向的人,因而也只能以过火的行为表现自己的理想主义者。比方说,在神圣的时刻,而对于神圣时刻他比任何人都理解得透彻,他充满了痛击别人的欲望。当他想杀掉阿赫玛科娃时,其病态情绪达到了顶点。之后,维尔西洛夫似乎温顺平静下来,他的理想主义也变得温和一些。由他构成了一个激情燃尽的理想主义的温和类型。这样一来,在维尔西洛夫身上贯穿了一种不仅仅从社会政治角度,而且从心理角度理解恰茨基的思考周密而深刻的尝试。

普希金

拜伦时期

……拜伦创作的主要特征在于,描写主人公时与描写其他人物时截然不同。他们的生活在不同的层面上展开。拜伦用一种抒情的,发自内心的笔调刻画主人公,而在描绘次要人物时则用平铺直叙的手法,他们的生活是一种表面的生活。自身的表面的东西自己是意识不到的。你会首先看出他人外在表现出来的东西。因此主人公让我们去发现他们,而其他的人物我们自己能看见。这种形式上的特点是由诗歌的内容决定的。主人公在精神世界方面与共同的社会生活不融洽,与周围的环境原则上格格不入。因此他总是一个漂泊者。但主人公终究不能与他周围的生活完全脱离,所以其权威性是显而易见的。主人公能达到这种权威性,因为他是现成的,完成了的形象。我们不知道他是如何形成的,也找不到任何能降低他形象的蛛丝马迹。他生来就如此。在拜伦的创作中不厌其烦地重复主人公的悲观绝望。这一点与主人公的完美结合在一起。其悲观情绪可能会引起这样的看法,即他只不过是一个不成功的人:在人生的欢乐中我被欺辱,所以我要否定生活。拜伦感觉到了这一点,因此他把自己的主人公塑造成无所不能的人。主人公灰心失望,因为他高于生活和它的诱惑。世界如此之糟,哪怕将全世界彻底颠覆,呈献给他,都无法满足他要求甚高的灵魂。这里有一种众所周知的反抗上帝的意味。

《鲍里斯·戈都诺夫》

在这部悲剧中描述了一个生活动荡的转折的时代,其内幕越来越清晰地揭示开来。普希金看到,这一段历史的基础就是冒名顶替。两位僭称王都是历史人物[①]。

---

① 试与《群魔》片段中的冒名顶替话题相比较。又见 Л.B.篷皮扬斯基的报告《作为悲剧诗人的陀思妥耶夫斯基》《在关于陀思妥耶夫斯基辩论会上的简要报告》《根据〈钦差大臣〉建立相对论现实的经验》(篷皮扬斯基:《1919 年涅韦尔报告》,《文学述评》杂志,1997 年第 2 期,第 4、5、8、9、11 页);在第 16 页上指出了版本,见 Н.И.尼古拉耶夫的注释。关于作为冒名顶替的鲍里斯,就是关于在普希金的《波尔塔瓦》中(见下一片段)关于冒名顶替的话题,但在篷皮扬斯基的报告中没有提到。见关于冒名顶替,其中包括普希金笔下的事件,《高尔基〈阿尔塔莫诺夫家的事业〉》的话题。——原编者

戈都诺夫为了登上王位而发动叛乱。后来他尽力想做一位宽容、善良的沙皇,但既然他过去有罪,那就一切都完了。鲍里斯为人民做善事,但是伴随着他的劫运却毁坏了一切。在家庭生活中他也遭到失败。某种自然的力量追随着他,并毁灭了他一切良好的开端。一个人能够因意识到自己的真实状态而最终顺从于厄运:"我是正确而纯洁的,而其他东西不取决于我。"但鲍里斯却找不到良心的慰藉。

对德米特里而言,一切都在前面。他自信,无虑,甚至很诚实。他以自己为骄傲,了解自己的内在优势,因此他任意摆弄王权。德米特里对玛丽娅坦陈自己是僭称王,因为希望她了解这一事实,并爱他——这个实为格里沙·奥特列皮耶夫的人。在这个意义上讲,他是一个直率而坦诚的僭称王。

从表面情形来看,鲍里斯和德米特里的地位是平等的,但其平行的运动是相反的。鲍里斯过去作了恶,因而现在受着忏悔的煎熬。而德米特里的一切还在前头,因此他很乐观地看待世界。但他在梦中很直观地看到了自己的前途。他梦见的情形与鲍里斯的情形相似:戈都诺夫在王位上的感觉正是如此。最终德米特里以失去教职的教士身份走入生活,鲍里斯在临终前削发为僧。在他们生活的开端和皈依宗教之间存在的是冒名顶替事件。

大贵族和宗主教知道,他们会接受这位或那位僭称王。这是不可避免的,没有其他出路。生活中的一切都那样紧密地联系和结合在一起,以至于只要出现一个冒名者,整个历史便会充斥冒名顶替现象。就如人的良心中只要有一个污点,就足以在谎言中落败一般。历史上只要有一个冒名者,所有的人都会陷入谎言之中,无法从冒名顶替中摆脱出来。

只有比缅没有参与到冒名顶替事件中,那是因为他远离生活。当他生活在世上时,他就生活在虚伪中。而他拒绝了这个世界后,他就变得高于这个世界了,因此他能按照生活的本来面目来判断生活,了解生活。因为弃绝了生活,不参与任何派别,所以比缅能成为历史学家。对他来说,过去的一切生活他都切断了,将它与自己分开,因此他没有陷入冒名顶替事件中。只有在梦中,比缅才看到个人的生活,但很显然,他只需为自己祝福,就能将这种生活及其虚伪驱赶。

普希金把人民描绘得也很消极,他们不参与到事件中,因此被安排作为审判者,而且是客观审判者的正确位置。当普希金看到尘世的空虚,当他觉察到生活的肮脏、愚蠢时,他断定,摆脱肮脏和虚伪唯有摆脱这个世界。当然,不必为此成为僧侣,但也不要成为被生活所引诱的人。因此他最后留下诗一般的语句:"在世上没有幸福,但有安宁和意志。我早就梦想令人羡慕的命运——早就如此,精疲力竭的奴隶,我要逃离,逃往劳动和纯洁安逸的远方的寺院。"就应该如此来理解。这种理想就是要像比缅一样,远离这个世界来打量之,并且同样远离这个世界来重塑之。普希金一生都追求清心寡欲的生活,追求远离生活。只有摆脱生活,才有可能正确地看到一切,得到一切。而对于作为诗人的普希金而言,最重要的是实现生命、装点存在。

《波尔塔瓦》

《波尔塔瓦》是一部历史浪漫史诗。一些人物的个人悲剧构成了它的一条主线。马泽巴(又译马赛蒲)喜欢玛丽娅,但他必须处死她的父亲,否则他追求的目标就会毁于一旦。他的悲剧便由此而来。玛丽娅也爱要杀死自己父亲的马泽巴。玛丽娅的悲剧便在于此。她无力经受这场悲剧,因此而发疯。

主人公的形象都未坚持到最终。作者赋予马泽巴的性格与其行为相悖。根据马泽巴的行为,我们自己来塑造一下他的性格。马泽巴是一个极力追求功名、为达到目的不择手段而付出一切代价的人。其形象建立在矛盾统一的基础上:衰老与美丽并存。衰老也可以惹人怜爱珍惜,从情爱上讲也美妙无比。"在他的双眼中闪烁着爱情的光芒,在他的话语中充满了温存!他的小胡子比雪还要白……"但是我们所了解的这位聪明、年迈、睿智的马泽巴像个小孩般地报复曾给他带来屈辱的彼得。这令人难以置信,也破坏了马泽巴性格的统一,使他看起来像一个神奇剧中的恶棍。与玛丽娅的相遇应该是他悲剧中最崇高的一刻,然而这一刻却退居次要地位。马泽巴的性格仍然是不完整的。一方面,这是个悲剧性的人物;另一方面又是一个离奇的恶棍;再一个方面还是一个记仇的稚气男孩。

卡丘别依(又译高楚贝)也未能坚持到最后。他被刻画成一个受难者,尽管作为马泽巴的朋友,他仅仅因为想做一件丑恶的事而失去控制,背叛了马泽巴。但是,如果我们从整个作品中抹去《卡丘别依在狱中》这一幕,那么一定会造成这样一种印象,即卡丘别依确实是一位为国家受难的英雄。这一幕是一个与整体没有丝毫联系的完整的文学作品。

在这部长诗中,唯一坚持住的人物是玛丽娅。她的形象是完整的,完美的。

《波尔塔瓦》中的历史主题如同《鲍里斯·戈都诺夫》中的一样是冒名顶替事件。马泽巴不是为了乌克兰,而是为了自己,使国家参与到冒险的行为。卡尔也仅仅是个沽名钓誉、幼稚冲动,成不了大事的冒险家。一个个有着独特政治立场和特殊追求的人成为历史的参与者。但是在历史的主题中还包含着另一个方面,即彼得大帝。他不是摆脱了这个世界的比缅,相反,他是一个实干者,崇高意义上的实干者。但这些事业都是普希金在实施,因为彼得脱离了个人利益。他是世界的代表,但不是为自己,也不是去自觉行动。彼得被崇高的历史控制着。他整个人,"如同上帝的雷霆",他的声音是上帝赋予的。作为一个自觉行动的英雄,卡尔看起来迷惘而脆弱。彼得身上充满的不是个人的荣耀,而是俄罗斯的荣耀。他举杯为瑞典人的健康祝福,因为从历史的角度讲,瑞典人是我们的老师,而对彼得来说,没有私仇可言。因此马泽巴的复仇损害了他自己的形象,而有利于彼得。彼得是一位新型的英雄,是历史的一种新的开端。他积极行动,但他的行动是得到上天的启示的。因此他显示出的重要,几乎就像一座高大的纪念碑。这样一来,在长诗中有两种类型的历史人物:为自己的名义而行动的拜伦式的英雄,和受神灵控制的,当然是指美好意义上的英雄。

果戈理

果戈理创作的第三阶段

在这个阶段,果戈理找到了自己的题材——空虚无聊的生活之机制。这些机制被他天才地揭示出来了。

果戈理不能被称为现实主义者,也不能将他塞入浪漫主义的框框里。他的创作方法具有独特性,合乎科学中的实验方法。果戈理并不是以现实本有的那样去反映现实。他所描写的生活,并不是他看见的那种生活。他对现实进行了天才的实验。他撷取一个事件,将它放入一定的情境之中,来展示它在那里将如何发展。这个情境,乃是生活无聊之空虚。果戈理将散落在各处的无聊空虚收集起来,将它浓缩,将一个事件投置其中,看着这一事件,在那种被浓缩了的无所事事与空虚无聊的氛围中,将如何收场。果戈理切入这一题材是如此之深,他发现了世界的无所事事与无聊空虚乃具有永恒性,过去是那样空虚无聊,将来永远还是那样。果戈理之伟大,正在于他将精神的空虚无聊与污秽腐败展示成客观化的东西。他拥有这样一种天才的本领:不仅仅对自己的灵魂加以剖析,而且将它客观化,看出内在的空虚无聊如何表现出来。在这里,时代的印记,时代的外罩,也是容易脱落的,而果戈理塑造的那些人物,则是溜来溜去,无处不在。

《钦差大臣》

果戈理笔下的这一旧题材,在《钦差大臣》中获得极大的深度与独特的折射。

赫列斯塔科夫 赫列斯塔科夫,此乃果戈理创作的桂冠,是他塑造的最为出彩的人物。赫列斯塔科夫像波普里辛,像《涅瓦大街》里的主人公们,与我们曾经将波德科列辛列入其中的那群人也相似,也有点儿像乞乞科夫。赫列斯塔科夫好像与果戈理笔下各种不同的主人公都有亲缘,贯穿果戈理的全部创作。

果戈理笔下所有的主人公,都具有某种程度上的作家自传性,赫列斯塔科夫身上果戈理的自传色彩可谓最浓。赫列斯塔科夫习气的基点,乃是竭力成为一切,而不将自己囿于一定的领域。果戈理本人也是功名心极重。他有心想成为在生活的所有领域都举足轻重之人。他时而认定自己能成为一个国务活动家,时而认为自己能做一个伟大的历史学家,时而认定自己是俄罗斯的拯救者,时而认为自己是一个神秘主义者,时而幻想在文坛上飞黄腾达(但对这最后一个目标的渴望热情却最小)。此乃游移不定的功名心:他一心想成为在许多领域都首屈一指之人,却并不清楚应当偏重这些领域中的哪一行。果戈理倒是可以与赫列斯塔科夫一起去说:"我无处不在,无处不在。"但是,赫列斯塔科夫除了渴望无边无界地扩张,并不曾对什么东西怀有真正的兴趣。此乃赤裸裸的功名心,此乃空虚无聊。这空虚无聊奢望攫取一切而变得毫无限度。此乃一种有心要成为一切的东西。赫列斯塔科夫企图在他占有的位置与其沽名钓誉的奢望之间搭桥。达到这一目标的手段,乃是撒谎。谎言的基础就是要创造一个虚夸的存在。赫列斯塔科夫之扩张的幅度乃是无边无界的:他在虚拟中攫取整个世界。

《死魂灵》

《死魂灵》不是一部长诗,也不是一部长篇小说。这宁可说是一部讽刺作品,但它是一种独特的讽刺,果戈理式的讽刺。别的讽刺作家,譬如说,社会—政治讽刺之高手萨尔蒂科夫-谢德林,乃是持有距离的,他退到那儿,以便观照世界的景观,乃是拥有一定的标准的,他认定那标准是具有真理性的。他揭露的,乃是那些与他认可的标准不相符合的东西。在果戈理这儿,与他所描写出的现实相对立的那种标准并不存在,没有走出讽刺世界的出路。他在人身上看出了某种就其实质而言乃是可笑的东西。缺少教条,便赋予讽刺一种特别的深度:没有什么东西约束它。果戈理的讽刺是不留出路的,这是赤裸裸的笑,因而它也就具有世界性。由此也就生发出为世界可见的笑与为世界不可见的泪。

《死魂灵》第一卷

第一卷可以看成是一个独立的、完整的作品。果戈理曾竭力离开讽刺,幻想着去创作第二部《伊利亚特》,那个《伊利亚特》应当从整体上囊括俄罗斯。可是,一旦他动笔写起来,就发生了裂变:他看见的还是自己已塑造出的那些主人公,还是自己已描写过的那个俄罗斯。他看见的是俄罗斯的鬼脸,而不是俄罗斯的面容。在那些抒情插笔中,要以另一种眼光来看世界的心愿苏醒了,但并未得到什么结果。除了空间上的幅员辽阔、广袤无垠与象征性地表现着俄罗斯的三套马车,没有活的魂灵,没有壮士,没有伟大的思想。而一片荒芜的空间乃是虚无。因而,抒情层面与叙事层面之间并未接合好而融铸成一片,叙事性视界与抒情性感受在艺术上并无关联。第二个俄罗斯只是以预感的样态存留于果戈理心里。抒情插笔的激情,是一片荒芜的空间欲成为一切的奢望。

而且，大自然在果戈理心目中也是荒芜、荒唐、猥琐而卑贱的："……来描写一番吧，按我们的规矩，就道路两旁的景象胡说几句：土墩子，云杉林，一丛丛低矮细弱的幼松，烧得只剩树干的老松，野生的寻石南以及诸如此类的不像样的东西。"与大自然打成一片的农民们，也是委琐而卑贱的。

乞乞科夫 乞乞科夫身上引人注目的，还是赫列斯塔科夫身上的那股偏执意向：什么也不是的东西欲成为一切的偏执意向，但它有些变化。摆在第一位的，乃是对某种能带来高效益的东西的幻想。乞乞科夫一心想从虚无中，想凭借那些死农奴，去获取现实的财富，获取现实的金钱。他和赫列斯塔科夫相反，是一个"敛财者—主人"。然而，此乃经营上的空虚无聊。赫列斯塔科夫的谎言并不那么可怕，因为它太绝对了。乞乞科夫一心想从空虚中创建产业，创建经济基地。

乞乞科夫成熟稳健，特别有礼貌，爱清洁，爱整洁，明智，节俭。但在外表上的正派规矩之同时，暴露出他内在的空虚。他欣赏自己在镜子中的映像，走在街上时，他揭下海报，带回寓所所，非常仔细地将它从头到尾地审读一遍，将它藏到手提箱里。投入到这样虚妄的营生上的细致心与条理性，分明展示出：此乃空心木头人的成熟稳健与条理性。可是，乞乞科夫落进了那样一种氛围，在那种氛围里，像收购死农奴这样不可思议的事件竟成为可能。果戈理一心所想的不仅是要展示自己的主人公，而且还要说明，这个人物从哪里突然冒出来的。他描写乞乞科夫的童年与少年的境况，他的童年与少年生活笼罩着追求发财致富的氛围，况且是追逐蝇头小利的氛围。他想以此来为自己的主人公辩护，但这一努力结果是不能令人信服的。古典作家的笔法，那种将人当作某种一成不变的东西加以描写的笔法，依旧在发生效力。

《死魂灵》第二卷

根据果戈理的构思,所有在第一卷的抒情插笔中曾作为预想而叙写的东西,在第二卷中应当具体地体现为形象,体现为伟大的思想。要找到正面力量的愿望,在果戈理心中苏醒了。值得注意的是,这一力量是作为一种纯粹的物质力量呈现在他眼前的。正面的罗斯并不是作为精神上伟大的力量,而首先是作为一种物质力量出现的。理想的主人公同时也是一个理想的主人。但果戈理还是以自己的方式来写那完满。的确,他习惯于将非常多的材料化为零,化为无界限、无边际的虚无。而当他的眼睛极力要看到正面的因素时,他也将它化为绝对。绝对的贫乏与绝对的完满相对立。果戈理以为,《死魂灵》将是对一个世界的发现,对真正的俄罗斯的发现。但为此就需要在乞乞科夫身上找到某种优点,而去爱上他。爱乃意味着对要求的放弃。只有爱才能帮助果戈理从要求的范畴走向接纳的范畴。可是他这人是没有爱的,这使他的境况成为悲剧性的。为了找到正面的俄罗斯,他就需要去爱上有罪孽的俄罗斯。但他是不可能去爱的,因而他就不可能从结构构想走向具体体现。果戈理也构思设计出了第二卷,可他构建出与第一卷对立的结构。如果说,在第一卷里,人物一个个都是被他体验过而有活力,那么,在第二卷里,那些人物一个个则都是毫无生气的。从虚无的空间中,正面人物是出不来的。从果戈理艺术观照的方式本身来看,他的这一使命是不可能完成的。俄罗斯在他心目中依旧是空虚,正面的主人公是他依旧无法看见的。果戈理只是把自己的思想硬扣在一个没毛病的人身上。第二卷的不成功并非偶然。

《与友人书简选》

只有世界的空虚是对果戈理的艺术视野开放的。在《死魂灵》第二卷的创作过程中他看出,主人公从虚无的空间是出不来的。他面临的问题变得清楚了:应当加以改造的并不是世界,而是自己的灵魂。改革可是果戈理所仇视的:既然活人并不存在,能成为改革者的,便只有乞乞科夫们与赫列斯塔科夫们。乞乞科夫们与赫列斯塔科夫们,依果戈理之见,所暴露所显示的并不是体制,而是灵魂。他们并不是典型,而宁可说是象征。由此得出的结论是:且让整个俄罗斯保持原状吧,在它的上空鸣响着那富于创造性的"会有的吧",这样一切就会改变,这样一切就都会得到改造。这一基督教的理想,雅典正教的以外在的消极无为换取内心修炼的理想,在果戈理之前,就由冯维辛宣扬过,甚至更早,还在18世纪,已由弗拉基米尔的主教谢拉皮翁①宣扬过。果戈理一心想把基督所从事的确立为自己倾心投入的事业。他所倾心投入的事业,并不是放弃创作,而是给出另一种指南,人人皆需的人生指南。"请为我祈祷吧,请助我去做出那种努力吧,那努力是会拯救一切的。"他自视为先知。他所有的书简都是以一种先知般的口吻写就的,因而带有教条性。这些书简的文体风格是最漫无节制的。给人的印象是,这些书简的作者言说得太没有分寸,而重又像赫列斯塔科夫那样尽兴施展开来。

《与友人书简选》一问世就产生了巨大轰动。果戈理本人对报刊杂志的权威性并不信任。在这种不信任与鄙夷不屑的态度上,他部分地是对的。报刊杂志的水平,从来也没有沦落到像尼古拉时代那么低下。在这里,光明磊落的人是没有的,他们一个个都有过刑事犯罪的心理,所有有价值的东西竟出自那些恶棍的口中。果戈理非常清楚地明白,即便是别林斯基,这个报刊杂志界最优秀的代表人物之一,也是一个学识浅薄者:果戈理看出他这个人在教养上的缺失、无知、不求甚解。

《与友人书简选》中,无疑是有一些经不起推敲的篇章。比如,谈

---

① 参见冯维辛的喜剧《纨绔少年》《弗拉基米尔的主教谢拉皮翁的"布道辞"》,载《古罗斯文学文献》第3辑,莫斯科,1981年,第440—455页。——原编者

论东正教司祭的那封书简，就有辱于我们的道德感情。然而，这本书毕竟出自于一个天才之人的手笔，它拥有的极大深度与极为重要的意义，乃是不可剥夺的。

果戈理在俄罗斯文学中的地位与意义

后来的作家们并未追随果戈理。他并未开创什么，几乎也没有完成什么。在短篇小说叙事领域，他对格里戈罗维奇、屠格涅夫、列夫·托尔斯泰有过一些间接的影响。但这几位出道于他的现实主义，不过是被糟糕地理解了的现实主义。从果戈理那儿延伸下来的只有一条线——陀思妥耶夫斯基。除了这一例外，没有人承传果戈理的美学。但其结构还会有生命力，为这结构就需要创建新的美学①。

斯拉夫派与西欧派

……专制制度的斯拉夫派思想在萨马林身上获得了最鲜明的论据。

霍米亚科夫在俄罗斯文化中发展了东正教思想。与曾经说过俄罗斯落后于全体基督教会，因此应该回到它怀抱中的恰达耶夫相反，霍米亚科夫认为，唯有东正教成就了教会统一的思想。人的行为只有在全体基督教会的交往中，即在教会中才能成为有意义的行为。如果一个人觉得自己孤独，或者只是十分狭窄的小圈子中的一员，那么他就失去了根基，会成为无意义的人。在东正教中教会的思想是居首位的。西方的天主教将全体基督教会的思想，天国的思想更换成国家，

---

① 参见本讲座中的《陀思妥耶夫斯基》《别雷》《列米佐夫》《扎米亚京》《列昂诺夫》等章节。——原编者

更换成永远无意义的政治。唯有俄罗斯民族主要是一个宗教的民族，只有它能生活在活着的、死去的以及还未出现的统一的人类中。

斯拉夫派将人民性思想与专制制度和东正教联系在一起。沙皇是俄罗斯的沙皇，乡下人的沙皇，他与人民之间并没有所谓以人民代表的面貌出现的一堵墙。斯拉夫派认为，在俄罗斯有一种特殊的体制，在这个体制中，各阶层之间无敌对情绪。不错，他们发现了人民与知识分子之间的不协调，但将它归咎于西方的影响。应该说的是，人民性思想是斯拉夫派最软弱无力的学说。

西方派的学说明显论据不足。西方派人士认为，俄罗斯走的是一条西欧的路子，而且应该继续走下去。但西方派的思想中没有斯拉夫派思想中的那种深度和完整性，因此现在它们完全衰落了，而与此同时，斯拉夫派却有弗·索洛维约夫、特鲁别茨科依、布尔加科夫、别尔嘉耶夫和诗人谢尔盖·叶赛宁等步后尘者。

斯拉夫主义是俄罗斯思想史上的一个重要现象，而西方主义则是一个肥皂泡，除了空话，没有建立任何东西就破灭了[①]。

杨可 译[②]

[①] 在该卷中揭开了米尔金娜材料序幕的"屠格涅夫"话题被她直接放在《斯拉夫派与西欧派》话题之后。特鲁别茨科依大公、布尔加科夫和别尔嘉耶夫仅在这一话题中被提到。在"叶赛宁"这一话题中，对其斯拉夫思想也只字未提。关于新斯拉夫派的问题在"列米佐夫"话题中谈。——原编者

[②] 《补遗》中《希什柯夫》一节为钱中文译。——编者

附录

外国文学史讲座笔记[①]
——古希腊罗马时代与中世纪
（B.A.米尔斯卡娅记录）

前 言

> 可以想象，或是他亲身经历了这一切，
> 或是从可靠的目睹者得知……
>
> 荷马：《奥德赛》

米哈伊尔·米哈伊洛维奇·巴赫金（1895—1975）是20世纪伟大的思想家，在当代哲学、语言学、文艺学、文化理论、美学的发展中做过巨大的贡献，世界著名著作《审美活动中的作者与主人公》《论行为哲学》《弗朗索瓦·拉伯雷的创作与中世纪和文艺复兴时期的民间文化》《陀思妥

[①] 巴赫金的《外国文学史讲座——古希腊罗马时代与中世纪》（*Лекции по истории зарубежной литературы：Античность，Средние века*）根据莫尔多瓦大学出版社1999年版文本译出。该版本由 И.В.克柳耶娃和 Л.М.利苏诺娃根据当年曾经聆听巴赫金讲座的大学生 B.A.米尔斯卡娅的听课记录整理而成。正前附有整理者的前言，对有关情况做了说明。译者翻译这部讲座文本时全文译出，只对个别注释文字稍有调整。注释中对巴赫金著作的称引文字基本采用本全集各卷中的译文。文中出现的专有名同（包括人名、作品名和地名等）很多，翻译时除了遵循本全集已有的一些译法外，主要参考了《中国大百科全书》相关卷《俄语姓名译名手册》（商务印书馆）和一些其他辞书、史著或译本中的译法，一些无可参考的专名则尽可能根据其原有文字译出。——译者

耶夫斯基诗学问题》等的作者。他的名字成了对于20世纪最后三分之一时期人文社会科学最吸引人的名字之一。面向他的是正在成为过去的一个世纪的文化,这个世纪走完了整个千年历程,孜孜不倦地追求自我认识,破解自身的秘密,吸收其自身的精神光辉和彻悟的全部财富,它的悲剧性经验、错误、谬见和问题。对于社会来说,在与重新进行价值评价、意识到思想道德自我评价迫切性相联系的复杂时刻,从来没有这样如此明白,需要理智而诚实的对话者,不是用虚假声音来谈话的对话者。今天对于我们来说,这样的对话者就是巴赫金,在建构成我们时代的人的理性精神追求的核心方面,他的理论发现有许多的预见。

不久前广泛举行了思想家的百年诞辰纪念会,肯定了他在20世纪世界和本国文化语境中的意义。在本国与世界科学中,巴赫金学已成为一个独立的部门。在我国和国外,定期举行着有关巴赫金的各种会议与学术研讨会,成立了各种研究他的创作遗产的学术研究中心。但到现在为止,巴赫金学中还有不少"空白点"。对于我们来说,这里还有许多疑难与隐秘的东西,如丢失的手稿没有找到,学者的某些自传性事实还未弄清。

研究者们在对巴赫金学术理论著作给予注意的同时,常常忽略了他的文化使命的其他方面,其中包括他的教学和启蒙活动。其实,演讲人、教育家的才能是巴赫金创造性个性非常重要的层面。最近几年中开始出版这位学着的听众在不同时期听他授课和演说时所做的记录,例如:《巴赫金:发言与讲座(1924—1925)》,见 А.В.篷皮扬斯基的课堂笔记,由 Н.И.尼古拉耶夫撰写引言、校订记录文字和注释(收入《哲学家巴赫金》,论文集,莫斯科,1992年,第221—252页)。《巴赫金:课堂讲座关于 А.别雷、Ф.索洛古勃、А.勃洛克、С.叶赛宁》(见 Р.М.米尔金娜的课堂笔记),由 С.Г.鲍恰罗夫撰写引言和出版,并由他与Л.西拉尔德注释(收入《对话·狂欢·时空体》,1993年第2、3期,第135—174页)。《巴赫金:俄国文学史讲(1922—1927)——列昂诺夫、费定、爱伦堡、特尼亚诺夫、左琴科》(见 Р.М.米尔金娜的课堂笔记),

由 B.B.柯日诺夫撰写序言(收入《对话·狂欢·时空体》，1993年第1期，第97—104页)等。

二十五年期间(1936—1937，1945—1969)，巴赫金曾经在莫尔多瓦国立大学(1957年之前称为 А.И.波列扎耶夫教育学院)任教。在那些年里，他讲授过文艺学引论、外国文学(由古希腊罗马时期到20世纪中叶)、小说理论、中等学校文学教学方法论等方面的公共或专门课程。这位学者还曾经饶有兴趣地在萨兰斯克的大学课堂、各企业和机关做过讲座，进行过有关艺术问题的谈话。他为戏剧剧院和音乐喜剧的演员们做过美学和戏剧史方面的讲座。已经过去了许多年，但是一些听众——大学生至今仍然保留着当年的听课笔记。

80年代末期，根据我们的倡议，在萨兰斯克成立了"巴赫金学术—教育研究协会"(Научно-просветительское общество)，其宗旨是研究和宣传学者的创作遗产。从1989年起，在萨兰斯克经常举行巴赫金报告会，出版研究杰出的思想家的学术著作集。萨兰斯克的巴赫金学者们的基本任务之一就是搜集、汇编、整理、出版和研究保存下来的巴赫金讲座记录提要。现在这个版本就是这件工作的第一个成果。

本书包括巴赫金在1958至1959年期间为莫尔多瓦大学文史系的一年级学生做的古希腊罗马和中世纪外国文学史讲座的记录提要，由学生维多利亚·亚历山德罗芙娜·米尔斯卡娅(后来是以 M.E.叶夫谢维耶夫命名的莫尔多瓦国立教育学院副教授)记录，承蒙她盛情提供发表。

古希腊罗马文学史讲座在米尔斯卡娅的笔记里只保存了一些片段：这是关于荷马、赫西奥德的创作的一些不长的片段和关于古希腊抒情诗的一篇具有相当规模的片段。1948年曾经聆听过巴赫金讲座的当年大学生 Ю.Д.雷斯金的回忆，可以证明巴赫金的古希腊罗马文学史讲座的一些特点："他对古希腊罗马文学史课程安排得很有自己的特色，有别于我们使用的特龙斯基的那本教科书。时间已接近课程中期，而巴赫金还在讲荷马；已接近年末，可我们还在听希腊文学。而整个罗马文学课程只用了三次或四次讲座。米哈伊尔·米哈伊洛维奇强调说，罗马文学是再生性的,他集中注意力于最主要的方面,而关于其他方面,我们根据图书、教科书,自己就可以了解。"(Ю.Д.雷斯金:《回忆巴赫金》,见 Т.Т.尤尔琴科编《批评反映中的巴赫金》,莫斯科,1995 年,第 111、112 页)

中世纪西欧文学讲座课程要完整一些。这里开始时(《第二章 凯尔特或爱尔兰史诗》)有空缺,没有最后两章——《中世纪城市文学》和《文艺复兴时期文学》,讲座者在引言中的讲授计划里提到过它们。

正如当年学生们的许多回忆录表明,巴赫金讲课时从不使用讲稿,讲演随兴所至,充满灵感,非常喜欢背诵地称引诗歌作品,用俄语,也用其他语言:古希腊语、拉丁语、法语、德语。应该想到,当记录里提到某部作品时,这差不多总是表明,讲课者背诵过它(或其片段)。有时米尔斯卡娅记下巴赫金提供的逐行翻译的诗歌作品片段。因此,为了恢复讲演中该片段的意思,注释中提供了巴赫金提到的诗行(若是俄罗斯诗歌,则是原文;若是外语的,则是诗体翻译)。

还应记住,为讲座安排的听众,在知识准备方面是很不足的,讲课人不能不考虑到这一事实。根据米尔斯卡娅的同年级同学 Н.С.萨夫金(现为哲学博士、教授、莫尔多瓦大学教研室主任)、基尔佳绍夫(现为哲学副博士、副教授,也在该大学工作)等人的口头回忆,在听讲者中间,米尔斯卡娅的准备是最为充分的,因此能够对讲座做相当详细的记录。在考核和考试前,许多同学都利用了她的摘记。

小心谨慎的记录充分鲜明地反映了这位学者的思想与其口头言语、生动的情感独特的融合,表达了他的语言风格、语调的特点和他对所阐述的问题的态度。读者必定会听出或是反讽,或是使人感悟的热情。也有真正直言不讳的时候。他怀着那样的兴奋谈到爱情,两次涉及爱洛伊丝和阿贝拉尔的故事,两次提到歌德的小说《亲和力》。他是多么兴奋地叙述特里斯丹和绮瑟的传说!有如痛苦的自白和忏悔,天真无邪、全神贯注听讲的女学生,记录到句子"国王的宫廷里特里斯丹有许多敌人,这是些妒忌者(他们总是多于朋友)",突然因为"教学材料"而中断。

文中可以清楚地看出巴赫金的学术兴趣,他的艺术、美学爱好。他不止一次地重复着喜爱的名字:勃洛克,瓦格纳,歌德,普希金。讲演人谈到著名学者的著作时,经常有如他们的评论者和批评者,或者相反,试图论证对他们的创作活动评价不足的不公正性。对于许多研究人员来说,了解他对弗鲁别利、乔伊斯、马尔院士、勒里希、海明威、佩里耶夫的电影《白痴》等的评价是很有意思的。

讲座没有标明日期。这可能与下述情形有关,就像巴赫金所有的学生回忆的那样,通常他不是"放在"一次讲座里:他开始分析问题,但可能在下一次讲座才结束它,并且同时进入另一个问题。笔记常有并非因为记录结束或由于意义段落而中断,其中常有这页笔记与另一页笔记中间隔有好几张空白页(可能记录者未能顺次出席所有的讲座)。

笔记文字要求仔细地修复。由于是边听边记录的,因此笔记里面对第一次遇到的专有名词(作者和作品人物、地理名称)有不少书写错误。常常大概是为了快速记录,一些名字仅标出了开头的字母。对明显的笔误、人名和标题错误、不完整词语,我们都做了修正和恢复,未作专门的说明。有时解释显得很必要,我们便把它放在注释里。我们做的对于恢复句子意思必不可少的猜度,放在单角形括弧里。也有少数情况,怎么也无法弄清楚词语的意思,我们便以(字迹不清)表示。若是编者对自己恢复的文字有疑惑,便在设想的词语后面加上疑问号,放在括弧里。意思空缺(片段空缺)以省略号表示。对不明确的称引(未提供出处,年代),作了明显说明,对称引进行了核对,不相合处在注释里做了说明。

为了传达作者本人风格和他发音的特点,对有些词语和名字的写法未作改变,例如 Пари(现在通常作 Парис)等,一些德文名字也保留了原有的写法,例如 Гаген(现在通常作 Хаген)等。对巴赫金语言的句法结构特点也作了保留①。

详细注释的必要性是由学术性质和教学方法性质的一系列原因和目的决定的。本书的出版首先是针对大学生听众群的,因此,提供了巴赫金提到的作家和作品的索引。鉴于讲座是在四十年前做的,显然在注释中对所涉及的问题作些有关当前研究情况的补充是适宜的。我们还

---

① 此处原文有删节。——编者

觉得把听课笔记与巴赫金的学术文章进行比较也是很有意思的。

最后列出了推荐书，题目与讲座应，还附上了人名、作品、地名索引，会有助于对本书的研究。

Н.К.克柳耶娃

Л.М.利苏诺娃

第一部分　古希腊罗马文学
（片段）

第一章　荷马创作的特点

荷马创作的特点包括：

1. 浓缩技巧。
2. 荷马叙述的平静①。
3. 内容的饱满。

事件紧张，叙述却神妙地平静。对比非常尖锐。在荷马之后，谁也没有能在这一特点方面达到如此高的程度（在史诗中）。在其他体裁，如长篇叙事诗、小说等出现之后，这种风格成为不可接受的。这种尖锐的对比是通过一系列手段达到的：

——延缓法②。当事件变得过分紧张时，荷马便使行动变缓慢。

---

① 荷马，传说中的古希腊史诗诗人。根据古代传说，失明的游吟歌手，从古希腊罗马时代起便认为，长篇史诗《伊利亚特》和《奥德赛》为他所作。——原编者

② 延缓法（源自拉丁语 retardatio，意为"延缓""延迟"）是一种情节或题材结构手法，为各种史诗体裁所特有：延迟题材行动的发展，借助离题插叙、展开性描写等，延缓对事件的叙述。——原编者

——详细说明。当事件紧张时,当代作家往往停止详细叙述,只是提供情节的基本线索。在荷马那里则恰恰相反。在他那里,动词不起像现在那样的作用,还没有区分出动词的情感色彩意义。在荷马那里,动词有些受压抑。在他那里,占优势的是名词、形容词等。

——对于荷马来说,崇高和卑贱、巨大和微小、实质性的和非实质性事物之间尚无差别。把埃阿斯与驴相比拟①;赛跑②;"神样的牧

---

① 埃阿斯·特拉蒙,古希腊神话传说中的特洛伊战争英雄。在荷马的描写中,埃阿斯如此英勇顽强,有如被孩子们驱赶的驴:
  但他又像一头走进庄稼地的驴子,
  执拗地嘲弄顽童,任凭顽童们打折了
  多少棍棒,它仍然啃着茁壮的禾苗;
  顽童们不断用棍棒驱赶,但力量弱小,
  虽然最后把它赶跑,然而它已经吃饱。
  特拉蒙之子强大的埃阿斯当时也这样
  被高傲的特洛伊人和他们的盟友们
  顽强地追赶,枪尖不断击中盾面。
〔《伊利亚特》第11卷,第558—565行。(译文引自荷马的《伊利亚特》,罗念生、王焕生译,人民文学出版社,1994年。下同。——译者)〕
                  ——原编者

② 赛跑,可能指阿喀琉斯和赫克托尔的决斗情节,以希腊英雄追赶逃跑的特洛伊人开始。荷马把它与鹰隼追逐鸽子相比拟:
  赫克托尔一见他心中发颤,不敢再停留,
  他转身仓皇逃跑,把城门留在身后,
  佩琉斯之子凭借快腿迅速地追赶,
  犹如禽鸟中飞行最快的游隼在山间,
  敏捷地追逐一只惶惶怯逃的野鸽,
  野鸽迅速飞躲,游隼不断尖叫着
  紧紧追逐,一心想扑过去把猎物逮住。
  阿喀琉斯当时也这样在后面紧追不舍,
  赫克托尔在前面沿特洛伊城墙急急奔逃。
  …………
  他们从这里跑过,一个逃窜一个追,
  逃跑者固然英勇,追赶者比他更强,
  迈着敏捷的双脚,不是为争夺祭品
  或牛革制品这些通常的竞赛奖赏,
  而是为了夺取驯马的赫克托尔的性命。
(《伊利亚特》第22卷,第136—144、157—161行)
                  ——原编者

猪奴"①；阿伽门农——奶牛群前的公牛②。荷马从来不描写不好的人，除了特尔西特斯③。不过这显然是增补④——荷马同样地对待希腊人和特洛伊人，尽管他自己是希腊人。……取下头盔以表示信任或

---

① 神样的牧猪奴，源自爱尔兰（凯尔特）史诗（萨迦《从库弥革夺牛记》，常常被誉为"爱尔兰的《伊利亚特》"）的形象。试比较 A.H.维谢洛夫斯基的论文《特里斯丹和绮瑟》片段："爱尔兰史诗中古代故事之一……（Tain bo Cualgne）以两条巨大的宇宙牛战斗结束；它们有自己的故事；它们从前曾经是神性的牧猪奴……在爱尔兰修道院的小室里用修士文字……记录世俗故事'神—牧猪者'。"（A.H.维谢洛夫斯基：《文选》，列宁格勒，1939 年，第 117—118 页）有可能讲演人提到这一形象是为了作比较。——原编者

② 阿伽门农，希腊神话传说中的迈锡尼王，特洛伊战争期间希腊军队的统帅。此处指《伊利亚特》中的下述片段：

长头发的阿开奥斯人就是这样众多，
在平原上面对特洛伊人，想杀死他们。
有如牧人站在无数漫游的山羊中间，
轻易地把自己的与混进来的羊分开，
首领们也这样到处让兵士整好队形，
准备战斗，阿伽门农王在他们中间
…………
有如牛群中一头魁伟健壮的雄牛超出
所有同类，在乡间母牛中出类拔萃，
这一天宙斯也让阿特柔斯之子这样，
突出于众英雄之间，让他出众超群。
（《伊利亚特》第 2 卷，第 472—477、480—483 行）

——原编者

③ 特尔西特斯，希腊神话传说中一个不知名的普通兵士，站在阿凯亚人一边，参加特洛伊战争，阿喀琉斯和奥德修斯的反对者。他的名字 Thersites 源自希腊语 tharsos（意为"放肆""无耻"）。在《伊利亚特》里，荷马把他描写成一个驼背、瘸腿、蓬发、秃顶、饶舌的人：

他在来到伊利昂的阿尔戈斯人中最丑陋，
最为可耻：腿向外弯曲，一只脚跛瘸，
双肩隆起，向胸前弯曲，肩上的脑袋
却是尖尖的，上面长着稀疏的软头发。
（《伊利亚特》第 2 卷，第 216—219 行）

——原编者

④ 增补（源自拉丁语 interpolatio，意为"插入""改写"），指把不属于作家的词语和句子放进作家的文本里。在解决"荷马问题"时，形成两个派别：统一派（维护史诗的统一性和完整性，主张它们属于一个作者——荷马）和分解派（针对归在荷马名下的史诗的各个片段是如何形成的，提出各种各样的假设）。按照"增补理论"（分解派

服从……

荷马世界、荷马评价的独特性。不管荷马说什么,这都是最美好的,最美丽的。荷马观赏匠人熟练的双手制作的作品。这种特有的生活情趣也是不会再有的。

在被描绘的荷马世界里,我们看到人类历史上独一无二的时期。在荷马那里,奴隶制社会的第一阶段,父权制阶段。意识还没有被阶级偏见所毒化,故而无所谓崇高和卑贱。

在原始公社制社会时期,牛曾经被神化。过了五十年,驴子成了驴子,体力劳动成为奴隶命中注定的事情。对世界所有存在物的荷马之爱是不可能的。

荷马的语言风格特点 动词尚未足够发展,范畴不丰富。具有特色的是形容词、名词、比拟,动词则是光秃秃的。荷马在名词周围走动。修饰语起着重要的作用,然后是比拟。隐喻非常少,语言缺乏隐喻性。在荷马那里,非隐喻性修饰语很常见。不附加修饰语,他从不称呼事物。

固定性修饰语。从它们中间,有些学者划分出定型性修饰语。我们不独立地划分它们。它们已经结合在一起("可怕的大魔怪")。至

<接上页>理论的变型之一),《伊利亚特》和《奥德赛》在已经作为长篇史诗存在之后,受到后代的补充和变动。到20世纪初,分解派理论在学术界占了优势,不过后来"荷马问题"的讨论又转向了相反方面。现在,荷马学中可以观察到,在分解派和统一派观点之间存在着某种折中性倾向。当代学者认为,《伊利亚特》和《奥德赛》的作者们(或作者)依据了叙事故事、神话传说、口头史诗传统,不过仍应该把每部史诗的创作视为个人创作的结果。有关这一问题的现今状态,参阅В.В.戈尔杰济阿尼的《〈伊利亚特〉和〈奥德赛〉——书面文献》(《古希腊罗马文化作为文化类型》,莫斯科,1980年,第146—166页);《希腊文学史》,С.Ч.萨博列夫斯基等主编,第1卷,莫斯科-列宁格勒,1946年,第108—131页;Б.Н.卡赞斯基的《荷马争论的当前状态》(《古典语文学》,列宁格勒,1959年,第3—23页);Λ.С.克莱因的《达那奥斯人的〈伊利亚特〉:关于荷马史诗的材料来源和形成过程》(《古史学报》,1999年第1期,第22—53页);Λ.С.克莱因的《〈伊利亚特〉的最古老诗歌》(《古史学报》,1952年第2期,第15—31页);С.И.拉齐克的《古希腊文学史》,莫斯科,1982年,第79—83页;Н.М.特朗斯基的《古希腊罗马文学史》,莫斯科,1988年,第48—54页。——原编者

于说到荷马,争论至今仍未解决。在许多学者看来,荷马那里没有它们〈即固定性修饰语〉。这是单个作者创作的证明之一。他们指出来一个石化性修饰语:"捷足的阿喀琉斯。"①可以说:是或不是。作品不是编校者们编成的产物,而是单个人的作品。

  修饰语分为简单的和复合的。在荷马那里,基本上是复合修饰语("捷足的""头盔闪亮的""牛眼睛的")。它们富有自己的特点。并非所有的修饰语都是语言本身的赐予,有许多是诗人自己创造的。就这方面来说是特殊的赐予。修饰语用得最多的是海②。它们如此纷繁多样,以至于并非总是能够用另一种语言转达它们。喧嚷、颜色等的细微差别被表达得非常微妙。在我看来,荷马不可译。海水的味道在荷马那里:苦而过甜的,苦而带腐烂味的,而在茹科夫斯基那里,③海仅仅是苦而咸涩的、蓝色的和淡蓝色的。荷马区分极为细微的色调……在希腊人的生活中,海起着非常大的作用。祖国和海融合为一。

  武器的修饰语。武器的差别最为细微。日常生活用品。

  比拟④。在荷马那里,展开式比拟可以占有近半页的书面。比拟

---

① 阿喀琉斯,按希腊神话传说,特洛伊战争中最伟大的英雄之一,特萨利亚王佩琉斯和女海忒提斯的儿子。——原编者
② 巴赫金的原大学生 H.H.库佐文科娃回忆起自己同巴赫金的一次关于荷马的谈话。大学生说,她不喜欢荷马,她不理解他。在她看来,无论是《伊利亚特》,还是《奥德赛》,都是虚构的,幼稚的。巴赫金像通常那样听完谈话者说的话,然后提出了一个对于她来说是很突然的问题:"你曾经什么时候到过海上吗?""到过。""它是怎么样的? 请说说颜色,海的色调。""蓝色的、黑色的,蔚蓝色的、淡蓝色的,绿色的……"就此结束了她描写海的尝试。"你不妨认真读一读《奥德赛》。在那里,荷马提供了约 50 个对海的修饰语。"米哈伊尔·米哈伊洛维奇说。《世界文学史》(第 1 卷,莫斯科,1983 年,第 323 页)中指出,在荷马的诗歌里数到了 46 个对海的修饰语。——原编者
③ 瓦西里·安德列耶维奇·茹科夫斯基(1783—1852),俄罗斯诗人,《奥德赛》(1849)的俄语译者。——译者
④ 关于荷马的比拟,请参阅巴赫金的《长篇小说的时间形式和时空体形式》;O.M.弗赖杰贝尔格的《史诗比拟的起源》(根据《伊利亚特》材料,《拉伯雷学术纪念会文集》,列宁格勒,1946 年,第 101—113 页)。——编者

通常是与一个成分相比拟（埃阿斯与战斗，菜园里的驴子与一群手握石块的顽皮孩子）。相似性最不引起荷马的兴趣，他需要的是和平与战争的对照。比拟的目的一方面在于建立对比形象，另一方面在于引进大量新的事物，观赏，触摸。新时期的比拟把揭示相似性作为目的。

荷马从不描写人物心灵的内在状态。在他那里，几乎没有内心独白。对于荷马来说，人进行尖锐的思想活动时，存在的只是他外在表现的东西。荷马的人物好像没有留给自己的内心生活①。希腊人的美学观点不允许有任何隐蔽的、秘密的东西。（埃及人认为，最重要的东西应该是被隐藏的。）这是古典风格最重要的特征——不存在害怕光明。

普卢塔克对此作过解释。希腊英雄，这是古代希腊高尚之人概念的体现。强大的、无所畏惧的人不隐蔽，强大的人不害怕他人的意见②。

现在人们认为，人作为人本身，〈在那个时代〉还没有形成，他的内心生活还没有产生。对这一思想最详细的阐述是由德国古典语文学

---

① 试比较巴赫金在《长篇小说的时间形式和时空体形式》中的文字，他在那里这样描写古代希腊人的自我意识："当时还没有内在的人，即'为己之人'（为己之我）……这种完全的外在化，是古典艺术和文学中人物形象的十分重要的一个特点。……荷马的主人公们十分强烈十分高声地抒发自己的感情。"——编者

② 普卢塔克（约46—约127），古希腊作家、历史学家、著名的传记作家。传世著作有《希腊罗马名人比较列传》和所谓的《道德论丛》（*Moralia*）。这里大概指他的论著《"不为人注意地生活"这样说合适吗？》，书中维护公民社会的共同性和政治生活的公开性思想："若是有人……在伦理问题方面称赞法律、交往和公民生活……，那他为什么要不为人注意地生活呢？为了不对任何人进行教育，为了不使任何人羡慕你的道德，不使自己成为良好的榜样？要是特弥斯托克勒斯对雅典隐蔽自己的生活，那么希腊便不可能赶走薛西斯；要是卡弥卢斯对罗马人隐蔽自己的生活，那么罗马便不会作为城邦存在；要是柏拉图对狄昂隐蔽自己的生活，那么西西里便不会得到解放。要知道，我想正如阳光不仅使我们能够互相看见，而且我们能够互相有益于对方那样，熟识也不仅能赋予美德荣耀，而且能使美德付诸实践。"（第4节，1129，B—C）"凡让自己处于不为人知道的状态，生活于昏暗之中，使生活变得空虚的人，就像是有如出生本身就是一种负担，从而希望它停止存在。"（第6节，1130，C）——原编者

最著名的代表埃尔文·罗德提供的。"Psyche"。这是一位反动的,但是是杰出的学者①。他根据神话传说和荷马材料,揭示希腊人是如何思考的。基本说来,荷马的人的内心生活集中在处于阳光之下的纯洁之中。

两种观点。荷马辞典里没有表示内心独白的词语。描写内心生活的单词、短语的出现相对说来要晚,指隐喻性表达内心情感。这是相当广泛流行的一种观点。但是它在最近受到争议。业已证明,荷马辞典对于这种表达已经相当丰富。在公元前7世纪的抒情诗里,它们(即描写人的内心生活的词汇、短语)已经很充分。事情的实质在于希腊人特殊的美学观点②。希腊人不喜欢昏暗。夜间的行为,这是后来的增补。

荷马对人的描写问题是一个非常重要的问题。对于研究人的形象再(现?),荷马具有重要的意义。

---

① 埃尔文·罗杰(1845—1898),德国古典语文学家。巴赫金在《史诗与长篇小说》里,称埃·罗杰的著作《希腊小说及其先驱》(*Der griechische Roman und seine Vorländer*, 1876)是古希腊罗马小说史方面最优秀的著作。关于上述著作,还可参阅巴赫金的著作《长篇小说话语的发端》。Psyche,这是埃·罗杰的著作的标题〔*Psyche. Seelenkult und unsterblichkeitsglaube der Griechen*(《Psyche,是希腊人的心灵崇拜和永生信仰》)〕。(Psyche,古希腊语,意为"精神"。——译者)"反动的,但是是杰出的学者"——巴赫金的这句话大概具体针对 Psyche 这部著作而言。这一描述的第一部分更可能是由情势(时间和地点)促使的,而不是讲座者个人意见的表达。从官方思想意识看,罗杰的"反动性"完全可能由于他的非理性主义和神秘主义倾向,这种倾向在《精神》中得到反映。此外,罗杰还是 F.尼采的近友,后者当时被视为反动的哲学家。——原编者

② 试比较巴赫金的著作《长篇小说的时间形式和时空体形式》中的文字:"对这个特点有过不同解释,或者说这是因为心理简单,或者说是文学程式要求的,或者说是荷马词汇的特色所决定的,因此不同程度的感情只能通过指出它外在表现的不同程度来传达;或者说对感情的表达普遍都不很当真……问题在于:这一特点在古希腊罗马的主人公形象身上,绝不是孤立存在的;它同主人公形象的其他特点和谐地结合成一体,它有着比一般人们所想的更为坚实的基础。这一特点是公开的人全面外在化(我们在前面已经论及)的一种表现形式。"——原编者

《伊利亚特》①——展开式修饰语的作用要稍许弱一些。

《奥德赛》②是长篇史诗,构成第二系列史诗的基础。《伊利亚特》是战争英雄史诗,《奥德赛》是漂泊史诗。这有如另一种史诗体裁。《伊利亚特》里完全没有幻想神秘性的因素。在《奥德赛》里,我们处于魔怪的世界。这里有许多幻想性的东西。这也可以用地理原因来解释。《伊利亚特》中的地方是希腊人知道的,那里没有任何令人难以猜测的东西。对西方的移民开始得晚。直到 7 世纪,根据神话传说,西西里和意大利之间的海峡仍由斯库拉和卡律布狄斯守护③,而直布罗陀,一个从不知道的亡灵世界……这种神秘性幻想只可能在世界漫游中找到位置。

《伊利亚特》中比喻的第二部分是和平的日常生活,在《奥德赛》里占有了大得多的位置,我们从《奥德赛》对它知道的要比从《伊利亚特》里知道的多得多。浓缩也在这里占有位置。史诗以奥林波斯④神界会议开始。根据雅典娜⑤的说情,决定让奥德修斯顺利返回家乡。于是从一开始我们便知道,奥德修斯⑥的漂泊在十年漫游之后接近顺利结束。排除惊险兴趣。这对于荷马来说是独特的。

---

① 《伊利亚特》〔意为关伊利昂(即特洛伊)的诗歌〕是古代希腊史诗性长诗,被认为由荷马所作。它可能产生于公元前 9 至前 8 世纪的伊奥尼亚地区,以关于特洛伊战争(公元前 13 世纪)的传说为基础。用六音步格(参阅第三章注释)写成,共约 15700 行诗。《伊利亚特》的主要英雄是阿喀琉斯。古典俄语译本为 Н.И.格涅季奇的译本(1829 年)。——原编者
② 《奥德赛》是古希腊史诗性长诗,叙述奥德修斯的漂泊,被认为由荷马所作。写作比《伊利亚特》稍晚一些。用六音步格写成,共约 12100 行诗。古典俄语译本为 В.А.茹科夫斯基的译本(1849)。——原编者
③ 斯库拉和卡律布狄斯是希腊神话传说中的两个妖怪,居住在狭窄的海峡的两岸,伤害从中间经过的航海者。——原编者
④ 奥林波斯是希腊神话传说中的圣山,是以宙斯为首的众神生活的地方。奥林波斯亦代指众神,指奥林波斯神灵群体。宙斯是最高神,神明和凡人之父。——原编者
⑤ 雅典娜是希腊神话传说中的智慧和正义战争之神。按其作用,相当于宙斯。她保护英雄,维护社会秩序。奥德修斯是她喜欢的人物。——原编者
⑥ 奥德修斯(拉丁语为乌利克塞斯)是希腊神话传说中的伊塔卡英雄,特洛伊围攻参加者。他是荷马的《奥德赛》中的主要人物。——原编者

第二章 赫西奥德的创作①

赫西奥德的诗歌《神谱》的开始部分实际上是自传性小说的萌芽②。

诗歌《劳作和节令》——转述两个神话。它们有如给我们展示普遍的宇宙观。

第一个神话——关于潘多拉的盒子 宙斯因人类傲慢而憎恶人类,他有意消灭人类,但受到普罗米修斯的阻挠。普罗米修斯在宙斯和提坦神的斗争中帮助过宙斯,但他们后来成了对手。美女潘多拉的盒子里装着各种不幸,在各种不幸之中装着希望。普罗米修斯(意为"有先见之明的""看得远的")、埃皮米修斯(意为"看得不远的""有点糊涂的")③。潘多拉给人们带来不幸。她放出了所有的灾难,而希望被留住了。这里的美的概念,不是荷马式的,而是昏暗—悲观的。

关于时期的神话 这一神话流传非常广。大地上替换着不同代

---

① 赫西奥德(公元前8至前7世纪),古希腊诗人,诸多教谕性作品的作者。保存至今的只有他的两部诗歌——《神谱》和《劳作和节令》。——原编者
② 《神谱》(神明的产生)是一部理性地对古希腊神话传说进行系统化的诗歌。它是对所有存在物的产生及其历史(公元前8至前7世纪)进行理解的尝试。诗歌开始时,赫西奥德叙述他是怎样成为一个诗人的。他在赫利孔山中放牧父亲的畜群,诗歌女神出现在他面前,委托他做她们的传导者。——原编者
③ 潘多拉(希腊语的意思是"向所有的人赠予的"),希腊神话传说中第一个女人,由赫菲斯托斯根据宙斯的意愿制作而成,用来对普罗米修斯从天界神明那里盗火给人类进行惩罚。潘多拉应该成为报复的手段。赫菲斯托斯用土和水塑造了她,赋予他的作品类似女神的外貌、人类的声音和迷人的魅力。阿佛罗狄忒赠给潘多拉美貌,赫尔墨斯赠给潘多拉阴险、狡猾、欺诈和言辩能力。雅典娜为潘多拉纺织了漂亮的衣服。其他神明给潘多拉也各有赠予。宙斯把潘多拉嫁给普罗米修斯的兄弟埃皮米修斯,潘多拉为他生了女儿皮拉。埃皮米修斯不顾普罗米修斯的警告,接受了宙斯的礼物盒子,盒子里禁锢着凡人的一切恶习,不幸和疾病。潘多拉为好奇心所折磨,打开了盒子,从而把各种灾难放了出来,使得人类从此忍受它们带来的

的人类。通常为四代,四个时期,但在赫西奥德那里为五个。

(1)起初是黄金时期。只有黄金,美好的金属,由它不可能制造武器,人们无须劳作:一切都很充裕,无事可做,没有敌视。美好的时代。宙斯消灭了黄金时期的人类,但他们是不死的,于是宙斯把他们遣发到赫拉克勒斯之柱[①]之外。他们〈即黄金时期的人类〉有时也帮助人们。

(2)白银时期,它恶劣于黄金时期,就有如白银恶劣于黄金。他们〈即白银时期的人们〉已经不那么幸福。宙斯同样把他们消灭了。

(3)青铜时期[②],第一次出现了可以用来制造武器的金属,丰饶已不复存在,亦即出现了敌对。严峻的时期。

(4)我们在其他地方从未见过这一时期。他(即赫西奥德)是荷马崇拜者。这一时期的英雄保持了高度的高尚精神。没有哪个时期可以把他们划归——那时有黑铁,即不能把他们归于青铜时期,但他们很美好,也不能把他们归于黑铁时期。荷马时期是英雄的时代。

(5)黑铁时期,最令人憎恶的时期。"最好是根本不出生,如果不可能晚于或早于黑铁时期出生。"大自然很吝啬,非常沉重的劳动有时也不能带来好收成。在这一时期,所有的人类美德都回到奥林波斯。有的只是嫉妒和贪婪。这种独霸地位轻易地抑制怯懦。这是对旧的

〈接上页〉各种苦难。唯有希望仍然留在了盒底,因为潘多拉迅速盖上了盒盖。普罗米修斯和埃皮米修斯是兄弟提坦神伊阿佩托斯之子。伊阿佩托斯是克罗诺斯的兄弟,即与宙斯是异母兄弟。名字表示了他们的实质:普罗米修斯是"具有远见能力的",埃皮米修斯是"事后考虑的","后觉能力强的"。赫菲斯托斯是希腊神话中的火神、锻造手艺的保护神。阿佛罗狄忒是希腊神话中的爱与美之神。赫尔墨斯是希腊神话中奥林波斯众神的使者,亡灵伴送者,牧人和旅人的保护神,商业和赢利之神。——原编者

① 赫拉克勒斯(拉丁语为海格立斯)之柱,直布罗陀海峡两岸的两处悬崖(今休达)以及海峡本身的古称。根据神话传说,赫拉克勒斯是希腊神话传说中最令人喜欢的英雄,走过了整个欧洲和利比亚(阿非利加),设置了两个石柱,以纪念自己的漫游。——原编者

② "青铜时期"(бронзовый век),在有些译本(例如 B.B.韦列萨耶夫的译本)里为"铜时期"(медный)。巴赫金本人在著作《长篇小说的时间形式和时空体形式》里提到赫西奥德时也说"神话中说有五个时代:黄金时代、白银时代、青铜时代、特洛伊时代和黑铁时代"。——原编者

宗法关系之毁灭的特殊的反动。只要能怎么地生存下去。这只有依靠两种东西的帮助才会可能:劳动和谨慎(智慧)。

诗歌标题为《劳作和节令》。劳动热情。双重性:劳动(和幸福?),和不幸同时存在。劳动——不幸。这种看法是东方神话特有的。它不属于古希腊世界。赫西奥德说,劳动是美好的。神明也劳动:如赫菲斯托斯;阿波罗[①]放牧自己的牛群。希腊人没有想象过不从事劳动的理想之人。学者们认为,这是继承于赫西奥德。在一系列情况下是东方的影响。教谕性是古代东方文学特有的特征,欧洲不知道。

赫西奥德写作于奴隶制劳动时代,当时劳动成为可耻的事情。与体力劳动相对,希腊人提出了智力劳动,创造性劳动。不过赫西奥德没有停留在这种观点上。他继续向前走:描写劳动,对劳动表现出巨大的热爱。这是对劳动的颂歌。没有劳动,便不可能有休息。(在赫西奥德那里)存在着对劳动看法的混乱。对小的、中等的农人的指南。法官和国王是"赠礼的吞噬者"。聪明之人尽可能早点赎买。

出现了小所有者——农人的特点。不相信集体抗议,叙述了关于鹞子和夜莺的寓言。最早的寓言之一。"别叫了:你只能是给不幸增加耻辱。[②]"

赫西奥德不相信团结一致。他说,同邻人相处需要非常理智。要提防激起邻人的憎恶情感。要非常小心谨慎。只有这样,才能在黑铁时期的条件下生活。所有这些对于小私有者来说是典型性的,这是典型的农人特点。诗歌称为《劳作和节令》。他相信,一年中的每一天或是吉利的,或是不吉的。应该知道什么时候开始干什么。他那里有正确的指导,它们基于实践经验。但是有时这只是一种迷信。

古代希腊人对赫西奥德非常尊重。存在传说,称赫西奥德曾经与

[①] 阿波罗(福波斯)是古希腊神话中的奥林波斯神,音乐之神,缪斯们的首领,艺术保护神,预言神和降示神,医神,牧神和畜群的保护神。在较晚的时期他与太阳神混同(以其全部的医治能力和伤害力量)。——原编者

[②] 《鹞鹰爪中的夜莺》,这是第一个文学寓言,出现在赫西奥德那里是为了展示弱者与强者斗争的徒然性思想。——原编者

荷马竞赛,赫西奥德有时获胜①。

公元前5世纪,智者派哲学②开始获得发展,人们在赫西奥德那里发现了矛盾。在赫西奥德那里,在大地上不存在正义。那他为什么不劝告他的兄弟也成为这样的人？这就是说,他没有做出结论:同狼一起生活,就得像狼嗥叫③。年轻一代的智者们指责赫西奥德缺乏一贯

---

① 这里所指包括作品《荷马与赫西奥德竞赛》,该作品被视为由希腊修辞学家、智者阿尔基达马斯所作。这部著作的基础是著名的传说故事。根据传说,竞赛以什么对人类更好和什么对人类更差开始,并且以这样一些问题结束:怎样求神最合适,正义和勇敢的力量是什么,智慧怎样表现自己,人间何为幸福。在这个框框里放的是另一种类型的争辩,这种争辩令人想起智者派对记忆、即兴表达能力和灵巧的词语表达的练习。竞赛是这样进行的:赫西奥德朗诵诗歌,荷马继续他朗诵。人们已经准备把胜利桂冠戴到荷马头上,但是国王帕涅得斯即竞赛时的裁判官称,胜利桂冠应该由号召劳动,而不是号召战争和杀戮的诗人获得。优胜判给了赫西奥德。虽然荷马的崇拜者们赶紧为自己的崇拜偶像恢复名誉,声称帕涅得斯偏心、弱智,但传说本身反映了赫西奥德的声望。——原编者
② 智者派(源自希腊语 sophistike,意为"善于争辩")是公元前5至前4世纪古希腊的哲学流派。对于智者(源自希腊语 sophistes,意为"智慧之人""能手")来说,具有代表性的方面是把研究兴趣由探寻自然和存在的绝对真理转向为人在社会中"不带偏见的"行为制定实用规则。(批评传统的道德,折中性的认识论,修辞学的、逻辑学的和语言学的"说服语言"理论。)苏格拉底和柏拉图对智者派进行过批判。属于老一辈智者的通常认为有普罗塔戈拉斯、高尔吉亚斯、希皮阿斯、普罗狄库斯、安提丰和克里提阿斯。属于年轻一辈的智者的通常认为有阿尔基达乌斯、弗拉西马科斯等。——原编者
③ 这里指的是《劳作和节令》中赫西奥德针对他的兄弟佩尔塞斯说的下述一些诗行:
现在你要倾听正义,完全忘记暴力。
克罗诺斯之子已经为人类这样安排,
而鱼类、野兽和生有双翼的飞禽
则互相吞噬,盖因它们不知道正义,
宙斯把正义交给了人类,最好的礼物。
‥‥‥‥‥‥
愚蠢的佩尔修斯啊,我向你提些忠告:
存在林林总总的邪恶,听凭人沾染,
通向它们的道路平坦,就居住在附近。
然而永生的神明们却用汗水把美德
与我们隔开,通达的道途遥远、陡峭,
起初还很崎岖,但到达最高处之后,
道路就会变容易,尽管它先前很艰难。
(《劳作和节令》,第275—279,286—292行)
——原编者

性。总的说来,他们是些一贯的自私自利者。赫西奥德那里没有矛盾。观点是正确的。若是赫西奥德的心灵里并不存在正义理想,那他怎么会谴责黑铁时期?如果他谴责他们(即黑铁时期的人们),那么他自然应该有其标准、理想。

就这样,不管他的背景如何阴郁,在他那里,理想的人仍然非常清楚,按他自己的方式。人们有时候称赫西奥德是一个厌世者,("厌世"①作为一种思想潮流,出现于公元前5世纪。)一些文学史家认为,赫西奥德奠定了厌世的基础,但这不正确。要知道,他相信人。厌世通常与蔑视人相联系,赫西奥德那里不存在这一点。

这是荷马后的史诗。不过总的说来,赫西奥德的作品超出了史诗框架——这是小说,哲学—神话性的。

第三章　古希腊抒情诗

荷马史诗是古希腊史诗的终结。全民性,人民的世界观的统一性。从公元前7世纪中叶起,史诗停止了生命。

随着氏族制度的解体,单个的人分离出来。只有抒情诗能够为这一任务效力。(成熟到具有深刻的责任感意识的个性需要悲剧。)其他体裁退居到次要地位当时只有抒情诗。基本的(奴隶和奴隶主)和第二层的(自由市民之间)的阶级矛盾。荷马史诗要求以人民的统一为前提。这种统一已经成为过去。到公元前7世纪末,史诗已经消失。史诗时期已经飞驰而过。单个的人起初发育软弱,个人仍然处于集体之中。单个的人必须在阶级斗争的条件中成长;为自己选择方向,在生活中,在斗争中,在宗教里。传统贵族——阿波罗教(最为保守、反动的宗教)。社会

---

① "厌世"(源自希腊语 misantropia)指对人失去爱,憎恨人。——原编者

下层拥护者——狄奥尼索斯教①。在他们内部存在各种不同的派别。

到公元前7世纪末,伟大的希腊哲学开始发展。社会政治生活和思想方面出现最为尖锐的分化。个人自觉意识尖锐地加剧。史诗已经不适用。抒情诗开始发展。这是这种自我意识形成的结果,而从另一个方面,也帮助了它的形成。

在荷马那里,没有任何关于自己的东西。在赫西奥德那里,《神谱》的第一部分是一篇很小的自传性小说。在他那里,再进一步就是隐蔽的争论(同氏族贵族)。他不是面对所有的人,而是面对一定的社会群体②。

史诗离开了,抒情诗占据了它的位置。现在所有的体裁开始发展。当时抒情诗替代了所有体裁。就这样,古希腊抒情诗具有自己的特点。古希腊抒情诗具有广泛的、综合的性质。抒情诗中包含了各种其他体裁的因素。

古希腊抒情诗传下来非常少,几乎是没有传下什么,一些非常可怜的片段……(字迹不清)——他的版本没有被超过。那里包含了一切,但只是很小的一本书③。流传至今的只有一些片段,基本上是亚历山大里亚时期的学者们的著作里的称引④。除此而外,一些作品选集也包含有片段和作品。但是当时编选它们的是那些艺术趣味已经退

---

① 狄奥尼索斯(瓦科斯,罗马人称其为巴科斯)是希腊神话中的土地丰产自然力量之神,生长之神,葡萄神,酒神。狄奥尼索斯崇拜在希腊的流行和建立属公元前8世纪至前7世纪并且是与城邦国家的增强和城邦民主制度的发展相联系的。狄奥尼索斯作为农界的神始终是与作为氏族贵族的神阿波罗相对立的。——原编者
② "一定的社会群体",指中、小农业者。——原编者
③ 在 B.A.米尔斯卡娅的记录里,对巴赫金提到的名字的记录近似"Тойбр"。有可能这里谈到的是关于 Th. Bergk 的最为权威的希腊抒情诗集(*Poetae lyrici Graeci*, ed. Th.Bergk, Lipsiae, 1843, 1882),该版本曾经多次再版。广泛知道的还有 E.Diehl 的集本(*Anthologia lyrica Graeca*, ed.E.Diehl, Lipsiae, 1925)。——原编者
④ 这里指古希腊学者、所谓的亚历山大里亚语文学代表们的著作。这是一个学术派别,产生于公元前3世纪初,以收藏非常丰富的亚历山大里亚图书馆为基础,提出的任务在于出版和注释当时被承认为古典作家(即自荷马至公元前4世纪的作家)的作品,后来也包括较晚时期的作品。——原编者

化了的人。可以说进入选集的是些劣等作品。

埃及莎草纸抄本。现在人们开始在亚历山大里亚(绝对纯洁的、美好的城市)地区挖掘水坑。沙漠保存了一切。书籍残片。几乎每年它们都对文献作补充。但这是晚期残片(公元前3至前2世纪)。最为古老的是公元前3世纪末期。我们的知识至今一直在得到丰富。

古希腊抒情诗很难理解。它同音乐有着不可分割的联系。文本仅仅是部分,并且可能甚至(不?)是很大的部分。流传至今天的只有两篇不大的音乐记录,刻在石板上。

〈古希腊抒情诗〉分为两类:

(1)朗诵性抒情诗(脱离了音乐的)。

(2)歌唱性抒情诗(在不同的乐器伴奏下演唱的)。

朗诵性抒情诗一开始也是演唱的。但到公元前7世纪末,甚至到公元前7世纪中期,它已经开始被朗诵。基本体裁包括:

(1)埃勒格体;

(2)抑扬格体;

(3)铭辞体;

(4)格言体。

所有其他的体裁是歌唱性的。

1. 基本体裁——埃勒格体①。古希腊人对任何作品都从严肃角度去理解。古希腊罗马埃勒格体抒情诗包含思考因素。未经周密思考的感情希望歌唱。埃勒格体诗歌必须具有的因素——思念。它显然与丧葬典仪有关系。演唱时由笛类乐器伴奏,凄凉而缓慢的乐调。埃勒格体诗歌用一定诗歌形式写成。其格律是:

---

① 埃勒格体(源自希腊语 elegeia, elegos——"怨诉性诗歌"),一种抒情诗体裁,中等长度的诗歌,沉思性的或激情扬抑的内容(通常是悲伤的),最为经常的是由第一人称,没有明晰的结构。它大概产生于丧葬哀哭。起初(在公元前7世纪的古希腊抒情诗里),它主要具有道德—政治性内容,后来爱情题材成为占主要地位的。(由此,埃勒格体通常又译为"哀歌体"。——译者)——原编者

第一行——六音步①。

第二行——五音步②。

埃勒格体的第一种变型,最为古老的属战争—英雄型。这种变型与史诗很相近。这是对战功的颂扬。(出现了这样的情形,大诗人们不做翻译,学者们进行翻译。)这些片段可能与荷马相混。它们赞扬在前列战斗的荣誉。谈到逃跑者的耻辱,回避战斗的人的耻辱。再若深入一步体会,我们会发现同荷马的区别,战斗功绩已经不只是作为面对氏族的责任,时且也是作为面对国家的责任。这在荷马那里是没有的。面向个人。号召有意识地建立功绩。

关于卡利诺斯③,我们一无所知。

关于提尔泰奥斯④,传下来一则古代传说。斯巴达人同墨塞尼亚

---

① 六音步(源自希腊语 hexametros——"六音步的"),指由六个长短短格(-VV)组成的诗行,除了第五音步外,每个音步中的两个短音节可以由一个长音节替代,组成由两个长音节组成的音步(--)。作为规则,这些音步有一个停顿,把诗行分两个半行:前半行下降型节律,后半行上升型节律。图式如下:

　　-VV|-VV|-VV|-VV|-VV V。——原编者

② 五音步(源自希腊语 pentametros——"五音步的"),指由两个六音步前半行诗组成的长短短格诗行。

　　每个半行诗由两个半长短短音步组成,整行诗按音节长度等于五个长短短格音步。这种诗行只与六音步诗行交替使用。图式如下:/-VV-VV-|-VV-VV V。(因此,埃勒格体通常又略称为"双行体"。——译者)——原编者

③ 卡利诺斯(公元前7世纪前半期),古希腊诗人,小亚细亚的以弗所人,埃勒格体诗歌("战斗埃勒格体诗歌")的奠基人。传下四个片段,共21行诗。根据一些材料,他的埃勒格体诗歌曾经鼓励诗人的同胞与从北方进犯小亚细亚的基墨里人战斗。根据一些材料,是同马格涅西亚人战斗。科学界不掌握任何有关卡利诺斯生平的材料。——原编者

④ 提尔泰奥斯(公元前7世纪后半期),古希腊抒情诗人。根据有些材料,他是来自雅典的侨民;根据另一些材料,他出生于小亚细亚或拉科尼卡。提尔泰奥斯的诗歌活动是同斯巴达相联系的。传下150多行诗,其中包括三个由30至40行组成的长篇片段。希腊人高度评价提尔泰奥斯的浸透着爱国主义的埃勒格体诗歌和军歌。——原编者

315

人①进行战争。起初战争进行得对于斯巴达人很不顺利。军队士气低落。阿波罗的神示对长老们的求问的回答是:"你们请求雅典人(斯巴达的敌人)帮助。"必须完成神示的要求。雅典人开玩笑,派了一个瘸腿、驼背的教师提尔泰奥斯,此人原来是一个著名的诗人。斯巴达人吟唱着提尔泰奥斯的诗歌投入战斗,取得了胜利。学者们认为,没有任何根据认为提尔泰奥斯是斯巴达人,而不是雅典人。

希腊埃勒格体诗歌固定采用古希腊语伊奥尼亚方言(不管谁写作都一样)。伊奥尼亚方言是阿提卡方言,雅典方言。这就是为什么产生了这样的传说。这一传说对于古希腊人对诗歌的态度很有代表性。

个人命运埃勒格体诗歌。埃勒格体诗歌中比较重要的一种。这种埃勒格体诗歌的第一个代表阿尔基洛科斯②的作品流传了下来,人们把他与河马并列。关丁阿尔基洛科斯,我们稍许知道一些情况,基本上是来自他自己的作品。阿尔基洛科斯出生于帕罗斯岛,父亲为显贵,母亲是女奴。这对他个人的自我意识产生了影响。他从小生活在贵族家庭,但很显然,不止一次地听到过辱骂性的诨名"女奴之子"。他势必要考虑自己,考虑普遍的人。贵族学习军事、体育、美学。教育是军事性的,运动性的和普通的③。没有人教他任何手工技艺。他只好去当雇佣兵。当时对雇佣兵的需求量非常大。他从事取酬服务。拿自己的生命为他人的事业冒险。城邦国家与小亚细亚的部落进行殖民战争。雇佣兵主题(从该词的广义上说)是为他人的事业服务的人的主题。

---

① 墨塞尼亚是伯罗奔尼撒西南部一富饶地区,与斯巴达毗邻。这里谈到的是第二次墨塞尼亚战争。公元前8世纪后半期,由于第一次墨塞尼亚战争,斯巴达人占领了墨塞尼亚。残酷的剥削引起当地居民在公元前7世纪中期发动起义,反对斯巴达,起义被镇压下去。——原编者
② 阿尔基洛科斯(公元前7世纪后半期),古希腊诗人。按时期说是第一位伟大的欧洲诗人,抑扬格诗歌的奠基人。——原编者
③ 普通教育(源自希腊语 musike——"缪斯们的",意为"普遍教育""精神文明"),古代希腊的智能、审美、道德教育体系,包括文学和音乐教育,了解基础科学,学习演说艺术、政治学、伦理学、哲学。这种教育体系在雅典教育体系中获得最大的发展,它在那里与健身运动结合在一起。——原编者

阿尔基洛科斯与一个名叫涅奥布拉的少女,他们互相倾慕。少女的父亲〈吕康波斯〉不同意女儿和阿尔基洛科斯结婚。显然,少女同样侮辱了他,称他是女奴的儿子,爱情也带来不幸。

对于阿尔基洛科斯具有代表性的是他那独特的世界观。他看待生活很悲观。生活,这是波涛汹涌的大海,波浪层层翻滚,而人,这是已朽的小舟。人有唯一的东西,即应该勇敢坚毅,大胆地面对〈命运?〉[①]。

在以后的文学发展中,阿尔基洛科斯起了巨大的作用。普希金特别推崇他,具体说来,就是他的雇佣兵题材,在后十二月党人的时期。普希金没有抛弃盾牌,但是又不可能像他希望的那样写作[②]。

只要是感情说话,就会吟唱。埃勒格体诗歌要求思念。

埃勒格体诗歌的第三种类型——哲学—治性埃勒格体诗歌。传下梭伦一篇作品的片段。梭伦是雅典立法者(公元前6世纪),在雅典进行

[①] 例如试比较阿尔基洛科斯的诗歌《使人呻吟的苦难》,该诗奉献给遭遇船难的同胞们,其中包括诗人的妹夫:
　　大海怒号,波涛汹涌,冲击着人们,
　　苦难把我们淹没,使我们肺部膨胀。
　　然而朋友们啊,神明也赋予了我们
　　应付命定不幸的手段:坚毅地忍耐。
　　世间的灾难或这样或那样,随时降临,
　　今天它使我们为流血的伤口流泪,
　　明天它又降临于他人。愿我们能排除
　　女性的怯懦,准备好承受苦难。
　　　　　　　　　　　　　　　　——原编者

[②] А.С.普希金(1799—1837),俄罗斯诗人。这里指的是阿尔基洛科斯的一首诗,诗人在那首诗里叙述自己在战斗中为了保全性命,怎样抛弃了盾牌(这被视为耻辱):
　　现在一个西伊昂人骄傲地拿着那盾牌,
　　它无可指责,我无奈把它扔进了树丛,
　　为挽救自己的生命。我为何还想起它?
　　算了,我可以再买一面,不亚于它。
　　诗中就先前的、荷马式的对荣誉的理解进行着争论。被迫退却不存在耻辱,如若一个人为了将来的胜利而挽救自己的生命,——这一主题与十二月党人起义失败后的 А.С.普希金相近。
　　在阿尔基洛科斯之后,弃盾题材还见于阿尔凯奥斯、阿那克里翁、古罗马诗人贺拉斯(前65—前8)等的作品。普希金对贺拉斯的诗《致庞培·瓦鲁斯》进行了自由翻译(《是哪位神灵给送回来……》,1835年)。——原编者

了一系列改革。雅典七贤哲之一①。杰出的诗人。他生活在城邦第二层阶级斗争（贵族与商人—手工业者）非常尖锐的时期。后者不享有政治权利，他们处在经济方面不那么强大的贵族的〈奴役之下?〉。雅典城邦处于危险之中：它面临瓦解，受到被更为整一的斯巴达侵占的威胁。

梭伦赞成折中②。他按血统，与氏族贵族有联系，但按所从事的事业，则是商人，而且是最大的商人之一。这使他处于较为中间的，倾向于折中的地位。他主张对贵族权力进行某些限制（一系列改革）。

梭伦在诗歌中表达了自己的政治思想——经过权衡的、慎重的、根据充分的，以半神话传说形式。神话形象是形象性外壳。梭伦是位杰出的诗人，政治和公民抒情诗的奠基人。谁也没有能超过他，直到今天。最为完整地流传至今的梭伦的埃勒格体诗歌具有哲学—政治性质——《自诫》③。

古代希腊人的世界观具有代表性的特点是度量思想。这种思想已存在于古希腊神话中。宙斯的父亲——克罗诺斯（时间）④。世界原是一片混沌。什么度量也没有。那时来到了以宙斯为首的新一代

---

① 梭伦（前640或635—前559），希腊诗人，雅典立法者。进行过改革，加速了对氏族制残余的根除（取消土地债务，禁止债务奴隶等）。"雅典七贤哲之一"准确地说，应该是"希腊七贤哲之一"。在古代希腊，人们这样称呼哲学家和立法者（公元前7至前6世纪），后来（公元前5至前4世纪）则认为他们是杰出的思想家和生活的教师。除了梭伦外，属于其中的通常指普里埃涅（小亚细亚）的比阿斯、林多斯（罗得斯岛）的克勒奥布洛斯、科林斯的佩里安得罗斯、弥提勒涅（累斯博斯岛）的皮塔科斯、米利都（小亚细亚）的法勒斯和斯巴达立法者希隆。有时在这一列数中常见有另一个人的名字代替其中的某个人。详见B.雅尔霍的《希腊七贤哲》，《历史问题》，1960年第5期，第211—215页。——原编者

② "折中"的含意在于求得对于贵族和受贵族压迫的普通民众双方都能接受的和解。氏族贵族视梭伦是自己氏族的成员，人民则视梭伦作为裁判者，委以全权进行根本性的经济、社会和政治改革。梭伦满足了穷人的部分合理要求，以使他们不再坚持进一步的实质改造，从而防止了危机的发生。——原编者

③ 这是梭伦传世的埃勒格体诗歌中最长的一首，在有些翻译中标题为《告诫自己》《对自己的遗训》，或者无标题。——原编者

④ 克罗诺斯是希腊神话中的提坦神之一，乌拉诺斯（天）和盖娅（地）之子，宙斯的父亲（见第一章有关注释）。民众词源学把"克罗诺斯"（Kronos）这一名词与名词"时间"（Chronos）相联系。盖娅（Gea）意为"母亲—大地""大地女神"。——原编者

众神,建立了度量。代替混沌的是秩序(kosmos)。现在我们使用kosmos一词意为"世界",但是它的最初意义是"秩序""制度",和谐的同义语。此外,kosmos还是某种美。在古希腊人的世界观里,度量思想获得了新的意义。这种思想成为美学的基础,伦理学的基础。美只是那些具有度量的东西(与野蛮人相区别,在野蛮人那里,越多,就越好)。《波吕克拉特斯的戒指》。古希腊历史学家希罗多德那里有这个典故的故事①。他〈即波吕克拉特斯〉非常幸福。他开始考虑,他的幸福无量,而这是不可能的。这就是说,必定会有巨大的不幸。他认为最好是自己让自己成为不幸的人,他扔掉了护身戒指。但是渔夫给他送来一条大鱼,那鱼吞下了它即戒指。波吕克拉特斯感到害怕。

世界由某种节律统治,均衡幸福和不幸。梭伦认为:人首先应该知道自己,知道自己的度量,并且处于其中。必须找到自己的度量,应该不犯错误②。应该是和睦的和美好的:kalos+agathos③。城邦也应该知道自己的度量,加入城邦的各个群体也一样。然而贵族过分自大,傲慢,目空一切。梭伦号召贵族找到自己的度量。不高尚的人通常攫取尽可能多的东西,而高尚之人仅仅应该取得他自己的东西。

(在17至18世纪,真正的抒情隐秘性和政治显得是分离的。抒情诗要求活的感受。……)

……中小农必须得到一定期限的贷款。要是他们不归还借款,那时他们的土地便归〈大〉农业主所有。在取得贷款的小农土地上竖立债碑。梭伦进行改革时,有很大数量的地块上都竖立着这样的石碑。根据

---

① 波吕克拉特斯(? —约前523或前522),萨摩斯岛著名的古希腊僭主(统治者)。希罗多德(约前484—约前425),希腊历史学家,被称为"历史之父"。波吕克拉特斯的戒指的故事见于他的著名史著《历史》第9卷。——原编者
② 度量思想在梭伦所办传世埃勒格体诗歌里得到肯定。人们还认为,得尔斐神庙山墙上镌刻的名言之一"任何东西都不可能超越度量"也属于他。(根据另一种说法,它出自希隆。)——原编者
③ 希腊语 kalos——"美好的",agathos——"善良的""好的""道德完美的",古希腊美学核心概念之一。意为外表的和内在的和谐,这是人的美的条件。希腊人的kalos+agathos 理想——身体和精神的乐观和谐的理想,肉体美和精神完善的结合。——原编者

改革，所有者失去部分贷款，借贷人归还一部分，国家归还一部分。

……盖娅出现在创世主面前。她抱怨，请求正义之神去掉那些石碑，使得她能够养育自己的人们，这是梭伦改革的诗歌表现①。

在对外政策方面，梭伦是主张为萨拉弥斯岛而立即进行斗争的拥护者。但是许多活动家认为，战争是过早的，禁止重新提起。传下一段故事，称梭伦戴上一顶古怪的帽子(戴着这样的帽子表示他不可触犯，不承担责任)，宣读了《萨拉弥斯哀歌》。(雅典喜剧长时期是不受侵犯的)他为雅典的怯懦而羞愧②。

---

① 这里大概指梭伦的抑扬格诗歌：
  但愿奥林波斯众神明中最伟大、
  最善良的母亲——黝黑的大地
  将会在时间法庭面前为我作证：
  我为她去除了随处可见的债碑。
——原编者

② 据普卢塔克(参阅第一章有关注释)说，梭伦头戴小帽，出现在广场上，这应该表示精神失常(《梭伦传》，Ⅷ)。在雅典，健康人走路时是光着头的。"他为雅典的怯懦而羞愧"——萨拉弥斯是爱琴海萨罗尼卡海峡中一座岛屿，雅典和与其竞争的墨伽拉(希腊中部的商业中心)为这座岛屿曾进行长期的战争。墨伽拉人占领萨拉弥斯，便封闭了雅典人的出海通道。为萨拉弥斯岛进行的战争给雅典造成如此巨大的拖累，以至于当权者甚至立法以处死相威胁，禁止再提起萨拉弥斯岛问题。据普卢塔克说，当时梭伦装作发疯，向聚集在广场上的人们朗诵了他的哀歌。他如此情感激越地抨击市民们，指责他们无所事事，结果使雅典人投入了战斗，占领了岛屿。这件事发生在约公元前600年。从这时开始，梭伦成了雅典最受欢迎的人。由《萨拉弥斯哀歌》的一百行诗只传下来数行：
  我作为传令官，来自可爱的萨拉弥斯，
  代替通常的商品，给你们带来了诗歌。
  ……
  但愿我本不是雅典人，而是基塔诺斯的，
  或福勒贡德罗斯的公民，变更所属城邦。
  很快人民中间将会传开对我这样的指责：
  "这个阿提卡人是丢弃萨拉弥斯的人之一。"
  ……
  让我们挺进萨拉弥斯，为可爱的岛屿
  一起奋勇作战，消除蒙受的奇耻大辱。
——原编者

2. 第二种抒情诗类型——抑扬格体诗歌①。笑——抑扬格诗必备的条件。抑扬格诗具有一定的规模,音步重音落在第二音节上。……希腊人自己不知道 iambos 一词的出处。它不是希腊词。传下来关于这种格律产生的故事。丰收女神得墨特尔有一个独生女儿佩尔塞福涅。女儿消失了,去到冥间,成为冥王的妻子。得墨特尔哭泣,伤心,因此土地停止了生长。开始了可怕的灾难。必须使得墨特尔高兴起来。女神有一个女侍——东方女奴 Iamba②。她以不雅观的姿势使克瑞斯③脸上出现了笑容。她的(即墨特尔的)笑容使大地复苏。从此以后,一切戏谑性的,可笑地粗俗而不雅观的东西,都开始称为iambos。

希腊和罗马文化赋予笑特别的意义:创造性的生产能力是与笑相联系的。从当代观点看不应该笑的时候,古代希腊人笑。崇拜嘲笑神明。太阳降落时,他们嘲笑太阳神阿波罗。他们在葬礼上笑,不过不经常。在罗马,这却是必须的。在乌克兰,葬仪时在坟墓上也是那样。在罗马,人们嘲笑凯旋者。在胜利之后,人们粗鲁地嘲笑获胜者。人们认为,笑能驱赶恶魔。笑净化环境。一切崇高的东西受嘲笑④。这就是古希腊 iambos 的性质。

---

① 抑扬格体是古希腊诗歌的一种诗歌体裁,主要是揭露性的,较少哀歌性的,诗歌以用抑扬音步写成的长短诗行相交替。抑扬格的希腊语是 iambos,是一种包含各种替换的由一个短音节和一个长音节(∨-)共三个音量单位构成一个音步的诗歌节律形式。音量单位的拉丁语是 mora,指发一个短音节需要的正常的延续时间,是诗歌格律中最基本的节律单位。——原编者
② 这里的叙述出现不准确,或是由于记录,或是由于讲座人之故。在希腊神话传说中,Iamba 是畜牧和林野之神潘和女神埃科的女儿。她是埃琉西斯王克勒奥斯宫廷里一个女侍。当得墨特尔为女儿消失而陷入深深的痛苦,来到克勒奥斯宫廷时,Iamba 的粗俗的玩笑使得墨特尔笑了起来。——原编者
③ 克瑞斯(Ceres)是意大利的农神。希腊神话传入意大利后,克瑞斯与得墨特尔混同。——原编者
④ 试比较《长篇小说话语的发端》:"罗马的笑文化的世界,其丰富多样并不逊于希腊的世界。对罗马特别典型的,是宗教仪式上的嘲笑富有顽强的生命力。人所共知,士兵在仪式上嘲笑凯旋将军是合法的。在罗马埋葬仪式上的笑声,也是人所共知的。"以及在关于拉伯雷的著作中:"拉伯雷及其同时代人当然……了解古希腊罗马关于诙谐的概念……他们清楚地了解罗马诙谐的传统:关于农神节,关于诙谐在凯旋仪式和显贵人物的葬仪上的作用。"——原编者

抑扬格诗有两类:a)个人嘲笑(抨击)①;b)嘲笑社会态度(讽刺性抑扬格诗)。抑扬格诗曾经是非同寻常地自由,对于它来说不存在任何限制。

古代希腊人认为抑扬格诗的奠基人是阿尔基洛科斯。传下阿尔基洛科斯不多几行诗和(关于他的)故事。阿尔基洛科斯曾经嘲笑吕康波斯、未婚妻(涅奥布拉)和她的姐妹们,而且如此辛辣,以至于她们自杀而死。学术界认为,这些抑扬格诗把吕康波斯作为贵族社会的代表进行嘲笑。阿尔基洛科斯的热情在民主阶层方面,而吕康波斯领导贵族派。

传下来希波纳克斯②和特奥格尼得斯③的诗歌片段。它们对抑扬格诗的性质能提供一定的概念。

希波纳克斯是城邦极端民主阶层的代表,是那些享有选举权,但靠施舍生活,几乎无家可归的贫苦下层居民的代表。(这些阶层有自己的政治纲领)希波纳克斯嘲笑贵族。他从自己出发,描写永远的穷人,这样的穷人永远发抖,永远幻想着一盆稀粥④。他以辛辣的反讽使

---

① "抨击"〔инвектива,源自晚期拉丁语 invectiva(oratio)骂人的(话语)(拉丁语 invehor——"互相投掷""攻击")〕,尖锐地揭露(其中包括讽刺性嘲笑)不同的人或人群。——原编者
② 希波纳克斯(公元前6世纪),古希腊诗人,主要写作抑扬格诗歌,善戏谑。以弗所人,曾因嘲讽僭主而被赶出城邦,卜居小亚细亚的克拉佐墨纳。——原编者
③ 特奥格尼得斯(公元前6世纪后半叶),古希腊抒情诗人,墨伽拉人。曾经站在贵族派一边,参加同民主派的斗争,民主派胜利后他被剥夺财产,逐出城邦,过漫游生活。传下短小的哀歌体诗两卷(约1400行),致一位名叫基尔诺斯的贵族青年。——原编者
④ 指希波纳克斯这样的诗歌:
赫尔墨斯,亲爱的库勒涅的迈娅之子,
我祈求你,我冷得很,冻得直发颤,
请给希波纳克斯件披篷、短外衣,
一双简陋的网鞋……
……
我将会把我这悲伤的灵魂交给灾星,
若是你还不赶快给我送来些大麦,
我好把它们用来给自己熬点稀粥喝,
须知那可是让我摆脱不幸的好方剂。

——原编者

穷人的形象典型化。艰难地生存的人们的声音。希腊人称他的抑扬格诗歌为跛足抑扬格诗(choliambos):他加进了多余的音节①。

特奥格尼得斯是一个憎恨人民的人,嘲笑民主。在古代希腊,民主派指富人、工商业者、农民。从我们的观点看,很难说谁好一些:是贵族派代表,还是民主派代表。贵族要人道一些:对于他们来说,奴隶,这是家人,而对于工商业者来说,〈奴隶〉则是机器。贵族更忠于城邦,而工商业者看重的首先是金钱。特奥格尼得斯与金钱是死敌。哪里金钱是主人,那里德性、美、高尚便会被消灭。这是一个强有力的主题。特奥格尼得斯似乎先于他人批判金钱,但与此并列的是反动的、令人厌恶的主题——血缘高尚。特奥格尼得斯是混合婚姻的敌人。他把婚姻与牲畜育种相比拟。粗俗的、幼稚的高尚观念,对低层人民的深刻蔑视②。

3. 铭辞③。铭辞是在某件物品上的题词。这是抒情诗,书写于某种坚硬的材料——石头,铜,纪念碑上。铭辞按其性质而划分。最古老的铭辞书写于纪念碑上,纪念某个事件。希腊人通常立碑纪念战场

---

① 跛足抑扬格(源自希腊语 choliambos)是抑扬格诗的一种,六音步抑扬格(常见的抑扬格双三音步)最后一个音步由扬抑音步(-∨)或扬扬音步(--)替代。——原编者
② 这里大概指特奥格尼得斯这样的诗句:
　　库尔诺斯,我们经常挑选良种山单,
　　驴子和马匹,希望能由良种繁衍
　　优良的后代,可高贵的男子却随意
　　迎娶卑劣的女子,只要能给他大量钱财。
　　女子也不拒绝嫁给卑劣的男人做妻子,
　　只要他有钱:富有比高贵更受人重视。
　　钱财受崇拜:高贵之人迎娶卑劣的女子,
　　卑微女子嫁高贵之人:财富混淆了种姓。
他的抑扬格诗里包含许多怨恨,因为他那一派当时遭到失败。——原编者
③ 铭辞(源自希腊语 epigramma——题词),在古希腊罗马诗歌中是一种形式短小、内容随意的抒情性诗歌(起初是敬献性题词,后来则包括墓志铭,训诫,记述,爱情性的、聚宴性的、讽刺性的诗歌),用哀歌双行体写成。文学性铭辞出现于公元前7至前6世纪的希腊诗歌,其繁荣时期在公元前3至前1世纪。——原编者

牺牲者和庆祝胜利（温泉关胜利①，马拉松战役②，萨拉弥斯战役③等）题词基本上都属于西蒙尼德斯④。

墓茔题词——墓志铭（墓碑上的题词）⑤。它们或者由人们自己撰写〈在他们活着的时候〉，或者由他人撰写。穷人的坟墓上通常写有 haire（"高兴吧！"）。墓志铭必定以致从旁经过的路人的形式写成⑥。墓志铭要求文字绝对凝练：或两行，或四行诗。只应该说最实质，最基本的东西。后来罗马人称这种文体为镌石文体⑦。古代希腊人认为西蒙尼德斯是最杰出的墓志铭能手。

行路人啊，请对拉克戴蒙人说一声，

我们完成了自己的事业，

我们的尸骨横陈⑧。

埃斯库罗斯的墓志铭。埃斯库罗斯没有提到自己的作品,〈但是

---

① 温泉关是由特萨利亚平原向南连接希腊北部与南部的山间通道。希波战争期间，公元前480年，三百名斯巴达人由国王勒奥尼达斯率领，坚守温泉关抗击波斯人的进犯、全部牺牲于力量悬殊的战斗。——原编者
② 马拉松是希腊阿提卡地区一古代村镇，位于雅典东北方。公元前490年希波战争期间，弥尔提阿得斯率领的希腊军队在弓拉松原野击溃波斯军队。——原编者
③ 关于萨拉弥斯，希波战争期间，希腊舰队于公元前480年在那里击溃波斯舰队。——原编者
④ 西蒙尼德斯（约前556—前468），古希腊诗人，来自克奥斯岛，善作合唱诗歌。写过胜利颂（epinikia——纪念体育竞赛中的胜利者）、悼念诗以及宴会歌（skolion）和铭辞。应该指出，与他的名字有联系的铭辞远远大于他实际上写过的铭辞。关于西蒙尼德的颂歌（odae），请参阅巴赫金的著作《史诗与长篇小说》。——原编者
⑤ 墓志铭（源自希腊语 epitaphios logos）指墓碑题词，主要是诗体的。既有过真实的墓志铭，也有过虚拟的墓志铭（在诗歌集里）。——原编者
⑥ 参阅巴赫金的著作《文本问题》："铭文学。击代题铭的体裁问题。题铭的作者和接收人。必备的套式。墓碑题铭（《快乐安眠》）。……"——原编者
⑦ 镌石文体（源自拉丁语 lapidarius，意为"镌刻在石上的"）是一种简洁，富有表现力的章法，文体。这些特点是古希腊罗马镌石题词的本质性特征。——原编者
⑧ 巴赫金在这里称引的是一首著名的墓志铭，献给温泉关三百名斯巴达守卫者。对于这首墓志铭是否属于西蒙尼德斯，学者中间存在争议。——原编者

谈到〉,马拉松原野见过他的勇敢①。〈墓志铭的目的〉在于保留那些应该成为永恒的东西。希腊人是这种文体的伟大能手。

在古希腊发展末期,还出现了一种铭辞形式:用煤块书写于墙壁上或家门上,对主人进行嘲弄。这种铭辞类型一直保存到现在。

4. 格言②——一种简短的睿智警语(通常是诗体的)。同谚语不一样,这是个人的作品,具名。希腊人是简洁的名言警语的能手。格言应该非常完美地简短,有时甚至只有一个词语,但是同时应该表达深刻的思想。希腊人自己忘记了许多格言的作者,把它们归于〈七个〉半传说性的睿智者。

最简短的格言是 Ei(总为"你在")。这句著名的格言镌刻在得尔斐阿波罗神庙的墙上③。普卢塔克曾经为这句格言专门撰文④。这句格言的意思是:人只承认自己的"我",格言说,另一个人的现实性不亚于我自己的现实性。(在古代印度人那里:"你即我"或"我即你")⑤

---

① 埃斯库罗斯(约前525—前456),古希腊诗人、戏剧家。他把自己的军事—爱国活动置于自己的戏剧功绩之上。他为自己撰写了墓志铭,在其中只是强调指出自己的军事功绩:
  盛产小麦的革拉墓穴掩埋着故去的
  雅典人埃斯库罗斯——欧福里昂之子。
  马拉松圣地会称道他作战时的勇敢,
  蓄长发的米底人对此也会深信不移。
  ——原编者
② 格言(源自希腊语 gnome,意为"钻论""思想""名言警语")是一种箴言性体裁,表达普遍接受的观点,教谕—哲理性内容的短小警句,按照规则,是诗体的。——原编者
③ 得尔斐,古代希腊福基斯地区(中部希腊)城市,全希腊的宗教中心,建有阿波罗神庙和祭坛,神庙入口处刻着七贤哲著名警语。——原编者
④ 普卢塔克,参阅第一章相关注释。普卢塔克在收入《道德论丛》的《关于得尔斐的 E》一文里对这一题词作了哲学—宗教性的解释。在他看来,得尔斐神庙墙上的"E"不是什么别的,就是"Ei",即"你在"。题词指出,神存在于庙里,也存在于世界。——原编者
⑤ 这句话的梵文是 tat tvam asi,意思是"这是(整个)你"。这一警语收入优婆尼沙昙——印度古代文学文献费陀的哲学部分。其意思是:人类生活的真理和目的在于克服"人的自我欺骗"。人的完全自由和达到自觉幸福的状态只有当人明白,神性始原作用于他,并且通达地,就像在所有其他人身上一样,当他能够使自己与这一神性始原同一,并通过它与整个人类同一时。——原编者

〈……〉"认识你是谁"（并且成为你本来那样的人）。① 苏格拉底对人不知道自己这个问题谈得很多。人以对自身虚假的概念生活着。然而在他认识自己以后，他还应该成为他自己本人，而这一点更加困难。

格言的思想应该涉及人类生活的基本问题。格言诗在希腊人那里占有重要的地位。

演唱性抒情诗是一种有乐器伴奏演唱的抒情诗。它有两种类型：

1. 独唱抒情诗〔монодия——monos（一个）,oida（歌）〕。

2. 合吧抒情诗。

古代希腊人非常严格地区分独唱抒情诗（特别是一个人感受，这是爱情抒情诗）和合唱（抒情诗）（里面没有爱情，它与社会事件，与集体相联系。这是集体的声音和感情）。

我们这里没有这样的区分。我们感觉不出这种区别。我们的抒情性作品而后由作曲家谱曲，但是作为朗诵性作品创作（普希金）。作曲家在音乐里赋予了自己〈……〉对诗歌作品的解释。

在演唱性抒情诗中，诗人同时也是作曲家。诗词文本写出来也是为了一定的音乐旋律，与音乐旋律有着不可分割的联系。文本传了下来，而音乐失传了，这就是说我们只是单方面地知道这类抒情诗。

1. 独唱抒情诗。传下三位诗人。两位古代代表来自累斯博斯

---

① 在米尔斯卡娅的讲座记录里，在这前面用基里尔字母记录着警语后半部分被曲解的古希腊语：ген ол гелос еси。在原始材料里，它由四个字组成：genoi hoios essi mathon，没有提供完全相等的译文。与其最为接近的意思可以这样表达："愿你知道这一点，你是怎样的人，就成为怎样的人。"可能巴赫金用古希腊语朗读了整个警语，然后给了俄语的不同说法。格言"认识你自己"镌刻在得尔斐阿波罗神庙的山墙上，按传说它属于传说性的七贤哲之一（希隆或法勒斯），但是在哲学史上，它却同苏格拉底的名字相联系。箴言的第二部分认为源自品达罗斯。苏格拉底（约前470—前399），古希腊哲学家，伦理哲学奠基人。——原编者

岛——阿尔凯奥斯①和女诗人萨福②,稍晚一些时候的是阿那克里翁③。他们的作品只存部分传下来。

累斯博斯岛。当大陆传统还处于滞后状态时,那是〈当时〉最有文化水平的岛屿之一。主要城市是弥提勒涅。那里开始了贵族和商人之间的残酷斗争。阿尔凯奥斯和萨福就创作于这一时期。

阿尔凯奥斯是贵族的代表。显然他参与了民主派进行斗争的同盟。民主派推出了首领——僭主。阿尔凯奥斯的最主要的作品汇集于《斗争诗歌》标题下,从其中只传下两个片段。(政治抒情诗应该要好一些,因为涉及的是集体。独唱抒怙诗中也有这样的抒情诗,表现的是政治激情。合唱抒情诗涉及纯政治题材的只有一种体裁——颂歌体裁④。

〈第一个片段〉因僭主〈米尔西洛斯〉之死而感到的欣悦,表现憎恶的纯粹的政治激情⑤。

〈第二个片段〉显然是号召起义:"佩剑、枪矛等都在经受考验。

---

① 阿尔凯奥斯(公元前7至前6世纪前半叶),古希腊抒情诗人,贵族,弥提勒涅人,参加过累斯博斯岛贵族和平民之间的内战。他用埃奥利尼亚方言写作。——原编者
② 萨福(约公元前650—前6世纪前半叶),古希腊女诗人。生于累斯博斯岛(弥提勒涅或埃瑞索斯)的贵族家庭。一生大部分时间是在弥提勒涅度过的。僭主政权建立后,她离开了祖国,去到叙拉古札。用埃奥利亚方言写作。——原编者
③ 阿那克里翁(约前570—前487),古希腊抒情诗人,来自特奥斯(伊奥尼亚的小亚细亚)。他在波斯进犯前夕离开祖邦,迁居阿布德拉(色雷斯),后来生活于萨摩斯僭主波吕克拉特斯宫廷和雅典的希帕尔科斯门下。卒于阿布德拉或故乡。他的创作的基础是爱情性的、会饮性的和谐谑性的诗歌。他还写过铭辞、哀歌和颂歌。——原编者
④ 颂歌(源自希腊语 ode,意为"歌"),在古代希腊,起初为任何合唱性的抒情诗歌,后来指以华美的诗作形式写成的诗歌:神话传说,人类生活,爱情,国家,荣誉。它主要具有庄重、昂扬、道德劝善性质。——原编者
⑤ 此处指阿尔凯奥斯就民主派领袖、僭主米尔西洛斯之死所作诗歌的片段:
　　畅饮吧,让我们畅饮吧!
　　每个人都喝个酩酊大醉!
　　纵然无嗜好,也要喝个醉:
　　米尔西洛斯已经死去。
　　　　　　　　　　　——原编者

一切都已准备就绪，我们也应该准备好出击。"①

阿尔凯奥斯的另种类型的诗歌的传世状况要好一些，这就是宴会歌②。除了的史诗外，宴会上还演唱抒情性质的诗歌，这些诗歌演唱成为宴会复杂典仪的一部分。金桃树枝依次相传，当时传到谁手里，谁就演唱。树枝是对面地传递。存在过这些诗歌的固定体裁，并且一直流传到今天。阿尔凯奥斯是这种体裁的能手："现在是春天，绿茵繁茂，但它在变化，因此当它现在存在，让我们欢乐，畅饮吧。我们现在年轻，但人会变老迈。让我们歌唱，痛饮，欢乐吧！"人和死亡。有时这些题材交织在一起。到处是对照。它们朴实，富有情感说服力。形象诚然稍许有些复杂化。不过基本性对照仍然是那样。

阿尔凯奥斯还有另一种类型的诗歌。古代希腊人认为他是爱情诗歌的杰出能手。有对话体诗歌，阿尔凯奥斯本人在诗中向萨福表示爱情③。不过这显然是后来的传说故事，用爱情把他们联系起来。

---

① 此处指下述片段：
  到处铜盔耀眼地闪灿，
  武器为住宅穿戴戎装，
  荣耀战神阿瑞斯！
  ……
——原编者

② 宴会歌(сколий，源自希腊语 skolion，意为"弯曲的")，在古代，这是一种短小的、通常由四行诗组成的诗歌，宴会时演唱。男人们侧卧于餐桌周围，顺弯曲的路线传递桃金枝，接到树枝者应该演唱诗歌，该诗歌或是对众所周知的诗歌的即兴表演，或是专门为这次表演而吟赋。会饮歌的特点是题材多样：政治问题，实践生活智慧等。——原编者

③ 此处指阿尔凯奥斯下述致献萨福的诗歌：
  紫色卷发的萨福，纯洁的萨福，
  笑容温柔，我很想和你说说话，
  能和你悄悄地说些什么，
  可是又不敢，羞涩难当。
还有萨福对阿尔凯奥斯的回答：
  但想你用心纯良，目的高尚，
  可不要说出什么话有失体面，
  羞涩时请不要移动眼神，
  说出一切你想说出的话。
——原编者

《四季》:炎热的希腊夏季。一切都被烤干枯了。非常浓烈的、令人可怕的希腊炎暑画面。传下片段,不完整,也没有音乐①。

独唱抒情诗的另一个代表是萨福。传下来许多对她的赞赏性评论。关于梭伦的传说,称他临死前仍在背诵萨福的诗歌。我们当代的观点稍许有些不一样。有一些片段流传至今,只有一个独唱性片段《阿佛罗狄忒颂》②。这是一个坚强的女人,但是她的诗歌题材很狭窄③。

当时岛上还有未成年人同盟。少女们居住在单独的公共宿舍里,在那里教她们音乐,唱歌,舞蹈,女红,家务。人们赋予音乐主导性意义。少女们一直隔绝地生活,直到父母亲决定把她们嫁人。萨福曾经是这种共同生活的某种学长角色。她的整个诗歌是同这种共同生活相联系的。萨福很依恋这些门生,喜欢她们,羡慕她们,非常强烈地体验到爱和离别的感情。由此而产生了并不完全健康的、甚至陈腐的作品题材④。不过流传下来的诚然只是不多的作品中的一些片段,从而

---

① 此处可能指阿尔凯奥斯的下述片段:
　　朋友啊,只觉得喉头发干,
　　快给我酒……
　　　　　　　　　　　　　　　　　　　　　　——原编者
② 《阿佛罗狄忒颂》是唯一一首完整传世的萨福诗歌:
　　欢乐的阿佛罗狄忒,出生高贵,
　　宙斯的永生的女儿,心计狡狯,
　　请不要用不尽的忧愁伤我的心,
　　女神啊,请你对我发慈悲!
　　……
　　　　　　　　　　　　　　　　　　　　　　——原编者
③ 关于萨福的诗歌题材,请参阅 И.И.托尔斯泰的《萨福和她的诗歌题材》,《民间文学论文集》,莫斯科—列宁格勒,1966 年,第 128—141 页;О.М.弗赖贝格的《萨福》,《列宁格勒大学语文系报告和消息》,1949 年第 1 期,列宁格勒,第 190—199页。——原编者
④ "陈腐的作品题材"一语令人觉得表达的是作这一讲座时的时代精神。不过值得注意的是在 30 至 50 年代的任何一部古希腊罗马文学教科书里,对萨福的创作都没有类似的评价。可能巴赫金表达的仍然不是正式接受的,而是他自己个人(最为可能的是迫于基督教传统)对萨福诗歌中单方面的累斯博斯爱情题材的看法。——原编者

我们不知道她的整个创作题材。至于说到诗人本身,那这是一位杰出的诗人。萨福为自己的门生撰写了接近民间婚歌那样的婚歌。传下来一首爱情颂歌。诗歌性非常强,难以翻译。诗的实质是:萨福,感受着爱情、忧伤,祈求阿佛罗狄忒,请女神离开灿烂的宝座,前来帮助她。阿佛罗狄忒问她为什么伤感,答应给她帮助和庇护①。

关于萨福的传说故事很多。有些传说极力给女诗人抹黑(显然这些传说产生于敌对她的圈子)。它们使她成了放荡者,一个引诱阿尔基洛科斯……②。

高傲的水手法昂曾经在累斯博斯岛居住③。他憎恶爱情,憎恶女人。只有大海使他向往。萨福爱上了此人,从悬崖目送他出海,迎接他归来。这样过了许多年。最后她从琉卡斯悬崖跳进大海。巴拉丁斯基曾经写过萨福④。现在已经证实,法昂是一个海神的名字,在累斯博斯岛受到崇敬。那里存在过法昂崇拜,后来与萨福的名字联系起来。

人们称这种独唱抒情诗为累斯傅斯抒情诗或埃奥利亚抒情诗(因为它固定采用埃奥利亚方言)。

阿那克里翁 在随后的文学中,他是最受欢迎的希腊诗人。人们

---

① 这里指的是《阿佛罗狄忒颂》。——原编者
② 试比较 С.И.索波勒夫斯基主编的《希腊语学史》中的有关叙述:"古代关于萨福流传过许多有损她的名誉的故事。许多人认为她是一个放荡者,伴妓。阿提卡喜剧诗人对她进行了特别激烈的抨击,那些抨击如此缺乏根据,从下述事实便可以看出来。喜剧诗人狄菲洛斯把萨福说成是诗人阿尔基洛科斯的情人,尽管后者生活的时间比她早约一百年。……一些拜占庭作家非常尖锐地评论她,例如塔提阿斯称萨福为'放荡的色情狂'。"(《古希腊语学史》第1卷,第234页)——原编者
③ 法昂,希腊神话传说中的累斯博斯岛人,曾经摆渡过阿佛罗狄忒,没有收费,得到神奇的草药为奖赏,那草药使他变得年轻、英俊,以至于所有的妇女都喜欢他。按古希腊喜剧诗人米南德(公元前4至前3世纪)和后来的奥维德(参阅第二部分第一章注)的说法,萨福爱上了法昂,遭到法昂拒绝,于是从琉卡斯悬崖跳海而死。米尔斯卡娅的笔记中为"从维尔卡岩悬崖"跳海。——原编者
④ Е.А.巴拉丁斯基(1800—1844),俄罗斯诗人。巴赫金在这里指他的诗歌《最后一位诗人》(1835),诗中提到萨福及其对法昂的单相思。——原编者

对他进行模仿。普希金很好地翻译了他的两首诗①。问题在于《阿那克里翁诗集》②并不包含阿那克甩翁的原作。这是些模仿阿那克里翁诗歌特点的晚期作品。属于阿那克里翁的只有两个片段。不过那些作品显然转达了阿那克里翁诗歌的精神。

阿那克里翁是抒情诗中严肃因素的敌人。应该歌颂酒是希腊抒情诗里广泛流行的酒题材。希腊人饮兑了水的淡葡萄酒，纯酒只有蛮族人才饮。希腊人一面饮酒，一面进行充满知识的交谈。饮宴称为"叙波西昂"。这一词的意义现在要窄一些③。在叙波西昂时，又是酒肴，又是"共眠"。饮宴是这样进行的：起初进食，然后收拾餐间，拿来鲜花，开始饮酒……阿那克里翁吟颂酒和这样的娱乐。古希腊人在酒里寻找智慧、思想。他们饮酒，为的是提高紧张程度。希腊人是智慧娱乐的拥护者④。

---

① 大概指普希金的诗《致色雷斯牡马》（"年轻的小牡马呀"，1828年）和《颂歌第五十六首》（《阿那克翁诗选》），"稀疏了，也花白了……"，（1835），普希金还翻译过《阿那克里翁诗集》中的一些诗歌，当代学术中对那些诗歌的阿那克里翁属有性存在着争议：《人们把骏马辨认》（译自《阿那克里翁诗集》，1835年）和《颂歌五十七》（"杯底为什么没有酒？"，1835年）。所有的译诗采用的是与原诗格律不同的节律，带尾韵（原诗不带尾韵）。在普希金的创作中，他自己致献阿那克里翁的诗歌占有重要的地位。在普希金青年时期的一首诗里（《我给朋友们的遗嘱》，1815年），诗人称阿那克里翁是他的导师。也可参阅诗歌《阿那克里翁之墓》（1918）、《阿那克里翁之杯》（1918）等。——原编者

② 《阿那克里翁诗集》，晚期希腊诗歌集，模仿阿那克里翁而作，作为《帕拉丁诗集》（约公元980年集于拜占庭的铭辞手稿）的附录流传至今。在19世纪之前，这些诗被认为是阿那克里翁的真笔。——原编者

③ "叙波西昂"（源自希腊语symposion，意为"筵席""隆重的宴会"），古代指通常在进餐之后进行的酒宴。参加者头戴花冠，以音乐、歌唱（宴会歌）、富有理性的玩耍和交谈消遣。关于这方面的详细介绍，参阅Г.Ф.采列捷利的《希腊宴会（叙波西昂）》（《古希腊罗马文学史文集》，第比利斯，1993年，第115—129页）。按当今意义，"叙波西昂"指就某个问题召开的讨论会（较常见的是国际性的）。——原编者

④ 请看阿那克里翁吟咏酒题树的一个真笔片段：
　　孩子，快递给我酒杯，我要畅饮一番。
　　十比一地掺水调和、快快把酒杯斟满，
　　酒神拥抱我，我会把酒神好好地称赞。
　　我们不赞赏斯库提亚人那种饮酒风格，
　　我们不要喧闹，却要在神妙的歌声中
　　把一杯杯酒喝干。
　　　　　　　　　　　　　　——原编者

〈阿那克里翁的〉诗歌是深刻讽刺性的。他嘲笑自己的老年,喜欢受鄙视的年轻时期①。生活本身是讽刺性的,同时也很美好。应该轻松地、讽刺性地接受生活。晚期人们写得粗俗一些,也变得简单化。普希金理解真正的阿那克里翁。

2. 合唱抒情诗。合唱抒情诗同希腊城邦国家生活中有关,同节日有关。在这些节日期间演唱的合唱抒情诗作品最重要的体裁是少女合唱歌②。只传下来三个不长的片段和一些有关材料。少女合唱歌叙述神话故事。颂歌按其特征是从容不迫的。合唱队演唱时走动,走动也是从容不迫的,缓慢的;乐调稍带忧郁。

有时插入风景描写。一个不长的片段:夜幕降临。歌德的、莱蒙托夫的《山巅》和少女合唱歌③。歌德曾经在山上(?),在那里的值班小屋的墙上以少女合唱歌为题材写了一首诗。数年后他发现了它,把

---

① 这里指阿那克里翁以下片段:
　　金黄色卷发的埃罗斯
　　把自己的彩球抛向我,
　　招唤我和穿绣花鞋的
　　那个女子嬉戏。
　　那女子却鄙夷地嘲笑
　　我这变灰白了的脑袋,
　　美丽的累斯博斯少女,
　　把另一个人顿盼。
　　　　　　　　　　　　——原编者
② "少女合唱歌"(парфений,源自希腊语 parthenos,parthena——少女),在古代希腊,指纪念女神的合唱歌,只能由少女合唱队演唱。(老人合唱队起过很重要的作用。在悲剧里差不多总是老人合唱队)——原编者
③ 歌德(1749—1832),德国作家、诗人、新时期德国文学奠基人、思想家、自然科学家。М.Ю.莱蒙托夫(1814—1841),俄罗斯诗人。这里指古希腊诗人阿尔克曼(公元前7世纪后半叶)的一个片段。阿尔克曼的少女合唱歌和歌德的诗歌《漫游人的夜歌》(Wanderers Nachtlied)在文字方面相近似是显然易见的。莱蒙托夫是歌德的诗歌的著名自由转述者。И.安年斯基和В.勃留索夫的翻译也很著名。关于阿尔克曼的少女合唱歌片段对歌德的文学影响问题是一个存在争论的问题。有关阿尔克受诗歌片段"山巅沉睡着……"(见《学术笔记》第15卷,列宁格勒大学,1938年,第47—56页),巴赫金大概知道这篇文章。——原编者

它抄录下来,从而成为文学话题①。

派安②,纪念阿波罗的颂歌。由武装青年演唱。阿波罗(太阳神)与黑昏(皮托)的斗争③。黑暗被战胜,给它划出了狭窄的地段。颂扬光明、太阳、美的胜利。节奏快。古代希腊人们喜欢的诗体颂歌之一。派安的主要内容是光明对黑暗的胜利。古希腊的合唱队是公民集体的,城邦的,因此题材与城邦有关。整个合唱抒情诗、歌唱与歌队的移动相联系,移动缓慢、平稳。派安曾经使许多诗人、作曲家产生灵感。巴赫的第三奏鸣曲就是在派安的影响下写成的④……

第三种颂歌——酒神颂⑤。它是颂扬酒神狄奥尼索斯的。这不是

---

① 在米尔斯卡娅的笔记里山名记录得不正确。有可能讲座者提到的是艾特尔斯山,1776年2月诗人在该山的山坡上写了第一首题为《游荡人的夜歌》的诗。这里谈到的诗歌,歌德写于1780年9月的夜晚,用铅笔书于建在伊尔门瑙附近的鸡鸣山上的猎人守卫栅的木墙上。这首诗数年以订发表,由诗人收入以《另一首夜曲》(Ein Gleiches)为题的诗集,就在1776年的诗歌之后。有时这两首诗被视为一首诗的两部分。歌德不止一次地问到过那栅屋,甚至传下一则动人的故事,叙述在那一个令人难忘的获得诗歌灵感的夜晚过去了五十一年之后,他重新造访那处栅屋,为了在那里纪念他的82岁生日,也是他的最后一个生日纪念日,诗人透过泪水,大声朗诵了仍然保留在墙上的最后几行诗。关于这一情节,参阅H.维尔蒙特的《歌德:生平和创作》,莫斯科,1959年,第315页;K.O.孔拉季的《歌德:生活和创作》第2卷,莫斯科,1987年,第631—632页。——原编者
② 派安(源自希腊语paian,意为"颂歌"),古希腊抒情诗体裁形式,与对阿波罗神的崇拜有关,因为阿波罗别名为派安——医治者,拯救者:一、赞颂性诗歌,感激或吁请阿波罗神、阿尔特弥斯或其他庇护神帮助;二、战斗诗歌,在进攻敌人时或获得胜利后演唱。——原编者
③ 皮托,希腊神话中的蛇怪,女神盖娅所生,后被阿波罗杀死。——原编者
④ 巴赫(1770—1827),德国作曲家、钢琴家、指挥家。在第三交响曲中(op.2 No3,C-dur),特别是在结尾,明显地可以感觉到英雄情节(参阅Ю.克列姆廖夫的《巴赫的钢琴奏鸣曲》,莫斯科,1970年,第58页)。不能排除讲座者说的不是"第三奏鸣曲",而是"克莱采奏鸣曲"。在巴赫的这部作品里,鲜明地传达了光明与黑暗的斗争。它在俄罗斯文化里更为有名,流传更广泛,进入了俄罗斯文学(Л.托尔斯泰的小说《克莱采奏鸣曲》)。根据著名音乐学家A.阿尔什万格的观点,"由黑暗到光明,经过斗争到胜利"这一说法通常用来说明巴赫的第五交响乐的内容,但它也可以针对作曲家的许多作品(参阅A.阿尔什旺的《巴赫》,莫斯科,1977年,第243页)。——原编者
⑤ 酒神颂(源自希腊语dythrambos)是合唱诗歌,赞颂狄奥尼索斯神,后来也赞颂其他神和英雄,伴以疯狂、不受约束的舞蹈。——原编者

奥林波斯神。荷马那里两次提到他。对狄奥尼索斯的崇拜由小亚细亚传来,因此他的故事具有另样的性质。狄奥尼索斯是促进生长的神灵,他是葡萄蔓神,但同时又成了戏剧艺术之神。这些崇拜反映了植物的生命力。它们生长、壮大,在生命繁荣时期忍受痛苦和死亡。不过生命并没有最终结束,因为随着新春的到来,它们又重新复活。这是对受难的、死亡的、复活的神灵的崇拜。为了赞颂他们而演唱最复杂的颂歌,由两部分组成。特别有名的是关于狄奥尼索斯的神话,关于他的生活、他的成熟,不用武器和暴力,在作整个世界的胜利漫游。他乘着装有轮子的海船巡行。这是他的表征。同他一起巡行的有西勒诺斯[①],大腹便便的老人,超乎寻常的智慧,后来还有萨提洛斯[②],一个长着山羊腿的神灵。就这样,狄奥尼索斯征服了整个世界。后来狄奥尼索斯被提坦神撕碎,但他的心留了下来,因而能继续活着[③]。狄奥尼索斯之死引起的悲伤。关于狄奥尼索斯复活的神话。酒神颂就是叙述这些神话传说。神话传说的复杂性导致酒神颂的复杂性……

[①] 西勒诺斯是希腊神话中狄奥尼索斯的导师和伴侣,样子是一个欢乐的、温厚的、经常喝得醉醺醺的老人。在这里,西勒诺斯是一个专有的名字。当它是复数时,指丰产精灵,大自然的自发性力量的体现。他们具有动物的面部表情,马耳朵,有尾巴和蹄子,他们常常被表现为一群。他们喜欢音乐和舞蹈,好向神女们献殷勤。特别突出的是其好斗的习性。在神话里人们把西勒诺斯(后来为萨提洛斯)归为狄奥尼索斯的伴随,并且与酒的象征意义相联系。在一系列神话里,他们表现为令人亲切的、友善的、智慧的精灵。——原编者

[②] 萨提洛斯(satyros),希腊神话中的森林神,作为狄奥尼索斯的伴随,是丰产精灵。他们心性放纵,嗜酒,同神女们一起在林间漫游,舞蹈。他们身上长毛,有时有山羊蹄子和尾巴。——原编者

[③] 存在多种关于狄奥尼索斯之死的传说。这里指的是希腊古典时期奥尔甫斯信徒们在宗教方面作的改变。狄奥尼索斯崇拜与对古代神、宙斯和冥府女神佩尔塞福涅之子札格瑞奥斯的崇拜出现混同。提坦们把札格瑞奥斯撕碎,吃了后,他重又诞生,这次是由特拜公主塞墨勒生了他。人类本身在具有提坦的粗鲁本性的同时——人类即由他们而来,还具有被他们的先辈吞噬的神性的狄奥尼索斯的部分。奥尔甫斯信徒是在公元前8世纪在希腊广泛流传的宗教派别奥尔甫斯崇拜的继承者,传说中的诗人奥尔甫斯被认为是其奠基人。他们传播关于人的两种本质(崇高的——神性的和低贱的——提坦神的)的学说,宣传死后报应的信念。——原编者

复习提要

1. 古希腊文学及其意义。马克思和恩格斯关于古希腊文化的论述。

2. 克里特-迈锡尼时期。G.施里曼的发现①。

3. 古希腊文学的分期。

4. 前上古时期史诗的发展(荷马——不是开始,而是完成)宴会歌和葬礼歌。

5. 上古时期的体裁(除了史诗)。文学体裁及其与宗教仪式的关系。

6. 古希腊神话传说及其谱系。

7. 特洛伊神话谱系及其基本主题。

8. 荷马的《伊利亚特》。

9. 荷马的《奥德赛》。

10. 荷马史诗的艺术特点。

11. 荷马问题。

12. 系列史诗。

13. 教谕性诗歌和赫西奥德。

14. 赫西奥德的《劳作和节令》。

15. 古希腊抒情诗,抒情诗发展的条件及其类型。

---

① 克里特、克里特-迈锡尼或爱琴海文化是表示青铜时期(约前2800—前1100)的古代希腊文化的习用术语。爱琴海文明的发现发生在19世纪70年代G.施里曼的考古发掘期间,在这之前人们只是根据荷马史诗知道它。A.伊文斯开始了对由他找到的克诺索斯(克里特岛)宫殿的发掘,在发掘过程中对所发现的文化进行了时期划分,把它称为弥诺斯文明(按照传说中的国王的名字弥诺斯)。G.施里曼(1822—1890),德国考古学家。他发现了特洛伊的所在地,还在迈锡尼、奥尔霍墨诺斯等地进行过发掘。——原编者

16. 古希腊哀歌及其分类。提尔泰奥斯,阿尔基洛科斯,梭伦。

17. 抑扬格诗、铭辞、格言。

18. 演唱性抒情诗及其分类。

19. 合唱抒情诗及其体裁。

20. ……〈нрзб〉及其意义。品达罗斯的创作①。

第二部分　中世纪文学

（片段）

阅读书目

1. 教科书：

《西欧文学史·早期中世纪和文艺复兴时期》,日尔蒙斯基教授主编,1947年,已有新版②。

---

① 对笔记中的第一个字未能解读。显然这里谈的是关于合唱抒情诗,因此可以设想,这里或是提到西摩尼德——作为古希腊这种类型抒情诗的两位(同品达罗斯一起)最杰出的能手之一,或者提到阿尔克曼,巴赫金在讲座中提到他的少女合唱歌片段及其对世界文学的影响。品达罗斯(约前518—前442或438),古希腊抒情诗人,典礼合唱诗歌、宗教颂歌等的作者。从问题的罗列可以看出,巴赫金讲到过品达罗斯,不过米尔斯卡娅的笔记里没有。——原编者

② 指《西欧文学史·早期中世纪和文艺复兴时期》,莫斯科,教育出版社,1947年。第2版书名为《外国文学史·早期中世纪和文艺复兴时期》,莫斯科,教育出版社,1959年。这两版均由 B.M.日尔蒙斯基主编。第3版为修订、补充版,书名为《外国文学史·早期中世纪——文艺复兴时期》,莫斯科,教育出版社,1978年。作者是俄国著名学者、院士 М.П.阿列克谢耶夫、B.M.日尔蒙斯基、C.C.莫库利斯基教授、A.A.斯米尔诺夫。第4版由高等学校出版社于1987年出版。——译者

日尔蒙斯基①和阿列克谢耶夫②——苏联罗曼-日耳曼语文学奠基人。莫库利斯基③罗曼语文学家，法语专家，杰出的戏剧学家，古典主义研究者、行家。斯米尔诺夫④——罗曼语文学家。莫罗佐夫⑤去世后，他是最为杰出的莎士比亚学家，法国文学和凯尔特文学专家。

这部教科书的不足之处在于缺乏学术资料引证。

2. 文选：

（1）《西欧文学选读·中世纪文学》，绍尔教授选编。新版——绍尔和普里舍夫⑥选编。

（2）《文艺复兴时期文学选读》，普里舍夫教授主编⑦。

（3）*Jongleur de Notre-Dame*，阿纳托尔·法朗士⑧。

---

① В.М.日尔蒙斯基(1891—1971)，语文学家、文艺学家。普通语言学问题、日耳曼语言学问题和突厥语言学问题研究者。诸多有关俄罗斯文学和外国文学历史、文学理论、美学、诗学、文体学、方言学和民间创作著作的作者。——译者

② М.П.阿列克谢耶夫(1896—1981)，语文学家、文艺学家。从事语言学、民间创作学、翻译史理论、俄国和外国文学史和理论及其互相影响等方面的研究。——译者

③ С.С.莫库利斯基(1896—1960)，戏剧学家、文艺学家、文艺批评家。其基本著作是研究文艺复兴时期和启蒙运动时期法国和意大利艺术。——译者

④ А.А.斯米尔诺夫(1883—1962)，语言学家、文艺学家、翻译家。西欧文学专家。——译者

⑤ М.М.莫罗佐夫(1897—1952)，文艺学家、戏剧学家、翻译家。杰出的莎士比亚喜剧家。——译者

⑥ 这里指《西欧文学选读·中世纪》，Р.О.绍尔选编，莫斯科，1936年、1938年。Р.О.绍尔(1894—1939)，语言学家、文学史家。西欧文学史诸多著作的作者。"新版"指В.И.普里舍夫、Р.О.绍尔的《中世纪外国文学》，莫斯科，1953年。В.И.普里舍夫(1903—1989)文艺学家，中世纪、文艺复兴时期和18世纪西欧文学诸多著作的作者。——编者

⑦ В.И.普里舍夫：《西欧文学选读·文艺复兴时期》第3版（补充），莫斯科，1947年。——原编者

⑧ 阿纳托尔·法朗士(1844—1924)，真名是阿纳托尔·弗朗索瓦·提博，法国作家。小说《神母的容格勒尔》(*Jongleur de Notre-Dame*)根据流行的中世纪传说 *Tombeur Notre Dame* 的题材写成，收入《珠母匣子》(1889)，致献法国杰出的中世纪学者G.帕里斯。巴赫金在关于勃洛克的讲座中到这部作品，见于 Р.М.米尔金娜在20年代的笔记。参阅巴赫金关于А.别雷、Ф.古勃、А.勃洛克、С.叶赛宁的讲座（见米尔金娜的《俄国文学史讲座笔记》），《对话·狂欢·时空体》，1993年第2—3期，第159页。——原编者

中世纪分期和文学分类

中间时期（相对性的），中世纪——自"民族大迁徙"（公元 5 至 6 世纪）开始。最后期限——16 世纪末至 17 世纪初，头一个十年①。封建主义时期。民族国家的形成，民族的形成。中世纪时代的基本特点——缺少封建化民族。这些共同特点贯穿整个时期。

中世纪史、文艺复兴时期分为不同阶段。学术研究中没有普遍承认的分期法。存在学科——медиевистика，即关于中世纪的科学，又称 медьевалистика（源自法语⟨median⟩——中间的，因为正是在法国，它受到特别的重视）。这是一个非常广阔的知识领域。我们还没有年轻的中世纪学学者②。对一系列问题没有统一的看法。

历史向前运动，也向后运动。时间走着，扩展着对过去的认识。

埃及文明。要知道，"古希腊罗马文明"（античность）这一术语的

---

① 中世纪是至今仍未能确定准确的时期界限的时代。对于其开始时间，不同的学者认为在公元 2、3 世纪至 4、5 世纪之间，最后期限在 15、16、17、18 世纪。最为流行的观点有两个：从公元 5 世纪至 15 世纪（参见 С.П.马蒙托夫的《文化学》，莫斯科，1995 年，第 79 页）和从公元 5 世纪至 17 世纪（参见 T.B.卡瓦廖娃、Н.Л.拉宾、Н.А.潘科夫著《中世纪文学和文艺复兴》，明斯克，1986 年，第 5、6 页）。"民族大迁徙"指日耳曼人、斯拉夫人、萨尔马特人及其他部落在罗马帝国崩溃后激发的在罗马帝国疆域内出现的大迁徙。在不同的材料里可见到不同的相关时间范围：公元 4 至 6 世纪（参见 М.Л.阿列克谢耶夫等著《外国文学史·中世纪和文艺复兴时期》，莫斯科，1959 年，第 6 页），公元 4 至 7 世纪（参见《苏联百科词典》，莫斯科，1985 年，第 205 页）。——原编者

② 中世纪学（медиевистика，源自拉丁语 medius（意为"中间的"）和 aevum（意为"时期""时代"）或 медьевалистика，源自法语 medieval——"中世纪的"），史学分支，研究西欧中世纪历史的各种观点。苏联中世纪学者的那些最有意思、最有意义的著作（А.Я.古列维奇、И.М.梅列金斯基等著）出版于 1958 至 1959 年之后（参阅《阅读书目》）。——原编者

创立者们认为,古希腊罗马文明是欧洲文明的开始,欧洲文明的"白天"①。

克里特文明②,在它身后矗立着还要古老的文化。一些学者认为,克里特文明是更为高度发展的文明瓦解的结果。

赫梯诸国王铭文③。

拉萨④。数千年过程中,它对于欧洲人是难以了解的。有一些冒险家去到那里。现在对拉萨藏书馆和手稿储存馆的研究工作已经开始。有关佛教历史的非常珍贵的知识。

我们每个人差不多有一千个祖先,科学向回走得越来越远。

一般说来,术语"中间"不适合于历史,它很荒谬,它与当时观点的狭窄性有关。有人提议称"封建制时期",但这纯粹是经济学界定。

最简单的,已经存在很久的分期。

1. 早期中世纪。

其特征是同一个过程的两个方面:奴隶制的古希腊罗马社会制度和蛮族部落解体阶段的氏族部落制度(相当缓慢)与同一时期封建制度的产生。时间界限:公元5世纪——开始。对于早期中世纪结束的时限存在两种观点。第一种观点:公元8世纪末至9世纪初(查理大

---

① 古代埃及文明的研究作为一门学科,开始得很晚,系统性研究开始于1922年。在埃及本土的第一批考古发掘属于19世纪末。术语 античность(源自拉丁语 antiquus——"古代的")为文艺复兴时期人文主义者开始采用。当时人们还不知道比古代希腊和古代罗马更古老的文明。——原编者

② 参阅第一部分《复习提要》相关注释。——原编者

③ 赫梯人是居住在小亚细亚中部的民族。赫梯王朝(公元前18至前12世纪初)在繁荣时期拥有广阔的领土,在争夺对前(西)亚统治权的斗争中是埃及的竞争对手。对赫梯历史和文化的研究仅仅开始于19世纪,系统性研究开始于1906年。在第一次世界大战期间成功地解读了赫梯楔形铭文。稍后又破译了赫梯象形铭文。对于研究赫梯历史、文化具有重要意义的是对赫梯王朝(阿尼塔、铁列平等)的铭文的破译。——原编者

④ 拉萨,中国城市,位于西藏高原,建立于公元7世纪。长时期里,欧洲对古代中国几乎一无所知。只是从16世纪开始,欧洲传教士和商人开始对过去的中国产生一些兴趣,对它的科学研究开始得要晚很多。——原编者

帝帝国时期）①。第二种观点：11世纪（包括在内），这比较正确。正是这时产生了世俗诗歌。

2. 中期中世纪。

定型、成熟的封建制时期。在其内部开始发展资本主义。城市特有的独立性。资本主义处于最开始的阶段，在繁荣的封建制内部。繁荣时期——12、13、14世纪。附加意见：国家发展的明显不平衡性。法国南部游吟诗人的诗歌最早为11世纪，最晚为12世纪。在中期中世纪，现象以世纪划分。在意大利，13世纪则是但丁。恩格斯评论但丁："中世纪的最后一位诗人和新世纪的第一位诗人。②"在德国等地区，过程被延缓了。

3. 晚期中世纪。

对于大部分国家（除了意大利）来说是15至16世纪。封建制继续解体和资本主义更有力地增长、发展。正是在意大利，在但丁出现之后，这种情况在13世纪开始出现。在其他国家，大概从15世纪开始。时代的两个方面。它有两个主人。这是晚期中世纪。文艺复兴时期，这是第二个方面：资本主义的清晨。这在时间次序方面是同一个时代。

学术中进行过争论。提出过不存在晚期中世纪的理论，因为那样好像"贬低"了文艺复兴时期那些杰出的活动家们。这是没有益处的词语争论。与此同时，不仅在意大利（14至15世纪），而且在其他国

---

① 查理大帝（拉丁语为Carolus Magnus，古法语为Charlemagne，742—814），公元768年起为法兰克国王，公元800年起称帝，来自加洛林王朝。他的征服行动导致建立了范围广阔的帝国，该帝国在他死后立即瓦解。——原编者
② 但丁·阿利吉耶里（1265—1321），意大利诗人。巴赫金未能准确地从《共产党宣言》1893年意大利文版序言里称引恩格斯的话，恩格斯称其为"中世纪的最后一位诗人，同时又是新时代的第一位诗人"。（《马克思恩格斯选集》第1卷，第249页）——原编者

家(15至16世纪),还可以看到封建制的复兴①。

对于意大利来说,早期文艺复兴运动在14世纪,中期文艺复兴运动,对于意大利和某些其他国家来说是在15世纪。晚期或称高度文艺复兴时期是在16世纪。有人加进补充划分,不过已经不是完全时间次序的②。

基督教是古希腊罗马时代的现象(公元2世纪末)。当时它有自己的机构,形成了罗马天主教会③。在民族大迁徙时期,罗马帝国崩溃了,而教会则没有,它保存了下来,生了根,成为强大的国际性组织。所有这一切都进入了新的资本主义社会。

教会用拉丁语创作了规模巨大的拉丁文学,它完全服从于教会,服从于教会的任务。这一文学称为中世纪拉丁文学。它与古希腊罗马文学没有任何联系。中世纪拉丁语远为粗俗、简化。简化了"白银

---

① 在晚期文艺复兴时期,许多文艺复兴理想和标准大大变形了,早就开始的资本主义关系的形成过程变得缓慢,停滞起来,甚至部分地逆转,即出现了封建制的复兴——封建制秩序的重新建立,伴随着天主教会统治的确立和文化的"贵族化"。——原编者

② 文艺复兴时期文化的时序界限问题是一个复杂而存在争论的问题。巴赫金给它提供的分期是根据还是源自瓦萨里(15世纪)的传统观点:按世纪划分阶段。这一原则也出现在 B.M.日尔蒙斯基主编的教科书里,巴赫金也把它推荐给学生们(参见《外国文学史·早期中世纪和文艺复兴时期》,莫斯科,1959年,第196—198页)。一系列有关文学和文化史的当代教科书提出了新的时期名称:14世纪——早期文艺复兴时期,15世纪——高度文艺复兴时期,16世纪——晚期文艺复兴时期(参见 П.А.尤维季欣的《世界艺术文化:由起源到17世纪》,莫斯科,1996年,第234页)。——原编者

③ 基督教产生于公元1世纪后半期,产生于罗马帝国的东部行省。不过到公元2世纪初,它仍然没有形成统一的学说,没有形成固定的教义,没有整顿办序的崇拜仪式。作为在某种程度上业已形成的宗教(有自己的教义、信仰标志和仪制),基督教仅仅出现在第一位基督教护教士尤斯丁(约公元150年)的著作里。从公元2世纪中期起,基督教会组织开始形成,产生了君主性的教制,成立了区分教士(宗教人士)和俗人的教会组织,僧侣法规开始定型。最初开始时的公社性会议、晚间聚餐变成为礼拜仪式。公元2世纪末,罗马帝国经受到全面的社会,政治和精神危机,从而保证了基督教思想意识的胜利。教会教理成为世界观的基础。公元2世纪末被认为是拉丁语基督教文学的形成时期。——原编者

拉丁语"和"黄金拉丁语"的复杂的复合句式①。《蒙昧者书简》②——对中世纪通俗拉丁语的戏拟。(在医学上的中世纪拉丁语。医院里的"病历"。在西方,在病人床边不允许用病人的语言说话,得用通俗拉丁语。)

中世纪拉丁语文学只是在其存在的最初几个世纪里曾经引起人们一定的兴趣,因为它当时是唯一的书面文学。

1. 中世纪文学第一分支——拉丁语文学。

2. 第二种表现——中世纪英雄史诗的发展。短小的史诗性诗歌,宴会歌,葬礼歌,在蛮族人那里。例如凯尔特人③,他们曾经走过整个欧洲,拥有这些作品的大量现成材料。此外,还有抒情性的、典仪性的诗歌。蛮族,这指仍然处于奴隶制度的民族。他们的史诗反映了奴隶制度的瓦解和封建制度的产生。早期的史诗昨品未能流传下来,因为

---

① 拉丁文学语言发展历史分为几个阶段:前古典时期或上古时期(前240—前43),奥古斯都时期或"黄金拉丁语"时期(前43—14),后古典时期或"白银拉丁语"时期(14—117),晚期拉丁语时期(公元2至5世纪)和中世纪拉丁语。有时术语"黄金拉丁语"不仅指奥古斯都时期,也指西塞罗时期。"黄金拉丁语"的特点是完美的语法,精巧的诗歌形式,多种多样的体裁和文体手法。"白银拉丁语"保持了"黄金拉丁语"的语法结构,但它过分讲究文体效果和修辞效果,使它有别于纯洁、明彻的古典拉丁语。——原编者

② 《蒙昧者书简》(*Epistolae obscurorum virorum*),第一部分(1515),第二部分(1517),著名德国讽刺作品,讽刺针对人文主义的敌人——经院哲学家们。由人文主义者克罗图斯·鲁比阿努斯,乌利希·封·胡滕、赫尔曼·布什写成,采用的是对经院哲学家的著作进行戏拟的形式。这部杰出的嘲弄性作品的语言表现为"厨房拉丁语"和民间德语的混合,与书信体风格和经院哲学家们思维的贫乏很相称。戏谑起初被经院哲学家们理解为有如志同道合者的完全严肃的作品。关于这部作品,参见巴赫金著作《长篇小说话语的发端》。——原编者

③ 凯尔特人是古代印欧语系部落,公元前6至前2世纪期间占据了欧洲大部分地区。最著名的部落有高卢人、不列颠人、博伊人、赫尔维提人、比利时人、塞克万尼人、埃杜伊人等。到公元前1世纪中叶,凯尔特人被罗马人征服,在罗马人的进攻下不得不迁居不列颠群岛。公元5世纪时,凯尔特人被英格兰人和萨克逊人排挤到爱尔兰,苏格兰和阿尔莫里卡(今法国布列塔尼)。爱尔兰成了凯尔特文明的中心。凯尔特人的史诗基本形成于公元3至7世纪。爱尔兰萨迦的最初记录完成于公元8至9世纪。——原编者

蛮族尚没有文字,而传世的作品则组成新的方面——中世纪民间英雄史诗。基本上属于早期中世纪时期。

短小的英雄史诗。真正属于公元 5 至 8 世纪的诗歌未能流传下来,除了唯一的一部《希尔德布兰特之歌》(公元 8 世纪)①,它偶然地被记录在一篇论文(不长的片段)的封面上。《罗兰之歌》。《尼贝龙根之歌》(R.瓦格纳的《尼贝龙根的戒指》,由《众神的黄昏》而出现的葬礼行进②。)《埃达》是斯堪的纳维亚史诗,反映氏族制的解体和封建关系的建立。这部史诗基本上属于早期中世纪,虽然部分地记录于早期和中期中世纪交界时期。

3. 中世纪宫廷骑士文学。这是成熟了的封建制成果。这已经是书面文学。繁荣是在公元 12 至 13 世纪。法国南部游吟诗人及其"快乐的科学"。第一部世俗文学是中世纪的。

4. 中世纪城市文学。宫廷文学是封建城堡文学,当时已经开始城市繁荣。在中期中世纪期间,城市获得发展,并且在城市里形成了自己的文学。要是拉丁文学仅仅知道学校戏剧③,宫廷文学不知道戏剧和剧场,那么城市文学则相反,基本上是剧场—戏剧文学。

5. 文艺复兴文学。14 世纪时在意大利,已经是新时期文学——既按体裁,也按风格等,达到巨大的繁荣。许多作家成为不可超越

---

① 《希尔德布兰特之歌》创作于公元 800 年左右(因此不同的材料把它归于或是 8 世纪,或是 9 世纪)。关于这部著作的详细情况见第二章题目五"日耳曼(德国)英雄史诗"及有关注释。——原编者
② R.瓦格纳(1813—1883),德国作曲家、戏剧改革家、文化理论家。巴赫金在这里指瓦格纳的歌剧四部曲《尼贝尤根的戒指》(1854—1874),由歌剧《莱茵的黄金》《女武士》《齐格弗里德》《众神的黄昏》组成。歌词作者为瓦格纳本人,以民族英雄史诗为基础。受到瓦格纳加工的民族神话传说题材以及中世纪骑士文学题材也成为他的其他歌剧,如《漂泊的荷兰人》《罗恩格林》《汤豪泽》《特里斯丹和绮瑟》《帕尔齐法尔》等的基础。巴赫金对瓦格纳的创作评价很高(《尼贝龙根之歌》亦译为《尼伯龙人之歌》,《特里斯丹和绮瑟》亦译为《特里斯坦和伊索尔德》。——译者)。——原编者
③ 学校戏剧指中世纪时产生于西欧学校,作为学生研究拉丁语和发展修辞学手段的戏剧作品和剧场演出。——原编者

的：莎士比亚①，拉伯雷(《巨人传》②，塞万提斯③。自 14 至 17 世纪(包括在内)。

第一章　中世纪拉丁文学

产生于教会需要，也为教会服务。基本体裁：祈神性的，生活记述性的，编年记事性的(编年史)，戏谑性的中世纪拉丁文学。

祈神性体裁

基本上是祈祷性诗歌，赞美诗。直到今天，天主教会所有祈祷词只是拉丁语的④。天主教的祈祷词和赞美诗不是在中世纪形成的：中世纪文学是从罗马教会接受了它们，罗马教会则是在公元 3 至 4 世纪翻译了希腊的祈祷词和赞美诗，因为基督教的产生比天主教早⑤。作品经常只是艺术性的。后来(从公元 5 到 12 世纪)，也创作了一些新的祈祷性赞美诗，那些赞美诗在艺术性方面要差得多，因为教会已经变成官样式的。只有教堂管理人员仍然创作了一些具有艺术性的作品。

古代拉丁诗歌只用以长音节和短音节交替为基础的节律性格律写作。这种节律性诗歌不知道韵脚，尽管在奥维德那里有时隐约显现

---

① 莎士比亚(1564—1616)，英国剧作家和诗人。——译者
② 拉伯雷(1494—1553)，法国作家。小说《巨人传》(第 1—4 卷，1533—1552 年，第 5 卷发表于 1564 年，第 5 卷的著作权是否完全属于拉伯雷这一问题存在争议)在巴赫金的著名著作《弗朗索瓦·拉伯笛的创作与中世纪和文艺复兴时期的民间文化》中得到分析。——原编者
③ 塞万提斯(1547—1616)，西班牙作家。——译者
④ 许多世纪期间，天主教会的祈祷仪式是用拉丁语进行的，仅仅第二梵蒂冈大教堂(1962—1965)允许民族语言祈祷。——原编者
⑤ 这电指大主教——基督教的派别之———作为教理和教会组织，形成于 1054 年教会分裂之后。——原编者

某些类似韵脚的东西。韵脚首先出现于体育类诗歌,来自何处——这一问题尚未解决①。各种罗曼语言在罗马帝国居民通俗拉丁语基础上发展起来。学者们推测,大概在通俗拉丁语里也存在过某些诗歌,韵脚也从那里进入了赞美性诗歌。就这样,赞美性诗歌的特点是韵脚的出现,首次在文学中出现。

　　普希金曾经写道,起初韵脚出现于普罗旺斯②。这一说法仅仅对于西欧语言是正确的。赞美诗的韵脚是拉丁语文学最有意思的特点。韵脚非常简单,然而粗俗地明确而显明:用动词词尾合韵。赞美诗创作在继续,但是创作是公式化的。一定的活跃随着异端的出现,开始于早期中世纪末至中期中世纪初。圣母崇拜的目的在于活跃教会活动,使教会与生活接近。赞美诗"祝福圣母"。最后的审判颂。在《浮

---

① B.M.日尔蒙斯基的著作《韵脚及其历史和理论》(1923)分析了韵脚的产生问题,巴赫金对这部著作无疑很熟悉。正如日尔蒙斯基指出:"历史性最为古老的押韵方法是以声音近似的结尾组合两行或数行相邻的节奏性诗行。这些相邻的韵脚见于中世纪拉丁赞美诗。〈……〉韵脚的产生问题的复杂性在于规定……决定性因素的复杂性——语音在新的结构作用中的规范化……按照一些人的看法,中世纪赞美诗写作同古典拉丁语的发端性韵脚有关,按照另一些人的看法,中世纪赞关诗源自东方,源自叙利亚教会长老……"(B.M.日尔蒙斯基:《作诗理论》,列宁格勒,1975年,第378页)试比较著名的当代学者,其中包括研究诗歌理论问题的 М.Л.加斯帕罗夫的观点:"古希腊罗马诗歌习惯于无韵脚……现在,在中世纪,拉丁诗歌……成为押韵的……韵脚由散文进入诗里……韵脚的群众性时髦从 9 世纪开始于中世纪拉丁文学(可能是受到爱尔兰拉丁学者的影响,他们把自己的凯尔特押韵习惯移植到这里,并且他们正是在这一时期,许多人从爱尔兰由诺曼迁居到大陆)。一些新的音节格律有时是带韵脚的。不仅如此,韵脚不局限于昔节格律的'节律'诗歌,它也冲击了传统的'节律诗歌',甚至散文。"(М.Л.加斯帕罗夫:《欧洲诗歌简史》,莫斯科,1989年,第95、96页)(奥维德,前43—约18,古罗马诗人。——译者)——原编者

② 这里指 А.С.普希金的下述论述:"诗歌在法国南部的天空下苏醒了,韵律在罗曼语系语言中回响;诗歌的这种新装饰品,乍看起来如此微不足道,仍它对当代各民族文学有着艰大影响。双重重音悦耳动听;……法国南部的游吟诗人非常讲究韵律,极尽韵律变化之能事……"普希金的《论关于古典主义和浪漫主义诗歌》,1852年。(参见《普希金文集》,人民文学出版社,黄弗同译,第 146 页。——译者)普罗旺斯(Provanc,源自拉丁语 provincia,因为罗马人经常称南高卢为行省),法国东南部地在查理大帝的帝国瓦解之后,普罗旺斯不再依附于法国北部。独立的普罗旺斯语是从拉丁语发展起来的第一种印欧语系文学语言,就像后来的法语那样。11世纪时,普罗旺斯在经济和文化方面是法国最发达的部分。——原编者

士德》里,在大教堂里甘泪卿的场面①。莫扎特的《安魂曲》②在非宗教性的追悼会上演奏。柏辽兹的《安魂曲》③。《流泪的圣母》《愤怒的一天》均出自莫扎特的《安魂曲》。赞美诗就这样分化出来,并且继续生存。

言行录体裁

言行录体裁是教会文学最流行的体裁。教会有意识地增加圣徒数量。言行录的数量非常多。许多言行录是在东方形成的,在古希腊罗马时期被翻译过来。然而新的圣徒言行录比新的赞美诗要多得多。圣徒是虚构的。撰写言行录的人当然并没有实际材料。存在很多公式化的东西,撰写者们可以利用它们。圣徒的名字是拉丁语的。在普通百姓与拉丁语言行录之间没有任何共同的东西,它们令普通百姓深深感到是异己的,不过对于俄文言行录文学却怎么也不能这样说。俄罗斯言行录充满了政治观念(鲍里斯和格列布言行录),吸收了民间传说(安德烈·佩切尔斯基言行录)等。不过在西方也有艺术性的、诗歌体的言行录。

德国学者曼尼齐乌斯撰有关于言行录文学的巨著④。作者区分两类言行录文学:

1. 犯教规者—异教徒言行录,当他在那美好的一天仍未能"认识

---

① 这里指歌德的《浮士德》第一部分"大教堂"的场面。在那里,歌队演唱13世纪(根据其他材料,为11世纪)的拉丁赞美诗《最后的审判》(Dies irae——愤怒的一天)。这首诗进入了安灵祈祷。巴赫金在《陀思妥耶夫斯基诗学问题》里称引了小说《少年》中的一个片段,一个人物(特里沙托夫)在其中分析大教堂场面。——原编者
② 莫扎特(1756—1791),奥地利作曲家,这里指他的《安魂曲》(1837)。——译者
③ 柏辽兹(1803—1869),法国作曲家、指挥家。这里指他的《安魂曲》(1837)。——译者
④ 大概指德国学者 M.曼尼奇乌斯(1858—1933)的《中世纪拉丁文学史》(*Geschichte der tateinischen Literatur des Mittelalters*),共3卷,1911至1931年在慕尼黑出版,"圣徒言行录(散文)"〔Hagiographie(Prosa)〕一章见于第2卷,慕尼黑,1923年,第414—490页。——原编者

真理"。(在陀思妥耶夫斯基那里——关于小说《大罪人生平》①。)曼尼齐乌斯认为,这是言行录文学中更为重要,并且也最为有意思的体裁。关于妇女的言行录特别有意思。《埃及的马利亚》。这样的作品也许可以变成惊险小说②。在公元4至5世纪之交,奥古斯丁的著作的声望升高,他叙述自己的生活(《忏悔录》)③。

2. 第二种类型——基督徒言行录从最初降生于世(刚刚降生的婴儿每个星期五不懂事地拒绝母亲喂奶)写起。曼尼齐乌斯强调指出,虽然这些言行录很多,并且具有教训意义,但它们却较少受欢迎,不具有重要意义,对于文学没有起(重大的)作用。

学者们很难确定是在西欧哪个国家撰写了言行录。第一种类型〈言行录文学〉对中世纪小说、巴洛克小说(16至17世纪)产生过一些影响。由巴洛克开始了惊险小说的一个方面。欧仁·苏的小说(《七种不可赎罪恶》《巴黎的秘密》)。他以人物——起初是有罪者,生活

---

① 巴赫金在《陀思妥耶夫斯基诗学问题》中提到陀思妥耶夫斯基的这一构想。试比较巴赫金《长篇小说的话语》(1934—1935)中的阐述:"再谈谈陀思妥耶夫斯基。他的小说是表现得极为突出的考验小说。……陀思妥耶夫斯基还直接同东正教的世态文学和基督神话联系着,同它们特殊的考验思想联系着。这就决定了下列因素在他小说中的有机结合:惊险、忏悔、问题性、生活、危机、蜕化……"——原编者

② 这里指《埃及的马利亚言行录——当过妓女,在约旦沙漠诚实地从事此业》(公元7世纪)。故事被错误地归为耶路撒冷总主教索弗罗尼奥斯一世所撰。马利亚过着放荡生活。当荡妇想进入教堂时,一种神秘的力量把她推开。但是神母大发慈悲,她可以进入教堂。在这之后,马利亚忏悔自己的罪过,在沙漠里生活了十八年。巴赫金在《长篇小说的时间形式和时空体形式》里谈到早期基督教的危机型言行录时,把它们归于他相对称为"惊险形日常生活小说"一类的作品:"……这种类型的一些本质因素也体现在……早期基督教言行录文学的一些变体里(有罪的生活,充满诱惑,然后是人的危机和蜕变)。……这种类型的小说……只描绘人生中特别的完全异常的一些时刻,而这些时刻……既决定着此人最后的形象,也决定着他后来整个生活的性质。"——原编者

③ 奥古斯丁(354—430),基督教神学家、教会活动家。他的自传性《懊悔录》叙述有罪者—异教徒如何变成基督教徒,包含深刻的心理分析。巴赫金在自己的著作里,经常提到奥古斯丁的这部作品,其中包括在自己的著作《教育小说及其在现实主义理论中的意义》中写道:"传记小说(特别是自传和自白小说)中主人公本身的唯一重要的变化,是主人公的危机和再生(危机类的圣者生活传记,奥古斯丁的《忏悔录》等等)。"——原编者

在偏僻荒凉的地方,粗鲁……蓬松·迪·泰拉伊①——《洛卡姆波里》是通俗惊险小说大系。洛卡姆波里是一个罪犯,但后来以"人类的朋友"的身份〈出现〉。

圣徒言行录中以欧洲语言译本传下来的不多。用古法语翻译了《圣阿莱克西言行录》②。几乎所有的欧洲语言都有过这部言行录的版本。言行录的实质是:阿莱克西在贵族而富有的家庭长大,但他从幼时起便向往基督教。他的父母亲是异教徒,他成了基督教徒。人们暗中给他找了一个未婚妻,但他以各种借口拒绝〈结婚〉。他决定离开家。举行婚礼时他消失了。过了许多年,人们仍然未能找到阿莱克西,未婚妻思念他,无法忘记他。过了许多年,来了一个患病而贫穷的人,人们把他安置到后院。他看到,家里的人们记得阿莱克西,为阿莱克西哭泣,但他没有说出自己的名字。他死了,仍未说明自己的身份。神奇的声音让人们寻找阿莱克西——上帝的人。这时父母亲忽然认出了云游者就是他们的儿子。

艺术力量,心理分析,有趣的题材情境。这是最为人性化的言行录之一。

---

① 试比较巴赫金《长篇小说的语言》中的论述:"在惊险小说里巴洛克的格调是很强烈的——甚至在格调最低的市井小说中,也可以发现有一些组成成分,经过巴洛克小说……可回溯到早期基督教传记、自传和罗马古希腊神话的形式上去。像蓬松的《洛卡姆波里》这样著名的小说,都充满了最为古老的典故。在这部小说的基础里,就感觉得到有古希腊时期罗马考验小说(带有危机和蜕化的因素)的形式(如阿普列尤斯和毕期基督教关于罪人变幻的神话)。"欧仁·苏(Egen Sue,真名是 Mari Josephe,1804—1857),法国作家。他在社会小说中对巴黎"底层"代表人物的描写与惊险—感伤题材相结合。蓬松·迪·泰拉伊(1829—1871),法国小说家,关于洛卡姆波里的多部惊险小说的作者。——原编者

② 圣阿莱克西的言行录形成于东方,曾经由叙利亚语译成希腊语,而后又由希腊语译成拉丁语。拉丁语本(11世纪)在西方非同寻常地普及,曾经被加工成大部分欧洲文字。古法语诗歌的最早文献之一便是诗体的《圣阿莱克西言行录》(11世纪)。巴赫金谈的是关于这一版本的俄文译本。在俄罗斯,圣阿莱克西言行录译本从11至12世纪便为人们知晓(参阅 В.П.安德里阿诺娃的《圣阿莱克西在古俄罗斯文学和民间创作里》,彼得堡,1917年)。——原编者

礼拜祈祷

礼拜祈祷与悲剧和秘仪有联系①。所有这些都是某种在许多世纪过程中凝练而成的静止的东西。由此形成了拉丁语的城市文学体裁。宗教剧起初在教堂里表演，后来在教堂门前的台阶上表演，再后来便完全去到城市里②。

编年史

最初，历史记事是在修道院里进行的。在整个中世纪期间，从事历史记事的人是僧侣，并且用拉丁语写作。由此便显得比俄罗斯编年史贫乏，编年史中缺乏崇高的、活生生的生活。

不过编年史也是由大行家纪录的。文法家萨克索的编年史③。许多枯燥的故事，但有许多有趣的题材。莎士比亚的《哈姆莱特》④。托

---

① 秘仪（源自希腊语 mysterion，意为"秘密"）为中世纪西欧宗教戏剧体裁，产生于从教堂来到城市广场的宗教情节表演。关于巴赫金对宗教神秘剧的阐述，参见《弗朗索瓦·拉伯雷的创作与中世纪和文艺复兴时期的民间文化》。——编者

② 宗教剧系指中世纪时与天主教会礼拜祈祷紧密联系的宗教戏剧。产生于公元 9 世纪，由圣职人员在教堂里用拉丁语表演。它是对系经情节的戏剧化，构成一定的系列（如圣诞节的、复活节的）。随着城市文化的发展，宗教剧中的日常生活方面的现实主义因素增强，与礼拜祈祷任务处于相对立的状态。宗教剧放弃了教堂局限，开始在教堂门前的台阶上表演（即所谓的"半宗教剧"或"教堂前台阶表演的宗教剧"），以后又去到城市里。在剧中，拉丁语让位于欧洲民族语言。宗教剧在一定程度上注定了宗教奇迹剧的产生。参阅 М.Л.安德烈耶夫的《中世纪欧洲戏剧：产生和形成（10 至 12 世纪）》，莫斯科，1989 年，第 82—153 页。——原编者

③ 文法家萨克索（1140—约 1208），丹麦编年史家，他在 9 卷《丹麦人的业绩》（*Gesta Danarum*，完成于 1208 年，发表于 1514 年）中转述古代萨迦，在 7 卷《丹麦历史》（*Histenia dinica*）中描写了丹麦历史事件，至 1185 年。——原编者

④ 莎士比亚在自己的悲剧《丹麦王子哈姆莱特》（1601）里利用了文法家萨克索关于哈姆莱特的传说。——原编者

马斯·基德也利用了这些事件①。奥德里克·维塔利斯——比较早的编年史编辑。我们从他那里知道中世纪存在狂欢节②。

这些体裁都是正统的,严格保持了字意和精神〈……〉。

泛宗教文学

人们有意或无意地把它曲解为反宗教文学。诙谐文学,或者parodia sacra——"圣的戏拟"③。

教会是等级制的:教会有自己的"教会公爵"。他们与世俗的公爵区别不大。除了他们外,也有从下层出身的人。这些人为教会服务,但从教会获得的收入比任何人都少。他们生活在半饥半饱之中,有人教他们拉丁语,常常把他们揍得半死。在他们中间有许多富有才能的人,他们知道拉丁语。他们是一些坚强、富有毅力的人,胸怀渴望,感受到〈对生活的?〉渴求。但是他们不可能热爱教会。他们对教会有自己特有的双重态度。对教会生活的批评态度在发展,但是它没有壮大成为完整统一的批判。他们中间产生了反抗情绪,成为普通群众的自发抗议的和声。学校的学生们——第一批中世纪大学生,也是教会的〈……〉。大学生群(这是城市里最暴烈的人群)、低层和中层僧侣是

---

① 基德·托马斯(1558—1594),英国戏剧家。被认为是所谓的"血腥悲剧"的奠基人。人们认为失传的戏剧《哈姆莱特》即由他所作,其写作早于莎士比亚的《哈姆莱特》。——原编者
② 奥德里克·维塔利斯(1075—1142之后),盎格鲁-诺曼底纪事编辑,《宗教史》(*Historia Ecclesiastica*,1114—1141)作者,该著作涵盖了由基督降生至作者去世的时期,包含不少对于11至12世纪西欧历史非常有价值的材料,用拉丁语写成。关于"我们从他那里知道中世纪存在狂欢节",试比较《弗朗索瓦·拉伯雷的创作与中世纪和文兴时期的民间文化》中的论述:"有一份最古老的狂欢节记事流传至今,它是以阴曹地府的神秘幻景形式写的。11世纪的诺尔曼历史学家奥尔德里克·维塔尔给我们记述了一个祭司戈舍林的幻景。"然后详细叙述和分析这一描写。——原编者
③ 关于这一问题,参见如巴赫金的《陀思妥耶夫斯基诗学问题》《弗朗索瓦·拉伯雷的创作与中世纪和文艺复兴时期的民间文化》《长篇小说话语的发端》。——编者

这一文学的创造者。它基本上具有纯戏拟性质①。

第一戏拟,parodia sacra(神圣的戏拟)——*Coena Cypriani*,由 5 到 8 世纪,《基普里安的晚餐》(《晚宴》《基普里安的晚饭》《角斗士们最后的晚餐》②)。

戏拟以《圣经》和福音书为基础,但是宴会变成了欢乐的狂欢。宴会规模非常巨大。《圣经》和福音书中的所有人物都出现在这里。每个人物都符合于自己的性格,但是是处于怪诞状态。例如从基督饮酒

---

① 在我们看来,把这一部分笔记巴赫金在《拉伯雷与果戈理》(1940,1970)的论述进行比较,可以对笔记作一些补充和解释,作者在那里把一方面是西欧的(在拉伯雷的小说《巨人传》中得到描写),另一方面是乌克兰的(在果戈理的作品里得到描写)教会界社会低层和漫游学生们进行类比:"《米尔戈罗德》和《塔拉斯·布尔巴》则表规出怪诞现实主义的特征。怪诞现实主义传统在乌克兰(如在白俄罗斯一样)十分强大而且富有生命力。传统的发源地,主要是宗教学校和神学院(基辅有一个自己的'神圣之丘',代表着类似的传统漫游的学生和低级的僧侣,'曼德罗执事',在整个乌克兰境内传播了引人入胜的口头文学,如滑稽故事、笑话、幽默小品、讽拟语法等等。……学生们课间的自由笑谑,很接近《夜话》中那种民间节庆之笑;但同时乌克兰学生的笑谑,又是西方复活节之笑(risys paschalis)在遥远基辅的回声。由于这个缘故,乌克兰民间节庆文学的因素,与学校怪诞现实主义因素有机地协调地融合在《维依》《塔拉斯·布尔巴》这两部作品中;这正如三个世纪前类似因素有机地融合于拉伯雷的长篇小说之中一样。一个叫赫马·布罗特的神学校学生,不知来自何方,却有着民主的倾向,能把拉丁语智慧同民间笑谑结合起来,有着勇士的力量、惊人的胃口和渴求。这样一个人物异常接近西方的同伴,接近巴奴日,特别与约翰兄弟相似。""圣热纳维也瓦山冈"是中世纪巴黎的一处地方,那里有宗教的和世俗的学校,其中包括 P.阿贝拉尔任过教的学校。——原编者

　　赫马·布罗特是 H.B.果戈理的中篇小说《维依》中的人物。巴奴日,约翰兄弟是拉伯雷的小说《巨人传》中的人物。——原编者

② *Coena Cypriani*,巴赫金部分地在《长篇小说话语的发端》中谈到这部作品,对这一问题的详细分析见于论述拉伯雷创作的著作。"由 5 到 8 世纪"——试比较有关弗朗索瓦·拉伯雷的创作中的论述:"最为古老的怪诞式戏拟作品《基普里安的晚餐》(它在 5 至 7 世纪之间创作于某地)。""确定它产生的时间是不可能的。这可能是在 5 至 8 世纪之间。"——原编者

〈……〉①夏娃只吃苹果。亚当坐在无花果叶上②。

客人们畅饮着。每个人都与福音书相符合地行动着：犹大吻着所有的人，诺亚脱了衣服，醉醺醺地躺着③。整部福音书和整部《旧约》都在这部著作里展开。所有的客人都睡着了，他们醒过来后看到，所有的器皿都没有了。他们寻找小偷，但是没有能找到④。

这部作品写得非常多才，非常机敏，〈作者〉对《旧约》，对福音书非常熟悉。〈这部戏拟作品〉以基普里安的名字流传下来，但是基普里安是个船夫，不可能写出这部作品⑤。

花费了巨大的辛劳，然而写作它的目的是什么？研究者们没有能得出一致的结论。作品获得了巨大的成功，传下许多抄本。不仅国王

---

① 在米尔斯卡娅的笔记里，这句话没有记完。显然应该是"基督饮干葡萄酒"。试比较有关弗朗索瓦·拉伯雷的创作中的文字："给耶稣提供的是香甜的葡萄酒，因为葡萄酒被人们称为'passus'，基督能够忍受'passio'，即恐惧。""基督蒙难，依照相近的纯粹的词意来说，就是应该喝香甜的葡萄酒。"——原编者

② 试比较有关弗朗索瓦·拉伯雷的创作中的论述："《晚餐》的作者做了巨大的摘录工作，他不仅从《圣经》和福音书里摘录了全部筵席形象，而且还选录了全部节日形象。他把所有这些形象汇合成巨大的、充满行动和生活气息的极富狂欢化激情的筵席场景。……所有新、旧遗规的当事人从亚当和夏娃到耶稣，像共同进餐的人一样，都在宴会上聚会了。他们在宴会上根据《圣经》上所写的，各就各位。这里座位是以最奇异的形式排列的：亚当坐在中间，夏娃坐在无花果树叶上、该隐坐在犁上，亚伯坐在牛奶罐上，挪亚坐在方舟上，奥维沙罗姆坐在树枝上，而犹大则坐在钱匣子上等。"——原编者

③ 试比较有关弗朗索瓦·拉伯雷的创作中的论述："饭后，……彼拉多端来了洗手水，当然马大在收拾餐桌，大卫在演奏竖琴，希罗底在翩翩起舞，犹大给每一位送上一个吻，挪亚喝得酩酊大醉……"——原编者

④ 试比较有关弗朗索瓦·拉伯雷的创作中的论述："然后插进了失盗的情节：发现在举行宴会的时候，很多东西被盗了。于是开始寻找失盗的东西，而且所有的客人都被当作小偷来看待。可是，后来人们打死了一个叫阿加里的，赎了共同的罪过，而且隆重地为她举行葬礼。"——原编者

⑤ 基普里安（200—258），公元246年任迦太基主教。瓦勒里安皇帝在位期间，他被砍头。不仅在他在世时，而且在整个中世纪，他都享有巨大的宗教威望。试比较有关弗朗索瓦·拉伯雷的创作中的论述："这一传统同迦太基大主教基普里安（258年去世）绝对没有任何关系，尽管人们一般都把 Coena（《晚餐》）归到他的创作中。"——原编者

们非常喜欢《晚餐》(Coena)，教士们也都非常喜欢它。宴会时给国王们大声朗读这部作品。显然中世纪教会也没有想到要禁止这部作品，并不认为它是邪说①。这是为什么？

第一种观点，大部分(中世纪拉丁文学研究者，而在俄罗斯文学中一般说来没有，除了 A.H.维谢洛夫斯基②)。这部著作产生于中世纪最初时期。当时蛮族代表挤满了各学校，在语言和人名方面反应迟钝。好像因此某个学者为了方便记忆，便决定赋予最实质的东西以愉快的、容易记忆的形式，以教育开始学习宗教的人们。

第二种观点。中世纪时，教会对笑持否定态度，笑在中世纪没有位置。奥古斯丁便说过，笑容玷污人的脸，人本应该为自己的罪孽而

---

① 试比较有关弗朗索瓦·拉伯雷的创作中的论述："《基普里安的晚餐》从 9 世纪开始……获得巨大的成功，并作为第一版和各种改写本都获得了广泛的传播。流传至今的就有三种改写本：著名的富里斯基修道院院长拉班·夫尔(855 年)的改写本；助祭约翰(877 年)的改写本；最后一个改写本是兰斯的阿彩林撰写的。拉班·马尔夫是一个非常严格和非常正统的牧师，但是他一点都没有发现《晚餐》中亵渎神明的东西。他出了一本《晚餐》的缩写本，而且把它献给了洛塔尔二世。他在题词中认为，《晚餐》可以作为国王的有趣读物(ad jocunditotem)。罗马的助祭约翰把《晚餐》原文改写成诗歌(《晚餐》原文是散文体)，并且附上了序言和尾声。从序言看，约翰的这部作品是供学生复活节期间演出用的；而从尾声看，《晚餐》为查理二世(雷瑟)国王举行的宴会获了巨大的成功。"还可以比较《长篇小说话语的发端》中的论述："不难理解，……《基普里安晚餐》甚至在严格的教堂人士中间，能有如此巨大的声誉。……《晚餐》之诗在国王的宴会上朗读过。"——原编者

② A.H.维谢洛夫斯基(1838—1906)，俄罗斯语文学家、文学史家，俄罗斯文学、斯拉夫文学拜占庭文学、中世纪西欧文学、各民族民间创作、文艺复兴时期文学、新时期俄罗斯和西欧文学、民族志等方面的行家，俄罗斯文艺学比较历史学派代表。他研究过历史美学、史诗史抒情诗和戏剧、题材美学、心理对比法等方面的理论问题。巴赫金回答《新世界》编辑部的问题时，谈到关于维谢洛夫斯基研究的"非常广阔的文化视野"问题。(《文学批评论集》，第 502 页) 莫尔多瓦大学科学图书馆藏书中保存有一些维谢洛夫斯基著作，上面有巴赫金的标注(例如：维谢洛夫斯基：《历史发展中的诗学类型评论》，第三部分，圣彼得堡，1883 年，登录号 4218)。我们发现了这一版本的图书卡，上面有巴赫金的登记："1945,10,8." 和巴赫金的签名。——原编者

悲伤,神不笑,因此人也不应该笑①。

　　古希腊罗马人认为,人以笑区别于动物,意识同笑一起产生②。中世纪时,教会只好自觉不自觉地对笑视而不见。每年教会自己举行"愚人节",该节日一直延续到17世纪。人们曾经企图禁止这一节日,但是没有成效。16世纪时,曾有教堂文告为"愚人节"辩护。如果不给人笑以发泄,那么人可能会由于对神的恐惧和虔诚而死去。因此,只要不离开宗教,就让人们笑吧③。在意大利,甚至现在仍然有谚语称,危险过去后可以笑。看来这就是主要原因。

　　在古希腊罗马时代,部分地在中世纪,笑享有某些特权。中世纪的小丑。小丑嘲笑神圣的骑士礼节的所有基本方面。没有什么未曾为小丑所戏拟。笑的特权存在于整个中世纪时期。在中世纪,所有古希腊罗马时代的东西都遭到毁灭,神明被宣布是魔鬼,古希腊罗马时代的帕伽马羊皮纸被写上祈祷词。所有的,只除了一个——萨图尔努斯节,欢笑的节日④,存在多种狂欢形式,它们一直流传到现在。

---

① 关于奥古斯丁,试比较有关弗朗索瓦·拉伯雷的创作中的论述:"早期基督教(在古希腊罗马时代)就已经谴责了诙谐。德尔图良、基普里安、约翰·兹拉托乌斯特反对古希腊罗马的演出形式,特别反对滑稽模拟剧,反对滑稽模拟剧的诙谐和玩笑。约翰·兹拉托乌斯特直率地提出,玩笑和诙谐不是来自上帝,而是来自魔鬼;基督徒只应当始终不渝,一本正经,为自己的罪孽悔过和悲伤。"约翰·兹拉托乌斯特(344—354期间—407),拜占庭教会活动家。大概讲座中谈的仍然是约翰·兹拉托乌斯特,"基督永远不笑"这句话就是他说的。——原编者
② 这里特别是指亚里士多德的著名论断:"在一切生物中,只有人类才会笑。"——编者
③ 这里的笔记可能不完全准确。巴赫金在拉伯雷研究中谈到15世纪时对愚人节的辩护,辩护包含在巴黎神学系于1444年3月12日发出的通告函里。通告函谴责愚人节。函中为了批驳,称引了节日维护者们提出的理由,巴赫金对那些理由是这样转述的:"为了使已成为我们的第二本性,似乎是人天生愚蠢(滑稽举止),哪怕一年只有一次自由地成为无用之物,这种节日的娱乐活动是必不可少的。酒桶如果不偶尔开孔,让空气进去,就会胀破。我们大家就像钉得不好的酒桶,会因为智慧的酒而胀破,如果这酒处于对神的虔敬和恐惧的不断发酵中。为了使酒不至于坏掉,必须给它通通气。因此我们准许自己在一定的日子里存在滑稽举止(愚蠢),以便以后更尽心竭力地为主服务。"——原编者
④ 萨图尔努斯节(Saturnalia)是古罗马时代一年一度纪念播种神、农业保护神萨图尔努斯的节日。该节日很像狂欢节,其特点是无拘无束的欢乐,伴以纵情饮宴,节日期间不恪守阶层差别。——原编者

《维吉尔语法》[①]　　好像是有关维吉尔的教科书。一些学者至今仍然认为,这是一本教科书。但是研究发现,这是一部逗笑作品,作者——显然是一位大学者——是在娱乐。对每一个词都进行了称引,部分地是作者虚构的。也从来没有存在过一系列作者。这是对拉丁语法的愉快娱乐。显然这也是对学究式枯燥文法的具有自己特色的半自觉抗议。

《涅莫的故事》[②]　　这是最为杰出的作品之一。拉丁语不可以采用双重否定。拉杜尔夫(我们不知道他是何许人)做出了一个发现。他断定,在福音书里,在古典著作里等,涅莫是一个专有名词。他这样解释福音书、西塞罗[③]。他就这样得到一个非常巨大的形象。他创立了理论,即此人按能力类似圣三位一体中的第二位——基督。他的理论未能传下来,但是这一理论产生了规模巨大的文学,这一文学的作

[①]　《维吉尔语法》(*Vergilius Maro grammaticus*,公元7世纪)为半戏拟性的拉丁语法学术著作,同时也是对早期中世纪(公元7世纪)学校的玄妙理论和治学方法的戏拟。维吉尔(前70—前19),古罗马诗人。——原编者

[②]　《涅莫的故事》(*Historia de Nemine*),巴赫金对这部作品的阐述与笔记非常接近。试比较例如:"有一个叫拉杜尔夫的人(可能是法国人),他以布道形式编了一个《涅莫的故事》。〈……〉拉杜尔夫从《圣经》经文,福音书做弥撒的祷词中,又从西塞罗和贺拉斯及其他古希腊罗马作家的著作里得知了这位伟人涅莫。""涅莫是一个以其出身,地位和力大无穷都可以和三圣之一的第二位,也就是上帝之子相媲美的人物。〈……〉由于这样来理解文本就形成了涅莫这个巨大形象,他几乎和上帝平起平坐……";"拉杜尔夫的作品没有流传下来,但是他创造的涅莫形象使他的一些同时代人开了窍,甚至称呼出一个特殊的教派——Secta neminiana(涅莫教派)。圣乔治修道院一个叫斯蒂芬的人出来反对这个教派,他在自己的著作里揭露了涅莫分子审判和烧死这些人的事实。……最可能的是,这是一场游戏……但是狭隘而严肃到愚蠢程度的斯蒂芬如波吉伊一类不会笑之人,对此极为认真,便开始同涅莫派的异端邪说斗争了。""Nemo——这是如同一场不受拘束的狂欢节游戏,是嘲弄官方世界观的种种限制和禁令的一种游戏。是由摆脱了一切限制和禁令的自由物直接编制而成的,那些限制与禁令统治人,压迫人,为官方教会所推崇。由此而产生了这场与涅莫形象有关的游戏对中世纪人的特殊吸引力。就这样,从最高的宗教戒条到修道院生活的琐细禁令和限制都铺展着涅莫的独立,自由和万能,拉杜尔夫的创造意阁我们不知道。但他未必那么严肃地对待过自己创造的涅莫形象。最可能的是,这是一场游戏……"……一批后来的故事改写本。从14、15世纪流传下来收进这些改写本的手稿有很多是以证明涅莫形象传播之广。——原编者

[③]　西塞罗(前116—前43),古罗马著名国务活动家、演说家和作家。——原编者

者们把涅莫作为一个人体现于拉丁文本。有一个教士曾这样解释规则。一个完整的、特有的文学以独特的形象玩耍涅莫。形成了涅莫名字的教派。一些人要求把涅莫的崇拜者放上柴堆烧死。但这是些不明白笑的人,他们受到普遍的蔑视,他们人数很少。

人们喜欢同涅莫玩耍:对中世纪的教士一切皆禁止,修道院规则的种种厚厚的集本只由单一的各种禁令组成。整个中世纪世界观劝导人们,人弱小,微不足道,犯有罪孽。人们希望相信,存在一个尽管或许是虚构的人,但他什么都能,自由自在。拉杜尔夫也玩耍,也取笑。这是一个玩笑,变成为一种巨大的文学。有许多流传至今。不过它仍然没有受到很好的研究。整个戏谑文学也只是在最近数十年间才开始吸引学者们的注意。

没有哪一种体裁没有受到过戏拟。戏拟式弥撒。它们非常富有学识,因为是由学识丰富、非常熟悉弥撒的人们编写的。怎么也不能说是有意识的反宗教的。半意识的反抗。戏拟式福音书朗诵:"在那个时候"开始的福音书文本被淫秽的、不体面的文字所替代。按照大部分学者的看法,它们确实在小丑节时朗诵过,与戏拟性弥撒不一样,后者没有表演过。阿尔宾——白银,鲁芬——黄金,被升入圣职①。表演他们的出现,他们的日常生活(在金钱关系发展的时代)。

存在过,并且看来是自中世纪最初的几个世纪,便存在复活节笑:复活节第一天允许笑。教士们作如此粗俗的布道演说,以至于都不能把它们印行。延续四十天的大斋。在复活节第一天,一切的一切都是允许的。Risus paschalis——所有神圣的东西都可以被嬉笑一番。

愚人节 一年一次,自早期中世纪开始。在教堂里是特殊玩笑式的祈祷。非常粗俗。僧侣们乘着牲口粪大车行驶,把牲口粪抛向路过的人们,带进教堂,手里摇动发臭的东西。有时禁止举行它们〈即愚人

---

① 参见拉伯雷研究:"在中世纪优秀的讽刺模拟剧之一《加尔西亚论》(1099)中……剧中主人公……从托勒多给他在罗马的教皇带了个礼物——殉教的圣徒鲁芬和阿尔宾的有神效的圣物。在那个时代的滑稽改编和戏拟模拟语言里,这些子虚乌有的圣物意为金子和银子。"——译者

节〉。但是严肃的教会人员认为它们是必须有的。愚人节〈存在〉到17世纪。所有的教堂都推举丑角教士,主教教堂则推举丑角主教。而在教皇教堂则推举丑角教皇。所有的宗教礼拜仪式同样也都颠倒了过来。这是一个颠倒了的世界。看来在我们这里也曾经有过,但是学者们没有对这些进行研究①。不过彼得一世玩笑式地过节是众所周知的。同时代人曾经说,这是他的奇想。但是只是他一个人不可能想出这一点,他大概〈不?〉可能承袭于西方。因此,这是对教阶制度的游戏,他把这种游戏从古代传统恢复起来。

学者们认为,愚人节,这是基于罗马农神节在新土地上的复活。"颠倒了的世界"。从被判处的奴隶中挑选丑角王,然后人们鞭打他,甚至把他杀死。奴隶们坐着,主人给他们递食物。奴隶们说话无所顾忌,惩罚被取消。罗马帝国的所有等级制度被彻底颠倒过来。它〈即愚人节〉是最受人欢迎的,在所有的国家——帝国的各个部分——都举行。我们这里没有狂欢传统,这种传统在西欧一直存在到今天,彼得一世曾经企图使它成为风俗(4月1日玩笑)。

驴节 一直存在到18世纪。有一则福音故事,称当残暴者屠杀新生儿时,基督的母亲带着他骑驴逃到埃及。传下这一节日的礼规:人们把驴牵进教堂,教士仿驴叫,人们也仿驴叫回答他。节日赞颂驴,典仪由一位非常严肃的教士主持②。

在早期和中期中世纪时期,这种文学不是有意识的反抗表现,这是自然性的反抗因素。随着人类向文艺复兴时期接近,自觉性也逐渐增长。这种文学使人们习惯于用另样的观点看待世界(玩耍重新估计的可能),使人们习惯于用另样的眼光看待一切。这种文学在某种程

---

① 有关古代罗斯笑文化史的研究著作的出现晚于1958至1959年。其中最重要的有:Д.С.利哈乔夫、А.М.潘琴科的《古代罗斯的"笑世界"》,列宁格勒,1976年;Д.С.利哈乔夫、А.М.潘琴科、Н.В.波内尔卡的《笑在古代罗斯》,列宁格勒,1984年;Д.С.利哈乔夫的《俄罗斯文学历史诗学》《笑作为世界观》等,圣彼得堡,1997年。此外还有:С.С.阿韦林采夫的《巴赫金与俄罗斯人看待笑》,见《从神话到文学》,莫斯科,1993年,第341—345页。——原编者

② 关于巴赫金对愚人节和驴节的论述,参见拉伯雷研究。——原编者

度上准备了向文艺复兴时期过渡。这就是它的意义。高度文艺复兴时期——《蒙昧者书简》(这是直接继续往日戏拟传统作的戏拟),鹿特丹的埃拉斯穆斯的《愚人颂》①《堂吉诃德》是狂欢节类型的作品。最为深刻的重新评价。在莎士比亚那里,小丑起着巨大的作用。《仲夏夜之梦》②:第一布局实为严肃的爱情,第二和第三布局是戏拟性的。小丑同国王并列③。

第二章　中世纪民间英雄史诗

日耳曼众部落④给罗马帝国领土送来自己的诗歌。所有事件都在这些部落的史诗里得到自然的回响。

中世纪民间英雄史诗一方面反映了氏族部落关系,〈另一方面〉也

---

① 鹿特丹的埃拉斯穆斯(1469—1536),荷兰作家、哲学家、人文学者、神学家。曾在法国、意大利、德国、瑞士等地居住。用拉丁文写作。《愚人颂》(*Encomion moriae*)的作者。这是一部杰出的、几乎针对中世纪封建欧洲的所有阶层和机构的讽刺作品。巴赫金在关于拉伯雷的创作中称埃拉斯穆斯的这部作品是"狂欢节式的诙谐在整个世界文学中最伟大的作品之一","这部作品……与拉伯雷的世界最相一致"。——原编者
② 《仲夏夜之梦》是莎士比亚的喜剧(1596年)。——原编者
③ 参见《长篇小说话语的发端》中的论述:"至于中世纪里用各种民间语言写成的大量的讽拟滑稽文学,则没有必要多费笔墨了。这一文学在所有严肃的直接体裁之上,建立起一个完整的笑谑的上层建筑。这里如同在罗马一样,热门话题力求用笑谑的方式达到完全的仿制。我们可以举出中世纪小丑的作用,他们的职业就是创造第二层含义,通过自己的笑谑的仿制表现出完整的亦庄亦谐的话语。我们又可以举出各式各样的笑谑滑稽的幕间剧、幕间曲,他们起着希腊第四悲剧或罗马快活剧(exodium'a)的作用。这种笑谑仿制的鲜明范例,就是莎士比亚悲剧和喜剧中第二层的小丑的视野。"——原编者
④ 讲座人或记录人出现不准确。不应该是"日耳曼众部落",而应该是"蛮族众部落",因为这里谈的不只是日耳曼部落的史诗,而且还有其他蛮族部落(罗曼人,凯尔特人)的史诗。日耳曼人是一个属于印欧语系的众多部落和民族的广泛组合,在古代占有大西洋与北海、莱茵河、多瑙河和维斯拉河以及斯堪的纳维亚南部之间的欧洲领土。——原编者

反映了封建制度的形成过程。这些过程在不同的作品里得到不同程度的反映。学术研究中从它与古代的关系角度,进行了如下的划分:

1. 远古史诗是凯尔特或爱尔兰史诗。刚刚可以看到封建制度的特征。

2. 斯堪的纳维亚——丹麦、挪威、冰岛〈史诗〉。称其为冰岛的,是因为由冰岛传下来的记录本。反映的主要是氏族部落制关系。封建制关系还未占优势,但已经出现。

3. 法国史诗,封建制度早期的英雄阶段。封建主义还是新鲜的、进步的。

4. 西班牙史诗,正在成熟的封建主义史诗。氏族部落关系几乎不可能找到。

5. 日耳曼史诗①,彻底成熟的,甚至已经开始瓦解的封建主义史诗。

题目一
凯尔特或爱尔兰史诗

凯尔特部落在精神生活史上起过杰出的作用:他们走遍了整个欧洲。他们在有些地方居住过很长时间(在法国西北部),在有些地方则不是这样(在日耳曼地区)。现在学者们发现,许多地理名称都是凯尔特词源(例如 Rein——莱茵河)。凯尔特人与其他部落相比,是最发达的。凯尔特人的想象是新鲜的,大胆的。他们〈即凯尔特人〉对古罗马文化(对普卢塔克)产生过影响。中世纪快要开始时,凯尔特部落消亡了,只有一部分凯尔特人散居到周边地区:布列塔尼(法国沿海地区),但人烟最为稠密,也最富庶的是英格兰。(英格兰语是晚期凯尔特语。)英国的一些角落地区,那里至今仍然保持着凯尔特精神气质、凯尔特想象的某些特点。萧伯纳是爱尔兰人(他最终脱离了爱尔兰

---

① 日耳曼史诗指大陆日耳曼人的史诗,即德国史诗。——原编者

根基),写了《约翰·布尔的神秘岛》①。凯尔特人具有绝对的幻想能力。

在最近数十年间,凯尔特人开始引起巨大的科学关注。凯尔特学正在发展。在20世纪便达到高度的发展。但是出现了凯尔特学者——宗教狂热者,他们断言,凯尔特人创造了世界文化,历史的下一个时期将是凯尔特人的。

詹姆斯·乔伊斯其人。现在他的第一部作品已经翻译成俄文,充满激情的爱国主义者和民主主义者,非同寻常地富有才能和独创精神。主要著作为《尤利西斯》(《奥德修斯》的另一个名字)。一部巨制(尚未翻译成俄文)②。詹姆斯·乔伊斯不承认标点符号。他创立了内心独白类型,提供了人物内心语言的速记记录。约五十页的滔滔不绝,当人物在袋里没有能找到钥匙时的内心独白。没有标点符号。〈詹姆斯·乔伊斯〉是"意识流"派奠基人。但是他是一个可怕的民族主义者。他相信,瓦解着的欧洲文化正在凯尔特人的旗帜下复兴。现

---

① 萧伯纳(1856—1950),英国作家,爱尔兰人。讲座者指的是剧本《英国佬的另一个岛》(*John Bull's Other Island*,直译是《约翰·布尔的另一个岛》),此剧由萧根据英格兰知识界爱国组织,即英格兰复兴运动的代表的请求,写于1904年。约翰·布尔(John Bull,字面意义是"约翰牛"),英国资产者传统的戏谑外号:愚蠢、固执、自私的体现。"另一个岛"指爱尔兰岛,不列颠帝国的组成部分,萧把民族心理类塑(爱尔兰人是浪漫主义名"理想主义者",与英国人是"现实主义者"、节俭的生意人)进行对比,表达了对建立在冷漠的计算上的资本主义进步的怀疑,但同时又不受爱尔兰宗法落后性的永恒前景所迷惑,嘲讽地对待"昔日崇拜"的消耗,这种崇拜是爱尔兰复兴运动活动家们所特有的,从而引起了他们的不满。——原编者
② 詹姆斯·乔伊斯(1882—1941),爱尔兰作家,现代派文学奠基人之一,先锋派代表人物。"现在他的第一部作品已经被翻译成俄文",指他的短篇小说集《都柏林人》(1914),1927年出版了这部作品的俄文第1版(不完整),1937年出版了全本。小说《尤利西斯》(1922)第一批数个片段的翻译完成于1925年,刊载于杂志《外国文学通报》。后来,1929年的《文学报》,1934年的杂志《星》,1935—1936年的杂志《文学当代人》又发表了其中的一些片段,小说的俄文完整翻译只是到1993年才出版。值得注意的是乔伊斯创作的研究者、《尤利西斯》俄语全译本译者C.C.霍伦日写道:"巴赫金的著作中没有一处提到乔伊斯。"(C.C.霍伦日:《巴赫金、乔伊斯、卢齐菲尔》,见《巴赫金学:研究·翻译·出版》,圣彼得堡,1995年,第17页)——原编者

在他的影响在他故去之后开始衰落。我们这里认为他是颓废派。他那里有颓废因素,但是不能因此就把他丢开。需要给他所应得的地位。即便在他那里否定的东西多于肯定的东西,但是他掌握了人们几十年的智慧,人们从他那里受到教育,他的影响是巨大的,决定性的。不知道詹姆斯·乔伊斯,就不可能理解海明威①。《外国文学》,起初数期②。

……

我们在骑士文学中会遇到凯尔特人的时代主题。

《菲巴尔之子布兰的航行》。这首壮士歌非常流行,传下许多抄本,一些不同版本。不过基本情节完全一致。

布兰是一个富有的父亲(有些版本中为国王)的儿子。他属于"不安静的人们"类型,一次他在花园里睡着了,被神奇的音乐声唤醒,但是他没有能找到乐师(流行的情节)。他走进大厅,父亲的客人们正在宴饮。那里突然出现了一个美丽的白皙的妇女,唱起关于"幸福岛"的歌,然后消失了。布兰寻找同是那样不安静的人们,组成一支队伍,决定完成……③。

对自己的命运的信念。尽管遭受到各种阻碍,但是他们还是远远望见了神秘的岛屿。海岸边是人群。他们距后者越来越近,开始询问那些人,但是那些人以笑回答他们。一个航行者下船去打听,回来时也只是笑,对他们什么也说不出来。他们继续航行。很快出现了漂亮

---

① 海明威(1898—1961),美国作家。在作品中采用"内心独白"手法。他奠定了"冰山理论"基础,按照这种理论,作家应该写得简短,选用最重要的词语和细节,同时在潜台词中提供复杂而深刻的内容,善于通过那些外在表现为日常的生活冲突来表达社会和心理冲突的悲剧性,通过那些外在表现为日常的对话来表现丰富的感情。——编者

② 《外国文学》1957年第一期发表了冰岛作家卡多尔·拉克斯内斯(1902—1998)的演讲《当代艺术文学问题》,作家在演讲中谈到詹姆斯·乔伊斯的创作:"……詹·乔伊斯的现实主义的《尤利西斯》,书中为了表现现实性,45页的长复合句写得不带一个逗号。"——原编者

③ 接着是空白。大概记录者未明白讲座者说出的词语:Imrama。该词在爱尔兰史诗里意为"航海",由人物侥幸地进行,没有预先选择的航线,最为经常的目的是希望能航达"幸福的国家",也指关于这种航行的萨迦。——原编者

的妇女们的岛屿。他们在那里快快乐乐地度过了(三天),决定返航。他们认为自己已经饱尝了幸福。他们航行到故乡海岸,但是这里发生了某种变化。他们遇到的既是爱尔兰人,又不是爱尔兰人。这时布兰没有离开船,对他们说话。

他们从来没有听说过布兰的名字,也从来不知道他父亲〈……〉〈的名字〉。一位最年长者说,他们在古书里读到过他们。这时布兰明白了,他们不是三天,而是不少于三个世纪待在了"幸福岛"①。这时他们决定返航回去,因为他们那个跳上陆地的伙伴化成了灰烬。

这里,是神话系列爱尔兰壮士歌的所有基本情节。

在神话—幻想系列中,最富有特色的是对爱情主题的加工。这里它被〈……〉揭示。爱情是一种特殊的魔力:疾病或奇迹。广为流行的有爱情痣形象②,基本上爱情痣在妇女那里:谁看见了那痣,谁就会爱上她。爱的源泉。爱的力量是超自然的。爱情饮料。根据一些说法,那是西得在"幸福岛"用黄花稔配制的③。在这里,"爱情像死亡一样坚强"(莫泊桑)④,比死更坚强。起初这个形象见于爱尔兰史诗,小河由一座坟墓流向另一座坟墓。古墓间的一对忍冬树丛⑤为两座坟墓间

---

① 参阅 Б.М.日尔蒙斯基主编的教科书:"主人公在那里度过的三百年令他觉得只是三天。"(《外国文学史:早期中世纪和文艺复兴时期》,莫斯科,1959年,第23页)在 А.А.斯米尔诺夫翻译的萨迦里:"他们觉得,他们在那里逗留了一年,实际上却经过去了许多许多年。"(引自《中世纪外国文学:拉丁文学、凯尔特文学、斯堪的纳维亚文学、普罗旺斯文学、法国文学》,Б.И.普里舍夫编选,莫斯科,1974年,第98页)——原编者

② "爱情痣"即"美人痣"。凯尔特萨迦《迪阿迈德和格兰茵》说的是迪阿迈德有一颗"美人痣",那美痣使所有妇女都喜欢他。这是不是某神具有魔力的礼物,或者只是表示面部的肉体美,很难断定(关于这一点,请参阅 А.А.斯米尔诺夫的《凯尔特文献史料中关于特里斯丹和绮瑟的爱情故事》,见斯米尔诺夫的《西欧文学史论集》,莫斯科、列宁格勒,1965年,第54页)。——原编者

③ 西得是凯尔特神话中的一群神灵,居住在地下的山间、洞穴里,在大洋中具有魔性智慧的神奇岛上。其中有两性人。——原编者

④ 《像死亡一样坚强》(*Fort comme la mort*)是法国作家莫泊桑(1850—1893)的一部小说(1889)的标题。——原编者

⑤ 忍冬,多年生半常绿缠绕灌木,夏季开花,初白后黄,故又称金银花。——译者

的拱门。(佩尔-拉歇兹公墓①是中世纪人物爱洛伊丝和阿贝拉尔坟墓上的建筑群之一②)。这些形象是由凯尔特人的幻想创造的。另一方面,爱情——这是疾病,偶然性(对爱情的机械理解)。恩格斯在著作《家庭、私有制和国家的起源》对这一点作了阐述③。尚不存在个性爱情。在欧洲,第一次在11世纪末至12世纪初产生了个性爱情。这是奇迹,魔法,罕见的东西,疾病。它深不可测。在爱尔兰史诗中,人在爱情面前忍受的折磨。(歌德)小说《亲和力》:个人喜好问题④。甚至对于歌德来说,这也是某种神秘的东西。

壮士歌的记录文本属于公元11至12世纪,不过它们的创作是在纪元初的几个世纪里。在欧洲的不同角落保存着口头叙述和传说。在布列塔尼,甚至现今仍在记录口头叙述和传说(歌德)。在布列塔尼形成了骑士小说《特里斯丹和绮瑟》是13世纪小说,全书包含着这些情节。院士马尔编辑的专门针对《特里斯丹和绮瑟》,研究这些情节的文集,是一部很有意思的书⑤。斯米尔诺夫的文章⑥,作者在文中剖析

---

① 佩尔-拉歇兹公墓是巴黎公墓之一。——原编者
② 阿贝拉尔(1079—1142),法国哲学家、神学家、诗人。阿贝拉尔与其学生爱洛伊丝(1100—1163)的爱情酿成悲剧。关于这一问题,详见本篇第三章《题目二》注及有关正文。——原编者
③ 《马克思恩格斯选集》第4卷,第66—75页。——译者
④ 在小说《亲和力》(Die Wahlverwandtschaften)(1809年出版)里,歌德试图对爱情中的个人喜好的"自然法则"理性地进行论证。尽管歌德对这一现象的阐述采取的是自然科学态度,但艾杜阿德和奥蒂莉的爱情的悲剧历史在歌德那里仍然笼罩着浪漫主义的障翳。小说的结尾部分明显地表现出凯尔特人(布列塔尼人)爱情传统的影响。这里出现了拱门,把相爱者的坟墓连接起来:"相爱者就这样互相并排地安静长眠;他们的墓茔上空笼罩着宁静。天使们明亮的、相似的面容从拱门上面望着他们,当他们能重新一起醒过来的时候,那将会是多么幸福的时刻啊。"——原编者
⑤ 指文集《特里斯丹和绮瑟:封建化欧洲的爱情女主人公到母系社会的奥蕾拉基娅女神》,苏联科学院语言和思维研究所神话和民间创作语文学研究部集体著作,由Н.Я.马尔院士主编(列宁格勒,1932年)。尼古拉·雅科夫列夫·马尔(1865—1934),东方学家,苏联科学院院士。著有高加索语言、历史、考古、高加索人种学等方面的著作。提出过"雅弗语学说"("语言新学说"),后来被学术界否定。——原编者
⑥ 指论文《从凯尔特原始资料论小说〈特里斯丹和绮瑟〉》,这篇论文也被收入A.A.斯米尔诺夫的《西欧文学史论集》。——原编者

小说情节与格兰茵和迪阿迈德的古代传说之间的关系。莫尔多瓦学者的两篇文章剖析了莫尔多瓦传说故事中的《特里斯丹和绮瑟》情节——《利托娃》①。有关《特里斯丹和绮瑟》的学术资料中较好的材料。骑士文学中渗透进了凯尔特情节。浪漫主义者经常利用凯尔特史诗，诺瓦利斯的小说《亨利希·封·奥弗特丁根》——"蓝花"情节②。茹科夫斯基有类似的情节③。新浪漫派和颓废派④，勃洛克与这部史诗直接联系的许多情节。勃洛克：戏剧《玫瑰和十字架》——整部戏剧渗透着凯尔特情节⑤。

---

① 指上述由马尔主编的学术论文集中的文章：Б.А.拉特宁娜的《关于特里斯丹和绮瑟的神话传说在莫尔多瓦民间创作中的上古相似因素》(第215—226页)和А.Г.埃久科夫斯基的《莫尔多瓦民间创作中特里斯丹和绮瑟题材》(第227—260页)。这两篇文章的作者不是莫尔多瓦学者，而是苏联科学院语言和思维研究所神话和民间创作语义学研究部的研究人员。利托娃，莫尔多瓦民间创作中的女主人公，少女，嫁给了最高神。——原编者
② 诺瓦利斯(Novalis，其真名是弗里德里希·封·哈登贝格——Friedrich von Hardenberg，1772—1801)，德国散文家和诗人、哲学家、美学家、历史家、自然博物学家。他属于"浪漫主义耶稣派"。处于他的创作的中心地位的是未及最后完成的小说《亨利希·封·奥弗特丁根》(1802年出版)。蓝花，小说中浪漫主义幻想、理想、真理、诗歌、爱情和恋人故去后重新结合的标志。小说主人公在花萼里看见自己故去的恋人的面容。——原编者
③ 巴赫金大概指的是 В.А.茹科夫斯基的叙事诗《风神琴》(1814)，浸透着凯尔特(苏格兰)传说和奥西恩的诗歌。这里也有与诺瓦利斯的小说中的形象相近似的花的情节。花的形象，指年轻而俊美的歌手的形象。——原编者
④ 颓废派，文化堕落(19世纪末至20世纪初艺术中的危机现象)的代表。关于巴赫金对文学中的颓废派及其代表人物的态度，参见 В.Д.杜瓦金与巴赫金的谈话。——编者
⑤ А.А.勃洛克(1880—1921)，俄罗斯诗人。根据同仁和研究生们的回忆，巴赫金，俄罗斯诗歌和外国诗歌的杰出鉴赏家，特别喜欢背诵勃洛克的诗歌(关于这一点，参阅《萨兰斯克记事：18至20世纪》，萨兰斯克，1991年，第247、249页；В.Б.叶斯季菲耶夫的《回忆巴赫金》，第3期，萨兰斯克，1995年，第30页)。关于巴赫金与勃洛克的创作及其个人的关系，参阅 В.Д.杜瓦金与巴赫金的谈话。关于勃洛克的戏剧《玫瑰和十字架》(1912—1913)中的凯尔特(布列塔尼)情节问题，请参见 В.М.日尔蒙斯基的《亚历山大·勃洛克的戏剧〈玫瑰和十字架〉》，《文学史料》，列宁格勒，1977年，第244—322页。——原编者

芬恩系列①。令人较少感兴趣。描写的芬尼部落是一个严厉、勇敢的军人部落。他们为首的是一个叫芬恩的领袖。奥斯伽尔是这一传说系列的人物之一,奥西恩是军人、歌手②。这一系列的特点是特别忧郁。叙述在战场进行,夜间,死尸中间。歌手坐在石头上,唱着丧歌。学者们认为,这一系列产生于真正的丧歌,哀泣歌。这一系列里没有深刻的主题、形象〈……〉。它由较晚的记录传世。但是在另一方面它却算幸运。18世纪后半叶,马克费松在一座古老的修道院的古代抄本里发现了奥西恩的诗歌。他使那些诗歌现代化,〈得到〉某种完全新的〈……〉。这是一个文学事件③。普希金在皇村阶段写作时对奥西恩进行了模仿④。在一定程度上的《鲁斯兰和柳德米拉》里。后来表明,马克费松作了伪造:他以在苏格兰受到加工的芬恩系列为基础,自己写作了它们。马克费松属于杰出的模仿者之列。瓦·汉卡的《王宫手稿》⑤。马克费松的奥西恩使得芬恩系列变得普遍知晓。

19世纪时出现了为争取自由而斗争的地下组织——芬尼⑥。他

---

① 芬恩系列,其产生不早于公元9世纪的抒情—史诗性传说系列。芬恩是芬尼人的首领,按照编年史,公元3世纪时生活在科马克国王(卒于公元252或286年)在位时期。芬尼人(源自古爱尔兰语fiann),公元3世纪传说中的一支勇军队:一、传说中的义勇军,只进行战争和狩猎,非常善于战斗。他们除了服从自己的领袖芬恩外,不服从任何权力,他们有自己的组织章程、荣誉法规等。二、爱尔兰秘密的分离组织"爱尔兰革命兄弟会"成员。该组织形成于1858年,为爱尔兰脱离英国而斗争。——原编者
② 奥斯伽尔系芬恩的孙子。奥西恩系芬恩的儿子。——原编者
③ 关于芬恩的古代传说系列后来被加工成诗体民间壮士歌形式,不仅在爱尔竺,而且在苏格兰都获得广泛流传。苏格兰诗人詹·马克费松(1736—1796)在模仿民间诗歌创作时(《芬伽尔之子奥西恩作品汇编》第1、2卷,1765年),利用了这些传说中的一些题材。——原编者
④ 指普希金的早期作品《科尔娜》(模仿奥西恩,1814年),是对奥西恩的诗歌《科尔娜—多娜》中的一些片段的转述,《奥斯伽尔》(1814)里也采用了一些奥西恩诗歌中的情节。——原编者
⑤ 瓦茨拉夫·汉卡(1791—1861),捷克诗人、语文学家、翻译家、捷克复兴活动家。《王宫手稿》(1817)和《绿山手稿》,诗歌传说汇集,与约·林达以古代编年史材料为基础,共同创作。——原编者
⑥ 参见上一页关于芬恩注。——译者

们对英国人来说是一场暴风雨,芬恩类型的冷酷的人们。19世纪末,出现了以……为首的半传说性组织——"芬尼亚"[1]。

爱尔兰史诗中有封建主义因素:领袖则是国王,相互关系令人觉得有如封建主义的典范。

题目二
斯堪的纳维亚史诗

〈斯堪的纳维亚人〉——丹麦人、瑞典人,挪威人,部分芬兰人。〈他们〉有一部分与日耳曼民族互相接触,〈他们的〉命运中有许多共同的东西,由此产生了文学现象方面的共同性。〈斯堪的纳维亚史诗〉令人感兴趣的地方在于它反映了正在按自己的原则形成的封建主义思想意识。斯堪的纳维亚史诗是在冰岛记录的,它在那里保持了自己最纯洁的形态。在冰岛,世俗古代文化一直保持到11至12世纪,甚至包括以后的几个世纪[2]。〈斯堪的纳维亚史诗〉以三种类型传世:

1.《小埃达》。斯诺里·斯图拉松创立了文学理论,并且编纂了包

---

[1] 米尔斯卡娅的笔记中记着"Парменсон"。这里可能谈的是巴涅尔(1846—1891),系1877—1890年"爱尔兰自治运动"(在不列颠帝国范围内爱尔兰自治纲领)的首领,土地同盟组织者之一(1879年)和代表。爱尔兰自治运动和巴涅尔表现为合法的、议会分离主义,而"芬尼亚"则是非法的,非议会的分离主义。爱尔兰自治运动谴责芬尼亚的极端主义。巴涅尔与芬尼亚没有正式联系,因此不怕公开表示自己对芬尼亚的同情,把他们看作共同斗争的同盟者。芬尼亚对他持信任态度。官方政权一直怀疑巴涅尔直接参加了芬尼亚运动。可以设想,巴赫金在这里提到巴涅尔,他已经读过不久前出版的E.W.塔尔的著作的第1卷,那一卷里包括了对巴涅尔评论——《Ch.巴涅尔:英格兰和爱尔兰历史的一页》(第1卷,莫斯科,1957年,第37—118页)。评论中部分地谈道:"议会主义和芬尼亚运动是在同一个政治和经济土壤上成长起来的现象,并且需要承认,这两个运动互相给予了很大的道德支持。议会式爱尔兰独立运动还从来没有像巴涅尔时期那样尖锐地激进过,芬尼亚运动也从来没有表现得正像这些年代那样强大和一贯,……同时芬尼亚运动第一次感觉到自己是爱尔兰独立运动军队的正规部分。"(第63页)——原编者

[2] 挪威人对冰岛的殖民开始于9世纪。在9至10世纪,冰岛仍然保持着氏族制度,当时如同在斯堪的纳维亚本身那样,氏族制度瓦解的所有特征已经具备。公元1000年接受的基督教在冰岛长时间与世俗宗教并列存在。——原编者

括这些诗歌的文选。〈这些诗歌〉并没有引起特别大的兴趣,〈因为它们是〉最晚的①。

2. 在冰岛发现了一部非常出色的神话和英雄诗集。这不是长篇史诗,〈但〉同时是一部精心选编的汇集。这是某种介于汇编和长篇史诗之间的东西。人们称其为《旧埃达》②。

3. 人们根据冰岛记事开始知道特殊类型的记事——壮士歌类型。用散文文体写成,有时间杂有诗歌。"萨迦"③这是传说故事的同义语,萨迦后来成为家族史。(《沃尔松萨迦》)萨迦产生于较晚时期〈与埃达诗歌相比〉。《红色埃伊里克萨迦》。这是在哥伦布之前发现美洲的。美洲——文兰,1000年。只是不久前才得以发现这些居民点的某些东西④。

《埃达》——神话和英雄诗歌汇集。编纂于13世纪的冰岛,不过也包括早期的诗歌。学者们根据众所周知的一些特征对它们进行分期。

---

① 《小埃达》又称《斯诺里埃达》或"散文体埃达",系斯诺里·斯图拉松(1178—1241)于约1222年撰写的关于古代斯堪的纳维亚多神教神话和北欧歌唱诗人的诗歌的一部论著。斯诺里·斯图拉松是冰岛散文家和诗人一歌手,《海姆斯克林拉》(《地域志》)(约1225—1230)一书的作者,该书叙述挪威自古代至1177年的历史。有些研究者认为他也是最著名的冰岛萨迦之一《埃吉尔萨迦》的作者。——原编者
② 《旧埃达》(又称《塞蒙恩德埃达》《歌唱埃达》《诗体埃达》,或者简称《埃达》),古冰岛诗歌集(包括十首神话性的和十九首英雄性的诗歌),曾经在日耳曼部落中口传过。诗歌属于9到11世纪。保存在公元13世纪后半期的手稿里,于1643年由冰岛主教兼学者布林约尔夫·斯韦恩松发现。斯堪的纳维亚人的英雄史诗不仅仅是"埃达"诗歌。在由学者A.霍斯勒和W.拉尼士出版的《小埃达》(*Eddica minore*, *Darmstadt*,1974)汇编中,还收集了25首埃达残篇,不过这一版本也仍然不是全本。——原编者
③ "萨迦"(古斯堪的纳维亚语Saga,源自segia——"叙说"),古代冰岛的叙事作品,保存在12至14世纪后半期的记事里。——原编者
④ 《关于火红头发的埃伊里克萨迦》是关于冰岛航海者发现格陵兰和北美洲的故事,称其为"文兰"(酒国),是因为在那里发现了葡萄树。巴赫金称萨迦的主人公为火红头发的埃伊里克,就像C.H.瑟罗米亚特尼科夫的俄译本(1890年)中写的那样。"发现这些居民点的某些东西",这里谈的是关于对北美海岸附近岛屿的考古发掘发现的古代居民点遗址和一些物质文明物体证明,诺尔曼人在1000年左右便在北美洲逗留过。——原编者

诗歌并非同一类型，有许多矛盾，因为属于不同的时期。诗歌结构〈……〉

第一首诗——Voluspa①。随后的诗歌叙述一位神的命运，然后是英雄们的业绩，英雄史诗。汇编者力图赋予这一世界观念以统一性。这是非常杰出的文献之一。不过对《埃达》的态度不正确，它从未再版过②。在萨兰斯克，没有任何一个版本。

神话《埃达》

古希腊罗马神话总的情调是明亮、喜悦。斯堪的纳维亚民族的神话传说与此相区别：忧郁、模糊。基本说来，史诗创作者是挪威人。冰岛人，这是使这个国家殖民化的挪威人。气候非常严酷。(J.易卜生③。他的戏剧里几乎总是雨。)冬季很长，有阳光照射的日子很少。这种阴郁的色调笼罩着《埃达》。

世界由三方面组成：最高的是天神是阿西尔(斯堪的纳维亚众神)④。他们逗留的地方在阿斯加尔德。那里同样是浓云、雨水和雾气。它与阳光照射的奥林波斯不一样。中间部分是土地：米德加尔

---

① Voluspa(沃卢斯帕)，此词的字面意思是"女占卜者的预言"，这是《旧埃达》第一首诗，产生于10世纪中叶。根据研究者们的一致意见，这是中世纪文学最伟大的作品。——原编者
② 《埃达》曾经于1917年翻译成俄文出版。(《埃达·斯堪的纳维亚史诗》，C.斯维里坚科翻译。第1卷，莫斯科，萨巴什尼科夫出版社，1917年)。全译本只是在1963年才出版。《小埃达》全译本出版于1970年。——原编者
③ 易卜生(1828—1906)，挪威戏剧家，挪威民族戏剧创立者之一。他的一系列作品是根据斯堪的纳维亚萨迦创作的。——原编者
④ 阿西尔是古日耳曼、斯堪的纳维亚神话中的基本神群。由奥丁领导，有时也指整个的神。除了奥丁外，属于阿西尔的还有弗丽格、托尔、巴德尔、洛基、霍德、提尔、布拉吉、维达尔等。阿西尔与瓦尼尔相对，瓦尼尔是不大的一组光明和丰收之神(弗雷、弗雷娅)，与巨灵约图瑙相对，与侏儒神和众低级女神灵——狄瑟、诺尔瑙、瓦尔基里相对。在《旧埃达》里，经常可以见到"阿西尔"和"阿尔弗"(又称阿尔维)这样的说法，把阿西尔(最高神灵)与比较低级范畴的神灵阿尔弗(魂灵)相对。——原编者

德。然后是地府:尼弗尔海姆则是亡故者的灵魂逗留的地方①。那里生活着巨灵约图瑙是一种自然力量(提坦类型)的体现。那里生活着努弗林格地球内核的守卫者。身材魁梧的女巨灵赫伊尔守护着入口②。

世界历史。起初是混沌,约图瑙的统治。后来出现了阿西尔,他们作了一些整顿,因为斗争没有结束,约图瑙仍在窥伺时机。永恒的、可怕的斗争。希腊神宴饮和喜悦。斯堪的纳维亚神永远在纷争。他们遭受失败,被俘虏,靠巨额赎金获得自由。这是第一首诗《沃卢帕斯》的情节。忧郁的结尾:首先创造的混沌获得胜利;约图瑙引领着死人的魂灵;将会出现狼,吞吃阿西尔,蛇缠抱大地;一切都在火和洪水中毁灭。昏暗获得胜利。但最后,比较晚时期的结尾:一切都在燃烧,生命重新产生。

著名的神明死亡情节。有时称这一情节为"神明的黄昏"。(根据尼采的《偶像的毁灭》)③。海涅有部作品④。R.瓦格纳有作品《众神的黄昏》。那里有葬礼进行,在祈祷时使用。这是第三部分(以《沃卢斯帕》和《尼贝龙根之歌》为基础)。这一情节经常被诗歌、音乐哲学所采用。

---

① 巴赫金根据 B.M.日尔蒙斯基主编的教科书材料(参阅本篇《阅读书目》注①)概略地叙述。古斯堪的纳维亚神话存在九重世界:阿斯加尔德——神(阿西尔众神)的世界,瓦纳海姆——复活的友善魂灵(瓦尼尔)的世界;阿尔弗海姆——复活的魂灵(阿尔弗)的世界;米德加尔德("介于中间的土地")——凡人的世界;约图海姆(乌特加尔德)——约图瑙(巨人)的世界;米斯佩尔斯海姆——火的世界;斯瓦尔塔尔弗海姆——忧郁的阿尔弗的世界;尼弗尔海姆——侏儒的地下世界;尼弗尔赫伊尔(赫伊尔,赫尔)——死亡的地下世界,冥间,与天空的瓦尔加尔相对。——原编者
② 赫伊尔(赫尔)是地府女主人。这里讲座者或笔记不准确。少女摩德古德守卫着地府入口。——原编者
③ 尼采(1844—1900),德国哲学家、诗人。受到 R.瓦格纳(参阅《中世纪分期》注)的影响。《偶像的毁灭》(1888)这一著作标题本身便包含着同瓦格纳在作为关于尼伯龙人的四部曲的结束的歌剧《众神的黄昏》(1874)表现出的激情的争论。巴赫金在同 В.Д.杜瓦金的谈话中承认自己年轻时期受到尼采的强烈吸引(参阅《杜瓦金和巴赫金的谈话》,莫斯科,1996 年,第 68 页)。——原编者
④ 海涅(1797—1856),德国诗人。这里大概指他的诗集《罗曼采罗》(1851)中的《瓦尔基利娅女神》。——原编者

高神是奥丁①。这一神话可以称为全日耳曼的。大陆日耳曼部落在罗马的影响下,氏族部落制度很早便开始瓦解和形成封建制度,而斯堪的纳维亚人没有,他们晚了五个世纪。斯堪的纳维亚人10世纪时拥有的是大概相当于5世纪时大陆日耳曼人所具有的制度。但是基础滋生了各种斯堪的纳维亚主题。全日耳曼神话中与奥丁相对应的是沃坦。这是战争和智慧之神,智慧差不多完全被理解为有如诡谲、狡猾、军事智慧。他只有一只眼睛,把另一只眼睛为了智慧给了一个约图瑙(按照另一种情节,他总是微微眯着一只眼睛看智慧之泉,硬把自己的一只眼睛留在那里了)。永远和他在一起的是乌鸦和狼。恐惧美学。他有自己的宫殿瓦尔加尔②,是壮丽的殿堂,他在那里同英雄们的亡魂宴饮。他有瓦尔基里娅③,一些尚武的少女们,他的女儿。她们翱翔在战场的上空,要是发现有英雄胸口受伤,就飞向他,给他梳理头发,把他的魂灵送往瓦尔加尔。要是英雄伤在后背,就认为他是怯懦者,不把他取走。

〈在瓦尔加尔〉宴饮时,他们(即英雄们)有时也进行厮杀。大地颤动。互相造成严重的伤害,但伤口随即又愈合。他们战斗得心满意足。

《埃达》中有诗歌《奥丁的教诲》④。这种智慧是诡谲,军人的智慧:永远不要忘记武器,时时刻刻都做好战斗准备。

---

① 奥丁(古斯堪的纳维亚语 Odinn,意为"高的")是古斯堪的纳维亚神话中众神的首领和始祖,宇宙和人类的创造者,战争和胜利之神,战斗中牺牲的英雄的保护者。瓦尔加尔的主人,风神、暴风雨神、航海神,也是诗歌、智慧、魔法和诅咒之神。对奥丁和瓦尔加尔的崇拜是"维京时期"(9至11世纪)尚武理想的表现。在西日耳曼人史诗中,奥丁相当于沃坦(沃乌坦,沃丹)。——原编者

② 瓦尔加尔(古斯堪的纳维亚语 Valholl,意为"被杀死的人的宫殿")是奥丁神的宫殿,死人的殿宇。在战场上倒下的军人被送到这里,他们继续过英雄生活。自然死亡的人不可能得到在瓦尔加尔生活的快乐,他的命运是在地府忍受贫穷。——原编者

③ 瓦尔基里娅(古斯堪的纳维亚语 Valkyriia,字面意思是"挑选被杀死的人")是战争和胜利女神,尚武的少女,奥丁的女儿,按奥丁的愿望决定战役的结局,并把战死的英雄送往瓦尔加尔。——原编者

④ 《奥丁的教诲》是《旧埃达》中最长的一首诗,包含劝告、生活智慧法则。——原编者

他的〈即奥丁的〉妻子是弗蕾嘉或弗蕾娅①。她是丰产女神。虽然她是奥丁的妻子,但当奥丁不在的时候,她成为他的兄弟的妻子。(伊朗至今仍然存在这样的习俗,这是群婚制的余音)弗雷和弗雷娅——兄弟和姐妹,丈夫和妻子②。这意味着,这里反映了很古的古代。

托尔③——农业保护神,铁匠神。非同寻常的强大的神灵。双手使石锤。他同自由农民——邦德有联系。这是他们的神灵,他对其他人都持嘲讽态度。但他不是军人,虽然他也力量强大,令人畏惧。

巴德尔④——光明之神,音乐之神,欢乐之神,受到普遍喜爱的神,唯一的光明之神。

洛基⑤——最为邪恶、有害、好说谎的神。既不完全是神,也不完全是约图瑙。在最后一次战斗中他站在后者一边。他非常好嘲弄人。所有这些特点主要是根据《女占卜者的预言》。

《流浪者之歌》或《巴德尔之梦》 瓦格纳把自己所有的创作与日

---

① 弗蕾嘉或弗蕾娅(源自古高地德语 Friia,意为"爱着的"),女神,婚姻、家灶、生育保护神,奥丁的妻子。——原编者
② 在这里,讲座者在叙述与他向学生们推荐的由 B.M.日尔蒙斯基主编的教科书相对应的材料,那里指出:"……这……保留着古代家庭和社会关系的(群婚和母系的)残迹……弗雷和弗雷娅,兄弟和姐妹,是丈夫和妻子。"(《外国文学史:早期中世纪和文艺复兴时期》,莫斯科,1959年,第40页)弗雷(古冰岛语 Freir,意为"主人"),斯堪的纳维亚神话中瓦瑙神之一,是对植物、收获、财产和世界的拟人化。弗雷娅(古冰岛语 Freia,意为"女主人"),是丰收、爱情、美丽女神。根据有些不同的神话说法,她属于阿西尔神,根据另一些说法,她属于瓦尼尔神。弗雷和弗雷娅兄弟和姐妹。他们不是丈夫和妻子。弗雷娅是奥丁的妻子,大概爱上了自己的兄弟弗雷。弗雷和弗雷娅由尼约尔德与自己的亲姐妹结婚所生。这证明,对瓦尼尔众神——古代丰收之神的崇拜源自母系社会。——原编者
③ 托尔(古冰岛语 Dorr,德语 Donar,可能源自古日耳曼语 Dunra,字面意思是"雷电者")是雷电、暴风雨和丰产之神,大地上生和死的主宰,保护人们免于疾病、魔法和其他灾难。他曾经用大石锡同巨灵们作战。——原编者
④ 巴德尔(源自古冰岛语 Baldr,意为"主人")是斯堪的纳维亚神话中的神,明净的本原(纯正、美、善、智慧)的体现。他的死亡预示神灵和整个世界的毁灭。——原编者
⑤ 洛基(古冰岛语 Loki),阿西尔神之一,恶和破坏性本原(狡猾、诡谲、丑陋)的体现。他常常同其他阿西尔神敌对,从而使他与约图瑙神接近。——原编者

耳曼、冰岛、部分地与爱尔兰史诗联系在一起。(现今的交响乐基本上都是瓦格纳的创作)

巴德尔是太阳光线和艺术之神。他总是面带笑容,对所有的人。光明的脸。一次阴影降落到巴德尔的脸上。当时所有的神都向他询问原因。他回答他们说,有关死亡临近的梦折磨着他。神明们都安慰他,说他是神。但这并没有使他感到安慰。他们劝说他,说什么也不可能威胁他。女神弗丽嘉派遣急使到世界各地,世界上的一切都发誓说,不会有什么威胁巴德尔。他们询问一切,除了奥墨拉(一种类似旋花的植物,他缠绕橡树,并且与橡树融合成一体)。大家看不见他,因而没有要他发誓。这时神明们把巴德尔送到神圣的草地。(根据其他说法,存在一些神圣的地方,那里不应该流血,不使用暴力。在那里举行特有的仪式。古希腊的远古时期,显然也有过这种不可触犯的地方,不过在希腊人那里这是所有的祭坛。然而在古代斯堪的纳维亚人那里,这是神圣的草地。一些学者提出假设,剧场产生于只可娱乐,不可杀戮的地方)神明们把巴德尔放到这块草地中央,向他抛掷树木,山崖,什么都伤害不了他。但是这时出现了洛基,他用旋花做成长矛,把长矛放到盲目神〈霍德尔〉的手里,推了一下他的手,结果长矛杀死了巴德尔。巴德尔去到女巨灵赫尔那里。所有的神都为他哭泣。派了使团去见赫尔,请求她放回巴德尔。这样是不可能的,但最终还是达到了,把他放还大地上三个月。人们认为,巴德尔,这是剧场的始祖。(在古代希腊或罗马,舞台也是神圣的地方)

英雄诗歌

斯堪的纳维亚英雄史诗的基础是对民族大迁徙时期(公元5世纪,甚至更长一些时间)各种事件的回忆。随着勃艮第阿提拉[①]率领

[①] 阿提拉(？—453),自公元434年起为匈奴人的王。公元437年,他们在莱茵河打败勃艮第王国。阿提拉对东罗马帝国(443,447—448年)、高卢(451年)、北意大利(452年)进行了毁灭性的进攻。——原编者

的匈奴人灭亡(437年)①,整个氏族全部死亡。这事件留下了巨大的痕迹:它成为全日耳曼史诗的核心。在斯堪的纳维亚,人们把它与溯源于奥丁的沃尔松家族的灭亡史联系起来。

莱茵河至今仍然具有巨大的战略意义:卫国战争期间有"齐格弗里德防线"。齐格弗里德——在冰岛史诗里也有此人,在那里他的名字是西古尔德(按照斯堪的纳维亚语)。这些地方是战略性的关键地域。因此,几乎整个欧洲史诗都包含对莱茵河事件的回忆。勃艮第王国是向西方进攻前的最后一道阵线。这是一个具有巨大重要性的事件。匈奴人没有再前进。公元453年,阿提拉去世。帝国瓦解。在这里决定了欧洲的命运。差不多勃艮第的所有居民都遭杀戮,没有留下王国的继承人。与泛日耳曼史中诗的紧密联系。这也是民族大迁徙时期的诸多事件②在斯堪的纳维亚史诗里得以保存的原因。

第二个事件:蛮族人奥多亚克夺得罗马政权③。第三个事件是伟大的特奥多里克④。侵入意大利领土,建立蛮族国家。他向前推进,同奥多亚克斗争,与建立哥特国家相联系的各个事件,他的最富有特点的个性:残酷和高尚,不受约束的热情等。他是日耳曼史诗主要英雄之一。在斯堪的纳维亚史诗里我们没有直接见到他。

在不同的民族那里,人名的发音不一样。特奥多里克以狄特里希·贝恩进入日耳曼史诗。〈贝恩〉(Bern),人们这样称维罗纳

---

① 勃艮第王国由勃艮第人日耳曼部落建立于公元5世纪初,占有莱茵河中游和下游左岸地区。公元437年,他们被匈奴人打得大败。在这场战役中,勃艮第国王戈狄哈里(戈纳尔或戈特尔的原型)同自己的亲属一起丧命。公元5世纪中期,被匈奴人从莱茵河赶走的勃艮第人在高卢西南部建立了新的勃艮第王国。——原编者
② 公元575年埃马纳里希的东哥特王朝的灭亡,勃艮第王国的毁灭,公元前453年匈奴首领阿提拉之死等,它们都在好多部史诗性作品里得到反映,其中最为著名的除了《埃达》外,以有冰岛的《沃尔松萨迦》,挪威的《提德瑞克萨迦》,斯诺里·斯图拉松的《小埃达》,德国的《尼贝龙根之歌》。——原编者
③ 奥多亚克(约443—493)是为罗马帝国服务的一支日耳曼雇佣军的首领。公元476年夺取了在意大利的政权(西罗马帝国灭亡)。特奥多里克被杀。——原编者
④ 特奥多里克(约454—526),东哥特人国王(从493年起),在北部和中部意大利建立自己的国家。——原编者

(Verona)是特奥多里克国家的中心。阿提拉在大陆日耳曼人那里称为埃特泽尔,在斯堪的纳维亚人那里称为阿特利。诗歌的内容丰富,创作的时间多种多样。在它们中间有许多矛盾。不存在统一性。最为古老的诗歌距离较新时期的诗歌差不多有三个世纪。

第一个主题:众神被俘。众神和约图瑙互相敌对。一次,以奥丁为首的三位神被俘。要求为他(即奥丁)支付非常巨额的赎金。奥丁派侏儒洛基神去找金子,洛基去找侏儒王。他想要多少金子,侏儒王就给他多少,只是除了一只很小的金戒指。新主题是:戒指主题为永恒、永恒的忠心、牢不可破的主题和象征(它也这样一直流传到现在:订婚戒指)。著名的主题是诅咒黄金主题。洛基拿走了戒指。这时安德瓦里①诅咒黄金:让黄金给拥有它的人只能带来不幸和毁灭。洛基不把诅咒放在心上,他赎出了三位神,黄金留给了约图瑙。

新的主题为法弗尼尔主题②。黄金给了法弗尼尔和雷金兄弟俩。产生了导致兄弟杀戮的敌视。获胜的是兄长法弗尼尔。为了守卫房获物,他就卧在它的(即宝藏)上面,用双手支撑着地。逐渐地他开始退化:双手和手指变成蛇掌和蛇爪,不洗澡,也不活动,身体覆盖上了鳞片,双脚成了掌爪。他变成了一条可怕的巨蟒。这是故事的情节,古代情节。

铁匠雷金主题(约图瑙和侏儒们被描绘成铁匠形象)。他(即雷金)没有放弃报复兄长的念头。他寻找能够杀死法弗尼尔的人。他通过一个沃尔松族人找到这样的人。这是最为古老的斯堪的纳维亚家族,但是注定要灭亡:命运注定它的是丰功伟绩和可怕的毁灭。最后一个沃尔松族人是西古尔德。他是个孩子,但他是沃尔松。雷金培养教育他。他〈即西古尔德〉变得强大,无所畏惧。

---

① 安德瓦里(古冰岛语 andvari,字面意思是"小心""谨慎"),斯堪的纳维亚神话中的侏儒,不祥的黄金的拥有者。——原编者
② 斯堪的纳维亚神话中守卫宝藏的巨蟒,铁匠雷金(抚养过英雄西古尔德)的兄弟。法弗尼尔攫取了神奇的宝藏(安德瓦里的黄金),杀死了父亲。他自己被西古尔德在雷金的怂恿下杀死。——原编者

剑主题。雷金必须给他〈即西古尔德〉准备适合于勇士佩的剑。巨量的金属,其价值非常可观。他锻造了它〈即剑〉,但西古尔德当即把它折断了,有如松木片。只是第三次才得以锻造了需要的剑。同巨蟒斗争主题。这是一个传统的主题。西古尔德获得胜利,他占有了宝藏和戒指。他被巨蟒的血染红,除了背上有一处被飘落下的一片树叶遮住而未受溅染,仅仅除了后背的这块地方。〈西古尔德〉成了世上最富有的人。他的宝藏是尼贝龙人的宝藏。尼贝龙人是尼弗尔海姆地方的居民,黄金在他们那里,戒指,这是尼贝龙人的戒指。未受溅染的西古尔德的斗争主题。但是他得知,〈布伦希尔达〉是善用魔法制服人的少女瓦尔基里娅,睡在一座岛屿上她自己的城堡里。城堡由燃烧着的戒指围绕着(又是戒指主题!)。西古尔德想,布伦希尔达应该成为他的妻子。他完成这一功绩。他们彼此相爱了,给了永恒爱情的证物:互相交换了戒指。

西古尔德必须离开布伦希尔达的城堡一些时间。但是在他走出城堡之后,按照神明的意愿,他们互相把对方忘了;这段事情完全从记忆里消失了。忘记爱情主题。留下来的只是非常相似的戒指,他们已经忘了它们。西古尔德希望获得功勋和未婚妻。他打听到,在勃艮第居住着一位容貌美丽的古德罗娜——国王戈纳尔的妹妹(在大陆日耳曼人那里名叫克里希尔德)。西古尔德渴望能得到她的允婚。他出发前往戈纳尔的宫殿,作为戈纳尔的附庸去找他,同意为了女儿而愿意为她的父亲服务①。敌人向王国发动进攻,他击退了进攻者。戈纳尔同意嫁妹妹,但西戈尔德〈向戈纳尔〉叙述布伦希尔达,叙述她的岛屿。他〈即戈纳尔〉希望她〈即布伦希尔达〉成为自己的妻子,请求〈西古尔德〉充当他的侍从,做新郎的代理人。(最为流行的主题之一)

西古尔德有一件不可见的披篷。他们来到那座岛屿。西古尔德

---

① 这里演讲者有语误。应该是"为了妹妹愿意为她的兄长服务"。接着文中有:"戈纳尔同意嫁妹妹。"——原编者

在那里所做的一切都是为了戈纳尔。他没有认出她〈即布伦希尔达〉，没有想起任何事情。他为了另一个人进行征服，没有产生任何疑惑，布伦希尔达成了戈纳尔的妻子，古德罗娜成了西古尔德的妻子。后来两个王国发生了不和。"埃达"中不和主题不是很清楚。在《尼贝龙根之歌》里，它们要清楚一些：由于服装（已经是后来的主题，宫廷主题），结果布伦希尔达憎恨古德罗娜及其丈夫。哈根，在"埃达"里，他的出现只是为了杀死他〈即西古尔德〉。古德罗娜把他作为朋友，把西古尔德的秘密告诉了他。哈根给西古尔德沉重打击。西古尔德慢慢死去——实际上是出自布伦希尔达之手。这时神明们恢复了他们的记忆。他们明白了这场死亡的悲剧。然后重又出现了燃烧着的戒指主题。为了安葬他，垛起了非常巨大的柴堆。燃起了烈火，戒指型环抱了西古尔德的遗体。布伦希尔达穿过这一戒指，躺到西古尔德身旁。他们在死亡中结合到一起。燃烧着的戒指重新在一起。

随后是情节发展的次要线索。古德罗娜久久地思念。后来是埃采尔进犯。整个氏族都遭屠戮。除了古德罗娜一人，埃采尔喜欢上了她，把她纳为侍妾。古德罗娜把自己对他的憎恨掩盖着。她在埃采尔的国家生活了九年。当她一遇到合适的机会，大概是把埃采尔杀了。这是氏族复仇主题。在日耳曼史诗里，它们另样地结合到一起。编年史里有回忆提到阿提拉死于伊尔狄科（西尔达）之手①。宴饮之后，他被她杀死在婚床上。在史诗的这一条线索中——整整一系列插叙。

"埃达"以自己非常古老的、富有自己特点的诗歌性令人惊诧。戒指主题，死后结合主题变得非常强烈。它们后来在文学里，在生活中继续发展。对这些主题的提炼：人们也把日耳曼史诗作为"埃达"诗歌的基础，把它们结合起来。但是人名和一些细节仍然是日耳曼的。《尼贝龙根的戒指》是 R. 瓦格纳的四部曲。瓦格纳是创新者，创作了新型的歌

---

① 据编年史，阿提拉于公元 453 年死于日耳曼女俘伊尔狄科（西东达的小名，Ildico-Hilde）之手。按照传说，她就这样报复屠戮她的民族。——原编者

剧——音乐戏剧。小城〈拜罗伊特〉①。〈瓦格纳〉亲自对歌词进行加工，创作了自己的作品。这些主题在绘画中，在雕塑中也被采用。勒里希②不逊色于弗鲁别利③。他〈即勒里希〉最杰出的绘画作品之一是《火的节日》④。勒里希是描绘火的最杰出的行家之一。我们这里不久前出版了Bc.伊万诺夫著作，评论勒里希，附有非常出色的插画⑤。

冰岛萨迦

"埃达"——这是诗歌作品，它们也像所有古代史诗一样，是演唱的。萨迦——散文体作品，夹杂有一些"斯卡尔德"们的作品片段。⑥

---

① 拜罗伊特（Bayreuth）系德国城市，在巴伐利亚。巴赫金谈到瓦格纳时提及这座城市，显然是由于1876年这里专门演出作曲家的作品《节日汇演剧院》（Festspielhaus——字面意思是"隆重演出的屋"）而建造了一座剧场。瓦格纳戏剧以演出《尼贝龙根的戒指》四部曲开始。从1882年起，每年夏季在拜罗伊特都要举行狂欢节（演出瓦格纳的歌剧）。——原编者
② H.K.勒里希（1874—1947），俄罗斯画家、戏剧艺术家、作家、诗人、考古学家、哲学家、旅行家。——原编者
③ M.A.弗鲁别利（1856—1910），俄罗斯艺术家。——原编者
④ 对勒里希的绘画名称提供得不准确。大概指的或者是为瓦格纳的歌剧《瓦尔基里娅》（属于四部曲《尼贝龙根的戒指》）作的布景草图之一，该剧称为《火的魔力》（1907），或者是组画《英雄事业》（根据"埃达"情节创作）中以《圣火》（1917）为标题的一幅画。勒里希在作品《余辉》（1914）中也采用了"埃达"中的世界大火主题。在艺术家的创作中，火这一重要主题也直接反映在他的一系列作品的标题里，那些作品在题材方面都与东方文化有联系：《盗火的人们》（1938），《火》（1943），《幸福之火》（《恒河之火》）（1947）。——原编者
⑤ Bc.H.伊万诺夫（1888—1971），历史学家、哲学家、作家。长期侨居国外，1945年回国。他的关于勒里希的著作于1937年和1939年出版于里加。勒里希亲自阅读过第1版的手稿并编辑。到1991年再没有出版过著作。（参阅Bc.伊万诺夫的《未发表过：勒里希——艺术家—思想家，关于罗马人安东尼的传说，回忆录，故事和诗歌》，列宁格勒，1991年：Bc.伊万诺夫的《雾中之火：勒里希——艺术家—思想家》，莫斯科，1991年）。——原编者
⑥ "斯卡尔德"（冰岛文skald，意为"诗人"），公元9至13世纪的挪威和冰岛诗人。他们的作品存在于口传，仅传下一些片段，见于斯诺里·斯图松的《小埃达》和萨迦。已知道三百五十个左右诗人的名字。其中最著名的是冰岛人埃伊尔·斯卡特拉·格里姆松（约910—约990）。——原编者

377

萨迦属于较晚的时期。最古老的萨迦属 12 世纪。中世纪英雄史诗性散文未能传下来。萨迦是世界文学中唯一的范本。这种散文显然同古代斯堪的纳维亚人的典仪有关系。在一定的日子里,在漫长的夜晚,贵族家庭的成员聚在炉灶旁。(在挪威,至今还有巨大的壁炉,可以用整段的树木生火。)人们喜欢火,理解它。在这样的炉旁聚集氏族长老,诗人讲述氏族或整个民族的故事。这是漫长的冬天的故事。顺序叙述氏族首领、氏族成员。尽可能不偏离氏族传说。诗人们严格遵循那些传说。萨迦的历史性非常强,在许多情况下被人们当作国家的历史。然后出现了虚构性萨迦,它们要晚一些。斯堪的纳维亚人自己对它们持轻视态度。《弗里蒂奥夫萨迦》。被加工成诗歌形式(浪漫主义作家、瑞典人泰格奈尔①)。当时〈至 19 世纪〉斯堪的纳维亚诸国文学语言只有一个丹麦语。

《沃尔松萨迦》。(有单独的版本)叙述西古尔德的祖辈。他死后,氏族没有中断,一直延续到国王美发的(卡拉尔德)②——第一个国王,封建制奠基者。

挪威农民(邦德)是一些非常自豪傲慢的人。

《弗里蒂奥夫萨迦》。弗里蒂奥夫是年轻的邦德,爱上了国王的女儿茵吉博尔格(一个非常流行的名字)。她的父亲和兄弟甚至都不愿意想这件事。同兄弟斗争,参加战争和功绩。他这样制伏了公主的整个家庭。但他仍然当一个农民,与国王的女儿结了婚。

这篇萨迦很独特:幻想因素不很多,很有分寸。"幻想的"这一概念本身就是非常相对性的。甚至现在在冰岛,幻影是寻常的事情。卡

---

① 《弗里蒂奥夫萨迦》,亦称《勇敢的弗里蒂奥夫萨迦》,形成于 13 世纪末至 14 世纪初,属于晚期斯堪的纳维亚萨迦。泰格奈尔(1782—1846),瑞典诗人,浪漫主义者。他以古代斯堪的纳维亚萨迦作为创作《弗里蒂奥夫萨迦》(1825)的基础。——原编者
② 指《沃尔松萨迦》,莫斯科,列宁格勒,1934 年。美发的卡拉尔德一世(约 860—940 或 945),挪威国王(约 890—940),他第一个统一了国家,是王朝奠基人。根据萨迦,其母方氏族拉希尔德源自西古尔德,再远一些源自奥丁和托尔。——原编者

多尔·拉克斯内斯(《外国文学》,1957年)①是我们的同时代人。一系列短篇小说、叙事故事的作者。在德国杂志上是关于会见冰岛无赖汉。他说,冰岛人"是同幽灵一起长大的"。《弗里蒂奥夫萨迦》几乎没有任何幻想成分,不过与此同时,它也不是氏族萨迦。

斯堪的纳维亚萨迦主题是斯堪的纳维亚勇士在罗斯的斗争②。(许多萨迦经常提到罗斯)

《奥尔瓦尔·奥得萨迦》(幻想性的)。力量超常的勇士,生活了三百年。斗争,奇遇。出发去耶路撒冷,在那里皈依基督教。对奥尔瓦尔·奥得之死的叙述:由马预言死亡。他离开了马,然后在宴会上想起了它,最后死于从马的颅骨里爬出来的蛇。斯堪的纳维亚国家没有男预言者,只有女预言者。

俄罗斯编年史中也有不少与萨迦中相近似的主题。在俄罗斯,19世纪时有过斯堪的纳维亚人学派。该学派的代表们断言,几乎所有的俄罗斯传说和壮士歌都源于斯堪的纳维亚。斯堪的纳维亚主义是"借用理论"的变种。他们感兴趣的仅仅是相似性,忽视了差别。奥列格和奥尔瓦尔·奥德是不同的民族完全不同的创作。③ 整个环境完全是另样的。这个学派尽管在收集实际材料方面做了许多工作,不过仍应该认为是不可靠的,伪科学的。共同的东西不能用借用来解释。这一术语应该抛弃,代之以术语"互相作用""互相交流"。没有它〈即互相作用〉,任何文学发展都是不可能的。斯拉夫部落与斯堪的纳维亚部落的接触是非常密切的。他们互相交流诗歌、传说等。这使他们双方都得到丰富。不过双方无论哪一方改作诗歌、传说时,都赋予了民族的特点。斯堪的纳维亚主义者也不能肯定,谁借用了谁。传说是无名

---

① 参见本篇《题目一》中的注释。——原编者
② 叙述维京人对古代罗斯进军的作品包括《阿拉弗·特柳格瓦松萨迦》《圣阿拉弗萨迦》等。——原编者
③ 这里指的是所谓的里沃夫编年史中关于古代俄罗斯公爵奥列格(？—912)因自己的马而死的众所周知的编年叙述,它成为普希金的《英明的奥列格之歌》(1822)的基础。——原编者

创作。它们从来都不是已经成熟的它们在大地上漫游，变化着，得到重要加工。只是后来，在最后阶段，我们才得到记录的，固定的版本。〈传说〉的生命道路非常复杂，在许多方面是国际性的。在我们这里，在同时代发展(18 至 20 世纪)的条件下，有许多借用，但是那也不能排斥这些术语。例如，普希金(在青年时期)和拜伦①。然而这是他(普希金)的功绩：以世界文学为生，但仍是俄罗斯的。而先前，这只是一种〈变体？〉②。也给人了，也得到了。

题目三
法国英雄史诗

我们前面谈到史诗中反映了氏族部落制度的生活关系和思想意识。男性美——英雄的力量和他所造成的畏惧。母权制(库丘林在身材魁梧的女人们那里学习③)。结义兄弟。(在斯堪的纳维亚史诗中，西古尔德是作为附庸为戈纳尔服务，但是这是很晚的情调。)当时还没有较晚时期的封建制意思的祖国概念：他们〈即英雄们〉为氏族(源自希腊语 genos，意为"祖辈")而战斗，他们是古希腊罗马时代意思中的英雄。库丘林为自己的氏族，也为自己争取荣誉。个人和氏族处于不可分离的统一之中。非常古老类型的氏族部落式英勇精神。提到国家、国王等新的阶层，它稍许重新理解了国家、国王等概念，使它们适合于新的意识。

---

① 拜伦(1788—1824)，英国诗人，浪漫主义者。关于普希金"青年时期的"的诗歌与拜伦的"东方"诗歌的联系问题在 B.M.日尔蒙斯基的《拜伦和普希金：浪漫主义诗歌史论集》得到阐述，读著作于 1924 年出版，巴赫金对它无疑很熟悉。——原编者
② 米尔斯卡娅的笔记里记着的是"модернизация"，可能不准确。——原编者
③ 库丘林是古爱尔兰史诗中的英雄，英雄系列或所谓的厄拉德(厄尔斯特)系列中许多萨迦的中心人物。该系列产生于爱尔兰北部厄拉德或厄尔斯特王国(现在这一地区称力奥尔斯特)部落中间，库丘林七岁时接受武器，向那里的神奇女巨人们学习战斗精神。从上下文看，巴赫金谈到厄拉德系列，但米尔斯卡娅的笔记本里没有记录。——原编者

法国史诗是新的世界,新的思想意识。早期的,英雄时代的,年轻的封建主义。那种史诗世界,它反映了处于早期和中期阶段的封建制度关系。宗教间的斗争。一切都得到新的、另样的理解。从我们的观点看,这是政治史诗。在斯堪的纳维亚史诗里,它〈即政治〉一点也没有。

　　法国英雄史诗以稍许〈有别于斯堪的纳维亚史诗的〉另一种形式流传下来。要是斯堪的纳维亚史诗采用的是不太长的壮士歌形式,那么法国史诗采用的则是长篇诗歌形式,其中有一些甚至比《伊利亚特》和《奥德赛》还长。诗篇界限相当模糊。一般说来约有一百篇。法语称它们为 chansos de geste("关于功业的诗歌")。它们以记录本流传下来,从公元 11 世纪后半叶到 14 世纪。可以准确地确定在一个世纪的范围内。13 至 14 世纪时的诗歌(那些最长的诗篇属于这一部分)不是那样有意思。它们受到宫廷文学的影响。作者们没有虚构人物和情节。这是后来的事情。当时人们从传说里撷取它们〈即人物和情节〉,并且相信确实存在过。〈……〉因此,作者们利用简短的英雄诗歌和口头传说的古代材料进行创作,那些诗歌和传说可以追溯到 8 至 9 世纪——查理·马尔特尔和查理大帝时期①。

　　谁是这些诗篇的创作者?主要是法国的容格勒尔②。不过他们创作这些诗篇是以古代材料为基础。个人创作当时还没有。它们〈即诗篇〉的创作者是自愿组织起来的歌手,他们把诗篇交给自愿组织。自愿组织成员是流动的,诗歌传入民间,在那里受到民间歌手的加工。它们还常常受到教士(僧侣)的加工,并且只有在这时,才落到容格勒尔们手里。在不同的阶段染上了不同的社会思想色彩。

　　在中世纪各民族的所有史诗中,古代法国史诗得到最好方式的科学

---

① 查理·马特尔(约 688—741)是法兰克王国的实际统治者(从 715 年起),他来自加洛林王朝。——原编者
② 容格勒尔(Jongleur),源自拉丁语 joculator,意为"好戏谑的人"。jocus,意为"玩笑",西班牙语为 juglar——游荡演员,在城堡、城市广场、市场等地表演。容格勒尔也称为签斯特里奥(histrio)。在中世纪德国,与他们相近的是民间行吟诗人(spielmann),在罗斯则是表演滑稽节目的优伶(скоморохи)。——原编者

研究。有关它的著述非常多。学者们(贝迪埃①,G.帕里斯②)力求科学地解决问题。以这一史诗为例,对史诗的产生问题,史诗的创作者和体现者问题,得到非常有意思的研究。各种学术理论至今仍然互有差异。

容格勒尔——某种类似我们这里的罗斯时代表演滑稽节目的优伶。但在我们这里,他们〈即优伶〉受到迫害,而在那里,环境是另样的:封建制上层对待容格勒尔很优待,此外还有教会,教会虽然迫害他们,但同时也利用他们为自己的目的服务。〈容格勒尔〉是职业歌手,有时简直不只是用歌唱,还以小猴子娱乐围观的人们。容格勒尔本人则是技巧运动员,魔术师,以及我们狭义上的容格勒尔。容格勒尔为了生存,对什么都不嫌忌,只要能吸引观众(在城堡里用诗歌,在宽阔大道上用技巧,较少表演诗歌)。中世纪时,容格勒尔非常多。〈他们〉走路时穿着特殊的服装,某种介于通常的和小丑的服装之间的绿色服装,腋下夹一块绿色小毯(这是他们的中世纪舞台)。〈舞台本身〉出现得较晚,在城市里,在广场上。还没有剧场。绿色的小地毯,这就是舞台。人一站在这座舞台上,便已经在表现某个人③。容格勒尔的出现:他们把中世纪与古希腊罗马世界联系起来。这是古希腊罗马时代的好戏墟的人——游荡演员。这一继承性就是这样。

容格勒尔有各种不同类型。一些人是可怜的魔术师和技巧运动

---

① 贝迪埃(1864—1938),法国语文学家,中世纪学者。曾求学于G.帕里斯和F.布吕内蒂埃门下。基本著作《史诗传说》。他对中世纪小说《特里斯丹和绮瑟》的转述(1900)为他争得了世界声誉。布吕内蒂埃(1849—1906),法国批评家、历史学家和文艺理论家。——原编者

② G.帕里斯(1839—1903),法国语文学家,中世纪学创始人之一。他在自己的基本著作《查理大帝诗歌史》(*Histoire poétique de Chorlemagne*, 1865),《中世纪诗歌》(*La poésie au Moyen Âge*, 1885—1895),《法国中世纪文学(11至14世纪)》(*La litterature au Moyen Âge* XI-me—XIV-me siecle, 1890)中继续浪漫主义语文学派的传统,该学派在英雄史诗里看到"民族精神"的表现。——原编者

③ 参阅A.法朗士的小说《圣母的容格勒尔》中的文字,巴赫金把该小说推荐给学生们"赶集的日子,巴尔纳贝在人群拥挤的广场上铺开陈旧的、破损了的小毯子以滑稽可催吸引孩子们和好看热闹的人"。(见本篇第二部分《阅读书目》)巴尔纳贝"一身绿衣服,从头到脚"。(A.法朗士的《作品集》第4卷,莫斯科,1884年,第197页)——原编者

员,不怎么识字或者甚至完全不识字。高一些等级的容格勒尔大部分有文化,虽然他们表演的节目很有限。他们表演的就像他们学习的那样,没有创新因素。第三类容格勒尔是受过教育的人。他们中间有些人还很博学多识,掌握通俗拉丁语,在这方面仅次于教士。他们中间有一些创作的人们,诗人,杰出的创作者。非常广泛的运动,鼓励十字军远征。容格勒尔对旧材料从新的角度进行思考。使人们成为为十字架而斗争的始终不渝的拥护者。这是最高一类容格勒尔。大部分诗篇是他们的创作成果,不过有一部分诗篇是由教士创作的。

功绩诗歌(Chansons de geste)分为三个系列:

1.加洛林王朝系列①。

2."善良的封建主"系列②。

3."邪恶的封建主"系列③。

帝王系列是最古老的系列。其中有一些诗歌创作于11世纪前半叶末。处于这些诗歌中心地位的是查理大帝的形象。这一系列也包括一些产生较晚的诗篇。〈……〉查理大帝的功业以及其祖父查理·马尔特尔的特点和功业。对于作者们来说,马尔特尔是比较古老的诗歌。查理的形象是理想的僧侣—封建君主的形象。极度夸张化。他只是在八百岁才成为皇帝。但加洛林系列中的所有〈诗歌〉都从一开始就把他描写为皇帝。查理的所有功绩的建立已是一个白髯老人。

---

① 它更经常地称为帝王系列(Le Geste du Roi)或查理大帝系列。除了《罗兰之歌》,属于这一系列的还有《查理大帝去耶路撒冷和君士坦丁堡朝圣记》《大脚的贝尔塔》等。诗中赞颂法兰克人反对异教徒穆斯林的斗争,把查理大帝的形象英雄化(参见本篇《中世纪分期和文学分类》中的注释)。——原编者

② 指加兰·德·蒙格拉纳系列(La Geste de Garin de Monglane),是一部关于加兰家族的长篇史诗。史诗的题旨是颂扬毫无私心地为懦弱的,而且常常是不高尚的国王服务的这种封建附庸理想。主要人物是吉约姆·德·奥朗日。24篇诗中有8篇用来描写他。其中最为杰出的是《吉约姆之歌》《路易加冕》《尼姆城的大车》《夺取奥朗》。——原编者

③ 又称"骚动的贵族"系列(Les barons révolte),这是叙述封建主之间互相内讧以及他们反对不公正的国王的骚动。这一系列的基本作品包括《列诺·德·马蒙斗邦》(《埃蒙四子》)、《奥日·达特恰宁》《敦·德·梅央斯》《日拉尔·德·鲁西尔昂》。——原编者

"功绩诗歌"在确定他的年龄时不一致,在有些情况下他是三百岁。这是一个永远操劳和建功立业的人,期望休息。称他是一个"警觉的人""不睡觉的人"。

查理不把自己置于与其他封建主,如"佩尔"①相对立的地位。他在相等的人中间处于第一位〈primus inter pares〉。佩尔——源自〈pares〉。(实际上这种表述从没有保持过。)查理大帝被描写成有如僧侣,确实与自己的附属平等:权利相等,不过国王承担着更多的义务。查理不得到附属的同意,从不对任何问题作决定。环境非常简单:聚集在树林中的小草地,在树荫下的空地上,通常是在橡树下。最大的奢侈是木头凳子②。最喜欢的形象是绿茵茵的草地,嫩草繁茂。查理是个态度温和的僧侣:以请求的形式发布命令。他生活的目的是为祖国服务。"美好的法兰西"③——这就是他的思想。这几个字在所有加洛林史诗里得到最多次数的重复。所有这些完全不同于西古尔德,不同于库丘林。他〈即查理〉是由一块纯净的东西,是由自己的时代塑造的。他如同热爱为法兰西利益而为斗争的斗士那样热爱自己的封建主。加洛林史诗对他的家庭关系只字不提。他好像没有亲人,这〈即存在亲人〉与史诗精神不相合:在他的心灵里没有另外的爱。亲属感情好像被排除,并且即使它们被提到,那也是作为否定性的情感(罗兰对继父的敌视)。在大部分"功绩诗歌"里,主要人物是查理的附

---

① "佩尔"(源自拉丁语 par,意为"相等的")是封建时期的附属,在力量和美德方面能够与君主相等。根据史诗性传说,查理有十二个附属。(也有人译为"诸侯"。——译者)——原编者
② 这里由于记录或演讲者而出现不准确。在《罗兰之歌》里,查理由附属们簇拥,坐在用纯金做的、摆在松树下的宝座上(参阅《罗兰之歌》,系根据牛津手稿确立的版本,P.热拉尔·穆瓦涅翻译、注释并评论,1969 年,第 35 页,第 10 节,第 113—115 行)。——原编者
③ "美好的法兰西"〔在古法语版本(根据牛津抄本)里为 dulce France,在当代法语译文里为 douce France,字面意思是"甜蜜的法兰西",在大部分俄文译文里为"милая Франция"〕,这是对法国的传统修饰语,甚至其敌人也采用,贯穿于《罗兰之歌》整个文本。同时,"法兰西"有时指的是查理大帝的整个帝围(也包括日耳曼领土),有时只是巴黎地区。——原编者

庸。他统领一切,统一一切,但他自己不直接参与。这是他的形象的特点。《罗兰之歌》是这一系列中最为古老、最为杰出的一部作品。

第二、三系列的一些最重要的作品展示封建制的离心力量:封建主为自己的权力而斗争,他们的蛮横。若是寻找法国史诗与《伊戈尔远征记》之间的相似性①,那么我们在第二和第三系列里会发现大得多的相似性。在那些史诗里同样提到查理,但这是对封建制"黄金时期"的回忆。

在第二系列里,封建主为统一而斗争的斗士的胜利。在这一系列的中心是吉约姆·德·奥朗日。〈这一系列〉通常称为加兰·德·蒙格拉纳系列,虽然第一个名称要更合适一些②。〈加兰·德·蒙格拉纳〉是吉约姆·德·奥朗日的祖先。事件发生在查理统治的最后年代。他的儿子路易软弱,表里不一,意志不坚定。十五岁时③给儿子加冕。这时〈即加冕时〉,他〈即路易〉的全部虚弱都表现了出来。他接受王冠时,手颤抖不止。接受王冠的手应该是坚定而有力的。一个封建主,查理的亲信,企图利用这一点,从路易手里夺走王冠④。吉约姆·德·奥朗日出来干涉,一拳把他打死。

吉约姆·德·奥朗日有点粗暴,认为一头削尖的木棍比剑好使,他用木棍完成了各种奇迹。他的拳头是铁的。他特别忠诚、粗鲁、直率。喜剧人物的特点:一个贪吃的人(当他晚年前去修道院时,修士们对此都感到害怕)。问题在于这些诗歌是较晚时期的诗歌。代替真正的简朴的是表面的虚饰。人们企图把吉约姆作为昔日善良的简朴的

---

① 巴赫金在《史诗历史上的〈伊戈尔远征记〉》中谈到《罗兰之歌》与《伊戈尔远征记》的相似性问题。——编者
② 加兰·德·蒙格拉纳为历史人物。查理大帝统治时期,他为其服务,后者封他为图卢兹伯爵,任命他为自己的儿子路易的老师。公元812年在热隆修道院卒。加兰·德·蒙格拉纳是吉约姆·德·奥朗日的曾祖父。该系列是加兰氏族的长篇史诗。——原编者
③ 指路易满十五岁。——原编者
④ 这里指的是背叛者、男爵安索斯·德·奥尔兰,他希望自己攫取政权,劝查理把仪式改期,待儿子长大以后。——原编者

典范,与其对比。

路易的形象对于弱小的国王来说是典型性的:他对无耻之徒和谄媚之人让步,喜欢外在的荣耀;他软弱,忘恩负义。不喜欢吉约姆,因为后者直率,不好奉迎。然而他是国王,并且差不多只有吉约姆·德·奥朗日一人服务于自己的国王和法兰西。一次路易馈赠给自己的封建主土地,吉约姆没有在,人们把他忘了。吉约姆直接〈向国王〉提出这件事。路易感到恐惧,怂恿他去反对其他封建主。吉约姆拒绝那样做,他要求两座摩尔人的城市。国王同意了,吉约姆用战争把它们夺得。

"邪恶的封建主"系列中没有任何中心,没有任何主要的〈人物〉。把这一系列组合到一起是由于这样一点,即封建主们邪恶、自私。他们不承认任何东西,甚至神明。高傲,贪婪,好报复。作者们的双重态度:谴责他们,而从另一方面,又称赞他们的力量。13世纪时已经出现对强大的个人的崇拜。

《罗兰之歌》 诗中包含那些处于萌芽状态,后来在第二和第三系列里得到展示的特点。创作时间未能得以准确地确定,大约在1100年左右。作者佚名。作者的文学修养是显而易见的。这些作品处于个人创作和非个人创作的交替时期。在这里已经是个人创作的发端。作者问题已经出现,不过作者还没有认识自己的权利。作者,这是强大的创作个人,尽管尚未认识到自己的权利。寻找作者的名字是无望的[①]。

〈存在〉三种假设:

(1)作者位居教士中的首席。相当重要的教徒。整部作品渗透了为十字架而斗争的思想。基础是十字军征伐思想。大主教图尔平的

---

① 个体创作论支持者(J.贝迪埃等)把《罗兰之歌》的著作者归于某个名叫图罗尔杜斯的天才诗人。俄罗斯研究者传统地否定这种理论,认为诗歌是民间集体创作的成果。关于《罗兰之歌》的作者问题,参阅A.A.斯米尔诺夫的《谁是〈罗兰之歌〉的作者?》(A.A.斯米尔诺夫:《西欧文学史论集》,莫斯科,列宁格勒,1965年,第67—76页)。——原编者

形象①。

（2）〈作者〉有超群的军事才能。战斗热情。世界文学史上第一个战斗画面。作者是个大军人，十字军征伐的未来参加者，即诗歌显然写成于战争准备阶段。

（3）〈作者〉是容格勒尔。他们〈即容格勒尔们〉同教士和军人保持着经常的联系。他们的处境在十字军征伐之前特别好：力图利用他们做宣传。出色的传教士很少，而胜任这件工作的容格勒尔却要多得多。容格勒尔熟悉教会事务。此外，他们同军人也有联系。他们对军事知识也很在行。

关于《罗兰之歌》的历史基础问题。11世纪，但事件属于778年，在查理大帝时期。当时在比利牛斯山的隆塞瓦尔峡谷〈发生了〉激战②。711年，摩尔人侵入欧洲，占据了整个西班牙。摩尔人对法国领土的侵袭是非常经常的事情。查理为了让摩尔人处于恐惧之中，对他们发动了进攻。他丝毫没有侵占西班牙的想法，更谈不上宗教憎恨。对查理的军队发动进攻的不是摩尔人，而是基督徒巴斯克人。他们显然或者是因为遭抢劫而被激怒，或者是自己想抢劫。查理没有追击他们。这一战役没有任何历史意义③。

---

① 图尔平是兰斯大主教(753—794)，隆塞瓦尔战役同时代人。图尔平参加查理战争未得到历史证实。——原编者
② 隆塞瓦尔(Roncesvalles)是西班牙诺瓦尔省一村落，同法国以一条山间通道，即罗兰门相连。——原编者
③ 《罗兰之歌》以公元778年的事件为基础。查理大帝介入了穆斯林西班牙的内部纷争，他根据支持者巴格达兹哈里法的请求，反对卡尔杜瓦埃米尔阿布达拉姆，后者企图脱离哈里法，建立独立的国家。查理夺得了几个城市后，包围了萨拉戈萨，但是过了数个星期，他又不得不放弃围困，由于自己帝国内部的复杂形势而取道比利牛斯回返。巴斯克人在摩尔人的支持下，在隆塞瓦尔峡谷进攻查理的后卫部队，歼灭了溃退的法兰克人，然后隐匿了起来。法兰克人没有能为自己的人进行报复。过了三百年，在《罗兰之歌》里，事件被改变得无法辨认。一场对于法兰克人来说是耻辱的激战变成了为法兰西和反动的信仰而进行的一场伟大的战役。在参战的杰出将领中，根据查理的近僚和传记作家埃恩哈德(775—840)提供的证据，在激战中死亡的有鲁奥特朗德——布列塔尼封疆领主(829—836)，后来成为传说中的罗兰的原型(*Vita Caroli Magni*)。——原编者

《罗兰之歌》传下来数种抄本。最早的抄本是"牛津抄本"①。通常史诗文本就是根据这部抄本提供的。我们这里基本也是这样，不过有些地方根据其他抄本，因为那些抄本在相关地方显得似乎要好一些。人们通常按"牛津抄本"进行分析。

内容。对查理大帝军营的军事会议的描写。他〈即查理〉征服了西班牙，但是在萨拉戈萨城下陷入围困。围困。军事会议需要决定同马尔西勒进行谈判的问题②。决定进行谈判。条件：皈依基督教，附属地位。决定派加奈隆作为军使。他冒着生命危险。推荐他的是罗兰——他的继子。罗兰是为了对自己的继父表示敬重，因为任务越危险，也就越光荣。而加奈隆则认为，罗兰想摆脱他（他们之间存在某些不愉快）。这是开端：敌对和决定报复。途中加奈隆秘密地同马尔西勒的使节商量，萨拉戈萨接受条件，然后消灭查理的后卫部分。接着，加奈隆在马尔西勒处。在那里他是一个能手，英雄。萨拉戈萨人接受条件。查理应该撤走军队。加奈隆再一次商量消灭后卫部队的事情。

在查理这里。后卫部队由罗兰率领。军队包括二十个佩尔的优秀的力量。罗兰是优秀者之一，有时是查理大帝最优秀的附属。我们在编年史里可以见到他的名字叫鲁奥特朗德，但〈那里〉没有证明他是查理的侄子③。他有一把著名的剑（佩剑主题，不过是另样的）。他的这把剑特别坚硬，很神奇：在剑把里有神圣威力的部分。那剑有自己的名字叫迪朗达尔。在史诗里，这是战斗的〈……〉人们对这样的物件

---

① 《罗兰之歌》传到现在的超过 10 个文本。这是法语多神教诗歌和散文体故事，属于不同时期（由 12 至 14 世纪），互相存在很大差异。从艺术角度看，最古老而完善的文本是根据"牛津抄本"（按其发现的地点牛津大学图书馆而得名）得知的文本。抄本约于 12 世纪中期（最常说的是 1170 年）由英格兰-诺曼底抄录者由原本抄录。对它的重新"发现"是在浪漫主义时期。它于 1837 年在巴黎由法国学者、中世纪学专家弗兰齐斯库斯-克萨维埃·米舍尔（1809—1887）第一次发表。——原编者

② 马尔西勒，在《罗兰之歌》之中是萨拉戈萨国王，虚构的人物。可能诗人在这个人名下描写的是摩尔人的统治者阿摩罗斯（Amoros），此人曾请求查理大帝帮助他与阿布达尔拉姆进行斗争。——原编者

③ 按照史诗叙述，罗兰是查理的妹妹贝尔塔和王室事务长官米隆的儿子。贝尔塔第二次结婚时嫁给了加奈隆。历史上的鲁奥特朗德并不是查理的侄子。——原编者

怀有深刻的敬意。他有号角奥利方(战斗的和狩猎的)。它具有非常巨大的力量,然而要吹奏它,应该具有罗兰的胸腔。〈号角〉在许多里之外都能听见。号角的声音能把人完全推倒。

后卫部分留在森林里。(那里至今还有隆塞瓦尔修道院遗迹。地点得到科学的准确认定。那里现在是非常豪华的疗养区,甚至现在人们仍然能指出山崖和豁口,据说罗兰曾试图在那里折断自己的剑)。在那里,法兰克人发现萨拉戈萨人正在接近。进攻一个法兰克人,不少于一百个萨拉戈萨人①。起初〈法兰克人〉没有想到会有什么不好的意图,但最后他们明白了,这是敌人。当时〈罗兰〉的朋友奥利维埃(历史人物,不过关于他我们几乎一无所知,他和罗兰是朋友和结拜兄弟)建议召唤查理的军队。奥利维埃无所畏惧,强有力量,不亚于罗兰,但他是一个稳健、智慧的人。罗兰就不一样。他坚决拒绝:骑士不应该召唤人帮助,这是耻辱,这与法兰克人和法兰西是不相容的。奥利维埃建议三次,罗兰三次拒绝。罗兰是指挥官,他接受战斗。著名的争论:两种观点。作者好像想表明,双方都正确。两种观点有同等价值,但是不同的类型。道德胜利者罗兰正确。智慧的奥利维埃也正确。两种类型的人②。

---

① 诗歌称法兰克人的后卫部分的战士人数是两万,进攻他们的萨拉戈萨人是40万。——原编者

② 试比较巴赫金的观点和意大利中世纪学者F.卡尔蒂尼的观点:"当你接触有关'古典骑士史诗'的文献时,例如'武功歌'时,你会发现,骑士也具有一些另样的品质,而不只是不可战胜性或爱自己的武器和马匹。这里首先指的是勇敢和高尚。支撑它们的好像是某种无理智的、梦游性的意志。确实,较晚时期的思想论证在于使'勇敢'理性化,完全服从于它的基督教教规,从而使其失去一切'野性'色彩。用智慧装备勇敢,使最初互相距离如此遥远(起码它们在心理方面是对立的)的勇敢和智慧结合起来,成为骑士'信仰'理想的基础""与本能性的,但后来被完全磨光和驯服了的凶残性并列,在中世纪骑上身上以发现各种性格特点的折中——他的行业共同性情感,对友谊的理解,尊重共同拥也公共财产,希望分担自己一派的共同命运。在某个时候友谊甚至会发展成为互相不可分离,精神上的兄弟情谊,发展成为这些词语词源意义上的'共同情感'和'共同受难'(compassio)。一个英雄在另一个英雄不在的情况下会失去一半力量,成为由两半构成的。例如勇敢的罗兰和智惹的奥利维埃只有处于共同状态时,才能达到智慧和勇敢之间的完美的骑士性平衡状态。"(F.卡尔蒂尼:《中世纪骑上阶层的起源》,莫斯科,1987年,第104,105页)——原编者

会战 著名的描写。在世界文学里,描写战斗场面成为非常流行的。某些描写场面还博得了世界赞誉。在绘画中描写战斗的体裁。在17世纪,它被视为绘画最主要的体裁。隆塞瓦尔战役是世界艺术中第一个描写战斗场面的情节。战役是某种整个的、统一的场面,但是每个人只看到一部分。描写战斗场面的任务在于把对整个战役的描写同对那些最重要的战役参加者的描写结合起来,军事中没有这样的点,从那一点能够看到整个战役画面。

起初作者提供一些简单的、一般性的战役概括,然后一个个地展示各个英雄;又是概括地;又是英雄。各个画面非同寻常的比例性和交替的韵律性。任务解决得很理想。领袖处于战斗的中心。每个人物根据自己的处境,并且根据〈死亡者的?〉数目,感觉着战斗的进程。

图尔平是主教和雄伟的军人。他一只手握剑,另一只手握着十字架。他用十字架为正在死去的人们祝福,用剑击败敌人。还在战役开始之前,他便给所有的战役参加者解除了罪过。值得注意的十字架和剑的结合。

作者经常使用夸张手法,但并非没有限度。罗兰特别强大和有力。他有一把著名的剑。他看见尸体山积,感觉身体上的伤,那些伤在削弱他的力量。战场完全被萨拉戈萨人罩住①。法兰克人在死去大主教能够做的只是在大地上为正在死去的人们送行。而且这里是罗兰和奥利维埃之间新的场面。罗兰亲自询问要不要吹号角。奥利维埃答称已经晚了。重复三次。尽管〈奥利维埃〉不同意,罗兰还是吹响了号角。他已经没有力气,他已经很难吹响。他吹了三次,吹第二次时,脸上的血管破裂,吹第三次时,鲜血满身。

为什么罗兰还是吹了号角?这是一个不完全清楚的地方,解释各种各样。他吹号角是因为不需要帮助,但需要让查理知道发生了战斗,战斗已临近结束。吹奏不耻辱。查理应该知道。不过诗中没有一处地方〈表明〉罗兰感到衰弱〈……〉。

战斗结果:所有的人都死了,除了受伤的罗兰。他在死去,但这时

---

① 指整个战场被萨拉戈萨人占据。——原编者

发生了奇迹:萨拉戈萨人在退却,因为听见查理正在接近。只有他〈即罗兰〉一人活着,敌人却逃跑了。他胜利了。他不可能等到查理到来,他知道这一点。著名的罗兰之死场面。死亡仪式。寻找能躺下的地方。〈躺到〉绿草上,橡树下①。他躺着,面向摩尔人,背向着祖国。他像一个胜利者躺着。他担心它〈即剑〉会被摩尔人得到,他想把它在山崖上折断。他撞击三次,山崖留下缺口,但剑仍然是完好的。他用自己的身体遮住它〈即剑〉。最后的时刻:对自己的一生给自己一个总结(他参加过的战役,他所建立的功勋),以便确信,他完成了对〈君主〉的义务,可以把自己的手套还给他。

手套仪式 君主把自己的手给了他,领导他,封建主成了他的手。还有第二点,归还手套表明委托被完成的标志。罗兰认为,他可以归还手套,但查理不在,因此他应该把手套还给神明。他三次把手套举向天空,降临的天使接受了它。这里不是神秘主义,不是的:神明是封建主的代理者。

一切都完成了,罗兰在死去,罗兰之死没有自然主义的特点:甚至最后一次喘气也是严格的仪式。死亡仪式,一切都渐渐安静下来,临死时的〈各种细节〉都被排除。这一主题也存在于古代:在罗马人那里,临死前最后一件事情〈即最后一次义务〉是罩住自己的脸,因为不应该让任何人都看见濒死的情景。恺撒用披风罩住了自己的脸②。如

---

① 这里记录者或演讲者本人出现不准确。根据史诗法语原文,罗兰躺在松树下(pin)死去。在各俄文译本里,这处地方通常出现的是松树或云杉。再请比较 A.H.维谢洛夫斯基的论述片段:"在描写罗兰之死的全部三节诗中,有一条红线贯穿同一些形象:罗兰躺在松树下,把脸转向西班牙……"(A.H.维谢洛夫斯基:《著作集》第1卷,圣彼得堡,1913 年,第 114 页)——原编者

② 这里指盖尤斯·尤利乌斯·恺撒(前 102 或 100—前 44),罗马独裁者(公元前 49,前 48—前 46,前 45,从前 44 年起为终身)。死于共和主义者的谋杀。试比较罗马传记作家斯维托尼乌斯(公元 2 世纪)对他的死的描写:"当他看到自己从各个方面受到拔出的匕首的攻击时,他用外衣罩住自己的头,同时用左手把外衣的褶摆拉至脚跟,以便身体的下半部盖好,好体面地倒下。"(斯维托尼乌斯:《恺撒传》,LXXXII,2)还请比较古希腊传记作家普卢塔克(约 46—约 120)的叙述:"有些作家叙述说,恺撒一面阻挡阴谋者们的攻击,一面奔跑,大喊,但当他看见布鲁图斯手握出鞘的剑时,他把外衣罩到头上,让自己接受打击。"(普卢塔克:《恺撒传》,LXVI)——原编者

果一个人暴露着脸死去,那对他是一种耻辱。帝王是另一种习俗:罗马皇帝站着死去。在我们这里,应该手握蜡烛死去。一般说来,不应该向死之自然力屈服。凡没有这些仪式的地方,死亡支配人。但是通常所有的民族,所有的文化都要求正在死去的人能主导自己。

我们在史诗末尾得知,罗兰有未婚妻阿尔达,在她得到罗兰的死讯后,倒在地上,也死了。但是罗兰甚至在最后的时刻,都没有想起她。那样在这里或许不合适,它或许会破坏形象的完整性①。

查理对罗兰遗体哭泣。查理放声恸哭,对英雄,对杰出的附庸,对作为支柱的罗兰,而不是对侄子。

从艺术观点看,史诗〈在这里〉本应该结束,但是还有两部分,其中一部分明显是增补的(12世纪)。〈第一部分〉。查理为罗兰报仇。虽然佩尔们建议返回国去,因为英雄不可复活,但是查理还是向萨拉戈萨人发起进攻,阿拉伯人的军队前来帮助萨拉戈萨人。傍晚来临,太阳降落,但法兰克人仍然无法获胜。这时根据查理的请求,神明停止了太阳的运行,直至〈法兰克〉人取得胜利。这一部分损害了史诗,按主题这是相当晚时期的。

〈第二部分〉。查理对加奈隆的审判。查理根据号角声明白发生了不幸。但加奈隆劝说他,阻止他。查理希望审判加奈隆,但是能够

---

① 试比较F.卡尔蒂尼的解释:"人们给武器起专门的名字:罗兰的剑名叫迪朗达尔,查理大帝的剑叫茹阿约兹,传说中的亚瑟王的剑叫埃斯卡利布。武器的产生笼罩在神秘中……武器始终具有个性……剑是有生命的、人性化的存在物,具有能使人产生爱的强大力量。人们关于这一点已经说得不少了,即《罗兰之死》中没有女性人物和爱情纠葛。不用考虑与阿尔达充满激情的、转瞬即逝的见面。但是这时人们忘记了爱的颂歌,它充满发自内心深处的崇高的感情,当罗兰面向自己忠实的朋友——剑(spatha);罗兰注定'她'要'守寡',他为'她'的命运哭泣,因为'她'就这样剩下一人,没有主人……"

"罗兰在静静地死去,但是当他准备跨过生命和死亡之间的界限时,他甚至都没有想一想美丽的阿尔达,尽管后者很快便会由于痛苦和对自己命中注定的人的爱而逝去。不,不是她那一绺金色鬈发的令人心醉的闪烁出现在骑士正在消逝的目光前面。他看到的是自己作战中的朋友的利刃的钢铁闪光。甚至在罗兰静静地逝去的时候,他仍然来得及用自己的躯体罩住他所喜爱的剑。"(F.卡尔蒂尼:《中世纪骑士阶层的起源》,莫斯科,1987年,第103、104页)——原编者

审判他的只有佩尔们。在佩尔们的法庭上，他〈即加奈隆〉公开说，这是他进行报复，是他的神圣权利。大部分佩尔支持加奈隆。查理求助于天神法庭。Б—Н①是——查理的支持者和加奈隆的〈支持者〉的决斗，决斗中查理的替身获胜。这就是说，神明站在他们一边。

失败之歌②　在世界文学中，这是一部很有意义的作品，它关于失败的诗歌。(《罗兰之歌》《伊戈尔远征记》) 为什么作者们选择失败主题？胜利本身〈不合适〉提出严肃的问题。胜利即颂辞③。对于表现爱国主义和英雄主义，这是比较合适的题材。用来表现罗兰的力量是最好不过的，而不是表现他的死，或者用来表现图尔平——战斗的和祈祷的图尔平。它不能更好地表达查理的道德胜利。失败对于表现人的真实情感力量是最合适的材料。这种观念一直到现在（法捷耶夫的《毁灭》④）。这方面正好表现了《罗兰之歌》的作者的天赋。

《罗兰之歌》暴露出封建制度的矛盾。加奈隆的恶毒用心不是偶然的。作者塑造的〈不是〉邪恶之徒—背叛者：加奈隆大胆、勇敢、忠于自己的责任。表现一个邪恶之徒要容易得多。这里不单纯是，也不仅仅是一个卑鄙的背叛者：这里是对自己的权利，对自己的合法权利的感知。因此，这里是封建制度本身的不幸，制度本身的污点。作者展示了某种更深刻的东西：制度本身的矛盾。

〈作品〉用半谐韵韵律的诗行写成⑤。没有韵脚。分为节⑥，不等

---

① 这一缩写可能是马尔西勒的使者布兰卡德林的名字的缩写。这里的记录或演讲者叙述不准确，参加决斗的是查理的支持者提埃里和加奈隆的支持者皮纳贝尔。——原编者
② 巴赫金在《史诗历史上的〈伊戈尔远征纪〉》中谈到这些诗歌。——原编者
③ "颂辞"，源自古希腊语 panegyricos locos，意为"当众的颂扬性演说词"，一种文学体裁，赞颂性的演说（这种演说词在罗马帝国时期很盛行，一直影响到后代欧洲。——译者）。——原编者
④ A.A.法捷耶夫(1901—1956)，苏联作家和社会活动家。小说《毁灭》描写国内战争期间一支红色游击队的失败。——原编者
⑤ 半谐韵韵律 (assonans) 是一种准诗律，指只压重读元音的韵律。——原编者
⑥ "节"（法语为 tirade，源自意大利语 tirata，意为"延续"），在法语史诗中，诗节不等行（由五至四十行）。《罗兰之歌》的原文为二百九十一节（每节由七至三十五行不等）。——原编者

长度。一节诗中的每行诗有相同或相近似的重读元音——半谐韵诗行原则。较古的史诗采用的是半谐韵诗律,晚期史诗采用的是韵脚诗律。非同寻常地凝练。民间史诗典型的,但明显地经过加工的结构特点是:三重叠。在民间创作里它们具有较为偶然的性质,原因主要不在于风格意图,而在于乐感意图。《罗兰之歌》的作者的目的在于加深印象。诗歌保持了非常严肃的,甚至是悲剧性的情态。曾经有过这样的设想,即它由哭丧歌发展而来。诗中没有笑谑,反讽。不过这〈对于所有法国史诗〉并非是必须的。史诗的力量在于丰富、复杂的情态。善于讥嘲、笑谑,这是法国人的民族特点。善于对最为神圣的东西进行戏谑,又不使其丧失尊荣,因此能够适用于任何主题。

《查理大帝朝圣》[①] 这篇诗歌完全按另一种方式阐释《罗兰之歌》中的人物形象。法国保存至今最古老的建筑是圣德尼修道院。查理经常去那里。事件由查理带着妻子和佩尔们在这座修道院里开始。晚餐后,〈查理〉开始吹嘘。他声称,世界上没有哪个国王像他那样更适合于拥有王权。这时他的妻子说,古贡这个拜占庭皇帝更适合于拥有王权。查理生气了。决定立即出发去同古贡比较。

对查理旅途的描写。他顺道前往耶路撒冷(历史上的查理没有去耶路撒冷,不过他得到一些圣物)。查理及其佩尔们就这样来到耶路撒冷,竭诚地祈祷。为此赏给了查理基督的荆冠,基督的一颗钉子[②](这当然是传说)。查理带着这些圣物前往君士坦丁堡去见古贡。神明垂青他,他来到古贡那里,后者非常殷勤地会见他。宫殿建在一根立柱上。豪华的晚餐。客人们被引进卧室,他们在那里按照法兰西习惯开始自吹自擂。罗兰:宫殿和〈周围的〉一切都一文不值。他只要吹一下奥利方特〈即号角〉,王冠和王袍都会从古贡身上掉下来

[①] 《查理大帝朝圣》(Pelerinage de Charlemagne) 是 12 世纪初的诗歌。作品标题又称为《查理大帝去耶路撒冷和君士坦丁堡朝圣(或游历)》。——原编者
[②] 指把基督钉上十字架的钉子之一。查理在诗中还得到基督的白色殓衣、圣母的衬衣和老人西面的手,老人在婴儿耶稣受洗时曾把他举在受洗盆上面。——原编者

(然而在《罗兰之歌》里,罗兰非常谦虚)。他们夸口了一阵子,躺下来睡觉。古贡曾经派人来偷听。第二天早晨,他提议他们履行自己说过的大话。他们非常为难,但若不履行便会被处死。他们向神明祈祷,得到天使的赞同,于是同意那样做,结果使国王陷入了窘境。他放了他们。总的说来,他〈即查理〉在与妻子的争论中获胜,不过他以良好的心境与妻子和解。虽然这是一次戏谑,一次反讽,但它们并没有贬低查理,反而使查理受到赞扬。反讽和英雄气概的传统结合(大仲马的《三剑客》,拉伯雷的《巨人传》)。

诗歌中的行动发生在隆塞瓦尔会战之前,但诗歌写作要晚很多(13世纪)。《罗兰之歌》具有历史内核,〈这〉部诗歌却没有。唯一〈真正的历史事实〉——修道院里保存的遗物①。

法国民间英雄史诗问题

问题现在仍在讨论②。在法国,这一问题受到非常深入的研究。法国民间创作学派在欧洲被视为典范性的。古典著作的影响。浪漫主义生成理论③。产生于德国。赫尔德④(狂飙突进派代表),施莱格尔⑤——

---

① 产生这一传说的原因是发生在约800年的现实事件。当时耶路撒冷总主教给查理大帝送来"主的灵柩"的钥匙和大量基督教遗物,那些东西后来保存在圣德尼修道院里。——原编者
② 关于问题的历史和当前状态,参见 З.Н.沃尔科娃的《法国史诗》,莫斯科,1984年,第55—112页。——原编者
③ 关于浪漫主义者对民间诗歌的看法,详见 Дж.科基雅拉的《欧洲民间创作学史》,莫斯科,1960年,第203—293页。——原编者
④ 赫尔德(1744—1803),德国哲学家、作家,有关美学、文学的诸多著作的作者。出版过文集《民间诗歌》(1778—1779)、第2版《诗歌中各族人民的声音》(1807)、《论莪相和古代民族的诗歌》(1773)等。——编者
⑤ 施莱格尔兄弟:奥古斯特·威廉·封·施莱格尔(1767—1845),德国文学史家、批评家、诗人、翻译家,著有《文学艺术讲稿》(出版于1804、1809—1811年);弗里德里希·封·施莱格尔(1772—1829),德国批评家、文化哲学家、语言学家、作家,诸多有关文学史和语言学著作的作者,著作《关于诗歌的对话》(1800)包括《谈神话》。——原编者

弗里德里希和奥古斯特,格林兄弟①。他们认为,史诗是人民的创作,这是浪漫主义理论的基本观点。民间史诗只产生于口传传统,产生于自发组合。诗歌由这种组合群体的歌手编成,而不是由职业作者写成。在这里,就在原地,歌颂这场战斗及其英雄,诗歌按照事件的新鲜踪迹发展。组合群体并不与人民分开,他们〈即组合群体的歌手们〉的声音就是人民的声音,后者保存这些诗歌,同时〈从诗歌里〉排除所有个人的,偶然性的因素。"它们被磨光,有如大海岸滩上的小石子儿"。这是赫尔德的比喻。收集者只是收集它们〈即诗歌〉,把它们组合成系列。然后出现了编纂者,他构造出长篇诗歌,即一般地对诗歌进行加工。因此,〈存在〉诗歌传统的连续性。创作者是人民,其他的人什么也不创作。

这一理论在法国加斯东·帕里的著作中得到古典性终结。他在中世纪文学方面做了许多工作。1865年〈出版了〉他的著作《查理大帝时期诗歌史》。他认为法国史诗是"诗歌史"。〈帕里〉基本站在浪漫主义理论的立场。〈他〉尽可能地努力揭示最初形式的诗歌出现的时间。他开创了吟唱理论②。康提勒纳作为最初的史诗核心,是简短的小诗。形成于自发的组合群体,在查理大帝之前很久,显然是在查理·马特尔时期。康提勒纳是音乐性的,悦耳的。查理大帝时期,康提勒纳创作得特别多。既然它们是紧随事件的新鲜痕迹产生的,因此它们是符合历史事实的。他〈即帕里〉认为,古代法国史诗是真正的诗歌历史。较晚时期发生了系列化过程。在作者看来,这是机械性的组合:没有新诗人。这是第二阶段。第三阶段:在组合的康提勒纳的基

---

① 格林兄弟:雅各布·格林(1785—1863)和威廉·格林(1786—1859),德国语言学家。出版过《儿童和家庭童话集》(第1、2卷,1812—1814年)、《德国传说》(第1、2卷,1816—1818年)、中世纪文本《古代德国歌谣》(1811)、《可怜的亨利希》(1815)、《雷内克-列斯》(1864)、《玫瑰花圃》(1836)。他们的研究著作包括《德国英雄传说》(1829)、《德国神话》(1835)(后者的作者为雅各布·格林)。——原编者
② "吟唱理论"("康提勒纳",来自意大利文 cantilena,意为"冗长单调的歌曲",源自拉丁语 cantillare,意为"低声吟唱"),指早期中世纪罗曼语民间创作中有音乐伴奏的短小的抒情—叙事性诗歌,存在于经过文学加工的作品中。——原编者

础上创作长篇诗歌。容格勒尔没有补充任何新东西。〈帕里〉还〈坚定地承认〉诗歌传统的连续性。查理大帝是法兰克人,第一批传说也属法兰克人的,不过这不是罗曼方言,而是日耳曼方言。它们传给法国人的问题非常复杂。

这是直至20世纪头十年差不多被普遍承认的解释。然而很快出现了〈批评性〉意见,不过它们涉及的只是细节。例如他〈即帕里〉断言,"诗歌历史"的基础只有诗歌,但人们很快反驳说,散文故事和传说也可能作为基础。作者后来承认,这导致承认容格勒尔巨大的艺术创作。人们称这一理论为康提勒纳论。

贝迪埃是法国20世纪非常有名的中世纪学学家。他做了很多研究。建立了新的理论,不仅是不正确的,而且是反动的。虽然那种理论已经被推翻,但是贝迪埃所收集的实际材料数量巨大,具有非常重要的意义[①]。

贝迪埃提出一个问题:"我们对核心诗知道些什么?"〈并且回答说:〉"什么都不知道。"没有一篇〈康提勒纳〉流传下来。没有任何能证明其存在的历史文献。理论建立在沙子上。没有康提勒纳。未曾有过任何连续性的诗歌传统。史诗诞生于11世纪,诞生于流传下来"功绩诗歌"的时期。这既是开始,也是终结。它只是诞生于11世纪后半叶的特殊条件下。既然没有康提勒纳,也就没有连续的创作,没有任何可能性承认〈史诗〉的创作者是人民,人民永远是听众,他任何时候都不是创作者。

贝迪埃是资产阶级学者。享有巨大声望的、极其真诚的、好罗列事实的研究者。这是不带反动观点的书斋式学者。他认为,是事实让他得出这样的结论。应该把神话抛弃,在神话的位置安放科学信息。这是由于科学中缺乏鲜活的观念。当代资产阶级学者是一些惯于罗

[①] 贝迪埃的关于古代法国长篇史诗产生的理论可参阅其主要著作《史诗传说:来源研究》(*Les Légendes épiques: Recherches sur la Formation des Chansons de Geste*)(巴黎,1908—1913年:第1卷,1908年;第2卷,1908年;第3卷,1912年;第4卷,1913年)。——原编者

列事实的人。科学的作用在他们看来,在广泛概念方面的作用是微不足道的。科学的基础是事实,文本。他们〈即学者们〉清理材料,把它们交给新闻撰稿人以及所有其他研究他们的著作的思想体系的人。科学发展中创立广泛观念的这些阶段称为独创性阶段,它们同模仿阶段,现象罗列阶段相互交替。20世纪在资产阶级学术中是仔细耐心地、罗列事实地进行分析的世纪,那些分析诚然具有巨大的意义。但是在他们试图提供某种概括性结论的时候,对他们〈即这些学者〉应该持批评性态度。

要是未曾有过康提勒纳,那么连续性传统是什么呢?这里表现出了贝迪埃的强有力的方面。〈他认定〉,"功绩诗歌"是开始。但材料是非常古老的。要是并不存在先前的传统,那么创作者们从哪里得到自己需要的材料?部分地来源于书面材料——编年史。贝迪埃非常正确地说,这是第二手材料。基本的原始材料是口头的,无定型的故事和传说。它们主要存在于修道院和教堂里,人们从那里得到它们。贝迪埃首先详细调查了11至12世纪期间广泛流传的朝圣旅行事实。他以严格的文献事实为基础证明,这是〈真正〉广泛流行的现象。差不多半个国家都处于旅行线上。这些朝圣按照一定的路线行进。贝迪埃研究这些路线属于基本的交通命脉。他对它们进行考证。人们以前没有注意到这个方面。道路经过森·德尼修道院,由法国北部到罗马;由法国北部经过山隘,到达雅谷·孔波斯特尔修道院①(现在他仍然是西班牙的主要保护者。他在所有天主教国家都享有巨大的影响)。朝圣曾经占有很重要的地位。这些路线受到仔细的研究,以及伟大的朝圣路线的每个时期。朝圣者们观瞻圣迹,听教士们讲故事,教士们希望能有尽可能多的人留在他们那里,尽可能住得久一些。人

---

① 雅谷·孔波斯特尔(西班牙的圣地亚哥),即圣雅谷(大雅谷),是十二使徒之一,被杀害于耶路撒冷。不过据传说被送到西班牙的上空,让他把西班牙从摩尔人手里拯救出来。他被视为西班牙的保护者。雅谷的坟墓在加利西亚的圣地亚哥·德·孔波斯特尔城——基督教朝圣中心,特别是在中世纪。图卢兹大道通向那里,贝迪埃在自己的著作里谈到这条大道。——原编者

民从漫游者那里知道故事,而漫游者则从教士们那里知道它们。

贝迪埃指出,朝圣者是一种口头无定型传说的传媒。不过同他们同行的还有容格勒尔,后者在这里可以最好地进行再加工。他们在途中以关于圣物的故事为基础,创作出自己的诗歌。贝迪埃研究过保存在雅谷·孔波斯特尔沿途的各种圣迹。在整个途程中,这些圣迹保留了关于罗兰的传说,关于图尔平以及与发生在隆塞瓦尔峡谷的事件相关的各种事情。所有这些散见于途中的圣迹都同加洛林系列有关(存在有约四十首与查理大帝及其佩里们有关的诗歌)。贝迪埃称,《查理大帝朝圣之歌》产生于森·德尼修道院,那里还保存着巴勒斯坦圣物。某个容格勒尔赋予了它们诗歌形式,从而也就产生了这部作品。就这样形成了容格勒尔们根据教堂传说创作的诗歌〈……〉。

贝迪埃对"武功歌"的历史内容评价不高,加斯东·帕里对其〈……〉评价〈……〉。对于贝迪埃来说,不存在由任何人民一个世纪一个世纪地传承的观点,这是容格勒尔的观点。贝迪埃打开的是朝圣研究的一页,加斯东·帕里最不感兴趣的是"武功歌"产生的时期。贝迪埃对最后一阶段的阐述以严格的文献事实为基础。至于关于人民是消极的听众的理论,不存在康提勒纳,则业已被法国自己的学者们所否定。起初它们以自己的新颖惊服人,后来则引起批评性对待。在我们这里,最初于1910年出现了A.A.斯米尔诺夫的文章[1]。〈贝迪埃的理论〉引起了批评的注意。

现在在古代法语里发现了康提勒纳。在冰岛,远古岛屿,也发现了它们。这些诗歌与加斯东·帕里的自由组合群体的康提勒纳完全相符。在德国,在《希尔德布兰特和哈都布兰特之歌》(传下片段,无开头和结尾,见于8世纪记录)里包含有经过容格勒尔加工的古代诗歌。就这样,非常晚才进行的研究工作在这方面肯定了加斯东·帕里

---

[1] 此处指A.A.斯米尔诺夫的文章《法国史诗产生的新理论》(见《新语文学学会会刊》,1910年第4期,圣彼得堡,第83—130页)。还可见他的文章《谁是〈罗兰之歌〉的作者?》(1962)。——原编者

的观点。

浪漫主义者们的特点是不加区分地对待人民,这是理想的人物。科学要求在与一定的时代生活条件的联系中,揭示在该时代"人民"一词所应该理解的东西。有些学者把关于自己那个时代的人民的概念现代化了。马克思列宁主义要求对一切都保持严格的历史观。〈帕里〉的理论在其直接状态下当然已经是不可接受的,但是人民的作用保持着,只是稍许受到具体化的影响。一般说来,它为学者们所接受。贝迪埃关于人民的观点也很幼稚,不过已经是反动的。不能把人民和来自人民的人相对立,就像贝迪埃做的那样。要是诗歌与人民的利益相违背,那它会为人民所抛弃。人民始终是这部史诗的创作者。

现在贝迪埃的理论的极端表现怎么也无法得到辩护。贝迪埃自己对它作了改造,缓和了极端主义,他自己说,他为封建主们所吸引。

曾经有过许多种理论,但是未曾有过这些有价值的理论。中世纪民间英雄史诗产生和发展问题仍未解决。不久前在莫斯科举行了有关俄罗斯民间史诗的讨论会[①]。这是一个至今仍未解决的问题。不久前我们这里曾经容许庸俗化。

贝迪埃的理论对于《罗兰之歌》是最大程度地不公正的。这部史诗同可以追溯到8世纪的自由组合群体的诗歌传统的联系是毋庸置疑的。对于查理大帝朝圣,这一理论还较为可以接受。在这里他可能有百分之八十至九十的正确性。

题目四
西班牙英雄史诗

由凯尔特史诗向法国史诗过渡是由古代世界过渡到另一个世界。在这里不存在这一点,不过过渡是可以感觉到的:他们将由早期英雄

[①] 1958年11月20日至22日在莫斯科(在高尔基世界文学研究所)举行了关于收集和出版苏联各民族史诗问题的全苏联讨论会。——原编者

封建制度向较晚的阶段过渡:金钱,商品,价值,家庭,家庭生活,计算,经济的和政治的狡诈。

8世纪初(711年),摩尔人(阿拉伯部落)入侵西班牙。没有经过多少年,他们差不多占领了整个西班牙。西班牙骑士们被挤进了比利牛斯山中。摩尔人建立了力量强大的,富有文化的,文明化了的强国。在北部建立了未来基督教的核心——西班牙阿斯图里亚王国。还是在8世纪,开始了"列康吉斯达"解放祖国的斗争(在15世纪结束)。这场斗争要求人民处于高度的紧张状态。8世纪时,这一任务还是初步的。如此一致的传统任务没有哪一个其他民族有过。由小小的阿斯图里亚王国产生了雷翁王国,采用的仍然是哥特法律,由它又产生了卡斯提国家,然后是统一西班牙、结束独立运动的王国。西班牙史诗有一个二合一的主题:独立运动和统一西班牙主题①。

列康吉斯达的任务是自下而上联合整个西班牙人民。上层贵族(高层贵族以下)是卡巴勒罗斯,下层贵族是伊达尔戈②。但他们常常

---

① 公元711至714年,比利牛斯半岛被阿拉伯人(摩尔人)征服。"列康吉斯达"(Reconquista),为解放西班牙而进行的斗争,由8世纪一直延续到15世纪末,阿拉伯人在西班牙最后一个强大的据点——格拉纳达失陷。从狭义角度,这一阶段从11世纪至13世纪——西班牙各王国为解放而最积极地进行斗争的时期。列康吉斯达的发源地是半岛北部的基督教国家(阿斯图里亚,加利西亚,巴斯科尼亚)和东北部的王国(阿拉冈,纳瓦拉)。阿斯图里亚王国在7至9世纪把自己的影响扩张到整个北部和西北部。10世纪初,阿斯图里亚人南进,雷翁城成了他们在那里的主要中心,整个阿斯图里亚王国也按照这一城市的名字改称为雷翁王国。卡斯提王国成为它的组成部分,该王国在1035年成为独立的王国。这两个王国为了同摩尔人进行共同的斗争而合并。1230年雷翁和卡斯提最终合并成一个王国——卡斯提王国。由于阿拉冈王子斐迪南和卡斯提公主伊萨白拉的联姻(1469年),1479年进行了卡斯提和阿拉冈的君主联合,成为西班牙作为一个统一国家的实际存在的开始。——原编者

② "高层贵族"(西班牙语为grandes,源自拉丁语grandis,意为"大的""重要的",指中世纪西班牙宗教和世俗的最高层贵族。"卡巴勒罗斯"西班牙语为caballeros),在独立运动早期是所有骑士军人的称呼,他们自费配备马匹、武器和其他装备,参加解放战争。约从13世纪起,此术语使用时与"伊达尔戈"(拉丁语filius de aligro,古西班牙语fiho d'algo,西班牙语hidalgo,意为"贵族")同义,指任何继承于父系的贵族,广义指整个骑士阶层,自国王至最贫穷的骑士。在8至9世纪之交,"伊达尔戈"开始被理解为最底层的骑士。——原编者

背叛共同事业。最后是农民。"列康吉斯达"是人民的事业。卡斯提王国尊重较为民主的法律。每个骑马参加战争的人都相当于骑士即伊达尔戈。15世纪末至16世纪,贵族的数量非常巨大。伊达尔戈同其他贵族区别很小,也有徽章。他们在创立16世纪文学事业中起了巨大的作用。

史诗〈在西班牙〉的发展类似于法国艺术的发展。传世的只有17世纪的史诗,而且也很少,实际上只有一部《熙德之歌》①。到14世纪末至15世纪,新的史诗形式是罗曼斯(这是壮士歌)②。

---

① 现在已经完全知道的,或是片段,或是散文形式,达十五部,属于卡斯提人。西班牙民间英雄史诗的高峰《熙德之歌》(*El cantar de Mio Cid*)创作于约1140年。传世于1309年不完整的记录,初次发表于1779年。除了这部史诗外,在最为著名的史诗中还可以指出《伯爵库丘林的儿女和西班牙的灭亡之歌》《费尔南·冈萨雷斯伯爵》《拉里七王子》《荆棘峡谷之歌》(对法国的《罗竺之歌》的模仿)。——原编者

② "罗曼斯"(西班牙语为romance,源自拉丁语romanus,意为"罗马的")是14世纪末到15世纪初西班牙不同规模的抒情—史诗性诗歌,通常由吉他伴奏演唱。罗曼斯诗歌的产生是西班牙学中争论最多的问题之一。19世纪时,浪漫主义学派的代表者们认为,罗曼斯是比产生于"罗曼斯"类型的抒情—史诗性诗歌的英雄史诗更为古老的形式。这一假设为多方面的批评所推翻。1874年马努埃尔·米兰·德·丰德纳雷斯提出了相反的观点:罗曼斯是古老的英雄史诗解体的产物。在19世纪末至20世纪初,拉蒙·梅嫩德斯·皮达尔证明,史诗诗歌的出现罗曼斯没有联系,并且提出假设:后者是由14至15世纪英雄史诗衰落时期的英雄史诗残篇形成的(参见拉蒙·梅嫩德斯·皮达尔的《作品选集:中世纪和文艺复兴时期的西班牙文学》,莫斯科,1961年)。类似的观点,正如从笔记中可以看出,同巴赫金的观点很相近。不过在最近数十年间,针对这一观点出现了一些反对意见。在不否认有些罗曼斯产生于英雄史诗残篇的可能性的同时,当代研究者倾向于认为,英雄史诗和罗曼斯作为两种诗体认识现实的形式,像存在于民间艺术意识中那样,可能同时共同存在于民间口头创作传统相当长时间。正是抒情—史诗传统的存在,使得在史诗诗歌衰落时期把其情节片段加工成浪漫曲变得容易。——原编者

熙德之歌

人物——罗德里戈·迪亚斯·〈德·比瓦尔〉①。他作为战略家和战术家，无人可比拟。摩尔人认为他是最可怕的敌人。摩尔人尽了一切努力，想把他吸引到自己一边。〈他〉曾经有一段时间为他们服务过。这一历史时刻是危机性的。摩尔人拥有前所未有的文化、财富，扫除了文盲。在西班牙决定命运的时刻，罗德里戈·迪亚斯真是拯救了它。创作史诗的人民明白这一点，也高度评价这一点。在此之前没有一部史诗有中心人物。

一个非常独立的人。起初出于真诚和正义为国王桑丘服务。桑丘死后，为阿方索六世②（兄弟）服务。罗德里戈对后者表示不信任，并且要求后者发可怕的赎罪誓言。在发过誓后，人们承认了他〈即阿方索〉，但他没有忘记实际受到的侮辱。〈他〉同罗德里戈·迪亚斯的关系是非常不稳定的：由友谊到流放。人民把所有这一切解释为有如罗德里戈的民主主义，高度评价他。

开头几页被焚毁了，缺开始部分③。一般认为，〈史诗〉创作于约1140年。诗人是一个相当有教养的人。著名的诗人。诗歌的基础是关于熙德的诗歌，大概还有口头传说。

---

① 罗德里戈·迪亚斯·〈德·比瓦尔〉为史诗人物。确实存在过的历史人物，西班牙独立运动最重要活动家之一罗德里戈（缩称罗伊）·迪亚斯·德·比瓦尔（生年不详，约于1026年和1043年之间至1099年），以坎佩阿多尔（Campeador——"前排战士""战士"之意），卡斯提人、熙德（Cid，源自阿拉伯语，"主人"之意）名字闻名。他得到最后一个名字是因为他战胜了好几个摩尔人首领，他们称他为自己的主人。——原编者

② 阿方索六世，自1065年起成为雷翁国王。被自己的兄弟卡斯提国王桑丘打败，并且被赶出王国。桑丘死后，他成为雷翁国王、卡斯提和加利西亚国王（1072—1109），重新统一了他父亲费尔南多国王的全部领地。他经常进行战争，基本上是胜利地进行的。——原编者

③ 史诗的第一页缺失；除此而外，以后的文本中也有两处空缺（都缺数行诗）。不过空缺部分的内容很容易根据其他材料恢复。——原编者

三部分:《流放》《求婚》《科尔佩斯橡树林之歌》。国王指控罗德里戈·迪亚斯把大部分收到的贡赋装进了自己的口袋。罗德里戈·迪亚斯的外号是"我的熙德"。非常巨大的声望。熙德对此已经习惯。诗歌由他带着一支很小的、忠心于他的人们组成的队伍出发开始。国家就像死了的一样:窗户紧闭着,露台空空,道路上没有行人。这使熙德感到非常沉重。原来,在他之前已传来国王的命令,以死刑相威胁,禁止人们与熙德见面。但是朋友们同他在一起,他们失去了一切,因为庄园已经被没收。第一个主题是人民的英雄遭流放,恐怖。但是熙德乐观,坚毅,不灰心丧气。

熙德没有财产。新的主题:为建立功勋,需要有钱。这时熙德只好施用计谋。他要求犹太高利贷者去他那里,同时把箱子里装满沙子,蒙骗他们。他要他们相信,第一次会战后就会还钱。他明白,钱对他意味着什么,但是从另一方面,对于他来说,这又是应该受蔑视的金属。

在投入战斗之前,他出发去和妻儿告别①。赋予同家人告别的巨大意义。他温柔,关怀。这里是家庭已经不是氏族,而是我们所理解的家庭。温柔和关怀主题也是新的。军事行动很顺利,但距攻击瓦伦西亚还很远。特罗菲伊——阿拉伯马。尽管熙德与国王不和,但他仍把很大一部分战利品送交国王。第二次也是这样,还有第三次。第一次之后,〈国王〉什么都没有说,第二次则表示感谢,第三次就亲自召见。争吵结束了。与封建主的关系不像罗兰那里那样。他〈即熙德〉不把他〈即国王〉理想化,而是买了他。家庭来到他〈即熙德〉那里,尽管他在没有危险的地方。

瓦伦西亚会战。他没有为功勋而建立功勋:它〈即功勋〉应该是适

---

① 在离开去摩尔人的领地之前,史诗英雄顺道去到桑·佩德罗修道院,以便同在那里的妻子基墨娜太太及两个年龄尚小的女儿告别。基墨娜·迪亚斯,现实的熙德的妻子,阿斯图里亚伯爵迪埃戈·罗德里格斯和雷翁公主、国王阿方索六世的同父异母姊妹基墨娜的女儿。1074年基墨娜嫁给熙德。史诗只字未提她是国王的近亲。基墨娜立即跟随熙德流放。在《熙德之歌》里,基墨娜去到他那里已经是在夺得瓦伦西亚之后。现实的熙德有好几个孩子(儿子和女儿),由妻子和侍妾所生。在诗中,他只有两个女儿,她们的名字是埃尔维拉和索尔,与现实的名字不相符。——原编者

合于目的的,经过周密考虑的。罗兰的英雄主义没有出现在熙德和他的志同道合者们的头脑里。

第二部分。获得胜利,熙德处理一些家庭事务。国王出面提亲:提议把熙德的两个女儿⟨……⟩嫁给德·卡里翁的两个非常尊贵的王子①。总的说来,婚姻是美好的。但是他们,即两个公子,不是卡斯提人。熙德不愿意与雷翁贵族结亲,然而媒人是国王,婚姻很美好。熙德把自己的剑作嫁妆②。后来发现,两个公子是胆小鬼。营里的狮子跑了出来。两个公子藏到正在睡觉的熙德的长凳下面。熙德醒了过来,重新把狮子锁进笼里,但是他及其显贵们开始嘲笑公子③。他们回家去时,把遭到毒打的妻子绑在林中的树上,留在那里。他们犯了罪。

第三部分。熙德同德·卡里翁的公子争论。他们应该受惩罚,但是要做到这一点不容易:他们不仅在自己的国家,而且在阿方索六世宫廷,都有很大的势力。要做到这一点只有争得科尔特斯④的帮助。熙德知道,大部分人不在他这一边。他只好施用计谋。他什么都不想得到,只⟨希望能⟩把他馈赠⟨他们的⟩剑归还⟨给他⟩,因为婚姻已经破裂。他考虑,科尔特斯会同意这样的要求,从而也就肯定了他们的罪过,那时他便可以提出侮辱问题。⟨熙德⟩来到科尔特斯,把胡须捆住,因为没有比扯住西班牙人的胡须还要大的侮辱。

---

① 王子的西班牙语是 infante,源自拉丁语 infanc,意为"孩子",现在只用于王室孩子的称号。在 11 至 12 世纪的西班牙,这样称呼所有贵族的儿子。——原编者
② 这里有些不准确。熙德楚后来才把剑作嫁妆的,已经在史诗的第三部分,当时两位公子声称打算带着妻子去卡里翁。——原编者
③ 表现两公子怯懦的这一狮子情节见史诗的第三部分。后来摩尔人重新来到瓦伦西亚城下的时候,熙德的两个女婿再次表明他们是胆小鬼。其中一个把熙德的亲属立的功劳记到自己的身上。熙德相信了这一点。——原编者
④ 科尔特斯(西班牙语 cortes)是比利牛斯半岛中世纪国家由阶层代表组成的协商性机构。以平等身份参加该机构的包括三方面的代表:教会、贵族和市民(有时还有农民代表)。科尔特斯最初产生于雷翁,当时它和卡斯提联合成一个王国。在卡斯提第一次提到此机构是在 1137 年,即约在《熙德之歌》创作的年代,不过它在那里出现属较早的时候。——原编者

他胜利了,一切都如他想象的那样进行①。事情这样结束:国王为熙德的女儿们找到了阿拉贡的和纳瓦拉的两位亲王②。

学术界就熙德之歌进行着争论。这好像不是英雄史诗,一些学者认为,它是欧洲文学史上第一部家庭生活小说。这不正确。家庭和日常生活关系服从于纯史诗任务。〈诗歌〉不是建筑在艺术虚构的基础上,而是以传说为基础。没有幻想因素,也没有夸张。第一次在史诗里出现了数字,——关于战利品的很小的统计。文字很冷静,尽管略显枯燥,不过很有表现力,有力量。

《罗德里戈》③ 熙德年轻,有未婚妻。它〈即诗歌〉属于较晚时期,没有多大意义。最杰出的作品是皮埃尔·高乃依的《熙德》④。

题目五
日耳曼(德国)英雄史诗

斯堪的纳维亚史诗是日耳曼史诗之一。民族大迁徙时期(5世纪)的事件既反映在斯堪的纳维亚人的史诗里,也反映在大陆日耳曼人的史诗里。奥多亚克及其在罗马帝国领土上的王国。狄奥多里克(伟大的)的斗争和他在奥多亚克王国领土上的王国,他的六十年历史。莱茵河勃艮第王国的事件。西古尔德的一生部分地是在莱茵河度过的。这些事件应该在大陆日耳曼人那里得到最大的回应,但是日

---

① 熙德获得了三个胜利。他三次出席在托莱多召开的科尔特斯会议,首先要求把剑归还给他,然后要求归还嫁妆(钱),最后提出了侮辱问题,并且要求以法庭决斗解决问题(请求"神庭")。熙德的勇士战胜了应战者。——原编者
② 国王为纳瓦拉亲王和阿拉贡亲王向熙德的女儿提亲。——原编者
③ 形成于14世纪的一部叙述熙德青年时期的史诗,熙德在诗中以诨名卡斯提人出现。——原编者
④ 皮埃尔·高乃依(1606—1684),法国戏剧家,古典主义代表。悲剧(或者按高乃依本人的标示,悲喜剧)《熙德》(1637)是作者创作生涯的高峰之一,他是根据中世纪西班牙英雄史诗《罗德里戈》材料创作。基本问题是主要人物内心感情和责任的斗争,这是整个古典主义戏剧的共同特点。这一题材也曾经被其他作家利用,例如西班牙戏剧家吉廉·德·卡斯特罗(《熙德的青年时期》,1618年)。——原编者

耳曼史诗的发展很早就被打断,因此它几乎完全没有传下来。〈原因〉是大陆日耳曼人的早期封建化,基督教化。斯堪的纳维亚人比他们落后四个世纪。基督教徒同旧的异教诗歌、异教回忆进行斗争。他们打断了史诗的发展,阻止对史诗进行记录。在这些作品被"施皮尔曼"①记录下来后,他们对它〈即史诗〉进行改造,使其封建主义化。他们加工时对古代德国史诗的阐释如同阐释封建主义的宫廷骑士小说。但是完全是偶然性地传下来两部作品:《希尔德布兰特和哈都布兰特之歌》②和《瓦尔塔里乌斯·阿奎塔尼之歌》③。《希尔德布兰特和哈都布兰特之歌》被记录在公元8世纪的一部祈祷书的封面上。这是世界上最早的史诗记录。显然是修士做了这件事情。传下来不超过三分之二的诗篇,它未能全部容纳下。这是偶然的抄录,显然是由于烦闷。文本当然不可能认为是令人满意的。

圣哈伦修道院的两个修士学习拉丁语时做了这样一件工作:他们拿来一部古代英雄史诗,把它翻译成拉丁语:《瓦尔塔里乌斯·阿奎塔尼之歌》。翻译得非常糟糕。很难对诗歌的艺术性方面进行评价,因为两位修士对拉丁语知道得很不好。

《希尔德布兰特和哈都布兰特之歌》 短小的史诗性英雄诗歌。自由组合群体诗人的诗歌之一。特奥多里克(伟大的),〈这里〉指迪特

---

① "施皮尔曼"(德文 spielmann)系中世纪德国游历演员、乐师和史诗诗歌以及正在形成的德奥市民文学叙事性和幽默性体裁的创作者、表演者。施皮尔曼诗歌繁荣时期在12世纪。——原编者
② 《希尔德布兰特和哈都布兰特之歌》(*Das Hildebrandslied*)系古日耳曼英雄诗歌片段,由孚尔兹修道院修士(或两个修士)抄录在一部祈祷书封面首页和末页上。——原编者
③ 《瓦尔塔里乌斯·阿奎塔尼之歌》或称《瓦尔塔里乌斯》(*Valtharius*)、《强大的瓦尔塔里乌斯》(*Valthariusmanu fortis*)是史诗性传说,用拉丁语写成,采用六音步扬抑抑格律(1456行)。在很长时间里,人们认为它是圣哈伦修道院修士(后来成为院长)埃克哈尔德一世(910—973)的作品,创作于930年左右(根据雅·格林的假说)。现在大部分学者的结论认为,诗歌写成于7世纪中期左右("加洛林王朝复兴"第三代),对其作者或者我们不知道(如果引言和诗歌属于不同的人),或者作者名叫格拉尔德(如果引言和诗歌属于同一个人),并且与加洛林宫廷很接近。诗歌的原始材料是古日耳曼史诗性诗歌。——原编者

里希·贝恩。他有一个军事首领希尔德布兰特。特奥多里克和哥特人的世袭领土历来在意大利。特奥多里克和希尔德布兰特躲避奥多亚克的愤怒,处于放逐中。阿提拉(阿特利)接待了他们,他们便成为如同他的附庸。二十年后,他们返回来①,并且夺回了自己古老的领地。

希尔德布兰特离开意大利时,把妻子和儿子哈都布兰特留在那里。当他们回国时,在一次战斗中希尔德布兰特与一个年轻的军人——自己的儿子发生冲突。他们是敌人,开始进行殊死的搏斗。决斗之前通常要进行对话:每个人称呼自己的氏族,称赞它,只有这时才开始战斗。希尔德布兰特就这样认出了自己的儿子,并且不想和他战斗。但是年轻的儿子不相信(人们告诉他,他的父亲已经死去),侮辱他,称他是怯懦的匈奴人。希尔德布兰特没有办法,只好同自己的儿子搏斗。第一轮打击和……抄录中断②。这个故事得以传世见于16世纪的民间版本。在那里得以和解。但是要知道,材料不早于15世纪。

父亲与儿子决斗题材是非常古老的,并且几乎在所有的史诗里都得到重复的主题之一。库丘林和儿子③,牟罗人伊利亚和索科尔尼克④,鲁斯坦姆和苏赫拉布⑤(伊朗史诗,非常杰出的作品,有茹科夫斯基的非常好的译本⑥。)奥德修斯在特洛伊系列史诗里死于特勒戈诺斯

---

① 这里讲座人或记录不确切。在诗歌中,迪特里希和希尔德布兰特经过三十年才返回祖国。——原编者
② 古日耳曼文学其他作品(《希尔德布兰特临死之歌》和《赫瓦尔萨迦》)提供的证据可以恢复如下的结局:哈都布兰特被战胜;父亲想宽恕被打败的儿子,但是后者企图用诡诈伤害他,自己的对手,在这之后,他死于父亲之手。——原编者
③ 库丘林来到苏格兰,与女勇士艾菲相遇,后者为他生了儿子康莱赫。康莱赫长大后,前往爱尔兰寻找父亲。父子相遇,发生厮杀,互不认识。库丘林杀死儿子。——原编者
④ 俄罗斯壮士诗主要人物牟罗人伊利亚之子索科尔尼克作为一个勇士出现,与父亲不相识。伊利亚想杀死他,但是在最后时刻相认。两位勇士分手了。很快儿子又返回来,想为母亲报仇。伊利亚杀死了对手。——原编者
⑤ 鲁斯坦姆是伊朗史诗中的英雄,一次出征中爱上了国王的女儿塔赫米娜,后者在他外出期间为他生了儿子——勇士苏赫拉布(佐拉布)。苏赫拉布长大后去给鲁斯坦姆的敌人服务,并且在决斗中与自己的父亲相遇。鲁斯坦姆没有认出是自己的儿子,杀死了他。——原编者
⑥ B.A.茹科夫斯基的小说故事《鲁斯坦姆和佐拉布》是对伊朗史诗的自由翻译。——原编者

之手，那是他和基尔克生的儿子①。

最深刻的评点是维谢洛夫斯基做的，他认为这可以用继承来说明。维谢洛夫斯基说，这一题材是独立产生的，相似性是产生这一题材的共同条件：母系社会最后阶段，当时氏族按母系延续。父亲是外人，通常的人。偶然碰上的。与外人决斗，他可能是他父亲，通常的人。由于过分是通常的人，所以这一题材没有传播开来。在母系时代他也令人感兴趣，在那里具有悲剧性色彩和具有特有的趣味。产生于两个时代交替时期。维谢洛夫斯基就这样解释题材产生的条件。但是需要证明的不仅是题材产生的大条件，还有生活条件。要知道，创作《希尔德布兰特和哈都布兰特之歌》的歌手没有母系社会概念（我们知道这一点是在上个世纪 60 年代）。维谢洛夫斯基解释说，这种题材是民族大迁徙时期由记忆而复活的。这一题材在当时重新具有了现实意义，还有它的悲剧性方面。维谢洛夫斯基认为，这一题材在民族大迁徙之后也没有死亡。它是永恒的，不是指决斗，而是指父子相争。因此在维谢洛夫斯基看来，父子之间总是互相理解，但它在转折时期变成了敌对关系。形式改变了，但题材是永恒的。这一延续可能是争论性的。在他那里有一整章彻底考察题材的发展②。

---

① 在特洛伊系列史诗中，奥德修斯（参见本篇第一部分第一章注释中的相关部分）死于特勒戈诺斯之手，后者在奥德修斯离开基尔克的岛屿后出生。——原编者
② 米尔斯卡娅的笔记里写着"继续题材发现"，可能记录不确切。"维谢洛夫斯基"，参见本篇第二部分第一章。巴赫金指维谢洛夫斯基的著作《诗学》第 2 卷，《题材诗学》《题材的生活基础》章：史前生活和对它进行反映的主题和题材。（见 A.H.维谢洛夫斯基的《著作集》第 2 卷，第 1 册，圣彼得堡，1913 年，第 77—112 页）试比较署名 B.H.沃洛希诺夫的巴赫金文本段落："但是我们知道，奥狄浦斯的神话也不是在性的土壤上……而是在经济的土壤上产生的：母亲是主人（母系残余），只有母亲一方才有继承权（由母系亲族继承）；儿子不得不退让一边，或除掉父亲。只有在这样的土壤上才能诞生奥狄浦斯主题（古日耳曼史诗中的基里德勃朗特和加都勃朗特，伊朗史诗中的鲁斯坦姆和佐拉布，俄罗斯史诗中的伊利因·穆拉梅茨和儿子之间的斗争等）。"参见 B.H.沃洛希诺夫的《在社会性的彼岸——关于弗洛伊德主义》。并参阅：C.A.阿维然斯卡娅的《俄罗斯史诗中父亲和儿子决斗题材：报告提纲》，《列宁格勒大学学报》，1947 年第 2 期，第 142—144 页。——原编者

遥远的5世纪的、严峻时代的、英雄们昔日的特殊环境。最好地反映在《希尔德布兰特和哈都布兰特之歌》里，这部史诗显然最接近于加斯东·帕里的那些康提勒纳①。它短小，简洁。给予了两个人物完整的刻画，给予了他们的心理描写。

哈都布兰特〈是〉第一批战斗青年之一。他最担心的是不能进行厮杀。他急于尽快地结束不必要的口头对话，然而人们却对他说，这是〈他的〉父亲：也就是说不能厮杀。哈都布兰特的性格基础基于尽快与敌人厮杀。

希尔德布兰特是一个倦于厮斗的人，年老而智慧的人，他考虑的不是再进行一次多余的厮斗，而是如果可能不再杀人。他智慧、冷静。当他看到不可能说服儿子时，他看出了必须进行〈决斗〉。智慧的人，相信不可避免性，并平静地接受它。对话很简短，但是很必要，因为决定只能是平等的。还有一个方面，在厄拉德系列里得到展示：库丘林强迫自己的车夫侮辱他②。对话振奋了对手双方。

这部作品艺术方面是彻底的，反映了自己的时代。库提勒纳没有能传到〈今天〉，但是这部作品差不多就是库提勒纳。

《瓦尔塔里乌斯·阿奎塔尼之歌》 这一系列是勃艮第系列与特奥多里克和希尔德布兰特之间的过渡桥梁。

瓦尔塔里乌斯·阿奎塔尼在阿提拉那里处于荣誉俘虏（人质）的地位。在那里，他遇见了特奥多里克和希尔德布兰特。他是他们世界的人，但同时他来自阿奎塔尼亚，同勃艮第国王军事首领哈根一起成长和学习。他们是结拜兄弟。瓦尔塔里乌斯和日耳曼公主、

---

① 参见本章《题目三》注释中相关的部分。——原编者
② 关于厄拉德系列，参见本章《题目三》注释中相关的部分。"库丘林强迫自己的车夫侮辱他"指厄拉德系列萨迦《库丘林抢夺牛》中《库丘林与费迪阿德决斗》的一段情节：决斗之前，库丘林命令自己的车夫洛伊格用侮辱性的话语激怒他，使他能进入决斗疯狂，进入"英雄狂怒"状态。——原编者

少女希尔德戈达一起逃跑①。途中,〈瓦尔塔里乌斯〉经过瓦革扎②。他遇到一支不认识的队伍,独自接受战斗。事情〈发生在〉峡谷中,因此他〈即瓦尔塔里乌斯〉杀死了所有的敌人,除了他们的首领及其助手。首领是国王巩特尔,助手是哈根,瓦尔塔里乌斯的结拜兄弟。哈根要求国王停止战斗,巩特尔拒绝,哈根不想〈同瓦尔塔里乌斯厮杀〉,巩特尔强逼他。三个人在开阔地上厮杀。战斗无法继续进行。瓦尔塔里乌斯没有了手臂,巩特尔没有了双腿,哈根失去了眼睛。他们和解了,少女照顾〈他们〉,他们躺在地上,以自己的伤残互相取笑。

拉丁翻译歪曲了史诗的艺术特点。然而显然作品曾经很有力量。其基础诚然是康提勒纳诗歌。史诗很典型。诗歌规模不大,尽管什么都没有遗漏。形象是完整的。出现在我们面前的是一定类型的人。诗歌用很不成功的六音步诗律翻译。

传下来一部史诗,是创作于11至12世纪的《尼贝龙根之歌》③。不过从12世纪后半叶起,宫廷文学和爱情骑士小说开始更为有力地发展。因此人们认为,这部作品应该放在它们之中进行研究。是的,影响是巨大的。多主题,韵律。外在形式是骑士小说。但是它〈即骑士小说〉从来没有取材于滋养了"诗歌"的史诗古代。史诗气息很有力量,特别是在第二部分。

---

① 阿奎塔尼亚人瓦尔塔里乌斯、法兰克人哈根和勃艮第女子希尔德戈达是一些贵族出身的年轻人,在匈奴人那里以俘虏状态的人质身份长大。他们计划摆脱俘虏状态,逃回祖国,那里由法兰克国王巩特尔统治。哈根首先逃跑,经过一些时间之后,瓦尔塔里乌斯和希尔德戈达带上阿提拉的金库逃跑。瓦尔塔里乌斯和希尔德戈达顺利躲过了追赶,但是在法兰克土地上突然遇到了不怀好意的接待:巩特尔带着卫队和他们临面相遇,要他们交出匈奴人的宝藏。阿奎塔尼亚是中世纪法国西南部最大的封建公国。——原编者
② 瓦革扎是当代法国东北部山脉。——原编者
③ 《尼贝龙根之歌》(Das Nibelungenlied)系德国英雄史诗,1200至1233年之间完成于奥地利(或帕绍)。作者处于基督教的影响之下,并且可能是宫廷诗人。史诗由博德默于1757年第一次出版。——原编者

确定作者未能成功。人们认为它为当时一些著名的罗曼语作者所作，但是这些假设没有得到严肃的论证。有一点是清楚的，即这不是民间流浪艺人，而是有名的诗人。但这不是骑士小说，作者对古代史诗性诗歌进行了加工。这是史诗发展最后的结束阶段。

互相非常不一样的两部分。

英雄式"埃达"的主题注释着《尼贝龙根之歌》。《〈尼贝龙根之歌〉的作者》已经有许多不理解。

第一部分的事件发生在勃艮第王国。年长的是巩特尔。母亲是乌娜，其女儿系美丽的克里姆希尔特。（20世纪30年代开始采用《尼贝龙根之歌》一名。）史诗由克里姆希尔特的梦开始，关于未婚夫之梦。克里姆希尔特不知不觉地幻想着未来的丈夫。未婚夫是法兰西国王齐格弗里德①，尼贝龙人财宝拥有者。（这是一些什么财宝，尼贝龙人是何许人——作者自己也不知道。这一点我们从"埃达"中知道。）他听说了克里姆希尔特的美，显然他并没有拥有她。（典型的宫廷骑士主题是未见过面的爱。罗斯丹，《远方公主》②最好的译本是谢普金

---

① 在《尼贝龙根之歌》里，齐格弗里德是来自莱茵河下游克桑腾城的尼德兰王子。不过不少学者认为他同6世纪名叫西革里克或西吉贝尔特的法兰克国王或勃艮第国王之一为同一人。现在这一说法被认为是很少有说服力的（参阅《神话词典》，莫斯科，1990年，第488、489页）。这部史诗的材料源泉之一是法兰克人关于齐格弗里德的传说。——原编者
② 罗斯丹（1868—1918），法国诗人兼剧作家。《远方公主》（*La Princesse Lointaine*）（1895）是一部以法国南部行吟诗人的诗歌中广泛流行的"遥远之爱"（Amor de Lonh）情节和中世纪广泛流传的关于著名的法国南部游吟抒情诗人若弗雷·吕德尔（约1140—1170）对的黎波里公主梅利桑达（或梅利辛达）的未见过面的爱的传说为基础的剧本。关于诗人的古代传记叙述说，他爱上了公主，但从未见过她，只是听到过朝圣者们关于她的动人故事。为了见到心爱的人，按照传说，若弗雷出发到海外去寻找她，但是在船上患了重病，最后在公主手里死去，在这之后公主也削发入修道院（参阅《法国南部游吟诗人传集》，莫斯科，1993年，第18、19、267、268页）。这一传说的题材曾经为许多诗人浪漫主义者所利用（路德维希·乌兰德、亨利希·海涅、奥尔热农·恰尔兹、苏伊本等）。巴赫金在关于拉伯雷的论述中谈到关于"远方公主"的著名普罗旺斯形象。——原编者

娜·库珀尔尼克[1]。19 世纪后半期作家对中世纪主题进行了加工。法国南部游吟诗人宣扬未见面的爱情。这对于史诗来说是异己的,在史诗里,若未曾见过面,这不是爱情,而是氏族关系)

齐格弗里德按等级不低于巩特尔,但由于爱情,成了他的附庸。他为巩特尔服务,建立功勋,以生命作押宝。他以胜利者的身份回到沃尔姆斯[2],参加对于成熟的中世纪来说是典型的宴会。豪华的封建宫廷宴会。客人们不带武器,这在史诗里是从来没有的:史诗中人与武器是分不开的。不能没有武器地进入宴会厅。而在《尼贝龙根之歌》里是极其讲究的骑士身份。齐格弗里德在这里完全不像西古尔德。在这里,人们认识齐格弗里德和克里姆希尔特。齐格弗里德向她求婚。巩特尔答应他,〈对于齐格弗里德〉的条件是设法得到布伦希尔达。至于说她是瓦尔基利亚女神,作者并不完全理解。他说,她向丈夫提出的条件是他得比她更强大。需要在非常困难的竞赛中制伏她,尽管那是谁也不可能做到的。巩特尔相信,齐格弗里德会代他获胜,利用不可见的披风。齐格弗里德第一次听说布伦希尔达,来到布伦希尔达的岛屿。她同巩特尔打过交道,齐格弗里德看见她在簇拥着的人群中。

开始竞赛:把山岩抛得比布伦希尔达抛的更远。齐格弗里德这样做了。他做了一切,甚至在婚床上战胜了布伦希尔达,他睡下了,在他和她之间放了一柄剑。但齐格弗里德拿到了布伦希尔达的戒指和腰带。他在各项竞赛中都获得了胜利。(法西斯分子根据德国妇女类型,对这一点作了夸大:她只爱最强大的人)

布伦希尔达来到勃艮第王国。齐格弗里德得到克里姆希尔特的允婚,两对新人。对比一下,第一部分中的克里姆希尔特有如一个与布伦希尔达相反的女人,对于她来说,最主要的是爱情,这是一个女

---

[1] T.A.谢普金娜·库珀尔尼克(1874—1952),俄罗斯女作家、翻译家。翻译了埃·罗斯丹的全部作品。她的《远方公主》译本标题为《格列札公主》,于 1896 年以单行本出版,后来收入罗斯丹作品俄译全集第 1 卷,由 A.A.马尔克斯于 1914 年出版,1958 年重版。——原编者

[2] 沃尔姆斯是勃艮第王国的首府,由勃艮第部落于 4 世纪建立。——原编者

人·母鸽,关心自己的丈夫。克里姆希尔特女性的爱,如同母爱那样。这是温柔的、自我牺牲类型的爱。她愿意牺牲,关心他人,女主人和妻子。齐格弗里德和克里姆希尔特一起前往自己的王国。

过了九年(史诗里所有的都是九。年代数字是史诗性的,不是现实的)。巩特尔和布伦希尔达在第三部分里来到齐格弗里德那里①。女王们发生了争吵——宫廷主题。她们互相竞争。布伦希尔达认为,巩特尔是国王,齐格弗里德是附庸,因此,克里姆希尔特比她低。她居高临下地把克里姆希尔特作为附庸的妻子藐视。后者感到受了侮辱,主要是由于丈夫。事情出现了逆转。她们衣着华丽去到教堂。继续争吵,对骂。克里姆希尔特说出了求婚的秘密。布伦希尔达不相信。这时克里姆希尔特拿来腰带和戒指。由此开始悲剧。布伦希尔达不能忍受这一点。她的感情变成对齐格弗里德的憎恨。她应该伤害最强大的人(根据更为古老的传说,他们实际上已经有关系,但这里没有说明这一点,〈作者〉不知道这一主题,因此布伦希尔达只是憎恨齐格弗里德。这一深刻化的主题消失了)。

巩特尔知道了这件事,最终屈服于布伦希尔达的意愿。他表示一半同意,布伦希尔达一般地接受了伤害齐格弗里德这一决定。这件事情由卫队首领哈根——忠实的附庸去完成。忠诚是最为神圣的。在这里,他是理想的,在所有其他方面,他是非道德的。他忠诚得令人可怕。一个无所畏惧的人。决定完成布伦希尔达的要求去杀死齐格弗里德。但是齐格弗里德是不会受伤害的,除了被树叶遮住,没有被巨蟒的血溅及的那块地方。

哈根安排了非常豪华的狩猎,邀请齐格弗里德参加。他〈即齐格弗里德〉非常喜欢狩猎,也是一个非常出色的猎手。临狩猎前,哈根得到了克里姆希尔特的信任,装成朋友的样子。克里姆希尔特具有女性的预感(据说妇女能够早于男性感到死亡)。她对狩猎感到恐惧,尽管

---

① 这里演讲者或记录着出现不准确。婚后十年,齐格弗里德和克里姆希尔特一起由克桑腾前往沃尔姆斯去巩特尔和布伦希尔达那里做客。——原编者

她并没有怀疑有什么阴谋。哈根利用了她的这一恐惧。他向克里姆希尔特保证,他会一刻不离地守在齐格弗里德身边。他巧妙地暗示克里姆希尔特,为此需要知道齐格弗里德的弱点在什么地方。她相信了哈根,向他说明了肩胛骨之间的地方,甚至还保证在长衫上画一个小十字记号。她爱丈夫,希望挽救丈夫,但她却使丈夫遭毁灭。(这种悲剧性反讽对于古希腊作家索福克勒斯来说是有代表性的)①,齐格弗里德出发去狩猎,背上带着记号。他离开后,克里姆希尔特陷入恐惧,她感到,哈根是敌人。害怕,恐惧。她开始疑惑,是她自己使他〈齐格弗里德〉必遭灭亡。她度过了令人难受的白天和夜晚,到清晨时她知道了,齐格弗里德死了。

狩猎中:哈根带了大量食物,但是……"忘了"拿酒。他提议去邻近的泉边喝水,竞相跑过去。齐格弗里德超过了所有的人,向泉水弯下身去。哈根跑近他,给他一击。齐格弗里德受了致命伤,但他如此有力量,长时间没有死去。他不能轻易地交出自己的生命。人们从猎场把齐格弗里德的遗体运走,夜间把它放到门槛边。克里姆希尔特充满预感,但她不知道,门槛边的是尸体。早晨,女仆无法开门,后来稍许开了点,看见了齐格弗里德。克里姆希尔特知道了一切。她悲痛无比,无法忘记他,良心折磨〈她〉。哈根胜利了,但无论是巩特尔,或是兄弟们,都不称赞他。布伦希尔达的胜利。

齐格弗里德死去后,克里姆希尔特生活了九年②。哈根得到宝藏,把它藏在莱茵河底。埃采尔(阿提拉)向克里姆希尔特求婚。克里姆希尔特不爱他,继续爱着齐格弗里德。但是她没有办法:她被所有的人抛弃了,处境很可怜。她嫁给了他〈即埃采尔〉,并且去到他绿色的国家。在她嫁给埃采尔的时候,还没有报仇主题。她从杀人犯令人厌

---

① 索福克勒斯(约前496—前406),古希腊诗人、戏剧家。这里可能指他的悲剧《奥狄浦斯王》,剧中反映了古希腊"悲剧命运"观念:人们企图欺骗命运,结果却采取了客观上促进接近悲剧结局的行动。与此相类似,克里姆希尔特渴望挽救心爱的丈夫,然而自己的行动却导致他的死亡。——原编者

② 演讲者不准确:克里姆希尔特为齐格弗里德悲悼了十三年。——原编者

恶的居处去到他那里。

这就是第一部分。一部不错的骑士小说。但是史诗主题很少,除了少许主题:媒人是位新郎的代表,与他相同面貌的人。在氏族部落制度条件下,这是通常的现象。但是在这里,这一主题失去了自己的史诗性,人们企图重新认识它,因为作者不理解它。

克里姆希尔特结婚后又过了九年①。埃采尔这个理想的封建国王:强大、有力、勇敢、公正、好客,帮助所有的人。迪特里希·特奥多里克(伟大的)及其卫队居住在他们那里,生活于荣耀和尊敬之中。〈埃采尔〉有一个负面特点:非常软弱、轻信,以为其他人也都像他那样。由于这样一种弱点,这一形象与历史上的阿提拉没有任何共同之处。他爱克里姆希尔特,克里姆希尔特是完全的女主人,因为轻信他人、心灵宽厚的埃采尔一切都按照克里姆希尔特的意愿行事。她认为,向杀人凶手报仇的时候到了。

新的主题:整整十八年她怀着为齐格弗里德报仇的思想,出嫁只是出于这种考虑。她憎恨所有的勃艮第人,渴望流血报仇。出现在我们面前的已经不是克里姆希尔特,这是一个史诗性女人,但不是克里姆希尔特。她下决心邀请布伦希尔达、巩特尔、哈根和其他勃艮第人。他们接到这一引以为荣的邀请。他们怀着最好的心愿。所有的人都前往埃采尔那里。对旅途进行描写。每前进一步,无论是自然,或者是各种神秘的事物,都向他们发出警告。古老的主题是必然死亡的道路:一切都在预先警告,但是人们什么也不相信。自然对他们进行阻挠,但是由于有无所畏惧、无比强大的哈根,他们把它们排除了。直接的警告是鸽群预言者②,也未能阻止住哈根。特别有意思的是横渡多瑙河。出现了一个渡工人物,类似于克戎的形

---

① 演讲者不准确:克里姆希尔特酝酿报仇是在婚后十三年(齐格弗里德死后二十六年)。——原编者
② 这里指哈得布尔伽和齐格连达姐妹——预言者,她们向哈根和所有勃艮第人预言死亡。"鸽子"一词用在这里的意思就像用在克电姆希尔特名下那样:"姆希尔特……这是女人·母鸽……"——原编者

象——冥河渡工①。这是古老而流行的渡工主题。的确，他们渡河后，进入了阿提拉的国土。他（即渡工）也想让他们停下来，为此哈根把他杀了。由这些形象可以感觉到遥远的古代，完全是另一种气氛，有别于第一部分。

我们在斯堪的纳维亚史诗里也可以找到必定灭亡的主题：卡努特公爵主题，他受内兄弟邀请，目的就是要杀死他。他前去马格努斯那里做客。妻子的信。被雾切割下头，蹄铁脱落的马在行走。内兄的信使可怜年轻公爵，叙述传说故事警告他。卡努特什么也没有理解，被内兄弟杀死。在A.K.托尔斯泰那里对卡努特公爵的诗歌做过加工②。

阿提拉像想象的那样会见他们。宴会不像第一部分中的宴会，这里已经是氏族宴会，带武器的宴会，虽然他们互相完全信任。宴会过程中发生争吵，由克里姆希尔特暗中安排，她进一步怂恿。流了第一次血。可怕的杀戮，格斗。对战斗进行了史诗性风格的描写。勃艮第人人数很少，他们表现出英勇的奇迹。巩特尔和特别是哈根，一直战斗到最后，人们无法战胜他们。这时匈奴人燃着了宴会的房屋。口渴折磨着所有的

---

① 克戎是古希腊神话中把死去的人渡过冥河到达哈得斯（冥王）居处门口的渡工。——原编者
② A.K.托尔斯泰（1817—1875），伯爵，俄国剧作家、诗人。诗歌《卡努特》（副标题是《传说》，1822年）的材料来源于编年史中关于努特·拉瓦尔特之死的记述，托尔斯泰知道这些材料是根据文法家萨克松的 Historia danica 和 F.达尔曼的《丹麦史》中对它们的转述。F.达尔曼写道："……消息传开，马格努斯（卡努特的内兄弟）想前去公爵的坟墓，并且在此之前在泽兰特召开了全体家庭成员会议。克努特也被邀请在欢乐的宴会上，在亲人们中间度过生日……人们在罗斯基勒德国王城堡里连续饮宴四天，欢度节日，分散了，公爵们在余下的节庆日子里占有了一座座单独的住宅。卡努特迁居到近一些的地方……马格努斯派了和自己有誓言约束的同谋者之一去那里，邀请卡努特前往邻近的森林里无见证人地交谈。轻信地，仅仅在两个骑士……和两个持武器的侍从的陪同下，公爵去到森林，仅在腰间带了佩剑——而且这也是在对他提醒之后。这时心灵开始折磨使者。这是个萨克斯人，按职业是歌手，名叫齐瓦尔特。他很愿意警告卡努特，又不破坏誓言，他知道努特非常熟悉德国传说和诗歌，于是他唱起了关于美丽的克里姆希尔特背信弃义的故事……但是这没有能起作用。要知道，甚至留在希勒兹维格的妻子紧接着捎给他信，提到关于预示他会遭受危险的不祥征兆，都未能使他自己对忠于业已遭到破坏的忠信产生动摇。"（A.K.托尔斯泰：《作品集》第1卷，莫斯科，1980年，第470页）——原编者

人。古老的史诗主题:哈根建议喝死者的血,他们口渴得更强烈。这里作者站在勃艮第人一边;甚至巩特尔也不是那个懦弱的、不坚定的人,而是一个强大的英雄。事情由迪特里希·贝恩决定。他要求与勃艮第的人进行决斗,决斗中他战胜了他们,从而结束了杀戮。他给予他们骑士式诺言,保证他们的生命和安全,为此〈必须〉暂时把他们安置到地窖里,以使他们避免匈奴人报复。迫不得已的俘虏。但这里还有一个主题是克里姆希尔特杀死巩特尔和哈根,事先企图知道后者把尼伯龙人的财宝藏匿何处。他〈即哈根〉不说。希尔德布兰特站出来维护自己的主人〈即迪特里希·贝恩〉的荣誉,当他无法恪守自己的誓言时。希尔德布兰特杀死克里姆希尔特。《勃艮第国王死亡之歌》。在第二部分几乎完全没有骑士小说因素。

19世纪前半叶存在过单篇诗歌理论,后来那些单篇诗歌统一起来。拉赫曼维护过这种观点①。他把《尼贝龙根之歌》分为二十篇单独的诗歌,在他看来,这些诗歌由作者组合到一起。第一部分十二篇诗,第二部分八篇诗。

现在谈赫施勒②。按广度可以把他同贝迪埃相比拟。一位学识广博、富有观察力、基础深厚的学者。他的著作最有价值,根据最为充分。他的假设:作者无疑是富有骑士小说经验的作者,但没有被指称,没有任何一个名字。可能他不是它们〈即小说〉的创作者,而是翻译者,因为当时翻译文学很繁荣。翻译者的名字我们不知道,但是许多翻译很好。最为可能的是作者是一个非常有经验的翻译者。他拥有两部诗歌作为材料。其中一部在艺术性方面要弱一些,也较晚一些。材料源泉当然是很深远的,但是它由某个民间游历艺人创作,很弱(《齐格弗里特》)。第二部分勃艮第国王之死是更为古老的史诗性诗歌,并且可能也经过了民间

---

① 拉赫曼(1793—1851),德国语文学家,德国文学和拉丁文学研究家被视为日耳曼学的奠基人。他的探索的中心点是《尼贝龙根之歌》,他第一个出版这部诗歌的注释本(1826年)。——原编者
② 赫斯勒(1865—1940),瑞士学者,人文主义者。巴赫金指他的著作《日耳曼英雄史诗和尼伯龙人传说》。巴赫金是从原文知道这部著作的。著作的俄文译本出版于1960年。——原编者

游历艺人们的手。它很有力量。两部诗歌之间存在一定的,尽管是很遥远的联系。作者把这两部诗歌结合了起来。

作者和诗歌的关系分析。当材料薄弱时,它在作者手里具有可塑性,但会对它进行反抗。因此作者由第一部诗歌改作成了某种类似骑士小说的东西。第二部诗歌过分好,有力,统一。作者对它〈即材料〉不可能做任何事情。他在那里差不多连续不断地进行加工,而在这里却差不多连续不断地借用,他只是把它安放进去,怎么联系起来。他不可能改写克里姆希尔特、哈根。他怎么也不能改写什么。第二部诗歌几乎未受加工地被转用。第二部诗歌比作者强,他服从地转用它。这是作者创造性的劳动,但他保持了真正史诗性的诗歌。它当然以更古代的诗歌作为材料。但在史诗和诗歌之间存在根本性区别。无法由史诗写成诗歌,反之亦然。他〈即赫施勒〉对这一观点分析得比谁都深刻〈……〉

在德国,有关这个问题曾经出现过数量巨大的著作。法西斯分子声称,这〈即《尼贝龙根之歌》〉是最伟大的世界史诗作品,能与它并列的只有《伊利亚特》。这是"日耳曼人的《伊利亚特》",认为它是日耳曼人精神的基础。德国人类型,德国妇女类型:妇女——鸽子——克里姆希尔特和妇女,寻找力量的妇女——布伦希尔达;男人类型:齐格弗里特,哈根。这一观点在德国广泛流传。

当我们高度评价德国史诗和这部作品的时候,我们也看到,它不是单纯的。诗中没有史诗性民族中心。最理想的史诗人物是阿提拉。这不是单一部落的史诗,而是一部没有统一的民族中心和民族中心人物的史诗。在这方面出现在我们面前的不是史诗,而是小说。赫施勒极具批评性地看待对这部史诗的赞扬。

在研究"埃达"和《尼贝龙根之歌》的古代性[①]时,我们看到,斯堪的纳维亚文本要更古一些。同时又认为,它们都比较古老。尽管无论大部分的或整体的,这都正确,但是〈《尼贝龙根之歌》〉里的一些单个主题是要新一些。所有涉及齐格弗里特的东西在"埃达"里要古老一

---

① 米尔斯卡娅的笔记误认为"忠实性"(верность)。——原编者

些。但是第二部(除了为丈夫报仇)《尼贝龙根之歌》里要古老一些：不是为丈夫报仇，而是为血缘亲人报仇。丈夫是他人。氏族报仇从来没有扩大到丈夫。以《尼贝龙根之歌》为基础，创作了一系列著作。赫贝尔的《尼贝龙根的戒指》[①]。瓦格纳的四部曲《尼贝龙根的戒指》。他在创作四部曲时把两种说法结合到一起。创作《尼贝龙根之歌》的时候，史诗创作业已成为过去。代替它的是骑士小说。

第三章　宫廷骑士文学

这已经是文学本身，职业性作家。出现在我们面前的是中世纪第一个真正意义上的、具有一定的技巧流派、具有一定的传统的文学，按事实本质而论，是古希腊罗马文学之后第一种世俗文学。

文学称作"宫廷的"[②]，是因为它发展于封建宫廷。文学曾经是宫廷的，但在它进入城市后，便改变了自己的性质，像原先那样的已经不再继续存在。〈宫廷〉文学是国际性的。非常经常地无法解决一个问题：谁是作者。语言是民族性的，但是性格、体裁、主题是国际性的。有时候整部作品流行于整个欧洲。中世纪宫廷文学作品：原作和翻译，同一个东西的两个版本。这与下述情况有关：情节、材料是同一个东西，属神话传说主题。中世纪宫廷文学尽管存在语言差别，但是具有国际性质。原则：民族本身还没有形成，这是统治阶级的文学，基本是其上层文学，而统治阶级一般说来具有一定的国际性特点。

文学的创作者在大部分情况下是骑士，不过也有高层等级代表人

[①] 赫贝尔(1813—1863)，德国戏剧家、诗人和散文家。他的以日耳曼史诗为题材写成的戏剧三部曲的标题是《尼贝龙人》(《吹号角的齐格弗里德》《齐格弗里德之死》和《克里姆希尔特复仇》)(1861年，出版于1862年)。——原编者

[②] "宫廷的"——куртуазная，该词源自法语cour，意为"院子"，古法语courtois，意为"宫廷的""文明礼貌的""骑士的"。这种文明性是骑士的"高尚"规范(骑士英雄主义的、道德—美学的理想标准)。——原编者

物(国王、公爵、侯爵)和少量市民。不过基本群体是下等的骑士阶层①。这一文学为骑士城堡服务。当时,没有出版事业,〈文学〉是在城堡里创作的,因此与广大民众没有紧密的联系。它与创作者联系紧密。容格勒尔②如同附属于骑士、诗人的表演者。持武器的容格勒尔是宫廷文学中相当常见的现象。他们〈即容格勒尔〉有时自己创作新的作品,有时使它们适合于听众要求(表演阐释)。

宫廷骑士文学自11世纪末开始发展,直至14世纪初。它最早于11世纪末开始发展于普罗旺斯,繁荣于12世纪中期③。在法国北部——开始〈……〉④。在德国——是在1160年⑤。哪里宫廷文学开始得晚些,哪里结束得也晚些。繁荣时期是在12世纪;从13世纪起是逐渐地、不断地衰落的时期。在13世纪后半期,宫廷文学开始渗入城市,并且开始变质。

这是中世纪第一个世俗文学,也是欧洲文学发展的第一阶段。欧洲抒情诗开始于11世纪末至12世纪初。韵律、诗行产生于普罗旺斯,而韵律〈……〉在最后时期开始从诗歌中消失。没有骑士小说,便

---

① 在现今即便是根据名字知道的宫廷文学的差不多五百个作者中,约有一半属于贵族,大部分是低级或不富裕的贵族。还知道二十三个作者的名字——富有影响的封建主的名字。他们中间最著名的有:"第一个法国南部行吟抒情诗人"吉尔姆九世,伯爵普阿提埃和公爵阿奎坦斯基(1071—1127),若弗雷·吕德尔,大公布拉伊,伯爵兰博·奥兰日。作为宫廷文学创作者的也有市民,与封建文化有紧密关系的教士。著名的法国南部行吟诗人也是来自封建社会最低层的人:贝尔纳·德·邦塔多尔是侍从之子,佩雷·布达尔是毛皮匠,马尔卡布柳是弃儿。——原编者
② 参阅第二章《题目三》注释相关部分。——原编者
③ 普罗旺斯诗歌最辉煌的时期通常认为在1090至1290年期间。最为著名的普罗旺斯行吟诗人有吉尔姆九世,若弗雷·吕德尔,兰博·奥兰日,马尔卡布柳,尔纳·德·邦塔多尔等。——原编者
④ 在法国北部,宫廷普罗旺斯思考从12世纪中期起开始流行,宫廷文学的繁荣在12世纪后半期。北部法国诗歌最著名的代表有科农·德·贝鸠(约1150—约1210),提博,伯爵尚潘斯基(1201—1253)。——原编者
⑤ 德国宫廷文学最古老的文献属于1160或1170年。最著名的游吟抒情歌手(minnesinger)有:弗里德里希·封·豪森(约1150—1190),雷马尔·封·哈德恼(约1160—约1207),亨利希·封·莫隆根(写作时期在1200至1222年间),亨利希·封·威尔德克(12世纪后半期),唐豪瑟(13世纪后半期)。较晚时期(14至17世纪),德国游吟诗人称作Meistersinger——意为"诗歌能手"。——原编者

不可能形成现代的小说形式。

在我们这里,对宫廷文学的研究薄弱,因为在俄罗斯未曾有过任何类似的东西。只能以罗斯的优伶(скоморох)为代表,与容格勒尔相对应,不过罗斯优伶的演出剧目与容格勒尔低级类型的诗歌剧目恰好相合,然而宫廷文学本身在罗斯优伶那里找不到任何类似的东西。唯一的著作属于希什马廖夫①。不只是图书,而且是研究性质的原著,在我们这里就再也没有了。大量的著作没有翻译过来②。在我们这里,从 18 世纪起,开始出版树皮书籍。曾经出版过骑士小说的大量转述,甚至改作。普希金正是从那里汲取了素材(普希金的《鲁斯兰和柳德米拉》)。

宫廷文学只知道两种体裁:抒情诗和史诗(以骑士小说形式)。至于说戏剧体裁,至今仍存在争议。对戏剧体裁的理解非常广泛。宫廷文学不知道剧场、舞台、演员,因此戏剧未曾有过。但是观赏舞台演出的要求是必然的,以至于不可能没有它〈即戏剧〉。这种要求由其他的舞台观赏形式得到满足。封建宫廷交际本身受一定的典礼、仪式的限制。因此,世俗的、宫廷的典仪是供观赏的形式。节庆期间有游行,舞蹈,假面舞会。所有这些都是观赏表演。第三类观赏表演形式是骑士比武。除了军事目的外,这也是观赏表演形式。为它们〈即比武表演〉划出了专门的场地:舞台类型,为富有的观众准备的卧榻。在骑士比武中,审美成分比当今的体育比赛要更为常见。比武是一种战斗游戏。铠甲不是作战用的,为了贵妇们而厮斗。第四种观赏形式是丑角。他们进行滑稽模仿,几乎把严肃典仪的所有方面都变成戏拟性的、可笑的东西。戏剧本身产生于城市广场。

---

① B.P.希什马廖夫(1875—1957),俄罗斯语文学家,研究法国诗歌(晚期中世纪、文艺复兴时期诗歌)、古代法国史诗。巴赫金在这里可能指他的著作《晚期中世纪的抒情诗和抒情诗人:法国和普罗旺斯诗歌简史》(巴黎,1911 年)。——原编者
② 有关宫廷骑士文学的各种研究性著作和单篇著作的翻译,在苏联开始出现的时间是在这一讲座之后。——原编者

题目一
宫廷抒情诗

普罗旺斯的"特鲁巴杜尔"①创作了第一批世俗抒情诗(11 世纪末)。普罗旺斯衰落之后(阿尔比战争之后)②,〈抒情诗〉在法国传给了"法国北部诗人"(共同的词根"发现","获得")③。在德国游吟诗人称为 Munnesinger,"爱情歌手"(古代风格,Minne 意为"爱情")。

他们提出了新的爱情理论。对于宫廷文学和整个〈宫廷〉文化,爱情崇拜是最具特征的。这种情调赋予了整个时代。爱情主题在我们这里也很重要,但是这一主题具有如此独特的、占优势的、压倒一切的影响,我们可能在任何一个时期都不会再见到。法国南部游吟抒情诗人在诗歌中创立了完整的爱情科学。他们留下了一系列著作,阐述自

---

① "特鲁巴杜尔"的法语是 troubadour,源自普罗旺斯语 trobar,意为"发现""作诗",指中世纪普罗旺斯游吟抒情诗人—歌手。这里称诗歌为"发现的艺术""发明的艺术",因而也这样称呼这种艺术的代表。人们把所有为了自我娱乐或者为了报酬而从事诗歌写作的人,不管他们属于哪个阶层,都归属于这类诗人。在社会阶梯上站得低于这些游吟诗人的是容格勒尔,后者把诗歌和音乐变成职业,并且常常堕落为丑角表演和拿腔作势。这种游吟诗人不具备歌唱才能时,常常找容格勒尔做自己的伙伴,让后者表演他的作品。著名的游吟诗人身边一般都有固定的容格勒尔。游吟诗人与容格勒尔的区别在于他们不把自己视为供观众消遣的人,也不把诗歌视为职业,而是把诗歌为神明的礼物,这礼物使他与这个世界的那些强有力的人物平等,而且甚至有可能还使他高于那些人。同时,游吟诗人和容格勒尔之间的地位界限是变化的:后者曾经可以上升至游吟抒情诗人的状态,开始写作诗歌。游吟诗人陷入困境时也可能以容格勒尔的艺术为业。——原编者
② 阿尔比是法国南部城市,阿尔比人是 12 至 13 世纪法国南部异端运动参加者,阿尔比城是该运动的中心,参加者主要是手工业者,部分是农民。他们起来反对宗教等级制度、教会土地占有制、什一税,反对天主教会的一系列教条。参加这一运动的还有部分普罗旺斯贵族。阿尔比人的异端曾经于 1215 年被宗教会议审判。阿尔比战争(1209—1229)是由教皇发起采取的法国北部骑士对法国南部的十字军征战。战争的结果是阿尔比军队被击溃,普罗旺斯遭破坏。许多游吟抒情诗人丧了命,活着的则逃到法国北部、意大利、西班牙,在那里传播自己的艺术。——原编者
③ "法国北部诗人"的法语是 trouvere,源自 trouver,意为"发现""想出",指法国中世纪诗人—歌手(12 至 13 世纪),同法国南部游吟诗人相类似。——原编者

己的"快乐科学"(gaya scienza)[①]。通常〈全书的〉一部分(约三分之一)用来阐述爱情,其余部分用来阐述诗歌。

爱情是诗歌、功勋、歌唱的源泉。一个人陷入了爱,他就要歌唱,努力完善自己,建立功勋。他没有爱,也就没有歌唱。就这样,骑士生活中最重要的建功立业的时刻是同爱情有关的。由此产生了对爱情的崇拜。

爱情是对贵妇人的爱情,对自己的领主的妻子的崇高的爱。那种以婚姻为满足的爱不崇高。崇高的爱是那种既包含服从,又包含崇拜的爱。由此研究出了爱情程序。法国南部游吟抒情诗人认为,爱情应该有严格的细则规定,以避免主观性。第一阶段要孤独地叹息;第二阶段要公开地爱,爱即承认;第三阶段承认骑士的爱,但不意味着回答他,而只是允许他公开地、直率地倾诉自己的爱情。这些阶段还要细分。最高阶段是贵妇人允许骑士在宴会上坐在自己旁边,对她作一些细微的服务[②];他们对性爱持蔑视态度,一般说来不把它纳入自己的抒情诗[③]。起初这种爱情崇拜很崇高,后来成为仪式。传下来一位德国游吟诗人的描写,完全是严肃

[①] 法国南部游吟抒情诗人的"快乐科学"一语的普罗旺斯语为 Gay Saber。它以一些散文为作为依据,例如:雷蒙·维达尔·德·伯萨路柳的《诗学》(13世纪),吉尔姆·莫连埃的《爱情法则》(14世纪中叶)。《艳情教程》则是以马特费·埃尔芒托的《爱情日课经》为基础写成的。接着巴赫金大概是转述安德列·卡佩兰的《爱情论》的内容,该著作作于20世纪末,用拉丁语写成。——原编者

[②] 法国南部游吟抒情诗人把爱情过程分为陷入爱情的人必须经过的四个阶段:暂时他不敢表白自己的爱情,他正处于疑虑之中(feignaire)。如果贵妇人赞赏他,他便准备对她诉说自己真诚的痛苦,他请求(pregaire);如果她继续鼓励他,给他手套、绦子或腰带,他便被意识到了(entendeire);最后,如果她承认他值得吻,他便是朋友(drutz)。——原编者

[③] 法国南部游吟抒情诗人称重情的爱为 Fals Amors(愚蠢的爱),认为那种爱仅仅为不文明的农民(Villan)所特有,与真正的,或含蓄的爱(Fin Amors)没有任何共同之处。关于艳情之爱,可参阅 J.迪比的《12世纪法国艳情(指宫廷骑士之爱。——编者)之爱和因妇女地位而出现的变化》,《奥德修斯》,莫斯科,1990年,第90—96页;R.A.弗里德曼的《法国南部游吟诗人的爱情诗歌及阐释》(《学术报告》第34卷,梁赞教育学院,1965年,第87—417页);R.A.弗里德曼的《法国南部游吟诗人爱情抒情诗里对贵妇人的艳情服务》(《学术笔记》第34卷,第2册,梁赞教育学院,1966年);B.Ф.希什马廖夫的《罗曼中世纪爱情理论史》(《论文集:法国文学》,莫斯科,列宁格勒,1965年,第191—270页)。——原编者

的,但对于我们来说却有如戏拟①。

16世纪是企图复兴旧的骑士理想的时代。

在其产生时期,这一崇拜具有严肃、深刻的性质,它是由生活引起的。恩格斯在《家庭、私有制和国家的起源》里谈到爱情崇拜产生的原因②。个性兴趣的发展。人们对隐秘的爱情感到惊奇,用能引起爱情的饮料来解释发生的事件。这种个性爱情最初产生于最为发展的国家——普罗旺斯。婚姻首先是氏族的延续。考虑王朝的、氏族的和土地方面的情况。建筑在爱情基础上的婚姻是不可能的。因此,生活中对于它没有现实的位置。所有这些导致爱情成为爱情崇拜。爱情对于创作,特别是艺术创作,确实具有特殊的关系。爱情永远会占据特有的位置,特殊的地位。爱情崇拜完全是一定的历史关系。爱情被封建化。崇拜随后吸收了封建性忠诚宣誓的特点。附庸对自己的封建主的这些关系进入了爱情。应该理解,爱情并不导致结婚。应该作这种考虑的例如对领主的妻子的爱情。骑士规章中,处于首要地位的是对封建主的誓言,其次是对贵妇人的誓言。死亡不能用来为未履行誓言辩护。再晚一些时候,出现了爱情基督教化。爱情与对圣母的崇拜融合起来。教会把这一独立的世俗诗歌抓到自己的手里。这一崇拜

---

① 这里指德国游吟诗人模仿者、奥地利诗人乌利希·封冯·李希滕什坦(约1200—1275)的诗体自传性小说《为贵妇人服务》(1255),书中对宫廷爱情拜的极端表现进行了描写。诗人企图把崇高理想性的骑士为贵妇人服务由诗歌幻想世界引入现实生活,结果与诗人本人的意愿相反,产生了非常戏剧性的印象。——原编者

② 见恩格斯的《家庭、私有制和国家的起源》,《马克思恩格斯选集》第4卷,第66—75页。巴赫金接着叙述恩格斯著作片段的内容,那里谈到,正是在宫廷文学中,第一次对个人爱进行了描写:"第一个出现在历史上的性爱形式,亦即作为热恋,作为每个人(至少是统治阶级中的每个人)都能享受到的热恋,作为性的冲动的最高形式(这正是性爱的特征),而第一次出现的性爱形式,那种中世纪的骑士之爱,就根本不是夫妇之爱。恰恰相反,古典方式的、普罗旺斯的骑士之爱,正是极力要破坏夫妻的忠实,而他们的诗人们又加以歌颂的。"(同上,第66页)封建主的婚姻永远只是一种交易:"对于骑士男爵,以及对于王公本身,结婚是一种政治行为,是一种借新的联姻来扩大自己势力的机会。"(同上,第74页)因此,恩格斯肯定地说,作为个性感情的爱情产生于婚姻之外,并且是在没有政治和物质利益的环境中发展的。——原编者

保持了相当长的时间。(А.С.普希金:"曾经有一个贫穷的骑士……"①)。人们把爱情上升到最高的理想境界。

这一爱情崇拜统一了法国南部游吟诗人的抒情诗。坎佐纳②是诗歌,但是是关于爱情的诗歌。这是法国南部游吟抒情诗人的基本诗歌体裁。法国南部游吟抒情诗人声称,这是关于整个爱情的诗歌,关于爱情本身的诗歌。

阿尔巴斯③(普罗旺斯语意为"黎明")是朝霞之歌。人们称其为"离别之歌"。这种诗歌的典型特点是那些经历了整个宫廷诗歌发展,并且一直保持到现在的那些特征。阿尔巴斯是黎明时的画面。星辰熄灭,东方破晓;微风吹拂,公鸡报晓,众鸟啼鸣。公鸡啼叫是爱情的叫声。阿尔巴斯使这些成为固定的因素。人们一般认为,最后一首阿尔巴斯则是莎士比亚笔下的罗密欧与朱丽叶黎明时的分别④。瑟雷纳⑤的小夜曲(普罗旺斯语 serene——"傍晚")。傍晚来临,天色渐渐变昏暗,〈……〉星星,园子里的花朵更强烈地散发着香气,夜莺在歌唱。〈……〉瑟雷纳——召唤幽会。瑟雷纳也在诗歌中存在了很久,并且决定了音乐体裁。

---

① 普希金的诗歌"曾经有一个贫穷的骑士……"[《传说》(1829)]描写中世纪骑士对处女玛利亚的爱情故事,反映了爱情崇拜与圣母崇拜融合的倾向。——原编者
② 坎佐纳(普罗旺斯语 canzo,canzoneta,意大利语 canzone,意为"诗歌")是描写骑士爱情的诗歌作品。普遍公认的这种诗歌能手是南法游吟抒情诗人贝尔纳·德·邦塔多尔。若弗雷·吕德尔(参阅第二章《题目五》注释中相关部分)也写过这种诗歌。——原编者
③ 阿尔巴斯(普罗旺斯语 albas,字面意思是"黎明")是破晓歌。诗中描写相爱的人的秘密幽会和分离的不可避免,放哨的朋友(或仆人)天亮时向他们发出危险警告。法国南部游吟抒情诗人吉罗·德·博尔内伊(约 1140—1195)以阿尔巴斯著称。——原编者
④ 指莎士比亚的悲剧《罗密欧与朱丽叶》(1595)。——原编者
⑤ 瑟雷纳(源自拉丁语 serenus——"明亮的",普罗旺斯语 serene——"傍晚",意大利语 serenata,源自 sera——"傍晚"),小夜曲;传统地在街上,在诗歌致献对象的窗户下表演的各种不同的音乐剧的最初名称。——原编者

藤索斯①讲的是两个骑士、两个相爱的人、两个诗人(这些概念已经融合起来)的诗歌—对话,诗歌—争论。藤索斯是关于爱情、关于相爱的人、关于诗歌的争论。在德国人那里,这类诗歌非常少见,他们没有掌握它。一些藤索斯使我们知道了爱情理论的一些变体。有些诗人认为,也可以歌颂尘世爱情。文学争论②:崇高的骑士爱情应该采用崇高的、艰深的语言来表达。另一些人〈认为〉,爱情应该是对于所有的人都是可以理解的,遵循民间诗歌。在〈宫廷〉交际中,爱情诗歌是非常难以理解的,与民间诗歌没有任何共同之处。在德国游吟诗人那里则相反,这种爱情诗歌是民间爱情诗歌与宫廷诗歌的混合物。12世纪末至13世纪初瓦尔特·封·德尔·福格威德的诗歌,非常简朴、美丽(玻璃戒指——贫穷的象征)③。把可爱的少女与封建君主的贵妇人相对比。

沃尔弗拉姆·封·艾森巴赫④是抒情诗人。〈……〉

---

① 藤索斯(普罗旺斯语 tenzos, tensos, contensios,源自拉丁语 contentio——"争论"),包含两个诗人就文学、伦理等问题的争论的诗歌。——原编者
② 构成藤索斯内容的争论的参加者常常是"灰暗的",或者"封闭的"风格(trobar clos)和"光明的"或者"明亮的"风格(trzbar clar)的代表人物。前一种诗人(兰博·奥兰日,阿尔诺·达尼埃尔,马尔卡布柳,埃利亚斯·卡罗尔,兰博·德·奥朗热等)主张只为优秀的人们写作诗歌,使用令人难以猜测的符号,复杂的寓意。后一种诗人(吉罗·德·白我国尔内伊,吉尔姆·德·桑-莱基埃尔)要求诗歌通俗,简朴。——原编者
③ 瓦尔特·封·德尔·福格威德(约1170—约1230)是德国伟大的中世纪诗人。他的作品原文未能传下来,传世的是并非总是准确的抄本:约七十首诗和一百首格言诗(抒情诗歌体裁——用一定的旋律表演的爱情抒情诗、政治题材的诗歌作品)。瓦尔特出身于封建社会的民主下层。他在自己的创作中,把骑士爱情诗歌中的"民间"流派和"宫廷"流派结合起来,以简朴的少女作为他的许多诗歌中的女主角,与对贵妇人的艳情服务相比,他更喜欢直接的、真诚的感情。巴赫金的"玻璃戒指——贫穷的象征"一语指瓦尔特的诗歌"亲爱的,愿神明……"(Herzeliebes frowlin...)中的诗行。——原编者
④ 沃尔弗拉姆·封·艾森巴赫(约1170—约1220)是德国游吟诗人。写过不少抒情诗、诗体小说《帕尔齐法尔》(1198—1210年,二万五千行),未最后完成的小说《带图埃尔》《维利哈尔姆》(在1212至1218年间)等。——原编者

427

帕斯图雷拉①——牧歌。

法国南部游吟抒情诗人的诗歌只有一种变体同爱情没有联系，那是西尔文特斯②。这仿佛是对封建君主的崇拜。晚些时候它摆脱了这种影响，具有了戏拟、讽刺的性质。西尔文特斯里歌颂战争和军事功绩。西尔文特斯能手是贝尔特兰·德·博尔内③。爱情诗歌他写得很少，凡他写的都带有一定的嘲讽性质。他热爱战争。西尔文特斯在十字军征伐期间曾经特别广泛流行。

民间诗歌除了《尼贝龙根之歌》外，都不知道韵脚。托尼卡④。法国的诗是同音法的⑤：每行诗有辅音面孔，日耳曼史诗则是半谐音的⑥：〈……〉选择重读元音。没有韵脚。在法国南部游吟抒情诗人的诗歌里，既没有同音，也没有半谐音作为作诗规则。按照学者们设想，民间是在通俗拉丁语中使用韵脚。文法性韵脚，这也是假设。现今它在诗歌里一般说来显得粗俗，不愉快。它最初出现在拉丁宗教颂歌里，对诗歌没有产生影响。只有法国南部游吟抒情诗好像发

---

① 帕斯图雷拉（源自普罗旺斯语 pastorelle、字面意义为"牧女"）是描写乡村生活场面，最为经常的是骑士和牧女相遇的诗歌。——原编者
② 西尔文特斯（普罗旺斯语 sirventes, sirventesca, 源自 servire, 意为"服务"）是由为封建主服务的宫廷访人创作的一种诗歌。12 至 13 世纪时，开始称为两尔文特斯的还有赞颂性的、预言性的或者具有政治、社会意义的诗歌。在中世纪文化中，西尔文特斯曾经是社会舆论的诗歌性手段。——原编者
③ 贝尔特兰·德·博尔内（约1140—约1215），著名的普罗旺斯游吟抒情诗人，其诗歌基本上用来说明社会政治问题，西尔文特斯体裁的杰出能手。他的作品素有的特点是形象的丰富和情感的幽默。他表现骑士阶层的思想意识，颂扬封建战争、战斗的欢乐、骑士的美德、国王和达官贵人的慷慨。——原编者
④ "托尼卡"（тоника，源自希腊语 tonos, 意为"重音"）是以重音数量，即完全意义的单词数量作诗行比量为基础的作诗规则；重读音节之间的作重读音节的数量是随意的。由于这种格律规则的诗以固定音节数目为格律的诗较难与散文相区别，因此它较经常地利用谐音，而为了划分诗行，则利用同音（拉丁语 ad-littera），即同一辅音，主要是在词首，和韵脚的重复。——原编者
⑤ 同音法诗是存在于 8 至 13 世纪期间的诗，以同音为基础。在日耳曼、斯堪的纳维亚和一系列其他史诗作品中，每个诗行通常有不少于两个的同一字母开始的单词。——原编者
⑥ 半谐音（法语为 assonans, 源自 assono, 意为"回应"），这里指元音重复，主要是重读元音重复。——原编者

现了韵脚。它在他们那里是以非常合乎现代水平的、精巧的形式出现的。韵脚很精细。不可超越。法国南部游吟抒情诗的韵脚要求不仅是听觉性的,而且还为了视觉(语言中的不相合适)。在法语里,现在也仍然追求这一点①。韵脚引起了诗节的产生,虽然不仅古希腊罗马时代的诗歌,而且颂歌都已经掌握它。现在诗行由一定的押韵体系确定。完整的诗节系列存在到现在。

索涅特②是世界诗歌中最优美的诗节之一,奥克塔瓦③,特尔齐纳④。有些韵脚规则已经从文学中消逝:龙多⑤,维勒莱⑥(一直存在到

---

① "韵脚为了视觉"是字形押韵原则极端的表现,按照这种规则,韵脚不仅是声音的重复(声学原则),而且也是中单词词尾书写形式的重复。试比较 B.M.日尔蒙斯基的著名著作《韵脚及其历史和理论》(1923)中的阐述:"字形原则很少以其极端形式,有如'韵脚为了视觉',出现在诗歌,……字形押韵的实例应从具有较古老的书写规则和较久远的诗歌传统的语言里找……因此在英语诗歌和法语诗歌里,可以比在俄语诗歌和德语诗歌里收集到更为清楚的和更为多种多样的实例……在法语作诗法处于主导地位的体系里,不存在声学方面准确的、书写形式以各种'哑音'(即不发音的)辅音字母结尾的配合……由于保守的诗歌传统,古老的字形规则至今在法国诗歌里仍然处于主导地位……与英文和法文相比,俄文书写法不是那样古老得对于诗人构成实质性的、明显的困难。早就规定了有如韵脚的灵活性,书写方面和发音方面一些非对应形式,直至 18 世纪中叶,它们仍然为诗歌技法所接受。"(日尔蒙斯基:《诗歌理论》,列宁格勒,1975 年,第309—314 页)——原编者

② 索涅特(普罗旺斯语 sonet,意为"短诗";意大利 sonetto,源自 sonare,意为"发音")指中世纪时有音乐伴奏的诗歌。索涅特在意大利产生于 13 世纪。当代诗歌里,这是由十四行组成的诗歌,按格式 abba-abba-ccd-ede(或 eed)押韵。——原编者

③ 奥克塔瓦(源自拉丁语 octava,意为"第八")是以严格的押韵格式 abababcc,必须以阳性和阴性词尾交替的由八行诗组成的诗节。——原编者

④ 特尔齐纳(意大利文 terzina,源自拉丁语 terza rima,意为"第三韵脚")是以"无穷无尽"的韵脚链 aba-bcb-cdc-等联系起来的、由三行诗组成的诗节。——原编者

⑤ "龙多"(法语 rondeau,意为"圆的",源自拉丁语 rond,意为"圆")是形成于中世纪的诗节组成方式的多种"固定形式"的名称:古典龙多格式是三诗节二韵脚十五行诗——aabba+abbR+aabbaR,其中 R 是重复第一诗节开始词语的不押韵的叠句。通常的格律是十行诗包括四行叠句。——原编者

⑥ 维勒莱(法语 virelai,源自古法语 vireli,意为以语言模仿为基础的"叠句""重唱")是中世纪法国诗歌的歌唱形式。"简单的维勒莱"指 ABBA+cd+cd+abba+ABBA。——原编者

17至18世纪)。新的欧洲诗节的创立。

题目二
宫廷骑士小说①

曾经创作过非常大量的小说,它们也传进俄罗斯。

小说史分为三个发展时期:

1. 12至13世纪。

2. 进入城市,成为散文是在14至15世纪。

3. 15世纪。

第一阶段

小说,这是诗歌作品②。宫廷文化不知道散文体骑士小说。诗体小说,这是不大规模的小说,类似今天包含相当强烈的史诗因素的叙事长诗。中世纪骑士小说具有系列性质。它没有创造自己的人物和事件,它采用普遍知道的情节。众所周知的人物。这里也像史诗里一样,其基础是普遍知道的,普遍可以理解的材料。小说的作者们依赖这一传统。他们可能对人物生活的某个方面进行加工。为了得到对某个人物的概念,需要阅读好几部小说,并且建立起好似自己的汇编。这也就是骑士小说的系列性质。因此,对于重要的小说编写了汇编(翻译成俄语的只有一种——《特里斯丹和绮瑟》。两部汇编其中第一部是加斯东·帕里的,第二部是贝迪埃的。原来仅仅翻译了一些片

---

① 关于骑士小说体裁,参阅巴赫金的著作《长篇小说的时间形式和时空体形式》。——原编者

② 术语"小说"(ромон)产生于12世纪,最初指使用民间罗曼语的诗体作品,以区别于拉丁语本。骑士小说产生于法国,很快流传到其他欧洲国家。它在12世纪后半期达到最高的繁荣。——原编者

段)。与系列性质相联系的是小说的国际性质:同一些人物,同一些事件。

骑士小说分为三(按其他观点,分为九个、十个系列)。占主导地位的是这样一种观点,它认为,这样的系列有三个:

1. 古希腊罗马系列。
2. 布列塔尼系列。
3. 东方(拜占庭)系列。

每个系统又分为数个亚系列和单部小说。

第一系列〈古希腊罗马〉系列

材料是古希腊罗马文学,古希腊罗马逸史,有关古希腊罗马时代的人物和事件的口头传说故事[①]。它分为三个亚系列:

1. 关于马其顿的亚历山大的故事。
2. 关于特洛伊的〈故事〉[②]。
3. 关于埃涅阿斯的〈故事〉[③]。

亚历山大的故事 第一亚系列没有重要意义。这是最弱的系列,差不多所有的小说都是佚名的。

第一〈亚系列〉。马其顿的亚历山大——中世纪最为流行的古希

[①] 古希腊罗马系列创作于 12 世纪中期,包括三种不同的作品:《马其顿的亚历山大的故事》,佚名作者的《特拜的〈故事〉》和《埃涅阿斯的〈故事〉》,此外还有贝努阿·德·森特·摩尔的《特洛伊的故事》。学者们设想,后三部小说完成于亨利二世及其妻埃莱奥诺拉·阿基坦宫廷。——原编者
[②] 特洛伊(伊利昂)是小亚细亚古城,公元前 12 世纪初希腊联军对它的围困成为荷马史诗《伊利亚特》的题材。——原编者
[③] 埃涅阿斯是古希腊罗马传说中特洛伊战争期间特洛伊主要保卫者之一,罗马、罗马人民、尤利乌斯王朝传说中的始祖。——原编者

腊罗马人物之一。这些小说非常多。在罗斯就有《亚历山大的故事》①。

　　亚历山大的历史生活事件和活动受到曲解②,甚至时间日期也被重新安排:当人们把亚历山大描写成一个骑士时,他被赋予了亚瑟王的剑③(〈亚瑟王〉生活时期晚于他九个世纪)。一般说来,利用的只是亚历山大的名字和他的传记的基本线索。那些小说首先使亚历山大

---

① 马其顿的亚历山大(前356—前323)是古代杰出的军事将领,马其顿国王。他是中世纪许多民族都喜欢的文学人物。《亚历山大》叙述亚历山大的生平、奇遇和功绩,在其中历史可信性材料同传说件的、幻想性的和神话史诗件的情节交织在一起。它们在西方和东方都获得广泛的流传。《亚历山大》的第一材料来源是伪卡利斯特涅斯的晚期希腊《亚历山大的故事》(或称《亚历山大的业绩》)。2至3世纪时,出现了一系列拉丁模仿作品。11世纪时,来自贝藏松的普罗旺斯诗人阿尔贝里克(奥贝里)创作了关于亚历山大的长篇诗歌。各种拉丁作品和这部诗歌成为法国、意大利、英国、德国、西班牙以及西部斯拉夫人大量小说的材料来源。按照时间,这种小说的第一个富有特色的典型是两万行、标题为《亚历山大的故事》(Le roman d'Alexandre)(12世纪最后四分之一时期)的规模宏大的长篇史诗,其作者是兰贝尔·勒托尔和亚历山大·德·贝尔内。故事用十二音节格律写成,这种格律后来称为"亚历山大格律"。有关马其顿的亚历山大传说在中世纪西方的命运,可参阅M.E.格拉巴里-帕谢克的《西欧文学中的古希腊罗马题材和形式》,莫斯科,1966年,第172—182,213—228页;E.A.科斯秋欣的《文学和民间口头创作传统里的马其顿的亚历山大》,莫斯科,1927年。在罗斯,《亚历山大》存在过多种不同版本,可参阅B.M.伊斯特林的《俄罗斯编年史家笔下的亚历山大:研究和文本》,莫斯科,1893年;《亚历山大:根据15世纪俄罗斯抄本马其顿的亚历山大传说》,莫斯科,列宁格勒,1965年;《亚历山大》,《文选:古代罗斯文学作品集》,莫斯科,1969年,第236—279页;《亚历山大》,《古代罗斯文学文献:17世纪后半期》,莫斯科,1982年,第22—173页。还有一些东方文学优秀作品也是叙述亚历山大的,参阅E.Э.别尔捷利斯的《关于亚历山大及其在东方的主要异说》,莫斯科,列宁格勒,1948年。——原编者

② 在宫廷文学中,通常亚历山大与自己的现实原型的共同之处很少。他被描写成好像一个极其讲究的中世纪骑士。——原编者

③ 亚瑟王(5至6世纪)是传说中的凯尔特-不列颠人的国王,是他们反对盎格鲁-撒克逊人进犯不列颠的国王,是他们反对盎格鲁-撒克逊人进犯不列颠斗争的领导人之一。在中世纪文学中,他的形象是骑士阶层理想的体现。关于亚瑟王的传说远远超出了现实人物活动的界限。"他被赋予亚瑟王的剑"——记录或演讲者不准确。在《亚历山大的故事》里,赋予他的不是剑,而是亚瑟王的帽子。试比较《法国文学史》教科书的叙述:"当他成为骑士的时刻到来的时候,所罗门王赠给他盾牌,亚马逊女王彭特西勒亚赠给他剑;他的头盔就是亚瑟王戴过的那顶头盔。"(见《亚历山大的故事》,莫斯科,列宁格勒,1949年,第99页)——原编者

及其生平封建化。他是理想的骑士。

通常这些小说分为三部分(有时四部分)。第一部分是亚历山大的出生,儿童和青年时期的事件。第二部分是爱情和远征(几乎总是在第二部分——远征印度,各种印度奇闻)。第三部分是死亡。

他〈亚历山大〉是天神和凡间妇女的儿子,他一出生,便表现出骑士式讲究:拒绝奶妈喂奶,只从王妃的黄金匙勺吃东西。宫廷风格使他的外表封建化。民间传说:眼睛非常大,但不一样,令人想起珍贵的宝石。描写他具有非同寻常的力气、能力,从儿时起便建立了功勋(制伏布泽法尔①。在大部分小说里,这是大象和骆驼的混种)。这些细节里有许多幻想性的东西。

马其顿的亚历山大的爱情,没有它他便不可能像骑士那样存在(无论是在普卢塔克那里,还是在其他史料里,没有任何这方面的材料)。

通常小说的这一部分称为"印度奇闻"。亚历山大自己退居到次要地位。这些奇闻带有中世纪观点。司铎约翰在印度(巴基斯坦)建立了纯基督教国家。这一传说流传得非常广。那里有冥府入口,也有通往天堂的梯子。〈亚历山大〉曾经在一处树林里,那里也藏着鬼。在那里,在地深处有通向地狱的洞。在一些小说里,亚历山大去到地狱。在相邻的树林里是天使,那里有通天堂的入口。他作为异教徒;没有去过那里。他遇到过各种怪物:没有头,脸长在胸部,一只脚,长而且灵活;一百只手的人,长着许多脚,两个头——有时并排,有时看着相反的方向。这是解剖学式的幻想化,在人类发展的一定阶段可以看到这种倾向。〈它〉最为鲜明地表现在"印度奇闻"里。各种各样的基迈拉②——具有人、动物、植物的特点的生物(有时是双重成分的怪物)。中世纪幻想促进了这些怪物形象的形成。形成了特有的"怪物"风格。

---

① 布泽法尔见于亚历山大的小说中,亚历山大的坐骑。——原编者
② 基迈拉(Chimaera)本是希腊罗马神话中一种长有狮子的头和颈、山羊的身躯、巨蟒的尾巴的怪物,后来泛指各种奇形怪状的怪物。——译者

图书页面进行装潢,12至14世纪时就是做成基迈拉式的"怪物"风格。就是这样的装潢,卷首横眉装饰。书末图案装饰。我们在教堂里也可以见到这种风格。中世纪雕像(特别是木质的,也包括石料的)就有基迈拉①。所有这一切都是《亚历山大的故事》中"印度奇闻"影响的结果。在巴黎圣母院有极其精美的基迈拉群雕②。它们的某种特有的艺术力量令人惊异。

在大部分作品里,第三部分保持的主要不是封建化的,而是基督教化的风格。基督教禁欲主义。〈亚历山大〉感到,尽管他是世界统治者,但〈死后〉什么也不可能带走。这一切是为了什么?马其顿的亚历山大同昔尼克派哲学家第欧根尼的著名会见③。〈第欧根尼〉宣传摆脱所有多余的欲望,只有那些自然本身提供和满足的除外。好像马其顿的亚历山大和第欧根尼交谈:世界统治者和缸的主人。亚历山大惊

---

① 司祭约翰(Preslyter Johannes)是中世纪传说中理想的统治者,基督教皇帝,最高主教,统治传说中的亚洲国家。传说的原形是现实的历史人物,在12世纪初的编年史里可以见到对他的回忆。试比较巴赫金论述拉伯雷时的文字:"在有关约翰牧师及其王国(它被限定在印度)的传说中,同样也讲到通向地狱和人间天堂的各条道路。"关于"这是解剖学式的幻想化,……最为鲜明地表现在《印度奇闻》里",参阅巴赫金论述拉伯雷时的文字:"印度奇闻还渗透进以亚历山大诗体写作的长诗 Le ronans d'Alexandre。有关印度奇闻的传说就是这样形成和传播开来的。这一传说还确定了中世纪造型艺术中众多作品的主题。……对我们最有特殊重要意义的,是对未曾见过的人形生物的描写。这类生物带有纯粹的怪诞性质。……还有具有各种畸形特征的人:只有一条腿的斯奇奥波德、没有头而脸在胸部的列乌曼;有脑门上长着一只眼睛的人,有眼睛长在肩膀上、长在背上的人,有六只手的人,……所有这一切,都是中世纪的人们所喜爱的、不羁的、怪诞的、解剖学的杜撰。"关于"各种各样的基迈拉……中世纪雕像……就有基迈拉",试比较巴赫金论述拉伯雷时的文字:"不仅在书籍小型艺术作品中,而且在中世纪教堂的壁画中……在宗教题材的雕塑作品中,我们都能看到虔敬——严肃的和严厉的形象……怪兽的作用(怪诞风格的这种精髓)尤为典型,它真正是无孔不入。"——原编者
② 巴黎圣母大教堂(Notre-Dame de Paris)是巴黎早期法国哥特式建筑纪念碑,建在西特岛上。建设工程开始于1163年,完全建成于1257年。正面的雕像完成于约1165至1225年。关于"印度奇闻""怪诞风格"和基迈拉,参见巴赫金论述拉伯雷创作的有关部分。——原编者
③ 第欧根尼(锡诺普人)(约前400—约前325),古希腊昔尼克派哲学家,实践极端的禁欲主义,达到怪癖的癫狂状态。他称自己是世界公民,据传说生活在一口缸里。——原编者

叹他〈即第欧根尼〉的智慧,保证为他做一切事情,但是后者请求他离开,不要挡住太阳。亚历山大说道:"我若不是马其顿的亚历山大,我便是第欧根尼。"我们无法知道小说的作者。

特洛伊的故事　在各种关于亚历山大的小说里,有非常多的主题与基本题材没有联系。《特洛伊故事》〈……〉——其材料来源不是《伊利亚特》,当时人们只是听说和根据拉丁语译本的一些很不好的零星抄页知道它。它是根据较晚时期的拉丁语译本为人知晓的。小说的情节很简单,主角不是阿喀琉斯,而是赫克托尔[①]等。主角是特罗伊洛斯,特洛伊国王。女主角是克瑞西斯(这是布律塞伊斯或克律塞伊斯在荷马那里,那是特洛伊女子,而在这里,她是希腊女子。

特罗伊洛斯是杰出的骑士。一次,人们把从希腊掳得的战俘送来特洛伊,其中包括克瑞西斯,年轻的寡妇,丈夫刚刚死去。描写骑士爱情的各个阶段。第一阶段:克瑞西斯哀悼丈夫,不想理睬任何人。第二阶段:克瑞西斯,轻浮的女人,贵夫人,善于"玩心计"。特罗伊洛斯,一个非常懦弱,不善于说话的人。他为了第二阶段的爱情,选择了朋友潘达罗斯,一个非常善于言辞和富有智慧之人。他〈即潘达罗斯〉说,可以用引起同情征服女人,然后便到来爱情。一段时间里,他们〈即特罗伊洛斯和克瑞西斯〉很幸福。但是希腊人以狄奥墨得斯(他与荷马史诗中的狄奥墨得斯不一样,非常精明、文雅)为首,为交换俘虏事来到那里。狄奥墨得斯极力讨好克瑞西斯,克瑞西斯爱上了他,他把克瑞西斯交换了。特罗伊洛斯很痛苦,由于爱情而死去。

优秀的故事属于贝努瓦·德·圣莫尔[②]。这是《特洛伊故事》最优秀的版本。古典骑士小说既没有幽默,也没有嘲讽。在贝努瓦这里

[①] 赫克托尔(Hector)是希腊神话传说中主要的特洛伊英雄之一,特洛伊国王普里阿摩斯和赫卡柏的长子,死于与阿喀琉斯的决斗。——原编者

[②] 贝努瓦·德·圣莫尔(12世纪),英国国王亨利二世的宫廷诗人。《特洛伊故事》由他用民间拉丁语写于1160年之后不久。——原编者

有幽默。他好像对特罗伊洛斯的非男子性的信心和懦弱稍许开点玩笑，对他有如对一个不成功的恋爱者进行点嘲笑。这也与同情，与悲剧相结合。所有这些特点和手法在克瑞西斯形象中显得更为尖锐，得到强调。克瑞西斯玩儿心计不成功，她自己却迷恋上了。这是轻浮女子的讽刺形象。

14世纪的乔叟，《坎特伯雷故事集》。用英语写作的新英语文学奠基人。用三种语言写作①。著名的英国幽默，这是他的第一个典范。特罗伊洛斯和克瑞西斯的幽默、忧郁、感伤的、讽刺的爱情故事见于同名诗篇。

莎士比亚也在同名剧本里发现了这一题材②。莎士比亚基本上利用乔叟的诗歌时，也利用了贝努瓦的小说和《伊利亚特》。

埃涅阿斯的故事③ 其基础是维吉尔的《埃涅阿斯纪》④。甚至在对古典文化进行迫害的时期，维吉尔由于第四首牧歌而躲过了这一命

---

① 乔叟(1340—1400)，英国中世纪最伟大的作家。他的创作高峰是《坎特伯雷故事集》[1478年(？)出版]。长诗《特罗伊洛斯和克瑞西斯》(1380年或约1385年)也是他的优秀作品。这部好歌以薄伽丘的作品《推洛特拉托》为基础，诗中描述贝努瓦·德·圣莫尔的爱情经历，第一次叙述了特罗伊洛斯和克瑞西斯(在贝努瓦那里是布里塞伊斯)。乔叟非常出色地掌握了法语、英语和通俗拉丁语(除此而外，还知道意大利语)。但是他只用英语写作艺术作品。——原编者

② 莎士比亚的作品《特罗伊洛斯和克瑞西斯》写于1602年，第1版内封称为历史剧，前言中谈到时有如喜剧。第一部莎士比亚作品集的编者把它归入悲剧。莎士比亚研究有一种设想，认为莎士比亚把这部剧本构思为戏拟。著名的莎士比亚学家C.C.莫罗佐夫对这一观点提出异议。不过他也指出，只是把这部剧本作为戏拟性作品演出时，它在舞台上才获得成功。(C.C.莫罗佐夫：《莎士比亚戏剧》，莫斯科，1984年，第61页)——原编者

③ 《埃涅阿斯的故事》(Le roman d'Eneas)系无名诗人的作品(约1160年)，是对维吉尔的《埃涅阿斯纪》加工而成。故事描写了《埃涅阿斯纪》中的两个爱情故事：狄多和埃涅阿斯的爱情(根据维吉尔的史诗进行的再创作)，埃涅阿斯和拉维尼娅的爱情(故事作者想象的结果)。在维吉尔那里，埃涅阿斯和拉维尼娅之间没有爱情，他们的婚姻建筑在盘算的基础上，这是纯粹的政治联盟。在中世纪作者那里，人物处于宫廷意义的爱情的权力之下。——原编者

④ 《埃涅阿斯纪》是维吉尔的史诗(参阅第一章注释有关部分)，作为《伊利亚特》和《奥德赛》的对照物而创作。叙述埃涅阿斯的漂泊和功绩。——原编者

运,人们认为诗中提到的是基督:预言他的降临。维吉尔受到基督徒们的敬重①。

埃涅阿斯和图尔努斯之间为了拉维尼娅,为了得到她的允婚而进行的斗争。在维吉尔那里,这只是一段故事,而且还不是重要的。在骑士小说里,这是生活在封建制环境中理想的骑士。故事是最差的,被《埃涅阿斯纪》本身掩盖了。

布列塔尼系列②

1. 关于特里斯丹和绮瑟的传奇故事。
2. 关于亚瑟王和"圆桌"骑士的传奇故事。
3. 关于圣格拉阿尔的传奇故事。

基础是按起源属凯尔特幻想传说故事。布列塔尼居民是凯尔特人,因此那里甚至在现今仍然存在凯尔特传说故事。那里至今仍可以感觉到在欧洲最强烈的古代凯尔特精神。布列塔尼传说成为这一系列,更为准确地可以称其为凯尔特系列的基础。

传说中包含非常多的神话—幻想性因素。除了亚历山大亚系列外,古希腊罗马系列的故事几乎不知道幻想。那里一切都是魔法;事件的综合是神话—幻想性的。凯尔特的神话因素变得粗糙了。除了第一个亚系列外,该系列达到极端。

---

① 中世纪的图书专家把维吉尔的第四首牧歌解释为是对处女玛利亚生耶稣基督的预言。但丁在《神曲》里称维吉尔为"父亲""老师""领袖"。——原编者
② 布列塔尼系列,此名称本身证明了存在凯尔特主题和凯尔特材料来源。修饰语"布列塔尼的"指法国由凯尔特-布列塔尼人居住的布列塔尼和大不列颠及其素来的凯尔特居民——威尔士人、苏格兰人、爱尔兰人。作为布列塔尼系列故事(特里斯丹和绮瑟除外)的基础的是关于亚瑟王和他的光辉的骑士们的凯尔特传说。这些无法胜计的传说故事由凯尔特历史学家卡尔弗里德·蒙摩加工成拉丁语散文体编年史《不列颠诸王史》(《不列颠人历史》,约1136年)。英国-诺曼抒情诗人瓦斯对它用法文进行了诗体转述(《布鲁特传奇》,1155年)。在这些作品里,亚瑟王宫廷表现为有如宫廷世界的中心。——原编者

一般说来，这些传奇故事都很有抒情性。抒情同这种神话式幻想结合在一起。

也有一些传奇故事是高度时间性的。这是它们的突出特点。因此在这些传奇故事中，有一些作品是不会死亡的。

特里斯丹和绮瑟传奇

这是最重要的亚系列。它们流传得非常广。传下来很大数量的传奇作品。其中一些是较古老的，一些是新的。存在加斯东·帕里[1]和贝迪埃[2]。德国传奇——由戈特夫里德·封·斯特拉斯堡编撰[3]。法国传奇则是克雷蒂安·德·特罗阿创作[4]。盎格鲁-诺曼底传

---

[1] 加斯东·帕里，参阅第二章《题目三》注释有关部分。——原编者

[2] 贝迪埃，参阅第二章《题目三》注释。指传奇《特里斯丹和绮瑟》的汇编，贝迪埃于1900年出版，曾经不止一次地被翻译成俄文（参阅第二部分《阅读书目》）。贝迪埃基本上是凭借贝鲁尔，创作了自己的传奇。贝迪埃还是托姆传奇片段的注释版的作者（参阅 Bedir J. *Le Roman de Tristan par Thomas*，第1、2卷，巴黎，1902—1905年）。——原编者

[3] 戈特夫里德·封·斯特拉斯堡（12世纪末至约1220）是德国诗人，诗体小说《特里斯丹》〔有时称为《特里斯丹和绮瑟》〕（*Tristan und Isolde*，1207—1210）的作者，根据托马斯·布列塔尼的仅传下一些片段的小说的情节创作。作品未能完成：戈特夫里德写了19552行诗，在主人公与第二个绮瑟相识处中断。现存多种抄本。作者死后，小说由乌里希·封·蒂尔海姆和亨利希·封·弗赖贝格续写。俄文译本第一次出版于1953年。——原编者

[4] 克雷蒂安·德·特罗阿（约1130—约1191）是中世纪伟大的法国诗人，当时最令读者感兴趣的小说家。传下他的五部诗体小说：《艾莱克与艾尼德》（约1170）、《克里赛》（约1176）、《伊万，或带狮子的骑士》（后两部作品写于1176至1181年间），《伯斯华，或圣杯的故事》（1181至1191年间）和最后一部小说《朗斯洛，或坐刑车的骑士》作者未写完，后者由他的学生之一戈德弗鲁瓦·德·拉内写完。《伯斯华，或圣杯的故事》（9234行）成为由一些诗人创作的不同类型的模仿作品的基础。这部小说也成为沃尔夫拉姆·封·埃申巴赫的《帕尔齐法尔》的材料来源。由克雷蒂安在《克里赛》开始时的诗行里列数的他的早期作品得知，他还写过《国王马可和淡黄发的绮瑟的故事》，不过这部作品未能传下来。——原编者

奇——托马斯和贝鲁尔①。在英国,文学语言是法语。托马斯和贝鲁尔是在古代传统最强烈的地方创作的。他们作为诗人,相当粗浅。不过对于研究来说,他们具有最重要的意义,加斯东·帕里不明白这一点(在他那里,把克雷蒂安·德·特罗阿作为研究的基础,在贝迪埃那里恰恰是他们)。

对它们的研究是根据贝迪埃的汇编进行的。

由芬恩系列传下来的凯尔特传说是《迪阿迈德和格拉尼》。迪阿迈德是芬恩的侄子,格拉尼是芬恩的妻子。他们彼此相爱。悲剧:芬恩杀死了他们。这是凯尔特传奇的核心②。

特里斯丹是一个著名骑士的儿子,该骑士早就去世。特里斯丹获得非常好的骑士教育。学会了进行轻松愉快的交谈。他在交际中善于使自己成为令人感兴趣的,有吸引力的人。他出发去找自己的叔父——国王马可,一个鳏居、无后的老人。侄子使国王大吃一惊,他让侄子成为自己的第一附庸,后来又让他成为王位继承人。特里斯丹是一个不可战胜的骑士。在这里有传说成分:特里斯丹同巨人搏斗,同巨蟒搏斗,他战胜了巨蟒,但是巨蟒让他受了致命伤,因为巨癣的血和唾液是有毒性的。谁也不可能治愈特里斯丹。Imrama③。特里斯丹决定让神明决定自己的命运。人们把他放进小舟,他消失了。波浪长久

---

① 托马斯(12世纪后半期)是盎格鲁-诺曼底抒情诗人。贝鲁尔(12世纪后半期)是诺曼底抒情诗人。他们关于特里斯丹的传奇创作互相没有依赖关系。学者们把托马斯的作品归于12世纪70至80年代,把贝鲁尔的作品归于同一世纪90年代。根据其他材料,贝鲁尔的作品早于托马斯的传奇(参阅E.M.梅利京斯基的《中世纪传奇:产生及其古典形式》,莫斯科,1983年,第28、90页)。贝鲁尔的传奇保存于13世纪后半期的唯一一部抄本。只发现了三十二对开页,没有开头和结尾。托马斯的规模宏大的传奇(不少于一万七千页)包含在五部抄本里。人们根据多种加工本得以完全知道它,其中包括戈特夫里德·斯特拉斯堡的诗歌。——原编者
② 关于这一点可参阅A.A.斯米尔诺夫的文章《特里斯丹和绮瑟——根据凯尔特材料》(斯米尔诺夫:《西欧文学史论集》,莫斯科,1965年,第49—64页)。——原编者
③ 参阅第二章《题目一》中相关注释。在传奇的这一段情节里可以清楚地看出它的凯尔特材料来源。——原编者

地负载着他，最后把他送到一座岛屿的岸边，显然那座岛屿是冰岛。人们发现了他，把他交给了王后（按照另一种说法，王后自己发现了他，当时王后正同女儿沿海岸散步）。王后是一个能力强大的魔女，能治愈任何人的病。她医治他〈即特里斯丹〉，她的金发女儿绮瑟帮助她。后者也是魔女，母亲教会了她自己的技艺。〈特里斯丹〉被治愈后，航海去找自己的国王，他对国王受附庸誓言的制约。特里斯丹与绮瑟的第一次会见就是这样，他仅仅注意到绮瑟的金黄色头发。

在国王宫廷，特里斯丹有许多敌人。这是些嫉妒者（他们总是多于朋友）。除国王马可外，他没有一个朋友。开始了反对特里斯丹的阴谋。人们要求国王结婚，留下继承人。国王已过中年，进入老境，而且他也不希望有另一个继承人，因为特里斯丹非常杰出。他拒绝了所有推荐的未婚妻，这样拖延事情。一次，有只鸽子从国王马可的上方飞过，嘴里叼着一根金色的头发①，把它抛了下来。这是一根非同一般地纤细，非同一般地卷曲的头发。国王抓住这一机会，宣称他将与长有这样的头发的姑娘结婚。他利用这一点，是为了摆脱逼迫他的那些宫内廷臣。当时特里斯丹也在场，并且认出了绮瑟的头发。特里斯丹是一个对国王无可指摘地忠心的人。这时出乎国王的意料，特里斯丹愿意承担使命，让国王得到那个姑娘。这是"无可指摘"的违背自己利益的忠心。特里斯丹率领使团出发去求亲。起初一切都很顺利，但是后来发现，被特里斯丹杀死的那个巨人是绮瑟的叔父。不过一切都得以解决，女王同意把女儿嫁给受尊敬的国王〈马可〉。典型的宗教婚姻。事情没有爱情问题地决定了。

特里斯丹把她〈即绮瑟〉安置到船上，好把她送交封建宗主。临行

---

① 根据大部分说法，其中包括贝迪埃的汇编，以及根据戈特夫里德·斯特拉斯堡的小说（第 8605—8632 行），绮瑟的金色头发是两只在宫廷上方飞过的燕子丢失的。这一情节使得 A.A.斯米尔诺夫提出关于特里斯丹和绮瑟的传奇与凯尔特传说之间的另一个可比较的现象：用红色金链子连着的飞鸟是来自"极乐园"的使者，诱使凡人去那里，有些说法称是一只燕子。——原编者

前,女王交给女儿一只装着饮料的容器,那饮料能产生比死亡更有力量的爱情。她给女儿是为了让〈绮瑟〉同国王马可一起喝。第一次出现魔力饮料状态的爱情。绮瑟把饮料交给了自己的女侍。旅途中,特里斯丹和绮瑟都感到口渴。女侍弄乱了,拿来了装有魔力饮料的容器。不可征服的爱情力量使他们互相吸引,但它在特里斯丹的心里与封建忠心相遇。特里斯丹不容许有与绮瑟接近的想法。他作为封建主,不能爱她。他用意志的力量抑制这种感情,把她送交宗主。但是情感太强烈。心灵里出现新的斗争:比死亡更有力量的爱情与忠心之间的矛盾。崇拜爱情与封建忠心之间的斗争。绮瑟没有封建义务,她是女人,也就是说处于无权地位,她没有任何事情。马可不需要妻子,也不需要爱情。绮瑟没有爱情阻力。从封建观点看,婚姻是件小事情。她屈服于自己的感情,希望服从对特里斯丹的爱。绮瑟做了一切,使爱情巩固。特里斯丹的斗争以爱情胜利结束。秘密接近。在不同的版本里,关于他们的秘密接近有不同的叙述。国王马可对一切装作视而不见。但特里斯丹的敌人们猜到了,并且极力想当场捉住他〈特里斯丹〉。特里斯丹时刻感觉到监视。绮瑟表现出了机敏和技巧。〈……〉

戈特夫里德·斯特拉斯堡采用的差不多是讽刺风格[1]。廷臣们碰上了这对情人。国王不得不把特里斯丹赶走,但他们继续见面。敌对的封建主要求绮瑟神圣地发誓。在教堂里以铁作"神廷"。她想出了一个非常机智的办法。去大教堂的道路经过一条小河,需要涉水过去。旁边是树林。特里斯丹将穿着朝圣者的衣服在河边等待他们的队列。他们到来了。绮瑟恐惧起来,不敢过河,朝圣者把她送过了河。〈她的〉誓言是真实的:〈她〉除了国王和朝圣者外,没有受过其他人的拥抱。

---

[1] 文艺学家 А.Д.米哈伊洛夫还指出,戈特夫里德在关于特里斯丹的传说中对许多东西都持"不加隐瞒的讽刺态度"。(А.Д.米哈伊洛夫:《特里斯丹和绮瑟传说史》,莫斯科,1976年,第682页)关于这一点,还可参阅孔策尔的《戈特夫里德·冯·斯特拉斯堡的特里斯丹:一种讽喻视野》,伯克利,1973年。——原编者

情况变得越来越糟。最后他们逃跑了(在有些版本里是被流放了)。他们居住在茂密的树林里。物质条件非常差。但是不管如何，这是田园诗①。这是他们的爱情最幸福的时期。人们认为这篇田园诗是古希腊罗马文学之后第一篇田园诗。人们寻找他们，强迫他们回来。特里斯丹明白了，他不可能再继续留在〈那里〉。他应该航行去遥远的国度，努力把绮瑟忘掉。

他在新国王那里恢复了原先的地位。但是没有欢乐。他因爱情而憔悴。他在这个国家里遇见了白臂绮瑟。他感觉到，若是他与白臂绮瑟结婚，那么她会在他心里替代金色卷发的绮瑟。她〈即白臂绮瑟〉爱他，但他对她冷淡如冰。她忌恨身居遥远的绮瑟。在一些版本里，这一主题得到非常深刻的加工。特里斯丹在失去力量。爱情成为沉重的疾病。他拿武器已经感到非常困难。最后他躺下，等待死亡临近。这时白臂绮瑟忘记了嫉妒，决定召请金色卷发的绮瑟。使团出发去见绮瑟，请求她前来医治他。但特里斯丹不相信绮瑟还爱他，记得他。他同船员们约定，若是绮瑟前来，就挂白帆；若是不来，就挂黑帆。特里斯丹躺着，不断地请求绮瑟〈即妻子〉注意观看，有没有船帆出现。她第三次发现地平线上出现船帆。当她告诉他发现船帆时，他精神振奋。白臂绮瑟嫉妒暴发，说〈船帆〉是黑色的。就在这时，绮瑟正下船登岸。特里斯丹已经死去。绮瑟的心

---

① 田园诗(源自古希腊语 eidyllion，指短小的形式，不大的诗歌作品；源自缩小词 eidos，意为"外形""形象")是一种诗歌作品，牧歌(古希腊语 bukolika，源自 bukolikos，意为"牧人的")的基本文学形式之希腊化时期和罗马时期(公元前 3 至公元 5 世纪)的古希腊罗马诗歌体裁，叙述性的或对话式的篇幅不长的诗歌作品，描写牧人的(常常是受到抒情性虚构塑造的)和平生活，他们简朴的日常生活，温柔的爱情和笛歌。在当代欧洲文学中，田园诗作为抒情诗和史诗的体裁形式，指规模不大的诗歌作品，描写在永远美好的大自然怀抱中的道德高尚的生活。托马斯和戈特夫里德·斯特拉斯堡把特里斯丹和绮瑟在莫鲁阿林中的生活描写得有如一首田园诗。贝鲁尔对这一情节的描写距离田园诗式阐释相当远，关于这一点，参阅 E. M. 梅列金斯基的著作。关于田园诗体裁，参阅巴赫金的《长篇小说的时间形式和时空体形式》第九章《小说中的田园诗时空体》。——原编者

碎了。她在他的胸前死去。人们把他们分葬,但是坟上生长的忍冬互相枝条缠绕。人们把它们砍了,但第二天早晨又见它们重新缠绕在一起。一条小溪把两个墓丘连接起来。籁歌中的忍冬主题《忍冬丛》①。

这一主题成为家庭墓碑的主题。在佩尔-拉歇兹公墓——阿贝拉尔和爱洛伊丝墓:忍冬丛形巨型纪念碑,著名的拱雕塑。这是一个小小的,与特里斯丹相对应的现实故事。阿贝拉尔是一个具有巨大才智的人,非常坚强,按自己的观点属进步的欧洲哲学家。居住在巴黎神父的处所,给神父的女儿爱洛伊丝上课②。阿贝拉尔爱上了她,但他是教士,索邦教授③。不可允许的爱情④。人们知道了这一爱情。爱洛伊丝的叔父唆使人们在阿贝拉尔返回来的时候,把他阉割了,他差一

---

① 籁歌(Lais)是中世纪法国文学中爱情性的,并且经常是幻想内容的诗体短篇故事体裁。巴赫金在这里指中世纪西欧诗歌中马利亚·法兰西的最为流行的籁歌之一 *Chèvrefeuille*(《忍冬丛》或《忍冬》),诗中叙述特里斯丹和绮瑟故事中的一个片段。特里斯丹被国王马可赶走后,以忍冬喻自己,以榛树喻绮瑟,忍冬只要一绕上榛树根部,便不可能同榛树分开。马利亚·德·法兰西(Marie de France)是盎格鲁-诺曼底女诗人,生活在亨利二世统治时期(12 世纪后半期),为一系列以民间口头创作形象为基础的籁歌的作者。诗体故事《忍冬丛》(约 1167)由两部抄本传下来(参阅斯米尔诺夫的《马利亚·德·法兰西的籁歌和佚名籁歌》,《西欧文学史论集》,莫斯科,1965 年,第 88—114 页)。——原编者
② 后面的记录为"爱洛伊丝的叔父"这里谈的是关于神父菲尔贝。演讲者的"修正意见"大概不是偶然的:人们正式认为菲尔贝是爱洛伊丝的叔父,但是周围的人们都怀疑,实际上她是他的不合法的女儿。——原编者
③ 这里对冲突的叙述不准确(可能是有意简略地叙述)。阿贝拉尔遇见爱洛伊丝时,他还不是教士(虽然他已是圣职人员,业已获得了神父称号)。索邦(Sorbonne) 1257 至 1554 年间是巴黎拉丁街区的神学院、大学生和教师的集体宿舍所在地,以其奠基者、国王路易九世(1214—1270)的忏悔神父 R.德·索邦的名字命名,1554 至 1792 年间是巴黎大学的神学系。从 17 世纪起,它成为巴黎大学流行的第二名称。阿贝拉尔在圣热纳维也瓦山公共城市学校授课时,索邦本身在那地方还不存在。但是正是在那里,后来产生了拉丁街区。——原编者
④ 结婚对于教士是可以的,但是对于已婚者来说,晋升高级宗教职务是不可以的。除此而外,结婚会使阿贝拉尔作为神学家的威信受到打击。因此,阿贝拉尔和爱洛伊丝只得秘密结婚。——原编者

点死去。他被送往普罗旺斯的圣克拉拉修道院①。〈她〉开始了女修士的生活，以修道院院长的身份谢世。两位修道院院长继续相爱，以教会拉丁语继续通信。这是世界上独一无二的通信。他们互相交换看法，劝告。片段、称引这里包含那么多爱情和热恋。……它们〈即那些信件〉是世界文学杰出的文献。它们现在被发现了，公布了，翻译了②。后来，已经是传说。好像人们把两座坟墓结合起来，移到巴黎的佩尔-拉歇兹公墓。他们的坟墓当然确实消失了③。

学术研究在《特里斯丹和绮瑟》传奇里揭示了非常古老的凯尔特层。凯尔特人关于狄阿迈德和格拉尼的诗歌是第一层。但是类似的传说我们在所有民族那里都可以找到：古代巴比伦，埃及，莫尔多瓦民间口头创作。〈在这里〉，并不总是依赖性。这是发展阶段，这一阶段

---

① 阿贝拉尔在极度失望之中接受了出家过教士生活，去到圣德尼。爱洛伊丝遵循他的做法，去到阿尔让泰伊尔，后来，阿贝拉尔被监禁于圣梅达尔修道院，从那里逃到桑巴尼，伯爵据博的领地。在荒漠中，他在诺让建立了祈祷堂，被他命名为恩保堂（paracletus）。在布列塔尼的圣吉尔达斯·德·鲁日修道院的神父们选举他为院长后，他把恩保堂的建筑和土地赠给了爱洛伊丝。阿贝拉尔卒于沙隆-苏尔-松附近的圣马塞泽尔修道院(参阅索洛维耶夫的《阿贝拉尔》，《百科词典》第1卷，布罗克豪斯和埃夫隆出版社，莫斯科，1905年，第23、24页）。——原编者

② 爱洛伊丝和阿贝拉尔的通信曾经不止一次地被翻评成俄文发表。参阅阿贝拉尔的《我的不幸故事》附录，圣彼得堡，1902年。有三封信被收入阿贝拉尔的《我的不幸故事》，莫斯科，1959年，第63—88页。——原编者

③ Вл.С.索洛维耶夫、Г.П.费多托夫不怀疑关于阿贝拉尔和爱洛伊丝坟墓故事的真实性："爱洛伊丝把他葬在恩保堂。她自己去世于1164年。两个人的遗物于1800年……被送到巴黎博物馆，后来又由那里转送到圣热尔蒙-德-普雷教堂，于1817年埋入了佩尔-拉歇兹公墓（Pere-Lachaise）"（见 Вл.索洛维耶夫的《阿页拉尔》，《百科词典》第1卷，布罗克豪斯和埃夫隆出版社，莫斯科，1905年，第24页）；"他们的遗体被秘密地运到恩保堂埋葬，爱洛伊丝与阿贝拉尔葬于同一座坟墓……他们的遗物现在存放在巴黎，在佩尔-拉歇兹公墓"（见 Г.П.费多托夫的《阿贝拉尔》，彼得堡，1924年，第113页）。传说是另一个样子。参阅 А.Н.维谢洛夫斯基的《关于阿贝拉尔和爱洛伊丝的传说》："当人们把爱洛伊丝的遗体放向先于她去世的阿贝拉尔的遗体时，他的骨骸把她拥进了自己的怀抱，他与她永远结合在一起。"（见《著作集》第1卷，圣彼得堡，1913年，第139，140页）Г.П.费多托夫："拉丁编年史关于她的安葬的叙述有如传说故事：'她去世后，把她送往坟墓，先于不几天去世的她的丈夫伸出双手接受她，把她拥进自己的怀抱。'"（见 Г.П.费多托夫的《阿贝拉尔》，第113页）——原编者

所有的文化都经历过产生爱情阶段。这些传说受到很好的研究。20年代文集:《特里斯丹和绮瑟》,马尔主编①。马尔是杰出的学者,高加索语言专家。人们批评他的哲学观点、学说。没有与他相当的高加索语言行家。他是古代语言学的创始人。研究过语言古代发展阶段。根据古代传说,对晚期骑士文化进行分层。文集中包含非常深刻的分析。

魔力饮料主题。我们觉得它〈即主题〉似乎降低了爱情的价值。这种传说产生于个性爱情尚是某种新鲜的、从未见过的时期。人的爱情的不可替代性。这种爱情产生得晚些。当它出现时,它令人觉得似乎是一种神秘的东西,某种无法解释的东西。这些形象(水、痣)②是新东西的表现。爱情,这是不可理解的力量,它导致幸福,不过更经常的是导致悲剧。这里至今仍然是一个无法解释的、无法论证的主题。歌德写过一篇非常有趣的小说《亲和力》③,在小说中试图科学地论证〈……〉。托马斯·曼写过短篇小说《特里斯丹》④。瓦格纳写过音乐剧《特里斯丹和绮瑟》。歌舞部分则是《绮瑟之死》。

亚瑟王和"圆桌"骑士系列

这里没有哪部单独的传奇能够如此明显地超出如此众多的传奇之上。在这里特别明显地表现的是幻想性因素。整个世界——魔力性的,妖魅性的。传奇分解为惊险故事它们明显地有别于严格的,可以说是现实主义的《特里斯丹和绮瑟》。

传说把亚瑟王描写成不列颠人的最后一位国王。年代记把他的

---

① 参阅第二章《题目一》有关注释。——原编者
② 这里指爱情饮料(参阅前述),爱情痣(参阅第二章《题目一》有关注释)。——原编者
③ 参阅第二章《题目一》有关注释。——原编者
④ 托马斯·曼(1875—1955),德国作家。短篇小说《特里斯丹》(1903)表现着瓦格纳的《特里斯丹和绮瑟》音乐戏剧的许多主题。——原编者

统治归于刻 5 世纪，但是却把他说成是更为古代的事件的同时代人。许多传说都与这一传说联系了起来。理想的封建国王的综合性形象。他有个妻子叫吉纳维拉王后①，这位王后是理想的女人—封建宗主。她善于玩弄心计。爱情崇拜、骑士阶层的典型。这是封建骑士和宫廷文化的理想王朝。他〈即国王亚瑟〉有一群理想的骑士，彼此平等，在他们经常举行的宴饮时围着"圆桌"而坐。（这样产生了现在外交上的"圆桌"。在这里，还有另一层意思。圆是无限的标志。）这些骑士共十二个②。其中最为杰出的是国王的侄子高文。他的突出特点是他总是让自己第一个承担最困难的任务。不过他们是为功勋而追求功勋。骑士到来，提出可以砍他的头，为此一年后他将亲自给高文砍头。过了一年，高文去寻找他，发现一切都顺利结束③。

朗斯洛④　关于他的传奇是爱情性的。对吉纳维拉的爱情。关于朗斯洛的传奇存许多部。其中最好的一部是法国北部抒情诗人克雷蒂安·德·特罗阿的作品。这是一位著名的作家。他未能写完〈传奇〉。15 世纪时，〈传奇〉在英国才被别人完成⑤。朗斯洛真正爱上了王后吉纳维拉。以与亚瑟王决斗和后者死亡结束。

朗斯洛的儿童时期就不寻常：他在湖底受的教育。教育他的是费

---

① 女主人公的名字存在多种写法。——原编者
② 圆桌是骑士统一和和平的象征。根据法国材料，圆桌是魔法师墨林为亚瑟王的父亲尤瑟·潘德拉贡制作的。后来把它赠给了国王洛代格朗士。洛代格朗士的女儿吉纳维拉嫁给亚瑟时，父亲把圆桌给她作为嫁妆的一部分。围着圆桌可以坐一百五十个骑士，其中有十二个特别突出。——原编者
③ 这里指亚瑟系列中关于高文和绿衣骑士的故事，后来成为用英文写的布列塔尼传奇《高文爵士和绿衣骑士》（14 世纪中期）的基础。高文这个名字见于数十部骑士传奇，根据传统，他是亚瑟王的同父异母兄弟洛特·奥克尼的儿子。高文一名有多种写法，英文、法文和德文的写法都不完全相同。——原编者
④ 朗斯洛，由五部作品组成的传奇系列的主人公：《签杯的故事》《黑林》《湖上的朗斯洛之书》《寻找圣杯》和《亚瑟王之死》。可能这些作品是一个人构思的。——原编者
⑤ 参阅下面关于马洛里的注释。——原编者

亚·马尔伽娜①——骑士思想意识的体现,这一系列中非常鲜明的人物。她的教诲属于理想化了的骑士规则:崇拜贵妇人,对待弱者、骑士誓言、贵妇人、封建宗主的态度。谈到骑士象征。

〈朗斯洛〉在亚瑟王宫廷的活动。吉纳维拉是理想的王后。爱情产生功绩,因此应该鼓励它。朗斯洛爱情的一些情节片段。中心片段是吉纳维拉被外来的骑士劫走。朗斯洛前去解救。遇见邪恶的侏儒,只有他知道前去她那里的道路。他提出条件,即朗斯洛乘车去,而这意味着他失去骑士的称号:这是禁止的②。这一情境对于克雷蒂安·德·特罗阿是有代表性的。他〈即朗斯洛〉瞬间犹豫,只是瞬间犹豫,就坐〈进了车〉。他〈建立了〉一系列功勋后,救出了吉纳维拉。从此他一生有了"朗斯洛——小车骑士"的诨名。人们为他辩解,但诨名留下了。吉纳维拉对此持另样态度③。决定进行骑士比武。朗斯洛对吉纳维拉的冷漠感到惊异。这使他痛心。但他准备在比武中为了贵妇人获胜。临比武前,他接到吉纳维拉的信函:他应该屈服于所有的骑士。他完成了这一命令,成为人们耻笑的对象。王后胜利了。第二天接到新的命令:战胜所有的骑士。后来他得知,这是她对先前犹豫的惩罚。到处是对功勋的玩笑和对爱情的玩笑。

克雷蒂安·德·特罗阿未能写成传奇。然后是盎格鲁-萨克逊和

---

① 这里演讲者或记录者不准确。按照传统,主人公是由湖上的费亚(湖上妇人,湖的统治者,维维埃娜)抚养的,她也给了他名字"湖上的朗斯洛"。费亚·马尔伽娜是亚瑟王的同父异母姐妹,女王伊格瑞娜的女儿,伊格瑞娜像她的姐姐莫尔伽乌扎一样,是在女王同尤瑟·潘德拉贡结婚之前出生的。费亚·马尔伽娜对自己的同父异母兄弟心怀嫉妒,她的形象具有数个世纪的历史,并且同冰岛战争和死亡女神马里戈的形象有联系。在布列塔尼传说中,马尔伽娜是一个爱过朗斯洛,但遭抛弃的女人,生活在海底玻璃宫里,以虚幻的影像欺骗航海者。——原编者
② 侏儒的车子是一辆耻辱小车,用来运送罪犯(在神话原形中为死亡之车)。骑士应该骑马。——原编者
③ 从贵妇人的角度看,朗斯洛不应该轻易地牺牲骑士荣誉,从作者的角度看,正好相反,他过分轻易地牺牲了它,不仅是为了爱情本身,而且还是由于贵妇人的小小任性。——原编者

英国传奇：马洛里写了《亚瑟王之死》①。

但丁。保罗和弗兰齐斯嘉的故事②。尽管婚姻悲剧性地结束，但这是婚姻崇拜，游戏。

圣格拉尔传奇③

这里出现了一些超出宫廷文化范围的重要问题，心理问题，分析。

---

① 马洛里(1417—1471)，英国作家、散文家。马洛里的传奇标题为《亚瑟之死》，而不是《亚瑟王之死》(完成于1469年，由卡克斯顿出版社于1485年出版)。这部作品是一种汇编，加工，也可能是对亚瑟王系列传奇的补充。它成为最为广泛流传的英文图书之一。不少浪漫主义者对这部作品表现出浓厚的兴趣。拉斐尔派(19世纪中期)和现代派(19世纪末至20世纪初)的代表们曾经利用过这部作品的题材。——原编者
② 这里指但丁的《神曲》里世界文学中广为流传的情节之一《弗兰齐斯嘉·达·里米尼》片段(见《地狱篇》第五章)。但丁叙述自己与甚至在地狱里也不分离的传说中的两位恋人——弗兰齐斯嘉·达·里米尼和保罗·马拉台斯塔的阴魂的会见。弗兰齐斯嘉是腊万纳的封建主圭多达·波伦塔的女儿，嫁给了相貌丑陋、跛脚的简乔尼·马拉台斯塔，后者的父亲是里米尼教皇党(里米尼的政治派别)的首领。丈夫知道她与他的兄弟保罗关系暧昧时，便把他们两个人杀了。这件事发生在1283至1286年间。两位恋人的魂影向但丁叙述说，导致他们接近的是共同阅读关于朗斯洛及其对吉纳维拉的爱情的传奇故事。——原编者
③ 格拉尔(源自法语grazal或古代北部法语garrul，意为"器皿""罐")是骑士传奇里的神圣遗物(珍贵的杯或宝石)，骑士们为了接它而完成功业，格拉尔的象征概念问题是最复杂、最具争论性的。根据讲座文本，巴赫金遵循的是有关产生这一象征的凯尔特理论。按照这一理论，格拉尔的原型是一个类似角，或更经常地，类似锅样的取之不尽的丰裕容器，它也可能是权力的护身符。"基督教理论"支持者们认为那是圣餐杯(即最后一个夜晚救世主用来倒酒的杯子)。根据其他说法，这是装复活节羊羔的器皿，《圣经》中的先知但以理的宝石，炼丹术士的哲学宝石，柳齐弗(基督教神话传说中的魔王。——译者)王冠掉下来的宝石。A.H.维谢洛夫斯基遵循"基督教理论"，认为格拉尔是对最为可能在8世纪产生于叙利亚的古代传说的凯尔特化的结果(参阅维谢洛夫斯基的《在哪里形成了圣格拉尔传说？》，圣彼得堡，1900年)。关于这个问题，还可参阅C.C.阿韦林采夫为《神话词典》所撰"格拉尔"条(《神话词典》，莫斯科，1900年，第160、161页)；P.鲁德济季斯的著作《格拉尔兄弟会》(里加，1994年)；E.M.梅列金斯基的《中世纪传奇：产生极其古典形式》中对有关格拉尔传说的凯尔特、东方和基督教材料来源的论述(《中世纪传奇：产生及其古典形式》，莫斯科，1983年，第49—67页)。——原编者

从传奇里不可能得到回答：什么是圣格拉尔。其基础是被人们遗忘了的凯尔特情节。这是护身符。谁拥有它，谁就能从它那里得到一切。只有完全纯洁的人才能拥有它，不纯洁的人甚至都不可能接近它。整列队的军士其至都不可能把它移动地方，而纯洁的少女却能轻易地举起它。在基督教传说的影响下，〈这一护符〉变成了基督的杯子，最后一个晚上，门徒们曾经从那杯里喝他的血。在他〈即基督〉死后，曾经把从基督的伤口流出的水和血收集到那杯里。后来，〈杯子〉落到约瑟·〈利亚马太〉手里①，基督就埋葬在他的园子里。（约瑟·亚利马太被关进监狱后，那杯子给他喝，给他吃。）在沃尔夫拉姆·封·埃申巴赫那里，这不是杯子，而是宝石②。凯尔特人的古代象征附着上了基督教传说的许多因素。人只有净罪后，才能走近格拉尔。格拉尔在欧洲（那或许是因为十字军骑士拿来的杯子）或者在所罗门的城堡里。它在蒙萨尔瓦特城堡③，在世界上到处漫游。要潜入该城堡，只有洁净的、建立了许多功勋的人才有可能。城堡的院子里有小礼拜堂和钟，只有很少的人能听见那钟声。谁听见了那钟声，谁就会一生在世界各地漫游，寻找蒙撒尔瓦特钟。蒂图埃尔、帕尔齐法尔、洛埃格林是城堡的第一批保卫者。

　　传奇非常多。叙述帕尔齐法尔事迹的最好的传奇是克雷蒂安·

---

① 约瑟·亚利马太是基督的亲近门徒之一。根据传说，他保藏了秘密晚餐的杯子，基督死后，他把基督从十字架上放下，用杯子收集了流出的血。基督被埋葬在约瑟·亚利马太的园子中山岩上凿出的石椁里，那本是约瑟为自己准备的。在米尔斯卡娅的笔记里，记着"约瑟·及其高尚的"，但后来写作"约瑟·亚利马太"。（据圣经传说，此约瑟是亚利马太城著名富人，犹太公会议员，暗中的耶稣忠实信徒，为人正直仗义。耶稣被钉死在十字架后，他求得罗马总督彼拉多同意，安葬耶稣的遗体。——译者）——原编者

② 在沃尔夫拉姆·封·埃申巴赫的传奇《帕尔齐法尔》里（参阅第一部分第三章《题目一》注释），格拉尔是闪光的魔石，所有尘世幸福的源泉。——原编者

③ 按照一些传说，格拉尔在西班牙，或法国南部。按照另一些传说，它在冰岛。按照第三种说法，它在东方某个地方，在蒙萨尔特山上，在城堡里，那城堡就叫这个名字，所罗门，犹太王（前965—前928）。这里有可能指耶路撒冷著名的所罗门教堂。不排除这样的可能，即巴赫金立即说出了"在蒙萨尔瓦特城堡"，而不是"在所罗门教堂"。——原编者

449

德·特罗阿的《帕尔齐法尔,或圣杯的故事》。最好的法国版本,尽管尚未最后完成。最深刻的传奇是沃尔夫拉姆·封·埃申巴赫的《帕尔齐法尔》[1],《尼贝龙根之歌》之后〈德国文学〉的第二部作品。至今它仍然在影响文学的发展。法西斯主义的代表们也这样喋喋不休地称道。

  按汇编进行分析,基本上根据德国材料。帕尔齐法尔的父亲是光荣的骑士,但相对说来并不太年迈便去世了。他的年长的骑士儿子们,同样也都去世得很早[2]。留下一个寡妇及其年幼的儿子帕尔齐法尔。她希望能保住最后一个儿子,她特别喜欢他。她知道,如果帕尔齐法尔知道了骑士们的事情,他便会离开她。她把他带到僻静的森林里。他不知道人们,除了自己的母亲。过了许多年。他长成一个健壮有力的青年,没有见过生活,也没有见过人们。在这里体现出自然—抚育者思想的第一种形式。他是非同寻常的纯洁的青年,不知道谎言。森林不知道欺骗,帕尔齐法尔甚至都不知道欺骗是什么。帕尔齐法尔长成一个水晶般纯洁的人,非常善良,能帮助人,无私,不好虚荣,直爽,总之非常美好而幼稚。

  沃尔夫拉姆·封·埃申巴赫描写这一纯朴时稍带讽刺。作者的理想是另样的:纯洁和善良应该由于生活和经验而形成。由自然得到的东西带有感情色彩,卢梭在论著《爱弥儿》[3]里认为,自然善良而美

---

[1] 沃尔夫拉姆·封·埃申巴赫的《帕尔齐法尔》系诗体骑士传奇(1198—1210),用中世纪高地德语对克雷蒂安·德·特罗阿的未完成的《伯勒华,或圣杯的故事》的改作,沃尔夫拉姆大大扩充了文字规模(二万五千行),补充了叙述主人公的父亲的引子部分,结束了故事的叙述。他在基本题材方面也作了一系列变化,不过总的说来仍然遵循法国诗人的构思,发展和深化了构思。巴赫金在《长篇小说的话语》中提到传奇《帕尔齐法尔》。——原编者

[2] 以下的转述是对各种不同说法的综合,这些说法见于:克雷蒂安·德·特罗阿的传奇(参阅《法国文学史》第1卷,莫斯科,1946年,第118页),沃尔夫拉姆·封·埃申巴赫的传奇(参阅《中世纪传奇和小说》,莫斯科,1974年,第261—578页)和瓦格纳的歌剧《帕尔齐法尔》。"他的年长的骑士儿子们同样也都去世得很早"这一提法与克雷蒂安·德·特罗阿的说法相合。在沃尔夫拉姆的传奇里,帕尔齐法尔只有一个兄弟(父系的),他和此兄弟相见已接近传奇结尾。——原编者

[3] 卢梭(1712—1778),法国哲学家、作家,教育小说《爱弥儿》(1762)(续本——《爱弥儿和索菲,或孤独》,1780年)。——原编者

好,但是在人的手里一切都被损坏了。卢梭复述了骑士传奇的情节。帕尔齐法尔强大、勇毅、俊美、有力。一次在森林里遇到一个奇怪的人——全副武装的骑士。他认定,那是野兽。有个著名的感叹:"这是什么野兽?"同骑士交谈,后者叙述另一个世界即理想化了的骑士阶层世界。帕尔齐法尔的眼睛燃烧起来。他决心要成为骑士。他把自己的这一决定告诉了母亲。母亲理解,留住他是不可能的。沃尔夫拉姆·封·埃申巴赫的主题是漫游。帕尔齐法尔进入了人的社会。他寻找亚瑟的宫廷,因为他只想在那里做一名骑士。他在同人们相遇中表现出极度的憎恶:喜剧状态。帕尔齐法尔在沃尔夫拉姆·封·埃申巴赫的描绘中,在这里显得有些类似于一个古怪的人。与一个年轻的妇女相遇。他开始明白点什么,但是在亚瑟王宫廷,他引起耻笑。帕尔齐法尔怎么也无法理解宫廷文明,骑士礼节。逐渐地他开始理解这些规则,并且成为最杰出的骑士之一。他在得到所有这一切的同时,失去了他随身带来的所有优秀的方面。他成为理想的骑士。他的森林精神好像逝去了。代替它的是冷漠的骑士精神,尽管是一种勇敢精神。但是森林和母亲留下了无论是真正的满足,或者是幸福,他都没有能找到,由此只是不满足。

一次,帕尔齐法尔在森林里睡着了。当他醒来时,他发现自己睡在了某个城堡敞开的门槛边,他走了进去。钟。大厅。奄奄一息的蒂图埃尔。人们拿着杯子(克雷蒂安)或宝石(沃尔夫拉姆)、滴着鲜血的长矛走过。帕尔齐法尔觉得,这里的人们在等待他什么,他可以在某个方面帮助他们。但是他是骑士,保持着自己的性格。清晨他醒来,城堡消失了。留下的只有耳朵里的钟声。他开始寻找钟,但是没找到。他开始思考,并且明白了,他找到了,看见了,但是又放掉了生活中最神圣的东西,由于自己的过错而失掉了。他在森林里徘徊,饿着肚子,累乏了。他遇到一个老人——独居修道士,后者向他叙述了所发生的事情。蒂图埃尔忍受着痛苦,正在死去,但又不可能死去,因为他需要替换。应该直接询问,他自己能不能帮助他。关于需要做什么，独居修道士回答说："你去寻找蒙萨尔瓦特，不过首先得寻找自己。"他失去了自己那个美好、纯洁的自己，失去了母亲。应该回家去。寻找自我、寻找通向自我的主题。沃尔夫拉姆·封·埃申巴赫加进了新的思想：当一个人重新找到自己时，他的纯洁和善良会变成奇迹。他描写帕尔齐法尔怎样寻找自己和终于找到了自己。这里有许多有力而深刻的东西，但是弱点在于从基督教禁欲主义角度进行阐释。天主教禁欲主义自我净化的基督教道路，并且这一宗教意识曲解了（从我们的观点）传奇。

帕尔齐法尔恢复了自己的纯洁，找到了蒙萨尔瓦特城堡。他代替蒂图埃尔，成为圣格拉尔的保护者和城堡的主人①。沃尔夫拉姆·封·埃申巴赫对帕尔齐法尔形象的富有特色的阐释。文学中没有另一个这样的范例，把严肃性和爱情与主要人物幽默地相结合。这是世

---

① "著名的惊呼：'这是什么野兽！'"在沃尔夫拉姆那里，主人公在森林里首先遇到三个骑士，后来还有一个一身闪光的铠甲，帕尔齐法尔以为那是神。词语"骑士—野兽"，源自佚名的（以前以为是马利亚·法兰西的作品）《蒂奥利籁歌》（*Lai de Tyolet*）。在转述这一部分情节时，巴赫金以 A.H.维谢洛夫斯基的石印讲稿文字为依据："任何一个熟悉沃尔夫拉姆·封·埃申巴赫的佩尔奇瓦尔的人，都会在我们分析的这篇籁歌（lai）里看到某种熟悉的东西……但是埃申巴赫不可能从这里承袭内容：他的材料来源是 12 世纪著名的法国北部抒情诗人克雷蒂安·德·特罗阿……Lai de Tyolet 同克雷蒂安的帕尔齐法尔的相似性是令人惊异的。帕尔齐法尔也像蒂奥尔一样，是一个寡妇的儿子，住进了森林……一个不认识的人回答说，他的名字叫骑士。蒂奥尔幼稚，他询问，为什么称野兽为骑士。他说道：'请您告诉我，chevalier beste，我们这是怎么想的？'"（维谢洛夫斯基：《诗歌类型理论及其历史发展》第三部分，圣彼得堡，1883 年，第 221、222 页）"一次，帕尔齐法尔在森林里睡去"——在所有的说法中，帕尔齐法尔出现在城堡时并不是在沉睡中。"正在死去的蒂图埃尔"——蒂图埃尔是蒙萨尔瓦特城堡的建立者（在沃尔夫拉姆那里是莫萨尔维什），第一位格拉尔国王，在一系列版本里他是帕尔齐法尔的曾祖父（或曾曾祖父）。蒂图埃尔晚年，把对格拉尔的统治交给了自己的儿子（或孙子，即安福尔塔斯）。在沃尔夫拉姆那里，帕尔齐法尔在城堡里见到了安福尔塔斯，后者正忍受着伤痛，等待医治。奄奄一息的蒂图埃尔（与忍受着伤痛的安福尔塔斯一起）出现在瓦格纳的歌剧里。"清晨他醒来，城堡消失了……"——在所有版本里，帕尔齐法尔清晨在城堡里醒来时，发现所有住在那里的人都消失了。"他替代了蒂图埃尔，成了圣格拉斯的保卫者和城堡主人"——在所有版本里，帕尔齐法尔治愈了城堡拥有者（安福尔塔斯），并且替代了他，成为格拉尔王。——原编者

界文学史中第一部教育传奇①,成长传奇。在所有先前的作品里,主人公是已经预备好的。费亚·马尔伽娜对朗斯洛的教育是形式性的。在这里,在于表现人物变化、他的逭新教育的任务,结果,帕尔齐法尔当之无愧地成了格拉尔的保护者。

帕尔齐法尔在母亲那里不知道笑。他完全严肃,因为森林不笑。在宫廷他学会了不严肃。最后,他得到的不是古怪人愚蠢的严肃性,而是知道生活的人的深刻严肃性。

德国是教育传奇的祖国。

洛埃格林。题材由于众多主题而复杂化,有一些主题进入了世界文学。

蒙萨尔瓦特的骑士们就像生活在最严格的修道院里一样:拒绝生活,拒绝尘世幸福。但是如果圣格拉尔的骑士们知道了不公正,他们应该帮助无辜者。不过他们中谁也无权说出他的名字和从何而来。骑上发誓不参与生活,只要生活没有召唤他们。

消息传到蒙萨尔瓦特,称布拉邦特公爵夫人埃尔莎陷于自己的附庸制造的困境。在帮助埃尔莎方面,天鹅骑士洛埃格林②表现突出。(乘着天鹅的小舟航行的骑士主题。)他恢复了埃尔莎的良好的名望和声誉。〈他们〉彼此相爱,成为夫妻,不过〈洛埃格林〉没有说出〈自己的〉名字。她不知道谁是她的丈夫,她的救助人。深刻的不信任主题。她的眼睛纯洁、浅蓝色。人的眼睛清洁,没有被遮住时,他可以看见另一个人。埃尔莎看出了洛埃格林的高尚,相信了他。他们的敌人开始

---

① 关于教育小说,参阅巴赫金的《教评小说及其在现实主义历史中的意义》。——原编者
② 洛埃格林是帕尔齐法尔的儿子,一系列诗体传说的主人公。阿尔布雷赫特的长诗《小蒂图埃尔》(约1270)中有许多地方都是用来描写他的。康拉德·维尔茨堡(13世纪后半期)的传奇《白鹅骑士》和13世纪末的长诗《洛埃格林》都是专门用来描写他的。"布拉邦特公爵夫人"——布拉邦特(Brabant)是欧洲西北部现今比利时境内的历史地区。早期中世纪时,它成为洛塔林公国的组成部分。11世纪时,在迅速发展的卢温、布鲁塞尔等城市周围形成了卢温伯爵领地(从1106年起成为公国),从12世纪末起开始称为布拉邦特公国。——原编者

453

在背后说闲话,说她不知道自己的丈夫是何许人,以前有过什么行迹。人们劝她让对方自己坦白说清楚。起初她不听他们,后来出现了不信任。形象性:不信任遮住了埃尔莎的眼睛,使她的眼睛变模糊,她不再看见洛埃格林,他在模糊的眼睛里被歪曲了。洛埃格林感觉到这一点,但他不可能说出自己,因为若是那样,他就应该离开她,忘记她,回到蒙萨尔瓦特。

埃尔莎自己开始明白,这是邪恶的感情,应该同这种感情斗争。信任人思想。作者们认为,不信任是一种不体面的东西,这不是警惕性。关系应该建筑在信任的基础上。爱情会被不信任蛀孔毁坏。不信任在埃尔莎那里获得了胜利,遮盖物变得越来越浓。洛埃格林看到,由爱情什么也没有留下来,他应该离开。他离开那里。当天鹅随他游动时,他召唤骑士们,向他们说明圣格拉尔和蒙萨尔瓦特,以说明自己结束:他的名字是洛埃格林,帕尔齐法尔之子。大家都知道了格拉尔。所有的人都很惊讶,特别是埃尔莎,她明白她失去了什么。他从埃尔莎的生活和布拉邦特公国永远消失了。不信任和日常生活中的污秽差点把他束缚住,但是他纯洁地回到蒙萨尔瓦特。从蒙萨尔瓦特高处堕入生活又重新离开生活主题。

《洛埃格林》系瓦格纳的音乐剧。他复杂了基本主题,这里表现了不足。作品对于瓦格纳非常典型。

帕尔齐法尔的主题在其后的文学中得到广泛的反映,洛埃格林的一些基本主题也是一样(文艺复兴时期和其后的时期)。纯洁的人主题,此人由某处而来,保持着纯洁,帮助、挽救他人,然后或是死去,或是返回原处去。世界文学中的著名著作——陀思妥耶夫斯基的《白痴》(画面特别弱)[1]。在《白痴》里,不信任成分被降低了。但是在那里是主题洛埃格林,尽管既没有蒙萨尔瓦特,没有骑士,也没有格拉

---

[1] 这里指把 O.M.陀思妥耶夫斯基的《白痴》搬上银幕,1958 年由 И.佩里耶夫完成。按照巴赫金的看法,小说及其复调、对话本性,尤其是陀思妥耶夫斯基的小说,不可能完全相符地搬上舞台或银幕。关于这一点可参阅《复调》(巴赫金与波兰记者的谈话),见《巴赫金文选》第 2 册,莫斯科,1991 年,第 378 页。——原编者

尔。代替蒙萨尔瓦特的是瑞士的山和乡村,爱情是帮助主题。这是洛埃格林,他应该帮助,但是不介入人类生活。

圣格拉斯系列的特别之处不在于描写功勋,没有那样不受约束的幻想,那样的不受约束性。对于第二个系列来说,特殊的方面在于主题性。

拜占庭或东方系列

学术研究中存在争论:能不能把〈拜占庭系列〉归入骑士小说？东方系列是文学与城堡分离,向城市文学过渡的第一步。这里是新的理想,新的主题。它们失去了真正的骑士传奇的深度。

称其为"拜占庭"系列是因为它反映了希腊小说的影响。2至3世纪是诡辩派小说。格式:男女青年偶然相遇,很快彼此相爱(病态),但这不是"比死更有力量的爱",而是肉体性死亡。这里出现某种意外的不幸:强盗、战争、瘟疫等。主人公在整个世界互相寻找:地理性小说。〈最后他们〉终于相遇,结尾为查证,考验纯洁和结婚[①]。希腊小说里思考敏锐,作者——修辞学家善于构想尖锐的情势,然后它们〈即小说〉在拜占庭基础上继续发展,名称即由此而来。格式方面没有任何变化。已经没有修辞性辛辣、诡辩和对照。这是史诗式小说。中世纪,西欧骑士与拜占庭的联系很密切。由此形成了这类小说的广泛流传。出现了这种格式的骑士传奇。

称其为"东方"小说是因为东方文学及其特有的〈……〉幻想渗透其中。〈西方幻想〉则失去了民间色彩的凯尔特人的幻想。东方幻想完全是另样的。在东方,题材由于斑驳的东方色调而复杂化。这已经不是城堡传奇。其中甚至渗透进了对骑士爱情崇拜、骑士阶层和骑士思想意识的明显的嘲讽。这是过渡性的、混合的、不纯净的现象。

[①] 关于希腊诡辩派小说的题材格式,参阅巴赫金的著作《长篇小说的时间形式和时空体形式》。——原编者

非常流行的小说，拥有许多版本的《弗洛伊尔和布兰莎弗勒尔》①。〈布兰莎弗勒尔〉——白色的花。各种不同语言的数量众多的版本互相不一样：各个不同的国家。简洁性方面也不一样。

弗洛伊尔是穆斯林，国王之子（按照另一种说法为富人的〈……〉）。父亲教他严厉的默罕默得法律，憎恨基督徒。这位严厉的父亲有一个基督徒女俘——女奴布兰莎弗勒尔。他甚至都禁止儿子对布兰莎弗勒尔有什么想法。父亲偷偷把女奴卖给了路过的商贾。弗洛伊尔面对的是既成事实。但是他父亲的希望没有得逞，儿子寻找商贾的足迹，找遍了许多国家，找遍了亚洲、欧洲。他终于赶上了他们，但是原来他们已经把女奴卖给了另一些漫游的商贾。最后〈他〉在巴比伦苏丹②的宫廷闺阁里找到了〈布兰莎弗勒尔〉。欧洲文学里第一次出现宫廷闺阁主题。后来，它在文学里，特别是在浪漫主义文学里起了作用。

宫廷闺阁是在很高的塔楼的最顶层。任何一个男人甚至都不敢走近它。描写闺阁，东方风味。道路：每天清晨，用绳子给妻妾们向塔楼里送上装满鲜花的篮子。〈弗洛伊尔〉通过这样的道路潜入了闺阁。人们在那里捉住了他〈弗洛伊尔和布兰莎弗勒尔〉，把他们带到苏丹那里。他们以为，他们会可怕地被处死。弗洛伊尔向狂怒的苏丹叙说自己的爱情故事。苏丹的眼睛逐渐地不再闪光，皱纹展开了，眼眶潮湿了。但他不想宽赦他们。弗洛伊尔只请求一个恩惠首先杀死他，而布兰莎弗勒尔也发出同样的请求。苏丹受到感动，哭了起来，恩赐〈他们〉成婚。

骑士传奇处在时间和空间之外。对风味、风俗、习惯、民族不感兴趣。在这里保持了两个世界，具体的环境，没有爱情崇拜（〈主人公〉

---

① 《弗洛伊尔和布兰莎弗勒尔》(*Floire et Blanchefleur*) 是佚名作者的诗体小说（约1175）。——原编者
② 小说本文里称巴比伦统治者为"埃米尔"（古法语 amuaffle，源自阿拉伯语 amip-albap，即"埃米尔"）。——原编者

爱姑娘,幻想结婚、家庭)。弗洛伊尔没有歌唱,也没有建立功勋,他甚至都没有这种爱好。主题:最后一个是动人的、原始性感伤的。闺阁主题是孟德斯鸠的《波斯人信札》①,拜伦的《唐璜》②,普希金的《巴赫切萨拉伊的泪泉》③。

小说《奥卡辛和尼柯勒特》④很独特。诗歌和散文交替。任何一部骑士传奇里都没有这种情况。语气是幽默的,向讽刺过渡。不仅没有爱情崇拜,恰恰相反,它受到嘲笑。

奥卡辛是著名的伯爵——基督徒之子。尼柯勒特是女俘⑤,女神——女穆斯林。骑士和女穆斯林。〈他〉爱上了她。〈他的〉父亲突然不允许他考虑结婚。父亲希望儿子成为骑士、战士、崇拜骑士爱情的人。但奥卡辛不能承受武器和战争,他为了尼柯勒特,渴望小市民的安逸。他们的爱情没有刺激建立丰功伟绩。这一主题被提到第一位。与骑士传奇争论。奥卡辛的父亲把尼柯勒特关进了塔楼,但青年潜了进去。当他们在塔楼里的时候,敌人进攻伯爵领地,伯爵会被杀死。但奥卡辛没有战斗愿望。父亲答应他会见到〈尼柯勒特〉,是要他回击敌人。在这里他是骑士,虽然他的功绩被描写成戏谑性的:奥卡辛思念着尼柯勒特,他没有看见敌人什么时候夺去了他的武器。他醒来后,徒手战胜了敌人。父亲没有履行诺言:把尼柯勒特卖了。奥卡辛的漫游。现实世界让位于幻想世界。某些与骑士传奇矛盾的因素(遇见失掉牛的砍柴人,以至于差一点死去。他的痛苦和妄想)。奥卡辛最后找到那个买卖人。

---

① 孟德斯鸠(1689—1735),法国作家、哲学家、政论家,《波斯人信札》是他的主要作品之一。——原编者
② 拜伦(1788—1824),英国诗人,《唐璜》是他未及最后写完的长诗(1818—1823)。东方风味也表现在他的"东方"诗歌《异教徒》(1813)、《海盗》和《莱拉》里(这两部作品都完成于1814年)。——原编者
③ 普希金的这部作品写于1821至1823年。——原编者
④ 《奥卡辛和尼柯勒特》这部作品完成于13世纪最初数十年间,其体裁有时被定为如同诗歌—故事(chant-fable)。巴赫金称其为小说。——原编者
⑤ 讲演者不确切。尼柯勒特是受洗的萨拉泰人女俘。——原编者

"托尔洛尔"国家是戏拟的国家,"翻转过来的世界":国王生孩子,王后用烘烤的苹果和黄油作战①。功勋具有自己的特色:最勇敢、最可怕的敌人是那个大声喊叫的人。(中世纪文学中的斋戒期与开斋期大战主题。)对骑士战争的戏拟。在骑士思想里没有民间神话成分,但是有东方幻想。

〈……〉

王焕生　译

---

① 试比较作者论述拉伯雷时的文字:"长篇小说《奥卡辛和尼柯勒特》就是描写'多尔罗勃'这个国家。这个国家是一个'是非颠倒了的地方'。这里国王生孩子,皇后指挥打仗。而且这种战争带有纯狂欢的性质:他们用奶酪、烤苹果和蘑菇进行争斗(生孩子的国王和用食物去打仗,这都是典型的民间节日形象)。……筵席形象对分析中世纪很流行的课题'斋戒与谢肉节之争'起着重要作用。……13世纪末的史诗《斋戒期与开斋期大战》……是拉伯雷的创作源流。"——原编者

题 注

《俄国文学史讲座笔记》

巴赫金俄国文学家庭讲座笔记

这是巴赫金的讲座的笔记,巴赫金曾于 1922 至 1923 年间在维捷布斯克为一群中学高年级学生开过讲座。讲稿被一位当时是中学女生,后来成为列宁格勒艺术史研究所语言文学部的大学生拉希尔·莫伊赛芙娜·米尔金娜记录了下来。

笔记不是以速记方式来做的,因而其中的疏漏是完全可能有的,甚或是不可避免的,有的还是对主讲人的这些或那些言论的节缩之后所作的摘要性的转述。然而,举凡熟悉巴赫金的言语风格的每一个人都会同意这一点:呈现在我们面前的乃是在许多方面对他讲课的相当忠实的传达。

不能不谈一谈这些讲座本身的性质,哪怕是三言两语也好。显而易见的是:听众的构成成分本身在这种情形下有着决定性的作用。巴赫金一向以罕见的尊重与关注来对待任何一位交谈者与听众(这一点,乃是任何一个与他有过交往的人都不可能不留意到的)。他正是以给中学生授课时可以有的与应当有的那种方式,来举办他的讲座的。

对列夫·托尔斯泰的作品的分析,可以这么说吧,正是定位于中学生们的语文理解力之最初阶段的水平而实现的。在这个阶段,文艺学家就应以这样的方式去切入文学主人公,好像那些主人公一个个乃是现实的个性。这一必要性,已由巴赫金的一个年轻的学生,顿涅茨克的文艺学家符·符·费奥多罗夫在其著作中作过深切的揭示。巴赫金本人正是在他举办讲座的那个年月写下了这样的文字:

"审美分析……应当设法对伦理层面进行一番转换,对伦理层面的观赏是通过共同体验(移情)与共同评价的途径来把握的;实施这番转换之际,不得不脱离艺术形式……必须把纯伦理个性与其以个性化的、有美学意蕴的心灵与肉体为载体的艺术体现区分开来……"

"在尽量把内容所有可能拥有的伦理层面转换之后……审美分析自身则应当去理解审美客体之整体的全部内容的意义,也就是说去理解正是这一审美形式的内容,形式——正是这一内容的形式,而根本不超越作品的范围。然而,伦理层面……可以被突出而成为独立的研究对象……可以成为迫切的、道德的与政治的评价的对象。[①]"

在其笔记已被发表出来的那些讲座中,巴赫金在相当大的程度上正处于研究的这一初始阶段,"抽象地思考艺术形式"。把这些讲座与巴赫金论陀思妥耶夫斯基的那部专著加以比较,且也与他为列夫·托尔斯泰文学作品全集(1929年版)的第十一卷、第十三卷所写的序文加以比较,就足以清晰地看到,对托尔斯泰创作的艺术品质本身的进一步的、不断深入的分析应当朝什么方向推进。

然而巴赫金在其讲座中基本上并没有超出研究的初始阶段。显然,这只是为了让这些讲座能为年轻的听众们完完全全地明白。只有考虑到主讲人所承担的任务本身的这一特点,才可以理解并客观地评价这里所发表的笔记。

还有一点要补充的是,这里发表的材料乃是俄罗斯文学史整个教程讲座笔记一个篇幅不大的片段,列入这一教程的讲座还有:关于18

[①] 巴赫金的《美学与文学问题》,莫斯科,1975年,第40、41、42页。——原编者

世纪的作家们,关于茹科夫斯基、巴丘什柯夫、克雷洛夫、希什柯夫、格里鲍耶陀夫、普希金、莱蒙托夫、丘特切夫、果戈理、恰达耶夫、屠格涅夫、冈察洛夫、陀思妥耶夫斯基,等等。

后来,那已经是在列宁格勒了,拉·莫·米尔金娜还对巴赫金所开的论20世纪诸作家(勃留索夫、巴尔蒙特、费·索洛古勃、维亚切斯拉夫·伊万诺夫、安德烈·别雷、英·安年斯基、勃洛克、阿赫玛托娃、库兹明、古米廖夫、伊·谢维里亚宁、赫列勃尼科夫、马雅可夫斯基、叶赛宁、列米佐夫、扎米亚京、列·列昂诺夫、谢尔盖耶夫-岑斯基、弗谢沃洛德·伊万诺夫、费定、爱伦堡、阿·托尔斯泰、蒂尼亚诺夫、左琴科)的讲座做了笔记。

关于列夫·托尔斯泰的讲座笔记——乃是将这些容量很大的笔记(其总篇幅大约有18个印张)发表出来的首次尝试。

这讲座笔记,依我之见,以其独特性而相当有趣,而且从各种不同视角来看均是如此,既可视为进入托尔斯泰创作研究的一种"铺垫性准备",也可视为巴赫金那卓尔不群的立场的体现,要是愿意的话,还可作为解决教学任务(适用于中学生的讲座)的范本。

作为结束语,不能不对拉·莫·米尔金娜道声感谢,是她给巴赫金的讲座仔仔细细地做下了笔记,并且在长达半个多世纪的岁月里保存住了这些笔记。(本文译自《巴赫金论文集》一书)

瓦·柯日诺夫

周启超　译

巴赫金论安德烈·别雷与费·索洛古勃的讲座笔记

在20世纪20年代里,巴赫金在维捷布斯克与列宁格勒的各种场合,曾就文学与哲学之有关课题作过多次公开讲演,也曾在自己家中

461

授课,就哲学史、美学与文学开过各种系列讲座。其中之一,便是他在维捷布斯克给那个由中学高年级学生组成的俄罗斯文学研究小组开设的。后来,到了列宁格勒,他还曾为这个小组中的有些人继续开设这种讲座,讲授地点也还是在他自己家中。听课者中有一个女生——拉·莫·米尔金娜,当时已经是列宁格勒艺术史研究所语言文学部的大学生,将巴赫金的俄罗斯文学讲座的听课笔记保存了下来。这一讲座囊括俄罗斯文学史上自18世纪到20世纪20年代苏维埃文学之最新作品。这里发表关于安德烈·别雷与费·索洛古勃的两次讲座的笔记,乃是对已在苏联开始发表的巴赫金的俄罗斯文学讲座笔记的继续。(《论维亚切斯拉夫·伊万诺夫》,载巴赫金的《话语创作美学》,莫斯科,1979年;《论列夫·托尔斯泰》,载文丛《普罗米修斯》第12辑,莫斯科,1980年;巴赫金论勃洛克的文字正在准备发表。)

关于俄国象征派的讲座,其中就有这里发表的论安德烈·别雷与费·索洛古勃的文字,属于拉·莫·米尔金娜当年已做下笔记的这一教程中最为展开的,可以说,最为中心的文字。对于不仅是文学史家,而且也是理论家、语文学家与哲学家的20年代的巴赫金来说,正是象征主义是他那个时代艺术中最重大的思潮。

显然,这里所发表的讲座笔记,就其形成与使命而言,远非是巴赫金关于别雷、索洛古勃的算得上完整的评论。讲座的性质当然取决于听众。拉·莫·米尔金娜后来在她关于巴赫金的回忆录中声明:"应当强调的是,做下这些听课笔记的,起初是一位中学生,后来则是低年级的大学生。讲稿在笔记中自然是被压缩了的,且仅仅在某种程度上保留了巴赫金的风格与精神。"这一教程的所有讲座,包括这里发表的,是面向学生的,是定位在学生特有的取向上的。这一定位,明显地见之于考察材料时所采用的那种学校模式,那是授课者到处通用的:文学影响,形式特色,按阶段分时期来检视创作,对重大作品作个案分析。授课者未必是专门准备这些讲座,很可能,此乃即兴而为。拉·莫·米尔金娜关于这些讲座就有这样的回忆:"他从不运用提纲,计划,提前准备好了的引文。他的书面文字所总有的那份艰涩,在他的口头演讲中荡然无存。造成了这样一种印象:在您眼前的乃是一位出色的即兴创作的作家,他的投入是入迷的,情感是充沛的。"(本文译自《巴赫金论文集》一书)

谢·鲍恰罗夫
列娜·西拉尔德

周启超 译

关于《俄国文学史讲座笔记》的总题解[①]

首先,对在《巴赫金文集》里发表这些笔记的事实本身,需要做些说明。巴赫金在自己整个的一生中,从事教学活动,而且众所周知,他为波多利斯克区的中学语文教师做了最后一次公开讲座,当时他在位于莫斯科近郊格利夫诺站的敬老院里陪伴身患重病的妻子。讲座讲的是陀思妥耶夫斯基。这事发生在1970年8月(关于这一点,参见《新文学评论》,1993年第2期,第70、71页)。所以,从理论上讲,记录巴赫金讲座的笔记可能有很多:在不同时期,巴赫金曾在涅维尔、维捷布斯克、列宁格勒、库斯塔奈、基姆雷、萨兰斯克、莫斯科做过讲座(讲课),有家庭型的、学校教学型的和面向社会公众型的讲座。这样,他的讲座的笔记可能还有许多(听他讲课的学生以及在其他各个不同的场合听他讲座的听众,即使没有几万,也有几千人做了笔记;无论如何都可能会做记录),当然,有力的论据可以不把米尔金娜的笔记或者无论谁的笔记收入《巴赫金文集》,所以我们只是以"附录"的形式收入了米尔金娜的笔记。

[①] 本题解为俄文版《巴赫金文集》第2卷(俄国辞书出版社,2000年)编者所写。我们将其放在此处,以帮助中文版读者了解《俄国文学史讲座笔记》收入俄文版《巴赫金文集》第2卷的缘由。——译者

多年以来,米尔金娜的笔记虽然已陆续发表在各种各样的巴赫金本人和非巴赫金本人的著作里,但是,我们还是决定在《巴赫金文集》里全文发表它们(正如我们决定在《巴赫金文集》第 1 卷的"附录"里发表巴赫金在 20 年代的哲学圈里所做的发言和讲座的笔记)。做出这一决定有一系列可能的、明显是不可信的理由,其中一条几乎是最主要的:仔细地和参与性地(巴赫金的说法,甚至是巴赫金的术语)阅读米尔金娜记录的笔记,一定要具有这样的因素:从一开始起,要不言而喻地认为,这是年轻的巴赫金所做的俄国文学史讲座的笔记。因此,支持在《巴赫金文集》第 2 卷里发表米尔金娜笔记的有力证据,就是米尔金娜笔记的文本本身;正如已经发表的部分,巴赫金所做的俄国文学史讲座的笔记在当今是独一无二的,这也是出版它的有力证据之一(至于第 1 卷的"附录",不言而喻仍然是记录者的名字:记录巴赫金的发言的人是列·瓦·篷皮扬斯基)①。

发表巴赫金于 20 年代所做的关于俄国文学的讲座的笔记,起始于《话语创作美学》(莫斯科,艺术出版社,1979 年)出版时。在巴赫金死后,该论文集第一次重新增订出版,加了个"附录"。"附录"所占的篇幅大约是十页(第 374—383 页),标题是:《俄国文学史讲座选。维亚切斯拉夫·伊万诺夫》。在该部分的注释前有一段题解——非常简短,我们不妨全文援引如下:"在 20 年代,巴赫金在维捷布斯克和列宁格勒的不同场合里多次做过公开讲座,论述过文学和哲学问题;在家庭环境里,也做过关于哲学史、美学和文学方面的不同的系列讲座。这系列讲座中有一个系列就是在研究俄国文学的小组中做的,听众都是有些修养的维捷布斯克的青少年。他们中的有些人后来又在列宁

---

① 众所周知,在《巴赫金文集》里到底发表什么不发表什么这个问题,还没有触及差不多是以奇怪的方式保存下来的巴赫金在 20 年代所做的家庭讲课的笔记。我们决定说出我们的想法:20 年代出版的署有巴赫金朋友们名字的专著和文章,也是在讲述一家之言,这也是最主要的。我们深深地相信,能够起争论的只有一件事,即:这些专著和文章到底应该署谁的名发表。——原编者

格勒接着听了巴赫金的讲座。其中,有一位女听众叫拉希尔·莫伊赛芙娜·米尔金娜,她保存了听课笔记,这些笔记包括了从18世纪直到本世纪20年代苏联文学最新作品的俄国文学史。"

米尔金娜的笔记中有四个片段当时已经用在了《话语创作美学》的注释里面:两处出自关于陀思妥耶夫斯基的讲座,另外两处出自关于普希金和屠格涅夫的讲座(《话语创作美学》,第386、394、386、405页)。

《话语创作美学》由谢·格·鲍恰罗夫编选,谢·格·鲍恰罗夫和谢·谢·阿韦林采夫注释,责任编辑是细心的 C.M.亚历山德罗夫,校对是无可指责的 Л.B.杰留金娜。该书的出版可以说是一个不同寻常的事件,其意义就跟60年代《陀思妥耶夫斯基诗学问题》(1963)和《弗朗索瓦·拉伯雷的创作与中世纪和文艺复兴时期的民间文化》(1965)的出版一样重大。当时,该书中首次发表的《审美活动中的作者与主人公》决定了该书的命运,收录了关于维亚切斯拉夫·伊万诺夫讲座笔记的该论文集,在其他的出版物中很长时间都独占鳌头。但是,关键在于:在拉希尔·莫伊赛芙娜·米尔金娜还在世的时候,她勤快地、参与性地记录了巴赫金的俄国文学史讲座,在不辞辛苦地保存了半个世纪之后,公之于众。它发表在不同寻常的出版物中,在极具权威性的语境中,它是最为重要的部分之一:从青少年时代起到生命的终点,维亚切斯拉夫·伊万诺夫一直是巴赫金最喜欢的作家之一,或许就是巴赫金最喜欢的作家。

俄国文学史讲座笔记的第二大部分发表在1980年的丛刊《普罗米修斯》(第12辑)中。关于列夫·托尔斯泰的讲座笔记(就篇幅而言,这是米尔金娜的笔记中最大的部分),发表时加了个不准确的标题《巴赫金的讲座提纲》(第257—268页)。瓦·瓦·柯日诺夫为它的发表做了准备工作,还为它写了一个简短的前言。由他准备的、在60年代发表的东西有:关于马雅可夫斯基的讲座(《马雅可夫斯基的语言》,载《1983年诗歌日》,莫斯科,1983年,第80页)和经过压缩的关于叶赛宁的讲座(《叶赛宁。讲座笔记》,载《1985年诗歌日》,莫斯科,

1986年，第112—115页①）。《马雅可夫斯基的语言》发表后立刻就被年刊《谈伴》（莫斯科，《同时代人》出版社，1984年，第116—118页）转载。

在80年代的匈牙利（用俄文）发表了关于安德烈·别雷和费·索洛古勃的讲座的笔记（《匈牙利斯拉夫学研究》，第ⅩⅩⅨ辑，1983年，第221—243页。发表者：谢·鲍恰罗夫。注释者：几.西拉尔德）。这种决定发表两部分，而不是一部分的做法，是较新的做法。这种尝试经过七年的停顿之后，又在90年代的出版物中，在不同的环境和另一背景中，继续下去。

从80年代末到90年代前半期，在我国和在西方的对巴赫金作品的成熟的、差不多是从批判角度看问题的兴趣，决定了这种背景的特殊性。在这些属于巴赫金的、不无狂欢化因素的年代里，不久前还不可能的事就变得可能了。巴赫金本人的一切（他因为这一或者那一原因而以他人之名发表的作品），关于巴赫金的一切，跟巴赫金有某种联系，甚至是最遥远的联系的一切，转瞬之间全都出版了。现在我们不深入谈论细节问题，但倒可以把这一时期看作一个世界性的巴赫金研究的鼎盛期。

米尔金娜本人却没有活到这一时期：她于1987年去世。但是，她对这一鼎盛期的到来（可以把这一时期看作姗姗来迟的、独特的精神上的弥撒，它延续了七年左右，发生在巴赫金逝世到百年诞辰的二十年之前）做了准备工作，这在相当程度上应该归功于她。她的功劳又再次体现在权威性的语境中：在她死后，她仍然对丰富巴赫金的著述贡献良多，不仅填补了空白，还填补了巴赫金创作生涯中巨大的空白点。这一丰富巴赫金著述的过程，在1992至1993年间表现得特别明显和清晰。正是在这些年里，出版了论文集《作为哲学家的米·米·巴赫金》（科学出版社，1992年），在该书中"档案选"部分的最后几页

---

① 此说法似有误，《1985年诗歌日》（苏联作家出版社列宁格勒分部，1985年）上并无《叶赛宁。讲座笔记》一文。——译者

(第221—251页)上发表了《列·瓦·篷皮扬斯基所记录的1924至1925年间米·米·巴赫金的讲座与发言》(导言式评论、文本的准备、注释,皆由尼·伊·尼古拉耶夫完成)。当时,《新文学评论》出版了研究巴赫金的专号(1993年第2期),其中发表了米尔金娜的特写《我所知道的巴赫金。年轻的巴赫金》,冠以谢·格·鲍恰罗夫的前言,还发表了鲍恰罗夫本人的在很多方面都属于阶段性的回忆录文章《关于一次谈话及其相关问题》。

在那些年里,发表在一份发行量较少的杂志《人》上的东西(从1993年第4期开始连载10期),却没有隐没在许多众说纷纭的各种各样的评论和著述中。它发出了声音,并且被人听到了。它就是维·德·杜瓦金在1973年对巴赫金的访谈的记录(又是记录,不过这次是录音记录);录音由В.Ф.泰杰尔和М.В.拉济舍夫斯卡娅整理出版。稍晚,这些记录又在一系列的场合真正地发出了声音。不妨说,在当时这些录音不啻于从天而降:要知道听到的是巴赫金真实的声音,虽然他已经去世了十八年,很少有人知道还有这些录音。

在这些年里,出版了一份具有令人惊奇的刊名的杂志《对话·狂欢·时空体》(这个刊名有某种强人之难味道),它有一个说明刊名的副标题《一份对巴赫金的生平、理论遗产和时代进行学术探索的杂志》(这一副标题一直沿用到1998年);毫无疑问,它上面发表的有些文章也让人们注意到了。这份杂志也跟米尔金娜笔记的发表史的一个阶段有关系。

为了认识到这一阶段,必须指出:在《对话·狂欢·时空体》(1993年第1[2]期,第90—104页)接连发表了米尔金娜的随笔《我所知道的巴赫金》(几乎与之同时,它又发表在《新文学评论》上,只不过版本有所不同)以及五段篇幅相对较短的、完全出乎人们意料的讲座笔记:关于列昂诺夫,关于费定的长篇小说《城与年》,关于爱伦堡,关于蒂尼亚诺夫的长篇小说《丘赫里亚》,以及关于左琴科的一小段。因此,米尔金娜被该杂志的读者认为是回忆录作家,在相当大的程度上,还被

467

巴赫金研究专家和读者认为约是一名优秀而卓越的中学生。因为,她在20年代不仅聆听自己老师的讲课,还记录了讲课内容,并终生保存了讲课笔记。接着这一期,该杂志又接着发表了已经在匈牙利发表过的关于别雷和费·索洛古勃的讲座笔记(参见上文),还发表了关于勃洛克的讲座笔记,全文发表了关于叶赛宁的讲座笔记——一共是四大部分。总的说来,这是米尔金娜笔记中篇幅最大的一次刊行。因为《对话·狂欢·时空体》在维捷布斯克创刊,1998年之前在此出版,所以,维捷布斯克就成了系统地、大容量地和内容丰富地,也就是说无疑最具分量地出版了米尔金娜笔记的地方。米尔金娜在这个城市出生和成长;巴赫金虽然只在此住了大约四年时间,却从事了教学工作,进行了思考,撰写了《论行为哲学》和《审美活动中的作者与主人公》,讲了不少课,1921年他还在此幸福地结了婚,最后,他还仅仅以二十六七岁的年纪就在这里开设了讲座。一个年轻的中学生(十五六岁)勤奋地记录了关于俄国文学的讲课;如果不是拉希尔·莫伊赛芙娜的笔记,这些永远也不会有人知道。

《对话·狂欢·时空体》在1995年全文发表了关于马雅可夫斯基的讲座笔记(第2期,第111—114页。发表者:瓦·瓦·柯日诺夫。注释者:尼·阿·潘科夫)。

讲座笔记的其他部分一直没有发表。因此,关于俄国古典文学的讲座笔记中,只有关于列夫·托尔斯泰的部分得以发表(只发表了其中的大部分)。

在米尔金娜笔记的手稿交到鲍恰罗夫和柯日诺夫手中的过程中,还有一个小小的插曲。也就是说,我们不妨透露一下个中缘由:俄国文学讲座笔记的手稿是如何进入巴赫金的档案之中的。在《我所知道的巴赫金》这一随笔的前言里面,谢·格·鲍恰罗夫对此讲得相当详细:"事情的经过是这样的:在70年代中期,莫斯科有一位研究玛·韦·尤金娜生平和创作遗产的专家阿·米·库兹涅佐夫,他在这位女钢琴家的档案里面发现了一封信,信上说,20年代,巴赫金曾先后在维捷布斯克和列宁格勒作过关于俄国文学史方面的家庭讲座,而且这些讲座的笔记仍然还在。信中还提到了记录笔记的听众的名字——拉·莫·米尔金娜。不过,仅此而已。既没有地址,也没有任何信息。根本不知道如何才能找到她,甚至还给莫斯科的女诗人季娜伊达·米尔金娜打过电话,当然,她什么也不知道。不过,当打听清楚拉希尔·莫伊赛芙娜·米尔金娜就在列宁格勒时,20至30年代曾在该市生活过的文化史研究专家尼·伊·尼古拉耶夫很快就找到了她,她曾是一名中学语文老师,当时已经退休。"(《新文学评论》,1993年第2期,第64页)瓦·瓦·柯日诺夫的说法与之比较接近(《对话·狂欢·时空体》,1993年第1[2]期,第90页)阿·米·库兹涅佐夫在《新世界》杂志(1995年第8期,第225、226页)上讲述这件事时既有准确的地方,也有不确切的地方。他援引了自己私人档案中至今仍未发表的那些信。

因此,正如他所说,正是谢·格·鲍恰罗夫和瓦·瓦·柯日诺夫从拉·莫·米尔金娜本人(当时她让未来的讲座出版者见到了自己的手稿)那里,首先了解到了俄国文学讲座,知道该讲座持续了五年时间,也对该讲座是如何记录的有了点了解。她在当时所说的大部分话,都已经写进了随笔《我所知道的巴赫金》之中。是大部分,而不是全部:并非全部所说的话(随着时间的流逝,这一点总是被人逐渐认识到的),远不是人们渴望了解的全部,特别是关于手稿在半个世纪中的遭际,人们或许还想了解点什么,可是,到1987年就戛然而止了。针对有些涉及手稿遭际的问题,拉·莫·米尔金娜的女儿90年代才做出了答复(M.З.奥尼库尔的信包含了关于其母亲、关于米尔金娜手稿命运的信息,现保存在巴赫金的档案之中)。但是,当然,大多数都一去不返地散佚了。

针对有人问起讲课笔记手稿的命运,问起手稿如何保存和完好地保存下来,问起手稿有未转抄和有过多少次转抄的问题,M.З.奥尼库尔是这样答复的:"妈妈不止一次地誊抄过米哈伊尔·米哈伊洛维奇的讲座笔记。不过,这种处理纯粹是技术性的。她喜欢誊抄的过程。她仿佛是在重读它们。她究竟誊抄了多少次,具体我不清楚。不过,无论如何,不会少于四次。第一次是在听完讲课后,第二次是30年代在郊外别墅里。战争期间,讲课笔记放在了被封锁的列宁格勒。不过,它们仍然完好无损地保存了下来。战后,妈妈又把它们重抄了一遍,因为纸页已经变黄。最后的一次是在70年代,应谢尔盖·格奥尔基耶维奇·鲍恰罗夫和瓦吉姆·瓦列里安诺维奇·柯日诺夫请求而重抄。"该信注明的日期是1995年1月,但在同年3月30日的另一封信中,又包含了重要的更正:"妈妈每一次誊抄米·米·巴赫金的讲课笔记时,她一般都不保存前一次的笔记抄本。笔记通常都抄在账簿上。至少1977年之前的笔记都是这样。妈妈通常要写满一张纸的正反面。谢尔盖·格奥尔基耶维奇·鲍恰罗夫和尼古拉·伊万诺维奇·尼古拉耶夫所看到的这些账簿是战后抄的讲课笔记。战前的讲课笔记,在战后誊抄后,随即就销毁了。因此,讲课笔记中有些段落就不见了。

"为什么讲课笔记中会有散佚,很遗憾,我一点也不清楚①。

"我想再次回忆一下,1977年的讲课笔记的定本中没有修改之处,只是做了技术方面的编辑工作。正如尼古拉·伊万诺维奇所肯定的,用打字机把它们②誊抄一遍是比较方便的,因为它们只写在纸张的一面上,字迹也更加清晰了,不再用账簿了,而是用单张的纸页。"

我们注意到,这里不仅谈到了四次誊抄,还谈到至少是四次誊抄。关于我们决定选用的米尔金娜笔记手稿的命运,更多的情况我们尚不得而知。我们尤其见不到米尔金娜书信的内容,因为这些书信全都保存在研究专家阿·米·库兹涅佐夫的私人档案里。

---

① 针对M.З.奥尼库尔的问题,首先提到讲座笔记中关于列米佐夫的部分为什么会有明显的散佚。——原编者
② 指手稿新定本中的个别纸页。——原编者

所以,我们所拥有的笔记不是第一手的,也就是说,不是直接聆听做讲座人的声音的笔记,不是聆听过程中记录下来的笔记。我们不掌握任何中间的、第二手或第三手的笔记异文。这些损失得到了补偿,还是在相当大程度上得到了补偿,因为米尔金娜对巴赫金及巴赫金的讲话的极其爱护的态度,没有引起一丁点儿的怀疑。

从这一角度看,巴赫金关于俄国的或外国文学的讲座的笔记,还有多少没有随着时间的流逝而出现,但是,将来大概也不会再有什么可以和米尔金娜的笔记相提并论的了。

随笔《我所知道的巴赫金》中有一些段落跟巴赫金的俄国文学讲课笔记的差不多五十年的保存史有着最直接的关系,极好地重现了当年的氛围(我们不妨全文援引这个在两处发表的随笔):

> 我和米哈伊尔·米哈伊洛维奇·巴赫金在20年代初的维捷布斯克结识。
> ……我第一次见到他是在市图书馆,不知为什么,这个图书馆叫"书籍之家"。米哈伊尔·米哈伊洛维奇做了一个关于普希金的公开讲座。所有想听他讲座的人几乎挤满了图书馆的大厅。他抓住了听众们的心,使他们深为折服。巴赫金还在其他机构做过讲座(机构的名称我忘了)。在有些讲座中,他采取了问答式的教学方法。听众之中有一位具有非凡外表和高声的时断时续的嗓音的高个青年脱颖而出,他就是万尼亚·索列尔京斯基[1]。

---

[1] 伊万·伊万诺维奇·索列尔京斯基(1902—1944)是一位杰出的、具有传奇个性的音乐学家,在他的一本笔记本中,还保存着他于1920年9月至1921年4月在维捷布斯克所听的38次讲座的目录清单(Л.米赫耶娃的《伊·伊·索列尔京斯基。生平与遗产》,列宁格勒,1988年,第28、29页)。其中,有12次讲座(1920年9月至1921年2月)是巴赫金所做。我们姑且省略掉它们的准确时间和地点,只将它们的主题列举如下:《文化中的道德因素》《关于话语》《俄国新诗》《维亚切斯拉夫·伊万诺夫的诗歌》《尼采的哲学》《新俄国文学中的象征主义》,两个关于美学的讲座,两个关于新哲学史的讲座,一个关于中世纪文学的讲座,一个关于18世纪法国文学的讲座。——原编者

无论巴赫金在哪儿发言,他处处获得巨大的成功。А.М.佩夫泽尔是维捷市斯克著名的医生,是一个兴趣广泛、知识渊博的人。我不妨以他为例,说说他对关于亚·勃洛克的讲座的看法:"关于《十二个》和《夜莺花园》,巴赫金所说的,与这些诗作的意义不相上下。"

……不久,我们这些巴赫金的固定听众,决定不局限于他的公开讲座,成立了一个研究俄国文学的小组(10—12人)。该小组的学习由他在家中予以指导。

……巴赫金夫妇住在斯摩棱斯克街上阿列克谢耶夫斯卡娅医生的家里。他们住的那个房间不大,有一扇朝向院子的窗户,里面的陈设极其简陋:一张书桌,一张瘸腿的桌子,一个胶合板书架,一张铁床。

……我们全体人员出席的小组,总共存在了一年。参加者后来分散了,只剩下我们三个人,但是我们的学习没有荒废。米哈伊尔·米哈雷奇①还是按照以前的方式指导我们学习。他通常躺着给我们上课,盖着一条蓝色的棉被,上面还盖一条灰色的绒毯。他的腿有病,据说是骨结核。

米哈伊尔·米哈雷奇讲课讲得非常出色。他是天生的演说家,具有极强表现力的、音质动听的嗓音。他的讲话自由奔放,流畅自如。他从不用提纲、计划、现成的引文。他发表的作品素来有点晦涩,可是,在他的讲话里却没有这种现象。我们常有这种印象:我们面前是一位杰出的即兴演说家,全神贯注而又激情充沛。他拉长声调朗诵诗歌,我们觉得,朗诵诗歌的不是做讲座的人,也不是朗诵演员,而是诗人——诗歌的作者。

当然,巴赫金也考虑到了听众的成分,但是,他在做通俗易懂的讲座的时候,从来不会将什么东西简单化。这种使简单的论述和深刻的分析结合起来的才能,也是米哈伊尔·米哈雷奇的典型

---

① 即米哈伊尔·米哈伊洛维奇·巴赫金。——译者

特色。他称自己为新康德主义者。

1924年,巴赫金夫妇离开维捷布斯克,迁居列宁格勒。不久,我和妹妹(她也经常聆听巴赫金的讲课)进入列宁格勒艺术史研究所语言文学部学习。

艺术史研究所当时正是辉煌时期。在那里任教的有这样一些著名的文艺学家,如:鲍·米·艾亨鲍姆、尤·尼·特尼扬诺夫、鲍·米·恩格尔哈特、维·马·日尔蒙斯基、鲍·维·托马舍夫斯基、维·弗·维诺格拉多夫、尼·帕·安齐费罗夫、斯·斯·莫库利斯基。但是,在我们看来,他们取代不了巴赫金。根据往年的经验,我和妹妹决定去寻找米哈伊尔·米哈雷奇,请他在家里给我们上课。

……我们出现在米哈伊尔·米哈雷奇家中的时候,心里非常忐忑,这种感觉完全是情理之中的。他同意继续在维捷布斯克开了头的讲课。在维捷布斯克,我们在列夫·托尔斯泰那里结束,而现在我们又要从陀思妥耶夫斯基重新开始了。一周讲一次课,每次两个小时他跟我们象征性地收取了点讲课费,每人付的钱相当于亚历山大剧院的一张高层楼座票。

……不知为什么,米哈伊尔·米哈雷奇还邀请我们参加在著名女钢琴家玛·韦·尤金娜家中举行的文学作品朗诵会。我曾经在维捷布斯克听过她的演奏会。

……米哈伊尔·米哈雷奇做了关于维亚切斯拉夫·伊万诺夫的讲座。听众们都着迷了。坐在我旁边的一个女人赞叹道:"上帝啊,多棒的讲课啊!他透彻地阐释了世界文化史,他把这讲得多好啊!"

米哈伊尔·米哈雷奇还请我们参加其他的朗诵会。我记得,其中有一次应该是听尼古拉·克留耶夫的朗诵,但是,这些会我们没有能够参加。

我们在巴赫金家中持续学习了两年。最后一次是评论苏联文学的最新作品：列·列昂诺夫的《科维亚金的札记》，伊·爱伦堡的《尼古拉·库尔博夫》和《胡里奥·胡伦尼多及其门徒奇遇记》，康·费定的《城与年》，阿·托尔斯泰的《两姐妹》，马·高尔基的《阿尔塔莫诺夫家的事业》，尤·蒂尼亚诺夫的《丘赫里亚》。这位天才的学者，为两三个小姑娘作讲座时，竟怀着如此激昂的情绪，仿佛有一大帮听众在听他讲课。一想到他，我心里就生起混杂着既赞叹又同情的感情。

……他的天才不仅体现在他的学问，还体现在他的人格上。我从巴赫金那里所学到的东西，已经永远地成了我生命的一部分。他的讲课引发了我许许多多最广泛的思考，不仅思考文学问题，还思考社会现实的各个方面。

我完好地保存了巴赫金在不同年月所作的某些(！)讲座的笔记。应该强调指出，记录这些笔记的人起先是个中学女生，后来是个低年级的大学生。当然，她所记录的讲座是被浓缩的(！)，而且还只是在某种(！)程度上保存了巴赫金的风格和精神。

我们这里所引的段落，大约是米尔金娜那篇随笔的三分之一篇幅，都是有原因的。其中所包含的这一或那一形式的信息，不可能与米尔金娜笔记的出版没有关系（哪怕是以或多或少的简短的转述形式），但是，我们更愿意关注最后一段，因为在这段之后突然就是对普希金诗句的回忆："……现将拙译呈献，/犹如名画拙劣摹本，/苍白无力，挂一漏万；/……"（《叶甫盖尼·奥涅金》，第3章，第31节[①]）

这最后一段中的感叹号不是随笔的作者所加，而是引者所加，但是所引的文字都为米尔金娜所写。一眼就可以看出，这些文字体现出自我辩护的想法（为自己、自己的文章辩护）。其实，这些文字的核心在于（这正如普希金的那句诗中所言）为他人辩护和不惜一切代价进

[①] 此处译文参考王士燮先生的中译本《叶甫盖尼·奥涅金》，浙江文艺出版社，1991年，第91页。——译者

行辩护的想法:普希金是在为自己的小说中的女主人公辩护,而米尔金娜则在为自己的随笔中的男主人公辩护。的确,普希金在为女主人公和她的书信辩护,认为自己的一切都是永恒的,只是把自己比作一名中学女生(甚至不是一名中学男生);而米尔金娜在听巴赫金的讲座记笔记时,还真是个中学女生,真正的中学女生(毕生都是中学女生)。

在此处"附录"中发表的巴赫金的讲座(米尔金娜的笔记),不是完整的全部,即使流传到我们手里的也不是完整的,因为记录下来和保存下来的都已不是全部的内容。正式的原因之一是:在《巴赫金文集》一卷中的"附录"里发表这一部分笔记显然过长;比较适合全文发表米尔金娜笔记的地方,似乎是《文学遗产》的某一卷,或者相反,是一本供中学教师和高年级中学生阅读的、有相应的注释予以补充说明的书。

主要的非正式的原因是,笔记中显然并非所有部分都有相同价值,也就是说,在维捷布斯克时期的讲座中,笔记中的某些部分显然是难以令人信服的。

为了解决文集中究竟应该出版哪部分笔记的问题,我们想尽力避免两个极端做法:一个就是全部予以出版,一个就是出版"最好的部分"。如果采取前者,那编者似乎是没有责任了,这倒不算糟糕;但如果采取后者,那编者就变成了第二作者,因为单单一个记录者(不是速记者,也不是根据录音带记录的人)在记录他人的无论多长的连续不断的讲话时,总是被记录者的第二作者;当然,对被记录者所讲内容的积极选择,也是第二作者的特权,如果选择的标准是如此不确定和主观的话。

至于米尔金娜笔记的特点、结构和先后顺序,有三个方面值得注意。

一、在米尔金娜的笔记中,不仅没有注明时间,即这一或那一讲座是在何时做的(总之,没有注明日期),而且,划分笔记各部分的原则只是按照主题,且仅仅按照主题。这就意味着,讲座与讲座之间没有界限,也就是说,就讲座本身而言不存在完整的讲座,即:讲座应该有一个有开头、中间和结尾的完整的主题。所以,正如手稿中划分的一样,各个主题的篇幅从几十页到仅仅几行不等。在几乎每一个主题的内部(除了篇幅极小的几个主题),都有篇章上的划分,即篇章中有次主题和子主题。主题无疑是分开了,因为每一个主题完全不受篇幅的限制,在手稿中都是另起一页开始的(一般来说,在本文集中,包括在这里的"附录"里,要遵循这一原则尤其困难)。跟主题一样,次主题在手稿中都有单独一行的副标题,子主题也有副标题,但是这些标题之后的文字(参见笔记文本)却没有另起一行。个别主题在篇幅上相差非常之大,因此,我们不妨说,在有些情况下,主题就是某些讲座的材料,而且,单个讲座之间的界限已经消失;在另外一些情况下,(一般不大的)主题可能只是这一或那一讲座的某一片段,是从遵循纯粹的主题原则的讲座记录中分离出来的。当然,也不能排除这种情况:某个篇幅不长的主题就是某次讲座,由于这一或那一原因而记录得非常简短。不管怎样,主题的原则是第一位的,它战胜了这一原则:将笔记文本划分为单个的具有界限、自然也具有日期的讲座。因此,手稿中对笔记的划分原则不是做讲座的人巴赫金所为,而是米尔金娜本人所为,显然,这一原则是在不止一次的誊抄笔记的过程中形成的(关于这一点,参见前引的 M.3. 奥尼库尔的信;也可以参见《巴赫金文集》第 2 卷第 652 页对"增补"部分作的题解)。一般来说,将笔记文本分段也是记录者所为,记录者也对句子进行了衔接,哪怕任何一个句子都是作讲座人所说的。

二、现在我们已经非常清楚:在列宁格勒是从陀思妥耶夫斯基开讲的;在维捷布斯克最后讲的是托尔斯泰。倘若维捷布斯克已经讲过陀思妥耶夫斯基的话,那么,对讲课的描述的共同之处应该更加严整而规范:给维捷布斯克的中学生们讲的是古典文学,而在列宁格勒讲的则是象征主义作家及与之并行的流派和 20 年代的散文,也就是说,给列宁格勒的大学生们讲的是当代文学,仅仅是当代文学。但是,这一界限(托尔斯泰与陀思妥耶夫斯基之间的)是由米尔金娜指出的,只是,让人感到遗憾的是,我们仍然还有一个界限不清楚:小组停止存在时是究竟是在讲哪一个主题或者是在哪一次讲座之后,为时一年的学习停止之后,个别人重新开始听巴赫金讲课的实际情况怎么样,是否就像后来在列宁格勒那样。这些我们都不得而知。我们似乎可以想象一下:第一年以果戈理结束,19世纪下半期文学是第二年讲的内容;但是,我们这样假设是有前提条件的,前提就是我们认为维捷布斯克时期的笔记有内在的断裂,尤其是认为,在手稿中,"果戈理"主题之后还有两个篇幅非常短小的主题:"恰达耶夫"和"西欧派与斯拉夫派"。它们同样有权利成为19世纪上半期文学的结尾部分,也就是说,它们可能紧接在"果戈理"主题的后面,或者,甚至就是"果戈理"主题的一部分,紧接着它们后面的可能就是"屠格涅夫"主题。能证明小组的学习在"果戈理"主题上结束这一推测的论据是,在"果戈理"主题之后没有论述(没有记录下来的可能性很小)作家的生平。

三、在给自己的手稿加标题目录时,米尔金娜只标注了开设讲座的年度(1922—1927年),而没有标注月份。我们自然而然地认为,这些年度是学年,如果是这样的话,维捷布斯克中学生们的小组就存在于1922至1923学年[1];然后,巴赫金又给三名应届毕业生(他们可能是听众中的三个人,刚刚中学毕业)作了一学年的讲课,然后,又在列宁格勒讲了两年课,是给一对大学生姐妹。列宁格勒时期的讲课可能开始的时间,最早是在1925年初,但也可能晚一些,在秋天;结束是在1927年夏天之前。也可能在其他时间,但可能性不大。

那么,我们结果如何在"附录"里收录米尔金娜的笔记呢?

首先,我们发表了米尔金娜笔记的三分之二篇幅;其次,我们发表的笔记是从"屠格涅夫"主题开始的,也就是说,一开始就不是米尔金娜笔记的开头(没有发表有条件地剔除出去的、有特定限制的第一时期:有10至12人听讲课的家庭小组时期)[2];第三,我们发表的笔记,

---

[1] 即从1922年9月到1923年9月。——译者
[2] 在"屠格涅夫"主题之前的笔记中,有一些(包括篇幅相当大的)部分被用在对米尔金娜笔记的注释里,发表在"补遗"部分中。——原编者

从"屠格涅夫"主题开始，一直到结束，中间没有任何的间断（也就是说，不考虑主题的篇幅，也不考虑一定要关注笔记质量的约定原则）；第四，所有明显的笔误、口误、"误听之词"都予以改正，也就是说，只是在个别具有或多或少的原则性的更改的情况下，在注释里对明显的讹误做一下保留说明；第五，在发表时，必须用纯粹的活字字体标出单个的主题，也就是说，每个主题不再像手稿中那样另起一页开始。两处较重要的误植正文的文字在相应的注释里得到了预先的说明。

我们再重复一遍：记录他人讲话的人，如果不掌握速记法的话，就不可避免地要成为这个他人的第二作者，会遗漏掉什么，会混淆些什么，会没听清什么，会不理解或者按照自己的方式来理解（凭自己的经验，每个人都知道这一点）；因此，记录自己笔记的米尔金娜也是巴赫金的一个不由自主的第二作者。就整体的质量而言，如果考虑到笔记的结构以及那些仍然存在的、但我们尚不清楚的遗漏和缩简之处（这些米尔金娜本人也在自己的回忆录里提到了）的话，甚至，即使无论如何都说明米尔金娜笔记中的任何一个句子都是巴赫金的，那么，笔记的文本在本质上也是属于她的。不应该对这一点抱有幻想：我们指的不是每一个单独的句子，而是知道有遗漏之后，对句子与句子之间的承接，但我们还是不知道，究竟遗漏或者缩简掉了什么，以及在什么地方有遗漏，我们不能也没有权力做出重要的和最终的论断，说讲课是完整的。

从最早的笔记可以看出，几乎每一个主题笔记都三三两两、零零碎碎地保存了巴赫金的思想—口吻（如果不是指最简短的笔记的话）。这并非总是思想家巴赫金或者文艺学家巴赫金的声音，但总是一个卓越的普通人兼教育家的活生生的思想—口吻，此人对生活的最不同的各个方面都有自己的理解。

但是，当谈到作为讲课人的巴赫金的"风格和精神"时，当然不可能有不受限制的、毋庸置疑的标准。尽管新的笔记，比如巴赫金在萨兰斯克从事教学活动时期的笔记,要在更晚的时候才可能出现,但新的笔记应该能够澄清问题(关于第一次发表这些笔记的经验,参见下文)。目前,在《巴赫金文集》第2卷里发表的东西,都是出现在今天的并且是必需和充分的材料,它收录了巴赫金20年代末的作品,包括关于陀思妥耶夫斯基和托尔斯泰、关于19世纪下半叶俄国作家、关于20世纪的大多数作家的作品,因此,数量众多的引文都是有价值的,特别是发表的关于19世纪末至20世纪初文学的讲座中有关陀思妥耶夫斯基的引文。

所讲的内容多少与所记的内容多少的相互关系究竟怎样?很遗憾,这一问题在任何个别的情况下都无法回答。我们只能假设:列宁格勒时期的笔记更加接近于讲座本身的"文本",无论是在上述哪个方面还是就整体而言,也就是说,就其容量而言;第一批笔记,即关于18世纪和19世纪文学的讲座的笔记,却相反,如果不是就上述每一个方面的话,那也在整体上与原件相去甚远。

因此,我们今天在指出讲座的共同的特性时,也没有自信地回答另外一个问题:在自己生命结束之前仍在出色地朗诵诗歌的米哈伊尔·米哈伊洛维奇·巴赫金,到底有没有在做家庭讲座的时候在每一个特定的具体场合下朗诵过诗歌?即使讲座比较简短,只要他朗诵了诗歌,那么,讲座的样式将完全不一样。当然,有诗歌朗诵"配音的"巴赫金讲座,会在听众的记忆中以另外的方式予以着重指出,当然,这样大劳动量的讲座可能会被除录音之外的任何方式记录下来①。

在我们看来,米尔金娜的笔记还是比较有价值的(它们的总容量也是很重要的),它有助于潜心阅读它的读者唤起感激之情和赞叹之

---

① 参见发表在《莫尔多瓦大学校报》(1960年1月1日)的文章《一个具有伟大心灵的人》,以及发表在《苏维埃莫尔多瓦报》(1990年8月7日)上的文章《他是如此光明磊落》。也可参见一本与本文集排版时间同年出版的专著:《米·米·巴赫金论外国文学史:古希腊罗马。中世纪(由维·亚·米尔斯卡娅记录)》(正文、前言和注释的发表者和准备者是 И.В.克留耶娃和 Л.М.利苏诺娃;萨兰斯克,莫尔多瓦大学出版社,1999年)。参见该书中维多利亚·亚历山德罗芙娜·米尔斯卡娅的随笔《翻起旧笔记本……》,第8—10页。——原编者

情。应该对我们所获得的信息给予高度评价,以便如此细心地记住和保存它。

我们所发表的米尔金娜的笔记,是根据她重新誊抄过的手稿。这个手稿共有三百三十八张普通格式的白色厚纸,扉页不包括在内,扉页上写的是文本的标题:《米·米·巴赫金俄国文学讲座,1922—1927年。拉·米尔金娜记录》。全部文本都是拉希尔·莫伊赛芙娜·米尔金娜手写的,页码也是她手写的。每张纸只写满一页,手稿的最后一页最后一行下是签名:拉·米尔金娜。她由一位少女变成了后来的年轻大学生,在成了年迈的七十岁老妪后的她,又一次工整地、清楚地、参与性地重抄了自己的笔记。这次重抄不是第一次,也不是中间几次,而是最后一次。墨水是蓝色的。

万海松 译

《屠格涅夫》

《屠格涅夫》主题是米尔金娜的笔记中篇幅最大的十个部分之一。关于屠格涅夫创作的讲座(看来,这些讲座不少于两次)的时间,最有可能是在1923年秋,但也不会晚于1924年初。在米尔金娜的笔记中,19世纪下半叶的俄国文学是从这个主题开始的。由于我们缺乏巴赫金关于19世纪下半叶其他俄国作家的讲座的信息,势必妨碍我们更确切地判定巴赫金做关于屠格涅夫的讲座的时间;我们尚不知道巴赫金是否就以下作家做过讲座:赫尔岑、奥斯特洛夫斯基、萨尔蒂科夫-谢德林、费特、阿·康·托尔斯泰、皮谢姆斯基、阿·格里戈里耶夫、列斯科夫、波隆斯基等。如果做过,那么是什么原因它们没有被记录下来;如果既做过,又被记录下来了,那笔记为何没有保存下来;最后,如果关于19世纪下半叶这些和那些俄国作家的讲座根本没有做过,那么,其原因我们同样不得而知。遗憾的是,我们对选择主题、作家名和标题的倡导者是谁,老师还是学生,也一概不知。从米尔金娜的话中我们只知道,她"保存有巴赫金在不同年代里做的一些讲座的笔记"(参见特写《我所知道的巴赫金》)。

在巴赫金的著作中,屠格涅夫的名字是相当常见的,比其他许多俄国作家和诗人都要常见,但是,或者是在某行列中被提到(在《陀思妥耶夫斯基诗学问题》中,屠格涅夫和托尔斯泰与冈察洛夫在一起,被提到三次;和托尔斯泰与巴尔扎克在一起,也被提到三次;和托尔斯泰,当然也是和托尔斯泰与"西欧自传小说的代表"在一起,被提到过一次。在《长篇小说的话语》中,和巴尔扎克、陀思妥耶夫斯基"等人"一起。在《长篇小说的时间形式和时空体形式》中,和果戈理、格列布·乌斯宾斯基、谢德林和契诃夫在一起),或是在公开的辅助教学中提及的:"比如,屠格涅夫笔下的波图金"(《陀思妥耶夫斯基诗学问题》),"比如,在屠格涅夫那里"(同前),"比如,屠格涅夫的'幻影'和'相当'"(同前),"最简单的典型是'罗亭'"(《长篇小说的话语》)等等。

还有以对照的方式提到的:在《文艺学中的形式方法》中,有好几处提到巴尔扎克时也带着"比如",这几乎是巴赫金谈到屠格涅夫的上下文中必备的("长篇小说的主人公,比如,取自小说结构之外的屠格涅夫的巴扎罗夫……"等等);在《马克思主义与语言哲学》中,我们看到:"……比如,在屠格涅夫那里,尤其是在托尔斯泰那里"或者"……(就像在屠格涅夫或托尔斯泰那里)"(《文艺学中的形式方法》,第33—35、39页;《马克思主义与语言哲学》,第128、133页)。

巴赫金的著作中专门谈论屠格涅夫及其特点,谈论他的个别作品的文字非常少,可以认为,那些暗示屠格涅夫创作的独特性的话,都包含在此卷中论托尔斯泰的文章之中(其中有三次着重提到,托尔斯泰和屠格涅夫的原则上的区别在哪里),最后还有一些极其简短的暗示,是对屠格涅夫的风格的直接评价和界定式评价,这些都包含在《陀思妥耶夫斯基创作问题》(以及《陀思妥耶夫斯基诗学问题》)、《长篇小说的话语》以及本文集第五卷出版的暂拟题为《1961年笔记》的手稿(手稿的第一部分先行发表在《话语创作美学》中,冠题为《关于陀思妥耶夫斯基一书的修订》)和《陀思妥耶夫斯基——1961年》之中。在《陀思妥耶夫斯基创作问题》(在《陀思妥耶夫斯基诗学问题》中几乎没有变更)中,巴赫金坚持认为有必要把故事体中的他人语言的叙述方式和口头语言的叙述方式区别开来,并将屠格涅夫的小说和普希金与列斯科夫的小说加以对比,他写道:"屠格涅夫引进了叙事人,在大多数情况下,他完全没有模拟他人的个体的和社会的叙事方式。比如,《安德烈·科洛索夫》中的故事,就是屠格涅夫圈子中的知识分子的文学人的故事。"就在这里,稍后一点的地方,巴赫金又写道:"透过他人语言来体现自己的思想倾向,屠格涅夫既不喜欢也不善于这样写。双声语在他的笔下难以奏效(例如小说《烟》中讽刺挖苦之处)"在《长篇小说的话语》中,他又再次提及,略有不同:"在屠格涅夫长篇小说中,主题的合奏集中于直接的对话中,人物不在自身周围开拓宽广而密集的领区;修辞上纷繁复杂的混合现象,在屠格涅夫笔下是颇为少见的"。在《长篇小说的话语》中,接着又举了长篇小说《父与子》和《处女地》中八个"散见杂语"的例子(《文学和美学问题》,第130—132页)。在《1961年笔记》(《巴赫金文集》第5卷,第341页)中差不多又谈到了同样的问题,只不过换了说法:"比如,如果屠格涅夫抛弃掉巴扎罗夫和巴·彼·基尔萨诺夫争论的内容,那么,任何一种新的结构形式都留不下来(对话渗透进了陈旧的、单一而平淡的形式之中)"。在《陀思妥耶夫斯基——1961年》中,巴赫金提到,屠格涅夫的主人公和陀思妥耶夫斯甚的主人公的对立,是尖锐的和确定不移的:"屠格涅夫的主人公们活着,实现着自己的社会的和个体的命运(命运完全把它们给占据住了),与此同时还在争论着。而陀思妥耶夫斯基的主人公们,其全部的生活和命运却在争论中,在它们所占据的对话性立场中融成一体了"(《巴赫金文集》第5卷,第368页)。

因此,这里所发表的关于屠格涅夫的讲座的笔记,就目前来讲,是巴赫金对屠格涅夫的作品唯一相当详细地展开来论述的内容(或者更确切点说,是一系列或多或少详尽的论述片段),这些内容带有各种可能的错漏,这是不可避免的,因为它们保存在他人的笔记中,而且还不是整齐划一的他人笔记之中。

关于屠格涅夫的讲座的笔记,不包含纯粹是创作生平的信息,所以给人的印象已经不像此前的"中学生式"的讲座了,这也成了一个额外的理由,基于这个理由,我们在此卷的附录里发表米尔金娜的笔记时正是从这些讲座开始的(参见关于米尔金娜的笔记的"总序言")。

《冈察洛夫》

关于冈察洛夫这一部分的笔记,内容相对较少,尤其是与关于屠格涅夫及其长篇小说的那一部分相比。冈察洛夫在巴赫金的为人所知的著作里很少提到,明显少于屠格涅夫,但这些提及的话并不值得特别关注,如果没有出现令人称奇的关于奥勃洛摩夫的段落——提纲(《长篇小说的时间形式和时空体形式》,载《文学与美学问题》,第383页),这个段落不大,但足以说明"巴赫金论冈察洛夫"这一主题(《长篇小说的时间形式和时空体形式》中关于奥勃洛摩夫的段落),得到了尤里·洛希茨的专著《冈察洛夫》(1977年在《名人传记》丛书中出版)第190页的充满赞许的引文。笔记中的这个段落完全可以被设想成书的一章和一部分而得以展开来讲述的,因此从它的内容上看,无论是和司汤达、巴尔扎克与福楼拜并列地提及的冈察洛夫(《长篇小说的时间形式和时空体形式》,载《文学与美学问题》,第383页),还是在《教育小说及其在现实主义历史中的意义》(《话语创作美学》,第199页)提供的欧洲教育小说的一长串名单中提到冈察洛夫的小说,以及在《陀思妥耶夫斯基诗学问题》中三次将冈察洛夫和托尔斯泰与屠格涅夫一起提及,都可以换一种角度来认识而变得越来越有价值了。

所发表的笔记中的一些个别论点,注释时自然而然地会涉及在巴赫金著作的这一或那一语境里对冈察洛夫的如此简单的提及,尤其重要的是在《长篇小说的时间形式和时空体形式》中极其浓缩的关于奥勃洛摩夫的段落。冈察洛夫的主题除了引言外的部分,记录得很成功，特别是副标题为《奥勃洛摩夫》的那个片段，可能是米尔金娜的讲座笔记中保存最好、最鲜活、最具巴赫金文风的文字之一。就冈察洛夫的主题这个例子来说，非常明显的是，里面的小标题是较晚时候加上去的，属于学生而不是老师，属于听众米尔金娜而不是做讲座者巴赫金。这是另一回事了。将章节和相应的小标题分开（米尔金娜记录的讲座笔记中的所有部分都存在这种做法——将章节分开），很可能不是在听完讲座后趁热打铁完成的，而是在过了一段时间之后，在最后一次的誊抄过程中完成的。由于某种原因，个别讲座之间的衔接，被有意识地去除掉了，或者散佚了（关于这一点，参见对讲座笔记所作的注解之前的总题解）。此外，正是在我们接触的是高质量笔记的情况下，当然只能假定是较高程度地保存了作讲座者的文本，还是能明显感觉到这种分割和归类所造成的遗失：尽管文本有完全自然而然的片段性，但显而易见，这一部分并非是对冈察洛夫的三部小说的逐一分析，不是三篇关于每一部小说的相对独立的论述，而是一篇蜻蜓点水般的论述，它只是选取了全部三部小说最必要的特点（必要性是就整篇论述的意义而言的）。现在所标明的这些划分是形式上的，因而意味着是强加上去的，因为作这些划分似乎有可能建立起文本的内在统一性，但是，不作这些划分，这种统一性更容易揭示。比如，对《平凡的故事》的论述，只是为论述《奥勃洛摩夫》作铺垫，它没有独立的意义；引进世界观概念，是为了更好地理解另一个概念世界感受，目的只是为了在后面集中论述长篇小说《悬崖》的主人公的世界感受。对奥勃洛摩夫的世界感受本身的描述，是如此完整、清晰，如此出乎意料、使人难以置信，以至论述奥勃洛摩夫的所有话语就会自然而然地被认为是整个论述的核心，被认为是关于冈察洛夫的这一部分讲座的高潮，也许是米尔金娜所记录的讲座笔记最有意义的部分之一。至于标题为《悬崖》的这一部分，其中谈到奥勃洛摩夫性格、"奥勃洛摩夫卡"和奥勃洛摩夫并不是偶然的，这只是论述奥勃洛摩夫的自然而然的结束。而缺少了前面所论述的全部内容，这个结尾（对改造奥勃洛摩夫卡的论述），就无法理解，它同样不具有独立意义。《悬崖》片段的最后一句话，明显囊括了巴赫金对冈察洛夫的全部论述，而不是其一部分。因此，可以想象，论述冈察洛夫的这一部分讲座，如果没有加副标题，没有划分成诸多部分，也没有加小标题和停顿，给人的印象也就更完整、更有力量。它也让人想起和意识到，在 20 年代，当年轻的巴赫金在家里做关于俄国文学的讲座时，他既是《艺术与责任》一文的作者，也是现在冠名为《论行为哲学》的那部论著和《审美活动中的作者与主人公》的作者。如果他不是一个宗教哲学家的话，那么，无论如何也不容置疑的是，他是一名哲学家且身上有着宗教倾向（参见《列·瓦·篷皮扬斯基所记录的 1924 至 1925 年间米·米·巴赫金的讲座与发言》，载论文集《作为哲学家的米·米·巴赫金》，莫斯科，科学出版社，1992 年，第 221—252 页）。

《涅克拉索夫》

《涅克拉索夫》这个主题，笔记好像没有做全，不是从头开始记的。

笔记（我们无法判断讲座的开头）给人的印象是突然开头，也就是说，是从某个中间部分讲起的，尽管鲍·米·艾亨鲍姆只是在我们所看到的这部分的结尾处提到的，其实，这一部分笔记从一开始就在谈他和他的观点，因为据我们所知，那一段就是对艾亨鲍姆的论文《涅克拉索夫》中的个别观点的转述，尽管转述得相当自由。艾亨鲍姆这篇论文 1922 年首次发表（《开端》杂志第 2 期，第 158—192 页），1924 年再次发表（论文集《透视文学》，第 233—279 页），在 1927 年又一次发表。该论文收进了艾亨鲍姆的论文集《论诗歌》（1969 年，第 35—74 页）中。

即使不知道《涅克拉索夫》这篇论文的内容，根据最后一段的开头一句话的行文特点（"艾亨鲍姆认为"等等），也就是说，不仅根据这句话的意思，而且根据其句法格式和相应的语调，就已经能轻而易举地了解到，讲座中已经提到过艾亨鲍姆了，上文讲到过他，而且讲的就是他，一直讲到涉及涅克拉索夫诗歌的主题的时候；最后一段才涉及"主题"，而且在这段里对艾亨鲍姆观点的不赞同表达得尤为明确，与此同时，这种不赞同，就像前面对艾亨鲍姆诗歌观的赞许一样十分明确。至少根据笔记所记录的内容来看是如此。但是，不能把引言只归于对艾亨鲍姆的观点的转述，因为很明显，巴赫金的重点是明确申明自己的主张，这种主张对巴赫金来说是原则性的，它也出现在讨论巴比耶的文本中（在艾亨鲍姆的文章中，在相似的语境里，只谈到了贝朗瑞一人）。将巴比耶和涅克拉索夫相提并论还能在巴赫金的《陀思妥耶夫斯基创作问题》中看到，那里提到了"海涅、巴比耶、涅克拉索夫等人的'散文型的'抒情诗"（《巴赫金文集》第2卷，第97页）；在《讽刺》这个词条里，提到了"贝朗瑞、巴比耶、涅克拉索夫"的讽刺诗（《巴赫金文集》第5卷，第12页）；在对《讽刺》这个词条的增补（《巴赫金文集》第5卷，第37页）里提到："涅克拉索夫的讽刺，把欧洲歌谣讽刺的优秀传统（贝朗瑞、巴比耶）同民族的民间讽刺传统结合了起来。"在署名瓦·尼·沃洛希诺夫的论文《生活话语与艺术话语》中多次将"朱文纳尔[①]、巴比耶、涅克拉索夫等"相提并论（参见《星》杂志，1926年第6期，第264页）。在讲座笔记的引言里，提及巴比耶的次数相对多些，共有四次。

就讲座笔记的引言，以及篇幅不大的整个这个主题的笔记而言，我们不妨假定，作讲座者谈论涅克拉索夫，最终归结为推荐阅读艾亨鲍姆的文章，巴赫金也能够避开对这篇文章只作解释。能够肯定这种假设的理由是：紧接引言的加了小标题的三个小部分，完全属于答话的体裁，因为其中没有一丝分析的迹象，只有看法。艾亨鲍姆的文章里也论及这三部长诗，当然，远不止这三部。

《波米亚洛夫斯基》

巴赫金在《论笑谑理论问题》的草稿中，有一句话提到了波米亚洛

[①] 朱文纳尔（约55—约127），又译尤维纳利斯，罗马讽刺诗人。——译者

夫斯基:"波米亚洛夫斯基描绘的快乐的英雄气概。"接着又有一句:"这种英雄气概来自民间文学以及特殊的宗教寄宿学校的风尚"(《巴赫金文集》第5卷,第59页)。

《民粹派》

以"民粹派"开始的三个主题多半是一次课的内容,而只是在米尔金娜记录的讲座笔记中才被分开来的。讲座有综述的性质,这也就是没有提到作品名称和分析具体作品的原因,就像"六十年代派"那部分一样。另一方面,也说明民粹派显然要比六十年代派更让巴赫金感兴趣。引言部分和后面两小部分的内容,为展示巴赫金对民粹派的态度提供了可能;要是没有这部分笔记,那我们只能根据论述托尔斯泰的那些序文来评判这种态度。但是,即使是在这些文章中,巴赫金要抛出自己的见解和评价,还是要受制于主题、时间和地点,即写作的时间和发表的地点(参见《巴赫金文集》第2卷第544页中注释者对这些序言所作的注释)。在后面讲述谢尔盖耶夫-岑斯基时,巴赫金又提到了民粹派。

《格列布·乌斯宾斯基》

在这一部分笔记里,值得特别注意的是,竟只字未提作品名称。对创作的此类概括性的评述在后面论述当代文学即20世纪头10年末到20年代的文学的讲座中,也出现了。在论述托尔斯泰的戏剧《黑暗的势力》的文章(《巴赫金文集》第2卷,第181页[①])和《长篇小说的时间形式和时空体形式》中,提到过格列布·乌斯宾斯基;在后面这部作品,巴赫金还提到"普通世俗的周期性的日常时间"及其变体。巴赫金写到,这种时间也"出现在果戈理、屠格涅夫、格列布·乌斯宾斯基、谢德林、契诃夫的作品中,是我们都熟悉的"。无论是并列的人名,还是这部分讲座笔记中的全部内容,都可以说明,巴赫金对该作家的态

---

① 原文题解中错引了乌斯宾斯基的作品《土地的势力》。——译者

度是相当严肃的。

《米哈伊洛夫斯基》

对于那些不但对作为思想家的巴赫金(哲学家、文艺学家、语言学家)的思想、见解和评价感兴趣,还对他的整个的人格感兴趣的人来说,关于米哈伊洛夫斯基的这部分笔记,是米尔金娜所记录的整个讲座笔记中最珍贵的内容之一:巴赫金的全部人格,包括他自己对他人和事件的态度,尤其是对他作为见证人的那些事件的态度(因此,完全不能把巴赫金看作是笔记的撰写者,这不仅仅因为时间条件的缘故)。正如讲座笔记中所反映的那样,巴赫金对米哈伊洛夫斯基的态度,以及对米哈伊洛夫斯基的论敌布尔什维克的态度,我们只有在带有大量的保留条件的情况下,才能认为是其个人的意见;虽然如此,与巴赫金对杜勃罗留波夫抱以同情、对皮萨列夫少有同情的态度相比,以上的态度更加令人感兴趣、更加严肃地涉及了巴赫金人格中的深层面。就某个重要的方面而言,巴赫金倒是无疑更接近米哈伊洛夫斯基。对我们来说,在此笔记之后出现"巴赫金与米哈伊洛夫斯基"这一主题,显得比较合理。在格·彼·费多托夫[1]的《知识分子的悲剧》[2]中,以及在格奥尔基·弗洛罗夫斯基神父的《俄国神学之路》[3]中,对米哈伊洛夫斯基是明确持批判态度的;瓦·瓦·津科夫斯基神父在《俄国哲学史》[4]和尼·亚·别尔嘉耶夫在《俄国思想》[5]中,对米哈伊洛夫斯基的

---

[1] 格奥尔基·彼得罗维奇·费多托夫(1886—1951),俄国宗教哲学家。创办过《俄国之声》杂志,1925年流亡国外。巴赫金早年曾参加过他组织的研讨小组"复活"。——译者

[2] 格·彼·费多托夫的论文集《俄国的命运和过错》(两卷本)第1卷,圣彼得堡,索菲娅出版社,1991年,第70页。——原编者

[3] 瓦·瓦·津科夫斯基:《俄国文学史》,巴黎,基督教青年会出版社,1981年,第289页。——原编者

[4] 格奥尔基·弗洛罗夫斯基:《俄国神学之路》,列宁格勒,自我出版社,1991年,第170—182页。——原编者

[5] 尼·亚·别尔嘉耶夫:《俄国思想》,见论文集《论俄国和俄国的哲学文化》,莫斯科,科学出版社,1990年,第142、143页。——原编者

态度,更加令人感兴趣,更加抱以同情。应该附带说明一下:我们不知道巴赫金是否在类似我们所举出的语境中研究过米哈伊洛夫斯基。上述那些作者和巴赫金都指出了"非常不高明的哲学文化"(别尔嘉耶夫语),米哈伊洛夫斯基偏爱的思想在哲学上的不充分性。尽管如此,我们也不能认为,"责任、真、真实"就是活跃于巴赫金本人的思想世界中的全部范畴[1]。

万海松　译

《列夫·托尔斯泰》

论托尔斯泰的讲座笔记曾以《米·米·巴赫金讲座提纲》这一不准确的标题刊发于文丛《普罗米修斯》第 12 辑(青年近卫军出版社,1980 年,由瓦·柯日诺夫发表并作序)。在那次刊发中,有十一个片段没有收进去:引言,《三死》《霍尔斯托梅尔》《家庭幸福》《忏悔录》《我的信仰是什么?》《光在黑暗中发亮》《活尸》《谢尔盖神父》《伪造的证券》《一个疯子的日记》。在本卷的这一附录中,《列夫·托尔斯泰》这一讲得以完整地发表,文本据收藏于"巴赫金文档"中的米尔金娜的手稿作了校对。

这一讲是米尔金娜笔记中篇幅最大的一讲:很容易让人相信的是,这一讲的篇幅相当于前面所有的八讲(论托尔斯泰的讲座,看来不少于四次)。对这一点,以托尔斯泰本人的创作的分量与他在俄罗斯文学史上的地位,是可以解释的。可是在这个场合下,这样的解释还是不充分的。不论是所涉猎的作品是早期的与晚期的,包括未完成的(死后才发表的)数量之多,还是具体分析中那种明显的有意识的方法上的积极性,不论是这些分析在类型上的多种多样,还是这些讲座的记录本身的详细

---

[1] 参见《论行为哲学》(载《哲学与科学技术社会学》,莫斯科,科学出版社,1986 年,第 109、110 页)。巴赫金的"真"范畴,参见鲍恰罗夫的文章《存在之事件》(载《新世界》杂志,1995 年第 11 期,第 212、213 页)。——原编者

(一些篇幅相当大的片段，宁可说不是被逐字逐句地记录下来的，而更像是用速记的方式录写下来的）。所有这一切迫使我们将这一讲的篇幅与内容，同巴赫金生涯中六年的涅维尔－维捷布斯克阶段之结束，而于1924年迁居（准确些说，回到）彼得堡——这时已经成为列宁格勒——这一事件，关联起来，也就是说，要同论托尔斯泰的讲座乃是为期两年的家教（在家里讲授俄罗斯文学史）课程的最后一讲这一情境，关联起来；况且这一课程已是没有延续的可能，当时也看不出还有任何延续的可能。这样，论托尔斯泰这一讲（大约是1924年春），对于那几个听众，对于授课者本人，当时都有可能又被看作为告别性的。不管怎样，呈现在我们面前的乃是篇幅相当大的文本的笔记（其篇幅之大，足以印成一本小册子），这是出自二十八岁的巴赫金口中的讲稿，这是他关切地面对两三个年轻的听众——维捷布斯克城的居民，所讲授的。重要的是，米尔金娜笔记中《列夫·托尔斯泰》这一讲，是米·米·巴赫金对托尔斯泰的创作的评述（总共也不过三个多少完整的述评）中的一个，其中包括两篇序文，这一讲座就是那两篇文章的一份自然的注脚。

重要的似乎还有一点：大约也就在托尔斯泰这一讲座进行之际，米·米·巴赫金在完成（或者已经完成）标明写于1924年的论著《话语创作美学方法论问题》第一部分。论托尔斯泰的这一讲部分地也可以看成这篇论文的一个注脚。准确些说，尤其可以成为这篇论著中涉及转述之潜能那一部分论述的一个很好的注脚。具体说，可以成为"如果能从方法学上正确地理解面临的任务，转述就可以在审美分析中起到巨大作用"这一论述的一个很好的注脚。很难说清，当巴赫金写到"许多批评家与文学史家掌握了高超的技巧，那种通过方法学上深思熟虑的半审美性的转述，来揭示出伦理因素的技巧"这句话时，他具体指的是谁；然而，可以确有把握地认为，巴赫金本人完全掌握了这一技巧，而且还是在十分高超的水准上。论托尔斯泰的这一讲的笔记，使我们可以以一种比先前所有的讲座都要更大的把握来评判这一点，在这方面可以与之一比的也只有论陀思妥耶夫斯基的那一讲的笔记。正是在1924年,在《话语创作美学方法论问题》这篇论著的第一部分,巴赫金就转述、转述的潜能与目的写下这样一段话:"……尽管移情弱化了,显得苍白无力,但被共同体验的对象之纯伦理的、未完成的、与存在事件的整一休戚相关的、有责任感的特质,反而表现得更加鲜明,被共同体验的对象同整体的那些关联,形式曾对之加以捐弃的那些关联,反而更清晰地表现出来;这也使得伦理因素容易转化为那些见解的认知形式——伦理的(狭义上的)、社会学的以及其他的见解之认知形式,也就是说,在它可能的范围内将它加以纯理论地转写。"

还有一点要指出:论托尔斯泰这一讲,最终只是家教课程之维捷布斯克阶段的一个结束。几个月之后(也可能是差不多过了一年),也许是1925年春,最有可能是1925年秋,讲座又恢复起来,而"陀思妥耶夫斯基"那一讲,在米尔金娜的笔记中紧接着"列夫·托尔斯泰"这一讲,其实就是象征性地开启了家庭讲座之彼得堡阶段,这一在家里讲授俄罗斯文学史的教程,注定又要延续两年。

最后一个要很好地注意到的情形是,在巴赫金的著作中被提及的列夫·托尔斯泰,一如其他作家,那些在这一或那一序列中同俄罗斯的经典作家和欧洲的经典作家一同被提及的其他作家,仅仅是在与陀思妥耶夫斯基一起相提并论时才时常被提及,或者,像其他作家那样,作为一种显然是辅助性的方法学上的构建所必需的一个例证,在巴赫金的文本中以独特的方式出场,在那种并未直接地提及他们,并未指称他们的时候也出场。这一情形,自然首先见之于论陀思妥耶夫斯的那部著作,那里整页整页地,几乎整章地提供经常的、密实的、仿佛是背景性的托尔斯泰的出场,对托尔斯泰的名字只是偶尔提及,或者在很长时间里根本就不曾提及。换句话说,在阅读《陀思妥耶夫斯基创作问题》与《陀思妥耶夫斯基诗学问题》时,我们会比米·米·巴赫金对托尔斯泰的直接征引要更经常地在意念中(也不是没有作者意志的影响)转向托尔斯泰、托尔斯泰的世界、托尔斯泰的人物、语言与文体,这也是巴赫金给予我们的:巴赫金,为了自己能更好地被理解,似乎原本就可以经常地征引托尔斯泰,经常性将托尔斯泰的世界同陀思妥耶夫斯基的世界相比拟。可以带着一份必要的谨慎来说,托尔斯泰乃是适合巴赫金之争论性的潜文本之中的人物之一。《列夫·托尔斯泰》这一讲的笔记,正是给我们提供出一个罕见的、也许是唯一的可能性,即获得巴赫金将托尔斯泰作为原原本本的托尔斯泰、外在于那种无休无止的对比、对立之紧张的氛围,而加以接受的。

周启超　译

《陀思妥耶夫斯基》

据米尔金娜见证,这一部分讲座是1925年巴赫金在列宁格勒重新开讲的部分,也就是说,巴赫金的文学史讲座的第二部分就是列宁格勒系列讲座。关于这部分讲座与巴赫金1929年出版的《陀思妥耶夫斯基创作问题》一书的共同点和相关之处,请参见注释者对《陀思妥耶夫斯基创作问题》所加的注释(《巴赫金文集》第2卷,第459页)。这部分讲座包含对陀思妥耶夫斯基诸多小说的分析,有些批评家后来指责《陀思妥耶夫斯基创作问题》一书对小说的分析不够,特别是瓦·列·科马罗维奇在1934年用德文发表的一篇评论(参见《巴赫金文集》第2卷,第464页)。这些分析具有教学方面的简单化特征,在全部的讲座中,这一宗旨是很明显的。然而,在许多地方,这种自由的简单化的论述使得评说获得特别的、非教训式的说服力,比如索尼娅,她为了别人"想蜷缩起来,缩成一团",再比如梅什金公爵,甘愿"为所有的人而粉身碎骨"。在《陀思妥耶夫斯基创作问题》中得到某种呼应的如何理解陀思妥耶夫斯基的共同主题中,可以单拿出陀思妥耶夫斯基主人公的"实现自我"和"对实现自我的渴望"的主题,尤其是在对《白痴》和《少年》的分析中(试比较《陀思妥耶夫斯基创作问题》的同一主题,载《巴赫金文集》第2卷,第73页)。同样也可以单拿出这部分讲座笔记最后几行,即在伊留莎的坟墓上建起的"一座小小的儿童教堂",它仿佛是"给伊万一个回答";在《陀思妥耶夫斯基创作问题》的最后,"儿童的社群"①被看成是超越"通向米尔的社群"的现有社会形式的例子之一,这个"通向米尔的社群"是艺术家陀思妥耶夫斯基的乌托邦梦想(关于这一点,参见《巴赫金文集》第2卷,第457页)。在这里,这一主题超越于任何社会学方面的理由,而这个理由在《陀思妥耶夫斯基创作问题》的结尾处,是与这一主题结合在一起的。

《80年代时期》

这一部分篇幅不大,被米尔金娜独立为一个主题,它多半不是一次简短的例行的讲座,而只是一次讲座的"碎料",在誊抄笔记手稿的过程中变成了独立的主题(关于这一点,参见《巴赫金文集》第2卷,第565页的注释"总题解")。米尔金娜所记录的讲座笔记可以看成是有限定条件的整体,这一主题—片段确定了两个部分之间的界限,这两个部分也是有限定条件的,因为第二个部分,在米尔金娜所记录的讲座笔记中,形式没有加以任何的划分。在米尔金娜所记录的讲座笔记中,第二个部分之前,是关于俄国古典文学的讲座笔记,之后则是关于俄国文学,或者说是关于不久前上个世纪的,或者说是关于现代的和当代的、今日的俄国文学。

万海松　译

《"帕尔纳斯派",颓废派,象征主义》

从陀思妥耶夫斯基转到象征主义使人感到突然,主要是缺少了一些中间环节,托尔斯泰与陀思妥耶夫斯基的不少同时代人都未有记录,如奥斯特洛夫斯基、谢德林、皮谢姆斯基、列斯科夫,以及契诃夫及其同时代人如蒲宁、库布林也是如此。关于这点,米尔金娜都未做出说明,但就

---

① 参见俄文版《巴赫金文集》第2卷,莫斯科,俄罗斯辞书出版社,2000年,第174页。——译者

巴赫金论及波米亚洛夫斯基、乌斯宾斯基等人来看，讲座中是讲到这些作家的，可能是米尔金娜没有保留笔记或是没有遇上讲座，也可能是这方面的笔记遗失了。有关19世纪末、20世纪初外国的帕尔纳斯、颓废派、象征主义的论述，看来是巴赫金唯一留下的东西。他后来在访谈中不少地方谈到波德莱尔、安年斯基、维亚切斯拉夫·伊万诺夫、勃留索夫、别雷、勃洛克和其他诗人，高度评价了他们，他对他的同龄人个人非常熟悉。巴赫金在访谈录中关于象征主义者及其同时代人作了不少评价，这篇讲座可以看作是为访谈提供的注释。这篇笔记是第一次发表，大概是1925年末至1926年初的讲座的记录。

周启超 译

《瓦列里·勃留索夫》

巴赫金在《访谈》中高度评价了作为艺术家和翻译家的勃留索夫，但未涉及具体著作和体裁的评论，本文则对勃留索夫进行了较为详细的论述。讲座大约于1926年初举行。

《巴尔蒙特》

巴尔蒙特曾与维亚切斯拉夫·伊万诺夫、别雷一起为巴赫金所提及，这篇讲座笔记是巴赫金对巴尔蒙特唯一的论述。

杨可 译

《索洛古勃》

《索洛古勃》这一讲，一如其后的《维亚切斯拉夫·伊万诺夫》与《别雷》那两讲，已经刊发过（参见"总序"），可是，上述这三讲在这里是第一次被放在一起来刊发，并且是以《米尔金娜的笔记》手稿中所排列的次序，进而，看来也就是这些讲座当年实际进行的那个次序来刊发的(最初的刊发中,出于某种考虑,《索洛古勃》与《别雷》这两讲曾被调换了次序)。这样,《索洛古勃》这一讲笔记的开头对勃留索夫的几次提及,就具有回溯到前面已做过的讲座的补充意义。总体而言,对俄罗斯象征派中的每一位作家的认识(对维亚切斯拉夫·伊万诺夫与别雷——新一编中的轴心人物,就尤其如此),在《米尔金娜的笔记》中是以下这样一些信息的总和来形成的:(1)涵纳在以他们为专题的这些讲座中的信息;(2)涵纳在以另一些讲座中的对他们的一系列重要的提及。在这个意义上,《米尔金娜的笔记》之第二个相对整齐的一编在含义上就显得更为连贯;具有许多贯通性的路径。不难看出,论象征主义者的这些讲座的笔记(新的一编中篇幅最大)在布局结构上也是以彼此类似的方式而构架起来的,看来,这些讲座当年也是以同一个框架为样板来进行的。可以说,以《勃留索夫》这一讲开始,而以《勃洛克》那一讲结束的《米尔金娜的笔记》中的这段文本,乃是这一编的核心,还受这一核心吸引的也只有三讲——《库兹明》《叶赛宁》《列米佐夫》;其余的几讲,不论是在篇幅上还是在对材料的陈述类型上则是另样的:更多的是概述性的而且似乎还是"碎片式的"。如今,在有可能在对照中并且在《访谈录》的背景上来阅读《米尔金娜的笔记》之际,就不会觉得这一情形是偶然的:问题的关键显然不在于这些或另一些讲座,比较充实的或比较简要的讲座,当年是如何被记录下来的,而在于这些讲座本身之另样的类型,它对应于米·米巴赫金对那些作品及其作者之态度上的另样的类型。越是接近这一课程的结尾,那由米尔金娜依旧作为独立的一讲而划分出来的文本,就越像是那类答听众问的体裁,或者说,直接地对应于那类当代文学概述的体裁,那是巴赫金当年应当掌握的,其中也有一些是必不可少的。

很难设想,有朝一日人们会知晓:巴赫金与勃留索夫当年相逢时谈了些什么。具体说,置身于 20 年代初的莫斯科,当巴赫金走进勃留索夫在大鸟巢胡同的办公室,他打算同勃留索夫谈些什么,或者说,在那饥饿的 1920 年的莫斯科,在疲劳的脑力劳动工作者疗养院,探访维亚切斯拉夫·伊万诺夫时，巴赫金同他谈了些什么。在1925年或1926年同费奥多尔·索洛古勃相识之后，巴赫金同他谈了些什么、同安德烈·别雷谈了些什么（参见《访谈录》，第127、78、152、82页）。可是，为巴赫金本人所证实的他同这些作家的相识之事实，我们从《访谈录》里获知的那些个人的印象，有助于更好地来思索以这些作家为专题的讲座的体裁（类型）；这并不是对所熟悉的当代诗人与小说家加以评点的讲座，而是对作品，一如我们所看到的，仅仅是对作品加以评点的讲座。更准确地说，是对作品中的话语，当代诗歌中的话语，当代小说中的话语加以评点的讲座。唯有原本意义上的话语的新颖，它的内涵，话语之个性化的面孔，才是对创作加以评价的标准，是对创作在俄罗斯文学史上的命运加以预测的根据。

关于巴赫金本人的话语，参见亚历山大·萨捷茨基《开放的话语：在其超语言学理论视界中的米·米·巴赫金的表述》（莫斯科，俄罗斯国立人文大学，1997年）。在这本书里，《米尔金娜的笔记》也被征引了，尽管篇幅极小。其中，在第54、57页就征引了论索洛古勃与论叶赛宁的讲座笔记。

周启超　译

《维亚切斯拉夫·伊万诺夫》

首次发表的笔记部分是从其他讲稿笔记中挑选出来的，并对米尔金娜的记录文本作了删减。有关记录者的维亚切斯拉夫·伊万诺夫的讲稿笔记与其他笔记一起现被视为更有特权获得发表。这是因为它更加鲜明地、无可辩驳地表明了巴赫金对维亚切斯拉夫·伊万诺夫的特殊兴趣，感觉到他的创作在年轻的巴赫金的内在思想和情感空间中的特殊地位。巴赫金在论及作为诗人的伊万诺夫的访谈中，已是一位七十七岁高龄的老人了，他说："至今我仍喜欢他"（第106页）；在访谈中他对安年斯基几乎说了同样的话："我十分喜欢安年斯基并且至今仍喜欢他"（第98页）。这时巴赫金谈及维亚切斯拉夫·伊万诺夫的整个语调,与作为讲座者的年轻巴赫金的语调十分接近(少女拉·莫·米尔金娜对此作了出色的保存)。

作为诗人,尤其作为抒情诗人的维亚切斯拉夫·伊万诺夫,在《审美活动中的作者与主人公》的第一章中曾有两次被提及;提到维亚切斯拉夫·伊万诺夫的一些讲座题目,曾将但丁、彼特拉克、诺瓦利斯、茹科夫斯基、索洛维约夫与伊万诺夫并提,涉及彼特拉克商籁诗的部分诗句,曾提及新时期与此相近的有维亚切斯拉夫·伊万诺夫、里尔克。正是在类似的名篇中,维亚切斯拉夫·伊万诺夫是与但丁、彼特拉克和诺瓦利斯一起被提到,其中还有《费奥菲尔和玛丽娅》的讲座笔记的片段(第 327 页)。后来提及维亚切斯拉夫·伊万诺夫时,用的是一种令人难以置信的淡然而又充满自信的语调。这表现在作为教师的巴赫金的一篇方法论论文——《中学俄语课上的修辞问题》中(第 5 卷,第 147 页),此文写于 1945 年春夏之际的萨维洛沃。在我们所知的巴赫金的其他作品里,维亚切斯拉夫·伊万诺夫是被作为理论家和思想家来看待的。

笔记第三段("维亚切斯拉夫·伊万诺夫的象征主义中有两条途径……")提到勃留索夫和巴尔蒙特是沿着第一条道路前进的,安德烈·别雷、索洛古勃和维亚切斯拉夫·伊万诺夫则走的是第二条道路,而阿列克山大·勃洛克以及其他俄罗斯象征派诗人不在这两条序列之内所有这一切是十分重要的信息,并对预先拟定的新教程的头六个讲题(从《帕尔纳斯》起)直至记录者所作的补充性肯定。这一肯定,如上所述,无一例外地与后来的相关讲座相适应。总而言之,至少这六个讲题本身,这一整体篇章应该继续出版是显而易见的了,因为对题目的强调更加明显地把每一篇章与其原著区别开来。

《维亚切斯拉夫·伊万诺夫》这一讲题之内容的完全刊出,即恢复了未收集在首次出版的《话语创作美学》中一些不大的片段。文本依据手稿校正,但与手稿相比,对题目内部的标题作了一些改动,并对两个片段作了调整。内部标题的编排与维亚切斯拉夫·伊万诺夫书里的内在标题的一贯的隶属关系将更加适应。当谈及某一首诗时,片段的标题放在诗行的开头,在论及组诗和诗集时,其名称则放在诗行的中央,这与记录者手稿的安排相对应(而在《话语创作美学》中则是另一种方法:全部标题都移至开头并把篇章作了同样的编排)。大概,关于维亚切斯拉夫·伊万诺夫的讲稿不少于两篇。

卢小合　译

《别雷》

《别雷》这一讲,引人注目的是突出的绝对性——涵纳在其中的评鉴与评价的绝对性:在文本的开头———一切,一切,真是所有的一切;在文本的结尾——影响着所有的人(!),犹如劫数一般悬置在所有人(!)的头顶之上,欲从这一劫数那儿走开,乃是谁(!)也不可能的。这一讲,对于理解米·米·巴赫金对待他所分析的艺术作品及其作者的那些原则,也是更为有趣与重要的。安德烈·别雷本人,有别于维亚切斯拉夫·伊万诺夫以及他们的一些同时代人,在巴赫金身上没有引起并且好像也不曾引起多少也显露出来的好感,巴赫金在《访谈录》中谈及别雷时所作的那番话语佐证了这一点,而且,主要的是,那些话语不是自发地就是有意识地打住,耽搁下来,当 В.Д.杜瓦金那边的话题就要谈到别雷,米·米·巴赫金这里并未出现愿望。这样,这些绝对的评鉴只是绝对地用于艺术家别雷,首先是小说家别雷:还在《审美活动中的作者与主人公》中,别雷的名字就与陀思妥耶夫斯基一起两次被提及(《话语创作美学》,第150、176页),而在这些讲座里(1926年)也还是在果戈理、托尔斯泰,前先是陀思妥耶夫斯趣为标志的伟大的俄罗斯小说的语境中被提及。出于对比:在《马克思主义与语言哲学》里,作者将别雷的小说与受到他影响的那些当代作家的小说,同第一个时期与第二个时期的陀思妥耶夫斯基的小说加以关联(参见《马克思主义与语言哲学》,第3编第3章,1930年版,第132页)。在《论行为哲学》与《话语创作美学方法论问题》第一部分中,别雷是作为理论家而被提及的。

周启超　译

《安年斯基》

安年斯基是巴赫金一生喜爱的诗人,同时他也高度评价作为思想家、批评家和翻译家的安年斯基。巴赫金在《审美活动中的作者与主人公》《话语创作美学》中谈及安年斯基,并将他与海涅、波德莱尔、魏尔伦等诗人并提。

《弗拉基米尔·索洛维约夫》

巴赫金关于弗拉基米尔·索洛维约夫的论述不多,他把后者当作哲学家和诗人看待。由于勃洛克的原因,弗拉基米尔·索洛维约夫的名字才进入文学读本与文学研究书籍,逐渐为俄国读者所知道。在《审美活动中的作者与主人公》一书中,巴赫金谈及各时代的抒情诗人时,就将索洛维约夫与但丁、彼特拉克、诺瓦利斯、茹科夫斯基、伊万诺夫等人并提。

《勃洛克》

勃洛克是巴赫金最后展开论及的俄国象征主义者,新、老一代中的不少象征主义诗人、散文家的地位都未被提及,很可能巴赫金对他们使用了"长远时间"的标准,同时也可能巴赫金的论述没有被记下来,或是遗失了。巴赫金关于象征主义者的讲座,见证了对于形式特征分析的精微之处、正确性和某些诗人、散文家的创作的基本主题,以及他们的诗语特征。在访谈中,巴赫金就勃洛克谈了很多,但就其个性方面他似乎不愿多说,音调中不无遗憾的色彩。

杨可　译

《阿克梅主义》《阿赫玛托娃》《古米廖夫》《库兹明》《未来主义》《谢维里亚宁》《赫列勃尼科夫》《马雅可夫斯基》《列夫派》

在《米尔金娜的笔记》中，《阿克梅主义》《阿赫玛托娃》《古米廖夫》《库兹明》《未来主义》《谢维里亚宁》《赫列勃尼科夫》《马雅可夫斯基》《列夫派》这九个题目比前面关于象征主义和象征主义者的题目的篇幅（占三分之一到四分之一左右）少三分之一。篇幅最大的题目是《库兹明》《马雅可夫斯基》，与较晚时期以及最后时期的巴赫金对这两位艺术家的态度完全相符（参阅巴赫金在《访谈录》中谈库兹明和马雅可夫斯基，参阅《论马雅可夫斯基》一文草稿，大约写于40年代初期，载《巴赫金文集》第5卷，第50—62页）。讲到以论述的篇幅大小作标准判断论者的态度，应马上声明一下：虽说小心谨慎，也只有在关于象征主义者的讲座笔记之后，才能用篇幅作为巴赫金对题目本身的态度的重要的标准，与此同时还要考虑到笔记中所包含的具体评价、被分析的作品本身的篇幅、被分析的作者所创作的一切的篇幅。兼顾这一切并非易事（参阅后面大篇幅的《阿列克谢·托尔斯泰》一讲，似乎仅仅只是篇幅大而已，在那里篇幅明显不表示巴赫金对题目态度真正的严肃性）。为什么正是要在关于象征主义者的讲座笔记之后，才能用篇幅作为标准？仅仅只是因为，这些笔记无可怀疑的高水平使人认为，就1926至1927年记录的问题本身而言，对于米尔金娜来说实际上是不存在的或者几乎是不存在的。这就是说与更早时期的笔记相比，记录的篇幅从这一时期起，更无疑地与讲授者所讲的内容和篇幅相符合；关于象征主义者的讲座笔记的质量是不言而喻的，在《米尔金娜的笔记》的总序言中已经谈到这一点。与此同时，这里说的不是巴赫金的好恶，而说的是作为话语艺术家的作者的态度的严肃性，必须先要有词语的新颖以及作者、诗人和小说家的话语内在空间的丰富，即使这个作者的一些主题"在深度上受影响"（参阅《库兹明的诗歌》片段最后一段）以及作为个性的作者本人某些方面并不尽如人意。

这九个题目毋庸置疑的特殊价值在于,它们可以作为对《文艺学中的形式方法》极端匮乏的注释的必读文本;首先是对第二编第二章的注释(《俄国的形式方法》,参阅《文艺学中的形式方法》,第77—101页),不过,不仅仅只是对这一章。《米尔金娜的笔记》的作用从这一角度来看怎么评价都不为过:尽管在《米尔金娜的笔记》中巴赫金对俄国象征主义、阿克梅主义和未来主义的态度,现在通过他与杜瓦金1973年的谈话又得到了重要的补充(《杜瓦金:巴赫金访谈录》,莫斯科,进步出版社,1996年)。抛开个性,这些态度的具体行为、《米尔金娜的笔记》和《文艺学中的形式方法》在时间顺序上的相近、论述的轰动性,最后还有某些思想、看法、说法毋庸置疑的相近,——所有这一切都令人认为,对比分析《米尔金娜的笔记》和《文艺学中的形式方法》是饶有趣味和富有前景的。С.Г.鲍恰罗夫在为《对话·狂欢·时空体》杂志(1993年第2、3期,第135、136页)上发表的四个讲座(《别雷》《索洛古勃》《勃洛克》《叶赛宁》)所写的序言中开始了这种对比分析,其中引用了《文艺学中的形式方法》中关于象征主义、阿克梅主义和未来主义的几段论述。参阅下面对讲授人巴赫金某些见解的注释,有《文艺学中的形式方法》,部分地还有《马克思主义与语言哲学》。这九个题目中只有《马雅可夫斯基》曾经发表过(参阅《米尔金娜的笔记》的总题解)。

《叶赛宁》

在《米尔金娜的笔记》中,《叶赛宁》是巴赫金有关叶赛宁的唯一论述。甚至在《访谈录》中什么都没有增补,显然是因为在当时,在1973年,杜瓦金对叶赛宁不太感兴趣:有两个机会巴赫金似乎都准备谈他,结果两次都没谈成(参阅《访谈录》)。其实,在《米尔金娜的笔记》中,《叶赛宁》一讲不只是谈叶赛宁,而在很大的程度上谈的是克留耶夫,在《访谈录》中有关他也谈得相当多,显然要比他同意(如果只是问问他)发表和留在录音带上的要多;但并非一言既出,驷马难追,特别是在有录音机的时代(参阅《访谈录》)。包含在 Ю.П.梅德维杰夫的《尼古拉·克留耶夫与巴维尔·梅德维杰夫》一文及其注释中的信息可以成为《叶赛宁》一讲的注释(《对话·狂欢·时空体》杂志,1998年第1期,第81—100页),以及谢尔盖·叶赛宁的《尼古拉·克留耶夫与 П.Н.梅德维杰夫》(列宁格勒,激浪出版社,1927年)。

《叶赛宁》一讲是相当有分量的。很可能有关叶赛宁的讲座有两次,也许大约是两次。在1927年初的2月至3月,在布哈林的《恶意的札记》(《真理报》,1927年1月12日)以及其他札记和辩论:《论叶赛宁与叶赛宁习气》(1926年12月20日)、《年轻人中的颓废没落情绪〈叶赛宁习气〉》(1927年2月13日和3月5日)的背景下讲的。在与自己活生生的对手们的激烈争论之时,马雅可夫斯基积极参与了中伤死去的诗人(参阅《马雅可夫斯基新论》,《文学遗产》第65卷,1958年,第43—46页)。在展开的争论进行之时,出现了叶赛宁诗歌的起源问题。不能排除的是,在关于阿克梅主义和未来主义的讲座之后,有关叶赛宁讲座的念头,在某种程度上与这一情况有联系(完全有可能,所有最后几个题目都是应听众的要求所作)。讲座笔记的论争语气以说明这一点。

如同紧接着的一讲(《列米佐夫》)一样,《叶赛宁》笔记的基本内容又回到了象征主义,重又不断地谈到勃洛克、伊万诺夫、巴尔蒙特,但更经常的是谈论勃洛克。

有关叶赛宁的讲座笔记于1986年首次发表,便有删节;全文与《索洛古勃》《别雷》《勃洛克》讲座笔记一起于1993年发表在《对话·狂欢·时空体》杂志上。笔记现全文发表,文本根据手稿经过仔细校正,这说明与《对话·狂欢·时空体》杂志上发表的版本有某些差别。

《列米佐夫》

有关列米佐夫的讲座笔记有遗失。遗失了的部分,可能是相当的大部分,谈的是列斯科夫的创作,其余部分谈的是新斯拉夫派。如果我们有笔记全文的话,那么大概前面的笔记谈的不是一个,而是两个诗人:叶赛宁和克留耶夫。这里谈的不是一个,而是两个小说家:列米佐夫和列斯科夫。可以说,列米佐夫又不走运(参阅笔记第二段第二句话);在《米尔金娜的笔记》没有列斯科夫的段落,没有关于列斯科夫完整的论述。就像在关于别雷的讲座中一样,巴赫金在这里谈的是对整个俄罗斯小说起决定性作用的果戈理和陀思妥耶夫斯基;就像在关于别雷的讲座中一样,提及的是斯科沃罗达,提及的是鞭身派和狂热的娱神活动。然而,看来正是遗失的这几页决定了整个题目的特色,包含了在别的题目中没有的,尤其是关于新斯拉夫派的新信息。新斯拉夫派认为,只有摒弃了官方的俄罗斯,才能找到真正的罗斯。结果关于列米佐夫本人,笔记中却说得不多,笼统地说一下,连作品名称和主人公的名字都没有说。大概在遗失的这几页里会提到麦尔尼科夫-彼切尔斯基、马明-西比利亚克,也许还有普里什文,他们在《长篇小说的话语》里都被提及过(《文学与美学问题》)。

在《长篇小说的话语》里两次提到列米佐夫:一次被列在扎米亚京以及其他小说家之中,其中包括列斯科夫作为一定类型的叙述人的创造者(《文学与美学问题》);仅和列斯科夫一起被提到,那是在对民间故事很有代表性的,将语言因素提升到语言象征高度的问题的语境中(《文学与美学问题》,第149页)。试比较:《马克思主义与语言哲学》中,在谈到陀思妥耶夫斯基、安德烈·别雷、索洛古勃以及"现代俄国浪漫主义者"时也提到列米佐夫,在这些作家的作品中出现了叙述人,他替代通常意义上的作者。(《马克思主义与语言哲学》)

除了在《长篇小说的话语》里,在《陀思妥耶夫斯基创作问题》和《陀思妥耶夫斯基诗学问题》,包括关于陀思妥耶夫斯基一书的修订中,在独白作家列夫·托尔斯泰、彼谢姆斯基等人之中还提到列斯科夫(《陀思妥耶夫斯基诗学问题》)。在巴赫金晚年的作品《人文科学方法论》中,还提到作为《透过修剪的目光。一本记忆的杂汇》一书的作者,晚年的列米佐夫(《话语创作美学》)。

《列米佐夫》的题目是有关十二个小说家及其某些散文作品的题目中的第一个。《米尔金娜的笔记》以论述这些散文作品结尾。

《扎米亚京》《列昂诺夫》《谢尔盖耶夫-岑斯基》

《扎米亚京》《列昂诺夫》《谢尔盖耶夫-岑斯堪》这三个题目都与《别雷》《列米佐夫》有直接的联系,因为它们的内容证明了讲授人巴赫金关于"所有的俄国小说家都追随果戈理、陀思妥耶夫斯基的论题",与之相关的第二个论题是别雷对所有的俄国小说家都产生压倒性的影响。在这三个题目中有两个谈到了作为第四个现代小说家的皮利尼亚克。有关皮利尼亚克分散的信息(参阅《弗谢沃洛德·伊万诺夫》一讲)并不排除,在讲座中有关于他的比较简洁和展开的论述,即因为某种原因没有出现在《米尔金娜的笔记》中的题目。在几个笔记里都有皮利尼亚克,推测可能有这种单独的论述。

《列昂诺夫》一讲曾根据打字稿发表在《对话·狂欢·时空体》杂志1993年第1(2)期上。与手稿相比,打字稿中在不同的地方遗漏三行;遗漏了但又保留了某种含意,妨碍发现丢失的东西。巴赫金文档中有米尔金娜的手稿,至少是最初的笔记文本的第四个手抄本,这一事实使人特别关注这种情况,这也就说明,较早的阶段就可能有类似的遗漏。

《谢伊芙琳娜》

《谢伊芙琳娜》很可能是巴赫金简短答语的记录,大概是答听众问的记录。巴赫金读过在20年代发表的,即便不是所有的,那也是许多,几乎是所有的作品(在《访谈》中有记述)。这一次所谈到的,明显不只是谢伊芙琳娜最著名的中篇小说《维里涅亚》。在20年代上半期除了《维里涅亚》,她还写了中篇小说《四章》《罪犯》《腐殖土》《见面》《该隐酒馆》(1926),长篇小说《行路人》。在1926至1927年,当讲座最后几讲进行时,《选集》问世。

《弗谢沃洛德·伊万诺夫》

当讲座快结束时，即1927年春天临近的时候，弗谢沃洛德·伊万诺夫已经是三部游击队题材中篇小说的作者，显然，这里首先指的是：《游击队员们》《铁甲列车14—69》《有色的风》。它们既单独发表，又一起出版。巴赫金在这里没有涉及这一时期另外类型的作品。

《爱伦堡》

这一讲与《列昂诺夫》《费定〈城与年〉》《蒂尼亚诺夫〈丘赫里亚〉》《左琴科》(片段)一起发表在《对话·狂欢·时空体》杂志1993年第1(2)期上。第一句话决定了全讲的内容。就提到别雷的次数而言，可以与之相比的只有《别雷》一讲。巴赫金对爱伦堡20年代初的两部长篇小说的态度与列宁、布哈林、沃隆斯基、马雅可夫斯基等人对他宽容的肯定态度完全相一致(参阅谢尔盖·泽姆里亚内在序言中谈到20年代对这两部小说的态度：伊·爱伦堡《胡里奥·胡列尼托的奇遇》《尼古拉·库尔勃夫的生与死》，莫斯科，莫斯科工人出版社，1991年)。在《米尔金娜的笔记》中始终不愿接受爱伦堡的这些作品，只能与巴赫金不愿接受谢维里亚宁的诗歌相比较(参阅《谢维里亚宁》一讲)。在20年代持各种不同的，甚至对立的立场的许多文学家，都对这两部长篇小说持否定态度。

爱伦堡(《尼古拉·库尔勃夫》的作者)作为受别雷影响的作家，还在《马克思主义与语言哲学》中与别雷一起被提及。

《费定〈城与年〉》

这是第一个有关一部作品的题目(参阅接下来的《高尔基〈阿尔塔莫诺夫家的事业〉》《蒂尼亚诺夫〈丘赫里亚〉》)。长篇小说《城与年》是费定的第一部长篇小说。显然，巴赫金对它的兴趣是与陀思妥耶夫斯基和别雷的长篇小说有关的(参阅关于《扎米亚京》《列昂诺夫》《谢尔盖耶夫-岑斯基》三个题目的题解)。巴赫金回到材料叙述的教育性质(обучающий характер)引人注意。可能,这与课程快结束有关,也许,这是应听众的要求。问题不仅仅在于,重又出现了对文本的按主人公进行分析的方法:在题目的第一段中就开始谈到确定主要主人公和次要主人公,谈到这种确定的方法。对长篇小说的批评态度不排除对它取严肃认真的态度,这一题目与前面的题目大有区别。

《阿列克谢·托尔斯泰》

可能这是家庭授课两个讲座的最后一个大型的题目,最后一个大篇幅的笔记:大型且详细,在教育方面和方法上都是积极的。在这个题目中最后一次提到亨利·德·雷尼埃(参阅《勃留索夫》《索洛古勃》)、屠格涅夫、列夫·托尔斯泰、陀思妥耶夫斯基、索洛古勃、维亚切斯拉夫·伊万诺夫和勃洛克。

《高尔基〈阿尔塔莫诺夫家的事业〉》《蒂尼亚诺夫〈丘赫里亚〉》

笔记曾经与其他四讲《列昂诺夫》《费定〈城与年〉》《爱伦堡》《左琴科》一起发表在《对话·狂欢·时空体》杂志上。从体裁上来看,这是一条意见,可能是对提问的回答;不能排除情况就是这样:讲座可能是最后的一次(或者是关于《阿尔塔莫诺夫家的事业》,或者是别的没有保留下来的题目),听众可以就某些作家作品的问题,以及讲授人没有谈到和没有提到的作家和作品提问。况且,就其主动性而言巴赫金大概不会谈到没有引起他兴趣的问题(参阅《谢维里亚宁》最后几句话),而从这一家庭授课的逻辑角度来看,谈长篇小说《丘赫里亚》在巴赫金那里没有任何内在的必要性:作为初试锋芒的长篇小说作者蒂尼亚诺夫,既不属于任何一个流派,又不属于任何确定的传统,也不在某个确定的势力范围内。

参阅 К.В.莫丘尔斯基的《论〈丘赫里亚〉》一文,发表在《想象的危机》文集(1926),第274页上(托姆斯克,宝瓶星座出版社,1999年)。

试比较:在《马雅可夫斯基新论》一卷中(《文学遗产》第65卷,

1958年,第41、42页),在对马雅可夫斯基在1926年10月2日举行的《苏维埃政权的戏剧政策》辩论会上的发表的注释里,发表了德国作家魏斯科普夫的随笔《与马雅可夫斯基的会面》回忆片段。这一叙述文本如下:"用魏斯科普夫的话来说,对当代大多数小说作品给予否定的评论的马雅可夫斯基,毕竟还提到两部新作,即尤里·蒂尼亚诺夫的历史长篇小说《丘赫里亚》和斯坦尼斯拉夫斯基的回忆录……"在他看来,它们能当之无愧地通过"文学革命的最后审判"。1926年夏天,魏斯科普夫拜访了马雅可夫斯基。他的文章由A.B.菲夫拉里斯基予以发表。

《左琴科》

《左琴科》一讲曾经部分地发表在《对话·狂欢·时空体》杂志上,作为《米尔金娜的笔记》中这个题目的第二个部分的《滑稽问题》片段,没有在杂志上发表。在这个讲座快结束时,有关左琴科的评论已经有不少,其中包括形式主义者写的评论,其中包括他"源自列斯科夫又通过列米佐夫"(参阅丘达科娃在《米哈伊尔·左琴科的诗学》第53—58页中的论述,莫斯科,科学出版社,1979年)。看来,巴赫金后来没有谈这个观点。1929年在《陀思妥耶夫斯基创作问题》中提到左琴科,在《陀思妥耶夫斯基诗学问题》(1963)中没心提及左琴科。1927年初,在巴赫金谈到他的时候,作家左琴科的命运还相当顺利。

总共两个片段,完成了《米尔金娜的笔记》最后一个题目,完全以巴赫金的精神告终:持续长久的俄罗斯文学史讲座的最后一个词是果戈理,而且巴赫金认为,以后还会谈到果戈理;这样一来,《米尔金娜的笔记》还以年轻的巴赫金的一个文学史方面的预测,即《米尔金娜的笔记》中最后一个预测而告终。

笔记的有趣在于,它也谈论了果戈理;重要的是,这最后的笔记还部分地谈到讲座中没有的奥斯特洛夫斯堆、萨尔蒂科夫-谢德林、契诃夫,大概,或者是因为他们的笔记没有保存下来。在巴赫金的著名作品里,仅仅只是在关于托尔斯泰戏剧的序文的草稿和《讽刺》中,提到奥斯特洛夫斯基;在上述草稿和《长篇小说的时间形式和时空体形式》(《文学与美学问题》)中提到契诃夫;在《长篇小说的时间形式和时空体形式》(《文学与美学问题》)、《讽刺》和《文本问题》中,提到艺术家萨尔蒂科夫-谢德林。除此之外,在《果戈理》一讲中还极为重要地提到萨尔蒂科夫-谢德林(参阅《死魂灵》片段);还有众所周知,年轻的巴赫金1919年在涅维尔作过关于契诃夫的个性与创作的报告(参阅《语文科学》,1995年第1期,第103页:《Л.М.马克西莫夫斯卡娅:论巴赫金关于涅维尔的口头叙述》)。

然而,最后一个题目中重要的是它的理论部分:左琴科短篇小说原是简短而有分量的议论关于滑稽的性质的一个缘由,结果巴赫金还写有一个紧凑的提要,根据提要的类型来看还有一个题目,它们发表在《话语创作美学》和《文学批评文集》中。

夏忠宪　译

《补遗》

汇集成这些片段的讲稿大约是包括从1922年秋天到冬初至1923年夏初这段时间内所用的。初步看来,这是中学文学小组时期所讲的课程(见第567页序言)。这一时期的讲稿价值特别不均衡。许多地方是转述作家生平和各创作时期创作的中学式的评述,然而,不同片段的内容与全部发表的话题的内容,即与1923至1927年间的讲课稿完全可以作一比较(重要的是应记住,我们不知道家庭课程各阶段准确的界限)。已发表的片段中的一部分在米尔金娜的笔记的注解中已用到;在《苦命的丽莎》,"寓言"片段,在"希什科夫"话题中(全部发表)也谈到了语言方面;除此之外,我们借用米尔金娜的说法,那就是,它们"在某种程度上保留了巴赫金的风格和精神"。

至于讲到各个不同片段,特别是这些家庭讲座初期、前期讲稿内容上其价值明显不尽相同,那么不得不说出一种想法,即米尔金娜记录完后,很有可能稍后,在下一次重抄巴赫金已发表的讲稿片段时(见存在米尔金娜档案中 Л.В.篷皮扬斯基上课讲稿),将巴赫金公开的讲稿和发言的片段收录到他家庭讲稿的文本中;此外,公开讲课和发言的个别部分也可能在更晚些时候的讲稿中,如在《维亚切斯拉夫·伊万诺夫》《勃洛克》《叶赛宁》中继续保留。

  那些明显而清晰地表现出来的画重点线部分构成了补遗这一节的内容。只有当米尔金娜手稿中以单独的标题划分出来的片段内部有省略时,该节文本中才用省略号。

杨可 译

附录

古希腊罗马文学题注

一、古希腊文明悠源

古希腊是世界文明古国之一，其文学起源也像世界上其他历史悠久的古代文明国家一样，源于远古时期的民间创作。生活实践和对客观外在世界的体验和观察形成了他们的世界观，并力图对它们进行解释，这样便逐渐形成了人们早期的礼俗、典仪、传说、故事和富有节奏感的诗歌。其中特别令后代人注目的是古代希腊人构思的神话传说，体现了他们对自己生存其中的周围世界的各种自然现象和社会现实的观察、理解和解释。古代希腊神话最鲜明的特点以人自身的形象构思无从真实感知的主要是自然力的化身的神灵，赋予他们如同凡人一样的形象、情感和日常生活，从而使得古希腊神与现实生活非常接近，非常富有现实生活气息，成为其后发展的各种艺术创作题材和人物形象取之不竭的源泉。

神话在古代希腊文化生活中占有特别重要的地位。这是一些叙事性故事，它们在当今的人们看来是幻想性的和虚构的，然而对于当时的人们来说则是对他们对自身生活于其中的外在世界进行解释的一种尝试，反映了当时人们对各种自然现象、社会生活以及人们的相互关系的体验。由此在很早的时代，古代希腊人便以自身的形象构思作为外在环境和力量的形象，从而出现了具有人的形性的各种神灵。

这使得古希腊神话传说与古代希腊人的日常生活非常贴近,赋予了各种神的形象以鲜活的生命力,从而成为古希腊文学和艺术取之不尽的源泉和土壤。它们也激起了其后各个时代的人们的强烈兴趣,成为各种不同形式的艺术的取之不尽的材料来源。

二、考古发现

希腊古代文明引起了后代考古学的强烈兴趣。考古学家们对属于公元前3千年至前2千年期间的希腊古代遗址进行了认真的发掘,其中特别是对克里特岛和伯罗奔尼撒半岛南部一些地区的发掘,取得了丰硕的成果,为人们解开了不少古希腊文化历史之谜。

克里特岛的一些古代城市早在公元前15世纪左右便达到欧洲古代文明的高峰。巴尔干半岛南部的一些城市,包括迈锡尼、提林斯、皮洛斯等,则在公元前12世纪左右达到自己繁荣的巅峰状态。在小亚细亚,特别是其西部沿海地区的一些城市,如小亚细亚西海岸的米利都,小亚细亚西北隅达尔达尼亚海峡沿岸地区的特洛伊(伊利昂)等,文明的发展也非常早。特洛伊曾经不止一次地遭毁灭,但毁灭后重又复兴,成为古代与巴尔干半岛各文明中心相映照的文明亮点。古代希腊各城邦曾经繁荣过类型基本统一的文化,通称爱琴海地区文明,或者按其主要地区称克里特-迈锡尼文明。这一文明在公元前2千年末衰落,后来由于遭受某种破坏性冲击而毁灭。在古代传说和其后时代的诗歌里包含着对这一文明的叙述和回忆,特别是古代希腊各种丰富动人的传说和对特洛伊战争的传颂。它们成为其后各类史诗创作的题材来源,其中最著名的就是得以幸存传世的荷马史诗《伊利亚特》和《奥德赛》,成为希腊古代文学的经典。

三、荷马史诗

考古学家们对属于公元前3千年至前2千年左右的希腊古代文

明遗址进行发掘,其中特别是对在公元前15世纪时文明发展达到巅峰的克里特岛一些城市进行考古发掘,以及对在公元前13世纪左右其文明发展达到巅峰的巴尔干半岛上的一些城市,如迈锡尼、提林斯、皮洛斯等进行考古发掘,表明这些地区在远古时代曾经存在过统一的文明发展。这一文明在学术界被称为爱琴海文明或克里特-迈锡尼文明。约在公元前2千年末,这一文明由于某种灾难而陷入衰落,很可能是某种外族入侵的结果。对这一文明最为集中而精彩地叙述的便是荷马史诗《伊利亚特》和《奥德赛》。

随着社会经济的发展,居住在巴尔干半岛的古代希腊人与居住在小亚细亚半岛西北隅的特洛伊人发生冲突。历史传说和考古发掘表明,特洛伊战争在历史上确有其事,时间约在公元前13世纪左右。传说称战争历时十年,最后以希腊各城邦的联军采用木马计里应外合,攻陷了特洛伊。史诗由口碑相传,一代代民间艺人在竖琴伴奏下演唱,其中特别是一位盲歌人荷马,成为受世代赞誉的佼佼者。

"伊利亚特"的字面意思是"关于伊利昂的歌"。伊利昂即特洛伊。诗歌内容远远窄于标题的字面意思,诗歌的开篇诗句表明了这一点:诗歌咏唱阿喀琉斯的愤怒及其造成的惨重后果,即如此长篇的诗歌咏唱的只是有关诗中主要人物阿喀琉斯的"愤怒"。事件发生在战争进行到第六年的一段时间里,史诗中叙述了这一愤怒的起因及其不幸后果。事实上,古代希腊曾经产生过不少叙述特洛伊战争的诗歌,但只有被认为是荷马所作的史诗幸存了下来,成为世代相传的不朽之作。史诗叙述的实际上只是传说为时十年的战争过程中的一个片段,即传说诗歌主人公,史诗主要人物之一的阿喀琉斯为女俘被希腊联军统帅阿伽门农夺走而激起的愤怒及其后果。

战争已经延续到第十个年头,希腊联军内部突然出现了纠纷。原来作为联军统帅的阿伽门农不满于自己的战利品的丧失,强行夺走了由军队作为荣誉礼物分配给军队主要将领阿喀琉斯的女俘布里塞伊斯。阿喀琉斯深感委屈而罢战,结果使得希腊军队在特洛伊人的进攻下遭到灾难性损失。阿喀琉斯在人们的苦求下，勉强同意让自己的好友帕特洛克罗斯出战。帕特洛克罗斯给了敌人很大打击，但他自己最后被特洛伊主将赫克托尔王子杀死。阿喀琉斯悔恨不已，与阿伽门农和解，投入战斗，在单独决斗中杀死赫克托尔。史诗在特洛伊人为赫克托尔举行葬礼处中断。荷马史诗的另一部作品《奥德赛》则是叙述特洛伊被攻陷后，希腊联军将领之一的奥德修斯历尽艰辛和危险，漂泊十年后返国的故事。

当时除了荷马史诗外，还出现过一些其他的以特洛伊战争传说为题材的史诗，但它们都未能传下来，因此可以说荷马史诗是经过历史的种种劫难和筛选而得以传世。荷马史诗起初为口传，后来才有文字记录。史诗叙述采用吟唱形式，用弦琴伴奏。古希腊语语音音节有长短之分，每个单词的音节数由所包含的元音数而定。史诗音调平缓、沉稳、凝重，语意多幽默。荷马史诗作为欧洲古典文学的奇葩，一直是欧洲学校古典教育的语文选材对象和必读的古典文学作品，因此巴赫金讲座时对于荷马史诗的内容无须作介绍，而是着重阐述它的艺术特点。巴赫金集中阐述了荷马叙事的几个明显的艺术特点，其中特别是对紧张事件的平静叙述。与后代各种文学艺术表现手法相比，这是荷马史诗的一大特色。

巴赫金讲解荷马史诗时，便强调指出了史诗叙事的三个特点，即情节的浓缩，叙事的平静，内容的饱满，提出了一些发人深省的论断。巴赫金在评论《奥德赛》的情节结构时，强调指出了这部史诗叙事的一个重要特点，即读者从故事叙述一开始便知道情节的结尾，即神明决定让历尽艰辛的奥德修斯结束多年的漂泊，返回家园。由此史诗并不是以故事的惊险猎奇，而是以主人公百折不挠地排除险阻的精神吸引读者。荷马史诗的语言风格的特点既是荷马语言特点，也表现了其所处文学语言发展阶段的特色。

古希腊是拼音音节文字，一个词一般都由多个音节组成。古希腊语元音有长短的区别，因此以元音为基本要素组成的音节也有长短之分,由不同的长短音节的组合构成音步,由不同数量的音步构成诗行。古希腊诗歌中史诗的格律比较简单,一种由六个音步组成的诗行,连续不止,适宜于叙事。

赫希奥德是公元前8至前7世纪人,他的诗歌创作标志着古希腊社会和诗歌文学的发展在"荷马时期"之后进入了一个新的阶段,这就是反映个人情感与意识的抒情诗的兴起和发展。

四、抒情诗

在赫希奥德之后,约从公元前7世纪中期开始,古代希腊的诗歌创作进入了一个新的阶段,即抒情诗的繁荣阶段。

在古代希腊,个人的或者某种集体的抒情性诗歌作为一种文学体裁的兴起是同当时的希腊社会一定的历史条件相联系的。随着氏族制度的解体,原先的氏族个体成为社会的独立成员,在社会生活中发挥起越来越大的作用,自我意识的增强促进了以抒发个人情怀为主的抒情诗的发展。由于古代氏族制度的瓦解和个体所有制的逐渐确定,个人在社会中的作用和独立性逐渐增强,社会的变化和动荡强烈地影响着人们的生活,个人情感的抒发为抒情诗这种新兴诗歌类型的创作和繁荣提供了很好的前提。

抒情诗(lirica)这一名称源自古代希腊,本意为"琴弦"(lira),后进入拉丁语,继而为欧洲语言广泛接受,成为通常名词。词源表明,它在古代希腊时代本是一种在lira(弦琴)伴奏下演唱的一种诗歌。古希腊抒情诗尚未完全脱离歌唱和伴奏,有时可能还伴以一些如舞蹈类型的模拟表演。后来随着时代的进化,诗歌与音乐、舞蹈发生了分离,从而使抒情诗变成为一种纯文学体裁。古代希腊的抒情诗通常在竖琴伴奏下入乐,后来才慢慢衍生出朗诵型的。

抒情诗的格律则相当多样复杂。抒情格律中最为基本的格律埃勒格体,中文通常亦称为哀歌体,多用了哀怨抒情。基格律结构是两行诗为一组,首次相似多用于叙事性史诗的六音步格,次行比首行短约一个音步,由此反复无限。这种诗歌多用来抒发哀怨。哀怨有多种,包括个人命运的不顺,爱情产生的波折等,这些都能使人心情波动,心潮澎湃,产生哀怨之情。不过古代希腊的哀歌体诗除了常见的个人生活造成的情感哀怨外,也有一些其他题材的诗歌。例如雅典政治家梭伦(前6世纪)传下来哀歌《自诫》里,作者在诗歌里为自己的政绩辩护,他在另一个片断中以疯子模样鼓动雅典人从墨伽拉人那收复萨拉弥斯岛。这表明,哀歌体是一种特别适宜于抒发哀怨之情的诗歌格律。

抒情诗第二种重要格律类型是抑扬格诗歌,即由一个短音节和一个长短音节组成一个音乐步。采用这种格律的抒情诗其情调往往比较明快、激越。

古代希腊的抒情诗可分为独唱抒情诗和合唱抒情诗两大类。独唱抒情诗诗人主要有阿尔凯奥斯、萨福、阿那克里翁等,合唱抒情诗由于品达、巴克斯利德斯等诗人的创作达到发展的高峰。

阿尔凯奥斯(前7世纪末),累斯博斯岛诗人,曾经以狂风巨澜中的航船喻陷入动乱的城邦。萨福是著名的女诗人,在诗中抒发自己的爱情感受。阿那克里翁(前6世纪)在诗中歌颂生活、爱情和美酒。

以吟咏颂歌出名的品达已经生活在公元前5世纪,他的许多风格庄重的颂歌都是为在各种隆重集会上由合唱队吟唱,颂扬在各种俯上的竞赛中的获胜者,经常称引丰富多彩的研希腊神话形象,被喻为自己民族的诗人。

到公元前6至5世纪时,抒情诗已经难以反映社会生活的各个方面,从而促进了古希腊戏剧的发展和繁荣。

古希腊抒情诗本身直接传世的很少,后人见到的传世作品多是由埃及亚历山大学者收集整理的古代作家的称引片断。

比古希腊文明的发展较晚一些,约在公元前8至7世纪在亚平宁半岛上生成和发展了古罗马文明。约在公元前3世纪中期,随着古代罗马直接向巴尔干半岛扩张,古希腊文明反而把文明发展相对落后的古罗马俘获。古罗马文学有自身的萌芽,但在与古希腊文学接触之后,其发展受到古希腊文学的巨大影响,在许多方面直接吸收了古希腊文学的成就。例如古希腊抒情诗的格律传统便为古罗马抒情诗所继承。

五、欧洲中古文学

公元476年,西罗马帝国灭亡,欧洲进入"中世纪"。公元12至15世纪是欧洲封建社会的鼎盛时期,然后逐渐衰落,为资本主义所取代。自罗马帝国灭亡后出现的"民族大迁徙"(公元前5—6世纪)至16世纪末17世纪初,这是西欧各民族国家形成的时期。西欧各国中世纪时期发展不平衡,有的发展较快,有的发展则较为缓慢。基督教产生于罗马帝国晚期,有自己庞大的教会组织。罗马帝国灭亡后,教会没有随之灭亡,而是延续下来,并且发展得更庞大。西欧中世纪文学主要是教会文学。教会通用语言为拉丁语,因而教会文学为拉丁文学,主要为教会服务,与古希腊罗马文学没有任何联系。教会文学主要在最初几个世纪里流行,不久之后便逐渐被民族语言文学所替代。中世纪时流传过多种民间英雄史诗,反映的主要是世俗社会生活。巴赫金对北欧和西欧英雄史诗进行了阐述,然后对宫廷骑士文学作了说明,虽然体系不是很完整,但内容非常丰富。

王焕生

附：

《外国文学史讲座笔记》专名索引

此专名索引包括"人名索引""作品索引"和"地名索引"三部分，主要为正文中出现的人名、作品、地名专名，也包括注释中出现的部分重要专名。专名按俄语字母排序。

人名索引

Августин Блаженный Аврелий	奥古斯丁
Агамемнон	阿伽门农
Адам	亚当
Алексеев М.П.	阿列克谢耶夫
Алексей, челвек божий	圣人阿莱克西
Алкей	阿尔凯奥斯
Альбин	阿尔宾
Альда	阿尔达
Альфонс VI	阿方索六世
Андвари	安德瓦里
Аполлон(Феб,Пеан)	阿波罗(福波斯,派昂)
Апулей	阿普列尤斯

巴赫金文集　第六卷

Арес	阿瑞斯
Артур, король	亚瑟王
Архиолох	阿尔基洛科斯
Атилла(Атли, Этцель)	阿提拉(阿特利,埃特泽尔)
Атли	阿特利
Афина	雅典娜
Афродита	阿佛罗狄忒
Ацелин	阿采林
Аякс Теламонид	埃阿斯·特拉蒙
Байрон Дж.Н.Г.	拜伦
Бальдер(Бальдр, Бальдур)	巴德尔(巴尔杜尔)
Баратынский(Боратынский) Е.А.	巴拉丁斯基
Бедье Ж.	贝迪埃
Берлиоз Г.	柏辽兹
Бертран де Борн	贝尔特兰·德·伯尔纳
Бетховен Л.ван	贝多芬
Бланшефлер	布兰莎弗勒尔
Борис	鲍里斯
Бран	布兰
Бризеида	布律塞伊斯
Брунгильда	布伦希达尔
Брут	布鲁图斯
Буцефал(конь)	布泽法尔(马)
Вальтер фон дер Фогельвейде	瓦尔特·封·德尔·福格威特
Вергилий	维吉尔

Вольсунги, род	沃尔松家族
Вотан	沃坦
Врубель М.А.	弗鲁别利
Гавейн(Говен, Гаван)	高文
Гамлет	哈姆莱特
Ганка В.	汉卡
Ганелон	加奈隆
Гарен де Монглан	加兰·德·蒙特拉纳
Гаспаров М.Л.	加斯帕罗夫
Гектор	赫克托尔
Гекуба	赫库巴
Геракл(Геркулес)	赫拉克勒斯(海格立斯)
Гермес	赫尔墨斯
Геродот	希罗多德
Гефест	赫菲斯托斯
Гете И.В.	歌德
Гея	盖娅
Глеб	格列布
Гильом д'Оранж	吉约姆·德·奥朗日
Гиппарх	希帕尔科斯
Гиппий	希皮阿斯
Гитлер А.	希特勒
Гнедич Н.И.	格涅季奇
Гораций	贺拉斯
Горгий	高尔吉亚斯
Готфрид Страсбург (Страсбургский)	戈特夫里德·斯特拉斯堡 (斯特拉斯堡的)

Грааль	格拉阿尔
Грейне	格兰茵
Гретхен	甘泪卿
Гримм В.	格林
Гримм Я.	格林
Гугон	戈贡
Гудруна	古德罗娜
Гунтер(Гунар)	戈特尔(戈纳尔)
Диармайд	迪阿迈德
Данте Алигьери	但丁·阿里斯耶里
Дженевьева(Гиневра Дженевьева Джениевра Джневра и т.д.)	吉纳维拉(吉纳耶维拉,吉纳耶维瓦,吉维拉)
Джойс Дж.	乔伊斯·詹姆斯
Джульетта	朱丽叶
Деметра	得墨特尔
Дидона	狄多
Диль Э.	狄尔
Дионис(Бахус Вакх)	狄奥尼索斯(巴科斯,瓦科斯)
Дитрих Бернский	狄特里希·贝恩
Дифил	狄菲洛斯
Дюрандаль(меч)	迪朗达尔(剑)
Ева	夏娃
Еврев	犹太人
Загрей	札格瑞奥斯

Зевс(Олимпиец, Громовержец, Кронид)	宙斯
Зигфрид(Сигурд)	齐格弗里德(西古尔德)
Иапет	伊阿佩托斯
Иванов Вс.	伊万诺夫
Иванов Вяч.	伊万诺夫
Изольда Белокурая(Златокудрая)	绮瑟·白臂的(金发的)
Иисус	耶稣
Ильдика(Ильдико)	伊尔狄卡(伊尔狄科)
Илья Муромец	伊利亚(牟罗人)
Ингиорг	茵古博尔特
Иоанн Злаоуст	约翰·兹拉特乌斯特(金嘴)
Иосиф Аримафейский	约瑟夫·亚利马太
Иуда	犹大
Каллин	卡利诺斯
Камилл	卡弥卢斯
Канут(Кнуд, Лавард)	卡努特(克努德, 拉瓦尔得)
Карл Великий, император	查理大帝
Карл Мартелл	查理·马尔特尔
Каролингн, династия	加洛林王朝
Келей	克勒奥斯
Кид Т.	基德
Кирка(цирцея)	基尔克
Колумб Христофор	哥伦布·克里斯坦福尔
Крессида(Кризеида)	克瑞西斯

Кретьен де Труа	克雷蒂安·德·特罗阿
Кримхильда(Кримгильда)	克里姆希尔特
Кронос(Крон,Хронос)	克罗诺斯
Ксеркс	薛西斯
Кухулин	库丘林
Лакснесс Х.	拉克斯内斯
Лавиния	拉维尼娅
Ланселот(Ланцелот)	朗斯洛
Лахманн(Лахман) К.	拉赫曼
Леонид	勒奥尼达斯
Ликамб	吕康波斯
Локи	洛基
Лоэргрин	洛埃格林
Людовик	路易
Людовик IX	路易九世
Магнус	马格努斯
Манициус М.	马尼齐乌斯
Маркс К.	马尔克斯
Марк,король	马尔库斯(马可),(奥勒里乌斯)
Марр Н.Я.	马尔
Марсилий	马尔西勒
Менандр	米南德
Мильтиад	弥尔提阿德斯
Минос	弥诺斯
Мирсил	弥尔西洛斯
Мокульский С.С.	莫库利斯基

Монтескье Ш.Л.	孟德斯鸠
Моргана	马尔伽娜
Морозов М.М.	莫罗佐夫
Моцарт В.А.	莫扎特
Мэлори(Малори) Т.	马洛里
Необула	涅奥布拉
Немо	涅莫
Николет	尼柯勒特
Ной	诺亚
Один(Вотан, Воутан, Водан)	奥丁
Одиссей	奥德修斯
Одоакр	奥多亚克
Окассен	奥卡辛
Олег	奥列格
Оливье	奥利维埃
Олифант(рог)	奥利方(号角)
Орвар-Одд	奥尔瓦尔-奥德
Орфей	奥菲斯
Осгар	奥斯加尔
Осиан(Ойсин)	奥西安(奥西恩)
Пан	潘
Пндар	潘达罗斯
Пандора	潘多拉
Паоло Малатеста	保罗·马拉特斯塔

Парсифаль(Персефаль)	帕尔齐法尔(佩尔齐法尔)
Парис(Пари) Г.	帕里
Пелей	佩琉斯
Персефона	佩尔塞福涅
Пиндар	品达罗斯
Пирра	皮拉
Пифон(Дельфиний)	皮托
Платон	柏拉图
Плутос	普路托斯
Поликрат	波吕克拉特斯
Приам	普里阿摩斯
Продик	普罗狄科斯
Прометей	普罗米修斯
Протагор	普罗塔戈拉斯
Пуришев Б.И.	普里舍夫
Рабле Ф.	弗朗索瓦·拉伯雷
Регин	雷金
Рерих(Р·рих) Н.К.	勒里希
Родриго(Руй)Диас де Бивар (Сид)	罗德里戈·迪亚斯·德·比瓦尔
Рокамболь	洛卡姆波里
Роланд	罗兰
Ромео	罗密欧
Ростан Э.	罗斯丹
Рустам(Рустем)	鲁斯坦姆
Руфин	鲁芬

《外国文学史讲座笔记》专名索引

Санчо	桑丘
Сапфо(Сафо)	萨福
Сасон	萨克索(文法家)
Сатир	萨提洛斯
Сатурн	萨图尔努斯
Семела	塞墨勒
Сид(Родриго Руй Диас де Бивар,КапеамдорКастилец)	熙德
Силен	西勒诺斯
Снорри Стурлусон	斯诺里·斯图拉松
Соболевский С.И.	索博勒夫斯基
Сокольничок(Сокольник, Подсокольничок)	索科尔尼丘克
Сократ	苏格拉底
Солон	梭伦
Софокл	索福克勒斯
Сохраб(Зораб)	苏赫拉布
Сцилла(Скила)	斯库拉
ТегнерЭ.	泰格奈尔
Телегон	特勒戈诺斯
Теодорих Великий (ДиатрихБернский)	特奥多里克
Терсит(Ферсит)	特尔西特斯
Тиртей	提尔泰奥斯
Титурель	蒂图埃尔
Тристан	特里斯丹
Троил	罗伊洛斯

Тор	托尔
Толстой И.И.	托尔斯泰
Томас Кид	托马斯·基得
Турн	图尔努斯
Турпин	图尔平
Улисс	尤利西斯
Уна	乌娜
Уран	乌拉诺斯
Фадеев А.А.	法捷耶夫
Фаон	法昂
Фафнир(Вафнир)	法弗尼尔(瓦弗尼尔)
Феб	福波斯
Фемистокл	特弥斯托克勒斯
Фетида	忒提斯
Феогнид	特奥格尼得斯
Финн	芬恩
Флуар(Флюар)	弗洛伊尔(弗留伊尔)
Франс А.	法朗士
Франческа де Римини	弗兰齐斯嘉·达·里米尼
Фрасимах	弗拉西马科斯
Фрейр	弗雷尔
Фрейя	弗雷亚
Фригг(Фрига)	弗丽嘉
Фритьоф	弗里蒂奥夫
Хаген(Гаген,Хогни)	哈根(霍格尼)

《外国文学史讲座笔记》专名索引

Хадубрант(Гадубрант)	哈都布兰特
Харальл	卡拉尔德
Харибда	卡律布狄斯
Харон	克戎
Хеббль(Геббль) К.Ф.	赫贝尔
Хейль(Хель)	赫伊尔(赫尔)
Хемингуэй Э.	海明威
Хетт	赫梯
Хилон	希隆
Хильда(Ильдика, Ильдико)	西尔达(伊尔狄卡,伊尔狄科)
Хильдебрант(Гильдебранд, Гильдебрант,Гильебранд, Гльдебрант)	希尔德布兰特
Хильдегунда(Гильдегунда)	希尔德戈达
Хойслер(Гойслер) А.	赫施勒
Хризеида	克律塞伊斯
Христос(Иисус Христос)	基督(耶稣基督)
Хруотланд	鲁奥特朗得
Церера	克瑞斯
Шлегель А.Б.	施莱格尔
Шишмарев В.Ф.	希什马廖夫
Шлиман Г.	施里曼
Шор Р.О.	绍尔
Шоу Дж.Б	萧伯纳

Щепкина-Куперник Т.Л.	谢鲁金娜·库珀尔尼克
Эванс А.	伊文斯
Эдип	奥狄浦斯
Энгельс Ф.	恩格斯
Эдуард	爱德华
Элиоза	爱洛伊斯
Эльза	埃尔莎
Эней	埃涅阿斯
Эпиметей	埃皮米修斯
Эрот	埃罗斯
Этцель	埃采尔
Эхо	埃科

作品索引

Анакреонтика	《阿纳克里昂诗集》
Александрия	《亚历山大的故事》
Басня о соловье в костях у ястреба	《鹞鹰爪中的夜莺》
Бахчисарайский фонтан	《巴赫切萨拉伊的泪泉》
Библия	《圣经》
Великий грешник	《大罪人生平》
Ветхий завет	《旧约》
Вечеря Киприана(Ужин	《基普里安的晚餐》(《基普里安

Киприана, Пир Киприана, Вечерний пир)	的晚饭》,《基普里安的宴会》,《晚宴》)
Волуспа, Voluspa	《沃卢斯帕》(《女占卜者的语言》)
Времена года	《四季》
Гамлет, принц датский	《哈姆莱特》
Гаргантюа и Пантангрюэль	《巨人传》
Генрих фон Офтердиген	《亨利希·封·奥弗特丁根》
Гибель богов	《众神的黄昏》
Гибель бургундских королей	《勃艮第国王之死》
Гимн Афродите	《阿佛罗狄忒颂》
Горные вершины	《山巅》
Грамматика Вергилия (Вергилий Марон Грамматический	《维吉尔语法》
Греческий роман и его предшесвеники	《希腊小说及其先驱》
Гроб Анакреона	《阿那克里翁之墓》
Далекая принцесса (принцесса Греза)	《远方的公主》
День Гнева, Dies irae	《愤怒的一天》
Диармайд и Грайне	《迪阿迈德和格拉尼》
Дон Жуан	《唐璜》
Евангелие	福音书
Жил на свете рыцарь бедный …(Легенда)	《曾经又一个贫穷的骑士》(《传奇》)

Житие Алексея, человека божия	《圣阿莱克西言行录》
Житие Андрея Печерского	《安德烈·佩切尔斯基言行录》
Житие Марии Египетской…(Мария Египетская)	《埃及的马利亚》
Жонглер Богоматери, Jongleur de Notre Dame	《神母的冉格勒尔》
Завещание самому себе	《自诫》
Зигфрид(опера)	《齐格弗里特》(歌剧)
Зигфрид(поэма)	《齐格弗里特》(长诗)
Избирательное средство	《亲和力》
Илиада	《伊利亚特》
Исповедь	《忏悔录》
История	《历史》
История Немо, Historia de Nemine	《涅莫的故事》
Кентерберийские рассказы	《坎特伯雷故事集》
Литова	《利托瓦》
Кольцо нибелунгагов	《尼贝龙根的戒指》
К Помпею Вару	《致庞培·瓦鲁斯》
Краледворская рукопись	《王宫手稿》
К себе самому(Наставление самому себе)	《自诫》(《自训》)
Куст жимолости(жимолость), Chievrefuelle	《忍冬丛》(忍冬花、金银花)

К франкийской кобылице （кобылица молодая）	《致色雷斯牝马》 （年轻的牝马）
Лоэгрин（опера）	《洛埃格林》（歌剧）
Лоэгрин（поэма）	《洛埃格林》（长诗）
Манифест Коммунистической партии	《共产党宣言》
Младшая（малая）Эдда	《小埃达》
Мое завещание друзьям	《我给朋友的遗嘱》
Моральные трактаты（Моралии）	《道德论丛》
Наставления Одина（Речи Высокого）	《奥丁的教诲》（《最高教诲》）
Новый завет	《新约》
Ночная песнь странника	《游荡人之歌》
Об E в Дельфах	《关于得尔斐的E》
Ода LVII（Что же сухо в чаше дно?）	《颂歌五十七》 （《杯底为什么是干的?》）
Одиссея	《奥德赛》
Окассен и Николет	《奥卡辛和尼柯勒特》
Палатинская антология	《拉丁诗选》
Паломничество（путешествие） Карла Великого в Иерусалим и Константиннополь	《查理大帝朝圣》
Парижские тайны	《巴黎的秘密》

531

Парсифаль (опера)	《帕尔齐法尔》(歌剧)
Парсифаль (роман)	《帕尔齐法尔》(长篇小说)
Персеваль, или Повесть о Граде	《帕尔齐法尔或格拉尔》
Перситские письма	《波斯人信札》
Песни борьбы	《斗争诗歌》
Песнь об изгнании	《流放》
Песнь о гибели бургундских королей	《勃艮第国王死亡之歌》
Песнь о Гильдебранте и Гадубранте	《希尔德布兰特和哈都布兰特之歌》
Песнь о Корпес	《科尔佩斯橡树林》
Песнь о моем Сиде	《熙德之歌》
Песнь о нибелунгах	《尼贝龙根之歌》
Песнь о Роланде	《罗兰之歌》
Песнь о сватовстве	《求婚》
Песнь о страннике	《流浪者之歌》
Песнъ о Хильдебранте	《希尔德布兰特之歌》
Плавание Брана, сына Фебала	《费巴尔之子布兰的远航》
Письма темных людей	《蒙昧者书简》
Поликратов перстень	《波吕克拉特斯戒指》
Последний ужин гладиаторов	《角斗士们最后的晚餐》
Последний поэт	《最后一位诗人》
Похвала глупости	《愚人颂》
Похищение быка из Куальнге	《从库尔革夺牛记》
Поэма о Вальтере Аквитанском (Вальтарий, Вальтариус, Вальтарий мощный дланью)	《瓦尔塔里乌斯·阿奎塔尼之歌》

Поэтическая история Карла Великого	《查理大帝时期诗歌史》
Праздник огня	《火的节日》
Происхождение семьи, частной собственнсти и государства	《家庭、私有制和国家的起源》
Психея, Psyhe	《精神》
Реквием（Моцарта）	《安魂曲》（莫扎特）
Разгром	《毁灭》
Родриго	《罗德里戈》
Роза и крест	《玫瑰和十字架》
Рокамболь	《洛卡姆波里》
Роман об Александре Македонском （Роман об Александре, Деяние Александра）	《马其顿的亚历山大的故事》（意同上）
Роман об Энее	《埃涅阿斯的故事》
Роман о Трое	《特洛伊的故事》
руслан и Людмила	《鲁斯兰和柳德米拉》
Семь смертных грехов	《七种不可赎罪恶》
Смерть Изольды	《绮瑟之死》
Сны Бальдура	《巴德尔之梦》
Сравнительные жизнеописания	《名人比较传集》
Сага Алафа Святого	《圣阿拉弗萨迦》
Сага об Орвар-Одде	《奥尔瓦尔-奥得萨迦》
Сага об Эйрике Красном	《红色埃伊里克萨迦》
Сага об Эйрике Рыжем	《红色埃伊里克萨迦》
Сага о Вольсунгах	《沃尔松萨迦》

Cara о Фритьофе(Сага о Фритьофе Смелом)	《弗里蒂奥夫萨迦》（关于勇敢的弗里蒂奥夫的传说）
Саламинская элегия	《萨拉弥四哀歌》
Сид	《熙德》
Смерть Артура(Смерть короля Артура)(роман)	《亚瑟王之死》（长篇小说）
Слово о полку Игореве	《伊戈尔远征记》
Сон в летнюю ночь	《仲夏夜之梦》
Состязание Гомера и Гесиода	《荷马和赫西奥德竞争》
Сумерки богов, Gotzendammerung	《神明的黄昏》
Тайный остров Джона Булля (Другой остров Джона Булля)	《约翰·布尔的神秘岛》（意同上）
Теогония(Происхождение богов)	《神谱》
Три мушкетера	《三剑客》
Тристан(новела)	《特里斯丹》（短篇小说）
Тристан и Изольда(опера)	《特里斯丹和绮瑟》（歌剧）
Тристан и Изольда(роман)	《特里斯丹和绮瑟》（长篇小说）
Тристан и Изольда(статья)	《特里斯丹和绮瑟》（论文）
Тристан и Изольда	《特里斯丹和绮瑟》
Труды и дни	《劳作和节令》
Узнают коней ретивых(Из Анакреона)	《认识生气勃勃的马》（见阿那克里翁）
Улисс	《尤利西斯》
Фауст	《浮士德》
Флаур и Бланшефлер	《弗洛伊尔和布兰莎弗拉尔》

Хоршо ли сказанао: Живи незаметно	《"不为人注意地生活"这样说合适吗?》
Эдда (Старая Эдда)	《埃达》(《旧埃达》)
Эмиль, или О воспитании	《爱弥儿》
Энеида	《埃涅阿斯纪》
Ave Waria	《祝福圣母》
Lacrimosa	《流泪的圣母》

地名索引

Аквитания	阿奎塔尼亚
Александрия	亚列山大里亚
Альби	阿尔比
Америка	美洲
Арагон, королевство	阿拉贡王国
Асгард	阿斯加尔德
Астурия	阿斯图里亚
Атика	阿提卡
Афины	雅典
Африка	非洲
Байрейт	拜罗伊特
Брабантское герцогство	布拉邦特公园
Бретань	布列塔尼
Бургундское королевство	勃艮第王国

535

Вавилон	巴比伦
Валгалла (Валхалла)	瓦尔加尔
Византия	拜占庭 (东罗马帝国)
Виландия	文兰
Валенсия	瓦伦西亚
Верона	维罗纳
Вормс	沃尔姆斯
Вогезы	瓦革扎
Галия	高卢
Геркулесовы (Геракловы , Мелькартовы) столбы (столпы)	海格立斯 (赫拉克勒斯) 柱
Геликон , гора	赫利孔山
Гибралтар (Гибралтарский пролив)	直布罗陀海峡
Дельфы	得尔斐
Дунай	多瑙河
Иерусалим	耶路撒冷
Илион	伊利昂
Иония	伊奥尼亚
Иран	伊朗
Ирландия	爱尔兰
Исландия	冰岛
Итака	伊塔卡

Кавказ	高加索
Карфаген	迦太基
Кастилия, королевство	卡斯提王国
Кеос	克奥斯(岛)
Константинополь	君士坦丁堡
Кордова	科尔杜瓦
Коринф	科林斯
Крит	克里特
Лаконика	拉科尼克
Лакедемония	拉克得蒙
Леон королевство	勒翁王国
Левкад	琉卡斯(岛)
Лесбос	累斯博斯(岛)
Ливия	利比亚
Лхаса	拉萨
Магнесия	马革涅西亚
Македония	马其顿
Марафон	马拉松
Мегара	墨伽拉
Мессения	墨塞尼亚
Мидгард	米德加尔德
Микены	迈锡尼(密克奈)
Мндет	米利都
Мнтидена	弥提勒涅
Монсальват	蒙萨尔瓦特
Мюнхен	慕尼黑

Наварра	纳瓦拉(王国)
Нифльгейм	尼弗尔海姆
Олимп	奥林波斯
Ольстер	厄尔斯特
Парос	帕罗斯(岛)
Пелопоннес	伯罗奔尼撒
Пер-Лашез	佩尔-拉歇兹(公墓)
Пиренеи	比利牛斯
Прованс	普罗旺斯
Равена	拉维纳
Рейн	莱茵河
Рига	里加
Рим	罗马
Родос	罗得斯(岛)
Ронсеваль(Ронцесваль)	隆塞瓦尔
Русь	罗斯
Саламин	萨拉弥斯
Самос	萨摩斯(岛)
Сарагоса	萨拉戈萨
Саранск	萨兰斯克
Св.Клары монастырь	圣克拉拉修道院
Сент-галлен, монастырь	圣哈伦修道院
Сен-Дени, аббатство	圣德尼修道院
Сиракузы	叙拉古札

《外国文学史讲座笔记》专名索引

Сирия	叙利亚
Скадинавия	斯堪的纳维亚
Соломона замок	所罗门城堡
Спарта	斯巴达
Торлор	托尔洛尔
Троя	特洛伊
Фермопилы	温泉关
Фессалия	特萨利亚
Фокида	福基斯
Фракия	色雷斯（特拉克）
Эллада	赫拉斯（希腊）
Эолия	埃托利亚
Эфес	以弗所
Якова Кампостельская монастырь	雅谷·孔波斯特尔修道院

王焕生　译

术语俄汉对照表

абсолютный	绝对的
—абсолютная доброта	绝对的善良
—абсолютная смерть	绝对的死亡
—абсолютное прошлое	绝对的过去
—абсолютный порог	绝对的门槛(边沿)
—абсолютное сочувствие	绝对的同情
авантюрность	惊险性
автобиография	自传
автоматизация	自动化
автор	作者
—активность ватора	作者的积极性
—замысел автора	作者构思
—автор и герой	作者与主人公
—идеология автора	作者的思想见解、思想观点
—интенция автора	作者意向
—образ автора	作者形象
—первичный автор	第一(最初的)作者
—позиция автора	作者立场
—слово автора	作者的语方、话语

—сознание автора	作者意识
—чистый автор	纯粹的作者
авторский	作者的
—авторская позиция	作者的立场
—прямое(авторское)слово	直接的(作者)话语
авторитарность	专横
агон	争论
—комические агоны(споры)	滑稽的争论
аграрная магия	土地的魔法
ад	地狱
адресат(адресованность)	接受人、受话人(指向性)
акцентуация	强调、凸现
—топографическая акцентуация	地形含义上的强调
аллегория	譬喻
алиби	不在场
—не-алиби	在场
амбивалентность	双重性
анализ и синтез	分析与综合
ангелы и демоны	天使与魔鬼
анекдот	笑话
антропология	人类学
—философская антропология	哲学人类学
апофатический метод	否定方法
архитектоника	建构
атеизм	无神论
ателланы	即兴剧
афористическое мышление	格言式思维

балаганный	民间戏台的
—балаганные формы	民间演艺形式
—балаганный смех	民间演艺之笑
барокко	巴洛克
басня	寓言
безгласный объект(вещь)	无声的对象(物)
безумие	发狂
—мотив безумия	发狂主题
бесконечность	无尽、无限
бессмертие	永生、不朽
бессознательное	无意识、不自觉
благоговение	虔敬
благодать	惠赐
благообразие	优雅
благословение	祝福
блазон	褒贬诗
боваризм	包法利主义
Бог	上帝
—борьба бога с дьяволом	上帝与魔鬼的斗争
—прение блга с чертом	神与鬼的辩论
бльщая литература	宏大文学、正宗文学、主流文学
—большие судьбы слова и образа	话语和形象的重大命运
—большое	大、宏大
брань и хвала	骂与夸
буддизм	佛教
будущее	未来
буржуазный реализм	资产阶级现实主义

бурлеск	辞与事不协调
бурсацкий смех	宗教学校学生之笑
буря и натиск	狂飙突进
бытие	存在
—единство бытия	统一的存在、存在的整体、存在的统一体
—бытие как общение	存在犹交际（存在即交际）
—бытие-страдание	存在即痛苦、痛苦的存在
—ходячее бытие	行动中的存在
—элементарное бытие	起码的存在
—бытие-событие	存在-事件
—мир-событие	事件世界
ваганты	流浪艺人
вдохновение	灵感
величальная песня	喜歌、赞美歌
вертепная драма	傀儡戏
верх и низ	上与下
—телесный верх и телесный низ	躯体的上与下
—топографический верх и низ	地形含义的上与下
веселый	欢快的
—веселая правда о мире	世界的欢快实质
—веселая относительность	欢笑中的相对性
—веселый обман	戏谑的欺骗（快乐的欺骗）
вечность (вечное)	永恒性
вещность (вещное)	物性（物）
вещь (вещи)	物
—вещь и личность	物与人（物与个性）

вживание	移情
видение	观照、视觉
—эстетическое видение	审美观照
ви́дение	幻象
—загробные видения	阴世幻象
—смеховые видения	戏谑幻象
вирши	格律简单的诗体
вненаходимость	外位
—взаимная вненанодимость	相互间的外位
внеположность	外在性
внеположный	外在于
внутренний	内部、内在的
—внутренний монолог	内心独白
—внутренний человек	内在之人
—внутренняя речь	内部言语
возрождение	复兴、再生、催生
Возрождение (Ренессанс)	文艺复兴
воля	意志
—художественная воля	艺术目的（意志）
—чужая воля	他人意志
время	时间
—большое время	长远时间、大时代
—время и пространство	时间与空间
—карнавализованное время	狂欢化了的时间
—карнавальное время	狂欢节的时间
—малое время	短小时间
—принцип одновременности	同时原则
—спор времен	不同时代之争

вторичные речевые жанры	第二性(派生)言语体裁
вчувствование	移情、共感
вымысел	虚构
вымышленное имя	虚构的名字
выражение	表现
—средства выражения	表现手段
выразительность	表现力
высказывание	表述、话语、话
—монологическое высказывание	独白话语、独白型表述
—высказывание и предложение	表述与句子
—высказывание н слово	表述与词、表述与话语
—высказывание в высказывании	表述中的表述
—высказывание о высказывании	论表述的表述
—завершенность высказывания	话语(表述)的完成性
гармония	和谐
героизация	英雄化
героизм	英勇精神
герой	主人公
—авантюрный герой	惊险的主人公
—герой Достоевского	陀思妥耶夫斯基的主人公
—герой-идеолог	作为思想者(家)的主人公
—герой-святой-шут	作为圣者—小丑的主人公
—герой-образ	作为形象的主人公
—голос героя	主人公的声音
—идеология героя	主人公的思想观点
—классицистов герой	古典主义者的主人公
—монологическая речь героя	主人公的独白言语

—образ героя	主人公的形象
—поступок героя	主人公的行为
—прямая речь героя	主人公的直接言语
—речь героя	主人公的言语
—романтический герой	浪漫主义的主人公
—самовысказывание героя	主人公的自我表述
—свобода и самостоятельность героя	主人公的自由与独立
—слово героя	主人公的语言(话语)
—сознание героя	主人公的意识
—эпический герой	史诗的主人公
гнбридные конструкции	混合结构
гипербола	夸张、夸大
говорение	说话
—непрямое говорение	非直接说话
говорящий	说者
—говорящий и слушающий	说者与听者
—образ говорящего	说者形象
гоголевский смех	果戈理之笑
голос	声音
—голос героя	主人公的声音
—чужой голос	他人的声音
гомофонический роман	多声齐奏的小说
готический реализм	哥特式现实主义
готовность	现成性
грамматическая интонация	语法的话调
граница	边界、边缘
грех	罪过

гротеск	荒诞
гротескная сатира	荒诞讽刺
гротескное тело	荒诞躯体
гуманитарное мышление（дисциплины, науки）	人文思维（学科、科学）
дадаисты	达达主义者
далевой образ	遥远的形象
движение	运动
двойник	同貌人、替身
—пародирующие двойники	模拟替身
движение в низ	下行运动
двойник	同貌人（又译影子）
двуголосое слово	双声的话语
двумирность	双重世界性
двутелость	双体性质
двутонность	双语调性
двутонный	双语调的
двуязычне	双语现象
действительность	现实、实际
декаденты	颓废主义者
декаденс	颓废派
деревенская комедия	乡村喜剧
деятельность	活动
—эстетическая деятельность	审美活动
диалектика и диалог	辩证法与对话
диалог	对话
—бесконечный диалог	无尽的对话

—библойский диалог	圣经的对话
—большой диалог	大型对话
—внутренний диалог	内心对话（微型对话）
—внешний диалог (композ-иционно-выраженный)	外在对话（表现于布局的对话）
—воображаемый диалог	想象的对话
—двойной диалог	双重的对话
—диагог на пороге	边沿上的对话、门槛的对话
—диалог Платона	柏拉图对话
—драматизированный диалог	戏剧化的对话
—исповедальный диалог	自白性的对话
—композиционно-выраженный диалог	形诸结构的对话
—комические диалоги	滑稽的对话
—микродиалог	微型对话
—диалоги мертвых	死人间的对话
—незавершимый диалог（бесконечный диалог）	不可完成的对话（没有结束的对话）
—педагогический диалог	教育对话
—платоновский диалог	柏拉图式对话
—проникновенный диалог	诚挚的对话
—реальный диалог	实际的对话
—реплика диалога	对话中的对语
—сатирические диалоги	讽刺性对话
—скрытый диалог	隐蔽的对话
—сократический диалог	苏格拉底式对话
—схема диалога	对话的安排、图示
—сюжетный диалог	情节性对话

—философский диалог	哲理对话
—диалог человека с человеком	人与人的对话
диалогизация	对话化、使形成对话
диалогизм	对话主义、对话性
диалогическая модель	对话模式
диалогическая новелла	对话性短故事
диалогическая природа(слова, сознания,человеческой жизни)	对话本质（话语、意识、人的生活）
диалогические обертоны	对话的泛音
диалогические отношения	对话关系
диалогическая форма	对话的形式
диалогическая установка	对话原则(意图)
диатриба	交谈式演说体
дистанция	距离、间隔
дневники	日记
долженствование	应分
драма	剧(本)
—вертепная драма	即兴剧
—иезуитская драма	天主教会戏剧
—сатирова драма	讽刺剧
—школьная драма	学校剧
—церковная драма	教学剧
драматизация(драматизм, драматичность)	戏剧化(戏剧性)
драматическая сатура	戏剧萨图拉
другой	他人
—другой-для-меня	为我之他人
—я-для-другого	为他人之我

—я и другой	我与他人
другость	他性
дублер	复本
дурак	傻子
дурацкая сатира	傻子讽刺
дух	精神
душа	心灵、内心
—индивидуальная душа	个人的内心
—несказанное ядро души	未讲出的心灵内核
дьяблерия	鬼怪作祟、鬼勾当
дьявол	魔鬼
жалость	怜悯
жанр	体裁
—вторичные речевые жанры	第二性(派生)言语体裁
—жанр и направление	体裁与流派
—исповедальные жанры	自白性诸体裁
—карнавализация жанров	体裁的狂欢化
—первичные речевые жанры	第一性(基本)言语体裁
—речевые жанры	言语体裁
—жанр серьезно-смехового	庄谐体
—теория жанров	体裁理论
—жанровая разновидность романа Достоевского	陀思妥耶夫斯基小说的体裁类型
—эпические жанры	史诗体裁
жест	手势、动作
—речевой жест	言语的手势
—топографичсский жест	地形含义上的动作
—фамильярный жест	亲昵的动作

—эпический жест	史诗性动作
жестикуляционный фонд	各种手势(动作)的总和
животное	动物、牲口
жизнь	生、生命、生活
—спор жизни со смертью	生与死的争论
житие	言行录、传记
завершающее	起完成作用的因素
завершение	完成
завершенное	完成了的
завершенность	完成性、终结
завершенность высказывания	表述的完成性、终结
загадка	谜、谜语
заговор	咒语
загробный	阴间的、死后的
—загробная молитва	死后的祈祷
—загробные видения	阴间幻象
—загробные хождения	阴间游荡
—миф о загробном суде	阴间审判的神话
заклинание	咒语
законченность	完成性、最终完成
замысел	构思、意图
—авторский замысел	作者意图
—монологический замысел	独白性构思
—полифонический замысел	复调性构思
заочное	不当面的、背靠背的
застольный смех	饮宴之笑
заумный язык	玄奥的语言

зверь	兽、野兽
земля	土地、大地
—земля и небо	地与天
—спор земли с морем	大地与海洋之争论
зеркало	镜子
—зеркало абсолютного сочувствия	绝对同情的镜子
—человек из зеркала	来自镜中之人
—человек у зеркала	镜中人
знак	符号，记号
—идеологический знак	意识形态的符号，记号
—внутренний знак	内部符号（内在记号）
—идеологическая нейтральность знака	记号的意识形态中态性
зона контакта	交际领域、交往区域
зона кризиса	危机区域
игра	表演、玩、游戏
идеализация	理想化
—эпическая идеализация	史诗的理想化
идеолог	思想者、思想家
—герой-идеолог	作为思想者的主人公
идеологема	意识形态要素
идеологический	意识形态的、思想观点的
—идеологический вывод	思想观念上的结论
—идеологический кругозор	意识形态视野
—идеологическая культура Нового времени	新时代的思想文化

—ндеологическая оценка	意识形态的评价
—идеологическая среда	意识形态环境
—идеологическое творчество	意识形态的创作
идеология	意识形态、思想见解(观念)
—жизненная идеология	生活中的思想(观点)
—авторская	作者的思想见解
—ндеология героя	主人公的思想见解
—идеология как принцип формы	作为形式原则的思想观念
—идеологя как смысловой итог изображения	思想见解作为描绘的含义结论
—формообразующая идеология	构形见解、组织作品形式的思想观念
идея	思想、观点、看法
—идея автора	作者的思想
—идея героя	主人公的思想
—идея-прототип	作为原型的思想
—изображение идеи	对思想的描绘
—идея как принцип изображения	作为描绘原则的思想
—образ идеи	思想的形象
—чужая идея	他人的思想
—этическая идея	伦理的思想
идиллия	田园诗
иезуитская драма	天主教会戏剧
иерархия	等级
—иерархические барьеры	等级(地位)屏障(差异,鸿沟)
—обратная иерархия	逆向的等级(高低)

553

избыток	富余、多余
избыток видения	超视
—всенародный избыток	全民的超视
—материально-телесный избыток	物质躯体的超出
изображение	描绘
—средство изображения	描绘手段
—объект изображения	描绘对象（客体）
имя	人名
—вымышленное имя	虚构名字
—имя и прозвище	人名和绰号
—имя-псевдоним	笔名
—кличка и имя	诨名（外号）和名字
—собственное имя	专名
—собственное имя-прозвище	专名作绰号
инвектива	抨击
индивидуальная душа	个人的心灵
индивидуалвность	个性、特性
интенция	意向
интермедия	幕间剧
интерференция	干扰
—речевая интерференция	言语干扰
интонация	语调
—грамматическая интонация	语法的语调
—экспрессивная интонация	加强表现力的语调
интроективная психология	内省心理学
интуирование	直觉
—эстетическое интуирование	审美直觉

ироническое	挖苦、讽刺因素
ирония	挖苦、讽刺、反讽
—романтическая ирония	浪漫主义的讽刺
искупление	赎罪
исповедальные жанры	自白性体裁
исповедь	自白
—исповедь с лазейкой	预留后路的自白
—риторический момент исповеди	自白中的雄辩因素
история религий	宗教史
история романа	(长篇)小说史
календы	新年
канты	赞美歌
капитализм	资本主义
—дух капитализма	资本主义精神
карнавал	狂欢、狂欢节
карнавализация	狂欢化
—карнавализация диалога	对话的狂欢化
—карнавализация жанров	体裁的狂欢化
—карнавализация литературы	文学的狂欢化
карнавальный	狂欢节的
—карнавальная амбивалентность	狂欢式的两重性
—карнавальное мироощущение	狂欢式的世界感受
—карнавальные мистификации	狂欢节愚弄方式
—карнавальный вольный фамильярный контакт	狂欢式亲昵自由的交往
—карнавализованное время	狂欢化时间

—карнавальное время	狂欢时间
—карнавальное действо	狂欢演出
—карнавальная площаць	狂欢广场
—карнавальный ад	狂欢节地狱
—карнавальный комплекс	狂欢节游艺节目
—карнавальный король	狂欢节上的国王
—карнавальный смех（осмеяние）	狂欢式笑谑（讥笑）
—карнавальный фольклор	民间狂欢文学
картина мира	世界图景
катарсис	净化
катастрофа	大祸、惨变、剧变
киническая философия	犬儒哲学
классицизм	古典主义
классическое тело	古典人体
колядка	祝歌
комедия	喜剧
—комедия делл'арте	假面喜剧
—деревенская комедия	乡村喜剧
—фантастичсская комедия	惊险喜剧
комика	滑稽
—народная комика	民间滑稽
комический агон	滑稽的争论
комический диалог	幽默对话
комическое	滑稽因素、滑稽作品
коммуникация	交际
композиция	布局（结构）
—композиционная задача	布局的任务

—композиционные приемы	布局的手法
—композиционные принципы	布局的原则
—литературная композиция	文学的布局(结构)
—композиция романа	小说的布局(结构)
контекст	语境、上下文
—авторский контекст	作者语境(语层)
контрапункт	对位(法)
концепт	概念
координатные отношения	坐标关系
космизм	宇宙性
—космический	宇宙的
—космическая память	宇宙记忆
—космический страх	宇宙性恐惧
—космический универсализм	宇宙的普遍性
космическое	宇宙性因素
кощунство	亵渎
красота	美
крещение	洗礼
кризис	危机
крик	呼喊
критический реализм	批判现实主义
кругозор	视野、视界
—авторский	作者视野
—временной	时间的视野
—кругозор и окружение	视野与周围
кубизм	立体派(主义)
кукольный театр	木偶戏
культура	文化

—народная	民间文化
—официальная	官方文化
—смеховая народная	民间笑谑文化
лазейка	预留后路
—исповедь с лазейкой	留有后路的自白
—самоубийство с лазейкой	留有后路的自杀
—слово с лазейкой	留有后路的话语
легенда	传说、神话
—христнанские легенды	基督教神话
лингвистика	语言学
металингвистика	超（元）语言学
лирика	抒情诗
литература	文学
—античная литература	古希腊罗马文学
—большая литература	大文学、主流文学
—буржуазная литература	资产阶级文学
—европейская литература	欧洲文学
—литература Возрождения	文艺复兴时期文学
—литература Нового времени	现代文学
—официально-торжественная литература	官方的庆祝性文学
—пародийная литература	讽拟体文学
—серьезно-будничная литература	严肃的民生文学
—современная литература	当代文学
—средневековая литература	中世纪文学
—христианская литература	基督文学

—язык литературы	文学的语言
литературное произведение	文学作品
—тема литературного произведения	文学作品的主题、题材
—форма литературного произведения	文学作品的形式
личность	个性、个人
—личность героя	人物个性
—личность и вещь	人与物
—позиция личности	个人立场
—характер личности	个人性格
—человек-личность	个性之人
логические отношения	逻辑关系
ложь	谎言、不实
—феноменология лжи	不实的种种现象
луперкалии	牧神节
любовь	爱、珍爱、爱心
Магометово мгновение	穆罕默德的瞬间
макродналог и микродиалог	大型对话与微型对话
малое	小、微小
мандрованый дьяк	流浪的执事
маска	面具
маскарад	假面舞会
масленичный смех	谢肉节之笑
материал	材料
—материал языка	语言的材料
материально-телесное начало	物质躯体的基础

материально-телесный низ	物质躯体的下身
мелодрама	情节剧
мемуары	回忆录
мениппова сатира	梅尼普讽刺
метафора	隐喻
метаязык	超语言、元语言
методология	方法论
методология гуманитарных наук	人文学科方法论
——пародийный материал	讽拟的材料
——стилизованный материал	模仿风格的材料
мир	世界
——единый смеховой аспект мира	世界统一的笑谑层面
——мир на нзнанку	颠倒的世界
——монологическая модель мира	独白的世界模式
——постоянная неготовость мира	世界的永远未就绪状态
——становящееся целое мира	发展中的整体世界
——топографическая схема мира	世界的地位图景
мировоззрение	世界观
——мифологическое мировоззрение	神话世界观
мистерия	宗教神秘剧
мистификация	骗局
миф	神话
——смеховые мифы	笑谑神话
многоголосый роман	多声小说
многотонность	多音调性
многоязычие	多语（现象）

модернизм	现代主义
молитва	祈祷
—мольба-молитва	哀求的祈祷
монолог	独白
—внутренний монолог	内心独白
—философский монолог	哲理独白
монологизация	独白化
монологизм	独白主义、独白性
—идеологический монологизм	意识形态上(文化上)的独白主义
—философский монологизм	哲学上的独白主义
монологический	独白的
—монологическая модель мира	独白型世界模式
—монологический роман	独白型小说
монтаж	剪辑、蒙太奇
монументальное	宏大、宏伟
монументализм	气势宏大
монументальность	宏大性
моралите	寓意剧
мотив	母题、情节、主题
мышление	思维
—гуманитарное мышление	人文思维
—первобытное мышление	原始思维
—участное мышление	参与性思维
нададресат	超等受话人
надежда и страх	希望与恐惧
надъюриднческое преступление	法规外犯罪

наивность	天真、幼稚
направление и жанр	流派与体裁
народная стихия	民间自发倾向、民间习俗
народно-праздничные образы и формы	民间节庆形象与形式
народно-праздничный смех	民间节庆之笑
народно-смеховая культура	民间节庆文化
народно-смеховые формы	民间笑谑形式
народность	人民性
народно-трагические формы	民间悲剧形式
настоящее	现在、现时
—незавершенное настоящее	未完成的现时
натурализм	写实主义、自然主义
натуральная школа	写实主义派
начала и концы	首与尾
небытие	非存在、空虚、虚空
незавершенность	未完成性
—внутренняя незавершенность	内在的未完成性
незавершимость	不可完成性
незавершимый диалог	不可完成的对话
нейтральные (ничьи) слова	无主的话语
неоклассицизм	新古典主义
неофициальная серьезность	非官方的严肃性
неофициальное	非官方因素
непристойность	下流、猥亵、不洁
—философская непристойность	哲学上的猥亵
непубликуемые сферы речи	不刊印的言语领域
несобственная прямая речь	非直接引语、准直接言语

обновление	更新
обновляющая смерть	能更新的死亡
образ	形象
—авантюрный образ	惊险形象
—двутелый образ	双体的形象
—карнавализованный образ	狂欢化的形象
—народно-праздничный образ	民间节庆形象
—образ автора	作者形象
—образ идеи	思想的形象
—образ и понятие человека	人的形象和人的概念
—образ низа	下行形象（底层形象）
—парный образ	双对形象
—пиршественный образ	筵席形象
—образ рассказчика	叙述人形象
—топографическая схема образа	形象的地形图示
—топографический образ	地形的形象
—фамильярный образ	亲昵形象
—художественный образ	艺术形象
—эпический образ	史诗形象
образное отрицание	形象地否定
обращенность	（话语）对象性、指向性
обряд	仪式
—свадебные обряды	结婚仪式
—святочные обряды	圣诞节仪式
обрядность	礼仪
—похоронная обряднотъ	殡葬礼仪
обрядово-зрелищные формы	庆典游艺形式

563

обрядово-магическая поэзия	节庆魔法诗
обрядовый смех	仪式上的笑
общение	交际、交往
—бытие как общение	存在即交际
—социальное общение	社会(性)交际
—организованное общение	有组织的、有序的交际
—речевое общение	言语交际
—средство общения	交际手段
—социальное событие общения	交际的社会事件
объективизм	客观主义
—абстрактный объективизм	抽象的客观主义
объектное	客体因素
объектность	客体性
овеществление	物化
овеществленность	物化性
овнешняющие пласты	形诸于外、外化的因素
ода	颂歌
одноголосое слово	单声的话语
однотонность	单语调性
однотонный	单语调的
окружение	周围
—окружение и кругозор	周围与视野
олицетворение	拟人
осанна	赞扬
осерьезнение	严肃化
осмеяние	讥笑、讥讽
остранение	奇特化(陌生化)
ответственность	责任

отелеснивание	躯体化
отелеснивать	外化为躯体
официализация	官方化
—неофициальность	非官方性
официальное	官方的因素
официальный	官方的
—официальная культура	官方文化
—официальная правда	官方道理
оценка	评价
—идеологическая оценка	思想观点上的评价
—социальная оценка	社会的评价
ощутимость	可感性
память	记忆
—индивидуальная память	个人的记忆
—космическая память	宇宙的记忆
панегирик	颂词
парабаза	抨击
пародийное слово	讽拟的话语
пародирование	讽刺性模拟
пародирующие двойники	讽拟性的替身
пародия	讽拟（讽刺性模拟）体
патетическая ложь	激昂的谎言
пастораль	田园诗作品
пасхальный смех	复活节之笑
патетика	激昂情调
пауза	间歇、停顿
пафос	激情

переакцентуация	改变重点
переживание	感受,感知
пиетет	虔信
пир на весь мир	普天同庆
плут	骗子
—плутовская сатира	骗子的讽刺
—плутовская новелла	骗子故事
—плутовский роман	骗子小说
повствование	叙事
подсознательное	下意识的因素
подъем-падение	升与降
позитивизм	实证主义
позиция	立场
—позиция авторская	作者立场
—позиция последняя	最终立场
познание	认识
—теория познания	认识论
полемика	争论、辩论
—внутренняя полемика	内在的争辩
—скрытая полемика	暗辩(体)
—явная полемика	明辩(体)
политическая сатира	政治讽刺
полифония	复调
—полифонический роман	复调小说
—полифонический тип	复调型
—полифонический замысел	复调构思
—полифоническое задание	复调任务
понимание	理解

порог	门槛、门沿
—абсолютный порог	绝对的门槛(边沿)
последнее слово	最终的话语(结论)
последнее целое	最终的整体
последняя позиция	最终的立场
последняя ценность	最终的价值
посрамление	耻辱
поступок	行为
—поступок героя	主人公的行为
ответственный поступок	有责任心的行为
—поступок-слово	话语行为
—поступок-чувство	感情行为
потенциал	潜能
поэтика	诗学
—поэтика жанров	体裁诗学
—историческая поэтика	历史诗学
—поэтика классицизма	古典主义诗学
—классическая поэтика	古典诗学
—поэтика неоклассицизма	新古典主义诗学
—романтическая поэтика	浪漫主义诗学
поэтическое слово	诗语
правда	真理、真实、道理
праздник	节日
—праздник дураков(глупцов)	愚人节
—праздник новолетия	新年节日
—праздник осла	驴节
предание	传说
предвосхищение чужих реплик	预感他人对语

предромантизм	前浪漫主义
прием	手法、技法、技巧
—прием затрудненной формы	使形式繁（复杂）化的手法
—прием обрамления	框架手法
—прием нанизывания	连环层递的手法
—прием недосказанности	言不尽意的含蓄手法
приземление	世俗化
принцип эстетического отрешения и изоляции	隔离与孤立的审美原则
принцип одновременности	同时原则
проблема зримости	可视度问题
прозрачность	透明性
профанация	粗鄙化
профанировать	使变得粗鄙
прототнпы	原型
—прототипы образов идей	思想形象的原型
прямая речь	直接话语（言语）
псалмы	赞美诗
псевдоним	笔名
—имя-псевдоним	笔名
психика внутренняя	内部（内在）心理
психоанализ	精神分析
психологизм	心理描写
развенчание	脱冕
разноречие	杂语（现象）
—организованное разноречие	有序杂语
разъятое тело	分割的躯体

рассказ	叙述、讲述、故事
—рассказ от автора	作者的叙述
—пародийный рассказ	讽拟的叙述
—рассказ рассказчика	讲述人的叙述
рассказчик	叙述者、讲述人
реализм	现实主义
—буржуазный реализм	资产阶级现实主义
—готический реализм	哥特的现实主义
—критический реализм	批判现实主义
—монологический реализм	独白的现实主义
реплика	对语
—ответная реплика	回应的对语
речевое общение	言语交际
речевой субъект	言语主体
—смена речевых субъектов	言语主体的更替
речь	言语、话语
—авторская речь	作者话语（言语）
—внутренняя речь	内心话语
—внешняя речь	外在话语
—речь героя	人物（主人公）话语（言语）
—диалогическая речь	对话语
—косвенная речь	间接话语（引语）
—монологическая речь	独白语
—прямая речь	直接话语（引语）
—речь в речи	话中之话
—речь о речи	论话之话
—вольная-площадная речь	自由不拘的广场话语
—фамильярная речь	亲昵的话语

——чужая речь(слово, язык, высказывание) 他人话语(言语、语言、表述)

ритм 节奏
риторика 雄辩术、演说体
——риторика Пушкина 普希金的修辞
——риторический вопрос 修辞设问
——риторическое восклицание 修辞喟叹
——риторический момент исповеди 自白中的雄辩因素
——риторическое прославление 雄辩的颂扬
——риторическое слово 雄辩的话语
ритуальность 仪式性
рождение 出生、诞生
роман 小说、长篇小说
——авантюрный роман 惊险小说
——биографический роман 传记小说
——гомофонический роман 多声齐奏的小说
——европейский роман 欧洲小说
——идеологический роман 表现某种思想观念的小说
——композиция романа 小说的布局(结构)
——монологический роман 独白型小说
——первофеномен романа 小说的首要现象
——роман барочный 巴洛克小说
——роман бульварный 市井小说
——роман как художественная форма 长篇小说作为一种艺术形式
——роман многоголосый 多声小说

—социальный роман	社会小说
—социально-психологический реалистический роман	现实主义社会心理小说
—стилистика романа	小说的修辞
—фнлософский роман	哲理小说
—экспериментальный роман	实验小说
романизация	小说化
романтизм	浪漫主义
—европейский романтизм	欧洲浪漫主义
романтическая ирония	浪漫主义的讥讽
романтическая сатира	浪漫主义的讽刺
романтический смех	浪漫主义之笑
самонаблюдение	自我观察
самооценка	自我评价
самопрославление(самовосхваление)	自我颂扬(夸赞)
самосознание	自我意识
самоувенчание	自我加冕
сатира	讽刺
—гротескная сатира	怪诞的讽刺
—дурацкая сатира	傻瓜的讽刺
—мениппова сатира	梅尼普讽刺
—плутовская сатира	骗子的讽刺
—политическая сатира	政治讽刺
сатирическнй диалог	讽刺对话
сатирова драма	讽刺剧
сатура	风趣的说教作品(萨图拉)

—драматическая сатура	风趣说教的戏剧
—роман-сатура сатура	风趣说教的小说
сартуналии	农神节
семантика	语义学
семиотика	符号学
сентиментализм	感伤主义
сентиментальность	感伤性
серьезность	严肃性
—ложная серьезность	虚假的严肃性
—монолитная серьезность	强烈的严肃性
—неофициальная серьезность	非官方的严肃性
символ	象征
символизм	象征主义
симпосион	筵席交谈
синекдоха	提喻
синхронический	共时性的、同步的
ситуация	情境,情景,语境
сказ	故事(体)
сказка	童话
слово	词、词语、话语、言语
—внутренне-полемическое слово	内心辩论的话语
—вольное слово	自由不拘的话语
—двояко-направленное слово	双向的话语
—двуголосое слово	双声语
—слово другого	他人话语
—житийное слово	记述圣徒言行的话语
—заочное слово	背后的话语
—идеологическое слово	发表思想见解的话语

—исповедальное слово	自白的话语
—слово как социальный феномен	话语作为社会现象
—классификация слова	话语分类
—литературное слово	文学的话语
—народное слово	人民的话语
—нейтральное(ничье)слово	中立的(无主的)话语
—обращенное слово	诉诸对象的话语
—объектное слово	客体的话语
—одноголосое слово	单声语
—нейтрально-равнодушное слово	中态而漠然的话语
—пародийное слово	讽拟的话语
—полнозначное слово	具有充分价值的话语
—последнее слово	最终的话语
—последнее слово эпохи	时代的最后结论
—поэтическое слово	诗语
—проникновенное слово	诚挚的话语
—прямое(авторское)слово	直接的(作者)话语
—самовитое слово	"自在"的话语
—слово самосознания	自我意识的话语
—социология слова	话语的社会因素
—слово с лазейкой	留有后路的话语
—слово фамильярное	亲昵的话语
—стилизованное слово	模仿的话语
—условное слово	假定性话语
—хвалебно-бранное слово	夸奖责骂的话语
—цинически-откровенное слово	露骨下流的话语
—чужое слово	他人话语

573

—эксцентрическое слово	插科打诨的话语
смерть	死、死亡
—смерть извне	外在之死
—смерть изнутри	内在之死
—смерть сознания	意识之死
—смерть тела	躯体之死
смех	笑、笑声、笑谑、诙谐
—амбивалентный смех	双重性之笑
—балаганный смех	民间演艺之笑
—история смеха	笑的发展史
—рекреативный смех	欢娱之笑
—рождественский смех	圣诞节之笑
—похоронный смех	殡葬之笑
—редуцированный смех	弱化的笑
—смех на миру	大众的笑、普天之笑
—соборный смех	教堂之笑
—теория смеха	笑的理论
—хоровой смех	合唱的笑声
смеховое	笑的因素
смеховая культура	诙谐文化、笑文化
смеховой миф	笑的神话
смеховой театр	滑稽剧
смеховые видения	笑谑景象
смешное	可笑事物
—страшное и смешное	可怕与可能笑的事物
смысл	含义、意义、意思
смысловой	含义的、意义的
—позиция смысловая	含义立场

——последняя смысловая инстанция	最终的文意要旨
снижение	使粗鄙化、降格
——нигилистические снижения	虚无主义的粗鄙化
собственное имя	专有名
собственное имя-прозвище	作绰号的专名
событие	事件
событийность	事件性
современность	现代性
созерцание	直观
——эстетическое созерцание	审美直观
сознание	意识
——авторское сознание	作者的意识
——говорящее сознание	讲话人(说者)意识
——единство сознания	统一的意识
——монологически объемлющее сознание	独白的囊括一切的意识
——смерть сознания	意识的死亡
——смысл-сознание	作为意识的含义
——сознание героя	主人公的意识
——сознание как предмет изображения	作为描绘对象的意识
——становящееся сознание	形成(发展)中的意识
——чужое сознание	他人意识
солилонвизм	自我交谈
сомнение в смерти	对死的怀疑
сонная сатира	睡梦的讽刺
сообщение	告知

соти	闹剧
социальность(внешняя и внутренняя)	社会性(外在的与内在的)
сравнение	比方、对比
—топографические сравнения	地形含义上的比方
средневековая сатира	中世纪讽刺
средневековье	中世纪
среднее	中间、中等
средство изображения	描绘手段
средство выражения	表现手段
средство общения	交际手段
становление	形成、成长
стилизация	仿格体
—пародийная стилизация	讽拟性仿格体
стилистика	修辞学
—лингвистическая стилистика	语言学的修辞学
—стилистика романа	小说修辞学
—формально-лингвистическая стилистика	语言形式的修辞学
стиль	风格、文体、格调
—поэтический стиль	诗体
—прозаический стиль	散文(小说)体
—речевой стиль	言语体式
—социология стиля	风格的社会因素
—стиль прозаической речи	散文语风格
страдание	痛苦、苦难
—бытие-страдание	存在即痛苦
страх	恐惧、畏惧

—космический страх	宇宙性恐惧
структурализм	结构主义
сублимация	升华
субъект	主体
—речевой субъект	言语主体
—эпический субъект	史诗的主体
субъективизм	主观主义
—индивидуалистический	个人主观主义
суждение	观点、见解
сцена	场景
—топографическая сцена	地形含义的场景
сюжет	情节
—сюжет авантюрной функции	惧有惊险功能的情节
—топографическая схема сюжета	情节的地形图景
сюрреализм	超现实主义
табу	禁忌
творчество	创作
—словесное творчество	话语（语言）创作
текст	文本（话语、篇章）
телесная топография	人体的地形含义
телесный верх и телесный низ	躯体的上身与下身
телесный	躯体的
—материально-телесное начало жизни	生命的物质躯体基础
—материально-телесные корни мира	世界的物质躯体本源

577

—материально-телесный образ	物质躯体形象
—материально-телесный низ	物质躯体下身
—телесный мотив	躯体主题
тело	躯体、肉体、身体
—всенародное тело	全民躯体
—гротескная концепция мира и тела	世界与躯体的怪诞观
тема	主题、题目、话题、题材
теодицея	神正论
теория	理论
—теория восприятия	接受理论
—теория искусства	艺术理论
—теория жанров	体裁理论
—теория литературы	文学理论
—теория относительности	相对论
—теория паузы	停顿理论
—теория прозвища	绰号理论
—теория познания	认识论
—теория романа	小说理论
—теория сатиры	讽刺理论
—теория схема	笑的理论
типы мировоззрений	世界观的类型
тон	语调、情态
—эмоциональный	情调
топография	地形含义、地形位置分析
—космическая топография	宇宙的地形分析
—пространственно-временная топография	时空的地形含义

—телесная топография	躯体的地形分析
—топография мира	世界的地形分析
—топография сцены	舞台（场景）的地形分析
травестия	滑稽、滑稽改编
травестирование	滑稽化
трагедия	悲剧
—роман-трагедия	悲剧小说
трансгредиентный	外位于、超越
третий	第三者
убийство	杀害
—убийство отца и убийство сына	弑父与杀子
—мотив убийства сына	杀子动机
уевнчание	加冕
—увенчание и развенчание	加冕与脱冕
угроза-устрашение	威胁恐吓
удивление	惊异
—философское удивление	哲学的惊异
узнавание	认知
универсализм	普遍性、普遍事物
—комический универсализм	宇宙间的普遍性
универсальный	包罗万象的
условность	假定性
—художественная условность	艺术假定性
утопизм	空想主义、乌托邦主义
утопия	空想、乌托邦
—европейская утопия	欧洲空想主义

ученая поэзия	学理诗
фабула	本事、情节
—фабула романа	小说本事
фамильяризация	亲昵化
фамильярное	亲昵的
—фамильярная речь(форма, слово, общение)	亲昵的言语(形式、话语、交际)
—фамильярный жест	亲昵的手势(动作)
—фамильярный образ	亲昵的形象
фантастика	幻想、幻想作品
фантастическая комедия	奇幻喜剧
фарс	滑稽剧
философия	哲学
—философия имени	名字的哲学
—философия лжи	谎言的哲学
—философия поступка	行为哲学
—нравственная философия	道德哲学
фольклор	民间文学、民间创作、民俗
фольклористика	民俗学
формализм	形式主义
формалистический метод	形式主义方法
формальный метод	形式方法
функция языка	语言的功能
футуризм	未来主义
характер	性格
—характер и личность	性格与个人

хвала-прославление	夸赞颂扬
ходячие истины	通告的道理
хор	合唱、合声
хронотоп	时空体
хронотопичность	时空性
целое	整体
—временное целое	时间整体
—обезличивающее целое	消除个性的整体
—последнее целое	最后的整体
—смысловое целое	含义整体
—целое высказывания	话语（表述）的整体
целостность	完整性
—эпическая целостность	史诗的完整性
ценность	价值
—последняя ценность	最后的价值
—ценность эстетического	审美的价值
церковная драма	教会剧
человек	人
—внутренний человек	内在之人、内心之人
—человек в человеке	人身上之人
—человек у зеркала	镜中人
—человек-личность	作为个性之人
чужой	他人、他人的
—свое и чужое	自己的与他人的
—чужая правда	他人的道理
—чужое я	他人之"我"

581

—чужое сознание	他人的意识
—чужое высказывание	他人表述、他人话语
шутовство	丑角行当
шутовское увенчание	笑谑地加冕
экспрессивная интонация	表情的语调
экспрессивность	表情性、情态性
экспрессионизм	表现主义
—немецкий	德国表现主义
эксцентричность	古怪行为
эпический	史诗的
—эпическая идеализация	史诗的理想化
—эпические жанры	史诗的体裁
—эпический герой	史诗主人公
эпос	史诗
эротика	色情
эстетика	美学
—эстетика экспрессивная	表现主义美学
эсхатологизм	世界末日论
этика	伦理
этическая идея	伦理思想
юмор	幽默
я-для-себя	自为之我
язык	语言
—язык жанра	（某一）体裁的语言
—язык карнавала	狂欢节的语言

—карнавализация языка	语言的狂欢化
—реальная даниость языка	语言的实体
—практический язык	日常实用语言
—язык и речь	语言和言语
—языковая смена	语言更替
я и друтой	我与他人
я и ты	我与你
ярмарочная площадь	集市广场

苗 澍 编

人名俄汉对照表

Абраам а Санта Клара	阿布拉姆
Абляр Пьер	阿伯拉尔
Август	奥古斯都
Августин Блаженный А.	奥古斯丁
Аверинцев С. С.	阿韦林采夫
Агриппа Неттесгеймский Корнелий	阿格利巴·涅特斯盖姆斯基·科尔涅利
Адам де ля Аль	亚当·德利亚·阿尔
Акций (Accius)	阿克齐
Алкивиад	亚西比得
Аллеман Беда	阿列曼·别达
Алферов А. Д.	阿尔费罗夫
Альберт (Фон Болыштедт) Великий	大阿尔伯特
Амио Жак	阿米奥·雅克
Анакреон	阿那克里翁
Анансимандр	安纳西曼德
Анансимен	安纳西门
Аникст А. А.	阿尼克斯特
Анисимов И. И.	阿尼西莫夫

Анненский И. Ф.	安年斯基
Антоний Диоген	安东尼·第欧根尼
Апулей	阿普列乌斯
Ардийон Антуан	阿尔季奥恩·安都昂
Ариосто Л.	阿里奥斯托·卢多维克
Аристид Элий	阿里斯梯德·艾里
Аристотель	亚里士多德
Аристофан	阿里斯多芬
Артамонов Сергей Дмитриевич	阿尔塔莫诺夫·谢尔盖·特米德里耶维奇
Аскольдов С. А.	阿斯科尔多夫
Атеней	阿泰尼
Аттик	阿季克
Афиней	阿菲涅伊
Ахилл Татий	阿喀琉斯·塔提俄斯
Ацелин из Реймса	（兰斯的）阿采林
Багалей Д. И.	巴加列伊
Баиф Жан Антуан	巴伊夫·让·安都昂
Байрон Дж. Н. Г.	拜伦
Бакунин М. А.	巴枯宁
Балакирев И. А.	巴拉基列夫
Балли Ш. (Bally Ch.)	巴力
Бальзак О. де	巴尔扎克
Бальмонт К. Д.	巴尔蒙特
Баранович Л.	巴拉诺维奇
Барбье А. О.	巴比耶
Бартелеми Жан-Жан	巴德莱米

585

Бархударов С. Г.	巴尔胡达罗夫
Бахофен И. Я.	巴霍芬
Беда Достопочтенный	别达·陀斯托波契捷内
Белецкий А. И.	别列茨基
БеЛинский В. Г.	别林斯基
Белло Реми	别洛·列米
Белон Пьер	别隆·波埃尔
Велый А.（Бугаев Б. Н.）	安德烈·别雷（布加耶夫）
Бенуа	伯努瓦
Бенц Рихард	本茨·里哈尔德
Беранже П. Ж.	贝朗瑞
Бергсон А.	柏格森·昂利
Беркли Джон	贝克莱·约翰
Бернард К.	伯尔纳
Берни Франческо	伯尔尼·弗朗切斯科
Бероальд де Вервиль Франсуа	别罗阿尔德·德·韦尔维尔·弗朗索瓦
Беррес М.	巴雷斯·莫里斯
Бион Борисфенит	比奥·鲍里斯弗尼特
Бланкенбург Х. -Ф.	布兰肯堡
Блок А. А.	勃洛克
Бодлер Ш.	波德莱尔
Боккаччо Дж.	薄伽丘
Болдырев А.	博尔德列夫
Больнов Отто Фридрих	波尔诺夫·奥托弗里德里希
Бомарше П. -О. де	博马舍
Бонавентура	博纳文图拉
Бонавентура（ св.）	博纳文图拉

Босс Авраам	博斯·亚伯拉罕
Босх(Бос ван Акен)Иеронимус	波斯赫(博斯·冯·阿肯)·依耶洛尼姆斯
Бочаров С. Т.	鲍恰罗夫
Боэций Виламовиц–Меллендорф	波爱修·维拉莫维茨–默伦多夫
Брандес Г.	布兰代斯
Брант С.	布兰特
Брантом Пьер Де Бурдейль	布兰托姆·皮埃尔·德·布尔捷伊尔
Брауер Макс	布拉乌耶尔·马克斯
Брейгель Питер Старший	老勃鲁盖尔
Брентано К.	布伦塔诺
Бретон А. (Breton A.)	勃勒东
Брехт Бертольт	布莱希特·别尔托尔
Брехт Конрад	布莱希特·康拉德
Брцк О.	勃里克
Бруно Дж.	布鲁诺
Брюнетьер Ф.	布吕纳介
Брюно Ф.	布鲁诺特
Брюсов В. Я.	勃留索夫
Буало Н.	布瓦洛·尼古拉
Бубер М.	布别尔
Буланже Жак	布朗热·雅克
Бунин И. А.	布宁
Бурдах Конрад	布尔达赫·康拉德
Буркело Феликс	布尔凯洛·费利克斯
Буркхардт Якоб	布尔克哈特·雅各布

Бурсов Б. И.	布尔索夫
Буше Гийом	布歇·吉奥姆
Буше Жан	布歇·让
Бюде Гийом	比德·吉奥姆
Вагнер Р.	瓦格纳
Вазари Джорджо	瓦萨里·乔尔乔
Вайман Семен Теодорович	瓦伊曼·谢·狄
Валерий Максим Реатинский	瓦列里·马克西姆
Вандомы	旺多梅
Варрон Марк Теренций	发禄·马尔克
Вега Карпье (Лопе де Вега)	维加·卡尔皮奥
	（洛佩·德·维加）
Вергилий	维吉尔
Верлен Поль	魏尔伦·保尔
Вернадский В. И.	韦尔纳茨基
Вероццано	维罗齐安诺
Верфель Ф.	韦尔弗
Верхарн Э.	维尔哈伦
Верцман Израиль Ефимович	维尔茨曼·以色列·叶菲莫维奇
Веселовский А. Н.	维谢洛夫斯基
Вецель И. К.	维采尔
Вийон ф.	维庸
Викрам И.	维克拉姆
Виламовиц Меллендорф У. (Wilamowitz. Moellendorff U)	维拉莫维茨·苗连多尔夫
Виланд Х. М.	维兰德

Виллетар	维列塔尔
Винкельман И. И.	温克尔曼
Виноградов В. В.	维诺格拉多夫
Винцент из Бове	(博韦的)温森特
Вио Теофиль де	维奥·狄奥菲尔德
Вире Пьер	维列·皮埃尔
Виреккер Нигеллус	维列凯尔·尼格鲁斯
Витасек С.	维塔谢克
Витрувий	维脱鲁维
Волошинов В. Н.	沃洛希诺夫
Вольтер	伏尔泰
Вольфрам фон Эшенбах	沃尔夫拉姆·封·埃申巴赫
Врубель М. А.	弗鲁别利
Вультеус	武尔杰乌斯
Вундт В.	冯特
Гаватович Якуб	加瓦托维奇·雅库巴
Гален Клавдий	格林·克拉夫迪
Галианн Фернандо	加利安尼·费尔南多
Галилей Галилео	伽利略
Галле	哈雷
Гаман И. Г.	加曼
Ганнибал	汉尼拔
Ганслик Э.	汉斯克利
Гарнак А.	哈纳克
Гартман Э.	哈特曼
Гаршин В. М.	迦尔洵
Гауптман К.	霍鲁特曼

Гвиничелли Гвидо	圭尼泽尔·格维陀
Гвоздев А. Н.	格沃兹杰夫
Гебель И. П.	黑贝尔
Гевара Луис	格瓦拉·路易斯
Гегель Г. В. Ф.	黑格尔
Гейлер Фон Кайзереберг	盖勒·凯泽贝格
Гейне Г.	海涅
Георге С.	格奥尔格
Гелиодор	赫里奥多罗斯
Геллий Авл	格利·阿弗尔
Генрих II	亨利二世
Геракл	赫拉克勒斯（海格立斯）
Гераклит Эфесский	赫拉克利斯
Гербарт И. Ф.	海尔巴特
Гердер И. Г.	赫尔德
Геродот	希罗多德
Герцен А. Н.	赫尔岑
Гесиод	赫西奥德
Геснер С.	盖斯纳
Гете И. В.	歌德
Гнз Франсуа	吉兹·弗朗索瓦
Гильдебрандт А. Фон	希尔德布兰德
Гильом де Лоррис Ф.	吉利翁·德·洛里斯
Гиплократ	希波克拉底
Гиппель Т. Г.	吉佩利
Гиппонакт	希波纳克斯
Гирцель Р.	希采尔
Гмелин В. Ф.	格梅林

Гобелен	郭伯廉
Гоголь Н. В.	果戈理
Голсуорси Дж	高尔斯华绥
Гольбах Поль Анри Дитрих	霍尔巴赫·保尔·昂里·奇特里赫
Гольдсмит О.	哥尔斯密
Гомер	荷马
Гомперц Теодор	冈佩茨
Гончаров И. А.	冈察洛夫
Гораций Квинт Флакк	驾拉斯·克维特·弗拉克
Гордеев Е. М.	戈尔杰耶夫
Горький М.	高尔基
Готхельф И.	戈特赫利弗
Готшед Иоганн Кристоф	戈特舍德·约翰·克里斯托弗
Готве из Метца	戈蒂耶
Готье Теофиль	戈蒂耶·狄奥菲尔
Гофман Э. Т. А	霍夫曼
Грановский Т. Н.	格拉诺夫斯基
Гребан Симон	格列班·西蒙
Грей Т.	格雷
Гренгор Пьер	格兰高尔·皮埃尔
Грибоедов А. С.	格里鲍耶陀夫
Григорович Д. В.	格里戈罗维奇
Григорьев М. Г.	格里戈里耶夫
Гриммельсхаузен Х. Я. К. фон	格里美豪森
Грин Грэм G.	格林
Грин Роберт	格林·罗伯特

Грифцов Б. А.	格里弗佐夫
Гроос Карл	格罗斯
Гроссман Л. П.	格罗斯曼
Гуковский Г. А.	古科夫斯基
Гумбольдт В. фон	洪堡
Гуссерль Эдмунд	胡塞尔·爱特蒙
Гуттен У. фон	胡藤
Гюго В.	雨果
Гюйо Жан-Мари	居友·让-马利
Гюнсманс Ж. К.	于斯曼
Давид	大卫
Д'Альберт Генрих	达尔伯特·亨利
Д'Амбуаз	达姆布阿兹
Д'Амерваль Элуа	达梅尔瓦尔·埃鲁阿
Данте Алигьери	但丁·阿里基耶里
Д'Ассуси Шарль	达苏西·沙尔利
Дедекинд Фридрих	戴德金·弗里德里希
Декарт Рене	笛卡尔
Де Костер Ш.	科斯特
Декс Пьер	杰克斯·彼埃尔
Дельвиг А. А.	杰利维格
де Мен Ж.	墨恩
Демокрит	德谟克利特
Демосфен	德摩斯梯尼
Деперье Бонавентура	德佩里埃·博纳文图拉
Дефо Д.	笛福·丹尼尔
Дживелегов Алексей Карпович	吉韦列戈夫·阿历惠谢·

	卡尔帕维奇
Джойс Дж.	詹姆斯·乔伊斯
Джотто ди Бондоне	乔托
Дибелиус В.	狄贝利乌斯
Дидро Д.	狄德罗·德尼
Диккенс Ч.	狄更斯·查里
Дильтей Вильгельм	狄尔泰
Димитрий Ростовский	季米特里·罗斯托夫斯基
Диоген	第欧根尼
Диомед	狄俄墨得斯
Дион Хризостом	狄奥尼索斯
Дионисий Ареопагит	季奥尼西·阿列奥巴吉特
Дитерих A. (Dieterich A.)	迪特里奇·阿道尔夫
Добролюбов Николай Александрович	杜勃罗留波夫·尼古拉·阿历克山大洛维奇
Довгалевский Митрофан	多夫加列斯基·米特罗方
Доде Альфонс	都德
Доле Этьен	多莱
Дони Антонио Франческо	安东尼奥·弗朗切斯科·多尼
Достоевский Ф. М.	陀思妥耶夫斯基
Древс Г.	德列乌斯
Дризен Отто	德里律·奥托
Думерг Эмиль	杜梅尔格·埃米尔
Д'Этапль Лефевр	戴塔普尔·列菲夫尔
Д'Этисак Жофруа	戴基萨克·若弗卢瓦
Д'Этуаль Пьер	戴图阿尔·皮埃尔
Дю Белле (Братья)	杜倍雷(兄弟)

Дю Белле Жан	杜倍雷·让
Дю Белле Гильом	杜倍雷·吉约姆
Дюма А.	大仲马
Дю Белле Иоахим	杜倍雷·约希姆
Дюпон Грациан	杜邦·格拉齐安
Дюрер Альбрехт	丢勒·阿尔勃莱希特
Дюрфе О.	杜费
Евнина Елена Марковина	叶夫尼娜·叶琳娜·乌尔科维娜
Еврипид	欧里庇得斯
Ермилов В.	叶尔米洛夫
Есенин С.	叶赛宁
Жаль	扎尔
Жан Поль（Рихтер И. П.）	让·保罗
Жарри Альфред	雅里·阿尔弗勒德
Жданов Иван Николаевич	日丹诺夫·伊万·尼古拉耶维奇
Женгене	热格理
Жид А.	纪德
Жинкин Н. И.	任金
Жирмунский В. М.	日尔蒙斯基
Жоанно Элуа	若安诺·艾卢阿
Жорж Санд	乔治·桑
Жубер Лоран	茹贝尔·洛兰
Жуковский В. А.	茹科夫斯基

Загоскин М. Н.	扎戈斯金
Замятин Е. И.	扎米亚京
Зевксис	宙克西斯
Зелинский Фаддей Францевич	泽林斯基·法捷·弗朗茨维奇
Зенон(епископ)	芝诺(主教)
Зиновьева-Аннибал Л. Д.	季诺维耶娃·阿尼巴尔
Зольгер Карл Вильгельм Фридрих	索尔格·卡尔·威廉·弗里德里希
Золя Э.	左拉
Зороастр(Заратустра)	琐罗亚斯德(扎拉图斯特拉)
Зощенко М. М.	左琴科
Ибсен Г.	易卜生
Иван IV(Грозный)	伊万四世(雷帝)
Иванов В. И.	伊万诺夫
Иванов Н. А.	伊万诺夫
Иероним	耶罗宁
Ильвонен Ееро	伊利沃年·叶罗
Ильф И.,Петров Е.	伊利夫·彼得罗夫
Иммерман К.	伊默尔曼
Иннокентий III	英诺森三世
Иоанн	约翰
Иоанн Златоуст	约翰·兹拉托乌斯特
Иоанникий Галятовский	约翰·加里亚托夫斯基
Иоанн Секунд	约翰·谢孔德
Иоахим из Фиоре(Флорский)	约阿希姆(弗罗拉的)

Иосиф II	约瑟夫二世
Исидор Севильский	伊西多尔(塞维利亚的)
Исократ	伊索克拉底
Кавалчканти Гвидо	卡瓦尔坎蒂
Кавелин К. Д.	卡维林
Кайзер Вольфганг	凯泽尔·沃尔夫甘格
Кальвин Ж.	喀尔文
Кальдерон де ла Барка Педро	卡尔德隆·德·拉·巴尔卡·波德罗
Кальпренед (Ла Кальпренед) Г.	拉·卡尔普列涅特
Камоэнс Л.	卡蒙斯
Кмпанелла Томмазо	康帕内拉·托马佐
Канаев И. И.	卡纳耶夫
Кант И.	康德
Кантемир А.	康杰米尔
Карамзин Н. М.	卡拉姆津
Кардано Джероламо	卡尔达诺·杰罗拉莫
Карл II Лысый	查理二世(雷瑟)
Карл V	查理五世
Карл VII	查理七世
Карл VIII	查理八世
Карл IX	查理九世
Каро Аннибал	卡罗·阿尼巴尔
Картье Жак	卡蒂埃·雅克
Карцевский С. О.	卡尔采夫斯基
Кассирер Э.	卡西尔
Кастильоне Бальдассарре	卡斯蒂利奥内·巴尔萨列

Катон	伽图
Квинтилиан Марк Фабий	昆体良
Кеведо Ф.	凯维多
Кейет	凯耶特
Келлер Г.	凯勒
Киприан	基普里安
Кир	居鲁士
Кир-младший	小居鲁士
Кирпотин В.	基尔波京
Клавдий	喀劳狄
Климент Ⅶ	克雷芒七世
Клингер Фридрих Максимилиан	克林格尔·弗里德里希·马克西米利安
Клузо Анри	克卢佐·安里
Клюое Н.	克留耶夫
Княжнин Я. Б.	克尼亚日宁
Коген Герман	柯亨·赫尔曼
Кожинов В. В.	柯日诺夫
Кокийар	科基阿尔
Кокка	科卡
Коллери Роже де	科列里·罗热德
Колонна Франческо	科隆纳·弗朗切斯科
Кольцов А. А.	科尔佐夫
Коменский Ян Амос	考门斯基
Кониский Георгий	科尼斯基
Коместор Пьер	科梅斯托尔·皮埃尔
Конрад Н. И.	康拉德
Коперник Николай	哥白尼·尼古拉

Корбейль Пьер	科尔别伊尔·皮埃尔
Корнфорд Ф. М.	科恩弗特
Корреджо (наст. имя Антонио Аллегри)	柯勒乔
Котляревский И. П.	科特良列弗斯基
Крецер М.	克雷策尔
Кржевский Борис Аполлонович	克尔热夫斯基
Критий	克里契
Кроче	克罗齐
Крылов И. А.	克雷洛夫
Ксенофан	塞诺芬
Ксенофонт Эфесский	色诺芬
Ктесиас Книдский	克特西阿斯·克尼茨基
Кузмин М.	库兹明
Купер Ф.	库珀
Куприн А. И.	库普林
Курциус Эрнст Роберт	库齐乌斯·恩斯特·罗伯特
Кьеркегор Сёрен	克尔凯郭尔·索伦
Лабрюйер Жан де	拉布吕耶尔·让·德
Ла-Кальпренед Готье де Кост де	拉·卡尔普列涅特
Ланге Конрад	朗格·康拉德
Ланже (Гильом Дю Белле)	兰热 (吉约姆·杜倍雷)
Лансон Г.	朗松
Латини Брюнетто	拉吉尼·布吕涅托
Лафайет М. М. де	拉法耶特
Лафорг Ж.	拉弗格
Лацарус М.	拉察鲁斯

Лев XIII	科奥十三世
Ле Дюша	列·杜沙
Лейбниц Г. В.	莱布尼茨
Леманн П. (Lehmann P.)	莱曼
Лемер Жан	勒梅尔·让
Ле Моттё Пьер Антуан	列·莫焦·彼埃尔·安都昂
Ленгленд У.	兰格伦
Ленц Якоб	伦茨·雅各布
Леснардо да Винчи	莱昂纳多·达·芬奇
Леонов Л. М.	列昂诺夫
Лермонтов М. Ю.	莱蒙托夫
Лесаж А. Р.	勒萨日
Лесков Н. С.	列斯科夫
Лессинг Г. Э.	莱辛
Леттенбауэр Вильгельм	莱顿堡·威廉
Лефран Абель	列弗朗·阿贝尔
Ливий Тит	李维乌斯
Ликург	李库尔赫
Липпс Теодор	李普斯·泰多
Лихачев Д. С.	利哈乔夫
Ломоносов М. В.	罗蒙诺索夫
Лонг	隆格
Лондон Дж.	杰克·伦敦
Лонжи Жан	隆日·让
Лосский Н. О.	洛斯基
Лот Жорж	洛特·乔治
Лотарь II (сын Лотаря I)	洛塔尔二世(洛塔尔一世之子)

Лотман Ю. М.	洛特曼
Лотце Р. Г.	洛采
Лоэнштейн Д. -К. фон	洛恩斯坦
Луговской В. А.	卢戈夫斯科伊
Лукиан	卢奇安
Лукреций Т. К.	卢克莱修
Луначарский А. В.	卢那察尔斯基
Луцилий Гай	卢齐利乌斯
Льюис М. -Г.	刘易斯
Любимов Н. М.	柳比莫夫
Люблинский В. С	柳布林斯基
Людовик XI	路易十一
Людовик XII	路易十二
Людовик XIV	路易十四
Люзиньян Жофруа де	柳津杨·若弗鲁阿·德
Макробий	马克罗比
Макферсон Дж.	麦克菲森
Малерб Франсуа де	马莱伯·弗朗索瓦·德
Мальзерб Кретьен-Гильом де Ламуаньон	马尔泽尔布
Мамин-Сибиряк Д. Н.	马明·西比利亚克
Мандевиль Жан де	曼德维尔·让·德
Маниций К.	马尼齐乌斯
Манн Томас	托马斯·曼
Маргарита Наваррская（или Ангулемская）	玛格丽特·纳瓦尔斯卡娅（或安古列姆斯卡娅）
Мариво П.	马里沃

Мариотт Антуан	马略特·安都昂
Мария Французская	马丽娅·法兰西斯卡娅
Марк Аврелий	马克·奥勃留
Маро Клеман	马罗·克列曼
Марлинский А. (Бестужев А. А.)	马尔林斯基（别斯土舍夫）
Марциал Марк Валерий	马尔提阿利斯
Марси	马尔西
Массне Жюль Эмиль Фредерик	马斯内
Матвей Лансберг	马特维·兰斯堡
Маяковский В. В.	马雅可夫斯基
Маринетти Ф.	马里涅蒂
Медведев П. Н.	梅德维杰夫
Мёзер Юстус	默泽尔·尤斯图斯
Мейе А.	梅耶
Мейпс Вальтер	梅伊普斯·瓦尔特
Мейринк Г.	迈林克
Меландер Отто	梅兰德尔·奥托
Мелетинский Е. М.	梅列金斯基
Меллэн де Сен-Желе	梅伦·德·圣热列
Мельников П. И.	梅利尼科夫
Менарди	梅纳尔季
Мендоса Д. У. де	缅多萨
Менипп	梅尼普
Мено	梅诺
Мережковский Д. С.	梅列日科夫斯基
Мериме П.	梅里美·普罗斯佩
Меценат Гай Цильний	梅采纳特·采尔尼
Микеланджело Буонарроти	米开朗琪罗·波纳洛蒂

Михайловский Н. К.	米哈伊洛夫斯基
Мирон	米隆
Мицкевич А.	密支凯维奇
Миш Георг	米什
Мишле Жюль	米希勒·茹尔
Мозер	莫泽尔
Молан Луи	莫兰·路易
Молине	莫利涅
Мольер（Батист Поклен）	莫里哀（巴蒂斯特·波克林）
Моммсен Т.	莫姆森
Монтень Мишель де	蒙田·米歇尔·德
Монтлюк Жан де	蒙特柳克·让·德
Мопассан Ги де	莫泊桑
Мор Томас	莫尔·托马斯
Морган Льюис Генри	摩尔根·刘易斯
Мориак Франсуа	莫里亚克
Мотескье Ш.	孟德斯鸠
Мотылева Т. Л.	莫特廖娃
Мошерош И.	莫舍罗什
Музеус И. К. -А	穆泽乌什
Музиль Р.	穆齐尔·罗伯特
Мурнер Т.	穆尔涅尔
Мюллер Ф.	米勒
Мэйяр	梅伊亚尔
Наполеон Ⅲ	拿破仑三世
Наполеон Бонапарт, Наполеон Ⅰ	拿破仑一世

Нарежный В. Т.	纳列日内
Невий	奈维乌斯
Некрасов Н. А.	涅克拉索夫
Нери Фердинандо	涅里·斐迪南多
Неруда Пабло	聂鲁达·巴勃洛
Неш Томас	涅什·托马斯
Никитин И. С.	尼基京
Николай Леоник	尼古拉·列昂尼克
Ницще Ф.	尼采
Новалис	诺瓦利斯
Новати Ф. (Novati F.)	诺瓦季
Новий	诺维
Нодье Шарль	诺迪耶·沙尔
Ноэль дю Файль	诺艾尔·杜·法伊尔
Ньютон Иссак	牛顿
Овидий	奥维德
Одд де Триор	奥德·德·特里奥尔
Одэ Шатильонский	奥戴·沙吉尔恩斯基
Озеров В. А.	奥泽罗夫
Оливетан	奥利维坦
Ордерик Витал	奥尔德里克·维塔尔
Островский А. Н.	奥斯特洛夫斯基
Павсаний	帕夫萨尼
Пакье Этьен	巴克·艾蒂
Парацельс	巴拉赛尔苏斯
Парменид	巴门尼德

603

Патрик	巴特里克
Патрицци	帕特里奇
Паскаль Б.	帕斯卡
Пастернак Б. Л.	帕斯捷尔纳克
Паули Иоганн	鲍利·约翰
Пауль Г.	保罗
Пеги Ш.	贝玑
Перо	彼罗
Персий Флакк	佩尔西乌斯
Петр I Великий	彼得大帝
Петрарка Ф.	彼特拉克
Петроний	彼特罗尼乌斯
Пешковский А. М.	佩什科夫斯基
Пико делла Мирандолла Джованни	皮科·得拉·米兰多拉·乔万尼
Пильняк Б. А.	皮利尼亚克
Пиндар	品达罗斯
Пинский Л. Е.	平斯基
Писемский А. Ф.	皮谢姆斯基
Пифагор	毕达哥拉斯
Плавт Тит Макций	普拉图斯
Платен А.	普拉坚
Платон	柏拉图
Platтар Жан	柏拉塔尔·让
Плиний Старший	老普林尼
Плутарх	普卢塔克
Поджио Браччолини	波德日奥·布拉乔里尼
Полибий (Polybius)	波里比阿

Поло Марко	马可·波罗
Помпоний	蓬波尼
Помяловский Н. Г.	波米亚洛夫斯基
По Э.	爱伦·坡
Понсон дю Террайль	蓬松
Понтоппидан Хенрик	彭托皮丹
Порта Батиста	波尔塔·巴吉斯塔
Потебня А. А.	波捷布尼亚
Пришвин М. М	普里什文
Проперций	普洛培尔提乌斯
Пруст М.	普鲁斯特
Пуатевен Франсис де	普阿杰文·弗朗西斯·德
Пульчи Луиджи	普利奇·路易日
Пумпянский Л. В.	篷皮扬斯基
Пушкин А. С.	普希金
Пюи-Эрбо	皮伊-埃尔勃
Пяст В. А.	皮亚斯特
Раабе Вильгельм	拉贝
Рабан Мавр	拉班·马夫尔
Рабле Ф.	弗朗索瓦·拉伯雷
Равизиус Текстор	拉维济乌斯·捷克斯托尔
Радищев А. Н.	拉季舍夫
Радклиф А.	拉德克里弗夫人
Радульф	拉杜尔夫
Райнах Соломон	拉伊纳赫·索洛蒙
Рафаэль Санти	拉斐尔
Расин Ж.	拉辛

605

Рейх Германн	赖希·格尔曼
Рембо А.	兰波
Рембрандт Харменс Ван Рейн	伦勃朗(哈尔明斯·冯·莱因)
Ремизов А. М.	列米佐夫
Ренье А. де	雷尼埃
Рескин Дж.	罗斯金
Риббек О.	里别克
Ригль Алоиз	里格尔
Риенцо(Риенци)Кола ди(Никола ди Лоренцо Габрини)	里延佐·科·季(尼古拉·洛林佐·加勃里尼)
Риккерт Генрих	李凯尔特
Рильке Райнер Мария	里尔克(勒内·马里亚)
Ричардсон С.	理查逊
Ришпен Ж.	黎施潘
Роде Э. (Rohde E.)	罗杰
Розанов В. В.	罗扎诺夫
Розанов М. Н.	罗扎诺夫
Роллан Р.	罗曼·罗兰
Ромодановский	罗莫达诺夫斯基
Ронделе Гийом	隆德列·吉奥姆
Ронсар Пьер де	龙萨·彼埃尔·德
Руссо Ж. -Ж.	卢梭
Руццанте	鲁灿捷
Рютбеф	留特别夫
Сакс Ганс	萨克斯·冈斯
Салель Гюг	萨列尔·雨格
Сальтре Анри де	萨尔特列·安里·德

Санд Жорж	乔治·桑
Сарду А.	萨尔杜
Светоний	斯维托尼乌斯
Свифт Дж.	斯威夫特
Себиле Тома	谢比利·托马
Себило П.	谢比洛
Северянин И.	谢维利亚宁
Сезанн П.	塞尚
Сейфуллина Л. Н.	谢伊芙琳娜
Сенеан Лазар	谢涅安·拉扎尔
Сенека Л. А.	塞内加
Сент-Аман Марк-Антуан де	圣阿曼·马尔克-安都昂·德
Сент-Март Лерне Гоше де	圣马尔特·戈舍·德
Сент-Март Шарль де	圣马尔特·沙尔·德
Сервантес М.	塞万提斯
Сергеев-Ценский С. Н.	谢尔盖耶夫-岑斯基
Сертена Венсан	谢尔捷纳·文桑
Симонид Кеосский	西蒙尼德斯
Сирано де Бержерак Савиньен	西拉诺·德·贝尔热拉克·萨维尼延
Скаррон П.	斯卡龙
Сковорода Г. С.	斯科沃罗塔
Скотт В.	瓦尔特·司各特
Скюдери М. де	斯居代里
Случевский К. К.	斯卢切夫斯基
Смирнов А. А.	斯米尔诺夫
Смоллетт Т.	斯摩莱特

Соколовский А. Л.	索科洛夫斯基
Сократ	苏格拉底
Сологуб(Тетерников Ф. К.)	索洛古勃(捷捷尔尼科夫)
Соловьев В. С.	索洛维约夫
Сомов О. М.	索莫夫
Сорель Ш.	索莱尔
Соррио де л'Ост А.	索里奥
Соссюр Ф. де	索绪尔
Софокл	索福克勒斯
Софрон	索夫龙
Спенсер Г.	斯宾塞
Спиноза Бенедикт(Барух)	斯宾诺莎(巴鲁赫)
Станиславский(Алексеев К. С.)	斯坦尼斯拉夫斯基(阿列克谢耶夫)
Стапфер Поль	斯塔普菲尔·保尔
Стаций П. П.	斯塔提乌斯
Стерн Л.	斯特恩·劳伦斯
Стефан	斯蒂芬
Стендаль	司汤达
Суворов. А. В. ч	苏沃洛夫
Сулла Луций Корнелий	苏拉·鲁齐·科尔涅利
Сулье Ф.	苏里埃
Сумароков А. П.	苏马罗科夫
Супо Ф.	苏波
Сухово-Кобылин А. В.	苏赫沃-科贝林
Сфорца М. Л.	斯佛尔查·马洛
Сципион Африканский, Младший	小西庇阿
Сю Э.	苏·欧仁

Табарен (Антуан Жирар)	塔巴连(安都昂·日拉尔)
Тацит Публий Корнелий	塔西佗
Таюро Жак	塔尤罗·雅克
Тейерлинк	杰伊耶尔林克
Теккерей У.	萨克雷
Телет	杰列特
Теофраст	赛奥夫拉斯图斯
Теренций Публий	太陀斯·普
Тертуллиан Квинт Септимий	德尔图良·克温特·谢普吉米
Тик Людвиг	蒂克·柳德维格
Тиллий	季里
Тирако Андрэ	吉拉科·安德瑞
Тирсо де Молина (Габриель Тельес)	蒂尔索·德·莫利纳（加布里耶尔·捷尔耶斯）
Тит Флавий Веспасиан	狄度·弗拉维·维斯巴希安
Толстой А. К.	阿·托尔斯泰
Толстой Л. Н.	托尔斯泰
Томашевский Б. В.	托马舍夫斯基
Томсон Джеймс	汤姆逊
Трибуле	特里布莱
Трюке	特留克
Ту Жак Огюст де	图雅克·奥居斯特·德
Тургенев И. С.	屠格涅夫
Тынянов Ю. Н.	蒂尼亚诺夫
Тюрлюпены	丘尔柳彼内
Тютчев Ф. И.	丘特切夫

Уайльд О.	王尔德
Удан Рауль де	乌但·拉乌尔·德
Уден	乌杰
Уитмен У.	惠特曼
Уолпол Г.	华尔蒲尔
Уркварт Томас	乌尔克瓦尔特·托马斯
Успенский Г. И.	乌斯宾斯基
Ухтомский А. А.	乌赫托姆斯基
Фабий	法比
Фалес	法列斯
Февр Люсьен	费夫尔·柳西恩
Фенелон Ф.	费纳隆·弗朗索瓦
Феокрит	忒俄克里托斯
Фердинанд II Арагонский	斐迪南二世
Фидлер Конрад	菲德勒
Фильдинг Г.	菲尔丁·亨利
Филипп IV Красный	斐迪南四世(美男子)
Филипп Ш. -Л.	菲力浦
Фичино Марсильо	菲奇诺·马尔西利奥
Фишарт И.	菲沙尔特
Фишер Роберт	菲舍尔·罗伯特
Фишер Фридрих Теодор	菲舍尔
Флобер Г.	福楼拜
Фогельвейде, Вальтер фон дер	弗格尔瓦德·瓦尔特·封
Фоленго Теофило	弗林格·迪奥菲罗
Фольгоре да Сан Джиминиано	弗里戈列·塞吉米尼阿诺
Фолькельт Йоханнес	福尔凯尔特

Фома Аквинский	托马斯·阿奎那
Фонвизин Д. Н.	冯维辛
Фосслер Карл	福斯勒
Фохт Ю. Франс А.	福赫特·尤
Франс А.	法朗士
Франциск Ассизский	方济各
Фрейденберг Ольга Михайловна	弗赖登堡·奥丽加·米哈伊洛芙娜
Фрейд Зигмунд	弗洛伊德
Фрейлиграт Ф.	弗赖里格拉特
Фрейтаг Г.	弗赖塔格
Фрезер Джемс Джорж	弗列泽尔·詹姆斯·乔治
Фридлендер	弗里德林捷尔
Фридрих Великий	弗里德里希·威廉
Фриних	弗里尼赫
Фуке, Фр. де ла Мотт	福柯
Фульгоз Батист	富尔戈兹·巴基斯特
Фюретьер Антуан	菲雷蒂尔·安都昂
Хайдеггер Мартин	海德格尔
Харитон	哈里顿
Хемингуэй	海明威
Хлебников	赫列勃尼科夫
Хлорициус	赫洛里奇乌斯
Цезарь Гай Юлий	朱理·恺撒·盖
Цицерон	西塞罗

Чаадаев П. Я.	恰达耶夫
Чайковский П. И.	柴可夫斯基
Чекко Анджольери	切柯·安德热里耶里
Чернышев В. И.	切尔内舍夫
Чернышевский Н. Г.	车尔尼雪夫斯基
Чехов А. П.	契诃夫
Чино да Пистойя	奇诺·达·皮斯托亚
Чосер Дж.	乔叟
Шанц М. (Schanz M.)	尚茨
Шарль Лоренский	沙尔·劳伦斯基
Шатобриан Ф.-Р.	夏多布里昂
Шахматов А. А.	沙赫马托夫
Шейдт Каспар	舍伊特·卡斯巴尔
Шекспир У.	莎士比亚
Шелер М.	谢勒
Шеллинг Ф.	谢林
Шиллер И.-Ф	席勒
Шкловский В. Б.	什克洛夫斯基
Шлегель Ф.	施莱格尔
Шмидт И.	施密特·伊
Шнееганс Генрих	施涅冈斯·亨利
Шольер Николай де	绍尔耶尔·尼古拉·德
Шопенгауэр Артур	叔本华·阿尔都尔
Шпенглер Освальд	斯宾格勒
Шпет Г.-Г.	施佩特
Шпильгаген Ф.	施皮尔哈根
Шпитцер Л.	施皮策尔

Штейнталь Х.	施泰因塔利
Штернгейм	斯特恩海姆
Шишков А. С.	希什柯夫
Щедрин Н. (М. Е. Салтыков)	谢德林(萨尔蒂科夫)
Щерба Л. В.	谢尔巴
Эббингауз Герман	艾宾豪斯
Эбелинг Фридрих Вильгельм	艾别林格·弗里德里希·威廉
Эберт Адольф	艾伯特·阿多尔夫
Эврипид	欧里庇得斯
Эдуард IV	爱德华四世
Эйнштейн А.	爱因斯坦
Эйхенбаум Б. М.	艾亨鲍姆
Эккерман Иоганн Петер	爱克曼·约翰·彼得
Элюар	艾吕雅
Эмпедокл	恩培多克勒
Энгельгардта М.	恩格尔哈特
Энний Квинт	恩尼乌斯
Эпиктет	爱比克泰德
Эпикур	伊壁鸠鲁
Эпихарм	爱比哈尔姆
Эразм Роттердамский	鹿特丹
Эриугена (Эригена) И. С.	艾里乌格纳(艾里根娜)
Эрмини Ф.	艾尔米尼
Эсмангар	艾斯曼加尔
Эсхил	埃斯库罗斯

Этьен Анри	艾蒂安·安里
Эренбург И. Г.	爱伦堡
Ювенал Д. Ю.	尤维那利斯
Юлиан Отступник	尤里安（背教者）
Юлиус Валериус	尤利乌斯
Юнг Э.	容格
Юрфе Оноре д'	杜费
Юстий（мученик）	尤斯金
Юэ Ф.（Huet）	于埃
Якоби Фридрих Генрих	雅各比·弗里特里赫·亨利
Якубинский Л. П.	雅库宾斯基
Ясперс（Jaspers）Карл	雅斯贝尔斯·卡尔

苗　澍　编

编后记

编辑与出版中译巴赫金文集的过程,历时多年。

1980年代,我写有几篇有关巴赫金小说理论的文章,对巴赫金稍有一些了解。那时巴赫金在国际学术界早已声名鹊起,同时也引起了我国学术界的注意。这时我正参与一个国家重大项目《文学原理》的撰写工作,并与一位同事同时主编"现代外国文艺理论译丛",我把《陀思妥耶夫斯基诗学问题》一书收进了译丛,请几位俄罗斯语专家翻译出来,于1988年由三联书店出版。那几年,署名巴赫金的著作译本也在我国陆续出现。接着我国俄罗斯文学研究界的几篇研究巴赫金的博士学位论文答辩获得通过,巴赫金的学术思想很快传播了开来。1996年,河北教育出版社编辑王鸿雁女士与河北社会科学院的卢小合(晓河)先生来我家里,商议让我牵头出版中译巴赫金文集。我想就现有的巴赫金著作的中译本,再设法加进一些新译,就可实现这一理想,于是贸然答应了。

多卷本著作的译文,需要解决版权问题。在这里,我要感谢著名的俄罗斯文学理论家 С.Г.鲍恰罗夫与 В.В.柯日诺夫两人,他们是巴赫金文化遗产的继承人(巴赫金逝世于1975年)。我在20世纪80年代末,曾去过苏联进行学术访问而与鲍恰罗夫结识,做过家访。由于那时主要谈论的是苏联文艺理论的变化与更新,涉及面宽,当我们谈及巴赫金时,他很是兴奋,随即赠予我他与柯日诺夫合编的《巴赫金:文学批评集》(1986年版)与他个人编辑的巴赫金的《话语创作美学》(1986年新版)。我也回赠了他我的《现实主义和现代主义》(1987年人民文学出版社)和一本小册子《果戈理及其讽刺艺术》(1980年上海文艺出版社)。正是在这次访谈中,鲍恰罗夫让我见识了巴赫金的另一部分"遗产":一张老式的长方形的黑色而斑驳的旧桌子,桌上放有几支蘸水钢笔、铅笔与墨水瓶等色泽单调的少量文具;一张同样是黑色的、没有任何装饰、直线条式的木椅,也是老旧的了。原来在巴赫金去世后,鲍恰罗夫把巴赫金使用过的部分家具,搬到了他家里的小客厅内,陈列保护了起来。现在回忆起来,我还是感到很是亲切。1990年代中期,得知俄罗斯学者正在编辑《巴赫金文集》,我觉得对于巴赫金研究界来说,实在是个喜讯,期待它能早日问世。

在确定出版中译本的《巴赫金全集》计划后,我致信鲍恰罗夫,信里回忆到过去的那次家访,谈及我国准备出版巴赫金的文集,请他与柯日诺夫作为巴赫金文化遗产的继承人,能够支持我们,赠我们巴赫金文集的中译版权。此信我请正要去俄罗斯访问的张杰博士面交鲍恰罗夫。鲍恰罗夫见信后立即回函,其中一段文字说:"允诺您的请求。我以我的名义和瓦莱里·瓦莱里昂诺维奇·柯日诺夫的名义(我俩是作者著作权的合法继承人),例外地、不带任何附带条件,同意出版中文版6卷本《M.巴赫金文集》。此信权当您所必要的'证明'。"1996年,俄文《巴赫金文集》学术版的第5卷正式问世,这是《巴赫金文集》中最先问世的一卷。次年,鲍恰罗夫托我国学者把《巴赫金文集》第5卷赠予了我。读了该卷出版前言,大体了解到俄文本的《巴赫金文集》的各卷内容,当时他还把署名沃洛希诺夫的《马克思主义与语言哲学》和署名梅德维杰夫的《文艺学中的形式方法》等"有争议的文本"列为第7卷,称为《巴赫金小组著作》。我们计划的中译各卷内容,与俄罗斯6卷本的内容安排虽有差异,但在时序体例安排方面大体一致。

编后记

俄罗斯学术版的《巴赫金文集》出版工作历时十七年才完成(加上最先出版的第5卷的准备工作,看来时间更长)。在这期间,通过电邮,多有向鲍恰罗夫请教之处,"小叩辄发大鸣",获益甚多,他说到他自己遇到巴赫金并编辑出版他的文集,实为一生之幸事,可见他对思想家巴赫金的敬仰之情。

这样,在难以见到巴赫金本人的历史档案材料的情况下,我们只能从俄罗斯各种出版物中去寻找巴赫金的原著,这时他的著作还处于相当分散的状态。在最早收集巴赫金著作的原文过程中,我国学者夏仲翼教授、白春仁教授、张杰博士、周启超与董小英博士提供了不少巴赫金的原著,使得1998年出版的中文版6卷《巴赫金全集》大大减少了遗珠之憾。不过,由于这套《全集》还有不少巴赫金的著作暂时阙如,因此在第6卷最后,刊有《出版后记》,其中说道:"《巴赫金全集》中译本(6卷本),收入了巴赫金现已发表的绝大部分著作。目前,俄文版《巴赫金文集》只有第5卷问世,我们计划待巴赫金的其他笔记档案材料汇编成集后,于适当时候再行出版中译本《巴赫金全集》第7卷。"

中译《巴赫金全集》6卷本很受读者欢迎,于是在2009年印刷了第2版。在这一版本中,增加了《俄国文学史讲座笔记》,它是1922至1923年间巴赫金为一群高年级中学生开设的家庭讲座,由当时的一位女生 P.米尔金娜做了记录。1950年代末,巴赫金开设过外国文学讲座,本版收入的《外国文学史讲座笔记》,是巴赫金学生 B.A.米尔斯卡娅的听课笔记,后经 H.M.克柳耶娃与 Л.M.利苏诺娃两位学者进行了整理,单独出版。我通过鲍恰罗夫的帮助,由我方出版社支付了版权费。后《全集》将两部文学史的译文联为一体,单独编成了巴赫金文集第7卷。

2012年,俄文学术版《巴赫金文集》6卷7册全部问世(有关拉伯雷的第4卷著作出了1、2两册),撤下了几部"有争议的文本",全文刊

617

出了巴赫金对《陀思妥耶夫斯基诗学问题》的"补充与修订",以及它在1960年代后十多年间的工作笔记。这样,俄罗斯国内外学者才从总体上了解定型了的巴赫金著作的全貌。

这次新版更名为《巴赫金文集》,总序已有简要说明。原为《史诗与长篇小说》一文,现俄罗斯编者按原稿恢复为《作为文学体裁的长篇小说》,这原是巴赫金于1941年初在高尔基世界文学研究所做的报告,过去单独发表时将注文插入了正文,所以这次恢复工作特别艰辛。新版增加了巴赫金关于长篇小说理论的几篇新译,如《论教育小说》《长篇小说理论问题》及其他短文。根据巴赫金关于《陀思妥耶夫斯基诗学问题》所做的极为重要的补充与修订,过去发表时做了删节,这次译文按俄文版文本做了全面恢复。同时全文译出了巴赫金从60年代到70年代初所做的工作笔记,这对于了解巴赫金思想的变化与进展十分重要。在新版本里,作为附录,收入了巴赫金于1946年12月答辩学位论文《现实主义历史中的拉伯雷》时的发言,以及少数著名学者的评语,相信读者会在感兴趣的同时,又可了解巴赫金答辩时苏联学术界的文化语境与文化取向。最后需要说明的是,俄国的学术版《巴赫金文集》6卷本,没有收入巴赫金的《中国文学的特征及其历史提纲》《外国文学史讲座——古希腊罗马时代与中世纪》和杜瓦金的《巴赫金访谈录》。此次新版《巴赫金文集》撤下了有关中国文学的一篇译文,但后两篇著作对于了解巴赫金的思想很有帮助,因此将它们作为附录编入,以拓宽读者视野。

巴赫金文集的几个版本的编辑、组织移译、校阅、修订、增补、一些术语的商定,工作量极大,耗时极多,在最近几年精神消耗尤甚。巴赫金的多卷集的移译工作,完全是民间合作行为,过程中的材料消耗,全由编者、译者自行承担,极为艰苦。由于专业关系我难有机会亲自去俄罗斯专门收集有关巴赫金的各种资料,只好寻找各种机会,委托去俄罗斯学术出差的老朋友、新朋友,淘购不同时间出版的多卷巴赫金文集和俄罗斯学者有关研究巴赫金的各种新著。

十多年间,我国不少学者受我之托,前前后后为我购买或赠予了我剩余的5卷俄文版的《巴赫金文集》以及有关巴赫金的多种论著。其中除了前面提到的几位外,还有后来的万海松、凌建侯等学者;特别是前面提及的张杰教授,不仅帮我寻找原版的巴赫金文集,而且赠我大量复印的有关巴赫金研究的文集与专著,使我能够及时了解俄罗斯学者对巴赫金研究的进展情况。素昧平生的朱建刚博士,及时为我找到了最后出版的第3卷《巴赫金文集》(2012年)及Н.Л.瓦西里耶夫的《巴赫金与"巴赫金小组现象"》一书(2013年)。还有张玉伟博士为我找到了А.卡拉瓦什柯的《巴赫金传》(2017年青年近卫军出版社),而且都是无偿赠予,或是说我紧急需要,让从未谋面的朋友快速送达我处,使我极为感动。同时通过张玉伟博士的帮助,我得以与莫斯科大学科学出版社的领导如Д.斯波洛夫以及出版社的副社长П.费多罗夫娜多次通信,无偿地获得了杜瓦金的《巴赫金访谈录》的中译版权,这是我要深深感谢的。

在移译过程中,白春仁与卢小合教授出力极多,承担了巴赫金文集的绝大部分的译务。特别是白春仁教授,校定了不少重要译文,工作繁重,他在译作方面的自我牺牲精神,尤其令人感佩。我与他从20世纪80年代初开始至今,在工作上断断续续合作了四十来年,这一平凡而又不同寻常的历程,成了我极为愉快的回忆。《巴赫金文集》第一、二卷序文,邀请译者或编者写作,文风、理解不尽一致,这可以算作是一次不同声音的合唱与对话的尝试吧。

在编辑过程中,我曾获得过一些俄罗斯学者如尤素波夫、塔马尔钦科、奥索夫斯基,美国学者霍奎斯特等人编辑、出版的有关巴赫金研究的极有分量的赠书;在学术探讨方面,除上面提及的鲍恰罗夫外,还曾就一些问题请教于巴赫金文集的编者伊·波波娃与拉·戈戈季什维利等学者,在此一并表示谢意。卢小合研究员曾去萨兰斯克做过调研,就巴赫金的有关问题与萨兰斯克巴赫金研究中心主任斯·杜布罗夫斯卡娅有过交流,他要我在此代为转达向她的感谢。

  巴赫金的著作涉及多方面的知识领域,译者众多,一些译名尽量求得统一,但译文中难免有疏漏与不妥之处,敬请方家、读者不吝指正。

钱中文

2019 年 6 月

2024 年 4 月修订